朝鮮後期天主學史研究

盧鏞弼 著

韓國史學

Studies on the history of Catholicism in the late Chosŏn Dynasty

by

Noh Yong-pil

HANKUKSAHAK
Seoul, 2021

책머리에

　이 책은 『한국천주교회사의 연구』 · 『한국 근 · 현대 사회와 가톨릭』(2008년)에 이어 출간되는 것이어서, 3부작의 하나이자 終結篇이라고 말할 수 있겠다. 『한국천주교회사의 연구』에는 한국사 개설의 큰 흐름을 염두에 둔 글들도 수록해서 '천주교'를, 『한국 근 · 현대 사회와 가톨릭』에는 주로 교육 · 인식 · 영성 등에 관해 탐구한 글들을 담았기에 가톨릭의 普遍性을 강조하기 위해 '가톨릭'을 핵심어로 삼아 서명을 각기 그렇게 정하였었는데, 이 책에는 조선에 수용되어 당시 사회에 커다란 반향을 불러일으킨 『交友論』 · 『天主實義』 · 『敎要序論』 등의 대표적인 '天主書'를 중심으로 '天主學'에 관련된 조선 후기의 역사를 연구한 글들을 묶었으므로 '天主學'을 핵심어로 채택하여 서명을 『朝鮮後期天主學史研究』라고 하였다.

　이 3부작은 각기 書名을 애초부터 그리 정해놓고 연구에 착수하여 저술한 것은 아니었다. 하지만 연구를 진전시켜 오면서 학술적으로 時代를 통틀어 서술할 때에는 '천주교'가, 조선 후기의 실상을 구체적으로 논의할 경우에는 그 시대에 유행하던 용어 중 가장 대표적인 '천주학'이, 그리고 근 · 현대 사회에 있어서 세계사 속의 여러 면모를 반영하는 용어로서는 '가톨릭'이 제각각 個別性을 지니므로 적합한 용어라고 생각하기에 이를 반영한 것뿐이다.

벌써 20년 가까이 세월이 지났지만, 조선 후기에 利瑪竇Matteo Ricci의 『天主實義』를 수용한 직후 언문으로 번역하고 필사한 諺解筆寫本 『텬쥬실의』를 이미 조선인 다수가 숙독하고 있었다는 사실을 알고는 너무나 깊은 좌절감에서 좀처럼 헤어나기가 정말 쉽지 않았던 기억이 지금도 또렷하다. 기왕의 연구 성과들을 섭렵한 후에 지금껏 누구도 이를 본격적으로 연구한 사람 하나 없고, 학계에서 제대로 관심조차 보이지도 않는다는 것을 비로소 깨닫고는 너무나 소스라치게 놀랐기 때문이었다. 그래서 이후 『천주실의』와 『텬쥬실의』를 비교해가며 읽고 나름대로 연구해서 논문을 쓰기만 하면, 굳이 학회나 관련 연구소에 구두발표를 자청하고는 그 발표 자리에서 늘 독백처럼 "마테오 리치 전공자 하나 없는 이 나라"라는 말을 외람되게도 입에 달고 지내왔다.

2013년에는 『교요서론—18세기 조선에서 유행한 천주교 교리서—』를, 그리고 2017년에는 『벗은 제2의 나다: 마테오 리치의 교우론』을 출간하는 과정에서도 늘 『텬쥬실의』를 하루에 단 한 줄이라도 읽고 입력하는 작업을 잊지 않으려 힘을 기울이기는 했지만, 좀처럼 진척이 되지 않아 허구한 날 애를 태웠다. 그러던 어느 날부터 이 작업을 마무리 짓지 않으면 산더미처럼 쌓아놓은 다른 연구 계획들도 제대로 수행하지 못하고 말겠다는 심적인 부담이 스며들기 시작했다. 그래서 기왕의 연구들을 전부 뒤로 미루고 이에 전념하다시피 하였다. 『텬쥬실의』의 언문 해독에 박차를 가하여 전문을 입력하고, 한문 원문도 전부 그러한 후 國譯까지도 모두 마쳤으나, 이후 스스로 校閱하는 데만 꼬박 거의 5년이란 시간이 속절없이 지나가고 말았다.

그 결실을 이제 註釋目錄本 『天主實義』와 諺解筆寫本 『텬쥬실의』의 影印本 자료를 附錄으로 삼고 〈원문〉·〈언해〉·〈교주〉·〈역해〉·〈국역〉 순으로 원고를 작성하여 『天主實義·텬쥬실의』 상·하 2권을 세상에 내놓는다. 또 그중에서 〈국역〉만을 따로 엮어 일반 독자를 위한 교양서로 『천주실의』

한글본 1권도 곁들인다. 아울러 이 과정에서 작성한 논문 11편을 묶어서 이 책 『朝鮮後期天主學史硏究』 역시 같이 간행한다. 이렇게 하여 동시에 이 3종 4권의 출간을 드디어 실행하는 것이다.

　1979년 학부 3년생이던 著者는 2학기에 李基白 선생님의 〈한국사상사〉 강의 수강을 계기로 사상사 연구에 깊이 관심을 쏟기 시작하였다. 지금도 당시의 수강 노트를 애지중지 지니는데, 당시가 維新政權 末期라 소위 '釜馬事態' 등으로 그 극악한 '최루탄'과 '페퍼 포그'가 강의동 안에도 살포되어 1층 전체가 온통 눈물과 콧물로 얼굴이 뒤범벅되는 그 상황에서도 선생님께서는 3층 강의실에서 묵묵히 강의를 지속하셨기에 시위 현장에 가담했다가도 그 시간이 되면 슬그머니 강의실로 들어갈 도리밖에 없었다. 하지만 결국 '10·26사건'으로 戒嚴令이 발동됨으로써 강의는 「제4장 儒敎 改革 思想과 禪宗」에서 중단되고 말았다. 그래도 선생님의 上古 및 古代 사상사 강의는 제대로 수강한 셈이다.

　선생님께서는 어느 주제에 관한 강의이든 참고 논문을 반드시 먼저 제시하시고 그 논문 하나하나의 학술적 의미에 대해 매우 구체적으로 소상하게 설명을 해주며 심화시키셨기에 著者의 노트에도 그 내용이 다 빼곡히 적혀 있다. 그 가운데 '불교의 수용'과 관련하여 강의하시면서 丁仲煥·李丙燾 선생의 논문과 함께 선생님 자신의 논문 제목 「삼국시대 불교 전래와 그 사회적 의의」를 칠판에 板書하신 후 韓國硏究院에서 작년에 출판한 저서 『新羅時代의 國家佛敎와 儒敎』에는 「삼국시대 불교 수용과 그 사회적 성격」으로 고쳐 실었노라고 말씀하시면서 "불교의 '전래'보다는 '수용'이란 말이 더 옳은 것 같다."라는 설명을 해주셨다. 이 말씀을 교탁 맨 앞자리에서 들으면서 著者는 그 순간, 앞으로 대학원에 진학하여 사상사를 전공하리라 마음을 굳게 다지게 되었던 것을 지금도 선연하게 기억한다.

　그날 그 강의 수강 이후 평소처럼 그 당시 서울에서 가장 큰 서점이었던 광

화문의 중앙도서전시관에 들렀다가, 바로 그 책 『新羅時代의 國家佛敎와 儒敎』1권이 서가에 꽂혀있는 것을 발견하고 얼른 매입하였다. 나중에 알고 보니, 한국연구원의 '한국연구총서'는 연구비를 지급하고 출판하는 책이라 원래 비매품이지만, 독자들이 하도 열화와 같이 구입 문의를 많이 하는 터라 잠시 규정을 위배하고 몇 권만을 판매하다가 문제가 제기되어 곧 중지하였다고 하는데, 때마침 행운을 입었던 것이어서, 지금도 소중하다. 이 책의 「序」중 다음 대목은 도저히 한시도 잊을 수가 없다.

> 思想史의 硏究는 저자에게 있어서 늘 어려움을 수반하는 작업이었다. 그것은 워낙 敎理에 대한 지식이 부족하기 때문에 실수를 저지를 위험을 항상 안고 있었던 때문이다. 이 어려움이 저자로 하여금 종종 思想史 硏究를 중단시키게 하였다. 그러나 저자가 관심을 가져온 것은 敎理 자체가 아니라 歷史的 現象으로서의 思想이었던 것이다. 그리고 이 歷史的 現象으로서의 思想을 밝히는 작업은 思想家의 업무가 아니라 바로 歷史家의 업무이다. 이러한 생각에서 다시 용기를 내어 손을 대어오곤 하였다.
> 위와 같은 견지에서 저자는 늘 누가 무엇 때문에 어떤 사상에 대해서 친근감을 가져왔는가 하는 점에 관심의 초점을 두어 왔다. 같은 佛敎 혹은 같은 儒敎라도 이를 신봉하는 사람에 따라서 그 신앙의 내용이 달라지는 경우가 흔히 있어왔다. 따라서 일정한 思想의 信奉者가 어떤 성격의 人間이었는가 하는 점을 고려하지 않고서는 일정한 時代의 일정한 思想을 해명하기란 힘든 일이다. 이러한 점에서 저자는 思想史 硏究에 신선한 매력을 느끼어 오곤 했던 것이다. 물론 장차로도 계속해서 이러한 작업을 수행해나가게 되기를 염원하고 있다. (李基白,「序」, 『新羅時代의 國家佛敎와 儒敎』, 韓國研究院, 1978, pp.iv-v; 『민족과 진리를 찾아서-10주기 추모 이기백사학 자료선집』, 한림대학교 출판부, 2014, p.261)

오늘날 가톨릭이건 프로테스탄트이건 이곳저곳 소위 敎會史研究所라고 하는 기관이 유행처럼 설립되면서 敎會史는 神學이라고 하는 주장이 당연시되는 경향이 농후한 듯하다. 그런 시각에서는 사상사의 차원은 전혀 고려의 영역이 되지 않을 터이겠으나 그렇게 여기는 이들의 神觀도 엄정하게 말하면 '역사적 현상으로서의 사상'의 일부분이므로, 후일의 역사가들이 이 시대의 사상사를 연구할 때 곧 분석의 대상이 될 것이다. 그야말로 "같은 불교 혹은 같은 유교라도 이를 신봉하는 사람에 따라서 그 신앙의 내용이 달라지는 경우가 흔히 있어왔"고 "일정한 사상의 신봉자가 어떤 성격의 인간이었는가 하는 점을 고려하지 않고서는 일정한 시대의 일정한 사상을 해명하기란 힘든 일"이기 때문이다.

선생님께서 1976년에 출간하신 『韓國史新論』 改正版은 그 이전 版本이 그랬듯이 이후에도 전국 대학 대부분에서 한국사 강의교재로 채택하던 시절이라 著者도 학부는 물론 대학원 재학 중에도 늘 참고했으며, 1984년 대학에서 처음으로 강의할 때에도 교재로 쓰던 책이었는데, 이 책 「天主教의 傳播」 부분의 〈參考〉欄은 매우 간단하다. 다음이 전부다.

參 考
崔奭祐 天主教 迫害 (한국사 15 民衆의 抗拒, 1975)
石井壽夫 李太王朝の朝鮮天主教とその迫害 (史學雜誌 52의 5, 1941)
石井壽夫 理學至上主義李朝への天主教の挑戰 (歷史學研究 100, 1942)
山口正之 アンベール主教の書翰について (朝鮮學報 21 · 22 합집, 1960)

스스로 일본어 논문을 읽지 못하면 한국사 속의 천주교 전파 문제에 대해 서조차도 제대로 공부할 수가 없는 노릇인 것이다. 이렇게 연구 성과가 태부족이니, 언젠가 연구사적으로 의미가 있는 논문을 써서 이 분야의 연구에 보탬이 되도록 해야겠다고 다짐하였다. 불교 · 유교와 같은 宗教思想史의 분야에는 관련 논문들이 차서 넘쳐나는데, 이게 뭐 이런가 싶어서 그랬다. 예나 지금이나 별반 달라진 게 없이 마찬가지 수준이지만, 거의 80년도 더 이전인

1940년대 초반에 일본인 연구자가 한 그런 선행 연구를 넘어서는 연구 성과들이 진즉 나와 주었더라면, 이미 수립해놓은 다른 종교사상사 분야의 적지 않은 연구 계획들을 실행에 옮겨 『한국사신론』의 〈참고〉란에 실릴 논문을 쓰고자 진력했을 것이다.

  40년 전 대학원 석사과정에 진학하여 공부가 뭔지를 비로소 깨치기 시작할 무렵, 李光麟 선생님께서는 "『한국사신론』〈참고〉란에 한 줄 쓰일 그런 논문을 써야 한다."라고 누누이 일깨워주셨다. 선생님의 그러한 訓導에 조금이나마 부응하기 위해서 그리되도록 지금도 여전히 노력할 따름이다.

2021년 3월

著者 씀

차례

책머리에 3

차례 9

논문기록 13

緖論 : 朝鮮後期 天主學史의 大勢

1. 柳夢寅「宗敎篇」(1622년)의 '西敎' 15
2. 洪大容「乾淨衕筆談」(1765년)의 '西洋學'과 『을병연힝녹』의 '텬쥬 학문' 20
3. 柳河源 上疏文(1785년)의 '西洋天主之書'와 正祖 批答의 '西洋天主書' 24
4. 李獻慶「天學問答」(1785년경)의 '天主書'와 安鼎福「天學考」(1785년)의 '西洋書' 25
5. 尹愭「闢異端說」(1785년경)의 '天主學' 槪念·宗旨·大意 定義 27
6. 李景溟 上疏文(1788년)의 '西學'과 正祖·李性源·蔡濟恭 논의의 '西學' 33
7. 正祖 언급(1788년)의 '天主學' 35
8. 蔡濟恭·正祖 논의(1791년)의 '西洋學' 38
9. 尹愭「俗學之弊 辛亥應製」(1791)의 '西洋之學'·'洋學'과 「感懷 八百字」(1792년)의 '天主學' 40
10. 朴盈源 등 637인 上疏文(1795)의 '西洋之書' 43
11. 李晩秀「討邪奏文」(1801) 轉載「丁若鍾 供招」의 '西洋學'·洋書'와 李圭景「斥邪敎辨證說」(1856년경)의 '西學' 44
12. 高宗「斥邪綸音」(1866년)의 '西洋學'·'天主學'·'天主敎' 46
13. 天主書 諺解筆寫本의 등장과 '지극히 어리석은 농사꾼(至愚田氓)·무지한 시골 아낙네(沒知村婦)'의 '언문으로 책 베껴(諺謄其書)'읽어 익히기(誦習)' 49

제1부 『交友論』의 受容

제1장 朝鮮 後期 利瑪竇 『交友論』 受容 樣相의 類型 分析

1. 緒言 59
2. 李睟光·安鼎福의 利瑪竇 『交友論』 受容 : '踏步的 記述' — 제1유형 61
3. 李瀷·朴趾源의 利瑪竇 『交友論』 受容 : '選擇的 理解' — 제2유형 64
4. 李圭景의 利瑪竇 『交友論』 受容 : '複合的 著述' — 제3유형 68
5. 結語 76

제2장 李睟光·李瀷의 利瑪竇 『交友論』 受容 樣相 比較 檢討

1. 緒言 79
2. 李睟光 『芝峯類說』의 利瑪竇 『交友論』 受容 樣相 81
3. 李瀷 『星湖先生文集』의 利瑪竇 『交友論』 受容 樣相 89
4. 書名 『交友論』·『友論』·『重友論』 比較 檢討 91
5. 結語 94

제2부 『天主實義』의 引用

제1장 李睟光·柳夢寅·蔡濟恭의 利瑪竇 『天主實義』 引用 樣相 比較 檢討

1. 緒言 117
2. 李睟光의 『芝峯類說』 「諸國部」 '歐羅巴國'項에 나타난 『天主實義』 引用 樣相 118
3. 柳夢寅의 『於于野談』 「宗教篇」 '西教'項에 나타난 『天主實義』 引用 樣相 122
4. 蔡濟恭의 『承政院日記』 登載 正祖와의 '西學' 論議 內容에 나타난 『天主實義』 引用 樣相 126
5. 結語 : 李睟光·柳夢寅·蔡濟恭 『天主實義』 引用 樣相의 特徵 129

제2장 安鼎福·李圭景의 利瑪竇 『天主實義』 引用 樣相 比較 檢討

1. 緒言 139
2. 安鼎福의 利瑪竇 『天主實義』 引用 樣相과 그 特徵 141
3. 李圭景의 利瑪竇 『天主實義』 引用 樣相과 그 特徵 159
4. 結語 165

제3부 諺解筆寫本『텬쥬실의』·『교요셔론』의 普及

제1장 『天主實義』 註釋目錄本의 中國에서의 出版과 朝鮮에서의 諺解筆寫本의 流行

1. 緖言　173
2. 中國『天主實義』註釋目錄本의 出版과 그 體裁　175
3. 朝鮮 諺解筆寫本『텬쥬실의』의 構成과 그 特徵　177
4. 結語:朝鮮에서의 諺解筆寫本『텬쥬실의』流行의 社會思想史的 意義　183

제2장 中國 註釋目錄本『天主實義』用語 修訂의 特徵과 朝鮮 諺解筆寫本『텬쥬실의』의 그 特徵 受容 樣相

1. 註釋目錄本『天主實義』와 諺解筆寫本『텬쥬실의』　201
2. 註釋目錄本『天主實義』用語 修訂의 特徵:初版重刻本과의 比較 分析　203
3. 諺解筆寫本『텬쥬실의』의 그 特徵 受容 樣相:註釋目錄本과의 比較 分析　208
4. 諺解筆寫本『텬쥬실의』의 '대리텬학성교':李溁「天主實義跋」·安鼎福「天學考」·「天學問答」의 '天學' 및 高宗「斥邪綸音」의 '天學'·'天主學'·'天主教'와의 比較 分析　211

제3장 諺解筆寫本『텬쥬실의』「목록」分析

1. 머리말　233
2. 『텬쥬실의』「목록」에 대한 檢討　236
3. 『텬쥬실의』「목록」의 項目 構成과 그 類型 分析　238
4. 맺는 말　250

제4장 朝鮮 諺解筆寫本『텬쥬실의』註釋의 特徵과 그 歷史的 意義

1. 緖言　269
2. 朝鮮 諺解筆寫本『텬쥬실의』와 註釋目錄本『天主實義』의 註釋 比較　271
3. 朝鮮 諺解筆寫本『텬쥬실의』註釋의 分析　273
4. 朝鮮 諺解筆寫本『텬쥬실의』註釋의 特徵　277
5. 朝鮮 諺解筆寫本『텬쥬실의』註釋의 歷史的 意義　285
6. 結語　292

제5장 천주교 한글 교리서 『텬쥬실의』·『교요서론』의 언해 · 필사 · 보급

    1. 조선 후기 천주교 서적 필사본 보급의 성행 349
    2. 주석목록본 『천주실의』의 수용과 언해필사본 『텬쥬실의』의 보급 352
    3. 『교요서론』의 수용과 언해필사본 『교요서론』의 보급 366
    4. 언해필사본 『텬쥬실의』·『교요서론』의 특징 371
    5. 『텬쥬실의』·『교요서론』 언해 · 필사 · 보급의 역사적 의의 389

[附錄]

利類思의 天主敎 宣敎 活動과 그의 譯 · 著書 중 『主敎要旨』의 位相

    1. 利類思의 宣敎 活動과 『主敎要旨』 著述 396
    2. 利類思의 譯書와 著書 398
    3. 利類思의 譯 · 著書 중 『主敎要旨』의 위상 403
    [附] 『主敎要旨』 影印 資料 435

참고문헌 493

영문초록 507

찾아보기 515

논문기록

緒論: 朝鮮後期 天主學史의 大勢 〈새로운 논문〉

제1부 『交友論』의 受容
제1장 朝鮮 後期 利瑪竇 『交友論』 受容 樣相의 類型 分析
　　〈새로운 논문〉

제2장 李睟光 · 李瀷의 利瑪竇 『交友論』 受容 樣相 比較 檢討
　　2017년 11월 24-25일 서울 國際學術大會 "交友與實義: 天主教文獻與東西文化交流史", 北京外國語大學 · 韓國史學史學會 共同 主催 發表; 『中央史論』 제46집, 2017년 12월

제2부 『天主實義』의 引用
제1장 李睟光 · 柳夢寅 · 蔡濟恭의 利瑪竇 『天主實義』 引用 樣相 比較 檢討
　　〈새로운 논문〉

제2장 안정복 · 이규경의 이마두 『천주실의』 인용 양상 비교 검토
　　『敎會史硏究』 제52호, 2018년 6월

제3부 언해필사본 『텬쥬실의』 · 『교요셔론』의 普及
제1장 『天主實義』 註釋目錄本의 中國에서의 出版과 朝鮮에서의 諺解筆寫本의 流行
　　『韓國史學史學報』 제30호, 2014년 12월

제2장 中國 註釋目錄本『天主實義』用語 修訂의 특징과 朝鮮 諺解筆寫本 『텬쥬실의』의 그 특징 수용 양상
  〈새로운 논문〉

제3장 언해필사본『텬쥬실의』「목록」분석
  『敎會史學』제11호, 2014년 12월

제4장 조선 언해필사본『텬쥬실의』주석의 특징과 그 역사적 의의
  2016년 11월 18-19일 中國 北京 國際學術大會 "相遇與互鑒:利瑪竇與中西文化交流", 北京外國語大學 國際中國文化硏究院 主催 發表;『敎會史學』제14호, 2017년 12월

제5장 천주교 한글 교리서『텬쥬실의』·『교요서론』의 언해·필사·보급
  『한국 천주교회와 서양 음악, 신학 교육, 한글 보급』, 한국천주교주교회의, 2021년 5월

[附錄]

利類思의 天主敎 宣敎 活動과 그의 譯·著書 中『主敎要旨』의 位相
  『敎會史硏究』제43호, 2014년 6월;『한국 천주교사 연구의 성찰과 전망:한국교회사연구소 설립 50주년 기념 논총』, 한국교회사연구소, 2014년 8월

緒論 : 朝鮮後期 天主學史의 大勢

1. 柳夢寅 「宗敎篇」(1622년)의 '西敎'

　柳夢寅(1559-1623)은 1622년에 완성한 『於于野談』에 「宗敎篇」을 설정하고, 그 안의 '西敎'項에서 '天主實義' · '耶穌' 등의 용어에 관하여 해설하였을 뿐만이 아니라 『天主實義』 전8편의 篇目을 모두 열거하며 인용하였고 그 내용에 대한 상세한 정리까지 기술하고 있어 크게 주목해 마땅하다.¹ 유몽인의 이러한 『천주실의』 편목의 전체 인용과 그 상세한 내용 정리 등과 관련해서 특히 그 역사적 의의를 다음 3가지 측면에서 잘 검토해볼 필요가 있다고 생각한다.

　첫째는 그가 학문으로서의 '西學'이 아닌 종교로서의 '西敎'을 소개하고 또 그렇게 평가하고 있다는 점이다. 둘째는 1622년 완성한 『於于野談』에서 그가 인용한 『천주실의』의 판본은, 그 시기로 보아 利瑪竇(1552-1610)의 1603년 『천주실의』 初版 출판 이후 연속적으로 이루어진 初版重刻本일 것이 거의 분명해 보인다는 점이다. 셋째는 당시 이 '西敎'가 동남아 · 일본에서는 수용되었으나 우리나라에서는 그렇지 못하다는 점을 지적하면서도, '西敎' 자

1　노용필, 「李睟光 · 柳夢寅 · 蔡濟恭의 利瑪竇『天主實義』 引用 樣相 比較 檢討」, 本書 제2부 제1장. 그 가운데 특히 3. 柳夢寅의 『於于野談』 「宗敎篇」 '西敎'項에 나타난 『天主實義』 引用 樣相 참조.

체에 대해서는 비판적인 견해를 건지하고 있다는 점이다.

이 3가지 측면에서의 검토에는 동남아·일본 등지에서의 수용 상황에 관해서 서술한 후 조선 전래에 관해서도 자신의 總評까지 붙이고 있는 '西敎'項의 마지막 대목에 대한 분석이 요긴하다. 그래서 그 대목을 인용해보면 아래와 같다.

(A)그 남방은 극히 더워 유독 탐구할 수 없었지만, 그 敎가 이미 전파되어 동남의 여러 오랑캐가 자못 받들어 모시고 있다. 일본은 옛날부터 부처를 숭상하여 섬겼는데 伎禮怛[그리스도교]이 일본에 들어오자 부처를 요망하다고 여겨 배척하였으며 부처를 위하는 사람들을 용납할 수 없게 하여 내뱉기를 진흙이나 찌꺼기같이 하였으며, 예전에 平行長[小西行長, Konishi Yukinaga]이 이 도리를 존중했다고 한다. 유독 우리나라에만 알려지지 않았는데, (B)許筠이 중국에 가서 그 地圖와 偈 12章을 求得해왔다.

(C)말에 이치가 많이 있으나 天堂·地獄이 있다고 말하고 婚娶하지 않음을 옳다고 여기니 어찌 그릇된 도리를 끼고 세상을 미혹시키는 죄를 면할 수 있으리오²

우선 그가 학문으로서의 '西學'이 아닌 종교로서의 '西敎'을 소개하였음은, 『於于野談』을 저술하면서 「宗敎篇」에다가 '西敎'項을 설정한 것 그 자체가 그러한 사실을 입증해주는 바라고 해서 지나치지 않을 것이다. 더욱이 인용문 (A)에서 동남아에도 "그 敎가 이미 전파되어(其敎已行)" "자못 받들어 모시고 있다(頗有尊信之)"에서도 여실하며, 또한 이어서 일본의 실제 상황을 매우 자세하게 서술하고 있음에서도 그렇다고 하겠다.

다음으로 그가 『於于野談』에서 그 8편의 篇目 모두를 열거하며 인용하고 그 내용에 대해서도 상세히 정리하면서 활용한 『천주실의』의 판본이 1603년

---

2 원문은 다음이다. "(A)其南方極熱 獨不能窮 而其敎已行 東南諸夷頗有尊信之 日本自古崇事釋氏 至伎禮怛之敎入日本 擯釋氏以爲妖 使爲釋者不得容 唾之如泥滓 向者平行長尊此道云 獨我國未及知 許筠到中國 得其地圖及偈十二章而來 (B)語多有理 而以天堂地獄謂有 以不事昏娶爲是 烏得免挾左道惑世之罪也哉"

『천주실의』初版 이후 연속 출판된 初版重刻本일 것이라는 점은, 인용문 (B)의 내용을 통해서 짐작할 수 있는 여지가 있다고 본다. 즉 "許筠이 중국에 가서 그 地圖와 偈 12章을 求得해 왔다"라고 기술한 바에서, "許筠이 중국에 가서 … 求得해 온" 게 비단 "그 地圖와 偈 12章"에만 국한된 것이 아닐 것이다.³ 거기에는 서적들도 의당 포함되었을 것임이 거의 틀림없고 또한 그런 서적에는 중국 현지에서 출판된 지가 얼마 되지 않았음에도 크게 유행하고 있던 이른바 新書들도 그랬을 것인데, 바로 『천주실의』가 그런 신서 중 대표적인 것의 하나였으므로 이렇게 여길 여지가 충분히 있다고 생각한다.

『천주실의』의 초판이 1603년 北京에서 출판된 이후 1609년에 이르기까지 불과 6년 사이에 重刻本이 4版이나 발행되었으며, 그중 2판은 천주교인들에 의해 그리고 2판은 일반인들에 의해 출판이 이뤄져⁴, 그 당시 중국에서 이미 『천주실의』에 대한 대중의 관심은 매우 고조되어 있었다.⁵ 바로 이러한 당시에 "許筠이 중국에 갔던" 기록은 그 자신이 1614년과 1615년 2년 연거푸 使行한 후 작성하여 남긴 『乙丙朝天錄』에 자세한데⁶, 許筠이 그런 것을 몰랐을 리도 없을뿐더러 그런 사정을 알고 그냥 넘어갔을 리도 만무했을 것이다.

그도 그럴 수밖에 없었던 저간의 사연은, 그 자신의 『을병조천록』所載 글들에서 잘 살필 수가 있다. 그가 北京에 머무는 동안에 『後漢書』「逸民傳」⁷, 唐의 傳奇小說『無雙傳』⁸, 李贄(1527-1602)의 『焚書』⁹ 등등 각종 서적을 읽었

---

3 李家源 著, 허경진 옮김, 「허균의 사상과 행위」, 『儒敎叛徒 許筠』, 연세대학교 출판부, 2000, p.24에서는, 심지어 "천주교에 대해서는 허균이 일찍이 북경 천주교당에서 (세계) 지도와 게(偈) 12장을 얻어 가지고 왔으니, 이는 실로 우리나라 천주교의 창시자였다"라고 한 바가 있다.
4 マッテーオ・リッチ 著, 川名公平 譯, 矢澤利言 注, 『中國キリスト教布教史』 二, 東京:岩波書店, 1982, p.21 및 方豪, 「天主實義發覆」, 『世光雜誌』 第三卷第一期, 1943; 改題「天主實義之改竄」, 『方豪六十自定稿』 下冊, 臺北:臺灣學生書局, 1969, p.1602.
5 노용필, 「中國 註釋目錄本 『天主實義』 用語 修訂의 특징과 朝鮮 諺解筆寫本 『텬쥬실의』의 그 특징 수용 양상」, 본서 제3부 제2장.
6 許筠, 『朝天錄』; 崔康賢 역, 『을병조천록』, 국립중앙도서관, 2005.
7 崔康賢 역, 『을병조천록』, 영인본, pp.63-64; 국역, pp.61-62.
8 崔康賢 역, 『을병조천록』, 영인본, pp.52-53; 국역, pp.49-50.
9 崔康賢 역, 『을병조천록』, 영인본, p.46; 국역, pp.43-44.

던 사실을 기록하고 있기 때문이다. 이 중에서도 특히 주목되는 점은 그 당시 인기 있는 新書 중의 하나인 『焚書』도 구해서 읽고 있었다는 사실로, 이 『焚書』는 著者 李贄의 나이 63세 때인 1590년 그가 거처하며 활동한 근거지 중의 하나 麻城이라는 곳에서 그 초판이 발행된 이후 상당한 讀者들의 성원으로 여러 번 각지에서 출판되었으므로[10] 許筠도 당시 北京에서 이를 어렵지 않게 구매할 수 있었기에 가능했을 것이다.

이러한 許筠의 독서력은 자신의 「賣書人王老元旦贈一書 … 」라는 긴 제목의 글 속에서 스스로 "내 평생 3천 권 읽어 내었으나, 오직 한 마리 좀 벌레의 신세였네"[11]라고 토로하였음에서 그 왕성함이 가히 드러나는데, 자신의 그런 왕성한 독서력을 충족시키기 위해서도 北京 체류 중 더 많은 서적의 구매에 더욱 힘을 쏟았을 것이며, 이는 「書春帖」에서 "도서 5천 권을 무더기로 가져오다"[12]라고 하였음과 「念日寫懷」에서는 "책제목 쓰기로 한가함을 보내네"[13]라고 하였음에서 그토록 많은 도서를 구매하여 귀국하기에 앞서 그 도서들의 목록을 작성하고 있는 사실에서도 너끈하게 입증이 된다고 하겠다.

그런데 이러한 그의 讀書狂과 같은 일상의 진면모와 관련하여서 각별하게 여기에서 더더욱 괄목해서 살필 바는 방금 앞서 제시한 「賣書人王老元旦贈一書 … 」라는 글 제목 속에 보이듯 '賣書人王老'가 새해 첫날 그에게 책 1권을 기증하고 있다는 사실이다. 여기에서 이 '賣書人王老'는 '도서 판매를 하는 왕씨 노인'이라는 표현일 터이므로, 이 사람이야말로 평소에 北京 현지에서 許筠이 讀書狂으로서 수많은 도서를 구매할 때 도와주던 사람일 것임이 틀림없을 것이며, 지난 기간 동안 그토록 많은 도서를 구매하였던 許筠이 머지않아 귀국길에 오르게 된다는 사정을 알고는 책 1권을 새해 선물로 선사했던 게 아닐지 싶어진다.

---

10 李贄 著, 增井經夫 譯, 「解說」, 『焚書―明代 異端의 書』, 東京: 平凡社, 1969, p.7 및 p.17.
11 崔康賢 역, 『을병조천록』, 영인본, p.94; 국역, p.87. "平生讀破三千卷 只合將身作蠹魚"
12 崔康賢 역, 『을병조천록』, 영인본, p.81; 국역, p.76. "束取圖書五千卷"
13 崔康賢 역, 『을병조천록』, 영인본, p.85; 국역, p.79. "書籤爲破閑"

이러한 견지에서 許筠은 李贄의 『焚書』 등 다른 新書들과 마찬가지로 역시 이 당시 北京에서 유행하던 利瑪竇의 『천주실의』 초판중각본도 역시 현지에서 이 '도서 판매를 하는 왕씨 노인'을 통해 구매한 후 통독하였을 것이고, 귀국하면서도 의당 지니고 왔을 것으로 짐작된다.[14] 그랬기에 柳夢寅은 그것을 빌려서 필사하거나 하여 읽고 『於于野談』 「宗教篇」 '西教'항에서 '天主實義'・'耶穌' 등의 용어에 관하여 일일이 해설하고 『천주실의』 8편 편목을 모두 열거하며 인용하였을뿐더러 그 내용 정리까지도 매우 상세하게 작성해낼 수 있었을 것이다.

그러기는 하였으나 유몽인은 앞의 인용문 (A)에서 당시 이 '西教'가 동남아・일본에서는 수용되었지만 우리나라에서는 그렇지 못하였다는 점을 지적하면서도, '西教' 자체에 대해서는 비판적인 견해를 견지하고 있었다. 이는 인용문 (C)에서 "말에 이치가 많이 있으나 天堂・地獄이 있다고 말하고 婚娶하지 않음을 옳다고 여기니 어찌 그릇된 도리를 끼고 세상을 미혹시키는 죄를 면할 수 있으리오"라고 한 대목에서 잘 드러난다. 그가 이 대목에서 지적한 '天堂・地獄이 있다는 말'은, 그가 『어우야담』 「종교편」 '西教'항에 인용하여 제시한 『천주실의』 전8편의 편목[15] 중에서 제6편의 '第六解意不可滅而釋天堂地獄善惡之報'에, '婚娶하지 않음을 옳다고 여긴다'는 것은 제8편의 '第八總擧西俗論其傳道之士所以不娶之意並釋天主降生西土由來'에 있는 대목이다.

---

14 기왕의 概說書에서 '西學의 전파'와 관련하여 "이들 西學 信奉者들은 西洋 宣教師들의 傳道에 의해서보다도 中國으로부터 전래된 『天學初函』 등의 天主教 書籍들을 읽고 자발적으로 이에 깊은 관심을 가지게 되었다"라고 기술하였는데(李基白, 『韓國史新論』 改正版, 一潮閣, 1976, p.286; 新修版, 1990, p.314; 한글판, 1999, p.261), 여기에서 거론된 『天學初函』은 李之藻(1565-1630)가 杭州에서 1629년에 편찬한 것이기에 그 이후에나 그랬을 것이고, 그 이전에는 初版重刻本 『天主實義』나 또는 그 이후에는 註釋目錄本 『天主實義』나를 구매하거나 필사하여 통독하였을 법하다. 노용필, 「천주교 한글 교리서 『텬쥬실의』・『교요서론』의 언해・필사・보급」, 본책 제3부 제5장.
15 『於于野談』 卷之二, p.21. "首編論天主始制天地主宰安養之道 第二編論世人錯認天主 第三編人鬼不滅大異禽獸 第四編鬼神人魂天下萬物不可謂之一體 第五論輪回六道之謬說 第六解意不可滅而釋天堂地獄善惡之報 第七論人性本善而述天主正學 第八總擧西俗論其傳道之士所以不娶之意並釋天主降生西土由來" 朴明姬 (외), 『어우야담』 1, 傳統文化研究會, 2001 [附錄]影印本, p.73 참조.

이로써 유몽인은 1614·1615년에 걸쳐 北京을 다녀온 허균을 통해 그 당시 유행하던 初版重刻本 『천주실의』를 구매하여 그 내용을 통독한 후 자신의 저서 『於于野談』에 반영하여 그 「宗敎篇」 '西敎'項에서 학문으로서의 '西學'이 아닌 종교로서의 '西敎'을 소개하고 또 그렇게 평가하였음이 입증된다. 하지만 그 자신은 '西敎'의 '天堂地獄善惡之報' 및 '其傳道之士所以不娶之意' 등에 대해 매우 비판적인 견해를 견지했을 뿐이었다.

2. 洪大容 「乾淨衕筆談」(1765년)의 '西洋學'과 『을병연힝녹』의 '텬쥬학문'

洪大容(1731-1783)이 1765년(을유)과 1766년(병술)에 걸쳐 淸나라 北京을 방문하여 중국인 및 서양인 등 여러 부류의 인물들과 筆談으로 나눈 대화의 내용을 정리한 글들이 『燕記』로 묶여 그의 『湛軒書』 속에 전해지며, 그리고 이 글들을 토대로 그 기간 동웅의 기록을 월별·일별로 정리하여 諺解한 『을병연힝녹』[16] 역시 오늘날 전해지고 있다. 이 『연기』 가운데 특히 「乾淨衕筆談」(1765)[17]과 「劉鮑問答」(1766)[18]은 물론이고 그 내용을 언해하여 엮은 『을병연힝녹』의 기록들 중 홍대용이 대화 상대인 中國人 儒生 嚴誠·潘庭均

---

16 홍대용, 「을병연힝녹」 권지오; 소재영 (등) 주해, 『주해 을병연행록』, 태학사, 1997. 국역은 김태준·박성순 옮김, 『산해관 잠긴 문을 한 손으로 밀치도다』, 돌배개, 2001 및 정훈식 옮김, 『을병연행록』, 경진, 2012 참조.

17 이는 홍대용의 일행인 神將 李基成이 遠視鏡을 구입하러 외국 문물의 집산지 琉璃廠 거리에 갔다가 만나서 알게 된 浙江省 杭州 출신으로 科擧 준비 중의 擧人인 嚴誠·潘庭均 2인을 그들이 하숙하는 乾淨衕으로 찾아가 나눈 대화의 기록이다. 嚴誠·潘庭均에 대해서는 「乾淨衕筆談」 자체에 소상히 홍대용이 기록해둔 바가 있다. 그리고 琉璃廠과 관련해서는 孫殿起 輯, 『琉璃廠小志』, 北京: 北京古籍出版社, 2000 참조.

18 이는 홍대용이 1766년 음력 정월 및 2월 사이에 도합 5차례에 걸쳐서 중국 북경 소재 천주교 성당을 방문하여 서양인 신부 劉松齡(Augustin von Hallerstein, 1703-1774)과 鮑友管(Antoine Gogeisl,1701-1771)과 대화를 나눈 내용이다. 盧鏞弼, 「조선인 洪大容과 서양인 천주교신부의 상호 인식-「劉鮑問答」의 분석을 중심으로-」, 『韓國思想史學』 27, 2006; 『한국 근·현대 사회와 가톨릭』, 韓國史學, 2008 참조.

및 西洋人 神父 劉松齡·鮑友管에게 한 질문과 그들로부터 받은 답변의 내용에서, 홍대용이 서양 및 중국에 관하여 과연 어떠한 점들을 궁금해하고 무엇을 알고자 했는지를 생생하게 밝힐 수 있는 대목들이 적지 않게 찾아진다.

우선 「건정동필담」의 기록 중에서도 당시 중국의 상황에 대해 묻는 홍대용의 질문과 이에 대한 반정균의 답변부터가 그러하다. 그래서 요긴한 대목만을 간략히 추려서 제시하면 다음과 같다.

> 내가 "남쪽에서도 西洋學을 하는 자가 있는가?" 蘭公[潘庭均]이 "西敎도 중국에 행한다. 그러나 이는 禽獸의 교이니 사대부가 모두 그르다 한다." …
> 내가 "하늘과 曆法을 논함에는 西法이 매우 높아서 전인 미개의 것을 개척했다 하겠다. 다만 그 학은 吾儒의 上帝의 號를 절취하여 佛家의 輪廻의 설로 장식한 것이니, 천루하여 가소로운데, 와서 보니 중국인 숭봉하는 자가 많은 것 같으니, 궁금한 것은 사대부는 남북은 물론 모두 신종하는 자가 없는가?" "모두 없다."[19]

여기에서 홍대용이 '남쪽'이라고 한 것은 반정균 등이 浙江省 杭州 출신이어서 그랬던 것으로, 이 질문 속에서 '西洋學'이라는 용어를 구사하고 있음을 무엇보다도 주목하고자 한다. 이에 대한 반정균의 답변 속에 '西敎'를 거론하고, 재차 묻는 홍대용의 말에 "하늘과 曆法을 논함에는 西法이 매우 높아서"라고 한 대목이 있는 것으로 미루어 볼 때, 홍대용의 이 '西洋學'이라는 용어는 宗敎로서 천주교를 지칭하는 '西敎', 서양의 과학 기술 방법을 통칭하는 '西法' 등이 함께 내포된 의미였던 것으로 가늠된다.

그런데 여기에서 좀 더 깊이 있게 눈여겨보아야 할 대목이 있으니, 홍대용이 한 "다만 그 學은 吾儒의 上帝의 號를 절취하여 佛家의 輪廻의 설로 장식한 것"이라고 한 말이 그것이다. 홍대용이 한 말 속에서 먼저의 "그 學은 吾儒

---

19 洪大容,「乾淨衕筆談」,『杭傳尺牘』,『湛軒書』外集 2. "余曰 南邊亦有爲西洋學者乎 蘭公曰 西敎亦行于中國 此禽獸之敎 士大夫皆以爲非 … 余曰 論天及曆法 西法甚高 可謂發前未發 但其學則竊吾儒上帝之號 裝之以佛家輪廻之語 淺陋可笑 而來見中國人多有崇奉者 未知士大夫無論南北 皆信從者耶 皆曰沒有" 국역은『국역 담헌서』, 민족문화추진회, 1974, pp.230-231 참조.

의 上帝의 號를 절취하여"라고 한 부분과 나중의 "佛家의 輪廻의 설로 장식한 것"이라고 한 부분은 기실 利瑪竇의 『天主實義』에 기술된 내용을 각각 활용하여 '西敎'를 비판한 것이다.[20] 이렇듯이 홍대용이 이마두 『천주실의』의 내용에 근거하여 이러한 말을 하는 것 자체가 그가 이미 『천주실의』의 내용을 속속들이 다 읽어서 그 내용을 꿰고 있었던 데에서 비롯한 것이라 하지 않을 수 없겠는데, 그러므로 그의 이 '西洋學'이란 용어의 구사에는 앞서의 '西敎'・'西法'은 물론이려니와, 『天主實義』에서 강조한 유교 경전에 보이는 '上帝'가 곧 '天主'임을 지향하는 '西敎'의 교육 및 학문을 統攝한 敎學으로서의 '天主學'도 역시 포괄한 의미라고 이해하는 게 옳을 것이다.

그리고 「유포문답」의 기록 중에서도 천주교와 관련하여 묻는 홍대용의 질문과 이에 대한 유송령의 답변도 역시 그러하다. 『을병연힝녹』에서 요긴한 대목을 추려서 제시하면 다음과 같다.

"니 문ᄌᆞ떠 글오디, '비록 흔모ᄒᆞ는 마음이나 ᄌᆞ루 나아와 괴로움을 끼치니 극히 불안ᄒᆞ야 ᄒᆞ노라.' 뉴숑영이 보고 대답이 업거늘, 니 또 글오디, '그윽이 드르니 텬쥬 학문이 숨교(三敎)로 더부러 즁국의 병힝ᄒᆞ다 ᄒᆞ디 우리는 동국 ᄉᆞ름이라 홀노 아디 못ᄒᆞ니, 원컨디 그 디강을 드르리라.' 뉴숑영이 글오디, '텬쥬의 학문은 심이

---

[20] 먼저의 "그 學은 吾儒의 上帝의 號를 절취하여"라고 한 부분은 『天主實義』 제2편 「解釋世人錯認天主(언해필사본 "데이편은 세샹 사ᄅᆞᆷ의 텬쥬를 그릇 알믈 플미라")의 가장 핵심 구절인 "吾國天主 卽經言上帝(우리 텬쥬는 곳 경서에 닐온 바 샹데요), … 吾天主乃古經書所稱上帝也(우리 텬쥬는 경서에 닐ᄏᆞ른바 샹데라) … 歷觀古書 而知上帝與天主 特異以名也(녯글을 볼지라도 샹데와 텬쥬를 특별이 일홈을 달니ᄒᆞᆯ지라—뜻은 ᄀᆞᆺ다 말—)"라고 한 부분에 근거한 것으로, 이에 대해 비판할 때 왕왕 '竊取'했다는 표현을 쓰는 것에 따른 것이다.

그리고 나중의 "佛家의 輪廻의 설로 장식한 것"이라고 한 부분도 역시 『天主實義』 제5편 「辯排輪廻六道戒殺生之謬說 而揭齋素正志(언해필사본 "데오편은 륜회 뉵도의 살싱 경계의 그른 말을 벽파ᄒᆞ고 직소의 바른 뜻을 들미라")의 핵심 구절인 "古者吾西域有士 名曰閉他臥剌(녜적에 우리 서편 디경에 ᄒᆞᆫ 션비 잇스니 일홈은 폐타와라), … 旣沒之後 門人少嗣其詞者 彼時此語忽漏國外 以及身毒 釋氏圖立新門 承此輪廻加之六道(폐타와 죽은 후에 그 문인이 그 말을 니어 ᄒᆞ는 쟈 별노 젹더니 이 말이 다ᄅᆞᆫ 나라에 흘너 젼ᄒᆞ야 신독국에 밋ᄎᆞ니 셕시ㅣ 새 법 세움을 도모ᄒᆞᆯ 즈음에 이 륜회지설을 듯고 뉵도로—환싱ᄒᆞ는 여숫 길—써 더ᄒᆞ야) … "라고 한 부분에 근거한 것으로, 이에 대해 비판할 때 종종 이렇게 하는 것이다.

긔특ᄒᆞ고 깁흔디라. 그ᄃᆡ 어ᄂᆡ ᄯᅳᆺ즐 알고져 ᄒᆞᄂᆞᆫ다?' 니 골오ᄃᆡ, '유교는 인의(仁義)를 슝샹ᄒᆞ고 노교[道敎]는 쳥졍(淸淨)을 슝샹ᄒᆞ고, 불교(佛敎)는 공젹(空寂)을 슝샹ᄒᆞ노니, 원컨대 쳔쥬의 슝샹ᄒᆞᄂᆞᆫ 바를 듯고져 ᄒᆞ노라.' 뉴숑영이 골오ᄃᆡ, 텬쥬의 흑문은 ᄉᆞ름을 ᄀᆞᄅᆞ쳐 쳔쥬를 ᄉᆞ랑ᄒᆞ고, ᄉᆞ름 ᄉᆞ랑흠을 니 몸과 갓치 ᄒᆞᄂᆞ니라.' 니 므르ᄃᆡ, '쳔쥬는 샹제(上帝)를 가르쳐 니름이냐? 혹 별 ᄉᆞ름이 이셔 칭호를 쳔쥬라 ᄒᆞᄂᆞ냐? 뉴숑영이 골오ᄃᆡ, '이ᄂᆞᆫ 공ᄌᆞ의 니른바 교ᄉᆞ(郊社)의 녜ᄂᆞᆫ ᄡᅥ 샹뎨(上帝)를 셤기는 배라 흠이오, 도가의 옥황샹뎨(玉皇上帝)를 니름이 아니니라.' ᄯᅩ 니르ᄃᆡ, '시뎐(詩傳) 쥬(註)의 샹뎨는 ᄒᆞᄂᆞᆯ 주ᄌᆡ(主宰)라 니르디 아니 ᄒᆞ얏ᄂᆞ냐?'"[21]

이 대목에서 홍대용의 질문과 유송령의 답변 속에 '텬쥬 학문'·'텬쥬의 학문' 등의 용어가 등장함이 주목된다. 같은 내용의 기록이, 金景善(1788-1853)이 순조 32년(1832) 6월부터 이듬해 4월까지 淸나라에 다녀온 기록「留館錄」을 기술하면서 그 가운데 홍대용의 『연기』를 인용한 대목에서도 찾아지는데, 거기에는 '天主之學'[22]·'天主學'[23]으로 되어 있다. 따라서 홍대용 『연기』의 원문 기록에 애초에 '天主之學'으로 기재되어 있었으며[24], 그러했기에 『을

---

21 홍대용,「을병연ᄒᆡᆼ녹」; 권지오; 소재영 (등) 주해, 『주해 을병연행록』, 태학사, 1997, pp.361-362.
22 金景善,「留館錄」上 壬辰年(1832, 순조 32) 12월 22일(甲子), 『燕轅直指』. "余問天主之學 與三敎 幷行于中國 獨吾東方無傳 願聞其畧 劉曰 天主學 理甚奇奧 不知尊駕欲知何端 余曰 儒尙五敎 佛尙空寂 老尙淸靜 願聞天主所尙 答天主之學 敎人愛天主 萬有之上 愛人如己 余曰 天主是指上帝耶 抑別有其人耶 答孔子所云郊祀之禮 所以事上帝也 幷非道家所講玉皇上帝 又曰 詩經註 不言上帝天之主宰耶"
23 金景善, 『燕轅直指』, 「留館錄」上 壬辰年 12월 22일(甲子). "湛記曰 西俗有天主學 明算數 工奇器 測候如神 妙於曆象 漢唐以來所未有也" 그런데 金景善이 인용한 대목이라고 짐작되는 洪大容, 『湛軒書』外集 卷7 『燕記』,「劉鮑問答」. "利瑪竇入中國 西人始通 有以算數傳道 亦工於儀器 其測候如神 妙於曆象 漢唐以來所未有也"에서는 정작 이 '天主學'이라는 용어가 보이진 않는다. 아마도 훗날 『湛軒書』의 편찬 과정에서 이렇게 손질되었던 게 아닌가 싶다.
24 다만 오늘날 전해지는 홍대용의 「유포문답」에는 이와는 달리 다음에서 보이듯 '我國學'·'我國之學'으로 되어 있다. 洪大容, 「劉鮑問答」, 『湛軒書』外集 卷7 『燕記』. "余曰 凡人之幼學壯行 以君親爲尊 聞西人捨其所尊 另有所尊云 是何學也 答曰 我國學 理甚奇奧 不知尊駕欲知何端 余曰 儒尙五倫 佛尙空寂 老尙淸淨 願聞貴方所尙 答曰 我國之學 敎人愛天尊 萬有之上 愛人如己 余曰愛之云者 指何耶 抑別有其人耶 答曰 乃孔子所云郊社之禮 所以事上帝也 幷非道家所講玉皇上帝 又曰 詩經註不言上帝天之主宰耶" 이 역시 아마도 훗날 『湛軒書』의 편찬 과정에서 이렇게 손질되었던 게 아닌가 싶다.

병연힝녹』에서도 '텬쥬 학문'·'텬쥬의 학문' 등으로 언해된 것으로 이해된다.

3. 柳河源 上疏文(1785년)의 '西洋天主之書'와 正祖 批答의 '西洋天主書'

『日省錄』正祖 9년(1785) 4월 9일(戊子) 기록을 보면, 柳河源(1747-卒年 未詳)이 제출한 상소문에서 '西洋天柱之書'를 언급하며 그것의 배포를 금지할 것을 소청하였고, 이에 대한 批答에서도 '西洋天柱書'가 거론된 사실이 기재되어 있음을 발견할 수 있다. 그런데 이 기록에서 '西洋天柱之書'와 '西洋天柱書'의 '柱'字는 '主'字가 그렇게 잘못 기재된 게 틀림이 없다고 여겨져, 여기에서는 '主'字로 바로 잡는다.

이 柳河源의 上疏文과 正祖의 批答 내용을 세밀히 검토하면 당시 실정의 새로운 면모가 약간은 드러나리라 기대된다. 다음의 기록들에서 그렇다.

> 掌令 柳河源이 상소하여 懲討하고 西洋 天主 書籍을 금할 것을 청한 데 대해, 批答을 내렸다.
> ○상소의 대략에, " … 아, 세도가 낮아져서 인심이 미혹되고, 잡술이 많이 생겨나와 正道가 없어지려 하니, 識者들의 깊은 근심이 참으로 적지 않습니다. 西洋 天主의 書籍이 觀象監과 譯官들로부터 흘러나오기 시작한 지 여러 해가 되었으나 천문과 역법의 度數를 살펴보는 데 불과할 뿐이더니, 불행히도 근자에 백성들을 속이는 일이 날로 심해지고 무리들이 많아졌습니다. … "
> ○批答하기를, " … 所謂 西洋 天主書는 참으로 그런 점이 있어 그대의 말이 타당하니 그대로 시행하겠다. … " 하였다[25]

인용된 柳河源의 상소문 이 부분에서 '西洋天主之書'라는 용어를 구사하고

---

[25] 『日省錄』 正祖 9년(1785) 4월 9일(戊子). "掌令柳河源陳疏懲討. 請禁西洋天柱之書. 賜批. 疏略曰 … 噫 世道汙下 人心詿惑 雜術多歧 正道將晦 識者隱憂 誠不淺淺 至於西洋天柱之書 始自於雲臺象胥之輩流出有年 而不過考閱星曆度數而已 不幸近來 詿誤日深 寔繁有徒 … 批以 … 所謂西洋天柱書事 眞有是也 爾言當矣 依施 …" 다만 이 기록의 『日省錄』 원본의 영인 자료를 확인하여도, 모두 '西洋天柱之書'로 되어 있지 '西洋天主之書'로 되어 있지 않으나, '柱'가 '主'의 誤字로 판단되어, 여기에서는 '西洋天主之書'를 취하여 서술하기로 하였다.

있음이 확인되는데, 그 '西洋天主之書'가 처음에 어디서부터 유포되기 시작하였는가에 대한 설명을 서술한 부분에서는 여타의 기록과 다른 면모가 매우 구체적으로 적혀 있어 크게 주목된다. "觀象監과 譯官들로부터 흘러나오기 시작"했으며, 그래서 처음에는 "천문과 역법의 度數를 살펴보는 데 불과할 뿐"이었던 것이 "근자에 백성들을 속이는 일이 날로 심해지고 무리들이 많아졌다"고 기술하고 있음이 바로 그것이다.

그러므로 이 기록으로써 다음과 같은 2가지 점을 비로소 새삼스럽게 살필 수 있게 되었다고 믿어진다. 첫째 '天主之書'가 단지 『天主實義』 등의 서적과 같이 '天主學' 敎理에만 국한된 게 아니라 '천문과 역법의 度數를 살펴보는 데'에 요긴한, 그러니까 科學 분야의 서적까지도 포괄하는 광범위한 의미로써 구사되었다는 점이다. 둘째 '西洋天主之書'라 하여 굳이 '西洋'이 덧붙여진 것도, 당시 조선인들의 관심이 서양의 과학 기술 문명에 관한 것까지 포함한 그야말로 문자 그대로 '西洋學' 전반에 집중되고 있었던 데에서 비롯되었을 것이라는 점이라 하겠다.

한편 이러한 유하원의 상소문에 대한 正祖의 批答에도 '西洋天主書'라는 용어를 구사하고 있음 역시 주목된다. 이는 아마도 유하원의 상소문 내용에서 '西洋天主之書'를 거론하였으므로, 그 글에 대한 批答에서도 그랬던 것이라 판단되지만, 그렇더라도 正祖가 '西洋天主書'라는 용어를 거론하였다는 사실은 여기에서만 찾아지므로 그냥 무심코 지나쳐버릴 일은 아닐 것이다.

4. 李獻慶「天學問答」(1785년경)의 '天主書'와 安鼎福「天學考」(1785년)의 '西洋書'

李獻慶(1719-1791)의 「天學問答」은 正祖 9년(1785) 무렵에 완성되었을 것으로 짐작되는데[26], 그 내용에 '天主書'라는 용어가 보인다. 다음의 대목에서

---

26 그의 이 「天學問答」이 언제 작성된 것에 대해서는 명확한 시점이 기록된 게 없다. 곧 살필 安鼎福

그렇다.

客이 이르기를, "우리나라는 가르치고 다스림이 썩 밝아서 선비들이 능히 올바름으로 옮겨가며, 天主書가 들어온 이후 臺閣[司憲府·司諫院]에서 배척하고 司寇[刑曹 判書]가 금지시키니, 비록 남을 속여 그릇된 방면으로 인도하는 사람이 한둘이 있었어도 지금은 모두 미심쩍은 것이 풀려 후회하여 고치는데, 그 學이 다시 어찌 세상에서 먹혀들 바이겠습니까. 그러니 그대의 염려는 너무 지나치지 않겠습니까" 하였다.[27]

이 기록으로써 이헌경이 '天主書'라는 용어를 구사하였으며, 또한 '其學'이라 하여 '天主學' 자체를 '學' 즉 學術로 인정하는 자세를 취했던 점을 확인할 수 있지 않나 싶다. 바꾸어 말하자면 安鼎福이 「天學考」에서 천주교를 비판하기 위해서 설파하고 있는 바에 못지않게 '天學'[28]을 중시하기에 그러한 주장을 담아서 이 「天學問答」를 저술하였고, 그래서 천주교에 대해서 냉혹하게 비판하는 데에 매진하다시피 하였으면서도, 이처럼 '天主書'와 거기에 담긴 바를 '其學'이라는 용어를 구사하고 있음은 매우 이채롭다고 해도 그다지 지나치지 않을 듯싶다. 이렇듯이 이헌경이 '天主書'라는 용어로 '其學' 곧 '天主學' 관련 서적들을 지칭하고 있는 것 자체는 그 나름대로 지니는 역사적 의미를 평가해주어야 온당하지 않을까 생각한다. 즉 이헌경이 '천학'을 중시하

의 「天學考」가 正祖 9년(1785)의 작품임이 그 제목 자체에 附記되어 있고, 더욱이 안정복이 이헌경에게 요청하여 이미 완성되어 있었던 이헌경의 이 글을 이헌경이 보내줌으로써 그것을 안정복이 검토했다는 안정복 「答看翁李參判夢瑞獻慶書 己酉」의 기록으로 미뤄볼 때, 안정복의 「天學考」보다는 다소 앞서서 1785년 이전에는 이미 작성되어 있었던 것으로 가늠된다. 조지형, 「18세기 西學 비판의 맥락과 艮翁 李獻慶의 『天學問答』」, 『敎會史硏究』 50, 2017, p.16에서는 "1785년 무렵에 지은 것으로 생각된다"고 한 바가 있다.

27 李獻慶, 「天學問答」, 『艮翁先生文集』 卷23 雜著. "客曰 我國治敎休明 士趨克正 天主書出來之後 臺閣斥之 司寇禁之 雖有一二註誤之人 今皆釋然改悔 其學更安所售於世 子之爲慮無已過乎"

28 '天學'에 대해서는 盧鏞弼, 「中國 註釋目錄本 『天主實義』 用語 修訂의 특징과 朝鮮 諺解筆寫本 『텬쥬실의』의 그 특징 수용 양상」, 本書 제3부 제2장 특히 그중에서도 <4. 언해필사본 『텬쥬실의』의 '대리텬학셩교': 李瀷 「天主實義跋」·安鼎福 「天學考」·「天學問答」의 '天學' 및 高宗 『斥邪綸音』의 '天學'·'天主學'·'天主敎'와의 비교 분석> 부분의 서술 내용을 참조하시라.

여 '천주학'을 전면적으로 비판하고 한편으로는 그 '천주학'의 관련 서적들을 '천주서'로 지칭하고 있다는 점에서, 안정복과는 다른 개별성을 지닌 인물이었다고 평가할 수 있다고 여겨진다.

이러한 이헌경의 「天學問答」과 동일한 시점인 正祖 9년(1785)에 安鼎福이 지은 「天學考」에서는 '西洋書'를 거론하였다. 다음 대목에서 찾아진다.

> 西洋書가 宣祖 말년부터 이미 우리나라에 들어와서 이름난 卿尹과 뛰어난 儒生으로 보지 않은 사람이 없었다.[29]

안정복이 이 대목에서 '西洋書'라고 지칭한 것은, 그가 비판한 천주교 관련 서적들을 통칭한 것인 듯하다. 이런 면모는 방금 앞서 살폈듯이 이헌경이 '天主書'라는 용어를 구사했던 것과는 명료하게 구별되는 것이라 하지 않을 수 없다. 아마도 안정복의 경우는 그 자신의 글 「天學考」·「天學問答」 등에서도 드러나듯이 '天主學'을 天學의 한 부류로서 파악하고 있었으므로, '天主書'나 '天主敎' 등 '天主'字가 포함된 어떠한 용어도 굳이 사용하지 않으려는 생각이 확고하였기에 그랬던 게 아니었는지 모르겠다. 여하튼 안정복이 '西洋書'라는 용어를 구사했어도, 이헌경과 같이 '天主書'라고는 지칭하지 않았던 것도 엄연한 역사적 사실의 하나였지 않나 싶다.

5. 尹愭「闢異端說」(1785년경)의 '天主學' 槪念·宗旨·大意 定義

尹愭(1741-1826)는 「闢異端說」·「俗學之弊 辛亥應製」를 위시해서 「又記答人之語」·「感懷 八百字」 등 天主敎에 대해 전면적으로 강하게 비판하는 글을 여러 편 작성하였고[30], 그것은 『無名子集』에 포함되어 있다. 이러한 그

---

29 安鼎福,「天學考 乙巳年」,『順菴集』 卷17 雜著. "西洋書 自宣廟末年 已來于東 名卿碩儒 無人不見"
30 조지형,「無名子 尹愭의 서학 비판 저술과 천주교 인식」,『누리와 말씀』 41, 2017 참조. 특히 pp.129-130에는 시기에 따른 尹愭의 저술 목록이 잘 정리되어 있다.

의 글들을 면밀하게 분석해보면, 당시에 생존했던 다른 인물들의 글에서는 좀처럼 찾아볼 수 없는, 그래서 상당히 個別性이 강하다고 평가해야 마땅할 대목들을 종종 발견할 수가 있다. 그런 중에서도 가장 대표적이라고 손꼽을 면모는「闢異端說」에서 '天主學'이라는 용어를 구사하였을 뿐만 아니라 특히 그 '天主學'의 槪念·宗旨·大意를 그 나름대로 定義 내린 대목들이 찾아진다는 점이라 하겠다.

(1) 天主學 槪念

그의「벽이단설」속에는 問答式으로 서술한 대목들이 포함되어 있는데, 특징은 客이 묻고 그 자신이 답하는 형식으로 서술하면서도 '천주학'의 구체적인 면모에 대해서는 자신은 단지 물을 뿐이고 객의 입을 통해서야 핵심적인 내용을 밝히는 형식을 취하여[31] 그 자신의 생각을 담아서 드러낸 것이다. 다음의 대목도 그런 것 중의 하나다.

> 근자에 어떤 客이 와서 물었다. "자네도 天主學이란 걸 들어보았는가?" "아니요. 어째서 천주학이라고 부르는 게요?"
> "천주학은 본디 서양국 利瑪竇에게서 나왔는데, 그 學의 서적은『天主實義』등 10여 종이 있네. 중국인 중에 이를 공부한 사람이 있는데, 우리나라도 年前에 使行을 다녀오면서 이 책을 구입해 왔네."[32]

---

31 尹愭가 굳이 이러한 방식으로 자신의 생각을 서술한 것은, 아마도 추측하건대 그 자신의 생각을 직설적으로 표현하게 되면, 차후에 그 내용에 대한 추궁이 생길 수도 있다는 우려에서 그것을 회피하기 위한 게 아니었나 싶다. 예를 들면「闢異端說」의 맨 마지막 대목에서 "객이 떠나고 나서 이 일화를 기록한다. 아이들에게 보여주기 위함이다(客去 乃記其說 以示兒輩)"라고 기입해 둔 것 역시 그렇다고 보이지만, 특히「又記答人之語」에서 " … 지금 이른바 천주학이란 것은 … 내가 비록 그 책을 보지는 못했지만 사람들이 전하는 말을 들으면 그 천주학은 이와 같을 뿐이다(… 今此所謂天主學者 … 余雖不見其書 聞人傳說 其學不過如此)"라고 기술하여 자신이 '天主學'의 서적들을 보지 못했다고 말하고 있는 것 역시 그런 염려에서 말미암은 게 아닐까 여겨진다.

32 尹愭,「闢異端說」,『無名子集』文稿 冊一. "近日客有來者曰 子亦聞所謂天主學乎曰未也 何以謂之天主學也 客曰其學本出於西洋國利瑪竇 其書有所謂天主實義等十許目 而中國人有治之者 年前我國使行時購其書以來 輕俊之士 見而悅之 多學焉者矣" 국역은 강민정 옮김,「이단에 대한 반박」,『무명자집』9, 성균관대학교출판부, 2013, pp.268-270 참조. 본문에 제시한 국역 대부분은 이 국역

자신의 입이 아닌 객의 입을 통해서 말하고 있지만, 기실은 그 자신의 생각이 표출된 것에는 변함이 없는데, 그럴지라도 '천주학' 자체의 개념을 나름대로 정의를 내리고 있는 것은 그 역사적 의미가 적지 않다고 보인다. 여타의 사례에서 '천주학'에 대한 이러한 尹愭의 개념 정의와 같은 경우를 거의 찾아볼 수가 없다고 여겨지기 때문이다.

이 대목에서 윤기가 내린 '천주학'의 정의는 요약하면, '우리나라' 사람들이 "使行을 다녀오면서" "구입해 온" "본디 서양국 이마두에게서 나온" "『天主實義』등 10여 종"의 '그 學의 서적'에 담겨 있는 내용이라 하겠다. 이런 정의 가운데 '그 學의 서적'이라고 함은 곧 앞서 거론한 '천주학'을 지칭하는 게 분명하니까, 한마디로 '천주학 서적'을 가리켜 말한 것이다. 이 '천주학 서적'이라고 함은 방금 앞서 검토한 바대로, 1785년 柳河源 上疏文의 '西洋天主之書'나 正祖 批答의 '西洋天主書' 그것의 다른 표현일 뿐임이 자명하다. 따라서 윤기가 내린 '천주학' 정의는 '우리나라 사람들이 使行을 다녀오면서 구입해온 서양인 이마두가 저술한 『천주실의』등 천주학 서적에 담긴 내용'이라고 정리할 수 있겠다.

(2) 天主學 宗旨

尹愭는 스스로 정의한 '천주학'의 宗旨에 대해서도 매우 간결하게 정의를 내리고 있음도 그냥 지나칠 수가 없다. 다음의 대목이 그것이다.

"그 學의 宗旨는 무엇이오? 상세한 것을 묻는 것이 아니라 대강을 듣고 싶소."
"그 學은 오로지 天主만을 섬기는데 천주라고 하는 것은 上帝이네"[33]

을 참조하기는 했지만, 그대로 인용한 게 아니라 전체를 모두 대부분 손질하여 제시하였음을 밝혀 두는 바이다. 이하의 국역도 마찬가지다.

33 尹愭,「闢異端說」,『無名子集』文稿 冊一. "余曰其學之宗旨云何 請無問其詳 且問其略 客曰其學專事天主 天主者上帝也" 국역은 강민정 옮김,「이단에 대한 반박」,『무명자집』9, 2013, p.270 참조.

여기에 보이는 '그 學의 宗旨'라는 문구에서 '그 學'이란 더 말할 나위가 없이 '천주학'이 분명하므로, 천주학의 종지에 대해 정의를 내리고 있는 것이라 하지 않을 수 없겠는데, 곧이어서 '그 學'이라 하고서는 "오로지 天主만을 섬기는데 천주라고 하는 것은 上帝(專事天主 天主者上帝也)"라고 하였다. 그의 이 말 가운데 "천주라고 하는 것은 上帝"라 한 대목은 利瑪竇『天主實義』의 핵심 내용을 인용한 게 분명하므로[34], 따라서 尹愭는 天主學의 개념에서 이미 규정한 바와 같이 『천주실의』 등 천주학 서적에 정리된 핵심 교리 "오로지 천주만을 섬기는 것"이 천주학의 종지라고 정의를 내렸음이 확실하다.

(3) 天主學 大意

尹愭는 천주학의 개념과 종지에 대해서만 정의를 내리는 것으로 그치지 않고, 거기서 한 단계 더 진전시켜 그 천주학의 대의에 관해서도 매우 상세히 정의를 규정하였다. 이어지는 다음의 대목에서 그랬다.

"大意는, 사람이 비록 부모에게서 태어나긴 하지만 단지 우연히 형체를 받은 것에 불과하고, ㉮높이 받들어야 할 분은 오직 천주뿐이라고 하네. 이에 ㉯天主의 형상을 본떠서 세우고 참으로 형체가 있어서 형상으로 만들 수 있었던 것처럼 아침저녁으로 엎드려 이마를 땅에 대고 절하면서 경건과 정성을 다한다네. 한결같이 게으름 부리지 않으면 ㉰저 세상 천당에 올라 쾌락을 누리게 되며, 비록 육신이 큰 죄를 지어 수족이 잘리더라도 해가 되지 않는다고 하네. 그러나 조금이라도 혹시 게을리하는 자와 그런 주장을 배척하는 자는 반드시 지옥에 들어가게 된다는군. ㉱밤낮으로 바라는 것은 오직 육신을 빨리 벗어나 영혼이 진리로 돌아가는 데에 있다네"[35]

---

34 利瑪竇,「第二篇 解釋世人錯認天主」,『天主實義』. "吾國天主卽經言上帝 … 吾天主乃古經書所稱上帝也"
35 尹愭,「闢異端說」,『無名子集』文稿 册一. "大意以爲人雖生於父母 特不過偶然形化 則所可尊奉者 惟天主是已 於是模천主之像 有若眞有形體之可象者 而朝夕頂禮 以致虔誠 一此弗懈 則升彼天堂 享受快樂 雖身犯大戾 手足異處 亦無害也 小或怠忽 及有斥其說者 必入地獄 日夜所冀者 惟在乎肉身速蛻 魂靈返眞" 국역은 강민정 옮김,「이단에 대한 반박」,『무명자집』 9, 2013, pp.270-271 참조.

大意의 첫째로 꼽은 것은, 방금 앞서 언급한 "오로지 천주만을 섬기는 것"이라고 한 宗旨와 일맥상통하는 "높이 받들어야 할 분은 오직 천주뿐이라고 함(㉮)"이다. 둘째는, "天主의 형상을 본떠서 세우고 … 아침저녁으로 엎드려 이마를 땅에 대고 절하면서 경건과 정성을 다한다(㉯)"는 것이며, 셋째는 "저 세상 천당에 올라 쾌락을 누리게 되며 … 조금이라도 혹시 게을리하는 자와 그런 주장을 배척하는 자는 반드시 지옥에 들어가게 된다(㉰)"는 것이다. 그리고 넷째는 "밤낮으로 바라는 것은 오직 육신을 빨리 벗어나 영혼이 진리로 돌아가는 데에 있다(㉱)"는 것이다.

尹愭가 정의한 이러한 천주학의 4가지 大意 중 첫째 "오로지 천주만을 섬기는 것"과 셋째 "저 세상 천당에 올라 쾌락을 누리게 되며 … 조금이라도 혹시 게을리하는 자와 그런 주장을 배척하는 자는 반드시 지옥에 들어가게 된다(㉰)"는 소위 '天堂地獄說(略稱 堂獄說)'은 『천주실의』에서 취한 바가 분명하다고 읽힌다. 이와 달리 둘째 "天主의 형상을 본떠서 세우고 … 아침저녁으로 엎드려 이마를 땅에 대고 절하면서 경건과 정성을 다한다(㉯)"는 것과 넷째 "밤낮으로 바라는 것은 오직 육신을 빨리 벗어나 영혼이 진리로 돌아가는 데에 있다(㉱)"는 것은 당시 천주교 신봉자들이 일상에서 실행하는 신심 행위의 면면을 면밀히 관찰한 것을 토대로 서술한 것이라 판단된다.

지금껏 살핀 바와 같이 尹愭가 이렇듯이 '天主學'에 대한 개념·종지·대의를 정의하기는 하였지만, 천주학 자체에 대해서는 냉혹하게 비판하였다. 아래의 대목에서 여실하다.

ⓐ지금 이 소위 天主學이라는 것은 ①어찌 단지 道에 가깝지 않을 뿐이겠는가. 실로 완전히 말도 되지 않는다고 이를 수 있다. 저들이 받든다는 '天主'는 경전 속의 '昊天'·'上帝' 등의 말을 본떠서, 소리도 없고 냄새도 없는 하늘의 일을, 모사할 수 있는 형상적 존재에서 찾은 것이니,②이는 부엌간 늙은 婢도 속일 수 없다.

저들이 말하는 천당·지옥은 불경의 輪回說·應報說을 따른 것이지만 천박하고 속되어서 오히려 윤회설과 응보설의 근처에도 못 미친다. ③어린애들이 흙먼지를 모아 밥이라 하고 진흙을 물에 개어 국이라 하는 것보다 심하니, 사람이 누가 믿겠는가.

　부모 자식 사이의 윤리를 저버리고 성현의 가르침을 배척하여 마구 고함치고 소란을 피우는 등 추악한 광경을 무수히 만들어내는 것으로, 또한 미친 짓을 하는 사람과 술에 취한 자도 말할 수 없는 바가 있다. 내가 비록 저들의 책을 보지는 못했지만 사람들이 전하는 말을 들어 보면 그 學은 이와 같음에 불과하다.

　그런데도 지금 세상 사람들이 간혹 처음에는 불가항력적으로 그 속으로 빠져드는 경우가 있으니, 정말이지 그 까닭을 알 수 없다. 그러나 ⓑ마땅히 저절로 일어났다가 저절로 사그라질 것이니, 그냥 놔두고 논하지 않는 게 좋겠다.³⁶

이 부분에서 "지금 이 소위 天主學이란 것(ⓐ)"에 대해서, "어찌 단지 道에 가깝지 않을 뿐이겠는가. 실로 완전히 말도 되지 않는다고 이를 수 있다(①)"라든가, "이는 부엌간 늙은 婢도 속일 수 없다(②)"라든가, "어린애들이 흙먼지를 모아 밥이라 하고 진흙을 물에 개어 국이라 하는 것보다 심하니, 사람이 누가 믿겠는가(③)"라든가 하여 천주학에 대한 평가를 내리고 있음이 확연하다. 이러한 천주학에 대한 그의 평가는 그 당시 어느 누구의 글 어떠한 대목에서도 찾아보기 어려운 아주 냉혹한 것이라 여겨진다.

　그렇지만 "마땅히 저절로 일어났다가 저절로 사그라질 것이니, 그냥 놔두고 논하지 않는 게 좋겠다(ⓑ)"는 의견을 제안하고 있는 것은 그 나름대로 제시한 천주학의 대대적인 유행에 대한 방책으로써 강력한 제지 및 탄압을 주장한 게 아니라 오히려 무시하려는 듯한 태도를 취한 것이라는 점에서 개별성을 지닌다고 하겠다.³⁷

---

36 尹愭,「又記答人之語」,『無名子集』文稿 册一. "今此所謂天主學者 奚翅甚不近道 直可謂全不成說 其所謂尊奉天主 雖欲依倣於經傳中昊天上帝等語 而以無聲無臭之載 欲求之形像模畫之中 此不可以欺竈間老婢也 其所謂天堂地獄 雖欲祖述於貝葉間輪回報應之說 而粗淺庸俚 反不能窺其藩籬 殆甚於小兒之塵飯塗羹 人誰信之 至於棄父子之倫 斥聖賢之訓 胡叫亂嚷 備盡無數醜惡底光景 又有狂夫醉漢之所不敢道者 余雖不見其書 聞人傳說 其學不過如此 誠不曉今世人之何爲而始或不能無入於其中也 然當自起自滅 置而不論可也" 국역은 강민정 옮김,「이단에 대한 반박 2」,『무명자집』 9, 2013, pp.281-282 참조.
37 그렇지만 이 보다 7년 뒤인 正祖 16년(1792) 봄에 완성한 그 자신의「感懷 八百字」에서는 자신의

6. 李景溟 上疏文(1788년)의 '西學'과 正祖 · 李性源 · 蔡濟恭 논의의 '西學'

正祖 12년(1788) 8월 2일(辛卯)에 司諫院 正言인 李景溟(1733-1799)이 上疏文을 제출하여 당시 국정 현안에 관하여 자신의 견해를 제시하는 중에 '西學'의 폐단에 대해서도 언급하였다.[38] 그러자 正祖는 다음 날 8월 3일(壬辰)에 大臣과 堂上이 入侍하자 국정을 논의하는 자리에서 이러한 사실을 언급하면서 의견을 주고받았다.[39] 그 상세한 대화의 내용이 『承政院日記』의 기록에 다음과 같이 전해진다.

(A)主上께서 이르셨다. "李景溟의 疏에서 西學의 폐단에 대해 의견을 충분히 말하였는데 경들은 보지 못했는가" (左議政) 李性源이 아뢰었다. "상소문의 원본을 臣은 아직 보지 못했습니다." 주상께서 이르셨다. "그렇다면 상소문의 원본을 보는 것이 옳겠소"

(B)이성원이 아뢰었다. "지난날 西學의 학설이 성행하다가 근래에는 자못 잠잠하기에, 臣은 그 학설이 아직도 여전히 남아 있는지 몰랐습니다. 그 당시에 이 일로 이미 傳敎 및 處分이 있었는데도 아직도 그치지 않는 것이 매우 몹시 놀라운 일이오니, 이는 불가불 다시 더욱 엄금해야 할 일입니다." 주상께서 이르셨다. "右相의 의향은 어떠하시오"

이런 방책을 바꾸어 대대적인 탄압을 가해야 한다고 주장하기에 이른다. 이는 다름 아니라 正祖 9년(1785)에 비해 7년 후인 이때에는 그만큼 天主教의 확산이 이미 대대적으로 이뤄졌기 때문에, 尹愭의 대처 방책도 달라진 것이라고 판단된다.

38 『승정원일기』와 『일성록』의 기록에 따르면, 이날 李景溟이 제출한 上疏文에서는 3가지 점을 언급하였다. 첫째 李适 등의 亂逆에 관한 처결, 둘째 傳敎의 환수에 관한 결정, 셋째 西學의 폐단에 대한 대책 강구였다.

39 이경명이 상소문에서 3가지 사안과 관련하여 正祖는 批答을 통해 "첫째 조목은 진달하여 권면한 것이 절실하니 留意하겠다(首條陳勉切實 當留意)"라고, "둘째 조목은 允許하지 않겠다(次條不允)"라고 하였으며, 그리고 "셋째 조목은 廟堂으로 하여금 상소의 내용을 자세히 상고하여 금령을 설행하는 것이 합당한지를 잘 헤아려서 품처하게 하겠다(第三條 令廟堂詳考疏辭 設禁當否 商量稟處)"라고 밝혔다. 그래서 이튿날 8월 3일(壬辰)에 大臣과 堂上이 入侍하자 국정을 논의하는 자리에서 이러한 사실을 언급하면서 西學에 관한 서로의 의견을 주고받게 되었던 것이다.

(C)(右議政) 蔡濟恭이 아뢰었다. "소위 西學이 이 세상을 속여서 미혹시키며 그 말이 성행하고 있지만, 그 학문의 이면이 어떤지에 대해서는 몰랐습니다. 그러므로 臣이 힘을 다하여 구해 비로소 얻어 그 『천주실의』라는 이름의 책 2권을 보았더니, 이는 곧 利瑪竇가 처음 問答한 것으로, 사람으로서의 도리를 손상하고 파괴하는 설명이 아님이 없었습니다. … "[40]

이경명의 상소문에서 제기된 '西學'의 폐단에 대한 의견을 正祖가 大臣과 堂上들에게 구하는 절차를 밟고 있었기에, 의당 正祖나 左議政 李性源이나 右議政 蔡濟恭이나 모두 '西學'을 거론하고 있는 것이라 하겠다. 그런데 논의 과정에서 李性源의 경우는 드러나 있지 않아서 『천주실의』를 직접 읽어보았는지 여부를 알 수 없지만, 蔡濟恭은 "힘을 다하여 구해 비로소 얻어 그 『천주실의』라는 이름의 책 2권을 보았다"고 하였을 뿐만 아니라, 더욱이 그것은 "곧 利瑪竇가 처음 問答한 것으로, 사람으로서의 도리를 손상하고 파괴하는 설명이 아님이 없었다"라고 밝혔다. 따라서 '西學'은 利瑪竇가 問答 형식으로 서술한 『천주실의』 2권에서 유래한 학문을 가리키는 게 분명하다고 하겠다.

그런데 같은 날 같은 시각 동일한 장소에서 계속된 논의 내용에 관한 『승정원일기』 등의 기록을 보면, 正祖가 '天主學'이라는 용어를 구사하고 있음을 알 수 있다. 게다가 그 이후 재위 15년(1788) 『正祖實錄』 등의 기록에서 역시 蔡濟恭과 국정을 논의하면서 '西洋學'이라는 용어도 역시 구사하고 있음이 드러난다. 따라서 먼저 언급한 '西學'도 결국은 '天主學'을 지칭하는 또 하나의 용어로서, '西洋學'의 약칭으로서 구사한 것으로 이해해도 별다른 문제가 없지 않나 생각한다.

---

[40] 『承政院日記』 正祖 12년(1788) 8월 3일(壬辰). "上曰 李景溟疏 極言西學之弊矣 卿等見之否 性源曰 疏本 臣未及見之矣 上曰 然則疏本 見之可也 性源曰 向來西學之說盛行 而近頗寥寥 故臣未知其說之至今尙存矣 其時以此事 旣有傳敎及處分 而尙不知戢 終不寢息者 極爲駭痛 此是不可不更加嚴禁之事也 上曰 右相之意 何如 濟恭曰 所謂西學 誑惑一世 其言盛行 而未知其學裏面之如何 故臣窮覓 始得見其天主實義爲名冊二卷 此是利瑪竇初頭問答 而無非傷敗彝倫之說 … " 『正祖實錄』・『日省錄』의 같은 날 기록에도 이 대화의 기록에 전하지만, 그것들은 『承政院日記』와 일일이 대조해보니 누락 부분이 적지 않으므로 『승정원일기』의 것을 택하여 인용한다.

7. 正祖 언급(1788년)의 '天主學'

  현재 전해지는 『承政院日記』・『日省錄』・『實錄』의 기록을 검토해보았을 때, 신하들과의 국정을 논의하는 공식 석상에서 방금 앞서 살핀 바대로 '西學'은 물론 '天主學'이라는 용어를 구사하며 공개적으로 발언한 조선 최초의 국왕은 正祖(재위 1777-1800)였지 않았나 여겨진다. 正祖는 12년(1788) 8월 3일(壬辰)에 있었던 여러 신하와의 次對 중 '西學'에 대해 앞서 살핀 바와 같이 논의하고 나서 바로 그 자리에서 이어진 논의 중 '天主學'에 대해서도 언급하였다.

  그런데 이와 관련한 당일의 기록을 면밀하게 대조해보면, 이런 사실이 『承政院日記』에는 게재되어 있지만 『實錄』에는 그렇지 않다는 사실이 확인된다. 다음의 기록에서 그러하다.

  (1)(A)主上께서 이르셨다. "朕의 생각에는 우리의 道理와 正學이 크게 闡明되면, 이와 같은 邪說은 스스로 일어났다가도 저절로 없어질 것이니, 사람들도 그 사람들이나 그 書籍을 불태우면 될 것이다.[41]
  (B)무릇 天主學도 역시 心·性·情을 존중하고, 세밀한 곳에서는 곧 극히 적은 것에 몰입하며 그 실체에서는 곧 우리 儒學의 본체에 그다지 다르지 않은데, 그 작용은 서로 반대가 되므로 末流에 작용함에 폐단이 이에 이르렀다.[42]"

『承政院日記』에는 (A)(B)부분의 기록 모두 게재되어 있으나, 『正祖實錄』에는 (A)부분만 있을 뿐 (B)부분의 기록은 없다. 이는 『承政院日記』는 당일

---

41 『承政院日記』正祖 12년(1788) 8월 3일(壬辰). "上曰, 予意則使吾道大明, 正學丕闡, 則如此邪說, 亦可以自起自滅, 而人其人火其書, 則可矣" 이 대목은 『正祖實錄』정조 12년(1788) 8월 3일조에도 기록되어 있다.
42 『承政院日記』正祖 12년(1788) 8월 3일(壬辰). "大抵天主學 亦主於心性情 而細處則入於秋毫 其體則不甚異於吾儒之體 而其用相反 故末流作用之弊 至於此矣" 이 대목은 『正祖實錄』정조 12년(1788) 8월 3일조에는 기록되어 있지 않고 오직 『承政院日記』에만 기록되어 있을 뿐이어서 각별한 주의를 요한다.

의 기록 그대로를 기재한 것인 데에 반해,『實錄』은 正祖 昇遐 후 實錄廳이 구성되어 史官들이 史草를 정리하는 과정에서 이 부분을 누락시킨 결과일 것이다. 따라서『承政院日記』의 기록에 근거해서 당일 正祖가 '天主學'을 거론하였음은 분명한 사실이라고 판단해도 지장이 없겠다.

이러한 正祖의 '天主學' 관련 언급에서 무엇보다도 눈여겨볼 대목은, 천주학 자체에 대해서 전면적인 부정이나 본격적인 비판을 가하지는 않았다는 사실이라 하겠다. 즉 비록 결론적으로는 "그 작용은 서로 반대가 되므로 末流에 작용함에 폐단이 이에 이르렀다"라고 지적하였으나, 그에 앞서 "天主學도 역시 心·性·情을 존중하고, 세밀한 곳에서는 곧 극히 적은 것에 몰입하며 그 실체에서는 곧 우리 儒學의 본체에 그다지 다르지 않다"라고 하는 인식을 표출하였던 것이다. 특히 이 대목 중 천주학을 "그 실체에서는 곧 우리 儒學의 본체에 그다지 다르지 않다(其體則不甚異於吾儒之體)"라고 학문적인 측면을 인정하는 듯한 평가를 하였음이 주목되어 마땅하겠다.[43]

正祖 자신이 직접 '천주학'이라는 용어를 구사해가면서 천주학이 학문적으로 그 본체가 儒學과 다르지 않다고 평가한 이러한 언급은 당시에 적지 않은 反響을 불러일으키는 계기가 되었던 게 아닌가 한다. '천주학'이라는 용어가 이 무렵 국가 기관의 문서는 물론이고 上疏文에서 채용되기도 하였음이 찾아지기 때문이다. 1791년 10월 16일(丁巳)의 司憲府「啓」, 같은 해 10월 20일(辛酉)의 申耆 上疏文 그리고 1795년 7월 11일(庚申)의 漢城府「關文」등의 경우가 그러한데, 관련 사항을 도표로 작성하여 제시하면 다음의〈표 1〉이다.

---

43 이러한 正祖의 天主學에 대해 학문적인 면에서 인정하는 듯한 긍정적인 평가는 그 이후의 여느 기록에서도 찾아보기 어려운 매우 이채로운 것이라 여겨지며, 따라서 역사적으로 특별히 기억될만한 대목이라 하겠다. 아마도 이러한 관점에서 후일 문제가 될 여지가 있을 수도 있겠다 싶어서, 이런 언급을 正祖가 했다는 사실 자체를 아예『實錄』을 편찬하면서 그 과정에서 의도적으로 누락시킨 게 아닐지 추측된다.

〈표 1〉正祖의 '天主學' 언급(1788년) 이후 '天主學' 記載 文書 整理表

연번	시기	문서	내용 중 '天主學' 대목
1	正祖 15년(1791) 10월 16일(丁巳)	司憲府「啓」	天主學은 바로 이치에 어긋난 이단으로서 세상을 현혹시키고 백성을 속이는 것 가운데 가장 심한 것입니다.[44]
2	正祖 15년(1791) 10월 20일(辛酉)	申耆 上疏文	엊그제 양사에서 天主學의 일로 논계를 하여 비답을 받았는데, 綸音이 해와 달처럼 명백하였습니다[45]
3	正祖 19년(1795) 7월 11일(庚申)	漢城府「關文」	邪學-이것은 이른바 天主學이다-을 금하는 것이 얼마나 지엄한가[46]

正祖의 '천주학' 언급 이후에 이같이 司憲府 및 漢城府의 공식 문서에서뿐만 아니라 개인의 상소문에서도 '천주학' 용어가 구사되고 있는 현상이 나타났음이 입증된다. 이는 이럴 정도로 正祖 자신이 직접 '천주학'이라는 용어를 구사해가면서 천주학이 학문적으로 그 본체가 儒學과 다르지 않다고 평가한 언급이 京鄕 각지에 전달되어 끼친 영향 때문이지 않았나 싶다.

[44] 〈표 1〉의 내용 중 '天主學' 대목을 포함한 인용문의 핵심 대목은 다음이다. 『正祖實錄』正祖 15년(1791) 10월 16일(丁巳). "사헌부가 … 아뢰기를, "天主學은 바로 이치에 어긋난 이단으로서 세상을 현혹시키고 백성을 속이는 것 가운데 가장 심한 것입니다. 연전에 조정에서 엄히 금지시킨 뒤에 그 뿌리가 영원히 끊어질 줄 알았으나 민간에는 남몰래 숭배하는 자들이 간혹 있다고 합니다. 이것도 이미 해괴한 일인데 요즈음 듣건대 湖南 珍山郡에 명색이 선비라는 자 몇 사람이 그 학문을 전문적으로 공부하며 심지이는 윤리를 손상시키고 의리에 어긋나는 일을 하는 것이 한두 가지가 아니라 합니다. …(司憲府 … 啓言 天主學 卽一悖理之外道 而惑世誣民之最甚者 年前自朝家嚴禁之後 庶幾永絶根本 而閭巷間 潛自慕效者 間或有之云 此已怪駭 而近聞湖南之珍山郡 有以士爲名者數人 專治其學 甚至於傷倫悖義之事 不一而足 …)"

[45] 〈표 1〉의 내용 중 '天主學' 대목을 포함한 인용문의 핵심 대목은 다음이다. 『正祖實錄』正祖 15년(1791) 10월 20일(辛酉). "大司諫 申耆가 상소하기를, … '엊그제 양사에서 天主學의 일로 논계를 하여 비답을 받았는데, 윤음(綸音)이 해와 달처럼 명백하였습니다. …'(大司諫申耆上疏日 … 日昨 兩司 以天主學事 有所論啓 至承兪音 十行絲綸 昭揭日星 …)"

[46] 〈표 1〉의 내용 중 '天主學' 대목을 포함한 인용문의 핵심 대목은 다음이다. 『日省錄』正祖 19년(1795) 7월 11일(庚申). "漢城府가 八道에 關文을 보내 邪學을 금지하였다.
○한성부가 공문을 보내 알린 내용에, ' … 전후로 내리신 批答이 이와 같이 곡진하였다. 邪學-이것은 이른바 天主學이다-을 금하는 것이 얼마나 지엄한가. 그런데도 근래 일종의 요사스러운 부류가 징계되어 그칠 줄을 모르고 암암리에 불어나고 뻗어 나가 요사스러운 서적을 번역하여 어리석은 백성을 꾀어 미혹하고 남녀가 뒤섞여 윤리와 기강이 두절되어서 장차 물이 불어나 하늘에 닿고 불길이 번져 들판을 태우는 것과 같은 근심이 있게 될 것이다. … '(京兆行關八路禁戢邪學 漢城府行會 … 聖批若曰 邪學註誤之弊 父不父君不君夫不夫 其流將至於爲賊爲盜 必待大行掃蕩 然後可能知戢 與其然矣 盍若防之於未然 前後批敎若是諄諄 大抵邪學卽所謂天主學之禁 何等至嚴 而近來一種妖邪之類 不知懲戢 暗相滋蔓 翻解妖書 誘惑愚民 男女混雜倫敎斁絶 將有滔天燎原之患)"

8. 蔡濟恭 · 正祖 논의(1791년)의 '西洋學'

蔡濟恭은 正祖 15년(1791) 10월 25일(丙寅)에 있었던 次對 중에 '西洋學'을 거론하였고, 그러자 正祖가 그 소위 '서양학'이란 것이 과연 무엇인가에 관해서 질문하였다. 다음의 기록에서 그 논의 내용이 자세하다.

> (2)蔡濟恭이 아뢰었다. "이는 다 알아내기 어려운 일입니다. 사람들 속에 비록 이 學을 하는 자가 있더라도 선비의 갓을 쓰고 선비의 옷을 입고 있으니, 외면으로는 조사해 알기가 어렵습니다. … 이제 만약 그 사실을 잡아주지 못하고 그 사람을 지적하여 '네가 西洋學을 했지' 한다면 어찌 스스로 승복할 이치가 있겠습니까. 이렇게 된다면 얼굴을 맞대놓고 조사하는 과정에 줄줄이 체포되어 곧 큰 獄事가 일어날 것입니다. … "
> 主上께서 이르셨다. "이른바 西洋學이란 것이 어떤 것이기에 그렇게까지 사람의 마음을 속이고 현혹시키는가"
> 蔡濟恭이 아뢰었다. "그 學은 오로지 天堂과 地獄의 설이 중심인데, 그 본뜻은 惡을 버리고 善을 행하자는 것에서 생긴 듯하나, 그 폐단은 마침내 아비도 없고 임금도 없는 지경에까지 이른 것입니다. … 우리나라는 예의의 나라인데도 불구하고 도리어 요망한 설에 미혹되니, 실로 가증스럽습니다.[47]"

여기에서 蔡濟恭이 正祖의 '서양학' 실체 질문에 대해 "그 學은 오로지 天堂과 地獄의 설이 중심인데, 그 본뜻은 惡을 버리고 善을 행하자는 것에서 생긴 듯하다"라고 답변한 것으로 보아, 이들의 '서양학' 논의는 곧 '천주학'에 관한 것임이 드러난다. 이는 尹愭의 「感懷 八百字」에서도 "이름하여 천주학으로(命日天主學) / 그 근원은 서양에서 시작됐는데(其源自西洋)[48]"라고 했음과

---

47 『正祖實錄』 正祖 15년(1791) 10월 25일(丙寅). "濟恭曰 此皆難知之事 人雖有爲此學者 冠儒冠衣儒衣 有難以外面査得 … 而今若未捉其跡 指人曰 爾爲西洋學云 則豈有自服之理哉 如此則面質究詰之際 株連逮捕 便成大獄 今於淸平世界, 安有如許事乎 … 上曰 所謂西洋學何如 而詿惑人心 至此之極耶 濟恭曰 其學專主天堂地獄之說 本意似由去惡爲善 而其弊終至無父無君 … 我國禮義之邦 乃反迷惑於妖說者 誠可惡也"

48 尹愭, 「感懷 八百字」, 『無名子集』 詩稿 册二. 국역은 강민정 옮김, 「감회 880자」, 『무명자집』 2,

긴밀한 관련성이 있어 보인다. 즉 '천주학'의 근원이 서양에서 시작된 것이라는 사실에 근거해서 '西洋學'이라고도 지칭되고 있었던 데에서 말미암은 것으로 여겨진다고 하겠다.

正祖 재위 당시의 이러한 '西洋學'의 논의와 관련해서는, 훗날의 高宗 3년(1866)「斥邪綸音」에서도 '西洋學'이라는 용어가 구사된 대목을 함께 살펴볼 필요가 있다. 왜냐하면 高宗 3년(1866)「斥邪綸音」에서 西洋學의 시작을 특정하여 바로 正祖 15년(辛亥年, 1791)이라고 지목하고 있기 때문이다. 다음의 대목에서 그렇다.

> 中外의 大小 人民들에게 教書를 내렸다. 主上께서 이르시기를, " … 그런데 불행하게도 70·80년 사이 이른바 西洋學이라는 것이 있어, 辛亥年에 시작되더니 辛酉年에 무성하게 퍼져 민간에서 흥성하여 모두 젖어 들어서 바로잡기를 기다릴 수 없게 되었다. … "라고 하셨다.[49]

고종 3년(1866)의 이「척사윤음」에서도 '이른바 西洋學이라는 것(所謂西洋學者)'을 거론하며 역시 '西洋學'이라는 용어를 구사하고 있음이 검증되는데, 특히 그 '서양학'이 "辛亥年(1791)에 시작되더니 辛酉年(1801)에 무성하게 퍼져 민간에서 흥성하여 모두 젖어 들어서 바로잡기를 기다릴 수 없게 되었다"라고 특기함으로써 辛亥年을 그 '서양학' 흥성의 시작으로 지목하고 있음이 크게 주목된다. 이 '신해년'은 正祖가 '서양학'에 대해서 '심하게 징계할 거 뭐 있겠는가(何必大懲創) / 앞장을 서서 공격한다면(挺身攻擊者) / 부작용이 없을 수 있겠는가(得無有所妨)'라는 자세를 취한 것에 대해서 尹愭가 맹렬히 비판하였던 바로 그 正祖 15년(1791)을 특정한 것이다. 따라서 이렇듯이 고종 3년(1866)의「척사윤음」에서도 이러한 '서양학'에 대한 정조의 1791년 결

2013, pp.682-683 참조. 이에 대해서는 곧 뒤에서 원문을 제시하며 상론하게 된다.
49 『承政院日記』高宗 3년(1866) 8월 3일(己丑). "教中外大小民人等書 王若日 咨爾中外臣僚庶民 咸聽予一人誥… 不幸七八十年之間 有所謂西洋學者 濫觴於辛亥 滋蔓於辛酉 民興胥漸 罔克胥匡 …"

정으로 말미암아서 '서양학'이 흥성하기 시작한 것으로 당대에서도 이미 그렇게 파악하고 있었음이 확인됨으로써, 正祖 15년(1791)이 천주교 확산의 시발점이었다는 사실이 역사적으로도 입증되었다고 서술하여도 무방하리라 판단된다.

9. 尹愭「俗學之弊 辛亥應製」(1791년)의 '西洋之學'·'洋學'과「感懷八百字」(1792년)의 '天主學'

正祖 15년(1791) 당시 殿庭에서 거행된 庭試에서 成均館 儒生 尹愭가 正祖에게 제출한「俗學之弊 辛亥應製」를 통해 천주학의 확산에 대한 자신의 대처 방안을 진술하면서 '西洋之學'·'洋學'이라는 용어를 구사하였다. 그리고 그 이듬해 正祖 16년(1792) 천주학 확산의 사태가 진정될 기미가 전혀 보이지 않자, 尹愭는「感懷 八百字」(1792년)을 작성하여 크게 우려를 표명하였는데, 여기에서는 '天主學'이라는 용어가 구사되었음이 주목된다.

(1)「俗學之弊 辛亥應製」(1791)의 '西洋之學'·'洋學'

尹愭는 正祖에게 제출한「俗學之弊 辛亥應製」를 통해 천주학의 확산에 대한 자신의 대처 방안을 진술하면서 '西洋之學'·'洋學'이란 용어를 구사하고 있었다. 이런 사실은 다음 대목에서 찾아진다.

"신은 대답합니다. 신은 근래 ⓐ소위 西洋의 學이라는 것에 대해 우려와 개탄을 금할 수가 없습니다. 전하의 말씀이 있지 않더라도 분연히 나서서 그 기세를 막아야 할 것인데, 하물며 전하께서 단서를 열어 말하도록 인도해 주신 터에야 어떠하겠습니까? … 신은 ⓑ먼저 洋學을 금하기 어렵다는 것을 말씀드린 후 이단을 물리치는 것을 마땅히 엄하게 해야 한다는 것에 대해 말씀드리고자 하오니, 전하께서는 살펴 주시옵소서. … 그런데 전하께서 다스리는 방법은, 괴이한 짓거리가 훤히 드러난 두 도적을 관찰사에게 맡겨 처리하도록 한 것에 불과할 뿐입니다. 이는 실로 발본색원하거나 백성들의 마음을 징계하기에 부족합니다. … 전하께서는 어찌하여 ⓒ대단히 너그럽게 용서하시고 관대하게 큰 은혜를 내리신 것입니까. 신은 삼가 생각건대, 이렇게 하면 저 ⓓ그 學을 하는 자들은 모두 기쁜 낯빛으로 축하를 하며 '누구도 감히 따지지 못할 것이다.'라고 할 것이고, 참된 선비들이 일망타진되는 우환을 면치 못할 것입니다. 어찌 크게 두렵지 않겠습니까"⁵⁰

보이는 바와 같이 이 글에서 尹愭는 '西洋之學(ⓐ)'·'洋學(ⓑ)'·'其學(ⓓ)' 3종의 용어를 구사하였는데, '西洋之學'의 약칭으로써 '洋學'을 구사하였으며, 또 그것을 지칭하기 위해 '其學'이라고 했을 뿐임이 자명하다. 이러한 '西洋之學'에 대해 尹愭는 "우려와 개탄을 금할 수 없음(ⓐ)"을 토로하면서 그 '洋學'을 "금하기 어렵다는 것"을 인식하고 그러니 "이단을 물리치는 것을 마땅히 엄하게 해야 한다는 것(ⓑ)"이 그의 처방이었다. 하지만 그 자신의 기대와는 정반대로 正祖가 "대단히 너그럽게 용서하시고 관대하게 큰 은혜를 내리신 것(ⓒ)"에 대해 尹愭는 거침없는 비판을 제기한 것이다.

이 글 중에서 '이단(ⓑ)'이라고 한 것은, 곧 살필 그 자신의 다른 글 「感懷 八百字」에서 구사한 '天主學' 그것임이 분명하므로, 尹愭가 말한 '西洋之學'·'洋學'·'其學'은 모두 '천주학'의 다른 修辭였음을 부정할 수 없겠다. 따라서 尹愭는 이 글의 제목 「俗學之弊 辛亥應製」에서 '俗學'이라 지칭하고 그 내용에서 '西洋之學'·'洋學'이라고 지칭한 것이 기실 그 자신의 「感懷 八百字」에서 말한 '天主學' 그것이었다고 하겠다.

(2) 「感懷 八百字」(1792년)의 '天主學'

尹愭는 正祖 15년(1791) 세밑에 짓기 시작하여 그 이듬해 正祖 16년(1792)

---

50 尹愭, 「俗學之弊 辛亥應製」, 『無名子集』 文稿 冊九 殿策. "臣對 臣於近日所謂西洋之學 竊不勝憂歎憤慨 微殿下言之 固將奮蠫臂於車轍 況殿下發其端而導之使言乎 … 臣請先言洋學之難禁 後及闢異之宜嚴 惟殿下試垂察焉 … 而殿下所以治之者 不過以作怪已發之兩賊 付之道伯而已 此固不足以拔本塞源 … 殿下何其假之太寬而恕之太恩也 臣竊恐如此則彼爲其學者 擧將揚眉相賀 以爲莫敢誰何 而眞箇士類 反不免於網打之患矣 豈不大可懼哉"

봄에 완성한[51] 自作詩 「感懷 八百字」에서 '천주학'에 관해 기술하였다. 다음 부분에서 그랬다.

어찌 생각이나 했으랴 근년 들어 / 豈意近年來
사벽한 학설이 몹시 창궐할 줄을 / 邪說劇劻勷

이름하여 천주학으로 / 命曰天主學
그 근원은 서양에서 시작됐는데 / 其源自西洋
利瑪竇가 周公·孔子보다 어질다 하고 / 瑪竇賢姬孔
예수[耶穌]가 복희씨 신농씨보다 훌륭하다 하네 / 耶穌高風姜

천하를 바꾸려 생각하면서 / 思以易天下
당해낼 수 없는 기세로 활개를 치며 / 鴟張勢莫當
중국까지 점차로 물들였는데 / 漸染及中國
그 근원이 오래되었네 / 久矣其濫觴[52]

尹愭는 이렇듯이 한편으로는 '邪說'이라 지칭하면서도 '천주학'이 "천하를 바꾸려 생각하면서 / 당해낼 수 없는 기세로 활개를 치며 / 중국까지 점차로 물들였는데 / 그 근원이 오래되었네"라고 읊음으로써 그야말로 그 근원이 오래된 점은 물론이고 그 기세가 대단하여 중국은 말할 것 없이 조선에서도 그러하다는 사실을 적고 있다.

그러면서도 尹愭는 같은 글 속의 다른 대목에서 문제의 발단이 다름 아니라 正祖 자신의 잘못된 인식 자체에 있다고 지적하면서 날카로운 비판을 제기하고 있었다. 당시 天主學 확산에 대한 正祖의 인식은 다음과 같다고 尹愭는 기술하고 있다.

---

51 강민정, 역주 1616, 「감회 800자」, 『무명자집』 2, 2013, p.674.
52 尹愭, 「感懷 八百字」, 『無名子集』 詩稿 册二. 강민정 옮김, 「감회 800자」, 2013, pp.682-683 참조. 국역은 인용하면서 손질하여 제시한 것이다. 앞뒤의 어느 것이나 마찬가지다.

모두 뉘우치게 함이 중요하니 / 要使盡悔悟
심하게 징계할 거 뭐 있겠는가 / 何必大懲創
앞장을 서서 공격한다면 / 挺身攻擊者
부작용이 없을 수 있겠는가 / 得無有所妨[53]

正祖가 이처럼 '심하게 징계할 거 없다'고 여기며 더더군다나 '앞장을 서서 공격할 의사 없이' 천주학을 인정하려는 인식 자체에 尹愭는 문제가 있다고 보고, 거기에 대해 거침없는 비판을 쏟아낸 것이다. 이러한 尹愭의 경우를 통해서 正祖 자신이 '천주학'에 대해 학문적으로 그 본체가 儒學과 다르지 않다고 평가한 언급이 즉각적으로 이러한 正祖의 인식에 대해 정면으로 비판을 제기되는 계기가 되기도 하였음을 여실히 엿볼 수 있다고 하겠다.

10. 朴盈源 등 637인 上疏文(1795)의 '西洋之書'

正祖 19년(1795)에는 成均館 儒生 朴盈源이 疏頭가 되어 637인과 함께 상서문을 제출한 바가 있는데, 이 글에서는 '西洋之書'라는 표현이 보인다. 다음의 대목에서 그러하다.

館學 儒生 朴盈源 등 637인이 상소하여 邪學을 배척하자는 데 대해, 批答을 내렸다.
○상소의 대략에, " … 그러나 불행히도 일종의 음흉하고 사특한 무리가 있어 西洋의 書를 구입해 와서 敎主를 自作하여 異端의 學을 주창하여 부자간의 친함을 끊고 君臣 간의 분의를 업신여기며, 남녀가 서로 뒤섞여서 부부간의 윤리가 어지러워지고 喪祭를 모두 폐해서 神人간의 이치가 끊어지며, 情慾이 사사로이 타오르게 하여 禮樂으로 교화할 수 없게 하였고, 천당과 지옥의 설이 일어나 刑政으로 제어할 수 없게 하였습니다. 古今을 통틀어 이 학문처럼 天理를 도외시하고 인륜을

---

53 尹愭, 「感懷 八百字」, 강민정 옮김, 「감회 800자」, 2013, p.686 참조.

멸하였던 것이 무엇이 있었습니까. … "⁵⁴

이들은 '邪學을 배척하자(斥邪學)'는 주장을 제기하면서, '일종의 음흉하고 사특한 무리(一種陰邪之徒)'가 '西洋의 書(西洋之書)'를 구입해 와서 '異端의 學(異學)'을 주창한 것에 대해 집중적으로 문제를 제기하고 있다. 여기에서 이들이 배척하려는 것이 '邪學'이었으므로 이러한 '邪學'을 믿고 따르는 부류들을 '일종의 음흉하고 사특한 무리(一種陰邪之徒)'라고 지칭하였던 것인데, 이러한 '異端의 學(異學)'은 곧 '天主學'을 가리키는 것이며, 따라서 그들이 구입해온 '西洋의 書(西洋之書)'라고 함은 바로 '天主書'를 이르는 것이라 하겠다.

11. 李晚秀「討邪奏文」(1801) 轉載「丁若鍾 供招」의 '西洋學'·'洋書'와 李圭景「斥邪敎辨證說」(1856년경)의 '西學'

純祖 1년(1801) 大提學 李晚秀가 작성하여 제출한「討邪奏文」에는, 오늘날의 용어로 말하자면 被疑者의 陳述書인「供招」의 내용을 인용하여 제시한 대목 중 천주학의 확산 상황에 대해 매우 상세히 묘사된 면면을 적지 않게 발견할 수가 있다. 그 가운데서도 특히 이른바「丁若鍾 供招」의 다음 부분에 서술된 天主書 수용과 관련한 내용 중 '西洋學'·'洋書'라는 용어가 구사되었음을 찾아볼 수가 있다.

丁若鍾이 供招하기를, "맨처음에 李蘗이 西洋學이 있다는 것을 듣고는 李承薰이 그 아비 李東郁의 貢使 행차에 따라가도록 行裝을 꾸려 보내어 洋人이 거처하는 건물에 들어가 洋人과 더불어 친교를 맺고 洋書를 구입하여 돌아왔습니다. … "라

---

54 『日省錄』正祖 19년(1795) 7월 24일(癸酉). " … 館學儒生朴盈源等六百三十七人疏斥邪學 賜批 疏略曰 … 不幸有一種陰邪之徒 購來西洋之書 自倡敎主 倡爲異學 絶父子之親 蔑君臣之分 男女相瀆 而夫婦之倫亂 喪祭幷廢 而神人之理絶 情慾之私熾 而禮樂之所不能化 堂獄之說興 而刑政之所不能威 往古來今 孰有如是學之外 天理而蔑人紀者耶 … "

고 하였습니다.⁵⁵

이 丁若鍾이 진술한 바의 요지는, 애초에 李蘗이 李承薰으로 하여금 北京 天主堂에 가서 洋人과 친교를 맺고 洋書를 구해 가지고 오게 함으로써 朝鮮에 처음으로 西洋學이 수용되기에 이르렀다는 것이다. 여기에서 '洋人' 및 '洋書'의 '洋'은 물론 '西洋學' 중 '西洋'의 축약이고, 이러한 축약이 취해져서 앞서 살폈듯이 '西洋學'을 '洋學'이라고 했음과도 같은 방식이다. 이렇게 '西洋學'이라고 기록하기는 했지만, 丁若鍾의 진술에서는 사실 '天主學'이라 말했을 것이며, '洋人이 거처하는 건물(洋人所居之堂)'도 '天主堂'이라 말했을 것이다. 그래서 供招에도 역시 그리 기록되었을 것인데, 아마도 李晩秀가 「丁若鍾 供招」의 그런 기록을 이 「討邪奏文」에 인용하면서 자신의 문장 속에 '천주'라는 용어를 담는 것조차도 기피하기 위해서 각각을 그렇게 變改하였지 않았나 싶다. 여하튼 李晩秀의 「討邪奏文」에서 인용한 「丁若鍾 供招」에서의 '西洋學'·'洋書'는 각각 天主學·天主書를 지칭하는 것이 명백하다.

그런데 李圭景(1788-1856년경)의 「斥邪敎辨證說」에서는 李晩秀의 이러한 「討邪奏文」의 全文을 轉載하기에 앞서 이 문건의 작성 배경에 관해 설명하면서 '西學'이라는 용어를 채택하고 있어 주목된다. 관련 대목은 다음과 같다.

> 正祖께서 경신년 6월에 昇遐하시자 西學이 서울에서 적발되었는데 매우 많은 사람들에게 널리 퍼져 있었으므로, 貞純王后 金氏가 모두 체포하여 처벌한 다음 신유년(1801)에 청나라에 보고하였다. 判書인 屐翁 李晩秀가 文衡으로서 奏文을 지어 바쳤는데 그 내용은 대략 다음과 같다. …⁵⁶

正祖가 庚申年(1800) 6월에 昇遐한 후 貞純王后 金氏가 탄압을 가하는 과

---

55 李晩秀,「討邪奏文」,『純祖實錄』純祖 1년(1801) 10월 27일(庚午). "若鍾供 '原初 李蘗聞有西洋學 裝送李承薰 隨其父東郁貢使之行 入住洋人所居之堂 與洋人結識 購得洋書以歸…'…"

56 李圭景,「斥邪敎辨證說」,『五洲衍文長箋散稿』53 經史篇 釋典類 西學;『五洲衍文長箋散稿』下, 東國文化社, 1959; 明文堂, 1982, p.706上. "正廟上賓於庚申六月 而西學摘發於京兆 蔓延甚衆 貞純王后金氏 悉捕誅治後 辛酉奏聞于淸 李屐翁尙書晩秀 以文衡製進奏文 其略曰…"

정에 대해 사실을 기록하면서, "西學이 서울에서 적발되었는데 매우 대중에게 널리 퍼져 있었다(西學摘發於京兆 蔓延甚衆)"라고 하는 사실을 摘示하면서 이규경은 '西學'을 거론하였던 것이다. 이러한 이규경의 '西學' 거론은 '西洋學'을 축약하여 '洋學'이라 호칭하기도 한 것과 동일한 방식으로 '洋學' 대신에 '西學'이라 했던 것이라 하겠다.

12. 高宗「斥邪綸音」(1866년)의 '西洋學'·'天主學'·'天主敎'

국왕의 詔勅 혹은 詔書의 형식을 취해서 천주교 배척을 명령하는 소위 「斥邪綸音」이 조선 후기에 반포된 것은, 憲宗 5년(1839) 10월 18일(庚辰)[檢校 提學 趙寅永 製進], 高宗 3년(1866) 8월 3일(己丑)[弘文館 提學 申錫禧 製進] 그리고 高宗 18년(1881) 5월 15일(丙子)[製進者 未詳] 3차례였다. 이 중에서 그 내용에 있어서 '西洋學'·'天主學'·'天主敎' 3종의 용어를 구사한 것은 高宗 3년(1866)의 「斥邪綸音」뿐이다. 내용 가운데 '西洋學'을 거론한 대목이 제일 먼저 아래와 같이 나온다.

    中外의 大小 人民들에게 敎書를 내렸다. 主上께서 이르시기를, "너희 中外의 臣僚와 庶民은 모두 나의 말을 듣도록 하라. … 그런데 불행하게도 70·80년 사이 이른바 西洋學이라는 것이 있어, 辛亥年에 시작되더니 辛酉年에 무성하게 퍼져 민간에서 홍성하여 모두 젖어 들어서 바로잡기를 기다릴 수 없게 되었다. …"고 하셨다.[57]

고종 3년(1866)의 이 「척사윤음」에서 '이른바 西洋學이라는 것(所謂西洋學者)'을 거론하며 '西洋學'이라는 용어를 구사하고 있음이 검증된다. 이런 사실뿐만 아니라 여기에서 하나 더 그냥 간과해서는 안 될 것은 그 '서양학'이 "辛亥年(1791)에 시작되더니 辛酉年(1801)에 무성하게 퍼져(濫觴於辛亥 滋蔓於

---

[57] 『承政院日記』高宗 3년(1866) 8월 3일(己丑). "敎中外大小民人等書 王若曰 咨爾中外臣僚庶民 咸聽予一人誥… 不幸七八十年之間 有所謂西洋學者 濫觴於辛亥 滋蔓於辛酉 民興胥漸 罔克胥匡 …"

辛酉) 민간에서 흥성하여 모두 젖어 들어서 바로잡기를 기다릴 수 없게 되었다(民興胥漸 罔克胥匡)"고 한 부분에서 감지할 수 있는 당시 '西洋學' 확산의 실제 상황이라고 본다.

이렇듯이 '西洋學'이라 지칭하기도 하였지만, 「斥邪綸音」의 연속되는 다음 대목에서는 한편 '天主學'을 거론하였다. 인용하면 다음이다.

(A)그들은 말하기를 "天主學이라는 것은 하늘을 위주로 삼는 학문이 아니다"라고 한다. … (B)저들이 말하는 天主教는 본래 天과 上帝의 이름과 지위가 어떠한지는 알지도 못하면서 그저 둘로 갈라놓고 …[58]

(A)에서는 "그들은 말하기를 '天主學이라는 것은 하늘을 위주로 삼는 학문이 아니다'라고 한다"라고 하여, '천주학'을 학문으로 인정하고 그것에 대해 지칭하여 논의할 때 쓰는 용어로 제시한 것이라 읽힌다. 그리고 뒤이어 (B)에서는 "저들이 말하는 天主教는 …"이라고 하면서 "본래 天과 上帝의 이름과 지위가 어떠한지는 알지도 못하면서 그저 둘로 갈라놓고 …"라고 해서, '천주교'를 '천주학'과 같이 학문으로 인정하기보다는 종교로서의 면모를 가리키면서 그것의 오류를 지적할 때 구사한 것으로 이해된다.

이렇게 「척사윤음」의 내용은 한편으로는 '천주학'이라는 용어를 채택하여 구사함으로써 天主에 관한 학술적인 논의를 수용하고 학문적인 차원에서 천주학 자체를 나름대로 인정하는 듯한 자세를 취하기도 하였지만, 다른 한편으로는 '천주교'라는 용어를 구사하며 천주교 교리의 부당성을 지적하기도 하였던 것이다. 더욱이 천주교 교리의 부당성에 대해서는 전면적으로 문제를 제기하였는데, 아래의 인용 대목에서 여실하다.

(C)그들은 말하기를 " … (Ⅰ)天主는 만물의 시초이다"라고 하고 있다. 또 말하기

---

[58] 『承政院日記』高宗 3년(1866) 8월 3일(己丑). "其曰 '(A)天主學者 非以天爲主之學也' … (B)何況彼所謂天主之教 本不知天與帝之名位何如 而分而二之 …"

를 "(Ⅱ)天堂을 만들어 천주를 잘 섬긴 자들의 영혼을 복되게 하고 地獄을 만들어 천주를 잘 섬기지 않은 자들의 영혼을 고통스럽게 한다. 죄를 지어 응당 지옥에 들어가야 할 사람이 耶蘇의 앞에 자기의 잘못을 슬프게 뉘우치고 아울러 야소의 어미에게 기도를 드려 천주에게 전달되도록 하면 곧 그 사람의 죄를 용서해 주고 영혼도 천당으로 올라갈 수 있게 된다"라고 한다. (D)아, (ⅰ)천당 지옥의 설은 佛教의 황당한 이야기에 지나지 않는 것으로서 이미 옛날 선비들에 의하여 여지없이 깨뜨려져 지금은 다시 변증할 필요조차 없는 것이다. 또 저들이 말하는 (ⅱ)하늘을 만들어냈다는 천주란 과연 어떤 사물인가.[59]

이 기록을 통해 高宗 3년(1866)「斥邪綸音」에서 제기한 천주교 교리 부당성의 핵심은 2가지인 것으로 파악된다. 하나는 (C)(Ⅰ)에서 "天主는 만물의 시초이다(天主爲萬有之初有)"라고 하는, 그래서 (D)(ⅱ)에서 간결히 정리한 바대로 "하늘을 만들어냈다는 천주(造天之天主)"를 믿는 바로써, 이는『天主實義』首篇「論天主始制天地萬物而主宰安養之」의 '天主天地萬物創造說' 소위 天地創造說에 대한 비판이다. 또 하나는 (C)(Ⅱ)에서 "天堂을 만들어 천주를 잘 섬긴 자들의 영혼을 복되게 하고 地獄을 만들어 천주를 잘 섬기지 않은 자들의 영혼을 고통스럽게 한다(造天堂 以福事天主者之靈魂 造地獄 以苦不事天主者之靈魂)"라는, 그래서 (D)(ⅰ)에서 한마디로 "천당 지옥의 설(略稱 堂獄之說)"을 믿는 바로써, 이는『天主實義』제6편「釋解意不可滅幷論死後必有天堂地獄之賞罰以報世人所爲善惡」의 '死後天堂地獄賞罰說' 소위 天堂地獄說에 대한 비판이다. 이와 같이 高宗 3년(1866)「斥邪綸音」에서 이 2가지 교리의 부당성을 집중적으로 제기한 것은, 이 '천주천지만물창조설' 및 '사후천당지옥상벌설'을 당시 조선에 있어서 천주교 확산의 주된 원인으로 정부 및 당국자들이 여기고 있었기 때문이었음을 단적으로 입증해준다고 하겠다.[60]

---

59 『承政院日記』高宗 3년(1866) 8월 3일(己丑). "(G)其日 … (Ⅰ)天主爲萬有之初有 又曰(Ⅱ)造天堂 以福事天主者之靈魂 造地獄 以苦不事天主者之靈魂 人有罪 應入地獄者 哀悔於耶蘇之前 立祈耶蘇之母 以轉達於天主 卽赦其人之罪 靈魂亦得升於天堂 (H)噫 (ⅰ)堂獄之說 卽佛家不經之說 而已經先儒勘破 今無容更辨 彼所謂(ⅱ)造天之天主 果何物也"

60 盧鏞弼,「中國 註釋目錄本『天主實義』用語 修訂의 특징과 朝鮮 諺解筆寫本『텬쥬실의』의 그 특

高宗 3년(1866) 「斥邪綸音」의 서술 전개에 있어서 이상과 같이 '西洋學'·'天主學'·'天主敎' 3종의 용어를 구사하면서, '西洋學' → '天主學' → '天主敎' 순서로 채택하여 기술한 사실 자체도 나름대로 의미를 지니는 게 아닌가 싶다. 말하자면 이 高宗 3년(1866) 「斥邪綸音」을 국왕에게 '製進'하여 국왕의 詔勅으로써 '綸音'으로 頒布하도록 했던 弘文館 提學 申錫禧의 이러한 서술에는 역사 전개의 시간상 기준으로 볼 때 이 '西洋學'·'天主學'·'天主敎' 3종의 용어가 '西洋學' → '天主學' → '天主敎' 순서로 조선에서 그간 유행해 내려왔다는 사실을 반영하여 애초부터 그리 설계되었던 것이 아니었을까 짐작된다.

13. 天主書 諺解筆寫本의 등장과 '지극히 어리석은 농사꾼(至愚田氓)·무지한 시골 아낙네(沒知村婦)'의 '언문으로 책 베껴(諺謄其書)' '읊어 익히기(誦習)'

天主學의 전국적인 확산에는 그 어느 무엇보다도 天主書 諺解筆寫本의 등장과 그 보급이 결정적으로 작용하였다고 보인다. 漢文 天主書를 언문으로 번역하고 그것을 필사하여 보급해서 많은 사람이 읽을 수 있도록 해주었던 것이라 하겠다. 즉 한문 천주서는 독자층이 한자를 익혀 해독할 능력을 갖춘 兩班層 및 譯官을 위시한 中人層에 국한될 수밖에 없었던 데에 반해, 언문필사본 천주서는 익히기가 한자에 비하면 훨씬 수월한 언문으로 번역되고 필사되었으므로 평민을 포함한 다양한 신분층의 남녀 모두에게 애호를 받았기에 그랬다고 가늠된다.

이와 같은 천주서의 언해필사본이 正祖 재위 당시에 이미 등장하였다는 사실에 관한 기록이 正祖 19년(1795) 7월 11일(庚申) 漢城府에서 8도에 보낸 「關文」에서 찾아져서, 매우 괄목할 만하다. 다음의 대목이 특히 그렇다.

징 수용 양상」, 本書 제3부 제2장 참조.

(1)漢城府가 八道에「關文」을 보내 邪學을 금지하였다.

한성부가 공문을 보내 알린 내용에, " … 전후로 내리신 批答이 이같이 곡진하였다. ⓐ邪學 즉 所謂 天主學을 금하는 것이 얼마나 지엄한가. 그런데도 근래 일종의 요사스러운 부류가 징계되어도 그칠 줄을 모르고 암암리에 불어나고 뻗어 나가 ⓑ妖書를 번역하여 어리석은 백성을 꾀어 미혹하고 남녀가 뒤섞여 윤리와 기강이 두절되어서 ⓒ장차 물이 불어나 하늘에 닿고 불길이 번져 들판을 태우는 것과 같은 근심이 있게 될 것이다. … "⁶¹

이 공식 문서에서 "邪學 즉 所謂 天主學(ⓐ)"의 "妖書를 번역하여 어리석은 백성을 꾀어 미혹하였다(ⓑ)"는 대목에서 '妖書'라고 함은 '邪學'인 '天主學'의 서적 곧 '天主書'를 지칭하는 것이다. 그리고 이것을 "번역하여 어리석은 백성을 꾀어 미혹하고" 있다는 표현 중 '어리석은 백성(愚民)'이라고 하였음은, 마치 세종대왕 당시의 『훈민정음』 序文 속의 한 대목 "어린 빅성이 니르고져 훓배 이셔도 ᄆᆞᄎᆞᆷ내 제 ᄠᅳ들 시러펴디 몯 훓 노미 하니라"의 '어린 빅성'을 연상시키므로, 漢文 해독이 어려운 백성들 즉 일반 평민들을 지칭하는 것임은 누구나 쉬이 이해가 될 터이다. 따라서 이런 내용이 담긴 正祖 19년(1795) 7월 11일(庚申) 漢城府에서 8도에 보낸「關文」을 통해 우리는 당시에 이미 언해본 천주서가 등장하였다는 역사적 사실을 확실히 확인하게 된다. 다만 이 기록을 통해서는 누구에 의해 그 언해본이 창출되었는가 하는 구체적인 면모를 살필 수가 전혀 없다.

그러나 이러한 천주서 언해본이 1784년 어간에 李家煥(1742-1801)의 주관으로 등장하고 있다는 사실이, 李晩秀의「討邪奏文」에 매우 구체적으로 전해지고 있어 크게 주목이 된다.⁶² 핵심 대목은 다음과 같다.

---

61 『日省錄』正祖 19년(1795) 7월 11일(庚申). "京兆行關八路禁戢邪學 漢城府行會 … 聖批若曰 邪學誑誤之弊 父不父君不君夫不夫 其流將至於爲賊爲盜 必待大行掃蕩 然後可能知戢與其然矣 盍若防之於未然 前後批敎若是諄諄 大抵邪學卽所謂天主學之禁 何等至嚴 而近來一種妖邪之類 不知懲戢 暗相滋蔓 翻解妖書 誘惑愚民 男女混雜倫紀斁絶 將有滔天燎原之患"

62 尹愭가 1791년 작성한「俗學之弊 辛亥應製」의 "方今洋學遍行 所在成俗 蚩氓愚婦 奔走頂禮 矯誣呪幻 褻雜淫穢 夷混名分 侮詆聖賢 以生爲辱 以死爲榮 而其書滿家 眞諺翻印 聚首聽戒 速於置郵"

(2) 丁若鍾이 供招하기를, "맨처음에 李蘗이 西洋學이 있다는 것을 듣고는 李承薰이 … 洋書를 구입하여 돌아왔는데, 이벽 및 저의 형제인 丁若銓·丁若鏞과 李家煥 등으로 더불어 함께 講讀하여 師法을 삼고는 …"라고 하였습니다. 李蘗은 이보다 앞서 이미 죽었고, 丁若銓·丁若鏞·李承薰·李家煥의 供招도 丁若鍾과 더불어 같았는데, 이가환은 약간 文藝가 있어서 官職이 2품을 거쳤으므로 가장 私黨의 推服한 바가 되었으며, 이승훈이 구입해 온 ⓓ邪書를 諺文으로 번역하여 널리 전파하였으니, 이가환이 실제 주관하였습니다.[63]

李晩秀가 丁若鍾을 위시한 丁若銓·丁若鏞·李承薰·李家煥 등의 供招를 모두 비교해서 살핀 결과, 중국에서 이승훈이 구입해 온 "邪書를 諺文으로 번역하여 널리 전파하였으니, 이가환이 실제 주관(ⓓ)"하였다는 것이다. 이승훈은 이가환의 甥姪이었으므로 이런 일이 충분히 가능했을 것이며, 그리고 이 '邪書들' 중에 『天主實義』도 의당 포함되어 있었을 것이고, 이를 "諺文으로 번역하여 널리 전파"하는 일을 이가환이 '주관'한 것도 역시 사실임에 틀림이 없을 것이다. 그렇더라도 이 '언문 번역'이 "이벽·정약종·정약용·이가환 등과 함께 講讀하여 師法을 삼은" 결과물이었지, 그 '언문 번역' 자체를 이가

부분 중 "그들의 서적이 집집마다 그득하여 한문이 언문으로 번역되고 인쇄되었다(而其書滿家 眞諺翻印)"라는 대목에서도 한문 천주서의 언해본이 등장한 사실을 아울러 확인할 수 있다. 다만 尹愭의 이러한 서술 내용에서 "한문이 언문으로 번역되고"라 한 부분은 사실이겠으나, '인쇄되었다'라고 한 부분은 그렇지 않을 것이다. 다음과 같은 2가지 점에서 그렇다고 가늠된다. 첫째는 그가 "그들의 서적이 집집마다 그득하여"라고 한 대목에서 감지되듯이 다소 과장되게 기술한 느낌이 강한데, 언해본의 등장과 관련해서도 사실은 필사된 것이지만 마치 인쇄까지 이뤄진 것처럼 그랬을 수 있다고 여겨지기 때문이다. 둘째는 尹愭가 天主書 諺解筆寫本의 書體 자체가 의당 筆記體이면서도 거의 정형화된 印刷體에 흡사한 것을 오해한 데에서 비롯된 것일 수도 있다는 생각이 들기 때문이다. 이런 경우의 단적인 實例로서는 오늘날 전해지는 언해필사본 『교요서론』의 경우를 손꼽는 게 적절한데, 필사를 한 것이지만 마치 印刷體와 같은 느낌을 주는 서체이라는 사실을 감안해야 할 듯하다. 尹愭, 「俗學之弊 辛亥應製」, 『無名子集』 文稿 册九 殿策. 페르비스트 지음, 노용필 옮김, 『교요서론—18세기 조선에서 유행한 천주교 교리서—』, 한국사학, 2013 및 盧鏞弼, 「천주교 한글 교리서 『텬쥬실의』·『교요서론』의 언해·필사·보급」, 본서 제3부 제5장 참조.

63 李晩秀, 「討邪奏文」, 『純祖實錄』 純祖 1년(1801) 10월 27일(庚午), "若鍾供 '原初 李蘗聞有西洋學 裝送李承薰 … 購得洋書以歸 與李蘗及伊之兄弟若銓·若鏞·李家煥等 同與講讀師法 …' 蘗前此已死 若銓·若鏞·承薰·家煥供 與若鍾同 而家煥薄有文藝 官經二品 最爲邪黨之所推服 承薰之購來邪書 諺翻而廣傳 家煥實主之".

환 혼자서만 한 것은 결코 아니었을 것이다. 다만 이를 필사하여 '널리 전파하는 일' 자체는 이가환이 그야말로 '주관'했던 것으로 여겨진다.[64]

그런데 이러한 언해 천주서의 필사와 관련하여, 이 기록에서 드러난 이가환과 같은 양반 학자가 아닌 농사꾼과 아낙네들이 직접 필사하였다는 기록이 있어 당시의 실제 상황을 정확히 파악하는 데에 더할 나위 없이 요긴하므로 크게 주목하고자 한다. 정조 12년(1788) 8월 3일(壬辰) 正言 李景溟이 제출한 상소문의 한 대목이 그것으로, 이 상소문의 내용이 『承政院日記』·『日省錄』·『正祖實錄』에 모두 등재되어 전해지지만, 『承政院日記』의 것이 누락된 게 전혀 없는 원문이라 판단되어, 『승정원일기』에서 관련 대목을 摘示하면 다음이다.

"아, 요즈음 세속에 이른바 西學이라고 하는 것은 참으로 후세에 있어서 하나의 큰 변괴입니다. 근년에 聖上께서 下敎를 분명히 揭示하셨고 처분을 嚴正하게 하셨음은 제가 다시 사실을 자세히 말씀드릴 필요가 없습니다만 시일이 조금 오래되니 그 단서가 점점 치열해져 서울에서 먼 시골에 이르기까지 더욱 서로 속이고 꾀어 이르지 않는 곳이 없습니다. 암만 지극히 어리석은 농사꾼과 무지한 시골 아낙네라도 諺文으로 그 책을 베껴 神明처럼 받들고, 혹 농사일을 철폐하는 데에 이르더라도 외워 익히며 비록 죽더라도 후회하지 않습니다"[65]

李景溟은 '하나의 큰 변괴'인 '西學'이 "서울에서 먼 시골에 이르기까지" "이르지 않는 곳이 없음"을 크게 우려하였는데, 그러면서 "암만 지극히 어리석은 농사꾼(至愚田氓)과 무지한 시골 아낙네(沒知村婦)라도 諺文으로 그 책을 베

---

64 노용필, 「천주교 한글 교리서 『텬쥬실의』·『교요서론』의 언해·필사·보급」, 本書 제3부 제5장.
65 『承政院日記』 正祖 12년 8월 3일(壬辰), "噫 今俗所謂西學 誠後世一大變怪 頃年聖敎昭揭 處分嚴正 臣不必更事覼縷 而第日月梢久 其端漸熾 自都下以至遐鄕 轉相誑誘 無所不至 雖至愚田氓 沒知村婦 諺謄其書 奉如神明 至或廢事誦習 雖死靡悔" 『승정원일기』의 기록은 기준으로 대조해보니, 『일성록』의 것은 약간의 누락이 있고, 『정조실록』의 것은 抄錄에 가깝다고 판단되었다. 특히 밑줄 그은 부분의 경우, 『승정원일기』와 『일성록』은 일치하나, 『정조실록』의 것에서는 "至或廢事誦習" 부분이 제외되어 있을 정도라 더욱 그렇다.

껴 神明처럼 받들고, 혹 농사일을 철폐하는 데에 이르더라도 외워 익히며 비록 죽더라도 후회하지 않습니다"라고 기술하고 있음이 주목된다. 따라서 정조 12년(1788) 당시에 이미 이렇게 '지극히 어리석은 농사꾼·무지한 시골 아낙네'의 '언문으로 책 베껴(諺謄其書)' '읊어 익히기(誦習)'가 '혹 농사일을 철폐하는 데에 이르더라도' '비록 죽더라도 후회하지 않는' 실정에 있었음이 이로써 명명백백하게 입증된다고 하겠다.

이렇게 전파된 언해필사본 천주서 『텬쥬실의』 등은 언문 해독 능력을 갖춘 이들에게는 문자 그대로 '복음'을 접하는 듯한 감흥을 불러일으켰을 것이며, 그래서 자기 손으로 직접 베껴 지니고서는 애지중지하며 읽고 또 읽었을 것이다. 그렇지만 채 언문을 깨치지 못한 이들에게는 언문을 깨쳐 술술 읽어내려가는 이들이 야속하다고 느낄 정도로 그야말로 선망의 대상이 되었을 것이다. 그러므로 미처 언문을 깨치지 못한 이들은 그들이 들려주는 내용을 한번 들을라치면 어떻게든 그 내용을 잊어버리지 않도록 깡그리 외워서라도 기억하려고 힘을 기울였을 것이다.

그럼에 따라 점차 그 내용은 물론 기도문 자체도 외워 읊을 수 있게 되었던 듯하다. 이러한 정황에 대해서는 尹愭가 「感懷 八百字」라는 글에서 다음과 같이 기술하고 있음에서 낱낱이 우러나온다.

(3)ⓐ우리나라 사신들 귀국 길에 재앙을 싣고 와서 / 東輅載禍歸
서적이 상자에 가득한데 / 有書動盈箱
ⓔ시험 삼아 책 속의 뜻 물어보면 / 借問書中旨
물이 끓듯 매미 울듯 어지럽게 아뢴다네 / 如沸復如螗
　…
ⓕ교대로 읊으며 비는 방법을 쓰니 / 作法更念呪
참으로 요사하여 상서롭지 못하네 / 妖邪眞不祥[66]

---

66 尹愭, 「感懷 八百字」, 강민정 옮김, 「감회 800자」, 2013, pp.682-685 참조.

이 대목에서 "우리나라 사신들 귀국 길에 재앙을 싣고 와서 / 서적이 상자에 가득한데(ⓓ)"라고 하였음이 먼저 눈에 띈다. 여기에서의 '서적'은 분명히 '천주서'를 가리키는 것임이 분명하며, "상자에 가득한데"라고 하는 표현은 다소 과장된 듯도 하지만, 따라서 그만큼 중국으로부터 수입하는 천주서의 분량이 대단한 규모로까지 확대되었던 사실을 드러낸다고 읽힌다.

그 다음 대목에서 "시험 삼아 책 속의 뜻 물어보면 / 물이 끓듯 매미 울듯 어지럽게 아뢴다네(ⓔ)"라고 했는데, 그들이 이렇듯이 "물이 끓듯 매미 울듯 어지럽게 아뢴" 것은 다름이 아니라 그 내용을 죄다 외워서 언제 어디서든지 줄줄 읊을 수 있었기 때문일 것이다. 설령 언문을 미처 깨치지 못해 언해필사본 천주서를 직접 읽고서 그 내용을 꿰지 못했을지라도 주변에서 누군가가 이를 읽고 그 문구를 알려줄라치면 정신을 바짝 차리고 한 글자 한 획도 놓치지 않으려 안간힘을 쓰며 귀담아들어서 그 내용 전부를 외우다시피 했으므로 그럴 수 있었을 법하다.

이런 면모는 곧 이어지는 대목에서 "교대로 읊으며 비는 방법을 쓰니(ⓕ)"라고 했음에서 더욱 명료하게 입증된다고 하겠다. 이렇게 '교대로 읊으며 비는 방법'67을 통해 필수적인 기도문을 완벽하게 입에 붙이고 나서 그 사실을 司祭의 察考를 통해 확인을 받은 후 비로소 領洗를 주는 절차를 거쳐서 천주교에 입교하는 평민 혹은 그 이하 신분층의 사람들이 급증하게 되었고, 그 여파는 양반층으로까지 옮아가는 추세에 이르게 되었던 모양이다. 尹愭의 「感懷 八百字」 가운데 다음과 같은 부분에서 그런 상황이 실감 나게 묘사되어 있어서 그런 분위기를 충분히 느낄 수 있다.

---

67 여기서 尹愭가 기록한 이 '교대로 읊으며 비는 방법'이라는 것은, 천주교에서 기도를 여러 명이 함께할 때 참여자를 두 부류로 나누어서 먼저 '啓'라 하여 한 부류가 기도문 앞부분의 한 소절을 읊으며 빌고 나면, '應'이라 하여 나머지 부류가 이어받아서 기도문의 다음 한 소절을 읊으며 비는 고유의 기도 방식을 가리키는 것으로 여겨진다.

(4)⑧어리석은 백성 이미 현혹되었고 / 氓俗旣愚惑
영특한 선비들도 휩쓸리누나 / 才雋亦趨蹌
　…
ⓗ사람들이 전해 듣고 남보다 뒤질세라 / 聞風惟恐後
앞다투어 양식 싸들고 파도처럼 몰려드니 / 奔波競贏糧
말류의 폐단이 끝내 이런 지경이라 / 流弊一至此
ⓘ아아, 이젠 쓸어낼 수 없게 되었네 / 嗚呼不可囊⁶⁸

당시에 "어리석은 백성 이미 현혹되었고 / 영특한 선비들도 휩쓸리는 (⑧)" 상황에 처해 있었음이 명백하다. 그리고 이러한 추세는 "사람들이 전해 듣고 남보다 뒤질세라 / 앞다투어 양식 싸들고 파도처럼 몰려(ⓗ)"드는 지경에 다다랐던 것이라 여겨진다. 그래서 결국 尹愭는 "아아, 이젠 쓸어낼 수 없게 되었네(ⓘ)"라고 한탄하기에 이르고 말았다.

이로부터 얼마 머지않아 正祖 19년(1795) 7월에 이르러서는 漢城府의 「關文」에서조차 "장차 물이 불어나 하늘에 닿고 불길이 번져 들판을 태우는 것과 같은 근심이 있게 될 것(앞 인용문 1의 ⓒ)"이라면서 깊은 우려를 표명할 정도로 심각하게 상황이 급속도로 진전되고 있었다. 正祖 15년(1791)부터 正祖 19년(1795)까지 사이에 이렇듯이 모든 신분층에 걸친 天主學의 전국적인 확산은 정부로서는 탄압의 수단을 쓰는 것밖에는 달리 방도를 도저히 찾을 수 없는, 그래서 거의 수습하기 어려운 상태로 돌입하였다고 함이 옳을 것이다.

그래서 이후 천주교에 대한 정부의 혹독한 탄압만이 연속되다가 1886년에 이르러 조선과 프랑스 사이에 「韓佛條約」이 체결되자, 조선 정부는 하는 수 없이 천주교 프랑스 선교사의 여행과 선교의 자유를 허용해준 듯하였다. 하지만 외교 문서상으로는 그랬으면서도 조선의 현실 속에서 실제로는 전혀 그렇지 않았다. 그리고 1899년 「敎民條約」, 1901년 제주도의 「敎民和議約定」,

---

68　尹愭,「感懷 八百字」, 강민정 옮김,「감회 800자」, 2013, pp.684-685 참조.

1904년 「敎民犯法團束條例」 등을 통하여 조선의 중앙 정부에서건 지방 관아에서건 지속적으로 천주교 세력에 대한 배려와 신앙 및 선교의 자유 보장보다는 도리어 문제가 발생하는 경우 화의를 다지기 위해서라는 명목을 추구했을 뿐 범법 행위 자체에 대한 처벌 규정만을 제정해나가고 있었다.

다만 천주교의 처지에서는 1886년 프랑스 정부와 한국 정부 사이의 「韓佛條約」이 체결되자 곧 모든 게 해결되어 신앙 및 선교의 자유가 모두 보장된 듯이 여겨지기도 하였으나, 실제로는 그렇지 못하고 제약을 받았을 따름이었다. 그리고 1899년의 「敎民條約」, 1901년 제주도의 「敎民和議約定」, 1904년 「敎民犯法團束條例」 등을 통해서, 그간 빈번하게 전개되었던 각 지방의 敎案들을 해결해 나가는 과정을 거쳐 가야만 했었을 뿐이었다. 그럴 정도로 천주교회는 많은 시간을 두고 여러 단계를 거치고 나서야 비로소 신앙의 자유를 획득하고 선교의 자유를 확립할 수가 있는 길이 어렵사리 열렸다.

이후 천주교회와 한국 정부 혹은 지방관과 맺은 게 條約에서 約定으로, 또 條例로 그 외교적 수준이 점차 格下되는 추세를 살필 수가 있는데, 이는 그만큼 천주교를 받아들이지 않은 한국민과 천주교인 사이의 紛爭 즉 敎案이 발생했을 때 한국 정부는 그 구체적인 사건들의 해결에 주안점을 두는 방안을 취하고 있었음을 드러내 주는 것이다. 천주교회는 이러한 한국 정부의 요구를 현실적으로 수용함으로써 차츰 한국의 국내법에 적응해가면서 신앙의 자유를 획득하고 선교의 자유를 확립하는 과정을 걸어가고 있었던 것이라 하겠다.[69]

---

69 盧鏞弼, 「천주교의 신앙 자유 획득과 선교 자유 확립」, 『敎會史硏究』 30, 2008; 『한국 근·현대 사회와 가톨릭』, 韓國史學, 2008, pp.389-390.

제1부
『交友論』의 受容

제1장
朝鮮後期 利瑪竇『交友論』受容 樣相의 類型 分析

1. 緒言

　역사학에서는 여러 개체의 일반적인 것 곧 普遍性을 한편으로 탐구하기도 하지만 각 개체의 특별한 것 즉 個別性을 다른 한편으로 탐구하기도 한다. 그래서 역사학은 여러 현상의 공통적인 것, 유니폼uniform한 것을 究明하는 것뿐만이 아니라 단 한 번뿐인 유니크unique한 현상을 이해하고 설명하는 것도 그 본령으로 삼으며[1], 따라서 그 개별적 특성의 해명이 바로 역사 연구 본래의 목표라고 설파되기도 한다.[2]

　이와 같은 역사학의 본령에 충실하여 그 목표를 달성하기 위해 역사 현상 서로의 보편성이 아니라 각각의 개별성을 부각시킴으로써 그러한 현상의 특성을 날카롭게 파악하는 방법을 취하기도 하는데, 類型論Typology이 그것이다. 이는 궁극적으로 같은 상위 유형에 속하는 현상을 다시 약간의 하위 유형으로 나누어 비교함으로써 그 개별성을 규명하는 것으로[3], 이러한 유형론에

1　梁秉祐,「類型과 類型論」,『歷史論抄』, 知識産業社, 1987, p.85.
2　梁秉祐,「類型과 類型論」, 1987, p.89. 역사학에서의 이러한 유형 구분과 관련해서는 김호연,「역사에서의 유형」,『역사란 무엇인가』 2판, 울산대학교 출판부, 2009, pp.167-178도 참조하시라.
3　梁秉祐,「類型과 類型論」, 1987, pp.87-88.

입각하여 비교하여 분석하는 궁극적인 목적은 그 개별성을 드러내고 그렇게 된 까닭을 밝히는 데에 있다고 하겠다.[4]

이렇듯이 유형론에 입각해 비교하여 분석함으로써 역사 현상의 개별성을 드러내고 그렇게 된 까닭을 밝히려는 시도는 비단 서양사학에서만 경주되었던 것이 아니었다. 종전에 이미 한국사학에 있어서도 事大主義論[5]과 時代區分論[6]을 분석하면서 각기 그러한 논의의 구체적인 주장들을 類型別로 구분하고 그 주장의 본질 및 특징을 규명함으로써 그 분야의 연구에 심도 있는 진전을 이루기도 하였다. 사대주의론 부문에서는 물론 더더욱 시대구분론 부문에서도 특정 시기에 그 바로 앞의 시대와는 어떻게 다른 유형의 인간들이 역사의 주도권을 쥐고 새로운 시대를 어찌 열어갔는가를 조망하여 제시함으로써 한국사학의 시대구분론에 새로운 접근법 자체를 제시하였던 것이다.[7] 따라서 이와 같은 유형화작업이야말로 개인 중심의 전근대적인 역사에서 탈피하는 필수적인 절차의 하나라고 여겨진다.[8]

그리고 이러한 유형화 작업을 통한 연구의 진척은 宗敎思想史 분야에서도 또한 이루어졌다. 특히 고대의 佛敎思想史 그것도 新羅에 있어서의 淨土信仰에 관하여 念佛에 의한 現身往生信仰과 追善에 의한 死者往生信仰의 두 유형으로 구분하여 분석하였고,[9] 여기에 그치지 않고 이밖에 功德에 의한 死後往生信仰, 공덕에 의한 현신왕생신앙, 공덕과 추선이 결합된 정토신앙 등의

---

4 梁秉祐,「類型」,『歷史의 方法』, 民音社, 1988, p.155.
5 李基白,「事大主義論의 問題點」,『亞細亞』, 1969년 3월호;『民族과 歷史』, 一潮閣, 1971; 新版, 1994.
6 李基白,「韓國史의 時代區分 問題」, 韓國經濟史學會 編,『韓國史時代區分論』, 乙酉文化社, 1970;『民族과 歷史』, 一潮閣, 1971; 新版, 1994.
7 李基白,「한국사의 진실을 찾아서」, 제2회 한·일 역사가회의에서의 발표, 2003;『한국사 시민강좌』 35, 2004;『韓國史散稿』, 一潮閣, 2005, p.113.
8 李基白,「한국사의 진실을 찾아서」, 2003;『韓國史散稿』, 2005, p.111에서 "유형화작업은 개인을 중심으로 역사를 쓰던 전근대적 역사학에서 탈피하는 필수적인 절차인 것이다."라고 한 바가 있다.
9 李基白,「新羅 淨土信仰의 두 類型」,『歷史學報』 99·100합집, 1983;『新羅思想史硏究』, 一潮閣, 1986.

여러 유형도 있음을 조망하였다.[10] 그렇게 함으로써 마침내 신라사회에서 거의 같은 시기에 정토신앙의 多樣化가 등장한 사회적 배경이 무엇이며, 또한 그러한 다양한 유형의 정토신앙이 지니는 사회적 의의가 무엇인지를 究明하였던 것이다.[11]

기왕에 한국사학에서 이같이 유형론에 입각하여 성취된 성과들 중 사대주의론 및 시대구분론도 그렇지만 더욱이 신라 정토신앙의 다양한 유형에 관한 연구의 경우는 종교사상사의 일환이라는 측면에서 천주교 사상사의 연구에 있어서도 하나의 典範으로 삼을 수 있다고 여겨진다. 利瑪竇[마테오 리치 Matteo Ricci(1520-1610)]의 『交友論』을 수용한 것으로 당시의 문헌 기록에서 입증되는 李睟光(1573-1628) · 李瀷(1681-1763) · 安鼎福(1712-1791) · 朴趾源(1737-1805) · 李圭景(1788-1856) 5인의 그 인용 양상을 그들 자신의 글 속에서 정밀하게 검증하여 그 실상의 보편성과 개별성을 가늠해보았더니, 이들 5인의 『交友論』 수용 양상이 3가지의 유형으로 구분된다는 사실을 알아낼 수 있었다. 그래서 이 논문을 완성하여 이러한 사실을 발표함으로써, 한국 천주교 사상사 연구에 내실을 기하는 데에는 물론 외연의 확장에도 기여하는 자그마한 노둣돌과 같은 구실이라도 할 수 있게 되기를 소망한다.

2. 李睟光 · 安鼎福의 利瑪竇『交友論』受容:'踏步的 記述' — 제1유형

지금까지 알려진 문헌 기록에 따르면, 李睟光(1573-1628)이 당시의 어느 누구보다도 앞서서 利瑪竇『交友論』를 수용하여 그 자신의 百科全書『芝峯類說』에 정리하고 있다. 다음의 기록과 같다.

구라파국(또 대서국이라 이름하기도 한다) 이마두라는 자가 있어서 … 『중우

---

10 李基白,「新羅 淨土信仰의 다른 類型들」,『新羅思想史硏究』, 1986.
11 李基白,「淨土信仰과 新羅社會」,『新羅思想史硏究』, 1986.

론』을 저술하였다. 초횡이 말하기를, "서역 이[마두]군이, '벗은 제2의 나'라고 하였는데, 이 말은 매우 기묘하다"고 하였다. 자세한 것은 『속이담』에 보인다."¹²

이 기록 자체에 드러난 바로는, 이수광의 경우 중국책 『續耳譚』을 典據로 제시하며 매우 소략하게 그 내용을 인용하였을 뿐만 아니라 書名도 『重友論』이라 소개하고 있는 등의 수준에 그치고 있음이 드러난다. 그러므로 이수광의 利瑪竇 『交友論』 受容에 있어서 『交友論』 자체의 어느 내용조차도 직접 인용이 전혀 이루어지고 있지 않았을 뿐만 아니라 심지어 그 원문을 閱讀하거나 熟知했었다는 증거를 어디에서도 찾아볼 수가 없는 정도라 해서 지나치지 않을 듯하다.¹³

한편 安鼎福(1712-1791) 역시 이수광의 이러한 경우와 대단히 흡사하게 利瑪竇 『交友論』을 수용하였던 것 같다. 그의 이러한 면모는 아래의 기록에서 가늠된다.

『지봉유설』에 이르기를, "대서국 이마두라는 자가 있어서, … 『중우론』을 저술하였다. 초횡이 말하기를, '서역 이[마두]군이, '벗은 제2의 나'라고 하였는데, 이 말은 매우 기묘하다.'라 하였다. 자세한 것은 『속이담』에 보인다."¹⁴

따라서 안정복의 경우는 이러한 이수광의 저서인 百科全書 『芝峯類說』에 있는 그대로만 인용하여 제시하고 있을 따름임이 명백할 뿐이다. 안정복의 利瑪竇 『交友論』 관련 기록과 이수광의 그것을 일일이 대조하여 도표로 작

---

12 원문은 다음이다. "歐羅巴國 亦名大西國 有利瑪竇者 … 著重友論 焦竑日 西域利君 以爲友者第二我 此言奇甚云 事詳見續耳譚" 李睟光, 『芝峯類說』 卷2 諸國部 外國 歐羅巴國 項.
13 盧鏞弼, 「李睟光·李瀷의 利瑪竇 『交友論』 受容 樣相 比較 檢討」, 國際學術大會 "交友與實義:天主教文獻與東西文化交流史" 發表文, 서울 中央大學校, 2017년 11월 24일; 『中央史論』 제46집, 中央史學研究所, 2017, pp.96-97; 本書 제1부 제2장.
14 원문은 다음이다. "芝峰類說曰 大西國 有利瑪竇者 … 著重友論 焦竑日 西域利君 以爲友者第二我 此言奇甚云 事詳見續耳譚" 安鼎福, 〈天學考〉, 『順庵集』 17; 『順庵全集』 1, 驪江出版社, 1984, pp. 374-376.

성해보면, 이 같은 사실이 확인이 되는데 〈표 1〉이 그것이다.

〈표 1〉李睟光『芝峯類說』과 安鼎福「天學考」의『交友論』引用 內容 對照表

共通	『芝峯類說』	「天學考」	備考
		芝峰類說曰	×
	歐羅巴國 亦名大西國	大西國	△
有利瑪竇者 … 著重友論 焦竑曰 西域利君 爲友者第二我 此言奇甚云 事詳見續耳譚			○

〈備考欄 區分 標示〉 ○:同一, △:類似, ×:有無

이를 보면, 결국 이수광이『芝峯類說』에서 '歐羅巴國 亦名大西國'이라 기술한 바를 안정복이「天學考」에서 '大西國'이라 한 것 이외에는 단 1글자도 바꾸지 않고 전부 그대로 인용한 것뿐임을 알 수가 있다. 따라서 안정복의 利瑪竇『交友論』受容에 있어서도, 이수광의 경우와 마찬가지로『交友論』자체의 어느 내용도 직접 인용이 전혀 이루어지고 있지 않았을 뿐만이 아니라 심지어 그 원문을 閱讀하거나 熟知했었다는 증거를 어디에서도 찾아볼 수가 없는 정도라고 하겠다.

한편으로 방금 살핀 바와 같이 이수광과 안정복이 이마두의『교우론』수용과 관련해서『속이담』의『중우론』거론 부분을 직접 인용하고 있으므로, 그 부분부터 확실히 검증하기 위해서 그『중우론』거론 부분을 포함하고 있는『續耳譚』원문을 찾아내 낱낱이 대조해보았다. 그 원문의 그대로를 인용하여 제시하면 다음이다.

大西洋國有異人二, 一姓利, 名瑪竇, 一姓郭, 名天祐, 俱突額深目, 朱顏紫髯, 從渠國中泛海八年, 始抵東粵. 居粵十年, 置産築居, 約數千金, 復棄之, 擔簦至金陵. 金陵水部一官署, 多厲鬼, 人者輒斃, 二人稅居之, 無恙也,

自稱西洋無常主, 惟生而好善, 不茹葷, 不近女色者, 卽名天主, 擧國奉之爲王. 其俗重友誼, 不爲私蓄, 一入中國, 日夜觀經史, 因著『重友論』, 多格言. 所挾異寶, 不可屢數, 其最奇者, 有一天主圖, 四面觀之, 其目無不直射者. 又有自鳴鐘, 按時卽有聲,

漏刻毫不爽. 有玻璃石, 一照目前, 卽枯木頹垣, 皆現五色光. 一鐵弦琴, 其狀方, 不
扣自鳴, 聲踰絲竹, 卽考之『博古圖』, 並無此制. 又方金一塊, 長尺許, 起之, 則層層
可披閱, 乃『天主經』也. 其囊若無長物, 偶需數百金, 頃刻可辦.

居數年, 人莫能窺其淺深. 瑪竇攜前數寶, 走京師, 獻之今上, 而天佑猶留金陵. 若
二生者, 非可以以風塵中人目之也.[15]

이 『續耳譚』의 利瑪竇『交友論』관련 내용을 이수광의 『芝峯類說』에서 인
용한 부분과 대조해보면, 그 전모가 적나라하게 드러난다. 이 인용문 중 밑줄
그은 "其俗重友誼 不爲私蓄 一人中國 日夜觀經史 因著『重友論』多格言" 부
분 중 약간 변형하였을 뿐이다.[16]

이로써 이수광과 안정복의 利瑪竇『交友論』수용의 양상을 종합하면, 이수
광의 경우는 중국책 『續耳譚』을 典據로 제시하며 매우 소략하게 그 내용을
인용하였을 뿐만 아니라 書名도 『重友論』이라 소개하고 있는 등의 수준에
그치고 있었는데, 안정복의 경우는 이러한 이수광의 『芝峯類說』에 있는 그
대로만 인용하여 제시하고 있을 따름인 것이다. 하여 이들의 『교우론』수용
양상은 기왕에 중국책 『續耳譚』를 통해 알게 된 지식을 그대로 답습하고 있
는 말하자면 '踏步的 記述'의 수준에 불과했다고 판단된다.[17]

3. 李瀷·朴趾源의 利瑪竇『交友論』受容: '選擇的 理解' — 제2유형

李瀷(1681-1763)은 利瑪竇『交友論』에 대해 조선 후기의 實學者가 보인
반응 중에서 어느 누구보다도 가장 특기할 만하다. 이와 관련된 기록은 다

---

15 [明]劉汴·沈遴奇·沈儆垣 全撰, 『續耳譚』卷1 〈西洋異人〉項, 1603; 北京: 文物出版社, 2016, pp.2-4.
16 盧鏞弼, 「李睟光·李瀷의 利瑪竇『交友論』受容 樣相 比較 檢討」, 2017, p.96; 本書 제1부 제2장.
17 이와 관련하여서 盧鏞弼, 「李睟光·李瀷의 利瑪竇『交友論』受容 樣相 比較 檢討」, 2017, p.89; 本
書 제1부 제2장에서, '전체적으로 조선 후기 이마두『교우론』수용 양상의 유형을 분석해보면, 이
수광의『교우론』수용 양상은 그 유형이 '답보적인 이해'의 유형에 머물고 있을 뿐이다.'라고 한 바
가 있다.

음이다.

집에 1권의 외국서적『교우론』이라는 게 있는데, 거기에 있기를 "친구라는 것은 제2의 나다. 몸은 둘이나 마음은 하나다. 사귀어 가까이함의 맛은 잃은 후에 더욱 깨닫게 되며, 마음이 굽었을 때는 장차 잃게 되고, 이미 잃은 것은 오히려 굽은 것과 같다."읽기를 모두 하니, 이는 뼈를 찌르는 이야기이다. … 그 책에 또 말하기를 "孝子가 父의 交友를 잇는 것은 産業을 이어받는 것과 같다"고 했는데, 그 말은 진실되고 확실하니 가히 생각할만하다[18]

여기에서 직접 거론하며 인용한 利瑪竇『交友論』의 내용을 추려서 그 利瑪竇『交友論』의 원문과 일일이 대조를 해보았다. 그것을 도표로 작성하여 제시한 게 다음의 〈표 2〉이다.

〈표 2〉李瀷의『交友論』引用 內容과『交友論』原文 對照表

連番	李瀷의『交友論』引用 內容	『交友論』原文		備考
		番號	內容	
1	友者 第二我也	1	吾友非他 卽我之半 乃第二我也 故當視友如己焉.	△
2	身二而心一	2	友之與我 雖有二身 二身之內 其心一而已.	□
3	交際之味 失之後愈覺	66	良友相交之味, 失之後愈可知覺矣.	○
4	其柱時將失 旣亡如猶柱	15	旣死之友 吾念之無憂 蓋在時 我有之如可失 及旣亡 念之如猶在焉.	○
5	孝子繼父之交 如承受産業	4	孝子繼父之所交友 如承受父之産業矣.	○

〈備考欄 區分 標示〉 △:部分 引用, □:內容 整理, ○:核心 提示

이익은『교우론』의 내용을 때로는 선택적으로 원문 그대로 세부적으로 인용하기도 했지만, 때로는 나름대로 그 핵심 내용을 정리하여 수용하기도 했다. 즉 李瀷이 이와 같이『교우론』의 내용에서 일부분을 인용하거나 내용을

---

[18] 원문은 다음이다. "家有一卷外邦書交友論者 有云 友者第二我也 身二而心一 交際之味 失之後愈覺 其柱時將失 旣亡如猶柱 讀之儘 是刺骨之談也 居然再朞 而杜門癃廢 無緣一哭靈席展 此區區俗情 奈柰何何 其書又云 孝子繼父之交 如承受産業 其言亦實實可思" 李瀷,「答鄭玄老 甲戌」,『星湖先生文集』29卷 13;『星湖先生文集』上, 景仁文化社, 1974, p.533.

정리하여 언급하거나 그 문맥의 핵심을 제시한 후, 〈表 2〉에 게시한 1)부터 4)까지의 내용과 관련해서는 "讀之儘 是刺骨之談也" 즉 "읽기를 다하고 나니 이는 뼈에 사무치는 얘기였다."고 하였고, 또한 5)의 내용에 대해서는 "其言亦實實可思" 곧 "그 말 역시 정말 생각할 수 있다."고 한 점을 상기해야 한다. 이익이 이러한 구절로 자신의 생각을 표명한 것은 그 만큼 깊은 감명을 받았을 정도로 『교우론』의 내용을 잘 파악하고 있었음을 입증해주는 것임에 다름 아니다.[19]

이렇듯이 이익은 『교우론』의 내용을 때로는 선택적으로 원문 그대로 세부적으로 인용하기도 했지만, 때로는 나름대로 그 핵심 내용을 정리하여 수용하기도 했다. 따라서 이익의 『교우론』 수용 양상은 深層的인 把握[20]을 토대로 '選擇的 理解'의 수준에 도달해 있었다고 할 수 있을 듯하다.

한편으로 朴趾源(1737-1805)의 경우 역시 이러한 이익과 흡사한 『교우론』 수용의 양상을 드러내고 있었다. 아래의 기록에서 그러한 면모가 찾아진다.

"옛날에 붕우에 대해 말하는 사람들은 '제2의 나'라 칭하기도 했고, '주선인'이라 칭하기도 했다. 이 때문에 글자를 만드는 자가 '羽'자를 빌려 '朋'자를 만들었고, '手'자와 '又'자를 합쳐서 '友'자를 만들었으니, 말하자면 마치 새에게 두 날개가 있고 사람에게 두 손이 있음과 같은 것이다. 그러나 설명하는 자는 '천년 옛날을 벗 삼는다.'고 하니, 너무도 답답하구나, 이 말이여. 천년 옛날의 사람은 이미 흩날리는 티끌이나 서늘한 바람으로 변해 버렸으니, 장차 그 누가 '제2의 나'가 되며, 누가 나를

---

19 盧鏞弼, 「朝鮮後期 天主敎의 受容과 마테오 리치의 『交友論』」, 『吉玄益教授 停年紀念 史學論叢』, 發刊委員會, 1996; 『한국천주교회사의 연구』, 韓國史學, 2008, pp.51-52. 李瀷의 이와 같은 『交友論』 수용 양상과 관련한 이밖의 연구로는 안영상, 「양명학과 천주교의 비교를 통해 본 성호(星湖) 공동체론의 특징」, 『동양철학』 21, 2004, p.64 참조.
20 이와 관련하여서는 盧鏞弼, 「李睟光·李瀷의 利瑪竇 『交友論』 受容 樣相 比較 檢討」, 2017, p.89; 本書 제1부 제2장에서 '(하지만) 이익의 그것은 거기에서 진보하여 '심층적인 파악'의 유형에 이르게 된다고 여겨진다.'고 한 바가 있으며, 또한 p.104에서는, '따라서 조선 후기 『교우론』 수용 양상 유형 분석의 전체적인 추세에서 볼 때, 그의 『교우론』 수용 유형은 '심층적인 파악'의 그것에 해당한다고 하겠다.'고 한 바가 참조된다.

위해 주선하겠는가."²¹

이 글 속에서 박지원이 직접 거론하며 인용한 利瑪竇『交友論』의 내용을 그 利瑪竇『交友論』의 원문과 일일이 대조를 해보았다. 그것을 도표로 작성하여 제시한 게 아래의 〈표 3〉이다.

〈표 3〉 朴趾源의『交友論』引用 內容과『交友論』原文 對照表

連番	朴趾源의『交友論』引用 內容	『交友論』原文		備考
		番號	內容	
1	古之言朋友者 或稱第二吾	1	吾友非他 卽我之半 乃第二我也 故當視友如己焉.	△
2	吾第二			
3	故造字者 羽借爲朋 手又爲友	18 夾註	爻也 双又耳 彼又我 我又彼	△□
4	言若鳥之兩羽而人之有兩手也	56 夾註	友字 古篆作爻 卽兩手也 可有而不可無 朋字 古篆作羽 卽兩习也 鳥飛之方能飛 古賢者視朋友豈不如是耶	△○

〈備考欄 區分 標示〉△ :部分 引用, □ :內容 整理, ○ :核心 提示

朴趾源이 利瑪竇『交友論』의 내용에서 부분적으로 인용하였거나, 그 내용을 나름대로 재정리하여 제시하였거나, 혹은 내용상 핵심을 추려서 제시한 경우가 있음이 이로써 입증된다고 여겨진다. 따라서 박지원의 경우도『교우론』 수용 양상은 이익과 거의 동일하게 '심층적인 파악'을 토대로 '選擇的 理解'의 수준에 도달해 있었던 것으로 여겨진다고 하겠다.

다만 박지원의 경우에는 '友論'(혹은 '友情論')에 주된 관심을 가졌기에, 〈표 3〉에서 드러나는 바대로 그 자신의 글 「繪聲園集跋」에서 利瑪竇『交友論』

---

21 원문은 다음과 같다. "古之言朋友者 或稱第二吾 或稱周旋人 是故造字者 羽借爲朋 手又爲友 言若鳥之兩羽而人之有兩手也 然而說者曰 尙友千古 鬱陶哉是言也 千古之人 已化爲飄塵泠風 則其將 誰爲吾第二 誰爲吾周旋耶." 朴趾源,「繪聲園集跋」,『燕巖集』卷3, a252/070b. 「회성원집발」의 이 대목에 대한 국역에는 박기석,「박지원의 교우론」,『고전문학과 교육』10, 2005, p.278 및 김문용, 「북학파 교우론의 사상사적 함의」,『한국실학연구』10, 2005, p.65 그리고 이홍식,「조선 후기 우정론과 마테오 리치의『교우론』」,『한국실학연구』20, 2010, p.279의 것이 참조가 되었다.

의 영향을 다소 받았음은 분명한 듯하다.[22] 다만 그것 이외에는 『熱河日記』
에서 풍자와 비유를 통해 朱子學의 견지에서 천주교의 교리에 대한 자신의
견해를 일부 피력하기도 했을지언정[23], 天主敎의 敎理 자체에 대한 직접적
인 관심이나 구체적인 비판이 찾아지지 않는 사실로 미루어 볼 때, 박지원은
글로 써서 천주교에 대한 관심이나 비판을 노골적으로 표명하지는 않았던
것 같다. 이와 같은 박지원의 면모는 그 자신이 利瑪竇『交友論』에 대해서
도 '심층적인 파악'을 토대로 삼고 있었지만, 자신의 관심사에 대해서만 엄
격한 범주를 스스로 설정하고 거기에 이해를 국한시켰으므로 그의 이마두
『교우론』 수용의 양상은 '선택적 이해'의 수준에 머물러 있었다고 해서 좋지
않나 생각한다.

4. 李圭景의 利瑪竇『交友論』受容: '複合的 著述' ― 제3유형

李圭景(1788-1856)의 경우 그 자신의 百科全書『五洲衍文長箋散稿』속에
기술한 「斥邪敎辨證說」, 「自警擇友辨證說」, 「友在同心辨證說」 3편의 글에서
利瑪竇의 『交友論』을 수용하여 그 내용을 거론하고 있는 사실이 대단히 독
특하다고 하지 않을 수가 없겠는데, 그 양상이 각기 차이가 있어 면밀한 분석
을 필요로 한다. 우선 「斥邪敎辨證說」에서는 아래와 같이 기술하고 있음이 주
목된다.

지봉 이수광의 『유설』에 다음의 말이 있다. "구라파국은 또한 대서국이라 이름
불린다. 이마두라는 사람이 있어 항해하여 8년 만에 8만 리의 바람과 파도를 넘어
와서 동오[廣東] 거주 10여 년에 『천주실의』 2권을 저술하였다. …『중우론』도 저
술하였는데, 초횡이 이르기를, '서역의 이(마두)군이 '벗은 제2의 나다'라고 하였으

---

22 김명호, 「연암의 우정론과 서학의 영향―마태오 리치의 『교우론』을 중심으로―」, 『고전문학연
구』 40, 2011 참조.
23 김명호, 「『熱河日記』와 『天主實義』」, 『한국한문학연구』 48, 2011 참조.

니, 이 말은 참으로 기이하다.『속이담』에 자세히 보인다.'라고 하였다. 이것이 중국 서적에서 고증할 수 있는 것이다."[24]

이를 통해 이「斥邪敎辨證說」에서는 李睟光의『芝峯類說』에 있는 그대로를 인용하였음이 역력한데, 따라서 이수광이 중국책『續耳譚』을 典據로 제시하며 매우 소략하게 그 내용을 인용하였을 뿐만 아니라 書名도『重友論』이라 소개하고 있는 등의 수준에 그치고 있었던 것을 답습한 것에 불과했다. 더욱이 '이것이 중국 서적에서 고증할 수 있는 것이다'라고 밝힘으로써 마치 그 자신이 중국책 모두를 섭렵하여 고증한 것처럼 적고 있으나 기실은 이수광의『芝峯類說』에 있는 그대로만 인용하여 제시하고 있을 뿐인 것이다. 그렇기 때문에 이「斥邪敎辨證說」에서의 李圭景의『교우론』수용 양상은 李睟光『芝峯類說』을 그대로 답습하고 있는 '踏步的 記述'의 수준에 불과했던 것이다.

그러하지만 이규경은 한편으로는「自警擇友辨證說」에서는『교우론』수용 양상에 있어서 다른 면모를 드러내고 있다. 아래의 같이 정리하여 '友論' 자체에 대한 깊은 관심을 표명하고 있었던 것이다.

'友'라고 하는 것은 '又'을 겹쳤을 뿐으로, 저 또한 나이고 나 또한 저이다. 소인의 벗 사귐은 변돈을 놓듯이 오직 이익이 얼마인지를 헤아린다. '友'字는 옛날 篆字에 '炎'로 나타나니 곧 두 손이다. '朋'字는 옛 전자에 '羽'로 나타나니 곧 두 깃이다. 사람이 두 손이 없으면 온전한 몸을 이룰 수 없고, 새에 두 날개가 없으면 날짐승이 될 수 없다.[25]

---

24 李圭景,「斥邪敎辨證說」,『五洲衍文長箋散稿』卷53;『五洲衍文長箋散稿』下, 東國文化社, 1959, p.705. 원문은 다음과 같다. "李芝峯睟光 類說 歐羅巴國 亦名大西國 有利瑪竇者 泛海八年 越八萬里風濤 居東奧十餘年 所著天主實義二卷 … 著重友論 焦竑曰 西域利君以友者第二我 此言甚奇 詳見續耳譚 此中國書籍之可考者也"

25 李圭景,「自警擇友辨證說」,『五洲衍文長箋散稿』卷7;『五洲衍文長箋散稿』上, 1959, p.223. 원문은 다음이다. "友者 雙又耳 彼又我 我又彼 小人交友如放帳 惟計利幾何 友字 古篆作炎 卽兩手也 朋字 古篆作羽 卽兩羽也 人無兩手 則不得爲全身 鳥無雙翼 則不可爲飛禽"

이 글 속에서 이규경이 언급한 내용을 利瑪竇『交友論』 원문의 내용과 일일이 대조하여 정리해보았다. 그것을 도표로 작성하여 제시한 게 다음 〈표 4〉다.

〈表 4〉 李圭景「自警擇友辨證說」의 引用 內容과『交友論』原文 對照表

連番	李圭景의 引用 內容	『交友論』原文		備考
		條目	內容	
1	友也 雙又耳 彼又我 我又彼	18 夾註	㕛也 双又耳 彼又我 我又彼	◎?
2	小人交友如放帳 惟計利幾何	28 夾註	小人交友如放帳 惟計利幾何	◎
3	友字 古篆作㕛 卽兩手也 朋字 古篆作羽 卽兩羽也 人無兩手 則不得爲全身 鳥無雙翼 則不可爲飛禽	56 夾註	友字 古篆作㕛 卽兩手也 可有而不可無 朋字 古篆作羽 卽兩习也 鳥飛之方能飛 古賢者視朋友豈不如是耶	△ ○ ◇

〈備考欄 區分 標示〉 ◎ : 一致, △ : 部分 引用, ○ : 核心 提示, ◇ : 內容 說明

이 〈표 4〉를 통해서 이규경이「自警擇友辨證說」에서는 이마두『교우론』의 내용을 때로는 선택적으로 원문 그대로 세부적으로 인용하기도 했고, 때로는 나름대로 그 핵심 내용을 정리하여 수용하기도 했음을 알 수가 있다. 이러한 면모는 이미 앞서 우리가 살펴본 바와 같이 李瀷과 朴趾源이 그랬던 것과 동일한 양상이었다. 따라서 이규경의「自警擇友辨證說」에서의『교우론』수용 양상은 李瀷·朴趾源과 마찬가지로 역시 深層的인 把握을 토대로 '選擇的 理解'의 수준에 도달해 있었다고 하겠다.

그러나 이규경은 또 다른 글「友在同心辨證說」에서는『교우론』수용 양상에 있어서 지금까지의 면모와 전혀 다른 새로운 면모를 드러낸다. 이「友在同心辨證說」의 全文은 다음과 같다.

(A)『周易』에 이르기를 '두 사람이 같은 마음이니 그 향내가 난초와 같고 그 예리함은 쇠도 끊을 것이다.'라고 하였다.[26] 벗의 도리는 여기에서 지나침이 없다.

---

26 『周易』에서 이 대목의 원문은 '二人同心 ⓐ其利斷金 同心之言 ⓑ其臭如蘭(두 사람이 같은 마음이

(B)『友論』.²⁷ "①옛날에 친구에게 잘 대해주고 풍요하게 베풀어서 끝내는 본인 집의 재산을 탕진한 사람이 있었다. 옆 사람들이 혹 물어 말하기를 '재물을 모두 벗에게 주어버리면 무엇이 자기에게는 남습니까?'하였다. 대답하여 말하기를, '벗들에게 베풀었다는 意味가 남는다.'고 하였다.²⁸ ②벗이 벗에게 선사하면서 보답을 바라면 선사가 아니다. 시장에서 물건을 바꾸는 것과 같을 뿐이다.²⁹ ③소인은 벗과 사귀는 것을 마치 장부를 펼쳐놓은 듯하며 오직 이득이 얼마일까를 계산한다.³⁰ ④옛날에 두 사람이 있어 동행하는데, 한 사람은 매우 부유하였고 한 사람은 매우 가난하였다. 혹 말하기를 '두 사람은 지극히 친밀합니다.'고 하였다. 데오프라스투스 Theophrastus豆法德는 이를 듣고 말하기를 '이미 그렇다면 어찌해서 하나는 부자가 되었으며 하나는 가난뱅이가 되었습니까?' 하였다.³¹ ⑤환난에 처해 있을 때 우리는 벗의 얼굴을 오직 보는 것만이라도 기뻐한다. 그래서 환난에 있거나 행복하거나 어느 경우라도 벗은 유익하다. 걱정스러울 때는 걱정을 덜어주고 기쁠 때는 기쁨을 더해준다.³² ⑥내가 번영할 때는 청해야 바야흐로 오고, 근심스러울 때는

니 그 예리함은 쇠라도 끊을 것이며, 같은 마음의 말은 그 향내가 난초와 같다)'으로, 이규경이 이를 인용하면서 '同心之言' 부분은 제외키시고 나머지도 ⓐ와 ⓑ 대목의 순서를 바꾸어 '二人同心 ⓑ 其臭如蘭 ⓐ其利斯金'로 인용하였다. 梁鶴馨 (외) 해역,『주역』, 자유문고, 중보판 1쇄, 2004, p.431 및 p.433 참조.

27 李圭景,「友在同心辨證說」,『五洲衍文長箋散稿』卷47;『五洲衍文長箋散稿』下, 1959, p.505에서는 분명『友說』로 판독되어 전하나 行草書體로 筆寫된『友論』을 잘못 해독하여 그리 표기된 게 아닐까 싶다. 一例로 王羲之의 '論'과 '說' 行草書에서도 때로는 분간하기 쉽지 않은 면모가 엿보기 때문이다. 鄭曉華 主編,『王羲之王獻之行草書字典』, 上海: 上海辭書出版社, 2015, p.133 및 pp.191-193 참조.

28 이 제94항의 원문은 利瑪竇,『交友論』,李之藻,『天學初函』,1629; 吳相湘 主編, 1965, p.318; 이마두 지음, 노용필 엮음,『벗은 제2의 나다: 마테오 리치의 교우론』, 어진이, 2017, p.244. 국역은『벗은 제2의 나다』, 2017, p.202 참조.

29 이 제9항의 원문은 利瑪竇,『交友論』, 吳相湘 主編, p.301; 노용필 엮음, p.261. 국역은『벗은 제2의 나다』, p.32 참조.

30 이 대목은 제28항 원문에 붙여진 夾註로 利瑪竇,『交友論』, 吳相湘 主編, p.305; 노용필 엮음, p.257. 국역은『벗은 제2의 나다』, p.70 참조. 이 제28항의 원문은 '交友使獨知利己 不復顧益其友 是商買之人耳 不可謂友也(벗과 사귀는 것을 오로지 자기를 이롭게 함으로 알고자 할뿐이고, 그 벗을 이롭게 하고자 함을 다시 고려하지 않음은 상인일뿐이지 벗이라고 말할 수 없다)'이다.

31 이 제95항의 원문은 利瑪竇,『交友論』, 吳相湘 主編, p.318; 노용필 엮음, p.244. 국역은『벗은 제2의 나다』, p.204 참조. 원문에는 '言友之物皆與共也(말은 '벗의 물건은 모두 서로 공유한다.'는 것이다)'라는 夾註가 있지만, 李圭景은 이것까지 인용하지는 않았다.

32 이 제64항의 원문은 利瑪竇,『交友論』, 吳相湘 主編, p.311; 노용필 엮음, p.251. 국역은『벗은 제2

청하지 않아도 스스로 옴이 대저 벗이다.³³ ⑦벗이란 가난한 이를 위해서 재력이 되어야 하고 약한 이를 위해서는 힘이 되어야 하고 병든 이를 위해서는 약이 되어야 한다.³⁴ ⑧벗의 벗을 벗으로 삼고 벗의 원수를 원수로 삼는 것이 벗을 두텁게 함이 된다.³⁵ ⑨'友'字는 옛 篆書에서는 '㕛'로 썼는데, 곧 두 손이요 '朋'字는 옛 전서에서는 '羽'로 썼는데 곧 양 날개이다.³⁶ ⑩벗[의 옛날 말] '㕛'는 두 개의 '又'다. 그는 또 나고, 나는 또 그다.³⁷"

 (C)곧 같은 마음을 일컫는 것이다.³⁸ 세상에서 자신의 진심을 알아주는 사람에

의 나다』, p.142 참조. 한편 이홍식,「조선 후기 우정론과 마테오 리치의『교우론』」,『한국실학연구』 20, 2010, p.281의 각주 41)에서는 이를 제59항으로 파악하였으나 내용을 흡사하나 기실은 제64항이 옳다.

33 이 제64항의 원문은 利瑪竇,『交友論』, 吳相湘 主編, p.311; 노용필 엮음, p.251. 국역은『벗은 제2의 나다』, p.142 참조.

34 이 제76항의 원문은 利瑪竇,『交友論』, 吳相湘 主編, p.314; 노용필 엮음, p.248. 국역은『벗은 제2의 나다』, p.166 참조.

35 이 제52항의 원문은 利瑪竇,『交友論』, 吳相湘 主編, p.309; 노용필 엮음, p.253. 국역은『벗은 제2의 나다』, p.118 참조. 원문에는 '吾友必仁 則知愛人知惡人 故我據之(내 벗이 반드시 어질면 사람을 사랑할 줄도 알고 미워할 줄도 알기 때문에 나는 그를 의지하는 것이다)'라는 夾註가 있지만, 李圭景은 이것까지 인용하지는 않았다.

36 이 대목은 제56항 원문에 붙여진 夾註 '友字 古篆作 ■ 卽兩手也 可有而不可無 朋字 古篆作羽 卽兩翅也 鳥飛之方能飛 古賢者視朋友豈不如是耶('友'字는 옛 篆書에서는 '■'로 썼는데, 곧 두 손이 있어야 되는 것이지 없어서는 안 되는 것이다. '朋'字는 옛 전서에서는 '羽'로 썼는데, 곧 양 날개를 새가 갖추어야 바야흐로 날 수 있다. 옛날 賢者가 벗을 봄이 어찌 이와 같지 않았겠는가)'에서 李圭景이 축약하여 제시한 것으로, 원문은 利瑪竇,『交友論』, 吳相湘 主編, pp.309-310; 노용필 엮음, pp.253-254. 국역은『벗은 제2의 나다』, p.126 참조. 한편 이 제56항의 원문은 '上帝給人雙目雙耳雙手雙足 欲兩友相助 方爲事有成矣(상제가 사람에게 두 눈, 두 귀, 두 손, 두 다리를 준 것은 두 벗이 서로 돕도록 하여 바야흐로 일이 이루어짐이 있게 하였다)'이다.

37 이 대목은 제18항 원문에 붙여진 夾註로 利瑪竇,『交友論』, 吳相湘 主編, p.303; 노용필 엮음, p.259. 국역은『벗은 제2의 나다』, p.50 참조. 제18항 원문은 '德志相似 其友始固(덕행과 의지가 서로 비슷해야 그 벗은 비로소 굳어진다)'이다.

38 이 (C)부분의 첫 '卽同心之謂也' 대목을 이홍식,「조선 후기 우정론과 마테오 리치의『교우론』」, 2010, p.282의 각주 46)에서는『교우론』제2항의 것으로 파악하였는데, 이는 그렇지 않다고 여겨진다. 정작『교우론』제2항의 원문은 '友之與我 雖有二身 二身之內 其心一而已(벗과 나는 비록 두 몸이지만 두 몸 안의 그 마음은 하나일 뿐이다)'라 이기에 엄밀하게 논하자면 이 부분과는 별개의 문장이라고 읽히기 때문이다. 원문은 利瑪竇,『交友論』, 吳相湘 主編, p.300; 노용필 엮음, p.262. 국역은『벗은 제2의 나다』, p.18 참조. 기실 그렇다기보다는 李圭景이 이「友在同心辨證說」의 첫 대목 (A)부분 중에서 緖論格으로『周易』의 내용을 인용하여 '두 사람이 같은 마음'이라 한 것이, 바로 뒤에 상세히 인용하여 정리해 제시한 (B)부분의『友論』에서 보이듯이 결국『교우론』전체를

대해 말하면서 [『史記』에는] '여자는 자기를 좋아하는 사람을 위해서 화장하고 선비는 자기를 알아주는 사람을 위해서 죽는다.'라고 했으며[39], [『禮記』에는] 만약 '부모께서 생존해 계실 때에는 벗에게 죽음으로써 허락하지 않는다.'라고 했다.[40] 다만 타인으로써 나를 위해 죽을 사람은 오직 벗뿐이다. 그러므로 [戰國 시대 晉나라 사람] 豫讓에게는 靑荓이 있고 [戰國 시대 燕나라 사람] 荊軻에게는 高漸離가 있었다. 이는 천 년 만에 한 번 오는 때이지 절박하게 희망을 가지고 기다린다고 해서 되는 게 아니다.

(D)㉮벗을 사귀기에 앞서 마땅히 그가 과연 좋은 벗이 될지를 살펴야 하고 벗을 사귄 후에는 의당 믿어야 한다.[41] ㉯오래 되어도 공경하면[42] ㉰믿음은 그 가운데 있는 것이다.[43]

일맥상통하는 단 하나의 핵심 주제가 벗 사이에 '곧 같은 마음을 일컫는 것'임을 한마디로 압축하여 결론으로 도출하고 있는 것으로 보는 게 옳다고 생각한다.

39 이 'ⓐ女爲悅己者容 ⓑ士爲知己者死' 부분은 『史記』卷86 刺客列傳 제26「豫讓」篇의 '豫讓遁逃山中曰 嗟乎 ⓐ士爲知己者死 ⓑ女爲說己者容(예양은 산속으로 달아나 탄식하며 말하기를, '아아! 선비는 자기를 알아주는 사람을 위해서 죽고, 여인은 자기를 좋아하는 사람을 위해서 화장한다.'고 하였다)' 부분에서 ⓐ대목과 ⓑ대목의 순서를 뒤바꾸고 '說'을 같은 발음·의미의 '悅'로 교체하여 인용한 것이다. 원문은 [漢]司馬遷 撰, 『史記』, 北京:中華書局, 1997, p.638下 참조.

40 이 부분은 『禮記』「曲禮」上 '父母在 不許友以死 不有私財(부모께서 생존해 계실 때에는 벗에게 죽음으로써 허락하지 않고 사사로이 재물을 두지 않는다)' 대목 중 일부를 그대로 인용한 것이다. 원문 및 국역은 錢興奇等注譯, 『禮記』上, 長沙:岳麓書社, 2001, p.8 및 池載熙 解譯, 『예기』상, 자유문고, 2000, pp.34-35 참조.

41 이 '交友之先宜察 交友之後宜信' 부분은 『교우론』제7항을 그대로 인용한 것으로, 그 원문은 利瑪竇, 『交友論』, 吳相湘 主編, p.301; 노용필 엮음, p.261. 국역은 『벗은 제2의 나다』, p.28 참조.

42 이 '久而敬之' 대목은 『論語』「公冶長」의 '子曰 晏平仲善與人交 久而敬之(공자께서 말씀하시었다. '안평중은 남과 사귀기를 잘하며 오래되어도 공경한다')에서 부분적으로 인용한 것이다. 원문은 『經書』, 成均館大 大東文化研究院, 初版, 1968; 11版, 1982, p.145 참조. 국역은 조수익·박승주 공역, 『논어 대학 중용』, 전통문화연구회, 초판, 2011; 3쇄, 2016, p.44 참조.

43 李圭景, 「友在同心辨證說」, 『五洲衍文長箋散稿』卷47; 『五洲衍文長箋散稿』下, 1959, p.505. 원문은 다음이다. "(A)『易』曰 二人同心 其臭如蘭 其利斷金 友之道 無過於此 (B)『友說』①昔年有善待友而豐惠之 將盡本家産也 旁人或問之曰 財物畢與友 何留於子乎 對曰 惠友之味也 ②友之饋友而望報 非體也 與市易者等耳 ③小人交友如放帳 惟計何幾何 ④古有二人同行 一極富 一極貧 或曰 二人爲友 至密矣 寶法德聞之曰 旣然 何一爲富者 一爲貧者哉 ⑤在患時 吾惟喜看友之面 然或患或幸 何時友無有益 憂時減憂 欣時增欣 ⑥我榮時請而方來 患時不請而自來 夫友哉 ⑦友也 爲貧之財 爲弱之力 爲病之藥 ⑧友之友 仇友之仇 爲厚友也 ⑨女字 古篆作㚨 卽兩手也 朋字 古篆作羽 卽兩羽也 ⑩友字 雙又耳 彼又我 我又彼 (C)卽同心之謂也 世之言知己者 女爲悅己者容 士爲知己者死 如父

이「友在同心辨證說」은 크게 4부분으로 나뉘는 것으로 분석된다. (A)부분은 緒論格으로, 『周易』의 내용을 짧게 인용하여 '두 사람의 같은 마음(二人同心)'을 이 『교우론』에서 강조하고 있음을 밝혔다. 그러면서 "벗의 도리는 여기에서 지나침이 없다"고 하는 李圭景 자신의 견해를 제시한 것이다.

(B)부분은 本論으로서, 『友論』 즉 『교우론』의 내용을 항목별로 자세하게 인용하면서 그 중심 내용을 설명하였다. 마지막 대목에서는 역시 『교우론』 제2항의 내용 중 "곧 같은 마음임을 일컫는다."는 부분을 제시함으로써, 앞의 서론에서 인용한 『주역』에서와 마찬가지로 이 『교우론』의 핵심이 벗이 '같은 마음'이어야 함을 강조했다는 사실을 부각시키려 한 것으로 읽힌다.

이후 (C)부분은 結論으로서, 앞 (A)·(B)부분의 내용을 종합적으로 정리하면서 자신의 견해를 피력한 부분이다. 그리고 (D)부분은 總結로서, ㉮대목은 『교우론』 제7항에서, ㉯대목은 『論語』「公冶長」에서, ㉰대목은 『孟子』에 대한 程子의 해석에서 한 부분을 인용하여[44] 각각 제시하며 마무리 짓고 있는 것이다.

그런데 이「友在同心辨證說」의 원문을 국역하며 세밀히 살피면서도 이 글과 이마두 『교우론』과의 유사성 및 차별성이 선뜻 파악되지 않았다. 그래서 이「友在同心辨證說」의 서술 내용과 이마두 『교우론』 원문과의 대조를 시도하였다. 그래서 작성한 게 다음의 〈표 5〉이다.

母在 不許友以死 則以他人而爲我死者 惟友耳 故豫讓有靑芹 荊軻有高漸離 此千載一時之遇 切非可期望者也 (D)㉮交友之先宜察 交友之後宜信 ㉯久而敬之 ㉰則信在其中矣"

[44] 이 '則信在其中矣' 대목은 『孟子』 公孫丑 上 "凡有四端於我者 知皆擴而充之矣 …" 대목에 대한 程子(程頤, 程伊川, 1033-1107)의 해석 인용 "程子曰 人皆有是心 惟君子爲能擴而充之 不能然者 皆自棄也 然其充與不充 亦在我而已矣(程子가 말했다. '사람은 모두 이 마음이 있지만 오직 군자만이 그것을 확충할 수 있고 그렇게 할 수 없는 사람은 모두 스스로 포기한 것이다. 그러나 확충하느냐와 확충하지 못 하느냐 그것은 또한 나에게 달려 있을 뿐이다.') 又曰 四端不言信者 旣有誠心爲四端 則信在其中矣(또 말했다. '四端에서 信을 말하지 않은 것은 이미 정성스런 마음이 四端이 되었기 때문에, 믿음은 그 가운데 있는 것이다')" 가운데 맨 마지막 대목 '則信在其中矣'를 인용한 것이다. 원문은 『經書』, 1982, pp.517-518 참조.

〈表 5〉李圭景「友在同心辨證說」의『友論』引用 內容과『交友論』原文 對照表

連番	李圭景의『友論』引用 內容 條目		『交友論』原文 內容	備考
1	昔年有善待友而豊惠之 將盡本家産也 旁人或問之曰 財物畢與友 何留於己 乎 對曰 惠友之昧也	94	昔年有善待友而豊惠之 將盡本家産也 傍人或問之曰 財物畢與友 何留於己 乎 對曰 惠友之昧也	◎
2	友之饋 友而望報非饋也 與市易者等 耳	9	友之饋 友而望報非饋也 與市易者等 耳	◎
3	小人交友如放帳 惟計利幾何	28 夾註	小人交友如放帳 惟計利幾何	◎
4	古有二人同行 一極富 一極貧 或曰 二 人爲友至密矣 寶法德聞之曰 旣然 何 一爲富者 一爲貧者哉	95	古有二人同行 一極富 一極貧 或曰 二 人爲友至密矣, 寶法德(古者名賢)聞之 曰 旣然 何一爲富者 一爲貧者哉	◎
5	在患時 吾惟喜看友之面 然或患或幸 何時 友無有益 憂時減憂 欣時增欣	11	在患時 吾惟喜看友之面 然或患或幸 何時 友無有益 憂時減憂 欣時增欣	◎
6	我榮時請而方來 患時不請而自來 夫 友哉	64	我榮時請而方來 患時不請而自來 夫 友哉	◎
7	友也 爲貧之財 爲弱之力 爲病之藥	76	友也 爲貧之財 爲弱之力 爲病之藥焉	◎
8	友友之友 仇友之仇 爲厚友也	52	友友之友 仇友之仇 爲厚友也	◎
9	<u>友字 古篆作爻 卽兩手也 朋字 古篆作 羽 卽兩羽也</u>	56 夾註	<u>友字 古篆作爻 卽兩手也</u> 可有而不可 無 <u>朋字 古篆作羽 卽兩習也</u> 鳥飛之方 能飛 古賢者視朋友豈不如是耶	△ ○
10	<u>友也 雙又耳</u> 彼又我 我又彼	18 夾註	<u>爻也 双又耳</u> 彼又我 我又彼	◎
11	交友之先宜察 交友之後宜信	7	交友之先宜察 交友之後宜信	◎

〈備考欄 區分 標示〉◎:一致, △:部分 引用, ○:核心 提示, □:內容 整理,

이 〈표 5〉를 통하여 이규경이「友在同心辨證說」에서는 이마두『교우론』 의 내용을 더욱 '深層的 分析'을 통해 정리하였음이 입증되었다고 여겨진다. 그렇게 함으로써 이규경은 한 단계 더 진보하여 나름대로의 뚜렷한 독창적 개별성을 띠며 이마두『교우론』을 수용하는 양상을 드러냈고, 그 결과 이규 경의『교우론』 수용 양상은 제3유형으로서 '複合的 著述' 수준을 견지하는 단 계에까지 이르렀다고 보인다.

지금까지 살펴온 바를 종합하면, 이규경은 자신의 저술 百科全書『五洲衍文長箋散稿』속의「斥邪敎辨證說」에서는 이수광의 저술을 인용하는 데에 그쳐 '踏步的 記述'을 그대로 따른 양상을 보이기도 했으나, 다른 글「自警擇友辨證說」에서는 이익·박지원과 마찬가지로 역시 심층적 파악을 토대로 '선택적 이해'의 수준에 도달해 있었다고 가늠된다. 게다가 이규경은 또 다른 글「友在同心辨證說」에서는『교우론』원문을 더욱 '深層的 分析'을 통해 정리함으로써 한 단계 더 진보하여 나름대로의 뚜렷한 독창적 개별성을 띠며 수용하였음이 입증된다. 그러므로 이규경의『교우론』수용 양상은, 앞서의 제1·2유형과는 달리 제3유형으로서 '複合的 著述' 수준을 견지하는 단계에까지 최종적으로는 이르게 되었던 것이라 하겠다.

5. 結語

역사학에서는 역사에 드러난 현상의 개별적 특성을 해명하려고 한편으로는 普遍性을, 다른 한편으로는 個別性을 탐구하면서, 그 목표를 달성하기 위해 왕왕 類型論Typology의 방법을 취한다. 이러한 유형론에 입각한 연구는 개인 중심의 전근대적인 역사에서 탈피하는 필수적인 절차의 하나로서 韓國古代의 宗敎思想史 분야에서 이미 이루어진 바가 있는데, 특히 新羅 淨土信仰의 다양한 유형에 관한 연구의 경우는 조선후기 천주교 사상사의 연구에 있어서도 하나의 典範으로 삼을 만하다.

그리하여 이와 같은 유형론을 적용하여 Matteo Ricci의『交友論』을 수용한 李睟光·安鼎福·李瀷·朴趾源·李圭景 5인의 그 양상을 정밀하게 검증해보았다. 이들의『交友論』수용 양상은, 앞서 살핀 바를 종합하게 되면 대략 다음의 〈表 6〉과 같이 정리된다고 하겠다.

〈表6〉朝鮮後期 利瑪竇『交友論』受容 樣相 類型 分析의 時期別 推移

人 名	典據 提示 및 引用 與否		原文 熟知 與否	受容 樣相 類型		時期 區別	
	典據 提示	引用 與否					
李睟光	續耳譚	×	×	'踏步的 記述'		17世紀	
安鼎福	芝峯類說, 續耳譚	×	×			18世紀	前期
李 瀷	×	○	○	'選擇的 理解'			後期
朴趾源	×	○	○				
李圭景	友論	○	○	'踏步的 記述'	'複合的 著述'	19世紀	
	〃	○	○	'深層的 分析'			

〈典據 提示 및 引用 與否, 典據 提示 및 引用 與否 區分 標示〉 ○ : 與, × : 否

　우선 이수광의 경우는 중국책『續耳譚』을 典據로 제시하며 매우 소략하게 그 내용을 인용하였을 뿐만 아니라 書名도『重友論』이라 소개하고 있는 등의 수준에 그치고 있다. 더욱이 안정복의 경우는 이러한 이수광의 저서 百科全書『芝峯類說』에 있는 그대로만 인용하여 제시하고 있을 따름이었다. 하여 이들의『교우론』수용 양상은 제1유형으로서 '踏步的 記述'의 수준에 불과했다고 판단된다.

　한편 이익은『교우론』의 내용을 때로는 선택적으로 원문 그대로 세부적으로 인용하기도 했지만, 때로는 나름대로 그 핵심 내용을 정리하여 수용하기도 했다. 박지원 역시 이러한 이익과 흡사한『교우론』수용의 양상을 드러내고 있었다. 따라서 이들의『교우론』수용 양상은 제2유형으로서 '選擇的 理解'의 수준에 도달해 있었다고 할 수 있을 듯하다.

　그리고 이규경은 자신의 저술 百科全書『五洲衍文長箋散稿』속의「斥邪敎辨證說」에서는 이수광의 저술을 인용하는 데에 그쳐 '踏步的 記述'을 그대로 따른 양상을 보이기도 했으나, 다른 글「自警擇友辨證說」에서는 이익·박지원과 마찬가지로 역시 심층적 파악을 토대로 '선택적 이해'의 수준에 도달해 있었다. 게다가 이규경은 또 다른 글「友在同心辨證說」에서는『교우론』원문을 더욱 '深層的 分析'을 통해 정리함으로써 한 단계 더 진보하여 나름대로의 뚜렷한 독창적 개별성을 띠며 수용하였음이 입증된다. 그러므로 이규경의 『교우론』 수용 양상은, 앞서의 제1·2유형과는 달리 제3유형으로서 '複合的 著述' 수준을 견지하는 단계에까지 최종적으로는 이르게 되었던 것이라 하겠다.[45]

---

45 이러한 점을 염두에 두고 살피면, 李睟光의 百科全書 『芝峯類說』에 인용한 利瑪竇 『交友論』 수용의 '踏步的 記述' 樣相은 前期 百科全書派의 한계이자 그 특징의 露呈인 데 비하여, 한편 李圭景의 百科全書 『五洲衍文長箋散稿』에 저술된 利瑪竇 『交友論』 受容의 '複合的 著述' 樣相은 後期 百科全書派의 장점이자 그 특징의 發露였다고 여겨진다.

제2장
李睟光·李瀷의
利瑪竇『交友論』受容 樣相 比較 檢討

1. 緒言

   利瑪竇(Matteo Ricci, 1520-1610)가 중국에 입국한 이후 가장 먼저 漢文으로 저술한『交友論』이 조선의 天主敎 수용에 끼친 영향에 관해 1990년에 논문을 작성하여 탈고하고 나서도 지니고만 지내다가 6년이나 지난 1996년에야 조심스레 발표하고 나서도 그랬지만,[1] 그 원고를 포함시켜 2008년『한국천주교회사의 연구』를 上梓한[2] 이후 오늘에 이르기까지 줄곧 이마두 자신이나『교우론』자체에 대한 관심이 머리에서 떠나본 적이 없다. 그럴 정도로 이에 대한 관심이 늘 깊다고 할 수가 있는데, 그러다보니 이마두나『교우론』과 관

---

1 盧鏞弼,「朝鮮後期 天主敎의 受容과 마테오 리치의『交友論』」,『吉玄益敎授 停年紀念 史學論叢』, 發刊委員會, 1996.
2 노용필,『한국천주교회사의 연구』, 韓國史學, 2008. 여기에도 1996년에 발표한 앞 脚注 1)의 논문과 마찬가지로『교우론』원문을 국역해서 게재하였다. 다만 夾註 부분은 이마두의 처음 저술에는 없었으나 그 이후 덧붙여진 게 아닐까 하는 생각에 국역에서는 제외하였었다. 이즈음에도 이런 생각이 지워지지 않지만, 나 자신의 연구 진전을 위해서나 내 이 논문을 읽을 독자들의 편의를 고려해서 이번에는 협주 부분까지 국역을 하였을 뿐만 아니라 現代의 中文 및 日文까지를 곁들여 뒤의【附錄】『交友論』全文 韓·中·日譯本으로 정리하여 게시한다.『교우론』이해에 약간의 도움이라도 되었으면 하는 바이다.

련된 특히 중국에서 나온 논문이나 연구서들을 눈에 띄는 대로 줄곧 모아 오는 게 습관이다시피 되어 이후 적지 않은 자료가 곁에 쌓이게 되었다.[3]

하지만 그럼에도 불구하고 미해결 문제의 하나로 항상 궁금함을 지울 수 없는 한 대목이 뇌리에서 떠나지 않고 맴돌고 있었다. 그것은 李睟光의『芝峯類說』중 이마두의 저술에 관해 언급하면서 다음과 같이 기술한 대목이다.

著重友論 焦竑曰 西域利君以爲友者第二我 此言奇甚云 事詳見續耳譚(李睟光,『芝峯類說』卷2 諸國部 外國 歐羅巴國 項)

이를 풀이하면 그는 "『중우론』을 저술하였다. 초횡이 말하기를, '서역 사람인 이(마두)군이, 벗은 제2의 나라고 하였는데, 이 말은 매우 기묘하다'고 하였다. 이 일은『續耳譚』에 자세히 나온다."는 것이다. 이 대목의 서술에 대한 구체적인 검증은 초횡의 언급 내용이 그의 글 어디에 실려 있는가? 그리고『속이담』에 과연 얼마나 자세히 나오는가? 하는 점들을 확인하는 데서부터 이루어져야 한다고 믿어왔다. 하지만 그게 그리 녹록한 게 아니었다. 초횡에 관한 것을 세세히 살피는 것도 그랬지만 더더군다나『속이담』자체를 구해보기 어려웠기 때문이었다.[4]

그러던 중 2017년 5월 26일 오후 한국사학연구소에 앉아 인터넷으로 여느 날처럼 중국의 신서들을 섭렵하던 중 깜짝 놀라 정말인가 싶어 사실 여부를 거듭거듭 확인을 하게 될 한권의 책을 마주하게 되었는데, 그것은 다름이 아니라『속이담』[5]이었다. 거짓말처럼 그 다음날인 5월 27일 내 손에 쥐어진 그

---

[3] 鄒振環,「明淸知識場域中的『交友論』」,『晩明漢文西學經典: 編譯, 詮釋, 流傳與影響』, 北京: 北京大學出版社, 2011. 宋黎明,「『交友論』與其他」,『神父的新裝: 利瑪竇在中國(1582-1610)』, 南京: 南京大學出版社, 2011. 何俊,「論友道」,『西學與晩明思想的裂變』, 上海: 上海人民出版社, 2013.

[4]『속이담』에 서술된 이마두 관련 기록에 관해서는 山口正之,「近世朝鮮に於ける西學思想の東漸と其の發展」,『小田先生頌壽紀念朝鮮論集』, 大阪屋號書店, 1934, pp.1012-1013에서 이미 인용한 것을 비록 간접적으로 참고할 수 있었지만 실제의 내용을 직접 확인할 수가 없었던 것이다.

[5] [明]劉忭·沈遴奇·沈儆垣 全撰, 陳國軍 點校,『續耳譚』, 北京: 文物出版社, 2016.

책을 펼쳐 이마두와 관련된 부분을 찾아 확인하면서, 本考를 구상하게 되었다. 그 내용을 더욱 심층적으로 분석해가면서 이후 [明]支允堅『梅花渡異林』의「利瑪竇」項은 물론이러니와 [明]焦竑『澹園集』의「古城答問」등을 구해서 접하게 되었고, 이들의 내용을 서로 비교해가면서 비로소 반영하여 본고의 내실을 꾀하게 되었다.

그러다보니 차츰 이수광의『교우론』수용 양상을 제대로 파악하게 되었는데, 李漢의 그것과 서로 비교하면서 검토하게 되면, 이수광은 물론이고 이익의『교우론』수용 양상을 더욱 명료하게 묘사할 수 있음은 말할 것도 없고 그 각각의 역사적 의미도 온전히 살필 수 있지 않을까 생각하게 되었다.[6] 하여 비교사학의 類比 및 對比의 방법을 취하여,[7] 本考에서 이를 실행해 보고자 하였다.

2. 이수광『지봉유설』의 이마두『교우론』수용 양상

앞서 이수광『지봉유설』의 이마두『교우론』수용에 관한 기록을 인용하여 제시하기를 "著重友論 焦竑曰 西域利君以爲友者第二我 此言奇甚云 事詳見續耳譚" 부분만 하였지만, 그것은 어디까지나『교우론』자체에만 집중하기 위함이었다. 하지만 사실『속이담』과 대조하여 비교하기 위해서는 그 바로 앞에 "又其俗重友誼 不爲私蓄"로 붙여서 인용하기를 "又其俗重友誼 不爲私蓄 著重友論 焦竑曰 西域利君以爲友者第二我 此言奇甚云 事詳見續耳譚"라고 해야 옳겠다는 판단을 내리게 된 것은,『속이담』의『교우론』관련 내용

---

6 전체적으로 조선 후기 리마두『교우론』수용 양상의 유형을 분석해보면, 이수광의『교우론』수용 양상은 그 유형이 '답보적인 이해'의 유형에 머물고 있을 뿐이다. 하지만 이익의 그것은 거기에서 진보하여 '심층적인 파악'의 유형에 이르게 된다고 여겨진다. 이 점에 대해서는 후에 상론하고자 한다.

7 마르크 블로흐,「유럽사회의 비교사를 위하여」, 김택현·이진일 외,『역사의 비교, 차이의 역사』, 선인, 2008, p.153. 및 피터 버크, 곽차섭 옮김,「비교방법」,『역사학과 사회 이론』, 문학과지성사, 1994, p.44. 그리고 양병우,「비교」,『역사의 방법』, 민음사, 1988, p.148 참조.

을 접하여 구체적으로 분석하면서부터이다. 『속이담』의 그것에도 "其俗重友 誼 不爲私蓄"이란 구절이 『교우론』 저술 관련 내용에 붙여져 "其俗重友誼 不 爲私蓄 一人中國 日夜觀經史 因著重友論 多格言"이라 되어 있음에서였다.

이 대목에서 굳이 이 사실에 대해 언급하는 것은, 이수광 『지봉유설』의 이 마두 『교우론』 관련 기사의 서술에서 이 부분을 『속이담』의 그것을 그대로 인용하여 활용할 정도로 『속이담』의 영향을 깊이 받았음이 여실히 입증되는 것이라고 여겨지기 때문이다. 그러므로 『속이담』에서 『重友論』의 저술을 거론하고 있는 이 대목을 중점적으로 분석하는 게 마땅할 터인데, 여기에서 하나 더 감안할 점은 이 『속이담』의 이 대목과 매우 흡사한 내용을 담고 있는 또 하나의 책 『梅花渡異林』이 당시에 있었고 그것이 현재도 전해지고 있다고 사실을 알게 되어[8] 확인한 결과 과연 그러하기에 그 실제의 내용을 구할수가 있었다는 사실이다. 그래서 이 『梅花渡異林』의 이마두 『교우론』 관련 내용까지 또한 아울러 비교해가면서 분석하는 게 마땅하겠다고 판단하였다.

1) 『속이담』 권1 「서양이인」항의 『중우론』 거론 부분 분석:[명]지윤견, 『매화도이림』 권4 시사만기 「이마두」항의 『우론』 거론 부분과의 내용 비교를 중심으로

앞서 거듭 지적한 바대로 이수광 『지봉유설』의 이마두 『교우론』 수용과 관련해서 『속이담』의 『중우론』 거론 부분을 직접 인용하고 있으므로, 그 부분부터 확실히 검토함이 우선되어야 한다고 생각하였다. 하여 그 『중우론』 거론 부분을 포함하고 있는 문제의 [명]유변·심린기·심경원 동찬 『속이담』 내용을 원문 그대로 인용하여 제시해보이면 다음이다.

大西洋國有異人二, 一姓利, 名瑪竇, 一姓郭, 名天祐, 俱突額深目, 朱顔紫髥, 從渠

---

[8] [明]劉忭·沈遴奇·沈儆垣 全撰, 陳國軍 點校, 「西洋異人」, 『續耳譚』 卷1, 北京: 文物出版社, 2016, pp.2-4.

國中泛海八年, 始抵東粵. 居粵十年, 置産築居, 約數千金, 復棄之, 擔簦至金陵. 金陵水部一官署, 多厲鬼, 人者輒斃, 二人稅居之, 無恙也.

自稱西洋無常主, 惟生而好善, 不茹葷, 不近女色者, 卽名天主, 擧國奉之爲王. 其俗重友誼, 不爲私蓄, 一人中國, 日夜觀經史, 因著『重友論』, 多格言. 所挾異寶, 不可屢數, 其最奇者, 有一天主圖, 四面觀之, 其目無不直射者. 又有自鳴鐘, 按時卽有聲, 漏刻毫不爽. 有玻璃石, 一照目前, 卽枯木頹垣, 皆現五色光. 一鐵弦琴, 其狀方, 不扣自鳴, 聲躐絲竹, 卽考之『博古圖』, 並無此制. 又方金一塊, 長尺許, 起之, 則層層可披閱, 乃『天主經』也. 其囊若無長物, 偶需數百金, 頃刻可辦.

居數年, 人莫能窺其淺深. 瑪寶攜前數寶, 走京師, 獻之今上, 而天佑猶留金陵. 若二生者, 非可以以風塵中人目之也.[9]

그리고 앞에서 이『속이담』의『중우론』거론 부분과 매우 흡사한 내용을 담고 있는 또 하나의 책 [명]지윤건의『매화도이림』이 당시에 있었고 현재도 전해지고 있음을 알게 되었다는 사실을 이미 밝혔으므로 이 역시 아울러 원문을 인용하여 제시한 후 검토해보는 것도 의미가 있다고 여겨졌다. 그리하여 그 원문을 제시해보이면 아래와 같다.

大西洋國二人來 一曰 利瑪寶 一曰 郭天祐 俱突額深目, 朱顔紫鬚, 從渠國中泛海八年, 始抵東粵. 居粵十年, 置産築居, 約數千金, 復棄之, 擔簦至金陵. 水部一官署, 多厲鬼, 入者輒斃, 二人稅居之, 無恙也.

自稱西洋無常主, 惟生而好善, 不茹葷, 不近女色者, 卽名天主, 擧國奉之爲王. 其俗重友誼, 不爲私蓄, 入中國來, 日夜觀經史, 因著『友論』, 多格言. 所挾異寶, 不可縷數, 其最奇者, 有一天主圖, 四面觀之, 其目無不直射者. 又有自鳴鐘, 按時卽有聲, 漏毫刻不爽. 有玻璃石, 一照目前, 卽枯木頹垣, 皆現五色光. 一鐵絃琴, 其狀方, 不扣自鳴, 聲躐絲竹, 卽考之『博古圖』, 並無此製. 又方金一塊, 長尺許, 起之, 則層層可披閱, 乃『天主經』也. 其囊若無長物, 偶需數百金, 頃刻可辦.

居數年, 人莫能窺其淺深. 瑪寶攜前數寶, 走京師, 獻之上, 而天佑留金陵. 若二生

---

9 [明]劉侗·沈遴奇·沈儆垣 全撰,『續耳譚』卷1「西洋異人」項, 1603; 北京: 文物出版社, 2016, pp.2-4.

者, 非可以風塵中人目之也[10]

이상에서 인용하여 제시한 [명]유변 · 심린기 · 심경원 동찬의 『속이담』 권1 「서양이인」 항의 『중우론』 거론 부분과 [명]지윤견, 『매화도이림』 권4 시사만기 「이마두」 항의 『우론』 거론 부분을 비교해보면 매우 흡사한 게 많지만 한편으로는 차이가 나는 점들도 또한 있어서, 정확히 알기 위해 이들의 내용 비교표를 작성해 보았다. 아래의 「표 1」이 그것이다.

「표 1」 『속이담』 「서양이인」 항과 『매화도이림』 「이마두」 항의 내용 비교표

共通	「西洋異人」項	「利瑪竇」項	備考
大西洋國			○
	有異人二	二人來	△
	一姓利, 名瑪竇	一曰 利瑪竇	△
	一姓郭, 名天祐	一曰 郭天祐	△
俱突額深目, 朱顔紫髯, 從渠國中泛海八年, 始抵東粵. 居粵十年, 置産築居, 約數千金, 復棄之, 擔篸至金陵.			○
	金陵水部一官署	水部一官署	△
多厲鬼			○
	人者輒斃	入者輒斃	△
二人稅居之, 無恙也			○
自稱西洋無常主, 惟生而好善, 不茹葷, 不近女色者, 卽名天主, 擧國奉之爲王. 其俗重友誼, 不爲私蓄,			○
	一人中國	入中國來	△
日夜觀經史			○
	因著『重友論』	因著『友論』	△
多格言, 所挾異寶,			○
	不可屢數	不可縷數	△
其最奇者, 有一天主圖, 四面觀之, 其目無不直射者. 又有自鳴鐘, 按時卽有聲,			○

---

10 [明]支允堅, 『梅花渡異林』 卷4 時事漫紀 「利瑪竇」項, 1634; 北京大學圖書館藏明崇禎刻本, pp.23-24; 四庫全書存目叢書編纂委員會 編, 『四庫全書存目叢書』 子部 第105冊, 濟南: 齊魯書社, 1995, p.683.

	漏刻毫不爽	漏毫刻不爽	△
有玻璃石, 一照目前, 卽枯木頹垣, 皆現五色光.			○
	一鐵弦琴	一鐵絃琴	△
其狀方, 不扣自鳴, 聲踰絲竹, 卽考之『博古圖』,			○
	並無此制	並無此製	△
又方金一塊, 長尺許, 起之, 則層層可披閱, 乃『天主經』也. 其囊若無長物, 偶需數百金, 頃刻可辦.			○
居數年, 人莫能窺其淺深. 瑪竇攜前數寶, 走京師,			○
	獻之今上	獻之上	△
而天佑			○
	猶留金陵	留金陵	△
	若二生者		×
非可			○
	以以風塵	以風塵	△
中人目之也			○

「비고란 구분 표시」 ○ : 同一, △ : 類似, × : 有無

　단지 1군데만 서로 차이가 날 뿐 유사한 부분이 많고 동일한 구절도 많으므로 결국 『속이담』 권1 「서양이인」 항의 『중우론』 거론 부분과 [명]지윤견, 『매화도이림』 권4 시사만기 「이마두」 항의 『우론』 거론 부분에도 매우 흡사하다고 할 수가 있겠다. 이렇듯이 『속이담』 「서양이인」 항의 『중우론』 거론 부분의 서술 내용과 동일한 인식이 『매화도이림』 「이마두」 항의 『우론』 거론에서도 확인됨으로써, 이마두의 『교우론』에 대한 당시의 거의 동일한 인식이 널리 공유되고 있었던 사실을 이로써 확인할 수 있는 듯하다. 다만 서명이 『속이담』에서는 『중우론』으로, 『매화도이림』에서는 『우론』으로 되어 있음으로 해서 당시에는 아직 『교우론』으로 알려지지 않고 있었다는 사실도 이로써 비로소 확인하게 되었지 않나 싶다.

　한편으로는 이수광의 『지봉유설』 권2 「구라파국」 항에서 기실 『중우론』을 거명하기는 했으면서도 그렇지만 실제로 그 내용을 단 하나도 인용하여 전혀 거론하지 않았음을 지적하지 않을 수가 없다. 더욱이 '事詳見續耳譚'이라 하여『속이담』을 찾아보면『중우론』혹은『교우론』에 관해 그야말로 '소상히 보일' 듯이 느껴지지만, 역시 그렇지가 않음이 확인이 된 셈이다. 더더군다나 '焦竑曰 西域利君以爲友者第二我 此言奇甚云 事詳見續耳譚'이라 했기에 행여 초횡의 이마두『교우론』에 대한 언급 내용이『속이담』에 보이려니 하는 기대조차도 전혀 지닐 수 없음이 입증되고 말았다. 따라서 이것이 이수광의『지봉유설』권2「구라파국」항의『중우론』거론 부분에 드러난『교우론』이해 양상의 한계이자 특징이라 할 수 있지 않나 싶다.

다만『속이담』권1「서양이인」항의『중우론』거론 부분이 [명]지윤견,『매화도이림』권4 시사만기「이마두」항의『우론』거론 부분에도 매우 흡사하게 보이므로,『속이담』「서양이인」항의『중우론』거론 부분에 담긴 것과 동일한 인식이『매화도이림』「이마두」항의『우론』거론에서도 확인됨으로써 당시에 널리 공유되고 있었던 사실을 확인할 수 있었다고 하겠다. 그럼으로써 이수광이 당시 중국을 여러 차례 방문하는 과정에서 이러한 사실을 알게 되어 각별히『속이담』권1「서양이인」항의『중우론』거론 부분을 인용하여 제시하였던 것으로 파악된다.

2) 이수광『지봉유설』의 [명]초횡『담원집』내용 인용과『교우론』수용

이수광『지봉유설』에 서술된 내용 중 '焦竑曰 西域利君以爲友者第二我 此言奇甚云 事詳見續耳譚' 부분에서 초횡의 이마두『교우론』에 대한 언급한 내용이, 그러면 초횡의 저술 속에서 찾아지는가? 하는 궁금함이 남는다. 이를 해소하기 위해 초횡의 저서들을 섭렵하기 시작하였는데, 그의 문집인『담원집』가운데 권48의「고성답문」에서 찾을 수가 있었다. 그 부분을 인용하여 제시하면 아래와 같다.

  金生伯祥問 … 又問:"吾輩在會時, 妄念不起, 離卻此會, 不免復生, 如何?" 先生曰:"誰敎汝離卻. 古人云:以友輔仁, 如輔車相依, 離之卽寸步難行. 西域利君言, '友者, 乃第二我也' 其言甚奇, 亦甚當."[11]

담원 초횡과 그의 제자 김백상 사이에 행해진 질의·응답의 내용을 정리한 부분인데, 질의 속의 '吾輩在會時'의 '會'는 초횡이 주도한 '新安之會'를 지칭하며, 곧 新安講學 즉 신안강학회를 이르는 것이므로,[12] 이는 말하자면 초횡이 제자들과의 강학회에서 행한 설명의 일부이다. 여기에서 바로 이수광의『지봉유설』에서 인용한 '焦竑曰 西域利君以爲友者第二我 此言奇甚云'이란 구절이 약간 변형되었을 뿐 전문이 게재되어 있음이 확인된다.

따라서 이수광『지봉유설』에 서술된 내용 중 '焦竑曰 西域利君以爲友者第二我 此言奇甚云 事詳見續耳譚'을 읽을 때 마치 '焦竑曰 西域利君以爲友者第二我 此言奇甚云' 대목이『續耳譚』에 상세히 보이는 것처럼 이해될 소지가 많지만, 이 부분이 기실은 앞서 밝힌 바대로『속이담』에서는 전혀 찾아지지 않을 뿐만이 아니라 오히려 초횡의 문집『담원집』권48의「고성답문」내용에서 확인이 되는 것이다. 여기에서 이 점을 분명히 지적해두는 바이며, 이러한 사실 자체는 곧 이수광의『교우론』수용이『교우론』원문을 직접 접해 읽고 그 내용의 핵심을 파악한 게 아니라 당시 중국에서 구해서 보았던 초횡의『담원집』을 통해서 접했으며, 게다가 역시 그러하였던『속이담』을 활용을 하기는 했으나 실제로 이조차도 대조해볼 수 없었던 데에서 비롯된 게 아니었을까 상정된다.

---

11 [明]焦竑,『澹園集』卷 48「古城答問」;『焦氏澹園集』,『續修四庫全書』1364 集部 別集類, 上海: 上海古籍出版社, 2001, p.519;『焦氏澹園集』,『四庫禁燬書叢刊』集部 第61冊, 北京:北京出版社, 2000, p.526; 李劍雄 點校,『澹園集』下, 北京:中華書局, 1999, p.735.

12 이 '新安之會'는 [明]焦竑,『澹園集』卷 48「古城答問」; [明]焦竑 撰, 李劍雄 點校,『澹園集』下, 北京:中華書局, 1999, p.727의 기록에 의거하면, 新安 지방의 有志들이 金陵의 焦竑을 招致하여 萬曆 31년 癸卯(1603) 10월 9일에 新安의 還古書院에서 개최한 講會였다. 李劍雄,『焦竑評傳』, 南京:南京大學出版社, 1998, p.52에 따르면, 이 강회는 10여 일이나 계속되었으며 各界各層의 2千餘 名의 인원이 참석하여 성황을 이루었다고 하는데, 이 때 강학의 기록을 그의 門人인 謝與棟이 훗날 萬曆 丙午年(1606)에 정리한 것이 바로「古城問答」이라고 한다.

이럴 만큼 이수광의 『교우론』 수용은 불명확한 수준에 불과했다고 해서 지나치지 않을 것이다. 하지만 그렇기는 해도 한 가지 감안할 사실은 『지봉유설』에서 『교우론』에 관해 기술하기를 앞서 이미 지적한 바대로 "又其俗重友誼 不爲私蓄"를 붙이고 나서야 "著重友論 焦竑曰 西域利君以爲友者第二我 此言奇甚云 事詳見續耳譚"라 하고 있음이다. 이 중에서 "又其俗重友誼 不爲私蓄" 부분은 분명 그 앞에서 『천주실의』의 세부 내용을 알차게 정리하여 제시하면서 그 마지막 부분에서 한 것인데, 이는 『천주실의』에서 "又其俗重友誼 不爲私蓄"했으므로 "著重友論"했음을 순차적으로 기술하는 방식을 취한 데에서 연유한 것이라 믿어진다.

환언하면 이수광은 이마두의 저술 순서는 『교우론』→『천주실의』일지언정 그 구체적인 내용상 비중에 있어서는 『천주실의』가 『교우론』보다 월등히 앞서는 것이라는 판단에서, 『지봉유설』에서는 『천주실의』에 관해 먼저 서술하였다. 이는 그가 『중우론』보다는 『천주실의』를 위주로 삼아 천주교에 대한 이해를 하고 있었음을 알려주는 게 분명한데, 그 내용을 상세히 소개하면서 그것의 마지막 부분에 이르러서는 "又其俗重友誼 不爲私蓄"하였다는 점을 적은 뒤 비로소 그에 곧 이어서 이마두가 "著重友論"했다는 사실을 기재하는 서술상의 방식을 취했던 것이라 풀이된다.

그랬기 때문에 서명을 '우론'에다가 '중'자를 덧붙인 '重友論'을 취했던 게 아니었을까 추측된다.[13] 즉 이수광은 [명]지윤견의 『매화도이림』 「이마두」항의 『우론』 거론 부분도 읽었었고, 또한 『속이담』 「서양이인」항의 『중우론』 거론 부분 역시 참조하여 『지봉유설』을 저술하였는데, 이러한 이유에서 『속이담』의 서명 『중우론』을 취하였던 것이라 하겠다.

---

13 그렇다면 혹여 원문의 '著重友論' 부분을 '友論을 중히 여기는 저술을 하였다'고 풀 수 있는 게 아닐까 하는 생각을 가지게 된다.

3. 이익 『성호선생문집』의 이마두 『교우론』 수용 양상

李瀷(1682-1763)은 조선 후기 실학의 대표적인 학자 중의 하나로 백과전서 『星湖僿說』을 비롯한 여러 저술을 통해서 일찍이 후학 愼後聃(1702-1761)·尹東奎(1695-1773)·安鼎福(1712-1791) 등 畿湖南人에게 많은 영향을 끼쳤다. 그러면서도 그는 陽明學에 대해서 배타적이지만은 않았을 뿐만 아니라 이마두에 대해 높이 평가하면서 천주교에 대해서도 호의적인 이해를 나타낸 경우도 많았을 정도였다.[14] 그는 그런 가운데서도 『교우론』을 극찬하며 여러 문인들에게 숙독할 것을 권유하면서 그 속에서 특히 교우 관계가 중시되고 있다는 사실을 매우 구체적으로 언급하고 상세하게 서술하여 강조한 바가 있다. 다음의 글에서 그러하여 각별히 주목된다.

    ⓐ家有一卷外邦書交友論者 有云 ①友者第二我也 ②身二而心一 ③交際之味 失之後愈覺 ④其枉時將失 旣亡如猶枉 ⓑ讀之儘 是刺骨之談也 居然再期 而杜門廢癈 無緣一哭靈席展 此區區俗情 奈柰何何 其書又云 ⑤孝子繼父之交 如承受産業 ⓒ其言亦實實可思[15] (李瀷, 「答鄭玄老 甲戌」, 『星湖先生文集』 29卷 13)

이 인용문 가운데서 우선 ⓐ'家有一卷外邦書交友論者(집에 외방 서적 『교우론』 1권이 있었다).'한 대목에 유의해야 한다. 이를 통해 이익의 경우는 집안에 전해오는 책을 통해서 『교우론』을 수용했음을 명백히 알 수가 있기 때문이다. 그는 이수광과는 달리 중국을 직접 방문한 적이 없었기에 그렇다. 또 하나 이익에 의해 『교우론』이라는 서명이 처음으로 제시되고 있음에 주목해야 할 것이다. 이로써 李之藻의 『天學初函』에 유일하게 『교우론』이라는 서명으로 편집되어 있던 『교우론』의 원문을 이익이 비로소 본격적으로 읽어 보

---

14 車基眞, 「斥邪論의 형성과 公論化」, 『조선 후기의 西學과 斥邪論 연구』, 한국교회사연구소, 2002, pp.242-243.
15 李瀷, 「答鄭玄老 甲戌」, 『星湖先生文集』 29卷 13; 『星湖先生文集』 上, 景仁文化社, 1974, p.533.

고 그 내용을 파악하게 되었던 것이라 하겠다.

그러한 그가 『교우론』의 내용을 대해서는 꽤 상세하면서도 구체적으로 언급하고 있음 역시 이수광의 경우에는 사뭇 다른데, 그가 인용한 『교우론』의 내용을 그 원문과 대조해보니 매우 흥미로운 점들을 발견하게 되었다. 그래서 그 대조표를 아래의 「표 2」와 같이 작성해보았다.

「표2」 이익의 『교우론』 인용 내용과 『교우론』 원문 대조표[16]

連番	李瀷의 『交友論』 引用 內容	『交友論』 原文 番號	『交友論』 原文 內容	備考
1	友者 第二我也	1	吾友非他 卽我之半 乃第二我也 故當視友如己焉.	△
2	身二而心一	2	友之與我 雖有二身 二身之內 其心一而已.	□
3	交際之味 失之後愈覺	66	良友相交之味, 失之後愈可知覺矣.	○
4	其枉時將失 旣亡如猶枉	15	旣死之友 吾念之無憂 蓋在時 我有之如可失 及旣亡 念之如猶在焉.	○
5	孝子繼父之交 如承受産業	4	孝子繼父之所交友 如承受之産業矣.	○

「備考欄 區分 標示」 △: 部分 引用, □: 內容 整理, ○: 核心 提示

그가 인용한 내용을 면밀히 검토하면, 그 원문 자체를 그대로 인용한 경우는 전혀 없고, 부분적으로 인용한 경우, 전체의 내용을 정리하여 간단히 언급한 경우 그리고 그 핵심 내용을 추려서 제시한 경우 등으로 구성되어 있음을 알 수가 있다. 따라서 그는 『교우론』을 受容하면서도 나름대로 심층적으로 파악하였음이 확연하다고 하겠다.

그러하였으므로 앞 인용문 속에서 ⓑ"讀之儘 是刺骨之談也(읽기를 모두 하니, 이는 뼈를 찌르는 담론이었다)"하고 아울러 ⓒ'其言亦實實可思(그 말 또한 진실 되고 확실하니 사색할만하다)"고 했던 것이라 여겨진다. 이렇듯이 그가 『교우론』을 극찬한 배경은, 아무래도 그 내용이 그 자신이 보건대 전통

---

16 여기에 인용된 『교우론』 원문에 대한 국역 역시 「附錄」『交友論』 全文 韓·中·日譯本의 해당 부분을 참조하시라.

적인 유가의 붕우 윤리[17]와 일치한다고 보았던 데에 있었던 게 아닐까 생각한다.

이러한 견지에 토대를 설정하고 이익도 '교우'에 대해 공감하면서 『교우론』의 내용을 학문적으로 검토하였기에, 그 자신이 샅샅이 심층적으로 파악할 수 있었던 것이라고 해석된다. 그리고 그가 그 결과 후학들에게 『교우론』에서 교우 관계가 중시되고 있음을 적시함으로써 安鼎福을 위시한 여러 제자들에게 적지 않은 영향을 끼치게 되었던 것이다.[18]

4. 서명 『교우론』·『우론』·『중우론』 비교 검토

이마두와 깊은 교류를 맺고 있었던 이지조(1571-1630)가 1629년 천주교 관련 서적들을 한데 모아 『천학초함』을 판각할 때 『교우론』을 그 「理篇」 속에 포함시켰다. 그런데 이 『천학초함』의 『교우론』과 관련된 글들을 면밀히 살펴볼라치면 그 서명과 관련하여 의아함을 품지 않을 수가 없다. 서문으로서 馮應京의 「刻交友論書」가 앞에, 瞿汝夔(泰素)의 「西域利公友論序」가 뒤에 편집되어 있는데, 명료하게 전자에서는 '교우론'이라 했고 후자에서는 '우론' 이라 하였기 때문이다.

이와 관련하여 각별히 주목되는 바는 『천학초함』에 있어서 앞에 편집된 풍응경의 「각교우론서」는 萬曆 辛丑 즉 神宗 29년(1601)에 작성된 것으로 기록

---

17 孔子가 『論語』의 「學而」篇에서 "子曰 君子不重則不威 不學則不固. 主忠信 無友不如己者."라 하고, 「子罕」篇에서 또 "主忠信 無友不如己者. 過則勿憚改."라 해서 "主忠信 無友不如己者."를 강조하였으며, 이렇듯이 '無友不如己者'를 倡導한 孔子는 그 實踐으로 「里仁」篇에서는 "見賢思齊焉 見不賢而內自省也"하는 태도를 비상하게 또한 강조하였다. 儒家에서는 현실 생활 속에서 이러한 태도가 곧 '勝己' 등이라고 여겨왔으며, 이것 때문에 현명한지 그렇지 않으면 현명하지 않은지를 논하지 말고 孔子는 "그 선한 자를 택하여 따르라."는 교우의 태도를 설파하였고, 이러한 가르침을 합리적이며 또한 실용적이라 여기고 따르는 게 儒家의 전통적인 朋友 倫理라고 하겠다. 胡發貴, 「所以交之道」, 『儒家朋友倫理硏究』, 北京 : 光明日報出版社, 2008, p.69 및 p.73-74 참조.
18 노용필, 「조선후기 천주교의 수용과 마테오 리치의 『교우론』」, 『길현익교수 정년기념 사학논총』, 발간위원회, 1996; 『한국천주교회사의 연구』, 한국사학, 2008, pp.51-56.

되어 있는 반면에, 뒤에 편집된 구여기의 「서역이공우론서」는 萬曆 己亥 곧 신종 27년(1599)에 작성된 것으로 분명히 적혀져 있다는 사실이다.[19] 따라서 이마두가 집필한 1599년에는 서명이 『우론』이었던 게 후에 『천학초함』에 포함되어 간행되던 1601년에는 『교우론』으로 전환되었던 게 거의 틀림이 없지 않나 분석된다.[20]

그런데 여기에서 앞서 본 바와 같이 이수광은 서명으로 『중우론』을 취한 사실 그리고 이익은 『교우론』을 취한 사실을 상기하면서 더불어 검토할 또 하나의 기록이 있다. 그건 다름이 아니라 李圭景(1788-?)의 『五洲衍文長箋散稿』 중 「友在同心辨證說」에 보면 "友說, 昔年有善待友而豐惠之, 將盡本家産也, 旁人或問之曰, 財物畢與友, 何留於己乎. 對曰, 惠友之昧也. 友之饋友而望報, 非饋也, 與市易者等耳. … (以下 引用 略)[21]"이라 하였는데, 이를 논지 전개의 편의상 재정리해 보이면 이렇다. "『友說』 ①昔年有善待友而豐惠之, 將盡本家産也, 旁人或問之曰, 財物畢與友, 何留於己乎. 對曰, 惠友之昧也. ②友

---

19 吳相湘 主編, 『天學初函』 1, 臺北 : 臺灣學生書局, 1965, pp.291-297.
20 이와 같이 馮應京의 이 「刻交友論書」에서는 '交友論'으로 되어 있으나 馮應京의 다른 原刻 題目 「答建安王友論」에서는 '友論'이라 하였음이 밝혀졌으므로, 李之藻가 『天學初函』을 처음 판각할 당시에도 '友論'이라는 書名 역시 쓰이기도 하였음을 알 수가 있다는 指摘은 이미 方豪, 「利瑪竇 「交友論」 新研」, 『文史哲學報』 第6期, 國立臺灣大學, 1954; 修正, 『方豪六十自定稿』 下册, 臺北 : 臺灣學生書局, 1969, p.1849. 에 있다.
한편 그러면서도 方豪는 곧이어서 「利瑪竇「交友論」新研」, p.1850에서는 후대의 사람들이 이렇게 혹 칭하기를 '友論'이라 칭하기도 했으나, 혹은 '交友論'이라 짓기도 하고, 또한 제목을 '友道論'이라 해서 쓰기를 '交友論'을 많이 했으므로 이제는 이를 따르겠노라고 하면서도, 다만 편의상 간간히 또한 칭하여 말하기를 '友論'이라 하기도 하겠다고 밝히기도 하였다. 이는 다분히 이중적 혹은 절충적이라고 할 수 있는 견해이나, 실제로 그런 게 사실이므로 이를 통해 그만큼 역사상 서명이 '友論' 과 '交友論'으로 혼용되어 왔다는 일면 실상을 이해하는데 도움이 되기도 한다.
李之藻의 『天學初函』 자체에서조차도 이렇듯이 서명을 『交友論』이라 하기도 하고 『友論』이라 하기도 했으므로, 아마도 이런 이유로 해서 그랬을 거라고 짐작이 되지만, 번역하면서 심지어 瞿汝夔(泰素)의 「西域利公友論序」을 '서양에서 온 리마두 선생의 교우론에 부처'로 馮應京의 「刻交友論書」을 '교우론을 판각에 부처'라고 한 경우가 있다. 平川祐弘, 『マッテオ リッチ傳』 1·2·3, 東京 : 平凡社, 1969; 히라카와 스케히로 지음, 노영희 옮김, 동아시아, 2002, pp.304-305. 이는 그렇지만 분명 사실을 왜곡하는 것이어서 전혀 적절치 못하다고 하지 않을 수 없다.
21 李圭景, 「斥邪敎辨證說」, 『五洲衍文長箋散稿』 53; 『五洲衍文長箋散稿』 下, 東國文化社, 1959, p.505.

之饋友而望報, 非饋也, 與市易者等耳. (以下 引用 略)"이 되며, 이를 『교우론』과 비교 검토해보면 ①은 그 제94항이고 ②은 제9항임이 입증되는데[22] 여기에서는 생략하였지만 그 뒤에 연이어 나오는 구절들 역시 『교우론』의 항목들임을 알 수 있다.

이 대목에서 꼭 지적하고 검토할 점은 이렇게 내용은 『교우론』의 것을 그대로 인용하여 제시하면서 그 서명은 '友說'이라고 했다는 사실이다. 이는 이규경의 저술 내용을 筆寫하여 정리하는 과정에서 行草書에서 종종 그럴 수 있는 예들로 비추어[23] '論'을 '說'로 잘못 記載한 게 아닌가 싶기도 한데, 그랬을 경우 이는 이규경이 참조한 게 분명 『교우론』이 아니라 『우론』이었음이 거의 틀림없을 것이다. 필사 과정의 오류로 '論'이 '說'로 잘못 기재된 게 아닐지라도 여하튼 이규경이 참조하고 인용한 자료는 刊行本 『교우론』이 아니라 筆寫本 『우론』이었을 가능성이 더 크다고 생각한다.

당시 조선에서 필사본 『우론』이 유행했었다는 증거는 지금껏 아쉽게도 찾지 못했으나 일본에서는 그랬음을 명확히 입증해주는 자료가 東京의 早稻田大學 圖書館에 현재 소장되어 있다.[24] 이 자료의 표제에 '友論 西域利瑪竇集錄 全1册'이라 적혀 있고, 책 말미에 '文化 八年 辛未 冬十二月 廿一日 寫之'라고 되어 있어, 文化 8년 辛未가 1811年이므로 이 필사본 『우론』이 곧 1811년의 것임을 알 수가 있게 되어 있다. 이로써 필사본 『우론』의 실물을 비로소 확인하였으므로, 필사본의 경우 이렇게 『우론』으로 전해지는 게 일반적이었던 것으로 판단된다. 따라서 서명이 필사본은 『우론』으로, 간행본은 이지조의 『천학초함』 이후 『교우론』으로 전해져왔던 게 역사적 사실일 것이다.

---

22 이 부분의 국역 역시 뒤의 「附錄」 『交友論』 全文 韓·中·日譯本을 참조하시라.
23 一例로 王羲之의 行草書에서도 '論'과 '說'字가 때로는 분간하기 쉽지 않은 면모가 엿보기 때문이다. 鄭曉華 主編, 『王羲之王獻之行草書字典』, 上海: 上海辭書出版社, 2015, p.133 및 pp.191-193 참조.
24 資料의 分類 記號는 '洋學文庫 文庫 8 C340'으로, 早稻田大學 圖書館 홈페이지에서 인터넷으로도 확인이 가능하게 公開되어 있다.

5. 결어

이수광이 백과전서『지봉유설』을 편찬한 게 광해군 6년(1614)으로 여기에서『(중)우론』을 언급하고 있으므로 그가 이를 수용한 것은 17세기의 일이었다. 그는 淸 文人과의 교류로 그들의 저술을 통해『교우론』을 취득하였는데, 여러 차례 중국을 방문하였기에 이것이 가능하였다. 다만 그는 '우론' 중시를 서양의 풍속으로서 이를 인식하였으며, "매우 기이하다"는『속이담』의 내용을 단지 인용하였을 뿐이었다. 따라서 조선 후기『교우론』수용 양상 유형 분석의 전체적인 추세에서 볼 때, 그의『교우론』수용 유형은 '답보적인 이해'의 그것에 해당한다고 여겨진다.

한편 이익이 제자 중의 하나에게 영조 30년(1754)에 작성하여 보낸 私信에서『교우론』의 내용을 상론하고 있어서 그가 이를 수용한 것은 게 18세기의 일이었다. 중국을 전혀 방문한 적이 없었던 그는 家內 所藏『교우론』을 숙독함으로써 습득하였던 것이다. 그럼에도 그는 '우론'을 학문으로서 인식하였을 뿐만이 아니라 "뼈를 찌르는 이야기"이며 "그 말 또한 진실 되고 확실하니 사색할만하다"고 평가하고 있었다. 따라서 조선 후기『교우론』수용 양상 유형 분석의 전체적인 추세에서 볼 때, 그의『교우론』수용 유형은 '심층적인 파악'의 그것에 해당한다고 하겠다.

이와 같은 이수광과 이익의『교우론』수용 양상은 둘 사이에 유사한 면모가 많기보다는 오히려 대조적인 요소가 더 강하게 드러나는 것 같다. 한마디로 상대적으로 類比 보다는 오히려 對比되는 個別性이 부각되면서 각자의 특징이 확연해진다고 할 수가 있겠다.

지금까지의 논의 내용을 종합하여 도표로 정리하여 제시하면 다음의「표 3」과 같다.

「표 3」 이수광과 이익의 『교우론』 수용 관련 사항 비교 분석표

區分 連番	事項	李睟光	李瀷
1	時期	光海君 6年(1614) : 17世紀	英祖 30年(1754) : 18世紀
2	敍述 揭載	著書 百科全書 『芝峯類說』	弟子에게 보낸 私信
3	經由	淸 文人과의 交流로 그들의 著述을 통해 取得	家內 所藏 『交友論』을 熟讀하고 習得
4	場所	中國	朝鮮
5	淸國 訪問	數次	全無
6	記載 書名	『(重)友論』	『交友論』
7	認識	風俗	學問
8	評價	"매우 기이하다"는 『續耳譚』의 내용을 引用하였을 뿐임	"뼈를 찌르는 談論"이며 "그 말 역시 實하고 實되니 思索할만하다"고 평가함
9	類型	踏步的인 理解	深層的인 把握

【附錄】『交友論』全文 韓·中·日譯本

서문 序文	1	한글	나 마태오[두竇]는, 저 멀리 서양으로부터 바다를 항해해 중국에 들어왔습니다만, 위대한 명명 왕조의 천자天子의 학문적 미덕과 옛 선왕先王들의 남겨놓은 교훈에 존경을 표합니다. 내가 영남嶺南에 숙소를 정한 지 세월이 많이 지나, 올해 봄에 산맥을 넘고 강을 건너 금릉金陵(지금의 남경南京)에 도착했습니다. 나는 왕국의 영광을 보면서 은혜를 입어 스스로 기뻐하며 이 유람이 힘들지 않기를 희망하게 되었습니다.
		中文	竇, 自遙遠的西方航海來到中華, 仰大明天子之文德, 古先王之遺敎, 居于嶺南, 几度星霜. 今年春上, 越丛山, 渡江河, 抵金陵, 觀都城風光, 沾沾自喜, 以爲終于不負此行.
		日文	僕マッテオ・リッチ[Matteo Ricci, 利瑪竇(りまとう)]は遠い西洋から海を渡って中国に入りましたが, 偉大なる明王朝の天子の学問的な美徳と先王たちが遺した教訓に尊敬と敬意を表します. 僕が嶺南(リンナン)に宿を決めてから歳月もだいぶ過ぎ, 今年の春には山脈を越え, 川を渡って金陵(南京ナンキンの古称)に着きました. 僕は王国の栄光を見ながら恩恵にあずかり, 自ら喜び, この旅において希望を見いだすことができました.
	2	한글	긴 여정은 채 끝나지 않았고, 돌이켜 노를 저어 예장豫章(지금의 남창南昌)에 이르러 남포南浦에 배를 정박하게 되었는데, 서산西山에 시선을 빼앗겨 기이함을 즐기며 수려함에 경의를 표하였습니다. 그래서 이곳을 현자[지인至人]의 집결지로 삼아야겠다고 계획하게 되었습니다. 자리 잡고 머무르며 떠나갈 수가 없어서, 드디어 배를 버리고 거처를 마련하였습니다.
		中文	然而, 觀光尚未終了. 又掉头乘船赴南昌, 停舟南浦, 縱目西山, 玩奇挹秀, 想此地可為智者居. 猶豫一番去留, 弃舟登岸住下.
		日文	長い旅程はまだ終わっておらず, 旅を続けて豫章(南昌ナンショウの古称)に着き, 南浦(ナンポ)に船を停泊させました. そこで不思議な趣きのある美しい西山に目を奪われて敬意を表しました. そしてここを賢者[至人]が集まる所にしたかったです. そんなわけでこの地から離れることができず, ついに住まいを決めました.
	3	한글	그리고는 건안왕建安王을 찾아뵙게 되었는데, 천대받지 않는 은혜를 입었으며, 허락받아 큰 절을 올리니 손님의 서열을 정해주고 술상을 차려 매우 환대해주었습니다. 왕은 곧 자리에서 일어나 손을 부여잡고 말하였습니다. "무릇 덕을 행하는 군자가 고생하며 우리의 땅을 찾아오면 일찍이 청하여 친구로 삼고 공경하지 않은 적이 없었습니다. 서양 나라는 도의道義의 나라이니 원컨대 벗의 도[우도友道]를 어떻게 논하는 지를 듣고 싶습니다." 나 마두가 물러나 그 뜻에 좇아 예전 어렸을 때 들은 바를 서술하여 벗의 도[우도友道]에 관해 한데 모아 책 한권을 완성하니 삼가 다음에 적습니다.
		中文	得以拜会建安王. 王不以竇卑鄙, 允竇长揖, 置贵宾席, 相谈甚歡. 王且移席就竇, 执竇手, 曰日:"每有德行的君子光临本地, 我总要宴请, 并当作朋友敬之. 西方是道义之邦, 我想知道那里的人, 对交友之道有何看法." 竇退席后, 閉門靜思, 將年少时所聞交友之道輯成一冊, 敬錄于下.
		日文	それから建安王に挨拶に行き, ありがたいおもてなしを頂き, 許しを得て丁寧にお礼を述べるとお客である僕の序列をつけてくださり, 酒膳でもって大いに歓迎してくださいました. 建安王はそばにおいでになり, 僕の手を取っておっしゃいました. "そもそも徳を行う君子は苦労するわけで, 我が地を訪ねてくるといつも招いてお友だちになり, 敬いました. 西洋の国は道義の国であり, できれば友の道[友道(交友)]についての考えを聞かせてほしい". のちに僕がその考えに従い, 子供の時に聞いたことをまとめて友の道[友道]について一冊に完成させたので, 恥ずかしながらご紹介いたします.

제1항 第1項	한글	내 벗은 남이 아니다. 즉 나의 반이며 곧 제2의 나다. 그러므로 마땅히 벗을 보기를 마땅히 나 같이 해야 한다.
	中文	我的朋友不是别的，就是我的一半，是第二个我，所以应当看待朋友如同自己一样.
	日文	私の友は他人ではない。私の半分で、第二の自分でもある。そのため、友に対しては自分のように大事にするべきだ。
제2항 第2項	한글	벗과 나는 비록 두 몸이지만 두 몸 안의 그 마음은 하나일 뿐이다.
	中文	我和朋友虽然有各个的身体，而两个身体内的心只有一个.
	日文	友と私は個別の人間であるが、その個別の体の中の心は一つである。
제3항 第3項	한글	서로 기다리고 서로 돕는 것이 벗으로 맺어지게 되는 연유이다.
	中文	彼此需要，互相帮助，是结交朋友的缘由.
	日文	待ち合い、助け合うことが友になるきっかけとなる.
제4항 第4項	한글	효자는 아버지가 벗과 교류한 바를 잇기를 아버지 직업을 물려받는 것과 같이 한다.
	中文	孝子继承父亲所交之友，就如同继承父亲的产业.
	日文	親孝行な子は親と友の交流をも家業を継ぐごとく受け継ぐものである.
제5항 第5項	한글	때로 평안히 살고 아무 일이 없으면 비록 벗이 진정한 벗인지 거짓된 벗인지를 가리기 어렵다. 하지만 어려운 경우에 임하면 벗의 마음이 드러난다. 대개 일이 급할 때 벗으로 진정한 자는 더욱 가까워지지만, 거짓된 자는 더욱 소원해져 떠나간다.
	中文	平安无事，难辨朋友之真伪; 危难当头，则友情方显. 盖危急之际, 眞朋友益发亲密, 假朋友益发疏阔.
	日文	苦難もなく平穏に暮しているときは真の友なのか、偽りの友なのかが区別しにくい。でも、窮地に陥ると友の心があらわになる。事を急ぐとき、真の友はより近づいてくるが、偽りの友はより遠くなる。
제6항 第6項	한글	행동하기를 군자와 같이 하면 달리할 원수가 없을 것이며 반드시 좋은 벗이 있다. [협주]만일 달리할 원수가 없으면 더욱 경계해야 할 것이며, 반드시 선한 벗이 있으면 서로 도움을 주어야 한다.
	中文	如果像君子一样行动，就没有任何敬而远之的仇人，你一定有好的朋友. [夹註]虽然你没有任何敬而远之的仇人，便更要提放仇人. 如果你有好的朋友，一定互相帮助.
	日文	君子のように行動すると考えを異にする敵もいなく、必ず良き友がいる。 [補注]もし考えを異にする敵がいないときはより警戒すべきで、良き友がいるときは必ず助け合うべきである。
제7항 第7項	한글	벗을 사귀기에 앞서 마땅히 그가 과연 좋은 벗이 될지를 살펴야 하고 벗을 사귄 후에는 의당 믿어야 한다.
	中文	交朋友之前应多观察，交朋友之后应多信任.
	日文	友を作るときはまず良き友になれるかを判断すべきで、友になってからはその友を信じるべきである。

제8항 第8項	한글	비록 지혜로운 자라도 벗을 잘못 헤아려 실제보다 많다고 여긴다. [협주]어리석은 사람은 거짓으로 스스로 많다고 말하지만 벗이 있는 것 같아도 도리어 없다. 지혜로운 자 또한 혹은 잘못 계산할 수 있으나 벗이 많지 않고 실제로는 적다.
	中文	即使智者也难免误以为其朋友数量多于实际的. [夹註]蠢人自称朋友很多, 其实一个没有; 智者有时会算错, 朋友实际上没计算的那么多, 只很少凡个.
	日文	賢い人でも友への判断が間違ってしまって実際より良き友が多いと思い込むものだ. [補注]愚かな人は友が多いと自ら嘘をつくが, 友が多いようで少ない. 賢い人もミスするときがあるが友は多くなく, 実際には少ないものだ.
제9항 第9項	한글	벗이 벗에게 선사하면서 보답을 바라면 선사가 아니다. 시장에서 물건을 바꾸는 것과 같을 뿐이다.
	中文	馈赠朋友而希望得到报答, 并不是馈赠, 而是在做买卖.
	日文	友が友に良いことをするとき見返りを求めれば, それは良いことではない. 市場で物を取引するのと同じである.
제10항 第10項	한글	벗과 원수는 음악과 소음과의 관계와 같다. 모두 화합을 하는지 그렇지 않은지로 판별될 뿐이다. 그러므로 벗의 관계는 화합을 근본으로 삼는다. 화합함으로써 미미한 사업도 커지고, 다툼으로써 큰 사업이 망해 없어지기도 한다. [협주]음악으로 화합을 이끌고 소란스러움을 잃으니, 벗이 화합하면 음악과 같고 원수와 불화하면 소란스러움과 같다.
	中文	朋友与仇敌, 犹如乐声与噪音, 皆可用和谐与否来辨别, 朋友以和谐为本. 和谐则友情可从细小而长大, 争斗则导致友情消败. [夹註]如果音乐和谐, 共鸣失去和谐, 如果朋友和谐, 就像音乐, 如果与敌人冲突, 就像混乱.
	日文	友と敵は音楽と騒音の関係に似ている. すべてが交じり合うかの有無で判別される. すなわち友との関係の根本は和合だ. 交じり合うことで微々たる事業も繁盛し, 争いで繁盛する事業もつぶされる. [補注]音楽で和合を導き, 騒がしさで和合を失う. 友が交じり合うと音楽になり, 敵と不和になると騒音になる.
제11항 第11項	한글	환난에 처해 있을 때 우리는 벗의 얼굴을 오직 보는 것만이라도 기뻐한다. 그래서 환난에 있거나 행복하거나 어느 경우라도 벗은 유익하다. 걱정스러울 때는 걱정을 덜어주고 기쁠 때는 기쁨을 더해준다.
	中文	患难时, 我喜看朋友面孔. 然而, 无论是患难还是欢欣, 何时朋友无益? 犹虑时, 朋友减低我的犹虑; 欣喜时, 朋友增加我的欣喜.
	日文	苦労するとき, 私たちは友の顔を見るだけでも嬉しい. すなわち苦労しても幸せであっても友は有益である. 悩みがあるときはそれが軽くなり, 嬉しい時はそれが倍増する.
제12항 第12項	한글	원수가 증오로 원수를 해치는 것이 벗이 사랑으로 벗에게 은혜를 베푸는 것보다 깊다. 어찌 세상이 선에 약하고 악에 강함을 경험하지 않겠는가.
	中文	因仇恨而加害于敌, 深于因友爱而施恩于友, 这岂不验证了人们弱于行善, 强于行恶么?
	日文	敵が憎しみでもって相手の敵に害をおよぼすのは, 友が愛でもって相手の友に恩恵を施すことより深い. 世の中は善に弱く, 悪に強いときがよくある.

제13항 第13項	한글	사람의 사정은 헤아릴 수 없고 우정도 의지하기 어렵다. 오늘의 벗이 나중에 혹은 변해서 원수가 되기도 하고 오늘의 원수가 또한 혹은 변해서 벗이 되기도 하니 어찌 경계하고 신중하지 않겠는가?
	中文	人事, 情难测, 谊难凭. 今日之友, 可能成为仇敌; 今日之仇敌, 亦可能成为朋友. 能不小心慎重吗?
	日文	人の事情は底が深く, 友情も頼りにはならない. 今日の友が敵になったり, 今日の敵が友になったりするため, いつも警戒し, 慎重を期するべきだ.
제14항 第14項	한글	다만 시험하기를 내가 행복할 때만으로 한다면 그 벗을 믿기가 어렵다. [협주]맥박脈搏은 왼손으로 잴 뿐이어서 왼손은 불행한 때이다.
	中文	只在我幸运的时候考验过的朋友, 不足信赖. [夹註]脉搏是用左手测量的, 所以左手是一个不幸的时间.
	日文	でも自分が幸せなときだけを判断基準にすれば, その友は信じがたい. [補注]脈拍は左手で測るため, 左手は不幸な時である.
제15항 第15項	한글	이미 죽은 벗은 우리 생각에 걱정됨이 없다. 대개 있을 때에 내게 그 벗을 잃게 되지나 않을까 걱정함이 있다. 이미 죽었으면 생각하기를 오히려 있는 것 같이 한다.
	中文	已故的朋友, 我可以无忧虑地怀念, 盖因朋友若还活着, 就可能会失去, 而一旦朋友死了, 怀念起来犹如还活着.
	日文	亡き友は私たちを悩ませない. そばにいる時こそ友を失うのではないかと心を悩む. 亡き友はいつもそばにいるみたいに思う.
제16항 第16項	한글	각각의 사람이 각각의 일을 온전히 다할 수는 없다. 그러므로 상제上帝는 명하여 벗을 사귀어 서로 기다리다가 돕도록 하셨다. 만약에 세상에서 그 도를 없애면 인류는 반드시 흩어져 무너질 것이다.
	中文	因为各人不可能干尽其所有的事情, 所以天主命大家交友, 以互相帮助. 如果世间没了这条原则, 人类必散乱毁灭.
	日文	一人一人がそれぞれの仕事を完璧にこなすことはできない. そのため上帝は友を作り, 待ち合い, 助け合うよう命じたのだ. もし世の中にその道をなくせば, 人類はばらばらになって滅びるだろう.
제17항 第17項	한글	더불어 내 마음을 다 드러내게 할 수 있으면 비로소 자기를 아는 벗이 된다.
	中文	可与之尽露我心者, 才是知己朋友.
	日文	さらに自分の心を全部見せることができれば, はじめて自分を分かってくれる友となる.
제18항 第18項	한글	덕행과 의지가 서로 비슷해야 그 벗은 비로소 굳어진다. [협주]벗의 옛날 말 '우爻'는 두 개의 '우又'다. 그는 또 나고, 나는 또 그다.
	中文	品德和志向相似的人, 友情牢固. [夹註]朋友的旧词 '爻'是两个 '又'. 他又是我, 我又是他.
	日文	徳行と意志が互いに類似しているときこそ, 友との関係は堅くなる. [補注]友の昔の言葉である '爻'は二つの '又'にできている. 友は私であり, 私は友である.

제19항 第19項	한글	바른 벗은 항상 순응하지 않으며 또한 항상 벗에 거스르지도 않는다. 이치가 있는 것에는 순응하고 이치가 없는 것에는 거스리는 것이다. 그러므로 직언直言이 오로지 벗의 책무이다.
	中文	眞正的朋友幷不常順着朋友, 也不常逆着朋友, 而是朋友有理則順之, 无理則逆之, 直言乃是朋友职责.
	日文	良き友は万事においてもっぱら賛成もせず, 反対もしない. 理にかなうことには順応し, 理にかなわないことには逆らう. すなわち直言は友の責務だ.
제20항 第20項	한글	벗과 사귀는 것은 병을 치료하는 것과 같다. 의사가 병자를 진실로 사랑한다면, 반드시 그 병을 미워한다. 그가 병을 구제하려 한다면, 그 몸을 [낫게 하기 위해 시술 등을 해서] 상처를 내고 그 입을 [몸에 좋은 쓴 약을 주어서] 고통스럽게 한다. 의사가 병자의 [병든] 몸을 차마 [그대로 두지] 못하는데 벗이 마땅히 벗의 악을 참겠는가. 충고하고 충고하라! 어찌 그 귀가 거슬리는 것을 근심할 것인가. 어찌 그 이마가 찡그려지는 것을 두려워 할 것인가.
	中文	交友如同医生看病一样, 医生心里若是爱病人, 必定恨他的病 为了治病, 而损伤病人的身体, 使其嘴苦. 医生不能接受患病, 朋友豈能容忍朋友的坏处? 必须进以诤言, 不在乎朋友觉得逆耳, 不要怕朋友皱眉头.
	日文	友と付き合うのは病を治療するのと同じだ. 医者が病者を真心で接するとき, 医者はその病を憎む. 医者は病を治すため, 病者の体を[治すために]施術などを通して]傷つけ, 病者の口を[病に効く薬を与えて]苦しませる. 医者が病者の[病んだ]体を治そうと[様々な施術で試すごとく, 友は友の悪を見過ごしてはならない. 忠告し, 忠告し続けろ! 耳に逆らうことを怖がってはいけない. 眉間に皺を寄せることを怖がってはいけない.
제21항 第21項	한글	벗의 칭찬과 원수의 비방은 모두 다 믿을 수는 없다.
	中文	朋友的赞扬, 仇人的诋毁, 都不可全相信.
	日文	友の称賛と敵の誹謗は信じがたいものだ.
제22항 第22項	한글	벗은 벗에게 어느 장소 어느 시간이나 하나일 따름이다. 진실로 가깝거나 멀거나 안에 있건 밖에 있건 혹은 얼굴을 마주 보고 있건 등을 대고 있건 다른 말과 다른 마음이 없어야 한다.
	中文	朋友于朋友, 处处时时, 始终如一, 不因远近・内外・当面・背面, 而说话不同, 感情不同.
	日文	友は友にどんな場所であれ, どんな時間であれ, 同じであるべきだ. 近くても遠くても, 中にいても外にいても, 向かい合っていても背をそむけていても, いつも言葉と心は同じであるべきだ.
제23항 第23項	한글	내게 선하게 하는 바가 없는 벗과 내게 해롭게 하는 바가 없는 원수는 같다.
	中文	对我没有益处的朋友, 就等于对我没有害处的敌人.
	日文	私に良いことをしない友と私に害をおよぼさない敵は同じである.
제24항 第24項	한글	벗이 지나치게 칭찬하는 해로움은 원수가 지나치게 헐뜯는 해로움과 비교해서 오히려 더 크다. [협주]벗인 사람이 나를 칭찬하면 나는 혹 그로 인해 스스로 자랑하지만, 원수인 사람이 나를 비방하면 내가 혹 그로 인해 더욱 조심하게 된다.
	中文	朋友过誉之害, 比仇敌的毁誉还要大. [夹註]友人誉我, 我可能因而骄傲; 仇人毁誉, 我可能因而更加谨慎.
	日文	称賛が耐えない友の害は誹謗が耐えない敵の害より実に大きい. [補注]友が私を称賛すると私はそれを自慢するが, 敵が私を誹謗すると私は警戒を強める.

제25항 第25項	한글	'재력과 위세를 보고 벗이 된 사람은 그 재력과 위세가 없어지면 곧 물러나 떠난다'는 말은 이미 그 처음에 벗의 그러했던 까닭이 보이지 않으면, 벗의 마음은 드디어 흩어진다는 것을 이르는 것이다.
	中文	视财势交友的人, 见人财势不再, 便会离去, 还说当初交友的理由不再, 友情当然就消散了.
	日文	'財力と威勢を頼りに友になった人はその財力と威勢がなくなると遠ざかってしまう'という言葉は, 最初に頼りにしていたことがなくなると, 友の心も離れてしまうということだ.
제26항 第26項	한글	내가 일을 [어떻게 할지를] 정하지 못하는데 정해주는 벗은 살피면 [그런지 아닌지를] 볼 수 있다.
	中文	我还没有决定事儿, 如果希望朋友帮我决定这件事儿, 要寻找就可以发现那样的朋友.
	日文	私が事を[どう進めればいいのか]決めかねているとき, 決めてくれる友は[どうすればいいのか]察することができる.
제27항 第27項	한글	네가 나의 진정한 벗이 되려면 나를 마음으로 사랑해야지 나를 사랑하기를 물건으로써 하지 말라.
	中文	尔倘是我的真心朋友, 那么, 就应当爱我的心, 而不是爱我的东西.
	日文	真の友になるためには友を心で愛せよ, 友を物で愛してはいけない.
제28항 第28項	한글	벗과 사귀는 것을 오로지 자기를 이롭게 함으로 알고자 할뿐이고, 그 벗을 이롭게 하고자 함을 다시 고려하지 않지 않음은 상인일뿐이지 벗이라고 말할 수 없다. [협주]소인은 벗과 사귀는 것을 마치 장부帳簿를 펼쳐놓는 듯하며 오직 이득이 얼마일까를 계산한다.
	中文	对交朋友来说, 只顾自己的利益, 却毫不顾朋友的利益, 这就是商贾人的恶习而已, 不可所谓朋友. [夹註]小人交朋友, 就是好像翻开账簿一样, 他只要算利益如何.
	日文	友との付き合いをただ自分のために分かろうとするだけで友のためを考えないのは, 友ではなく商人と言えよう. [補注]商人は友との付き合いをまるで帳簿をつけるごとく, 自分の損得だけを計算する.
제29항 第29項	한글	벗의 물건은 모두 더불어 공유하라.
	中文	让朋友的物件与大家共有把.
	日文	友の物はみんなで共有しろ.
제30항 第30項	한글	벗 사귀기의 귀하고 천함은 사귀는 바의 의지에 달려 있다. 특별히 덕행에 의거해서 서로 벗이 된 자가 오늘날에 몇 쌍이나 있겠는가.
	中文	交朋友的贵贱取决于要交人的双方意志, 尤其是以德来交朋友的人, 在今时几乎有多少双阿?
	日文	友との交流の良し悪しは付き合いの意志に左右される. 特に徳行でもって友になった者は少ないはずだ.

제31항 第31項	한글	벗이 마땅히 서로를 용서해주는 바에는 한계가 있다. [협주]벗이 혹 죄를 지으면 오직 적은 것은 용서해줄 수 있지만, 벗이 의로움을 해침이 반드시 크면 곧 버린다.
	中文	朋友应该原谅, 也有互相界限. [夹註]如果某一位朋友给你得罪, 你可以宽容小错. 可是这位朋友破坏了仁义, 而你一定大大地放弃他.
	日文	友と友が許し合えることには限界がある. [補注]もし友が罪を犯したら軽いことは許せるが, 義に反する重いことであれば直ちに捨てる.
제32항 第32項	한글	벗의 즐거움이 의로움보다 많으면 오래 벗 삼아서는 안 된다.
	中文	交朋友的乐趣比仁义多, 不可持久朋友的关系.
	日文	友との楽しさが義より大きければ, 長く付き合ってはならない.
제33항 第33項	한글	벗의 악을 참으면 곧 벗의 다른 악이 자기의 악이 된다.
	中文	如果你容忍朋友的恶行, 就以他别的恶行为你的恶行.
	日文	友の悪を見過ごしたら, すぐ友の別の悪が自分の悪になる.
제34항 第34項	한글	내가 할 수 있는 바를 반드시 벗이 대신해주기를 바라서는 안 된다.
	中文	我自己能力的事, 不必希望朋友替我去做.
	日文	自分がやれることを代わりに友がやってくれることを望んではいけない.
제35항 第35項	한글	'벗'이라는 것은 옛날에는 높이는 명칭이었으나 지금에는 나가서 파니 비유하기를 화폐로 한다. 안타깝다!
	中文	朋友是昔日尊称的名字, 而现在可以买卖, 就被比喻成东西. 真可惜啦!
	日文	以前, '友'という言葉は称賛する意味であったが, 今は外で売るものだといってお金に例えられる. 悲しい!
제36항 第36項	한글	벗은 형들에 가깝다. 그러므로 벗은 서로 '형'이라 하고 형제보다 좋아서 벗이 된다.
	中文	朋友相近大兄, 所以我们都把朋友叫兄长, 比亲生兄弟好得多也成为朋友.
	日文	友は兄に近い. すなわち友と友が'兄'と呼び合い, 兄弟より仲よし良き友になれる.
제37항 第37項	한글	벗이 세상을 이롭게 함이 재물보다도 크다. 재물을 사랑해서 재물이 되는 사람은 없지만 벗을 사랑해서 특별히 벗이 될 뿐이다.
	中文	朋友造福于世界的事, 大大超越于财物做的事. 虽然没有人愿意爱财物而变财物, 可是爱朋友即成为特别的朋友.
	日文	友は富より世の中を良くする. 富を愛するがゆえに富になる者はいないが, 友を愛するがゆえに友になるだけだ.
제38항 第38項	한글	지금은 벗이 이미 없어졌다. 말해서 아첨하는 사람이 말재주꾼이 되면 오직 원수인 사람이 내게 참말을 들려줌이 있을 뿐이다.
	中文	今天朋友都沉默了, 而被阿谀奉承的人迷惑成为佞人, 那样以来只有存在仇人, 从我听真话呀.
	日文	今はもう友はいない. 媚を売る人が饒舌になると, ただ敵である人が私に本当のことを聞かせてくれる.

제39항 第39項	한글	설령 내가 혹 벗에게 해를 입어도 다만 자기 피해를 한탄하지 말고 마침내 그 해가 벗으로부터 나왔다는 것을 더욱 한탄해야 한다.
	中文	假如我被朋友損害, 決不要恨自己的損害而起火, 只要恨其損害從自己的朋友身邊而發來.
	日文	もし友が私に害をおよぼしたとしてもその被害だけを嘆かず、それが友から持たされたことを悲しむべきだ。
제40항 第40項	한글	친밀한 벗을 많이 갖고 있다는 것은 곧 친밀한 벗이 없음이다.
	中文	知心朋友若是太多了, 就等于沒有.
	日文	親密な友が多いということは親密な友がいないということだ。
제41항 第41項	한글	만일 내가 항상 행복하고 재앙이 없다면 어찌 벗이 진정한지 아닌지를 식별할 수 있겠는가.
	中文	如果我常常有幸福而沒有災難, 怎么能夠識別他是眞正的朋友呢?
	日文	もし私がいつも幸せで平穏であれば、友が真の友であるかを判断することは難しいだろう。
제42항 第42項	한글	벗의 도는 매우 광활하다. 비록 품격이 지극히 낮은 사람이 도둑질을 일삼아도 또한 반드시 벗과 그럴 듯하게 맺어서 무리를 지어야 바야흐로 그 [도둑질]일도 할 수 있다.
	中文	交朋友之道很廣闊, 雖然無賴之徒以盜爲事, 一定要搞幇派, 才偸東西也可行.
	日文	友の道はとても広い。下品な人が盗みを繰り返しても、それとなく友と組んでグルになってこそ[泥棒ごっこ]もできる。
제43항 第43項	한글	벗을 보기를 자기같이 하면 먼 사람은 가까워지고 약한 자는 강해지고 걱정이 있는 자는 행복해지며, 병든 자는 낫게 되고 죽은 자도 살아난다. 어찌 반드시 말이 더 필요하겠는가.
	中文	如果你看待朋友像自己的人, 即遠離的人近点儿·弱者强点儿·担忧的人幸点儿·病者也治好, 死者也可以活呢! 還需要再說什么呢?
	日文	友を自分のように接すると遠い人は近づき、弱い人は強くなり、悩みのある人は幸せになり、病者は治り、死者も生き返る。周知のことだ。
제44항 第44項	한글	내게 두 벗이 있어 앞에서 서로 소송하면 나는 듣고서 판단하고자 하지 않겠다. 하나가 나를 원수로 삼을까 두려워서다. 내게 두 원수가 있어 앞에서 서로 소송하면 나는 오히려 듣고서 판단해 줄 수 있다. 반드시 하나는 내 벗이 될 테니까.
	中文	如果我有兩位朋友, 他們在我的面前相互訴訟, 却我不想聽又不想判決, 因爲我恐怕兩位當中一位以我爲仇敵. 如果我有兩個仇敵, 他們在我的面前相互訴訟, 却我想聽又想判決, 因爲我預料兩位當中一位以我爲朋友.
	日文	私に二人の友がいたら、私の前で二人が訴訟を起こしても私は聞いて判断しようとしないだろう。その一人が私を敵に回すかも知れないからだ。でも私に二人の敵がいて私の前で訴訟を起こしたら、私は聞いて判断してあげることができる。その一人が私の友になるからだ。

제45항 第45項	한글	믿음은 원수에게도 오히려 잃어서는 안 된다. 하물며 벗에게 있어서야. 벗에 대한 믿음은 말할 것도 없다.
	中文	即使是仇敌, 仍然不可失信, 更何况对朋友来说呢! 对朋友的信赖, 说什么话都显得不足.
	日文	たとえ敵であっても信頼を失ってはならない. ましてや友の信頼は言うまでもない.
제46항 第46項	한글	벗으로서의 직분은 의로움에 이르러서야 그친다.
	中文	做朋友的责任到了正义才停止.
	日文	友としての役目は義に達してこそ終わる.
제47항 第47項	한글	만일 벗이 적으면 내게 기쁨이 있음도 적고 또한 걱정이 있음도 적다.
	中文	如果我的朋友少, 给我带来的快乐也少, 又忧虑也少.
	日文	もし友が少なければ, 私の喜びも少ないし, 悩みも少ない.
제48항 第48項	한글	오랜 벗이 좋은 벗이 되면 버려서는 안 된다. 까닭이 없이 새 벗으로 옛 벗을 바꾸면 오래지 않아 곧 후회하게 된다.
	中文	既然老朋友是好朋友, 不可抛弃这位朋友. 还有你无故地把老朋友替换新朋友, 就不久即会后悔了.
	日文	古い友が良き友になれば, 捨ててはいけない. 理由もなく古い友を新しい友に変えるとすぐ後悔してしまう.
제49항 第49項	한글	기왕의 벗과는 매사를 같이 의논해서 정하라. 그러나 먼저 모름지기 벗을 의논해서 정하라.
	中文	一定和老朋友一起商量而决定吧. 然而必须先讨论后决定朋友吧.
	日文	古い友とは何事も一緒に相談して決めろ. でもその前にその友を相談して決めろ.
제50항 第50項	한글	벗은 친척보다 생각건대 낫다. 친척은 서로 사랑함이 없을 수 있지만 절친한 벗은 그렇지 않다. 대개 친척은 사랑함이 없더라도 친척들을 친하게 여김이 오히려 있다. 벗에게서 사랑을 없애면 그 벗의 도리는 어디에 있겠는가.
	中文	大家认为朋友比亲戚好一点儿, 虽然亲戚之间可能没有相爱, 而亲友之间还能这样呢? 亲戚之间没有相爱, 却伦理的关系仍然存在. 然而从朋友那里去掉爱情, 朋友的道理何在?
	日文	友は親戚より良い. 親戚は愛なしでもいられるが, 親しき友は愛なしではいられない. 親戚は愛なしでも親しく付き合える. でも友から愛をなくせば, 友の道理は存在しない.
제51항 第51項	한글	오로지 벗이 있으면 사업도 일으킬 수 있다.
	中文	只有朋友在, 就能开展事业.
	日文	友さえいれば, 事業も立ち上げることができる.

제52항 第52項	한글	벗의 벗을 벗으로 삼고 벗의 원수를 원수로 삼는 것이 벗을 두텁게 함이 된다. [협주]내 벗이 반드시 어질면 사람을 사랑할 줄도 알고 미워할 줄도 알기 때문에 나는 그를 의지하는 것이다.
	中文	把朋友的朋友当作朋友，进而把朋友的仇人当作仇人，总是产生加深友情的结果. [夹註]如果我的朋友只要仁慈，而会爱人又会恶人，所以我可以依赖他.
	日文	友の友を友にし、友の敵を敵にすることで関係が深まる. [補注]私の友が良い人であれば、人を愛し、憎むこともできるため、私は友を頼りにできる.
제53항 第53項	한글	벗의 위급함을 도와주지 않으면 위급함을 당했을 때 도와주는 사람이 없다.
	中文	如果朋友在危急时你不给予帮助，则当你遇到危急时,谁也帮不了你.
	日文	友の危機を助けてあげないと危機に面したときに助けてくれる人もいない.
제54항 第54項	한글	속된 벗은 같이 하면 즐거움이 기쁨 보다 많고 헤어지면 걱정이 남고, 의로운 벗은 모이면 기쁨이 즐거움 보다 많지만 흩어져도 부끄러움이 없다.
	中文	和俗气的朋友同在一起，乐趣多于愉悦，别离后只剩下担心. 反而和正义的朋友聚在一起，愉悦多于乐趣，散开后也问心无愧.
	日文	下品な友は一緒にいると楽しさが嬉しさより多く、別れると悩みが残る. 義を重んじる友は集まれば嬉しさが楽しさより多いが、別れても恥はない.
제55항 第55項	한글	우리는 다른 사람에 대해 방비할 수 있지만, 벗은 어찌 막을 수 있겠는가. 벗을 의심하는 것은 곧 벗으로서의 도를 크게 거슬리는 것이다.
	中文	虽然我能防备他人，可是朋友来说，我怎能防备他呢? 既然如此哪怕只是一瞬间怀疑朋友，就是大大地犯朋友的道理.
	日文	私たちは他人に対して防備できるが、友は防備できない. 友を疑うことは友としての道を逆らうことであるからだ.
제56항 第56項	한글	상제上帝가 사람에게 두 눈, 두 귀, 두 손, 두 다리를 준 것은 두 벗이 서로 돕도록 하여 바야흐로 일이 이루어짐이 있게 하였다. [협주]'우友'자는 옛 전서篆書에서는 '犮'로 썼는데, 곧 두 손이 있어야 되는 것이지 없어서는 안 되는 것이다. '붕朋'자는 옛 전서에서는 '羽'로 썼는데, 곧 양 날개를 새가 갖추어야 바야흐로 날 수 있다. 옛날 현자賢者가 벗을 봄이 어찌 이와 같지 않았겠는가.
	中文	上帝给人双目`双耳`双手和双足的旨意，就是让两个朋友相辅相成， [夹註]'友'字在古代篆书上写着'两手', 这就是说只要有两只手，决不能缺少一只手. '朋'字在古代篆书上写着'羽'字，以两个'习'构成. 即鸟以一只翅膀飞不了, 所以昔日圣贤看待朋友的方法就是这样, 为什么不呢?
	日文	上帝が人に二つの目、二つの耳、二つの手、二つの脚を与えたのは、友同士で助け合ってことをなし得るよう計らったからだ. [補注]'友'という字は篆書では'犮'と書かれ、二つの手が必要だという意味だ. '朋'という字も篆書では'羽'と書かれ、二つの羽根でなければ飛べないことを意味する. 昔の賢者たちの友についての考えが推察できる.
제57항 第57項	한글	세상에 벗이 없으면 즐거움도 없다.
	中文	没有好朋友，生活在世界上就没有了乐趣.
	日文	この世に友がいないと楽しさもない.

제58항 第58項	한글	거짓으로써 벗을 대하면 처음에는 만약 사람을 속일지라도 오래되어 거짓이 드러나면 도리어 벗이 싫어해서 박대하게 된다. 벗을 대하기를 정성으로써 해서 처음에 오직 스스로 그 마음을 다하면 오래되어 정성이 드러나 더욱 벗의 존경함과 감복함이 된다.
	中文	如果你以虛假心意对待朋友, 即使开头你能瞒得住朋友, 可久而久之终于虛假被败露, 反而朋友看不起你. 如果你以精诚心意对待朋友, 一开始只要倾注你自己的全心, 可久而久之终于精诚被显现出, 那就得到朋友的尊敬和佩服.
	日文	偽りで友と接すると初めは人を欺くことができてもやがて嘘がばれて友から忌み嫌われる. 最初から真心で友と接するとやがてその実が結ばれて友は感動し, 尊敬の念を抱く.
제59항 第59項	한글	내가 처음에 가난하고 미천했다가 나중에 부유해지고 귀해지면, 오랜 동안 사귄 벗은 버려서는 안 되고, 새로이 사귄 벗이 혹은 세력과 이익으로써 서로 기대려 한다. 내가 처음에 부유하고 귀했다가 나중에 가난해지고 미천해지면 오래된 사귐은 믿을 수 없고 새로이 사귐은 혹은 도의로서 서로 화합한다. 벗이 처음에 가난하고 미천했다가 나중에 부유해지고 귀해지면 나는 마땅히 그 마음을 살펴서, 내가 벗을 새롭게 대하려 하나 벗이 혹 나를 소원하게 하지 않을까 두려워해야 한다. 벗이 처음에 부유하고 귀했다가 나중에 가난해지고 미천해지면 나는 마땅히 그 공경을 더해서, 벗이 나를 막아 소원해지거나 내가 드디어 스스로 소원함에 처하지나 않을까 두려워해야 한다.
	中文	即使我先贫穷而后富贵, 就决不抛弃老朋友, 而或是新朋友以势利为相依. 即使我先富贵而后贫贱, 就决不依赖老朋友, 而或是新朋友以道义为相合. 如果朋友先贫穷而后富贵, 我应该察看朋友的心情. 我要把朋友对待得依然如故, 或是反而我恐怕朋友离我疏远. 如果朋友先富贵而后贫穷, 我应该对待朋友比以前更加恭敬, 而我恐怕朋友堤防我, 或是反而我自己远离朋友.
	日文	最初は貧しくて身分が低かったが, 後で金持ちで身分が高くなったとしても古い付き合いは捨ててはならず, 新しい付き合いは勢力と利益で頼り合えようとする. 最初は金持ちで身分が高かったが, 後で貧しくて身分が低くなると古い付き合いは頼りにならず, 新しい付き合いは道義で和合し合う. 最初は貧しくて身分が低かった友が後で金持ちで身分が高くなると, 私はその心を察して友を新しく接しようするが友が私を遠ざかろうとはしないか恐れるべきだ. 最初は金持ちで身分が高かった友が後で貧しくて身分が低くなると, 私は敬意の念を抱いて友が私を遠ざかって疎遠になったり, 自ら遠ざかろうとはしないか恐れるべきだ.
제60항 第60項	한글	대저 때가 어떤 때인가. 순응하는 말은 벗을 낳고 직언은 원망을 낳는다.
	中文	凡是现在是什么时候了? 温和的语言产生朋友, 而实话实说产生埋怨.
	日文	時が変わったのだろうか. 称賛が友を作り, 直言が恨みを産む.
제61항 第61項	한글	그 사람의 벗을 보아서 숲과 같이 보이면 그 덕이 크다는 것을 알며 그 사람의 벗이 떨어짐이 아침별과 같으면, 그 덕이 얇다는 것을 안다.
	中文	我看起来他的朋友, 好象树林一样, 我可知道他的德行很茂盛. 我看起来他的朋友, 好象晨星一样, 我可知道他的德行很薄弱.
	日文	人の友を見てそれが森のように見えれば徳の大きさが分かり, 人の友の離れが朝の星のようであれば徳の厚みが分かる.

제62항 第62項	한글	군자와 벗으로 사귀기는 어렵고 소인과 벗으로 사귀기는 쉽다. 어렵게 화합한 것은 흩어지기 어렵고, 쉽게 화합한 것은 쉽게 흩어진다.
	中文	与君子交朋友很难, 与小人交朋友很容易, 好不容易合在一起就好不容易分散, 很容易合在一起就很容易分散.
	日文	君子と友になるのは難しく, 小人と友になるのは易しい. 苦労して和合したものは散りがたく, 簡単に和合したものは散りやすい.
제63항 第63項	한글	평상시에 좋게 사귀다가 하루아침에 작은 이해에 임하면서 마침내 원수와 적이 되니, 그 사귐이 바른 데에서 나온 것이 아니라는 데에서 말미암는다. 사귐이 이미 바르면 이로움을 나눌 수 있고 해로움을 함께 할 수 있다.
	中文	平时相处很好, 一旦面对利害关系, 终于成为仇敌, 其原因是交际从不正当的地方开始的. 如果交往很正确的话, 即有利益可分享, 还有损害也可与共.
	日文	普段良い付き合いをしていても些細な見解で一朝にして敵になってしまう, それは正しい付き合いではなかったことを示す. 付き合いが正しければ利益を分け合い, 害を分け合うことができる.
제64항 第64項	한글	내가 번영할 때는 청해야 바야흐로 오고, 근심스러울 때는 청하지 않아도 스스로 옴이 대저 벗이다.
	中文	我繁荣的时候, 我邀请才来. 我困难的时候, 我不请却自愿来. 这算是真正的朋友.
	日文	栄えるときは請わないと来ず, 悩みのあるときは請わないと進んで来るのが友である.
제65항 第65項	한글	세상 사이의 물건이 많지만 각각이면 쓸모가 없고, 같이 해야 비로소 유익함이 있게 된다. 사람이 어찌 홀로 이와 같지 않겠는가.
	中文	虽然这世上有很多东西, 如各个都没有用, 只有在一起才有益, 难道唯独人怎么能如此呢?
	日文	世の中に物は多いがそれがばらばらだと無用で, 一緒にいるときこそ有用だ. 人も同じである.
제66항 第66項	한글	좋은 벗과 서로 사귀는 의미는 잃은 후에야 더욱 깨달아 알 수 있다.
	中文	与良友相交的意味儿, 把它失去了以后, 更可以知觉到友情的意味儿.
	日文	良き友と付き合うことの意味は, それを失ってから実感できる.
제67항 第67項	한글	염료 가게 거리에 살게 되면 염료에 눌러서 사람이 염료 빛깔에 가깝게 되어 그 몸을 더럽히지 않음을 면하기 어렵다. 나쁜 사람과 벗으로 사귀면 항상 그 추악한 일을 보고 들으면서 반드시 그에 익숙해져 본래의 심성을 더럽히게 된다.
	中文	如果你住在染料店, 而被染料压住了, 你的身子容易被染料沾染·污染. 同样地, 你交坏朋友, 你经常看到, 听到他的丑事, 自然而然习惯了它, 而一定会涣散本心. 则近朱者赤, 近墨者黑.
	日文	染料専門の商店街に暮していると染料に押され, 近くにいる人はその色に体を汚しやすくなる. 悪い人と友になるといつも汚いことを見たり聞いたりするため, 慣れてしまって本来の心性を汚してしまう.

제68항 第68項	한글	내가 우연히 현명한 벗을 만나기를 비록 겨우 악수 한 번 하는 동안이라도 하면, 일찍이 조금이라도 도와서 모자람을 채움이 없더라도 내가 착한 일을 하고자 하는 뜻을 흡족하게 한다.
	中文	如果我偶尔见到贤明的朋友, 虽然一握手就别离, 而对我任何补偿和弥补都没有, 就那样会满足于我做善事的意志.
	日文	偶然にでも賢明な友に出会う努力を握手をするわずかな間だけでもすれば, 少しでも早く自分の足りなさを埋めることはできなくても, 良いことをしようとする思いは満たしてくれるはずだ.
제69항 第69項	한글	벗을 사귀는 취지는 다른 게 아니라 그의 선함이 나보다 크면 내가 본받아 익히고 내 선함이 그보다 크면 내가 그를 교화시키는 것이다. 이것이 배움이 곧 가르침이요, 가르침이 곧 배움이라는 것이며, 양자는 서로 돕는 것이다. 만약 그의 선함이 본받아 익힐 만하지 않거나 그가 선하지 않아서 변동시킬 수 없다면 어찌 유달리 나날을 다 보내며 서로 더불어 어울려 놀아서 다만 어두운 그림자를 허비할 뿐이겠는가. [협주]도움이 되지 않는 벗은 마침내 시간을 훔치는 도둑이고, 시간을 훔치는 손해는 재물을 훔치는 것보다 심하니, 재물은 다시 모을 수가 있지만 시간은 그렇지 않다.
	中文	交朋友的目的是没有特别的. 他比我善长, 则我将学习他的. 我比他善长, 我要教化他而已. 这就是学习即教导, 教导即学习, 两者相辅相成. 如果他的善不够好而没有仿效, 或是他不仅不善而且不可以改变, 为什么和他整天游戏和玩笑呢? 这真是浪费阴影(岁月)阿! [夹註]没有用的朋友就是偷时间的盗贼, 偷时间的损害比偷财务的损害更利害, 因为财物可以重积, 则时间不是.
	日文	友と付き合う意義は他ではなく, 友の良さが私より多ければ見習い, 私の良さが友より多ければ友を教化することにある. 学びは教えでもあり, 教えは学びでもあり, 両者は助け合う. もし友の良さが見習うに値せず, 友に良さがなく教化できないなら, 友と日々を送って遊ぶのはただ暗い影を増やすだけだ. [補注]役に立たない友はまるで時間を盗む泥棒で, 時間を盗まれる損害は財物を盗まれるより大きい, 財物は再び集められるが, 時間は取り戻せない.
제70항 第70項	한글	설령 어떤 사람이 이 도를 돈독하게 믿지 못하고 또한 덕을 닦아도 항상 위태하며 좋아함을 내보이고 추함을 들어서 마음이 다투어서 그 의문을 가려서 풀기에 결단하지 못하였다 하여도 그 덕을 안심하고 배양시켜 그 장차 빠짐을 피하는 데에는 좋은 벗을 사귀는 것보다 더 좋은 계책은 없다. 대개 내가 자주 들은 바와 자주 본 바는 점점 가슴에 스며들어 확트이게 깨달음을 열어서 진실로 나를 선하도록 권하여 질책하였다. 엄하도다. 군자여! 엄하도다. 군자여! 때로는 비록 말로도 언급하지 않고 화난 빛도 더하지 않고 또한 덕과 위엄이 있음으로써 착하지 못한 일을 하고자 하는 것을 못하도록 막는구나.
	中文	即使或有人不笃信其道理, 且他虽然修道立德而经常危险, 却把好的出去, 把坏的进来, 而心灵之战悲而未决! 为了剖释他的疑惑, 又安全地培养他的德性, 进而拯救他会坠落, 就没有什么比好朋友更好的了! 我经常看到的·听到的, 沁人肺腑, 让我豁然开朗, 那尽量劝我·责斥我而使我善良. 严厉, 君子啊! 严厉, 君子啊! 有时侯虽然没说什么话, 又不加生气, 却你以德性和威严来制止我不善的行为呢.

제70항 第70項	日文	もしある人が道を堅く信じず, 徳を行っても常に危なく, 良いことを追い出し, 醜いことを受け入れて心が争い, 疑問を隠してしまって解決するのを決断せずにいてもその徳を安心させて養うことで落ちるのを免れるには良き友を作ることより良い計略はない。普段, 自分がよく見たものは徐々に心に染み付き, 一瞬に悟りが開けて自分を善に導かせる。厳しい君子よ!厳しい君子よ!時には口にせず, 怒気を帯びなくても徳と威厳で良くないことをしようとするのを止めてくれる。
제71항 第71項	한글	네가 나를 벗으로 삼을 수 없었다면 모두가 예쁘게 보이려고 했을 뿐이었을 것이다.
	中文	如果你不能把我当朋友, 那么大家都成为迷人.
	日文	あなたが私を友にできなかったのは全部きれいに見せようとしたためだ.
제72항 第72項	한글	벗은 서로 칭찬하는 예를 베풀기는 쉬우나, 대개 벗을 참아줌 그것은 어렵다. 그러나 대개 벗을 삼으면 모두 자기를 칭송하는 명예에는 감격해 하면서도 자기를 참아주는 자의 덕은 잊어버린다. 왜 그런가? 하나는 나의 장점을 드러내는 것이고 하나는 나의 단점을 드러내는 것이기 때문이다.
	中文	朋友之间很容易施与相褒之礼, 大抵容忍于朋友却很难. 然而大部分朋友都很感激对称赞自己的名誉, 反而大家都忘记朋友对容忍自己的恩德, 怎么会有这种事? 这就是因为前者是显出我的长处, 而后者是显出我的短处.
	日文	友は誉め合う礼を尽くすことは易しいが我慢するのは難しい。でも友になると自分を称賛する名誉には感動するが, 我慢してくれる者の徳は忘れてしまう。なぜだろう?それは私の長所と短所を同時に露にすることであるからだ.
제73항 第73項	한글	한 사람이라도 서로를 사랑하지 못하면 짝지어서 벗이 되지 못한다.
	中文	每个人都不爱对方, 那么互不成朋友了.
	日文	一人でも相手を愛せないと二人で友にはなれない.
제74항 第74項	한글	당장 소용될 때에 임하여 급작스럽게 그가 벗이 아님을 깨달으니 가엾다.
	中文	要用的时间即将来临, 突然知道他不是我的朋友的时候, 真可怜.
	日文	急に必要なときに友ではなかったことに気づく.
제75항 第75項	한글	새로운 벗이 사귀어 오기를 힘쓰려면, 우선 옛 벗을 잊지 말도록 경계하라.
	中文	新朋友自愿来和你交往, 那么首先你戒备不可忘记老朋友.
	日文	新しい友と付き合うためには古い友を忘れないよう警戒しろ.
제76항 第76項	한글	벗이란 가난한 이를 위해서 재력이 되어야 하고 약한 이를 위해서는 힘이 되어야 하고 병든 이를 위해서는 약이 되어야 한다.
	中文	什么是朋友? 这就是为穷人的财物, 为弱者的力量, 为病人的药物.
	日文	友とは, 貧しい人のためには財力になり, 弱い人のためには力になり, 病者のためには薬になるものである.
제77항 第77項	한글	나라에는 재정 금고가 없어도 되지만 벗이 없어서는 안 된다.
	中文	在国家没有财库也可以, 而人决不能没有朋友.
	日文	国に金庫はなくてもいいが友はいなくてはならない.

제78항 第78項	한글	원수의 선사는 벗의 몽둥이와 같지 못하다.
	中文	仇人的礼物不如朋友的棒子.
	日文	敵の良いことは友の棍棒にはならない.
제79항 第79項	한글	세상에 벗이 없다는 것은 하늘에 태양이 없는 것과 같고 몸에 눈이 없는 것과 같다.
	中文	世上没有朋友, 如同天上没太阳, 身上没有眼睛.
	日文	この世に友がいないのは天に太陽がない, 体に目がないことと同じである.
제80항 第80項	한글	벗이란 이미 오랜 동안 찾아서 이미 적게 얻어 이미 보존하기가 어렵다. 혹 눈에 띄지 않으면 곧 마음에서 염려하게 된다.
	中文	要得到一个朋友, 往往要花好长时间方能找到, 而且很少能够多找到, 找到了又很难常在一起, 因此一旦离别, 就会念念在心.
	日文	80. 友とは, もう長く探しまわり, もう少なく, もう保ちにくい. 目に見えなくなるとすぐ心配してしまう.
제81항 第81項	한글	벗의 유익함을 알아 무릇 집의 문을 나가 사람들을 만나서는 반드시 하나의 새로운 벗과 사귀려고 [노력을] 다한 연후에야 집에 돌아와야 한다.
	中文	因为我知道交朋友的好处, 凡是我每出去见人的时候, 一定要努力去交一位新朋友, 然后回家.
	日文	友の有益さを知って家を出て人に会っては必ず一人の新しい友を作ろうと[努力を] 尽くしてから家に帰ってくるべきだ.
제82항 第82項	한글	아첨하는 벗은 벗이 아니라 마침내 도적으로 그 이름을 도적질하여 몰래 칭할 뿐이다.
	中文	阿谀的朋友决不是朋友而是盗贼. 他只是偷朋友的名字, 偷偷地诈称而已.
	日文	媚を売る友は友ではなく泥棒で, その名だけを盗んでこっそり名乗るだけだ.
제83항 第83項	한글	내 행복이 데려온 벗은 반드시 재난과 화난을 피하게 해준다.
	中文	以我的福分结交的朋友, 让我避免灾难和祸害.
	日文	私の幸せがつれてきた友は必ず災難と災いから守ってくれる.
제84항 第84項	한글	벗으로 이미 맺어져 이루어졌으면 하나라도 서로 우정이 끊어지지 않도록 조심하라. 우정이 한번 끊어지면 잠시 동안은 서로 붙을 수 있지만 다시 회복하여 온전해지기는 어렵다. 옥그릇은 달라붙은 바가 있으면 보기에도 나쁘고 쉽게 내쳐서 유용함이 적어지지 않는가?
	中文	如果成为朋友, 则互相戒备, 决不断绝友情. 友情一断绝虽然暂时互相维持, 可就不可能完全恢复. 如果在玉器粘污秽, 不好看又容易被扔掉, 很少有用呢?
	日文	友になったら互いに友情が終わらないよう気をつけよう. 一度切れた友情はしばらくはつなぎとどめることができても完璧に元に戻ることは難しい. 一度割れた玉器はその傷跡のため有用に使えなくなる.
제85항 第85項	한글	의사의 의중은 쓴 약으로 사람의 병을 낫게 하는 것이며, 아첨하는 벗의 의중은 달콤한 말로써 다른 사람들의 재물을 범하고자 하는 것이다.
	中文	医生的心意就是以苦药来治疗人们的病, 反而阿谀奉承朋友的志向就是以甜言蜜语欺骗人们.
	日文	医者の心は苦い薬で人の病を治すことにあり, 媚を売る友の心は甘い言葉で人の財物を奪うことにある.

제86항 第86項	한글	자기를 벗이 되게 할 수 없다면 어찌 다른 사람을 벗할 수 있겠는가?
	中文	我与人家不能结交朋友,怎么能把人家当做我的朋友呢?
	日文	自分自身を友にできないなら、人も友にできないはずだ.
제87항 第87項	한글	지혜로운 자는 거짓된 벗을 떠나보내고자 하면 장차 점점 피하지 신속히 끊지 않는다.
	中文	如果智慧的人想要离开轻浮的朋友, 且与他渐渐疏远, 而决不迅速地断绝与他的关系.
	日文	賢い人は偽りの友から遠ざかろうとするとき、直ちに切るのではなく徐々に離れようとする.
제88항 第88項	한글	많은 사람들과 벗으로 사귀기를 바라는 것은 번거롭다. 나는 끝내 원한과 원수가 없으면 만족할 뿐이다.
	中文	要和很多人交往则很繁琐. 如果没有怨恨关系和仇人, 我就满足而已.
	日文	大勢の人と友になれることを望むのは煩わしい. 恨みや敵さえなければ満足だ.
제89항 第89項	한글	그가 벗이 아닌데도 너를 믿으면 너는 그를 속일 수는 없다. 속이는 것은 지극히 나쁜 짓을 했음을 드러내는 것이다.
	中文	虽然他不是你的朋友, 却他信赖你, 你决不可欺骗他. 欺骗是至极邪恶的结果.
	日文	相手が友でなくてもあなたを信じればあなたは相手を騙せない. 騙すことは悪事をしたと自白するのと同じだ.
제90항 第90項	한글	영원한 덕은 영원한 벗의 맛난 음식이다. 무릇 물건은 시간이 오래 되면 사람이 싫어하는 바가 되지 않음이 없지만 오직 덕은 오래되면 오래될수록 사람의 정을 감격시킨다. 덕이 원수진 사람에게 있을지라도 오히려 사랑할만한데, 하물며 벗에게 있는 것이야!
	中文	无论什么东西, 时间长了就会令人生厌, 惟独心灵上的美, 日子愈长, 愈使人感到可爱.
	日文	永遠の徳は永遠の友の美味しい食べ物である. 物は時間が経つと人に嫌われる場合もあるが、徳は時間が経てば経つほど人の心を感動させる. 敵でも徳があれば愛しく思えるのに友の徳は言うまでもない!
제91항 第91項	한글	알렉산더대왕-옛날 시역西域의 제왕-은 사태가 위급함에 이르자, 몸소 대규모 본진本陣에 들어가려 할 때, 보필하던 신하가 있어 그를 막으면서 말하기를 "사태가 이처럼 위험한데 폐하께서 어떻게 몸을 벗어나시려 하십니까?"하였다. 왕이 말하기를 "네가 친구를 속이고 또한 원수를 드러내주는 데에서 나를 벗어나게 해주었다. 스스로 곧 막아낼 수 있다."고 하였다.
	中文	事态发展到了危急地步, 历山王—旧时西域的帝王—低着头要进入本阵. 那时候一位辅佐之臣阻止他而说: "事态如此危险, 陛下怎么只追求您的安全而躲避呢?" 大王说: "你免了我诈骗我的朋友而且凸显仇敌. 我敢说, 自己能够堤防啊!"
	日文	アレキサンター大王(昔, 西域の帝王)は事態が急変すると自ら大規模の本陣に入ろうとした. 臣下が王を止め, "危険が差し迫った異常事態です, 入ったら逃げ出すのも難しいでしょう"と言った. 王は "お前が友を騙し, 敵を教えてくれることから私を解放してくれた. 一人でできる"と答えた.

제92항 第92項	한글	알렉산더왕Alexander歷山王은 또한 현명한 선비와 벗이 되었는데 이름이 제노Zeno善諾였다. 먼저 사람을 시켜서 수만금을 보내자 제노는 버럭 화를 내며 말하기를 "왕이 이를 내게 주다니, 나를 어떻게 여기는 것입니까?"하였다. 사자使者가 말하기를 "아닙니다. 왕께서는 선생님을 지극히 청렴한 분으로 알고 이를 드릴 뿐입니다."하였다. 말하기를 "그러면 마땅히 내가 청렴할 수 있도록 용납해주어야 합니다."하고는 거절하고 받지 않았다. 역사가가 결단하여 말하기를 "왕은 선비를 사서 벗이 되고자 했지만 선비는 그것을 팔지 않았다."고 하였다.
	中文	歷山王有了一個願意結交朋友的人, 那賢人叫善諾. 首先大王使人送給他數萬金的錢, 善諾勃然大怒而說: "大王賜給我這些東西, 怎么看我呀?" 使者說: "不是, 大王認為您是非常清廉的, 所以把這些東西來奉您." 善諾說: "那么, 讓我要維持清廉, 你們一定要幇助和容納我吧. 所以閣下不能接受." 歷史斷言云: "雖然王要收買賢士作為朋友, 却賢士決不肯賣出氣節."
	日文	アレキサンダー大王(Alexander the Great)はクセノ(Xenocrates)という賢明な学者と友になった. 王は人を使って巨額をクセノに送る. クセノは怒って"こんな大金を…, 王は私をどう思っているのでしょうか?"と聞いた. 使者は, "誤解です. 王は先生を清廉な方だと存じており, ただのプレゼントです"と答えた. クセノは, "それなら私が清廉なままでいられようしてもらいたい"と断って受け取らなかった. 歴史家の話によれば, "王は学者をお金で買って友になろうとしたが学者はそれを売らなかった"という.
제93항 第93項	한글	알렉산더왕이 아직 왕위를 얻지 못했을 때 나라의 금고가 없었다. 무릇 획득한 재산을 후하게 사람들에게 나누어 주었다. 적국의 왕은 부유하고 융성한 데도 금고를 채우는 데에만 힘쓰며 비웃으면서 말하기를 "그대의 금고는 어느 곳에 있습니까?"하였다. 이에 [알렉산더왕이] 답하기를 "벗의 마음에 있습니다."고 하였다.
	中文	歷山王還沒有得到總值的時候, 雖然國庫空了, 却他把獲得的全財物都慷慨地頒給人們. 反而敵國的王富裕又旺盛, 唯一的事務只有盡力充實金庫, 譏笑說: "足下的金庫在哪兒?" 歷山王說: "在我朋友的內心."
	日文	アレキサンダー大王がまだ王位に就いてなかったとき, 国に金庫がなかった. 得た財産は人たちに与えたためだ. 敵国の王は強くて金持ちであるにも関わらず, 金庫を満たすことに夢中で, "あなたの金庫はどこにありますか?"と嘲笑した. [アレキサンダー大王は]"友の心の中にあります"と答えたという.
제94항 第95項	한글	옛날에 친구에게 잘 대해주고 풍요하게 베풀어서 끝내는 본인 집의 재산을 탕진한 사람이 있었다. 옆 사람들이 혹 물어 말하기를 "재물을 모두 벗에게 주어버리면 무엇이 자기에게는 남습니까?"하였다. 대답하여 말하기를 "벗들에게 베풀었다는 의미意味가 남는다."고 하였다. [협주]별도로 전해지는 대답에 말하기를, "벗에게 베풀려는 희망이 남는다."고 하였다. 의미는 촌스럽고 다르지만 두루 아름답다.
	中文	昔年有一位善待又丰盛恩惠朋友的人, 他終于即將破家蕩産, 旁邊的人問他: "你把所有的財物都給予朋友的話, 你還有什么可以留下來的?" 那人回答說: "只可以留下給朋友恩惠的趣味兒." [夾註]另外一個傳說: "只可以留下恩惠朋友的願望阿." 這兒意思雖然俚俗和奇怪却都很美麗.
	日文	ある昔, 友に親切で心のこもったもてなしで最後は家の財産までもすべてなくした人がいた. 周りの人々が, "財物をすべて友にあげたらあなたには何が残りますか?"と聞いた. すると"友をもてなしたという意味が残ります"と答えたという. [補注]別に伝わる話によれば, "友にもてなそうという希望が残ります"と答えたという. 意味は地味で異なるが美しい話だ.

제95항 第95項	한글	옛날에 두 사람이 있어 동행하는데, 한 사람은 매우 부유하였고 한 사람은 매우 가난하였다. 혹 말하기를 "두 사람은 지극히 친밀합니다."고 하였다. 데오프라스투스Theophrastus豆法德는 이를 듣고 말하기를 "이미 그렇다면 어찌해서 하나는 부자가 되었으며, 하나는 가난뱅이가 되었습니까?"하였다. [협주]말은 '벗의 물건은 모두 서로 공유한다.'는 것이다.
	中文	很久以前兩个人在同行, 其中一个人非常富裕, 而另外一个人至極貧窮. 但却说:"两个人很亲密." 寶法德听到这句话而说:"真的既然如此, 怎么能够一个人成为富裕, 还另外一个人成为贫穷呢?" [夾註]这句话意思就是一切朋友的财物要互相共有.
	日文	ある昔, 二人の旅行者がいた. 一人は大金持ちで一人はとても貧しかった. "二人はとても親密な仲です"と聞いたテオプラストス(Theophrastus)は, "ならどうして一人は金持ちになり, 一人は貧しくなったのですか?"と反問したという. [補注]つまり'友は物をすべて共有する'仲であることを意味する.
제96항 第96項	한글	옛날에 사람이 있어 그 벗에게 요구하기를 의롭지 못한 일로써 하다가 같이 해주는 사람을 보지 못하자 말하기를 "참으로 네가 내가 구하는 바를 주지 않는다면 어찌 다시 너를 벗이라고 하겠는가."하였다. 그가 말하기를 "참으로 의롭지 못한 일로써 나에게 요구한다면, 어찌 다시 너를 벗이라고 하겠는가."하였다.
	中文	昔日有一个人办某一件事的时候, 他谋求朋友和他同办, 可是那件事却不正当, 那位朋友不予理睬, 而他说:"你不愿意做我的要求, 怎么能再叫你朋友呢?" 那位朋友说:"你要求让我办不正当的事, 怎么能再叫你朋友呢?"
	日文	昔ある人が義に反することを一緒にやってくれる人がいないのを見て友に向かい, "私が求めることをしてくれないお前を友と呼べるだろうか"と聞いた. その友は"義に反することを私に求めるお前を友と呼べるだろうか"と反問した.
제97항 第97項	한글	서쪽 땅의 한 옛 왕이 일찍이 한 선비와 벗으로 사귀어 수도 안에서 후하게 봉양하여 지혜로운 현자로 삼았다. 날이 지났는데도 간언諫言하는 것을 보지 못하자 곧 사퇴시키며 말하기를 "짐朕도 또한 사람이니 허물이 없을 수 없소. 그대가 짐의 잘못을 보지 못했다면 지혜로운 선비가 아니고 보고도 간언하지 않았다면 현명한 벗이 아니오."라고 하였다. 옛 왕도 허물에 대한 간언을 보지 못하면 또한 이러하였다. 만약 가까운 시절에 문장 수사修辭에 뛰어난 자라면 마땅히 어찌 해야 하겠는가?
	中文	昔日在西土有一位先王, 以一位士人为朋友, 在都城里奉养他, 把他作为智慧的贤人. 但是日子过的很长, 他仍然一句谏言都没说, 先王让他辞职而说:"朕也是人, 决不没有错过. 如果你看不见我的错过, 那么你不是智士. 反而看到错过也没谏言, 这就不是贤友." 先王对自己的错过听不到任何谏言, 且做这样. 何况与当时价值很近的情况下, 善于文饰的人究竟该怎么办?
	日文	西側の地に昔ある王が学者と友になって都に招いて心のこもったもてなしをし, 知恵を借りた. しかし, 日にちが経っても諫言を聞いたこともないため, 王は"朕も人であるため, 間違いをすることもある. 朕の間違いに気づいてないあなたは賢者ではなく, もし気づいて諫言してないのなら良き友でもない"と言って学者を追い出した. 昔の王さえ自分に諫言しない人は遠ざけた. もし今時, 美しく巧みな言葉が上手な人がいたら, どうすればいいだろうか?

제98항 第98項	한글	북방의 나라 스키타이是的亞Scythia의 풍속에 홀로 많은 벗을 얻은 사람을 일컬어서 부자라고 한다.
	中文	在北方有一个国家叫是的亚，这里有一句俗话："朋友特别多的人叫富翁."
	日文	北方の国スキタイ(Scythia)には一人で多くの友を得た者が金持ちだという風習がある.
제99항 第99項	한글	서쪽나라의 왕인 크로에수스Croesus客力所는 평범한 남자로 큰 나라를 얻었다. 현명한 사람이 있어 나라를 얻어서 행하고자 하는 큰 취지를 물었다. 그가 답해 말하기를 "내 벗에게는 베풀고 내 원수에게는 보복하는 것입니다."라 하였다. 현자가 말하기를 "벗에게 베풂은 은혜를 베풀어 원수로 하여금 벗이 되게 하는 것입니다."고 하였다.
	中文	西国王客力所以匹夫的身份来得到大国，有一位贤人问他："您得了这个国家之后要实行的大旨是什么?"那位王说："对朋友要施惠，而对仇人要报复." 贤人说："施惠朋友不如以施惠仇人为交朋友."
	日文	西側の王であるクロイソス(Croesus)は平凡な男であるが、大きな国を手にした. ある賢者が王に国を手にして成し遂げたいことは何かと聞いた. 王は、"私の友には恵みを与え、私の敵には仕返しをすることです"と答えた. すると賢者は"友に与えた恵みを敵にも与えて友にすることです"と話した.
제100항 第100項	한글	옛적에 알려졌던 선비인 메가피투스Megapitus墨卧皮는 큰 석류를 잘라서 열었는데, 어떤 사람이 물어 말하기를 "선생께서는 어떤 물건을 얻고자 원하십니까? 그 열매가 많은 것 같은 것입니까?"하였다. 말하기를 "충직한 벗입니다."고 하였다.
	中文	旧有闻名于世的贤人墨卧皮折开大石榴的时候，旁边的人问他："您愿意得到什么东西? 还愿意这大石榴那样果实丰富的?"他说："只愿意一位忠直的朋友."
	日文	ある昔、有名な学者メガピトス(Megapitus)が大きなザクロを半分に切ったら、ある人が"先生はどんな物がほしいですか? このザクロのように実がぎっしり詰まったものでしょうか?"と聞いたら、"忠実な友がほしいです"と答えたという.
발문 跋文	한글	만력萬曆 23년(1595) 을미乙未 삼월 보름날에 서양산인西洋山人인 수사修士 이마두利瑪竇가 모았음.
	中文	万历二十三年乙未三月望日，西域山人利玛窦募集.
	日文	萬曆の23年乙未三月望日に、大西洋山人 マッテオ・リッチMattheo・Ricciが これらの言葉を集めました.

제2부
『天主實義』의 引用

제1장
李睟光 · 柳夢寅 · 蔡濟恭의
利瑪竇『天主實義』引用 樣相 比較 檢討

1. 緖言

　　조선 후기의 인물 중 천주교 서적『天主實義』를 거론하면서 그 내용 일부라도 인용하여 소개하거나 그에 대한 자신의 의견을 개진하는 근거로 삼았던 경우를 조사해본 결과, 李睟光(1563-1628) · 柳夢寅(1559-1623) · 蔡濟恭(1720-1799)을 주목하게 되었다. 더욱이 이들의『천주실의』인용이 각기 다른 시기에 이뤄졌기에 이들의『천주실의』인용 양상이 구체적으로 어떤 차이를 보이는가 하는 점을 밝히는 것도 역시 조선 후기 天主學史의 규명에 있어서 적지 않은 의미를 지니는 작업이 되리라 여겨진다.

　　李睟光이『芝峯類說』을 완성한 게 1614년 무렵이고, 柳夢寅이『於于野談』을 완성한 게 1622년이다. 그러므로 이들이 각자의 저서에서『천주실의』에 관해 언급하고 그 내용을 부분적으로 인용한 대목에서 드러난 양상은,『천주실의』에 대한 17세기 조선인이 지녔던 인식의 한 측면을 단적으로 대변하고 있다고 볼 수 있을 것이다. 한편 蔡濟恭은『承政院日記』와『實錄』의 기록을 면밀하게 검토해보면, 右議政으로서 正祖 및 당시 정국의 거두들과 국정을 논의하는 과정에서 『천주실의』에 관해 그 자신이 직접 구해서 읽어 보았음을 언급하면서 그 내용을 부분적으로 인용하고 있다. 이에 표출된 그의 『천주실의』 인용 양상 역시 『천주실의』에 대한 18세기 조선인이 지녔던 인식의 한 단면일 것이다. 따라서 이수광·유몽인·채제공의 이러한 『천주실의』 인용 양상에 관한 비교 검토는 17·18세기 『천주실의』에 대한 조선인의 인식을 제대로 규명하는 데에 조금이나마 보탬이 될 수 있게 되리라 믿는다.

2. 李睟光의 『芝峯類說』 「諸國部」 '歐羅巴國' 項에 나타난 『天主實義』 引用 樣相

李睟光(1563-1628)이 광해군 5년(1613)에 저술을 시작하여 이듬해 1614년에 완성한 『芝峯類說』[1]의 卷2 「諸國部」 外國 '歐羅巴國' 項에는 利瑪竇와 그의 저서들에 관해 적지 않은 분량의 내용이 정리되어 있다. 다른 내용은 제외하고 利瑪竇의 중국 입국과 그 이후의 활동상 및 『天主實義』에 관해 언급한 부분만을 인용하여 제시하면 다음과 같다.

(A)歐羅巴國을 大西國이라고 이름하기도 한다. 利瑪竇라는 자가 있어서, 8년 동안이나 바다에 떠서 8만 리의 풍랑을 넘어 東粤에 와서 십여 년이나 살았다. (B)그가 저술한 『天主實義』 2권이 있다. ①첫머리에 천주가 처음으로 천지를 창조하고 편안히 기르는 도를 主宰한다는 것을 논하고, ②다음으로 사람의 영혼은 不滅의 것으로 禽獸와는 크게 다르다는 것을 논하였으며, ③다음에는 六道輪廻說의 잘못과 천당 지옥 선악의 應報를 변론하고, ④끝으로 人性은 본래 善하다는 것과, 天主를 존경해 받드는 뜻을 논하고 있다. ⑤그 풍속에는 임금을 敎化皇이라고 일컬으며, 혼인하는 일이 없기 때문에 承襲하는 아들은 없고, 어진이를 선택하여 세운다. ⑥또 그 풍속은 友誼를 소중히 여기며 사사로운 저축을 하지 않는다.[2]

---

1 李睟光 저, 丁海廉 역주, 「책 머리에」, 『지봉유설精選』, 現代實學社, 2000, p.3.
2 李睟光, 『芝峯類說』 卷2 諸國部 外國 '歐羅巴國'. 이 대목의 원문은 다음이다. "(A)歐羅巴國 亦名大西國 有利瑪竇者 泛海八年 越八萬里風濤 居東粤十餘年 (B)所著天主實義二卷 ①首論天主始制天

이 대목은 2부분으로 구성되어 있다고 보인다. (A)부분은 이마두의 중국 입국과 그 이후의 활동에 대한 간략한 소개이고, (B)부분은 그의 저서 『천주실의』에 관한 개략적인 인용이 그것이라 하겠다.[3] 이 가운데 (B)부분에서 이수광이 『천주실의』를 개략적으로 인용한 부분과 『천주실의』 원문 자체를 정확하게 일일이 대조하여 도표로 작성해보았다. 그것이 다음의 〈표 1〉이다

〈표 1〉 李睟光의 『天主實義』 槪略的 引用 部分과 『天主實義』 原文의 對照表

李睟光의 『天主實義』 槪略的 引用 部分			『天主實義』 原文			備考	
①	首	論天主始制天地 主宰安養之道	首篇	篇目	論天主始制天地萬物而主宰安養之		○
②	次	論人魂不滅 大異禽獸	第3篇	〃	論人魂不滅大異禽獸		☆
③	次	辨輪廻六道之謬	第5篇	〃	辯排輪廻六道戒殺生之謬說 而揭齋素正志	I	△
		天堂地獄善惡之報	第6篇	〃	釋解意不可滅幷論事後必有天堂地獄之賞罰以報世人所爲善惡		△
④	末	論人性本善而敬奉天主之意	第7篇	〃	論人性本善而述天主門士正學		□
⑤	其俗謂	君曰敎化皇 不婚娶故無襲嗣 擇賢而立之	第8篇	內容	又立有最尊位 曰敎化皇 專以繼天主 領敎諭世爲己職 異端邪說不得作于列國之間 主敎者之位 享三國之地 然不婚配 故無有襲嗣 惟擇賢而立 … 擇賢以君國 布士以訓民 尙德之國也 美哉風矣	II	□
⑥	又其俗	重友誼 不爲私蓄	〃	〃	又聞尊敎之在會者無私財而以友之財共焉		□

〈備考欄 區分 標示〉 I: 篇目 引用, II: 內容 引用 / ☆: 全文 引用, ○: 全體 活用 △: 部分 引用, □: 內容 整理

地 主宰安養之道 ②次論人魂不滅 大異禽獸 ③次辨輪廻六道之謬 天堂地獄善惡之報 ④末論人性本善而敬奉天主之意 ⑤其俗謂君曰敎化皇 不婚娶故無襲嗣 擇賢而立之 ⑥又其俗重友誼 不爲私蓄"
3 방금 인용한 (A)·(B) 부분에 연이어서 李睟光은 이 『芝峯類說』에서 『重友論』 곧 『交友論』에 관련해서도 서술하고 있지만, 이 논문에서는 『天主實義』에 관련해서만 다루고 있을 뿐만 아니라 李睟光의 『交友論』 수용에 대해서는 별도로 盧鏞弼, 「李睟光·李漢의 리마마우 『交友論』 受容 樣相 比較 檢討」, 國際學術大會 "交友與實義: 天主教文獻與東西文化交流史" 發表文, 서울 中央大學校, 2017년 11월 24일; 『中央史論』 제46집, 中央史學硏究所, 2017; 本書 제1부 제1장에서 상론하였으므로 여기에서는 일단 논외로 돌리고, (A)·(B)부분에 한정하여 집중적으로 분석하기로 한다.

이렇게 〈표 1〉을 작성해놓고 보니, 이수광이 『지봉유설』에서 『천주실의』를 인용한 부분이 2종류로 구분됨을 비로소 알게 되었다. 『천주실의』의 篇目名만을 인용한 부분(Ⅰ)과 內容을 인용한 부분(Ⅱ)이 그것인데, 李睟光이 이렇게 『지봉유설』에서 『천주실의』를 인용하여 정리한 것은 각각 그 나름 분명한 원칙을 수립하고 그것에 기준을 두고 실행한 결과로 가늠된다.

첫째로, 篇目名만을 인용한 부분(Ⅰ)의 경우에 그가 수립한 원칙은, '首'(①)→'次'(②)→'次'(③)→'末'(④)이라는 冠飾語를 붙인 것으로 판단할 때 『천주실의』의 편목 순서대로 인용하여 정리한다는 것이었음이 확연하다. 이러한 면모는 〈표 1〉에서 보듯이 그가 篇目名만을 인용한 부분(Ⅰ)을 세분하여 『천주실의』의 그것과 대조해본 결과, 실제로 首篇→제3편→제5편→제6편→제7편 순서였음을 알 수 있었기 때문이다.

둘째로, 內容을 인용한 부분(Ⅱ)의 경우에 그가 수립한 원칙은, '其俗謂'→'又其俗'이라고 인용에 앞서 기입한 것으로 판단할 때, 『천주실의』의 내용 중에서 '其俗' 곧 천주교의 習俗에 대한 것으로만 한정한다는 것이었음이 분명하다. 그가 內容을 인용한 부분(Ⅱ)의 첫머리에 하필이면 '其俗謂'·'又其俗'을 각각 기입하여 '其俗'이 공통되도록 기술한 것은 『천주실의』의 내용 가운데 특히 천주교의 습속 자체에 대해서 깊은 관심을 기울였음을 드러내주는 것이라 하겠으며, 아울러 그가 百科辭典으로 『지봉유설』을 편찬하면서 굳이 「諸國部」 '歐羅巴國'項을 설정한 것은 서양의 습속을 소개하려는 의도가 포함되어 있었음을 입증해주는 바라고 믿어진다.

이러한 원칙에 입각해서 이수광이 『천주실의』의 內容을 직접 인용한 부분(Ⅱ)을 『천주실의』의 그것과 비교하면서 대조해보면 더욱 그러했음이 잘 드러난다. ⑤'其俗'의 내용 "謂君曰敎化皇 不婚娶故無襲嗣 擇賢而立之" 부분은 『天主實義』 第8篇의 처음 대목에 보이는 "西士曰:'… 又立有最尊位 曰敎化皇 專以繼天主 頒敎諭世爲己職 異端邪說不得作于列國之間 主敎者之位 享三國之地 然不婚配 故無有襲嗣 惟擇賢而立'" 부분을 충실히 정리한 것임이 분명하다. 그리고 ⓖ'又其俗'의 내용 "重友誼 不爲私蓄" 부분은 그 다음에 곧 이어서 나오는 "中士曰 '擇賢以君國 布士以訓民 尙德之國也 美哉風矣 又聞尊敎之在會者無私財 而以各友之財共焉'" 부분의 핵심 내용을 종합하여 정리한 것임이 자명하다.[4]

한편으로 이렇듯이 이수광이 1614년에 완성한 『지봉유설』에서 1603년 초판 발행의 『천주실의』를 인용하고 있음은 당시 그럴 만큼 중국을 통한 서양 문물의 수용이 매우 적극적인 분위기 속에서 진행된 것임을 가늠할 수 있겠으며, 이는 곧 北京에서 『천주실의』가 간행되자마자 초미의 관심사가 되어 이후 얼마 지나지 않아 중국 천주교 敎人들에 의해서 뿐만이 아니라 일반인에 의해서도 그 초판을 중각한 소위 初版重刻本의 출판이 이어지고 있었던 추세에 따른 영향으로 조선에도 초판중각본 『천주실의』가 수용된 결과였다고 보인다.[5] 한편 북경에서 李之藻(1565-1630)가 『천주실의』를 위시한 당시 중국에서 각광을 받고 있었던 천주교 서적들을 集成하여 『天學初函』을 간행한 것이 1629년이고,[6] 이수광이 『지봉유설』을 완성한 게 1614년인 데다가 또한 그가 1628년에 이미 타계하였으므로, 李之藻의 이 天學初函本 『천주실의』와도 시간상 차이가 있어 무관할뿐더러 그 직후에 세상에 등장하였다고 추정되는 이른바 註釋目錄本과도 전혀 상관이 없음에 거의 틀림이 없겠다.

---

4 이수광의 『천주실의』 내용 인용에 있어서 이렇게 『천주실의』의 내용 가운데 천주교의 습속, 그것도 敎化皇 곧 오늘날의 로마 敎宗 제도와 관련한 내용 및 修道會에서는 友誼를 중시하며 개인 재산을 인정하지 않고 공유한다는 사실만으로 한정하고 있음은, 당시 조선인들이 그만큼 천주교의 이런 습속에 관해서 관심이 깊었음을 단적으로 알려주는 것으로 생각된다.
5 노용필, 「中國 註釋目錄本 『天主實義』 用語 修訂의 특징과 朝鮮 諺解筆寫本 『텬쥬실의』의 그 특징 수용 양상」, 2021; 本書 제3부 제2장.
6 노용필, 「천주교 한글 교리서 『텬쥬실의』・『교요서론』의 언해・필사・보급」, 2021; 本書 제3부 제5장.

3. 柳夢寅의『於于野談』「宗教篇」'西敎'項에 나타난『天主實義』引用 樣相

柳夢寅(1559-1623)이 1622년 완성한[7]『於于野談』에는 藏書閣本[8]과 萬宗齋本[9]이 있고, 내용에도 많은 차이가 있지만[10], 어느 판본이든「宗教篇」중에 '西敎'項이 동일한 내용으로 설정되어 있고, 그 내용에서『천주실의』를 비교적 상세하게 직접 引用한 대목들이 찾아지므로, 그 인용 양상에 대해 분석하고자 하는 것이다.

그러기 위해서는 대략 다음 3가지 측면에서의 시도가 가능할 듯하다. 첫째「종교편」'서교'항 구성의 세부적인 분석 작업, 둘째「종교편」'서교'항에서 유몽인이 실행한『천주실의』편목의 인용과 실제『천주실의』편목과의 대조 작업, 셋째 유몽인이 실행한『천주실의』내용 개설 및 해설 부분과『천주실의』원문과의 대조 작업이다.

첫째로 이「종교편」'서교'항 구성의 세부 사항에 대해 정확히 파악하기 위해 그 서술 전반의 내용을 세부적으로 구분하여 도표로 작성해보았다. 아래의 〈표 2〉가 그것이다.

〈表 2〉柳夢寅『於于野談』「宗敎篇」'西敎'項의 構成 分析表

順序	內容 區分
1	用語 解說 [1]:'歐羅巴'·'伎禮怛'
2	『天主實義』內容 槪說
3	西洋 文化 槪括:文字·書法·重朋友之交·天文

---

7 朴明姬·玄惠卿·金忠實·申仙姬 譯註,「해제」,『어우야담』1, 傳統文化研究會, 2001, p.7.
8 藏書閣本의 내용과 역주는 柴貴善·李月英 譯註,『어우야담』, 한국문화사, 1996 참조.
9 萬宗齋本의 내용과 역주는 朴明姬 (외) 譯註,『어우야담』1, 2001 및 신익철·이형대·조융희·노영미 옮김,『어우야담』, 돌배개, 2006 참조.
10 藏書閣本에는 총340화만 게재된 것에 비하여 萬宗齋本은 총528화에 달하는데(柴貴善 (외) 譯註,「역자 서문」,『어우야담』, 1996, p.5), 이와 달리 萬宗齋本의 여러 판본을 대조한 결과 여러 異本 30종 가까이에서 이보다 더 많은 談話가 찾아지기도 하였다(신익철 (외) 옮김,「책머리에」,『어우야담』, 2006, p.6)

4	『天主實義』著述 背景 및 內容 構成 槪說
5	『天主實義』全8篇의 篇目 引用
6	用語 解說 [2]: '天主實義' · '耶蘇'
7	『天下輿地圖』槪括
8	西敎의 東南亞 · 日本 · 朝鮮 傳播 狀況 槪括
9	『天主實義』總評

이 〈표 2〉를 자세히 살펴보면, 柳夢寅이 '西敎'의 用語 '伎禮怛'(1) · '天主實義' · '耶蘇'(6) 등에 대한 해설은 물론이고『천주실의』자체의 내용(2), 저술 배경 및 내용 구성(4)에 대해서 상세하게 개설하였음이 여실히 드러난다. 그뿐만이 아니라『천주실의』8편 전체의 편목을 인용(5)하고 있으며 마지막에는『천주실의』에 대한 총평(9)까지 하였다는 사실을 확인할 수가 있다.

이렇듯이『천주실의』의 내용 자체에 대해서 세밀하게 해설 · 개설 · 인용 · 총평 등을 하고 있는 사실로 미루어, 西敎의 東南亞 · 日本 · 朝鮮 傳播 狀況에 관해 槪括(8)하면서 "許筠이 중국에 가서 그 地圖와 偈 12章을 求得해 왔다(許筠到中國 得其地圖及偈十二章而來)"라고 기술한 바에서, "許筠이 중국에 가서 … 求得해 온" 게 비단 "그 地圖와 偈12章[11]"에만 국한된 게 아닐 것이다. 그가 에둘러 그렇게 표현하기는 했을지언정 許筠이 지니고 온 것에 다수의 서적이 빠졌을 리가 없으며 그런 서적 속에는『천주실의』가 의당 포함되어 있었을 것이다. 그래서 그것을 許筠으로부터 전달받은 柳夢寅이 그 서

---

11 許筠이 구해왔다고 柳夢寅이 기록한 이 '偈12章'의 '偈'는 일반적으로는 '佛敎의 敎旨를 설명하는 글귀'(『漢韓大字典』全面 改訂 · 增補版, 民衆書林, 2001, p.206)를 지칭하는 것이기도 하고, 佛敎 語에서는 '詩 · 頌'이라고도 漢譯되는 것으로써, 특히 '經 · 論' 등 중에서 부처의 사상을 詩句로써 敍述한 것'(中村 元,『佛敎語大辭典』, 東京: 東京書籍, 1981, p.307)을 가리키는 것이기도 하므로, 여기에서는 '西敎' 곧 천주교의 敎旨를 설명하는 '詩句' 혹은 '偈頌' 형태의 글귀를 지칭하는 것일 듯하다고 여겨진다. 게다가 이러한 '偈'는 대체로 4句로 고정되어 조성되지만 반드시 4句로 일정하지도 않을뿐더러 또한 그 每 1句가 4~7音 등으로 고정되어 있지도 않다고 한다(任繼愈 主編,『宗敎詞典』, 上海: 上海辭書出版社, 1981, pp.957-958). 그러므로 이 '12偈'라고 하는 것이 비록 佛敎 용어를 택하여 표현된 것이기는 할지라도, 천주교의 敎旨가 서술된 글귀로서「天主十誡」의 10가지 誡命을 위시한 당시의「天主經(예전의 '主祈禱文', 오늘날의 '주님의 기도'),「宗徒信經(오늘날의 '使徒信經')」도합 12가지를 말하는 게 아닐까 싶어진다.『祈禱本』, 中國天主敎 靑島敎區, 1995년 4월 再版 참조.

적들을 활용하여 이 『於于野談』「宗教篇」'西教'항을 저술하였을 것임에 거의 틀림이 없지 않나 생각한다. 그러하였기에 유몽인이 『於于野談』「宗教篇」'西教'항에서 그것을 직접 인용하면서 『天主實義』의 내용 자체에 대해서 세밀하게 해설 · 개설 · 인용 · 총평 등을 실행할 수가 있었던 것이라 하겠다.

둘째로 이 「종교편」'서교'항에서 유몽인이 실행한 『천주실의』 편목의 인용과 실제 『천주실의』 편목과의 대조 작업을 진척시켜 보았다. 그 결과를 정리하여 다음과 같은 〈표 3〉이 작성되었다.

〈표 3〉 柳夢寅의 『天主實義』 篇目 引用과 實際의 『天主實義』 篇目 對照表

柳夢寅의 『天主實義』 篇目 引用		實際의 『天主實義』 篇目		備考
首編	論天主始制天地主宰安養之道	首篇	論天主始制天地萬物而主宰安養之	☆
第二編	論世人錯認天主	第二篇	解釋世人錯認天主	☆
第三編	人鬼不滅大異禽獸	第三篇	論人魂不滅大異禽獸	☆
第四編	論鬼神人魂天下萬物不可謂之一體	第四篇	釋鬼神及人魂異論而解天下萬物不可謂之一體	☆
第五編	論輪回六道之謬說	第五篇	辯排輪廻六道戒殺生之謬說而揭齋素正志	○
第六編	解意不可滅而釋天堂地獄善惡之報	第六篇	釋解意不可滅幷論身後必有天堂地獄之賞罰以報世人所爲善惡	☆
第七編	論人性本善而述天主正學	第七篇	論人性本善而述天主門士正學	☆
第八編	總舉西俗論其傳道之士所以不娶之意並釋天主降生西土由來	第八篇	總舉大西俗尙以論其傳道之士所以不娶之意幷釋天主降生西土來由	☆

〈備考欄 區分 標示〉 ☆:全體 引用, ○:部分 除外

이로써 『천주실의』 전 8편의 편목을 전부 인용하여 정리하였음이 확인된다. 다만 제5편의 경우 '戒殺生' 부분만을 제외하였을 뿐이고, 다른 편목들은 몇 글자씩을 손댄 것 이외에는 거의 전문을 원문 그대로 인용하고 있음이 완연하다. 따라서 이 「종교편」'서교'항에서 유몽인이 실행한 『천주실의』 편목의 인용은 실제 『천주실의』 편목과 거의 일치함이 분명하며, 이렇게 할 수 있었던 것은 앞서 이미 말한 바와 같이 유몽인이 허균으로부터 전해 받은 원본 『천주실의』나 혹은 그 원본을 빌려와서 자신이 직접 필사한 필사본 『천주실의』를 熟讀한 후 지니면서, 『어우야담』「종교편」에 이 '서교'항을 집필할 때 직접 인용하였기에 가능하였을 것이라 가늠된다.

셋째로 유몽인이 실행한 『천주실의』 내용 개설 및 해설 부분과 『천주실의』 원문과의 대조 작업을 시도하였다. 그래서 아래의 〈표 4〉가 작성되었다.

〈표 4〉 柳夢寅의 『天主實義』 內容 槪說 및 用語 解說 部分과 『天主實義』 原文의 對照表

		柳夢寅의 『天主實義』 內容 槪說 및 用語 解說 (2) 部分	『天主實義』 原文			備考
內容槪說	①	其道非儒非釋非仙 別立一端 凡處心行事稱以不違於天 而各盡天尊之像奉而事之 排釋老及我教如仇敵 至於我道多所稱述 而大本懸絶 至於釋教深排輪迴之說	第5篇	篇目	辯排輪廻六道戒殺生之謬說 而揭齋素正志	△
	②	而以天堂地獄謂有	第6篇		釋解意不可滅 幷論事後必有天堂地獄之賞罰以報世人所爲善惡	△
	③	其俗不尙婚娶 擇平生不近女色爲之君長 號敎化皇 繼天主頒敎諭 世無有襲嗣 擇賢而立 無私家惟公是務 又無子惟兆民是子	第8篇	內容	又立有最尊位 曰敎化皇 專以繼天主 頒敎諭世爲己職 異端邪說不得作于列國之間 主敎者之位 享三國之地 然不婚配 故無有嗣 惟擇賢而立 … 擇賢以君國 布士以訓民 尙德之國也 美哉風矣	△
用語解說	④	題目曰 天主實義 言天主上帝也 實者 不空也	序 (馮應京)	內容	天主何 上帝也 實云者 不空也	初版重刻本	○
					天主何 天地人物之上主也 實云者 不空也	註釋目錄本	×
	⑤	排老佛之空與無也	第7篇	內容	夫吾天主所授工夫 匪佛老空無寂寞之敎	□
	⑥	其末篇有曰 漢哀帝元壽二年冬至後三日 其國降貞女 無所交嫁 托胎 生男曰耶蘇 耶蘇者拯世也 躬自立敎	第8篇	內容	當漢朝哀帝元壽二年冬至後三日 擇貞女爲母 無所交感 託胎降生 名號爲耶穌 耶穌卽謂拯世也 躬自立訓 弘化于西土 三十三年 復昇歸天 此天主實蹟云	○ □
	⑦	至漢明帝聞西域有神人 遣使求之 道未半至 自毒國得佛經而回 以致訛誤聖敎云	〃	〃	考之中國之史 當時漢明帝嘗聞其事 遣使西往求經 使者半途 誤値身毒之國 取其佛經 傳流中華	○ □

〈備考欄 區分 標示〉 ☆:全文 引用, ○:全體 活用, △:部分 引用, □:內容 整理, ×:不一致

이 〈표 4〉의 내용을 토대로 분석해 본 결과, 유몽인의 『천주실의』에 대한 내용 개설 및 용어 해설은 馮應京「序」(④)와 제5편(①)·제6편(②)·제7편(⑤)·제8편(③·⑥·⑦)에 집중되었고, 특히 제8편에서는 3부분이나 인용하여 내용 및 용어에 관해 해설하였음을 알 수 있겠다. 아울러 제5편(①)에서는 불교의 윤회설, 제7편(⑤)에서는 불교·도교의 '空無寂寞之敎'에 대한 비판도 중시하면서, 제8편에서는 서양의 여러 풍속에 대한 사실 규명에 더욱 힘을 기울였음도 드러난다고 하겠다.

한편 유몽인은 『천주실의』를 인용할 때 초판중각본을 활용하였지 주석목록본을 활용하지는 않았던 것으로 판단된다. 특히 ④에서 드러나듯이 그가 인용하기를 "題目曰天主實義 言天主上帝也 實者 不空也"라고 했는데, 이 내용이 초판중각본에는 그렇게 되어있지만, 주석목록본에는 그렇게 되어있지 않고 "天主何 天地人物之上主也 實云者 不空也"라고 되어 있어 일치하지 않으므로, 초판중각본을 활용한 것이지 주석목록본을 활용한 게 아니라는 사실을 명확하게 살필 수가 있겠다.

유몽인이 이렇듯이 주석목록본이 아닌 초판중각본으로 『천주실의』를 읽었을 것임은, 그가 1623년에 타계하였다는 사실로써도 입증이 된다. 『천주실의』 주석목록본은 앞서 이미 살핀 바와 같이 중국에서 李之藻가 『천주실의』을 위시한 당시의 천주교 서적들을 集成하여 1629년 『天學初函』을 출판한 이후에 등장하는 것으로 여겨지는데, 유몽인은 그보다 일찍 세상을 떠났으므로 그것을 접하지 못했을 것이기 때문이다.

4. 蔡濟恭의 『承政院日記』 登載 正祖와의 '西學' 論議 內容에 나타난 『天主實義』 引用 樣相

蔡濟恭(1720-1799)이 正祖와 국정을 논의하는 問答 속에서 『천주실의』를 자신이 직접 구해 읽어 보았음을 밝혔으므로, 그가 그랬음은 의심의 여지가 없겠다. 다음 대목에서 그러하다.

> 이른바 서학이 이 세상을 속여서 미혹시키며 그 말이 성행하고 있지만, 그 학의 이면이 어떤가에 대해서는 몰랐습니다. 그러므로 臣이 힘을 다하여 구해 비로소 얻어 그 『천주실의』라는 이름의 책 2권을 보았더니, 이는 곧 利瑪竇가 처음 問答한 것으로, 사람의 도리를 손상하고 파괴하는 설명이 아님이 없었습니다.[12]

그가 이 대목에서 실토하고 있는 바를 보면, '西學'에 대해 애초에는 "그 학의 이면이 어떤가에 대해서는 몰랐다"가 『천주실의』를 "힘을 다하여 구해 비로소 얻어" 직접 보고 나서야, "利瑪竇가 처음 問答한 것"이며 "사람의 도리를 손상하고 파괴하는 설명이 아님이 없다"는 점을 알게 되었다는 것이다. 그의 이러한 말에서 특히 눈여겨볼 대목은 그가 "힘을 다하여 구해 비로소 얻어" 보았노라고 밝히고 있는 점으로, 그가 굳이 正祖 앞에서 이렇듯이 토로한 것은 『천주실의』를 직접 읽은 게 자신이 이 책에 대한 궁금함이 생겨서거나 혹은 흥미를 느껴서가 아니라 국정 논의를 제대로 하는 데에 정보를 얻기 위해서였음을 강조하려는 의도가 있었지 않나 싶다. 아울러 그가 이렇게 "힘을 다하여 구해 비로소" 얻었음을 강조한 이면에는 아마도 원본을 구해서 본 게 아니라 그 필사본을 구해서 휘하의 다른 관리들에게 필사하도록 해서 그것을 비로소 읽어 본 게 아닐까 하는 분위기가 느껴진다.

그런데 채제공이 正祖와 국정을 논의하면서 『천주실의』에서 인용한 내용이, 『實錄』과 『承政院日記』에서 적지 않게 서로 차이가 나고 있어, 『實錄』과 『承政院日記』를 대조하고 이를 정리하여 〈蔡濟恭 西學·『天主實義』 관련 발언의 『實錄』과 『承政院日記』 기록 비교표〉를 작성하여 뒤에 [附錄表 1]로 제시해두었다. 그리고 이를 토대로 〈蔡濟恭의 『天主實義』 概略的 引用 部分과 『天主實義』 原文의 對照表〉를 작성해보았다. 그것이 다음의 〈표 5〉이다.

---

12 『承政院日記』 정조 12년(1788) 8월 3일(壬辰). "所謂西學 誑惑一世 其言盛行 而未知其學裏面之如何 故臣窮覓 始得見其天主實義爲名冊二卷 此是利瑪竇初頭問答 而無非傷敗彝倫之說"

〈표 5〉 蔡濟恭의 『天主實義』 槪略的 引用 部分과 『天主實義』 原文의 對照表

蔡濟恭의 『天主實義』 槪略的 引用 部分		『天主實義』 原文			備考
①	其有天堂地獄之說	第6篇	篇目	釋解意不可滅 幷論事後必有天堂地獄之賞罰 以報世人所爲善惡	△
②	其中好處 亦或有之 如上帝日監 陟降左右之說	第8篇		總擧大西俗尙 以論其傳道之士 所以不娶之意 幷釋天主降生西土來由	△
③	爲善則天堂, 爲惡則地獄, 渠學本自如此云	第6篇		釋解意不可滅 幷論死後必有天堂地獄之賞罰 以報世人所爲善惡	△
④	渠之所尊 一則玉皇 一則造化翁 而其父則視以第三云	第2篇	內容	吾國天主卽華言上帝 與道家所塑玄帝玉皇之像不同	初版重刻本	□
				吾國天主卽經言上帝 與道家所塑玄帝玉皇之像不同	註釋目錄本	
⑤	且渠之國俗 以其中無男女情慾者 謂之以精神所融聚	第8篇	篇目	總擧大西俗尙 以論其傳道之士 所以不娶之意 幷釋天主降生西土來由	
⑥	爲之國主云	第8篇	內容	國主於我相爲君臣 家君於我相爲父子	△
⑦	其言則雖斥佛 蓋是偸竊釋氏一斑之窺者也	第5篇	篇目	辯排輪廻六道戒殺生之謬說 而揭齋素正志	□
⑧	厥冊有云 上帝降臨爲耶蘇 猶中國之有堯舜 耶蘇之降也 盲者使之明目 跛者使之善步 此已無理之說	第8篇		總擧大西俗尙 以論其傳道之士 所以不娶之意 幷釋天主降生西土來由	△
		第8篇	內容	託胎降生 名號爲耶穌	△
⑨	而至於開天門飛入之說	第6篇		天主必且赦之 而死後卽可昇天也	□

〈備考欄 區分 標示〉 △:部分 引用, □:內容 整理

이 〈표 5〉 내용 중 특히 ②와 ⑧의 기술 내용을 주목해보면, 채제공의 경우는 『천주실의』를 인용할 때 초판중각본을 활용했는지 주석목록본을 활용했는지가 명확하지 않다고 판단된다. 즉 ②에서 耶蘇의 강생과 관련하여 언급하면서 인용하기를 "如上帝日監 陟降左右之說"이라 하였고, 또 ⑧에서 "厥冊有云 上帝降臨爲耶蘇"라고 했는데, 기실 『천주실의』의 초판중각본과 주석목록본 모두 이 '예수강생설'과 관련해서는 '天主'를 언급했지 '上帝'를 언급하지 않았는데[13], 그는 마치 『천주실의』에 그렇게 되어있는 것처럼 서술하였다. 따라서 그가 『천주실의』를 읽고 인용할 때 초판중각본·주석목록본 어느 것을

---

13 초판중각본 전체에서는 87회에 걸쳐 '上帝'를 거론하였으나 주석목록본에서는 『詩經』의 원문을 인용하는 대목에서 정확히 2회에 걸쳐서 그것도 같은 부분을 인용하면서 '上帝'를 거론하였을 뿐 그 이외에는 전혀 '上帝'를 언급하지 않았다. 이러한 점에 대해서는 노용필, 「천주교 한글 교리서 『텬쥬실의』·『교요서론』의 언해·필사·보급」, 本書 제3부 제5장 참조.

활용했는지를 정확하게 판별할 근거를 찾기 어렵다. 이러한 면모는 ④의 경우에도 마찬가지다. "一則玉皇"이라고 했는데, 이 '玉皇'에 관한 『천주실의』의 서술은 단지 제2편 중 〈표 5〉에 제시한 부분에서만 보일 뿐인데, 이 부분의 내용도 초판중각본·주석목록본 중에서 어느 것을 인용한 것인지 판별이 불가능하다.

다만 앞서 잠시 언급한 바 있듯이 그가 『천주실의』를 원본이 아닌 필사본을 구해서 보았다고 하면, 그것은 아마도 초판중각본의 그것이었지 주석목록본의 그것이지는 않았을 듯싶다. 그가 "힘을 다하여 구해 비로소 얻어" 보았노라고 애써 표현한 것도 굳이 먼저 출판된 초판중각본을 구해보려고 노력하였기에 그랬던 게 아닐까 한다. 그렇더라도 한 가지 분명한 것은 "一則玉皇 一則造化翁"이라고 蔡濟恭이 기술하였으나, 『천주실의』 전체를 통틀어 이 '造化翁'을 언급한 곳은 전혀 찾을 수가 없다는 점이다. 그러므로 이로써 판단하건대, 蔡濟恭의 『천주실의』 인용은 다소 부정확할뿐더러 歪曲된 부분이 다소 섞여 있다고 해서 지나치지 않을 것 같다.

5. 結語 : 李睟光·柳夢寅·蔡濟恭『天主實義』引用 樣相의 特徵

지금까지 살펴온 바를 토대로 이수광·유몽인·채제공이 각기 『천주실의』에서 인용한 양상을 비교하여 분석함으로써 그 특징을 도출해내기 위해 이 3인이 인용한 양상을 크게 편목·내용으로 2분하고 그 각각 인용 횟수까지를 반영하여 도표로 작성해보았다. 다음 〈표 6〉이 그것이다.

〈표 6〉 李睟光·柳夢寅·蔡濟恭의 利瑪竇『天主實義』引用 樣相 比較表

『天主實義』의 篇目 및 內容		李睟光·柳夢寅·蔡濟恭의 引用 樣相		
		李睟光	柳夢寅	蔡濟恭
序:馮應京	內容	×	○	×
首篇	篇目	○	☆	×
	內容	×	×	×

第2篇	篇目	×	☆	×
	內容	×	☆	□
第3篇	篇目	☆	☆	×
	內容	×	☆	×
第4篇	篇目	×	☆	×
	內容	×	×	×
第5篇	篇目	△	○/△	□
	內容	×	△	×
第6篇	篇目	△	☆/△	△/△
	內容	×	×	□
第7篇	篇目	○	☆	×
	內容	×	□	×
第8篇	篇目	×	☆	△/□/△
	內容	□/□	△/○□/○□	△/△/△

〈比較 區分 標示〉 ☆:全文 引用, ○:全體 活用, △:部分 引用, □:內容 整理, ×:없음

이〈표 6〉에 드러난 바를 중심으로 정리해보면, 우선 이수광이 실행한『천주실의』인용 양상의 특징은 첫째로 제2편 및 제4편은 편목도 내용도 일체 소개가 없으므로 선별적 소개 중심이라 할 수 있겠다. 그리고 둘째로 본인 나름의 정리 혹은 해석을 전혀 시도하지 않았음도 확연히 드러나는데, 이러한 특징은 그 자신이 이『지봉유설』을 百科事典으로 편찬하고자 일관되게 지향했던 데에서 비롯된 것으로 살펴진다.

한편 유몽인이 실행한『천주실의』인용 양상의 특징은 첫째로『천주실의』편목 자체의 원문 인용을 충실히 하는 것을 위주로 삼았던 것으로 보이며, 따라서 비록 首篇·제4편·제6편의 내용을 제외하기는 하였더라도 나머지 편목에서는 그 내용의 원문을 일부라도 인용하여 정리하였던 것이라 하겠다. 둘째로「宗敎篇」'西敎'項을 설정한 사실 자체에서도 입증되듯이 宗敎로서 '西敎'에 대해 깊은 관심을 기울이고 있었고, 그러므로 유몽인은『어유야담』에서『천주실의』에 관한 종합적인 정리를 꾀하였던 게 아니었나 여겨진다.

그리고 채제공이 실행한『천주실의』인용 양상의 특징은 첫째로, 국왕과의 국정 논의 중 문답을 하면서 의견을 개진한 것이라서 원전을 보면서 얘기를

한 게 아니므로 자기 해석 위주일 수밖에 없는 한계가 있었음이 분명하다는 점에 있다고 가늠된다. 그 특징의 둘째로, 채제공이 당시 首班인 右議政으로서 국정을 총괄해야 하는 자세를 견지해야 했고, 그래서 『천주실의』에 대해서도 비판적인 견해를 제시해야 했기에 『천주실의』의 내용에 대해 다소 왜곡된 면모도 드러내게 되었던 게 아니었던가 하는 점을 꼽을 수 있을 듯하다.

【附錄】(1)

〈柳夢寅『於于野談』「宗教篇」'西敎'項 原文 · 國譯 · 校註〉

(1) 用語 解說 (1): '歐羅巴' · '伎禮怛'

天竺之西有國曰歐羅巴 歐羅巴者方言大西也 其國有一道 曰伎禮怛 方言事天也

천축天竺의 서쪽에 나라가 있어, '구라파'라고 하는데, '구라파'라는 것은 방언으로는 '큰 서쪽'이다. 그 나라에 한 도[서교西敎, 천주교天主敎]가 있어서 '기례달'이라고 하는데 방언으로는 '하늘을 섬김'이다.

(2) 『天主實義』 內容 槪說

①其道非儒非釋非仙 別立一端 凡處心行事稱以不違於天 而各畫天尊之像奉而事之 排釋老及我敎如仇敵 至於我道多所稱述 而大本懸絶 至於釋敎深排輪迴之說 ②而以天堂地獄謂有 ③其俗不尙婚娶 擇平生不近女色爲之君長 號敎化皇 繼天主頒敎諭 世無有襲嗣 擇賢而立 無私家惟公是務 又無子惟兆民是子

그 도는 유교도 아니고 불교도 아니며 선교仙敎도 아닌 별도의 한 갈래를 세운 것이다. 무릇 마음을 먹고 일을 행할 때에 하늘의 뜻에 어긋나지 않아야 한다고 한다. 그리고 각각 천존天尊의 상像을 그려서 봉안하고 섬기며 석가모니釋迦牟尼 · 노자老子 및 우리 교[유교]를 배척하여 원수처럼 여긴다. 우리 도에 관해서 칭찬하며 기술한 바가 많지만 큰 근본에서는 격차가 매우 심하며, 불교에 관해서는 윤회설을 깊이 배격하였다. 그러면서도 천당 · 지옥이 있다고 말한다. 그 풍속에는 혼취婚娶하는 것을 숭상하지 않는다. 평생토록 여색女色을 가까이 하지 않는 사람을 선택하여 군장君長으로 삼고 '교화황敎化皇'이라 호칭하는데, 그는 천주天主를 계승하며 가르쳐 깨우침을 반포頒布하며 대를 이어 세습하여 계승하지 않고 현자賢者를 택하여 세운다. 개인의 집은 없으며 오직 공공公共에 관한 것을 책무責務라 여기고 또한 자식이 없으면서 오직 많은 사람을 자식이라 여긴다.

(3) 西洋 文化 槪括:文字·書法·重朋友之交·天文

其書略如回回 以左爲上 而字則橫書作行 其士重朋友之交 多精天文星象

그 글씨체는 대략 아라비아[회회回回]와 같이 왼쪽에서부터 먼저 써가며 글자는 옆으로 써서 행을 이룬다. 그 수사修士들은 친우와의 사귐을 소중히 여기고 다수가 천문과 별자리에 정통하다.

(4) 『天主實義』著述 背景 및 內容 構成 槪說

至萬曆中有利瑪竇者 生歐羅巴 周遊八萬里 留南澳十餘年 能致千金 盡棄而入中國 徧觀諸書及聖賢書 粵癸卯歲 著書上下卷八編

만력萬曆[명明 신종神宗의 연호, 서기 1573-1620] 중에 이마두利瑪竇[마테오 리치]라는 사람이 있었는데, 구라파에서 태어나서 8만리를 두루 유람하다가 남마카오[남오南澳]에 10여년 머물면서 많은 돈을 모았지만 다 버리고 들어갔다. 여러 서적과 성인·현인의 글을 빠짐없이 보고 계묘癸卯(1603)년에 상하권 8편의 책을 저술하였다.

(5) 『天主實義』全8篇의 篇目 引用

首編論天主始制天地主宰安養之道 第二編論世人錯認天主 第三編人鬼不滅大異禽獸 第四論鬼神人魂天下萬物不可謂之一體 第五論輪回六道之謬說 第六解意不可滅而釋天堂地獄善惡之報 第七論人性本善而述天主正學 第八總擧西俗論其傳道之士所以不娶之意並釋天主降生西土由來

수편首篇은「천주가 처음 천지를 창조하고 주재하시어 편안히 기르는 도를 논의하다」이고, 제2편은「세상 사람들이 천주를 잘못 알고 있음을 논의하다」이며, 제3편은「사람의 혼은 불멸하며 금수와 크게 다르다」이고, 제4편은

「귀신과 사람의 혼이 천하 만물과 한 몸이라 할 수 없음을 논의하다」이며, 제 5편은 「육도六道를 윤회輪回한다는 잘못된 설명을 논의하다」이고, 제6편은 「뜻은 멸할 수 없음을 풀이하고 천당·지옥·선악의 갚음을 해석하다」이며, 제7편은 「인성은 본래 선함을 논의하고 천주의 바른 학문을 서술하다」이고, 제8편은 「서양의 풍속을 모두 거론하고 그 전도하는 수사修士가 혼취하지 않는 까닭의 뜻을 논의하고 아울러 천주의 강생이 서쪽 땅에서 유래함을 해석하다」이다.

(6) 用語 解說 (2):'天主實義'·'耶蘇'

①題目曰天主實義[14] 言天主上帝也 實者不空也 ②排老佛之空與無也 ③其末篇有曰 漢哀帝元壽二年冬至後三日 其國降貞女 無所交嫁托胎 生男曰耶蘇 耶蘇者拯世也 躬自立敎 ④至漢明帝聞西域有神人 遣使求之 道未半至 自毒國 得佛經而回 以致訛誤聖敎云

제목을 『천주실의』라 했음에서 '천주'는 상제를 말하고 '실의'라는 것은 비지 않았다고 하여 노자와 부처의 '비었음'과 '없음'을 배척한 것이다. 그 마지막 편에 한漢 애제哀帝 원수元壽 2년(기원전 1년) 동지 후 3일에 그 나라에 정녀貞女가 내려와 혼인하지 않고도 잉태하여 아들을 낳아 이름을 '야소'라고 했으며 '야소'라는 것은 '세상을 구원함'이라는 것인데, 몸소 스스로 교를 세웠다고 한다. 漢 명제明帝에 이르러 서역西域에 신인神人이 있음을 듣고 사신을 보내 구했지만 길이 절반에도 이르지 못해 독국毒國[나라 이름]으로부터 불경佛經을 얻어 돌아옴으로써 성교聖敎라고 잘못 말해지게 되었다.

---

14 이 부분이 원문에는 '題月日天主實義'라고 되어 있음에 대해 朴明姬 (외) 譯註, 『어우야담』 1, 傳統文化硏究會, 2001, p.193 각주5)에서는 "제목: 원문 '月'은 '目'이라야 한다"라고 한 바가 있으므로, 여기에서는 이에 따라 '題目曰天主實義'로 표기하였다.

(7) 『天下輿地圖』槪括

盖利瑪竇者異人也 徧觀天下 仍圖天下輿地 各以方言名諸國 中國居天下之中 而歐羅巴大於中國四之一

이마두는 아마도 비범한 사람이어서 두루 천하를 관광하고는 이리하여 천하의 지도를 그렸으며 각기 방언으로써 여러 나라의 이름을 붙였는데, 중국은 천하의 중앙에 자리 잡고 구라파는 중국의 1/4보다 컸다.

(8) 西敎의 東南亞·日本·朝鮮 傳播 狀況 槪括

其南方極熱 獨不能窮 而其敎已行 東南諸夷頗有尊信之 日本自古崇事釋氏 至伎禮怛之敎入日本 擯釋氏以爲妖 使爲釋者不得容 唾之如泥滓 向者平行長尊此道云 獨我國未及知 許筠到中國 得其地圖及偈十二章而來

그 남방은 아주 더워서 유독 탐구할 수 없었지만, 그 종교는 이미 전파되어 동남의 여러 오랑캐들이 자못 받들어 모시고 있다. 일본은 옛날부터 부처를 숭상하여 섬겼는데 그리스도교가 일본에 들어오자 부처를 요망하다고 여겨 배척하였으며 부처를 위하는 사람들을 용납할 수 없게 하여서 내뱉기를 신흙이나 찌꺼기 같이 하였다. 예전에 평행장平行長[소서행장小西行長고니시 Konishi 유키나가Yukinaga]이 이 도리를 존중했다고 하는데 유독 우리나라에만 알려지지 않았다. 허균許筠이 중국에 가서 그 지도와 게偈 12章장을 얻어왔다.

(9) 『天主實義』 總評

語多有理 而以天堂地獄謂有 以不事昏娶爲是 烏得免挾左道惑世之罪也哉

말에 이치가 많이 있으나 천당·지옥이 있다고 말하고 혼취하지 않음을 옳다고 여기니 어찌 그릇된 도리를 끼고 세상을 미혹시키는 죄를 면할 수 있으리오.

【附錄】(2)

[附錄表 1]〈蔡濟恭 西學・『天主實義』관련 발언의 『實錄』과 『承政院日記』 기록 비교표〉

區分		『實錄』	『承政院日記』	備考
I	1	所謂西學		○
	2	×	詎惑一世	×
	3	其說盛行	其言盛行	△
	4	×	而未知其學裏面之如何	×
	5	臣窮覓見	故臣窮覓, 始得見其	△
	6	天主實義		○
	7	爲名冊子 卽	爲名冊二卷 此是	△
	8	利瑪竇初頭問答 而無非傷敗彝倫之說		○
	9	×	以臣所見 其害	×
	10	殆甚於楊墨之亂道 以其有天堂地獄之說	殆甚於楊 墨之亂道矣 以其有天堂地獄之說也	△
	11	故村氓之無知覺者 易致愚惑		○
	12	×	莫可沮遏者 此也.	×
	13	然其禁之之道 亦難矣		○
	14	×	若欲糾伺 則適爲撓民之歸 爲方伯守宰者 亦何以盡囚農夫村氓耶 惟在國家之設爲禁令 曉喩愚民 懸法象魏 以示不可犯之義 則庶爲矯救之道矣	×
II	1	其中好處 亦或有之		○
	2	如上帝監臨	如上帝日監	△
	3	陟降左右之說 是也		○
	4	×	爲善則天堂 爲惡則地獄 渠學本自如此云 若果只以此爲主 則日監善惡 戰兢臨履者 吾道本自如是而	×
	5	第其無倫反常之大者		○
	6	渠之所尊	則渠之所尊	△
	7	一則玉皇 一則造化翁 而其父則		○
	8	視以第三	視之以第三云	△
	9	此無父也	此不知父也	△
	10	×	不知父則又不知君也 豈有如許凶言乎	×
	11	渠之國俗 以無男女情慾者 謂以精神所融聚	且渠國之俗 以其中無男女情慾者 謂之以精神之所融聚	△
	12	×	圈點其特異者	×
	13	爲之國主云 是無君也	爲之國主云 此非無君而何	△
	14	其學行則其弊當如何	其學行而其弊當如何	△

	15	×	此非但如楊 墨之爲害而已 此是同在西方而	×
	16	其言雖斥佛 蓋偸竊釋氏一斑之窺	其言則雖斥佛 蓋是偸竊釋氏一斑之窺者也	△
	17	×	臣則謂	×
	18	此是佛道中別派也	此是佛道中別派矣	△
III	1	其書有云 上帝降爲耶蘇	厥册有云 上帝降臨爲耶蘇	△
	2	猶中國之有堯舜		○
	3	×	耶蘇之降也	×
	4	盲者使明目 跛者使善步 此已無理之說	盲者使之明目 跛者使之善步 此已無理之說而	△
	5	至於開天門飛入之說 雖至愚之人 亦何以欺乎		○
	6	×	若下嚴禁異端之敎則好矣 若待其自起自滅 則必有益熾之慮矣	×
IV	1	×	此非但所見之如此 渠之知舊中 或有好之者 渠甚痛之 以爲來頭必惹大變 故 出而攻之者 此也	×
V	1	×	以此撓民則固不可 聖敎中明正學 而邪說自息之敎 如日中天 臣固欽仰 而若不下嚴禁之飭敎 則愚民必謂之以朝家之不禁也	×

〈備考欄 區分 標示〉○：一致, △：類似, ×：相異

제2장
安鼎福 · 李圭景의
利瑪竇『天主實義』引用 樣相 比較 檢討

1. 緖言

누구나 저술을 하자면 남의 글을 전혀 인용하지 않을 수는 없는 법이다. 더더군다나 특정 종교나 사상에 관해 비판하거나 소개하는 글을 저술하는 경우에는 더 말할 나위가 없겠다. 만일 비판하거나 소개하고자 하는 남의 저술 자체를 하나도 인용하지 않으면, 아예 그 비판이나 소개하는 글의 집필 자체가 불가능할 것이다. 다만 인용을 할 때 실제로 어떠한 방법을 취하느냐 하는 게 늘상 관건이 되게 마련이다.

지금껏 특히 한자 문화권인 동아시아의 역사 연구에 있어서 흔히 취해진 인용의 방법은 크게 나누면 2가지였던 듯하다. 중국의 한 학자가 역사학 연구법에 관해 논하면서 인용과 관련해서 언급한 다음의 대목에서 이러한 면모를 확인할 수가 있다.

> 책을 인용하는 데는 두 가지의 방법이 있다. 하나는 원문을 자유스럽게 늘리거나 삭제하여 윤색하는 것이며, 하나는 한 글자 한 문구씩 원문을 인용하는 것이다.

전자는 출처를 주注로 밝히지 않을 수 있고, 후자는 비록 한 글자의 조각이라도 반드시 출처를 표시해야 한다. 전자는 그 원래의 의미를 잃을 수 없고, 후자는 손수 쓴 필적을 지니고 있는지를 귀하게 여긴다. 전자는 바로 인용한 책을 정화하려 하고 후자는 다만 바로 인용한 책의 출처에 낱낱이 고스란히 의탁하는 것이다.[1]

요건대 인용 방법 2가지의 하나는 원문을 늘리거나 줄이고 윤색하는 방법이고 다른 하나는 자구 그대로 원문을 인용하는 방법이라는 것이다. 그런데 이 대목에서 각별히 주목되는 문제꺼리는, 윤색하여 인용하는 경우에는 그 출처를 밝히지 않을 수 있는 데에 반해 원문 그대로 인용하는 경우에는 '비록 한 글자 조각이라도 반드시 출처를 표시해야 한다'고 강조하여 기술한 점이라 생각한다.

정말 이렇게 한다면 원문을 그대로 인용하는 경우에만 반드시 출처를 표기했기에 그 출처를 명확히 알 수 있을 뿐, 남의 글을 늘리거나 줄이고 윤색하면서 그 출처를 밝히지 않은 경우에는 인용의 내용 자체가 전부 혹은 일부가 조작될 위험성이 있으며[2], 또한 마치 그 자신의 독창적인 글인 것처럼 독자들에게 비치게 될 것임이 자명하기 때문이다. 그래서 출처를 표시한 경우만 남

---

1 杜維運,「引書的理論與方法」,『史學方法論』, 初版, 1979; 修訂版, 1985; 增寫版, 1999; 北京:北京大學出版社, 2006, pp.189-190. 인용문의 한글 번역은 權重達 譯,「圖書引用의 理論과 方法」,『歷史學研究方法論』. 一潮閣, 1984, p.261의 것을 참조했지만, 필자가 全文을 손질하여 改譯한 것이다.
2 이런 점과 관련해서는 문자로 작성된 모든 종류의 기록에서 특히 고전학자들이 인용할 때 전부 혹은 일부가 이렇듯이 흔히 조작될 위험성이 있음에 대해서는 이미 독일의 역사가 에른스트 베른하임 Ernst Bernheim에 의해 다음과 같이 지적한 바가 있음에 유념할 필요가 있다고 본다.
"계보도 일찍부터 날조되고 보수되고 있었으며 이것은 일부는 국민적 명예욕과 가계를 자랑하려는 데서 만들어졌고, 일부는 무비판적이고 부정직한 학자적 열정에서 조작되었던 것이다. 문자로 기록되는 모든 종류의 보고, 전기, 각서, 연대기, 시대기도 그 전부 또는 그 일부가 위작된 경우도 있으며, 이것은 새로운 사료의 발견 또는 그의 인용을 과시하려는 학자의 허영심에서 나오는 때가 많으며 특히 이것은 고전학자 측에 있어서와 같다. 또 때로는 가정, 승원, 국민에 오래고 유래 깊은 전래를 부여하기 위한 명문욕이나 존신의 마음에서 일어나기도 한다." ベルンハイム 著, 坂口 昻·小野鐵二 譯,「史學の研究手段(方法論)」,『歷史とは何ぞや』, 東京:岩波書店,1935; 第45刷, 2015, pp.183-184; 에른스트 베른하임 著, 趙璣濬 譯,『史學槪論』, 精硏社, 1954;『歷史學入門』, 正音社, 1976;『史學槪論』, 삼성출판사, 1993; E. 베른하임 저, 박광순 옮김,『역사학입문』, 범우사, 1985 참조. 여기에서는 趙璣濬 譯,『史學槪論』, 精硏社, 1954, p.191의 번역을 위주로 삼아 인용하였다.

의 저술을 인용한 것으로 여기기 십상일 것이며, 그렇지 않을 경우에는 실제로는 남의 글을 인용한 것이건만 전혀 그런 것을 알아차리지 못하고 간과하기 쉽다.

여기에서 먼저 다루려고 하는 安鼎福(1712-1791)의 「天學考」와 「天學問答」은 아예 서학을 '천학'이라 지칭하고 굳이 '천주'라는 용어 자체의 사용도 기피하면서 천주교의 교리에 낱낱이 비판을 가한 글이다. 그리고 뒤이어 다룰 李圭景(1788-1856)의 「斥邪敎辨證說」은 천주교를 '사교'로 여겨 배척하던 당시의 논란에 대해 문자 그대로 '변증'하는 데에 치중한 것으로서, 그런 후 백과사전적인 『五洲衍文長箋散稿』에 포함시켰으므로 당시에 구할 수 있는 자료를 모두 구비하여 이에 대해 소개하는 성격이 더 강한 글이라 할 수가 있다.

이와 같이 안정복과 이규경이 저술들 속에서 각기 비판을 위해서건 아니면 소개를 위해서건 利瑪竇(마테오 리치Matteo Ricci, 1520-1610)의 『天主實義』 내용을 인용하였기에, 이 논문에서는 과연 그 양상이 각각 구체적으로 어떻게 드러나 있는지를 면밀하게 분석하고 비교하여 검토하고자 한다. 그럼으로써 이마두의 초기 저술들에 대한 조선 후기 수용의 역사 전반을 심층적으로 조망하는 작업의 일환으로 삼고자 하는 것이다.

2. 安鼎福의 利瑪竇『天主實義』引用 樣相과 그 特徵

안정복의 「천학고」와 「천학문답」은 『천주실의』의 내용을 인용하면서 천주교에 대해 비판하였지만, 그것에 나타난 『천주실의』의 인용 양상은 1785년 같은 해에 저술한 글이건만 각기 달랐다. 우선 「천학고」에서의 『천주실의』 인용 양상에 대해서, 그리고 나서 「천학문답」에서의 그것에 대해 살펴보기로 한다. 그런데 안정복은 「천학고」와 「천학문답」 이외에도 지인들에게 보낸 서찰 속에서도 천주교에 대해 비판하면서 『천주실의』의 내용을 인용하기도 하였으므로, 이에 대해서도 뒤이어 검토하지 않을 수가 없겠다.

1) 「천학고」에서의 『천주실의』 인용 양상

면밀히 살피니 「천학고」에서의 『천주실의』 인용 양상도 일률적이지 않았다. 즉 『천주실의』의 내용을 직접 인용한 경우도 있지만 다른 저술에서 재인용한 경우도 있기 때문이다. 따라서 의당 직접 인용한 경우와 재인용한 경우를 구분하여 분석해야 하겠다.

(1) 직접 인용

안정복이 「천학고」 자체에서 이마두의 『천주실의』를 직접 거명하고 그 내용을 인용한 유일한 경우는 '利瑪竇天主實義'로 시작되는 부분이다.[3] 그런데 이 내용을 『천주실의』의 원문[4]에서 실제로 찾아보면 적지 않게 차이가 난다는 사실을 알 수가 있다. 그 차이를 보다 분명히 가시적으로 판별하기 쉽도록 하기 위해, 「천학고」의 '이마두천주실의' 인용 부분과 『천주실의』 실제 내용을 비교하여 도표로 작성하여 제시하면 다음이다.

〈표 1〉「천학고」의 '이마두천주실의' 인용 부분과 『천주실의』 실제 내용 비교표

「천학고」	「제8편」 77항	공통	비고
漢	於一千六百有三年前 歲次庚申 當漢朝	漢	△
		哀帝元壽二年	○
庚申			△
		冬至後三日 擇貞女	○
×	爲母 爲所交感		×
		託胎降生 名號爲耶穌[蘇]	○
耶穌救世之稱	耶穌卽謂拯世也		△
×	躬自立訓		×

---

3 安鼎福,「天學考」,『順菴集』卷17, 1左;『順菴全集』1 文集, 驪江出版社, 1984, p.374上左.
4 利瑪竇,『天主實義』, 杭州 重刊本(이하 '항주본'으로 표기), 1607, 下卷 69左-70右; 影印本(이하 '영인본'으로 표기), 마테오 리치 지음, 송영배 (등) 옮김,『천주실의』, 서울대학교출판부, 1999, p.564上左-下右; 上海 重刊本(이하 '상해본'으로 표기), 上海 : 土山灣印書館, 1935, p.155.

弘化西土三十三年	弘化于西土三十三年		△
		復昇歸天	○
此天主實蹟云云	此天主實蹟云		△

〈비고란 구분 표시〉 ○:同一, △:類似, ×:有無

(2) 재인용

① 이수광의 『지봉유설』

안정복 「천학고」에서는 '芝峯類說曰'이라 하여 李睟光의 『지봉유설』 천주교 관련 내용을 재인용하고 있다.[5] 그런데 이 이수광 『지봉유설』 권2의 '諸國部 外國 歐羅巴國'項의 실제 내용[6]과 일일이 대조해 보면 모든 게 꼭 일치하는 것만은 아님이 드러난다.

〈표 2〉「천학고」의 '芝峯類說曰' 인용 부분과『지봉유설』구라파국 항의 실제 내용 비교표

「천학고」	「제국부諸國部」 구라파국 항	공통	비고
大西國	歐羅巴國 亦名大西國	大西國	△
	有利瑪竇者 泛海八年 越八萬里風濤 居東粤十餘年 所著天主實義		○
×	二卷		×
首論天主始制天地 主宰安養之道 次論人魂不滅 大異禽獸 次辯輪回六道之謬 天堂地獄善惡之報 末論人性本善而敬奉天主之意 其俗謂君曰敎化皇 不婚娶故無世襲嗣 擇賢而立之 又其俗重友誼 不爲私畜 著重友論 焦竑曰 西域利君以爲友者第二我 此言奇甚云 事詳見 續耳譚			○

〈비고란 구분 표시〉 ○:동일, △:유사, ×:유무

② 이익의 「발천주실의」

안정복의 「星湖先生天主實義跋文略」 내용 중에도 『천주실의』가 직접 거론되고 있음을 쉬이 알 수 있었으므로, 『성호선생전집』 소재 그 천주실의의 발문을 찾아 그 내용이 과연 일치하는가를 알아내고 싶었다. 그래서 안정복의 「성호선생천주실의발문략」 원문 내용[7]을 이익의 「跋天主實義」 원문의 실

---

5 安鼎福,「天學考」,『順菴集』卷17, 6右左;『順菴全集』1, 1984, p.376下右左.
6 李睟光,『芝峯類說』卷2 '諸國部' 外國 '歐羅巴國';『芝峯類說』(全), 景仁文化社, 1970, p.36.
7 安鼎福,「天學考」,『順菴集』卷17, 6左-8右;『順菴全集』1, 1984, pp.376下左-377下右.

제[8]와 대조해보았다. 그랬더니 결과는 놀랍도록 둘 사이의 차이가 적지 않았다. 그리하여 그 차이점과 공통점을 더욱 확연히 파악하기 위해 이 둘의 내용 비교표를 작성하였다. 아래의 〈표 3〉이 그것이다.

〈표 3〉 안정복의 「성호선생천주실의발문략」과 이익의 「발천주실의」 내용 비교표

「성호선생천주실의발문략」	「발천주실의」	공통	비고
天學	天主	天	※
		實義者	○
利氏	利	利	△
		瑪竇之所述也	○
×	瑪竇		×
		卽歐[邏/羅]巴人	○
×	距中國八萬餘里 自丑闡以來未之與通也		×
萬曆間	皇明萬曆年間		△
與耶蘇會朋友陽瑪諾, 艾儒略, 畢方濟, 熊三拔, 龐迪我等數人 航海來賓 三年始達 其學專以天主爲尊 天主者 卽儒家之上帝 而其敬事畏信則如佛氏之釋迦也 以天堂地獄爲懲勸 以周流導化爲耶蘇 耶蘇者西國救世之稱也 自言耶蘇之名 亦自中古起 淳樸漸漓 聖賢化去 從欲日衆 循理日稀 於是天主大發慈悲 親來救世 擇貞女			○
	爲母		×
		無所交感[托/託]胎降生於如德亞國 名爲耶[蘇/穌]	○
×	躬自立訓		×
弘化			○
×	于西土		×
		三十三年 復昇歸天 其敎遂流及歐[羅/邏]巴諸國	○
×	蓋天下之大州五 中有亞細亞 西有歐羅巴 卽今中國乃亞細亞中十分居一 而如德亞亦其西邊一國也		×
耶蘇之世 上距一千有六百有三年 而			○
利氏	瑪竇		△
		至中國	○
×	其朋友皆高準碧瞳 方巾靑袍 初守童身 不曾有婚 朝廷官之不拜 惟日給大官之俸 習中國語 讀中國書 至		×
	著書數十種 其仰觀俯察 推[算/筭]授時之妙 中國未始有也		○

---

8 李瀷, 「跋天主實義」, 『星湖先生全集』 卷55, 27左-30右; 『(影印標點) 韓國文集叢刊』 199, 民族文化推進會, 1997, pp.516-517.

	彼絶域外臣 越溟海 而與學士大夫遊 學士大夫莫不斂袵崇奉稱先生而不敢抗 其亦豪傑之士也		×
	然其所以斥竺乾之敎者至矣 猶未覺畢竟同歸於幻妄也		○
×	[A]其書云西國古有閉臥剌者 痛細民爲惡無忌 作爲輪回之說 君子斯之日其意美 其爲言未免玷缺 其說逾泯 彼時此語忽漏外國 釋氏圖立新門 承此輪回 漢明帝聞西方有敎 遣使往求 使者半道 誤致身毒之國 取傳中華 其或有能記前世事者 魔鬼詑人之致 是因佛敎入中國之後耳 萬方生死 古今所同 而佛氏之外 未有記前世一事也 中國先儒亦有此等說 唯以古今不同爲證 世之特者猶瞠焉以爲疑也 今以八紘之表 同勘虛實 尤可著見之也		×
但中國自漢帝以前 死而還生者 幷無天堂地獄之可證 則何獨輪回爲非 而天堂地獄爲是耶 若天主慈悲下民 現幻於寰界 間或相告語 一如人之施敎 則億萬邦域 可慈可悲者何限 而一天主遍го提警 得無勞乎 自歐羅巴以東 其不聞歐羅巴之敎者 又何無天主現迹 不似歐羅巴之種種靈異耶 然則其種種靈異 亦安知夫不在於魔鬼套中耶			○
	[B]抑又思之 鬼神者陰道也 人者陽道也 民生極熾 而神迹寢微 理卽然也 以一日言則夜爲陰晝爲陽 故神見於夜而人作於晝 推之於一元之大 亦猶是也 其始未及生民 先有神理 逮夫民降之後 率多怳惚靈怪之事 或於傳記可驗 五帝三王之間 其迹猶昭昭然不可誣 ⓐ善者福淫者禍 勸焉則趨 懲焉則懼 其見於詩書許多文字 定非幻語虛設 將有必然之應矣 以今論之 方當亭午之世 鬼神之理 亦已遠矣 人遂委曲解之曰古所謂降祥降殃 特以理推言 初非一符於事也 殊不知古人亦據實以發之耳 何以明之 ⓑ金縢聖人之書也 其禱也欲使先靈擇其才藝而備使役 則定非有是理而無是應之謂也 使今俗卒然聽之 豈非疑駭之甚耶 ⓒ以是究之 西國風化之所由者 亦略可識取矣		×
意者西國之俗 亦駸駸渝變 其吉凶報應之間 漸不尊信 於是有天主經之敎 其始不過如中國詩書之云 憫其猶不率也則濟之以天堂地獄之說 流傳至今 其後來種種靈異之迹 不過彼所謂魔鬼詑人之致也 蓋中國言其實[跡/迹] [跡/迹]泯而愚者不信 西國言其幻迹 [跡/迹]眩而迷者愈惑 其勢然也 惟魔鬼之所以如此者 亦由天主之敎 已痼人心故也 如佛法入中國 然後中國之死而復生者 能記天堂地獄及前世之事者也 彼西士之無理不■ 無幽不通 而尙不離於膠漆盆 惜哉			○

〈비고란 구분 표시〉 ○:동일, △:유사, ×:유무, ※:相異

이익의 「跋天主實義」 중 안정복의 「星湖先生天主實義跋文略」에서 제외한 부분 가운데서도 특히 '其書云' 이하의 내용(이를 앞의 〈표 3〉에서 편의상

[A]라 표기하였다)을 분석해보면, 이 속에서 적지 않게 『천주실의』의 실제 내용을 인용하여 작성한 대목들이 포함되어 있음을 발견할 수가 있다. 그래서 『천주실의』 제5편 (6)-(18)[9] 및 제8편 (88)[10]의 구절들과 낱낱이 대조하면서 비교표를 작성하였으니, 다음의 〈표 4〉가 그것이다.

〈표 4〉 이익 「발천주실의」 A부분의 인용 내용과 이마두 『천주실의』의 실제 내용 비교표

A부분의 인용 내용	『천주실의』의 실제 내용		공통	비고
其書云 西國古有閉他臥剌者	西士日 古者吾西域有士 名曰 閉他臥剌 其豪傑過人 而質朴 有所未盡	제5편 (6)	閉他[臥/臥]剌	○
痛細民爲惡無忌 作爲輪回之說	常痛細民爲惡無忌 則乘已聞名 爲奇論以禁之	제5편 (6)	痛細民爲惡無忌	○
	爲言曰 行不善者必來世復生有報 或産艱難貧賤之家 或變禽獸之類 暴虐者變爲虎豹 驕傲者變爲獅子 淫色者變爲犬豕 貪得者變成牛驢 偸盜者變作狐狸 豺狼鷹鶻等芴 每有罪惡 變必相應	제5편 (7)		△
君子斷之曰 其意美 其爲言未免玷缺	君子斷之曰 其意美 其爲言不免玷缺也 沮惡有正道 奚用棄正 而從枉乎	제5편 (8)	君子斷之曰 其意美 其爲言未免玷缺	○
其說遂泯 彼時此語忽漏外國 釋氏圖立新門 承此輪回	旣沒之後 門人少嗣其詞者 彼時此語忽漏國外 以及身毒 釋氏圖立新門 承此輪廻加之六道 百端詆言 輯書謂經 數年之後 漢人至其國而傳之中國 此其來歷	제5편 (9)	彼時此語忽漏外國/釋氏圖立新門 承此輪回	○△
	殊無眞傳可信 實理可倚 身毒微地也 未班上國 無文禮之敎 無德行之風 諸國之史 未之爲有無 豈足以示普天之下哉	제5편 (10)		△
漢明帝聞西方有敎 遣使往求使者半道 誤致身毒之國 取傳中華	考之中國之史 當時漢明帝 嘗聞其事 遣使西求經 使者反途 誤値身毒之國 取其佛經 傳流中華	제8편 (88)	漢明帝/遣使/往求/使者[半道/反途]/誤[致/致身毒之國]/傳/中華	○
	迄今貴邦爲所証誘 不得聞其正道 大爲學術之禍 豈不慘哉			×

---

9 利瑪竇, 『天主實義』, 항주본, 下卷 1左-3右; 영인본, pp.530上左-531上右; 상해본, pp.71-73.
10 利瑪竇, 『天主實義』, 항주본, 下卷 71左; 영인본, p.565上左; 상해본, p.157.

其或有能記前世事者	西士曰 夫輪廻之說 其逆理者 不勝數也 兹惟擧四五大端	제5편 (13)		※
	一日 假如人魂遷往他身 復生世界 或爲別人 或爲禽獸 必不失其本性之靈 當能記念前身所爲 然吾絶無無能記焉 幷無聞人有能記之者焉 則無前世明甚	제5편 (14)	有能記前[世/身]	○△
	中士曰 佛老之書 所載能記者甚多 則固有記之者	제5편 (15)		※
魔鬼証人之致 是因佛敎入中國之後耳	西士曰 魔鬼欲証人而從其類 故附人及獸身 詒云 爲某家子 述某家事 以微其謬 則有之 記之者必佛老之徒 或佛敎入中國之後耳	제5편 (16)	魔鬼/証人/佛敎入中國之後	△
萬方生死 古今所同 而佛氏之外 未有記前世一事也	萬方萬類 生死衆多 古今所同 何爲者佛氏而外 異邦異門 雖齊聖廣淵 可記千卷萬句 而不克記前世之一事乎 人善忘 奚至忘其父母 幷忘己之姓名 獨其佛老之子弟 以及畜類 得以記而述之乎	제5편 (17)	萬方/生死/古今所同/佛氏[之/而]外/[未有/不克]記前世一事[也/乎]	△
	夫譫談以欺市井 或有順之者 在英俊之士 辟雍庠序之間 當論萬理之有無 不笑且譏之 鮮矣	제5편 (18)		※

〈비고란 구분 표시〉○:동일, △:유사, ×:유무, ※:상이

한편 이익의「발천주실의」중 안정복의「성호선생천주실의발문략」에서 제외한 부분 가운데서도 특히 '抑又思之' 이하의 내용(이를 앞의 〈표 3〉에서 이미 편의상 [B]라 표기하였다)을 분석해보면, 이 속에는 『천주실의』의 실제 내용을 인용하여 작성한 대목들이 극히 한정되어 있는 것으로 살펴졌다. 보다 확실히 가늠하기 위해 이 [B]대목의 기술 내용을 『천주실의』에 등재된 구절들과 대조하면서 검토하였다. 그 가운데서 (앞의 〈표 3〉 [B]대목에 밑줄로 표시해놓은) ⓐ'善者福淫者禍', ⓑ'金縢聖人之書也' 대목들이 『천주실의』의

실제 내용과 대조해보면 ⓐ부분은 그 제6편 (78)[11] · (81)[12], 제6편 (109)[13] · 제5편 (73)[14], 그리고 ⓑ부분은 제5편 (20)[15] 부분과 친밀성이 매우 높은 것으로 보인다.[16]

〈표 5〉이익 「발천주실의」 B부분의 인용 내용과 이마두『천주실의』의 실제 내용 비교표

연번	B부분의 인용 부분	『천주실의』의 실제 내용		공통	비고
1	善者福	西士曰 一日 … 所謂世間無全福 彼善於此則有之 至于天堂 則止弗可尙 人性于是止耳	제6편 (78)	善者/福	△
		四日 … 然後取其善者之魂 而天堂福之 審其惡者之魂 而地獄刑之	제6편 (81)		
	淫者禍	吾生前爲淫樂之微 失無窮之福	제6편 (109)	淫	△
		必求淫者 無正樂 必尋邪者 得彼則失此	제5편 (73)		
2	金縢聖人之書也	金縢周公曰 乃命于帝庭 敷佑四方 上帝有庭 則不以蒼天爲上帝可知 歷觀古書 而知上帝與天主 特異以名也	제2편 (50)	金縢	△

〈비고란 구분 표시〉 △ : 유사

이외에도 ⓒ'以是究之 西國風化之所由者 亦略可識取矣' 부분에서 거론된 '西國'이『천주실의』전체에서 도합 8번이 거론되고 있어 애초에는 크게 주목하였다. 그러나 일일이 대조해서 검토해본 결과, 이 구절 중의 내용에서 '西國'과 관련해서도 직접적으로 연관이 되는 구절은 발견할 수 없어 논의에서 제외하였다.

---

11 利瑪竇,『天主實義』, 항주본, 下卷 29右; 영인본, p.544上右左; 상해본, p.71.
12 利瑪竇,『天主實義』, 항주본, 下卷 30右; 영인본, p.544下右; 상해본, p.71.
13 利瑪竇,『天主實義』, 항주본, 下卷 34左; 영인본, p.546下左; 상해본, p.112.
14 利瑪竇,『天主實義』, 항주본, 下卷 13左; 영인본, p.536上左; 상해본, p.86.
15 利瑪竇,『天主實義』, 항주본, 上卷 20左; 영인본, p.510下左; 상해본, p.25.
16 물론 '善者福' 대목과 관련해서는 이러한 제6편 (78) - (81) 이외에도 이와 유사한 구절은 편마다 허다하게 보이며, 특히 제6편에서 이와 근사한 구절을 자주 접할 수가 있다. 그리고 '淫者禍' 대목과 관련해서는 특히 '淫'을 직접 거론한 경우만으로 한정할 경우로서 제6편 (109) 및 제5편 (73)을 주목한 것이다. 또한 '金縢聖人之書也'의 '金縢'과 연관해서는 오로지 단 1번밖에 천주실의에서 거론된 바가 없는데, 제2편 (50)에서만 유일하게 그러하므로 여기에서 제시한 것이다.

2) 「천학문답」에서의 『천주실의』 인용 양상

「천학문답」의 내용 중에 보면 『천주실의』의 서술 형식이 中士의 질문에 대해 西士가 답변하는 것으로 되어 있음에 대해 언급한 부분[17]이 있는데, 매우 비판적인 논평을 하고 있지만 기실 「천학문답」이 그러한 형식을 취하고 있음에 유의해야 한다고 본다. 특히 "서사의 말에 대해 중사는 누구나 할 것 없이 옷깃을 여미고서 믿고 따르는 것"에 대해서 "만약 도리를 아는 儒士와 함께 더불어 말한다면 어찌 옷깃을 여미고서 믿고 따를 리가 있겠는가"라고 기술하고 있음이 그러한데, 그러면서 '서사가 물음을 만들고 자답自答한 것이므로 이런 것일 뿐이다.'라고 하여 상당히 불편한 심기를 숨기지 않았던 것이다.

그가 이와 같은 태도를 취하면서도 굳이 '문답'의 형식을 취한 것 자체가 똑같은 형식으로써 『천주실의』에 담긴 내용에 맞대응하면서 비판하고자 하는 의도였다고 가늠된다. 그런데 『천주실의』의 내용을 인용하여 그 내용에 대한 비판을 꾀하면서도 정작 그는 '천주실의'라고 『천주실의』의 서명 전체를 「천학문답」에서 거론한 적도 없다. 단지 '實義' 혹은 '或曰 利瑪竇言' 등으로 적었을 뿐이다.

(1) '實義'라고만 표기한 경우

이렇게 '實義'라고만 표기한 경우에도 '實義云[18]'·'實義 中士曰[19]'·'實義 言[20]' 3가지 유형으로 되어 있음이 주목된다. 이들의 출처를 『천주실의』 원문

---

17 安鼎福,「天學問答」,『順菴集』卷17, 22左;『順菴全集』1, 1984, p.384下左. 원문은 다음과 같다. "或曰 觀實義畸人等書 西士所言 中士莫不斂衽信從者何哉 曰 此等書 皆西士設問而自作 故如是耳 若與識道之儒士言之 豈有斂衽信從之理乎"
18 安鼎福,「天學問答」,『順菴集』卷17, 17右;『順菴全集』1, 1984, p.382上右.
19 安鼎福,「天學問答」,『順菴集』卷17, 17左-18右;『順菴全集』1, 1984, p.382上左-下右.
20 安鼎福,「天學問答」,『順菴集』卷17, 18右;『順菴全集』1, 1984, p.382下右.

을 색출하여 확인해보니, 제각각 제8편 (73) · (74)[21], 제6편 (71)[22] · (74)[23], 제8편 (73)[24] · (77)[25]임을 알 수가 있었다.

〈표 6〉 안정복의 '實義云' 등의 인용 내용과 이마두 『천주실의』의 실제 내용 비교 사례표

연번	'實義云' 등의 인용 부분	『천주실의』의 실제 내용		공통	비고
1	實義云 開闢初生 人無病 常是陽和 常甚快樂 鳥獸萬彙 順聽其命 循奉上帝而已 由人犯天主命 萬物亦反背于人 萬禍生焉	開闢初生 人無病天 常是陽和 常甚快樂 令鳥獸萬彙 順聽其命 毋敢侵害 惟令人循奉天主 如是而已 夫亂夫災 皆由人以違理犯天主命 人旣反背天主 萬物亦反背于人 以此自爲自致 萬禍生焉	제8편 (73)		○
	爲其子孫者 相率而習於醜行	世人之祖 已敗人類性根 則爲其子孫者 沿其遺累 不得承性之全 生而帶疵 又多相率而習醜行 則有疑其性本不善 非關天主所出 亦不足爲異也	제8편 (74)		○
2	實義 中士曰 善惡有報 不於本身 必於子孫 不必言天堂地獄	中士曰 善惡有報 但云必在本世 或不於本身 必於子孫耳 不必言天堂地獄	제6편 (71)		○
	西士曰 王霸之法 罪不及冑 天主捨本身而惟是報耶	西士曰 … 非但王者卽霸者之法 罪不及冑 天主捨其本身 而惟冑是報[也/耶]	제6편 (74)		○
3	實義言 亞黨自致萬禍 子孫相率以習醜行 淳樸漸漓 聖賢化去 從欲者衆 循理者稀 天主	開闢初生 人無病天 常是陽和 常甚快樂 令鳥獸萬彙 順聽其命 毋敢侵害 惟令人循奉天主 如是而已 夫亂夫災 皆由人以違理犯天主命 人旣反背天主 萬物亦反背于人 以此自爲自致 萬禍生焉	제8편 (73)	萬禍	△
	大發慈悲 親來救世 漢哀帝元壽二年 擇貞女爲母 無所交感 托胎降生 名耶蘇 耶蘇卽救世也 弘化西土三十三年 復昇歸天云	於是大發慈悲 親來捄世 普覺羣品 於一千六百有三年前 歲次庚申 當漢朝哀帝元壽二年 冬至後三日 擇貞女爲母 爲所交感 託胎降生 名號爲耶穌 耶穌卽謂捄世也 躬自立訓 弘化于西土 三十三年 復昇歸天 此天主實蹟云	제8편 (77)		○

〈비고란 구분 표시〉○:동일, △:유사

---

21 利瑪竇, 『天主實義』, 항주본, 下卷 69右; 영인본, p.564上右; 상해본, pp.154-155.
22 利瑪竇, 『天主實義』, 항주본, 下卷 27左; 영인본, p.543上左; 상해본, p.103.
23 利瑪竇, 『天主實義』, 항주본, 下卷 27左-28右; 영인본, p.543上左-下右; 상해본, pp.103-105.
24 利瑪竇, 『天主實義』, 항주본, 下卷 28左; 영인본, p.563上左; 상해본, p.103.
25 利瑪竇, 『天主實義』, 항주본, 下卷 69左-70右; 영인본, p.564上左-下右; 상해본, p.155.

(2) '或曰 利瑪竇言'이라 하고 인용한 경우[26]도 있었는데, 이를 『천주실의』의 원문 가운데서 찾아보니 제5편 (23)[27]을 활용한 것임을 살필 수가 있었다.

〈표 7〉 안정복의 '或曰 利瑪竇言' 인용 내용과 이마두 『천주실의』의 실제 내용 비교 사례표

'或曰 利瑪竇言' 인용 부분	『천주실의』의 실제 내용		공통	비고
利瑪竇言 魂有三 生魂覺魂靈魂	明道之士 皆論魂有三品	제5편 (23)	三	△,※
草木之魂 有生無覺無靈	下品曰生魂 此只扶所賦者生活 長大 是爲草木之魂		草木之魂	△,※
禽獸之魂 有生有覺無靈	中品曰覺魂 此能扶所賦者生活 長大 而又使之以耳目視聽 以口鼻啖嗅 以肢體覺物情 是爲禽獸之魂		禽獸之魂	△,※
人之魂 有生有覺有靈 生覺二魂 從質而出 所依者盡 則生覺俱盡 靈魂非出於質 雖人死而不滅自在也	上品曰靈魂 此兼生魂覺魂 能扶植長大 及覺物情 而又俾所賦者 能推論事物 明辨理義 是爲人類之魂		人之魂/靈魂	△,※

〈비고란 구분 표시〉 △ : 유사, ※ : 상이

(3) '瑪竇所謂'라 하여 인용한 경우[28]도 의당 『천주실의』의 원문에서 출처를 찾아보려 하였더니 딱히 고스라히 일치하는 구절은 없었고 '聖水'가 핵심어임이 분명하므로 이 용어를 전체에서 색출하니 전체의 끝부분인 제8편 (90)과 (91)[29]에서만 오로지 거론되고 있을 뿐이었다.

---

26 安鼎福,「天學問答」, 『順菴集』 卷17, 24右; 『順菴全集』 1, 1984, p.385下右.
27 利瑪竇, 『天主實義』, 항주본, 下卷 4右; 영인본, p.531下右; 상해본, pp.74-75.
28 安鼎福,「天學問答」, 『順菴集』 卷17, 23좌-24右; 『順菴全集』 1, 1984, p.385上左-下右.
29 利瑪竇, 『天主實義』, 항주본, 下卷 70右左; 영인본, p.565下右左; 상해본, p.158.

〈표 8〉 안정복의 '瑪竇所謂' 인용 내용과 이마두 『천주실의』의 실제 내용 비교 사례표

'瑪竇所謂' 인용 부분	『천주실의』의 실제 내용		공통	비고
瑪竇所謂 聖水所以洗心垢者也	西士曰 祇因欲廣此經 吾從二三英友 棄家屏鄉 艱勤周幾萬里 而僑寓異土 無悔也 誠心悅受 乃吾大幸矣 然沐浴止去身垢 天主所惡乃心忝耳 故聖教有潔門之聖水 凡欲從此道 深悔前時之罪過 誠心欲遷于善 而領是聖水 卽天主慕愛之 而盡免舊惡 如孩子之初生者焉	제8편 (90)	聖水	※
	吾輩之意 非爲人師 惟恤世之錯 回元之路 而爲之一引于天主聖教 則充之皆爲同父之弟兄 豈敢苟圖稱名 辱師之禮乎哉 天主經文字異中國 雖譯未盡 而其要已易正字 但吾前所談論教端 僉此道之肯綮 願學之者 退而玩味 于前數篇事理 了無疑 則承經領聖水入教 何難之有	제8편 (91)		※

〈비고란 구분 표시〉 △ : 유사, ※ : 상이

(4) 그 밖의 사례들

① '或曰 西士謂'라 하고 인용한 경우[30]는 불교와 관련된 것으로 『천주실의』 원문 중 제3편 (9)[31]에서 그 중심 내용을 엿볼 수 있겠다 싶었다.

〈표 9〉 안정복의 '西士謂' 인용 내용과 이마두 『천주실의』의 실제 내용 비교 사례표

'西士謂' 인용 부분	『천주실의』의 실제 내용		공통	비고
西士謂 佛氏偸其國之教也	然則人之道 人猶未曉 況於他道 而或從釋氏 或由老氏 或師孔氏 而折斷天下之心於三道也	제3편 (9)		※
自立門戶	又有好事者 另立門戶 載以新說		立門戶	△

〈비고란 구분 표시〉 △ : 유사, ※ : 상이

하지만 이처럼 '서사'가 안정복의 「천학문답」 중 서술 구절 안에 명시되어 있다고 해서 그 인용 자체가 모두 이마두의 『천주실의』에서 인용되었다고

---

30 安鼎福, 「天學問答」, 『順菴集』 卷17, 20右; 『順菴全集』 1, 1984, p.383下右.
31 利瑪竇, 『天主實義』, 항주본, 上卷 25右; 영인본, p.513右; 상해본, p.30.

단정할 수는 없고[32], 그렇더라도 이와 같이 서명으로 『천주실의』를 제시하지 않았을지언정 그 내용 자체가 『천주실의』에서 비롯된 사례가 있음은 간과해서는 안 될 것이다.

②'其言曰'이라 하고 인용한 경우를 자세히 살피면 '(或曰) 其言曰[33]'·'其言曰[34]'·'(試以西士之言言之) 其言曰[35]' 3가지가 있는데[36], 이를 각각 『천주실의』 원문에서 찾아 대조해보니 제6편 (90)[37], 제1편 (7)[38] 및 제6편 (106)[39] 그리

---

32 방금 본바 '或曰 西士謂'와 유사하게 '西士之言 謂'라 하고 인용한 경우가 「天學問答」, 『順菴集』 卷17, 15右上; 『順菴全集』 1, p.381上右左에서 원문은 "西士之言 謂人有三仇 己身一也 以其聲色臭味 闇惰放恣偸佚 闇溺我于内矣 世俗二也 以其財勢功名戲樂玩好 覆侵我于外矣 魔鬼三也 以其倨傲魅惑 誑我眩我 内外伐我 是言豈不切實乎"라고 있음이 찾아지는데 이는 『천주실의』에서 인용된 게 아닌 듯하다. 또한 '或曰 西士之言'이라 하고 인용한 경우도 「天學問答」, 『順菴集』 卷17, 20右; 『順菴全集』 1, pp.383下左-384上右에서 원문은 "西士之言 自耶蘇之敎行後 至今千七八百年 而化行鄰國 無篡弑之事 無侵伐之害 西國衆萬里 至今猶然 中國聖人雖多 代興代滅 則可知中國之敎 不探其本而然也"로 하여 검색되는데 이도 역시 『천주실의』에서 인용된 게 아닌 듯 싶다. 그리고 '或曰 西士言'이라 하고 인용한 경우도 또한 「天學問答」, 『順菴集』 卷17, 20右; 『順菴全集』 1, p.383下右에서 원문은 "或曰 西士言 其國有開闢以後史記 至今皆存 凡三千六百卷 耶蘇之生 皆預言其期 不若中國史之泯滅不存 虛僞相雜"이라고 발견되지만, 이도 또한 일일이 대조해본 결과 『천주실의』에서 인용된 게 아닌 것으로 판단된다.
33 安鼎福, 「天學問答」, 『順菴集』 卷17, 16右; 『順菴全集』 1, 1984, p.381下右.
34 安鼎福, 「天學問答」, 『順菴集』 卷17, 18右; 『順菴全集』 1, 1984, p.382下左.
35 安鼎福, 「天學問答」, 『順菴集』 卷17, 14右; 『順菴全集』 1, 1984, p.380下左.
36 이와 동일하게 '其言曰'이라 하고 인용한 경우일지라도 그 내용이 『천주실의』의 것이 아니라 다른 책에서 인용한 경우로 여겨지는 경우도 있음에 반드시 유의해야 할 것이다. 「天學問答」, 『順菴集』 卷17, 19右; 『順菴全集』 1, p.383上左의 원문 "其言曰 每朝旦與心偕 仰天籲禱天主生我養我 至敎誨我無量 次祈今日祐我 必踐三誓 毋妄念毋妄言毋妄行 至夕又俯身投地 嚴自察省本日所思所言所動作 有妄與否 否則歸功天主 叩謝恩祐 若有差爽 即自悔悔 禱祈天主慈恕宥赦 其大體如斯而已"가 바로 이러한 경우에 해당된다고 보인다. 또한 '其友之爲此學者止之曰'이라 하고 인용한 경우 역시 「天學問答」, 『順菴集』 卷17, 24右; 『順菴全集』 1, p.385下左의 원문 "其友之爲此學者止之曰 凡假像設祭 皆魔鬼來食 豈有孔子之神來享乎 人家祭祀亦然 余則雖未免從俗行之 而心知其妄 故必仰天嘿奏于天主 不得已爲之之意然後行之 悖禮毁敎 孰甚於此"에서 찾아지지만, 이도 『天主實義』에서 인용된 게 아닌 듯하다. 그렇지만 이 '其友之爲此學者止之曰'에 곧 이어서 '曰'이 나오고 그 뒤에 아래의 '此亦西士之言 爲其言者曰 …' 부분이 나오는데, 이는 곧 분석하여 제시하는 바대로 『천주실의』의 것이다.
37 利瑪竇, 『天主實義』, 항주본, 下卷 31右-32右; 영인본, p.545上左-下右; 상해본, p.109.
38 利瑪竇, 『天主實義』, 항주본, 上卷 1左; 영인본, p.501上左; 상해본, p.2.
39 利瑪竇, 『天主實義』, 항주본, 下卷 34右; 영인본, p.546下右; 상해본, p.111.

고 제3편 (12)[40] 대목에서 일일이 따온 것으로 판단되었다.

〈표 10〉 안정복의 '其言曰' 인용 내용과 이마두『천주실의』의 실제 내용 비교 사례표

연번	'其言曰' 인용 부분	『천주실의』의 실제 내용		공통	비고
1	其言曰 西國古經 天主闢天地	吾西國古經 載昔天主開闢天地	제6편 (90)	西國古經/天主/闢天地	△
	卽生一男 名亞黨 一女 名阨襪 是爲世人之祖	卽生一男 名曰亞黨 一女名曰阨伐 是爲世人之祖		卽生一男/名/亞黨/一女名阨[襪/阨]/是爲世人之祖	○
2	其言曰 開闢以後文字至今皆存	自天主開闢天地 降生民物 至今經傳授受 無容疑也	제1편 (7)	開闢/至今	△
	謂之聖經而尊信之	太東太西諸大邦無疑之 天主聖經載之	제6편 (106)	聖經	△
3	其言曰 今世勞苦世也 又曰現世暫世也 又曰現世非人世也 禽獸之所本處也 又曰此世禽獸世也	×			×
	是以其國有賢士	古西國有二聞賢 一名黑臘 一名德牧	제3편 (12)		△
	黑臘者恒笑 笑世人之逐虛物也 德牧者恒哭 哭因憐之耳	黑臘恒笑 德牧恒哭 皆因視世人之逐虛物也 笑因譏之 哭因憐之耳		黑臘/恒笑/人之逐虛物也 德牧/恒哭/哭因憐之耳	○

〈비고란 구분 표시〉 ○:동일, △:유사, ×:유무

이와 극히 유사하게 '其說言'이라 하고 인용한 경우[41]도 있지만,『천주실의』의 것이 아니므로 주의를 요한다고 본다.

③'爲其言者曰'이라 하고 인용한 경우[42]도 역시『천주실의』제6편 (74)[43]에

---

40 利瑪竇,『天主實義』, 항주본, 上卷 25右; 영인본, p.513上左; 상해본, p.31.
41 「天學問答」,『順菴集』卷17, 25左;『順菴全集』1, p.386上左의 원문 "其說言 厥初天主命生純神 其性絶美 品分九等 以供王令 故曰天神 又有鉅神 傲慢自足 自絶於主 爲惡神之魁 天主使之墮在地獄 名曰魔鬼 天主暫放之 以煉善人之功 以彰惡人之罪 煉善人之功者 謂天主使魔鬼 誘善人使爲惡 以驗工夫之 (以下缺)"가 바로 그러한데, 여기에서 거론한 純神·鉅神·惡神 등에 관해서는『天主實義』에는 전혀 언급이 없고, 天神만이 나오므로 이렇게 생각하기에 이르렀다.
42 安鼎福,「天學問答」,『順菴集』卷17, 24左-25右;『順菴全集』1, 1984, pp.385下左-386上右.
43 利瑪竇,『天主實義』, 항주본, 下卷 28右左; 영인본, p.543下右左; 상해본, p.104.

서 집중적으로 언급한 '善'과 '惡'에 대한 내용을 정리하여 인용한 것임을 알기 어렵지 않다고 보인다.

〈표 11〉 안정복의 '爲其言者曰' 인용 내용과 이마두 『천주실의』의 실제 내용 비교 사례표

'爲其言者曰' 인용 부분	『천주실의』의 실제 내용	공통	비고
爲其言者曰 祖先之善者在天 必無來享之理 惡噎地獄者 雖欲來得乎	爾爲善 子孫爲惡 則將擧爾所當享之賞 而盡加諸其爲惡之身乎 可謂義乎 爾爲惡 子孫爲善 則將擧爾所當受之刑 而盡置諸其爲善之躬乎 可爲仁乎	제6편 (74)	善/惡 △

〈비고란 구분 표시〉 △ : 유사

④ '今此之問 似當曰'이라 하고 인용한 경우[44]도 또한 『천주실의』 원문 중 제4편 (72)[45] 및 제6편 제목[46]을 종합한 게 아닌가 살펴진다.

〈표 12〉 안정복의 '今此之問 似當曰' 인용 내용과 이마두 『천주실의』의 실제 내용 비교 사례표

'今此之問 似當曰' 인용 부분	『천주실의』의 실제 내용	공통	비고
今此之問 似當曰 人之生 全受天主生養之德 當以事天主爲工 人之死 雖肉身澌滅 靈神長存	然以爲皆天主保存生養之民物 卽分當兼切愛恤之 豈若小人但愛己之 骨肉者哉	제4편 (72)	△
生時善惡 死後靈神 受堂獄之報 以此明白言之 則豈不痛快乎	第六篇 釋解意不可滅 并論事後必有天堂地獄之賞罰 以報世人所爲善惡	제6편 제목	△

〈비고란 구분 표시〉 △ : 유사

3) 서찰에서의 『천주실의』 인용 양상

① '天主實義' 혹은 '實義'로 인용 사실을 확실히 표기한 경우는 「성호 선생께 올리는 별지 정축년(1757)」라는 글에서 찾아진다. 그런 가운데서도 '其天主實義曰'이라고 해서 『천주실의』 서명 전체를 온전히 밝힌 경우[47]는 딱 한

---

44 安鼎福,「天學問答」,『順菴集』卷17, 14右;『順菴全集』1, 1984, p.380下右.
45 利瑪竇,『天主實義』, 항주본, 上卷 55左; 영인본, p.528上左; 상해본, p.67.
46 利瑪竇,『天主實義』, 항주본, 下卷 16右左; 영인본, p.537下右左; 상해본, pp.89-90.
47 安鼎福,「上星湖先生別紙 丁丑」,『順菴集』卷2, 16下右;『順菴全集』1, 1984, p.48下左.

군데인데, 이는 제4편 (41)[48]의 원문을 인용한 것이다.[49]

〈표 13〉 안정복의 '其天主實義曰' 인용 내용과 이마두 『천주실의』의 실제 내용 비교 사례표

'其天主實義曰' 인용 부분	『천주실의』의 실제 내용		공통	비고
其天主實義曰 天主怒輅齊拂兒	名謂輅齊拂兒	제4편 (41)	天主怒 / 輅齊拂兒	○
	其視已如是靈明 便傲然曰吾可謂與天主同等矣			※
	天主怒			○
×	而幷其從者數萬神			×
			變爲魔鬼	○
降置地獄	降置之於地獄			△
			自是天地間 始有魔鬼	○
始有地獄	有地獄矣			△

〈비고란 구분 표시〉 ○ : 동일, △ : 유사, × : 유무, ※ : 상이

②'實義'라고 밝히고 이어서 '第二篇 又曰'이라 붙여 비교적 상세하게 그 출처를 제시한 경우[50], 그 원문을 찾기가 훨씬 수월하였는데, 찾아보니 『천주실의』의 제2편 (28)[51]의 문장이었다.

---

48 利瑪竇, 『天主實義』, 항주본, 上卷 47右; 영인본, p.534上右; 상해본, p.57.
49 黃德吉 整理, 「順菴安鼎福先生年譜」, 『順菴集』에서도 동일하게 "天主 實義曰 天主怒輅齊拂兒 變爲魔鬼 降置地獄 自是天地間 始有魔鬼 始有地獄"이라고 인용하였음이 각별히 주목되는데, 이는 이럴 정도로 안정복 자신도 그랬지만 그 제자들도 그런 안정복의 지적에 따라 이 부분이 그의 天學 비판에 있어 핵심 구절이었음을 반증해주는 것이라 여겨진다고 하겠다. 이상하 역, 『순암 안정복』, 심산, 2015, pp.118-119 참조.
50 安鼎福, 「上星湖先生別紙 丁丑」, 『順菴集』卷2, 17上右; 『順菴全集』 1, 1984, p.49上右.
51 利瑪竇, 『天主實義』, 항주본, 上卷 16左-17右; 영인본, pp.508下左-509上右; 상해본, p.20.

〈표 14〉 안정복의 '實義' 인용 내용과 이마두『천주실의』의 실제 내용 비교 사례표

'實義' 인용 부분	『천주실의』의 실제 내용		공통	비고
實義 第二篇 又曰	西士曰	제2편 (28)		※
×	無子則無父 而誰言子爲父之原乎 相須者之物情 恒如此 本相爲有無者也		×	
			有君則有臣 無君則無臣 有物則有物之理 無此物之實 卽無此理之實	○
卽無此理之實 此所謂氣先於理之說 此果如何	若以虛理爲物之原			△
×	是無異乎佛老之說 以此攻佛老 是以燕伐燕 以亂易亂矣			×

〈비고란 구분 표시〉 ○ : 동일, △ : 유사, × : 유무, ※ : 상이

③ '且言', '其學曰'이라 하고 나서『천주실의』를 인용한 경우[52]는 「권기명(권철신)에게 답함 갑진년(1784)」이라는 글 속에서 찾을 수 있다. 분석해 본 결과『천주실의』제7편 (2)[53] 및 제6편 (74)[54]의 실제 내용을 간략히 인용하여 설명하고 있음이 주목된다.

〈표 15〉 안정복의 '且言' 부분 인용과 이마두『천주실의』의 실제 내용 비교 사례표

'且言' 부분 인용	『천주실의』의 실제 내용		공통	비고
且言 人之靈魂	此示人類靈魂	제7편 (2)	人/靈魂	△
終古不散	身後不滅			※
受善惡之報	更善惡之報	제6편 (74)	善惡之報	○
×	於他人之身			×

〈비고란 구분 표시〉 ○ : 동일, △ : 유사, × : 유무, ※ : 상이

④ '其學曰'이라 하고 인용한 경우[55]에도 역시『천주실의』의 실제 원문을 인

---

52 安鼎福,「與權旣明書 甲辰」,『順菴集』卷6-32左;『順菴全集』1, 驪江出版社, 1984, p.144下左.
53 利瑪竇,『天主實義』, 항주본, 下卷 36左; 영인본, p.547下左; 상해본, p.115.
54 利瑪竇,『天主實義』, 항주본, 下卷 28左; 영인본, p.543下左; 상해본, p.105.
55 安鼎福,「與權旣明書 甲辰」,『順菴集』卷6-33左;『順菴全集』1, 驪江出版社, 1984, p.144上左.

용하였음이 확인되는데, 그 원문은 제3편 (12)[56]와 (15)[57] 그리고 제1편 (10)[58] 이었다.

〈표 16〉 안정복의 '其學曰' 부분 인용과 이마두 『천주실의』의 실제 내용 비교 사례표

'其學曰' 부분 인용	『천주실의』의 실제 내용		공통	비고
其學曰 此世現世也	現世者非人世也	제3편 (12)	現世	○
×	禽獸之本處所也 所以於是反自得有餘也			×
現世之禍福暫耳	人之在世不過暫次寄居也		暫	○
×	所以於是不寧不足也			×
豈若爲後世天堂地獄之禍福	中士曰 如言後世天堂地獄 便是佛敎 吾儒不信	제3편 (15)	後世天堂地獄	○
萬世之受苦樂乎	故能不辭今世之苦勞 以專精修道 圖身後萬世之安樂也	제1편 (10)	萬世之	○
			苦樂	○

〈비고란 구분 표시〉 ○:동일, ×:유무

안정복의 1785년 「천학고」와 「천학문답」 저술과 관련하여, 그의 연보年譜 기록 가운데 그 사실에 대한 기술에 곧 이어서 "作有感詩一律. 其詩曰"이라 하여 그야말로 문자 그대로 '유감'을 표출한 그의 시가 게재되어 있음이 예사롭게 보이지 않는다. 그 당시 그의 심사를 너무나 잘 알고 있던 터였던 제자 황덕길이 나서서 주도하여 이 '유감시'를 게재한 것이 아닐까 싶기도 한데, 여하튼 이 「유감시」는 분명 안정복이 「천학고」와 「천학문답」을 집필할 당시 그 자신의 심경을 고스란히 표출한 것임이 틀림없어 주목된다 하겠다.

학문의 갈래 나뉘어 저마다 따로 가는데 道術派分各自逃
서양에서 온 한 학파가 또 기세를 떨치누나. 西來一學又橫豪 …(중략)…
그릇된 학술 고칠 수 있는 비방이 없으니 丹竈烟消無可奈

---

56 利瑪竇,『天主實義』, 항주본, 上卷 26右; 영인본, p.513下右; 상해본, p.31.
57 利瑪竇,『天主實義』, 항주본, 上卷 26左; 영인본, p.513下左; 상해본, p.32.
58 利瑪竇,『天主實義』, 항주본, 上卷 2右; 영인본, p.501下右; 상해본, p.2.

백발이 힘이 다해 큰 소리로 통곡할 뿐 白鬚力盡但嚎咷 …(하략)…[59]

한마디로 그는 '서양에서 온 한 학파'가 '그릇된 학술'인데도 조선에서 득세하는 것이 못내 못마땅하지만 '秘方'을 내지 못함에 대해 '큰 소리로 통곡할 뿐'이었던 게 그 자신의 진솔한 심정이었다고 읽힌다. 이럴 정도로 말년의 안정복은 이념적으로 유학 일변도의 사상에 더욱 심취하여 '이념형' 학자로 일관하며 『천주실의』의 내용을 다양한 방식으로 실로 自由自在로 인용하면서 결코 '正學'이 아닌 '天學'에 대해 正面으로 또 全面的인 비판을 일삼았던 것이다.[60]

3. 李圭景의 利瑪竇『天主實義』引用 樣相과 그 特徵

이규경이 집필한 『오주연문장전산고』의 「척사교변증설」에서는 『천주실의』 인용의 양상이 3가지로 나타나는 것으로 조사된다. 첫째로는 [明] 謝肇淛의 『五雜組』를 인용하면서 『천주실의』를 재인용하고 있는 것이다. 둘째로는 이수광의 『지봉유설』을 인용하면서 『천주실의』를 재인용하고 있음이다. 셋째로는 「丁夏祥供招」의 내용을 인용하면서 『천주실의』의 내용을 재인용하

---

59 黃德吉 整理,「順菴安鼎福先生年譜」,『順菴集』; 이상하 역,『순암 안정복』, 심산, 2015, pp.189-190.
60 안정복의 이러한 사상적 면모에 대해서 그를 '이념형의 학자'라고 평가하는 의견을 개진한 것은 이기백이었다. 그는 「안정복의 합리주의적 사실 고증」, 『한국실학연구』 1, 1999; 『韓國傳統文化論』, 一潮閣, 2002, pp.235-236에서, "안정복은 말하자면 理念型의 학자라고 봄이 옳지 않을까 한다. 그의 사상적 밑바탕에는 유교적 이념이 확고하게 자리잡고 있다. 이러한 점은 그가 신화나 전설 따위를 비판하는 점에서 특히 두드러지게 나타나고 있다."라고 하였던 것이다. 안정복의 사상적 밑바탕이 유교적 이념에 확고히 있었다고 하는 점을 지적한 것은 역사적 사실에 전혀 틀림이 없으나, 다만 그의 그러한 성향이 특히 두드러지게 나타나고 있는 것을 '신화나 전설 따위를 비판하는 점'에 있었다고 본 것이 매우 的確하다고만 볼 수만은 없는 게 아닌가 생각한다. 그가 1759년 『동사강목』을 저술하여 '신화나 전설 따위를 비판'한 것보다는, 되레 그가 74세가 되어 80평생 전체 생애 중 거의 말년인 1785년에 이르러 「천학고」와 「천학문답」을 저술하여 그의 용어 그대로 하자면 '천학', 당시 회자되던 표현으로 하자면 '천주학'에 대한 비판에 힘을 쏟았던 점을 '이념형'의 학자로서의 면모로 꼽아야 마땅하다고 여겨지는 것이다.

고 있는 게 그것이다.

(1) [명] 사조제『오잡조』인용에서『천주실의』재인용

[명] 사조제『오잡조』에 게재된 기술 내용을 인용하여『천주실의』에 대한 변증을 시도하였는데, 이규경의 그 인용 내용[61]과 사조제『오잡조』의『천주실의』관련의 실제 내용[62]을 비교해보면 적지 않게 차이가 남을 쉬이 알 수가 있다.

〈표 17〉 이규경의 사조제『오잡조』인용 내용과 사조제의『오잡조』실제 내용 비교표

「척사교변증설」 인용 내용	『오잡조』실제 내용	공통	비고
×	西南海外諸蕃 … 又有		△
		天主國	○
×	更		×
		在佛國之西	○
×	其人通文理, 儒雅與中國無別		×
	有[利/刑]瑪竇者, 自其國來, 經佛國而東, 四年方至廣東界, 其教崇奉天主		○
×	亦猶儒之孔子·釋之釋迦也		×
		其書有天主實義	○
×	往往與儒教互相發, 而於佛·老一切虛無苦空之說皆深詆之, 是亦逃楊之類耳. 刑瑪		×
竇常言, 彼佛教者, 竊吾天主之教, 而加以輪回報應之說, 以惑世者也. 吾教一無所事, 只是欲人爲善而已. 善則登天堂, 惡則墜地獄, 永無懺度, 永無輪回, 亦不須面壁苦行, 離人出家, 日用所行, 莫非修善也.			○
×	余甚喜其說爲近於儒, 而勸世較爲親切, 不似釋氏動以恍惚支離之語愚駭庸俗也, 其天主像乃一女身, 形狀甚異, 若古所稱人首龍身者. 與人言, 恂恂有禮, 詞辯扣之不竭. 異域中亦可謂有人也已, 後竟卒於京師.		×

〈비고란 구분 표시〉 ○:동일, △:유사, ×:유무

---

61 李圭景,「斥邪教辨證說」,『五洲衍文長箋散稿』卷53 經史篇 釋典類 西學, 東國文化社, 1959, pp.703下左-704上右.

62 [명] 謝肇淛 撰,『五雜組』海4, pp.42-43;『續修四庫全書』1130 子部 雜家類, p.421. [명] 謝肇淛 撰,『五雜組』, 上海: 上海書店出版社, 2009; 제2차 인쇄, 2015, p.82. 그리고 [명] 謝肇淛 著,『謝肇淛集』影印本 (一), 南京: 江蘇古籍出版社, 2003, pp.349-350에서도「五雜組二首」가 찾아진다.

사조제『오잡조』의『천주실의』인용 내용과『천주실의』의 실제 내용을 견주어서 동일한지 아닌지를 판별하기 위해 샅샅이 검색하여 조사해보았더니, 그 내용이 일치하는 대목은 전혀 없었다. 특히 그 내용 가운데서 '利瑪竇常言'이라 한 다음에 기술한 바가 그 표현대로라면 이마두의『천주실의』에 나오리라 여겨져, 더욱 면밀히 대조하여 보았으나 역시 일치되는 구절이 전혀 찾아지지 않았다. 다만『천주실의』의 실제 내용 가운데서 제5편 제목[63]과 제7편 (85) 부분[64]의 '輪廻', 제3편 (81) 부분[65]의 '天堂/地獄', 제6편 (83) 부분[66]의 '登天堂/墜地獄' 그리고 제8편 (94) 부분[67]의 '修善' 등이 핵심어로서 중첩되고 있음을 알 수 있었다.

〈표 18〉 사조제『오잡조』의『천주실의』인용 내용과『천주실의』의 실제 내용 비교표

사조제『오잡조』의『천주실의』인용 내용	『천주실의』의 실제 내용		공통	비고
其書有天主實義, 往往與儒教互相發, 而於佛·老一切虛無苦空之說皆深詆之, 是亦逃楊之類耳. 利瑪竇常言,				×
彼佛教者, 竊吾天主之教, 而加以輪回報應之說, 以惑世者也.	辯排輪廻六道戒殺生之謬說 而揭齋素正志	제5편 제목	輪[回/廻]	△
	吾今試指釋氏所論人道之事三四處 其失不可勝窮也 曰四生六道 人魂輪廻 又曰殺生者靈魂 不昇天堂 或歸天堂亦復廻生世界 以及地獄充滿之際 復得再生於人間 又曰禽獸講佛法 亦成道果 此皆佛理之語 第四五篇已明辯之	제7편 (85)		△

---

63 利瑪竇,『天主實義』, 항주본, 下卷 1右; 영인본, p.530上右; 상해본, p.71.
64 利瑪竇,『天主實義』, 항주본, 下卷 53右; 영인본, p.556上右; 상해본, p.135.
65 利瑪竇,『天主實義』, 항주본, 上卷 35右; 영인본, p.518上右; 상해본, p.106.
66 利瑪竇,『天主實義』, 항주본, 下卷 30右左; 영인본, p.544下左右; 상해본, p.107.
67 利瑪竇,『天主實義』, 항주본, 下卷 72左-73右; 영인본, pp.565下左-566上右; 상해본, p.159.

吾教一無所事, 只是欲人 爲善而已. 善則登天堂, 惡則墮地獄,	(西士曰) 四日 天主報應無私 善者必賞 惡者必罰 如今世之人 亦有爲惡而富貴安樂 爲善而貧賤苦難者 天主固待其人之旣死 然後取其善者之魂 而天堂福之 審其惡者之魂 而地獄刑之 不然 何以明至公至審乎	제3편 (81)	天堂/地獄	○△
	西士曰 設令善惡之報咸 待于來世則 愚人不知來世之應者 何以驗天上之有主者 將益放恣 故犯孽無忌 時遇饑荒之灾 以徵其前 而戒其後 順理者 時蒙吉福之降 以酬于往 而勸其來也 然天主至公 無不盡賞之善 無不盡罰之惡 故終身爲善 不易其心 則應登天堂 享大福樂而賞之 終身爲惡 至死不悛 則宜墮地獄 受重禍灾而罰之	제6편 (83)	登天堂/墮地獄	○△
永無懺度, 永無輪回, 亦 不須面壁苦行 離人出家, 日用所行, 莫非修善也	所願天主佐佑先生仁指 顯揚天主之敎 使我中國家傳人誦 皆爲修善無惡之民 功德廣大 又安有量歟	제8편 (94)	修善	○△

〈비고란 구분 표시〉 ○:동일, △:유사, ×:유무

이 가운데서 특히 '修善'에 대해서는 『천주실의』에서 유일하게 제8편 (94)의 맨 마지막 문장에서만 거론하고 있음이 확인된다. 따라서 '수선' 부분은 그것에서 인용한 게 거의 틀림이 없다고 보인다.

(2) 이수광의 『지봉유설』 인용에서 『천주실의』 재인용

이규경은 아울러 이수광의 『지봉유설』을 인용하여 그 안에 담긴 『천주실의』 관련 언급을 제시하고 있다.[68] 그런데 이 부분을 대조하면서 검토해 보면, 앞서 이미 제시한바 〈표 2〉 「천학고」의 '芝峯類說曰' 인용 부분과 『지봉유설』 구라파국 항의 실제 내용 비교표에서 보이듯이 안정복이 「천학고」에서 '지봉유설왈'이라 하고 인용한 것과는 분명 차별이 있음을 간과해서는 안 된다고 생각한다. 안정복이 이수광의 『지봉유설』을 인용하며 이마두의 『천

---

68 李圭景,「斥邪敎辨證說」,『五洲衍文長箋散稿』卷53, 1959, p.705上左右. 원문은 ""李芝峯[晬光]『類說』. 歐羅巴國. 亦名大西國. 有利瑪竇者. 泛海八年. 越八萬里風濤. 居東奧十餘年. 所著『天主實義』二卷. 首論天主始制天地. 主宰安泰之道. 次論人魂不滅. 大異禽獸. 次辨輪回六道之謬. 天堂地獄善惡之報. 末論人性本善而敬奉天主之義. 其俗君though 敎化皇. 不婦娶. 故無襲嗣. 擇賢而立之. 其俗重友誼. 不爲私蓄. 著友論. 焦竑曰. 西域利君以爲友者第二我. 此言甚奇. 詳見『續耳譚』. 此中國書籍之可考者也."이다.

주실의』 내용을 재인용하면서 그 자신이 다소 손질을 한 것과 달리, 이규경은 이수광의 『지봉유설』 내용을 전혀 손대지 않고 그대로 제시하고 있음이 확연하기 때문이다. 다만 그는 이수광의 『지봉유설』 내용을 그대로 전부 인용하고서 그 끝에 덧붙이기를 '此中國書籍之可考者也'라고 했음이 눈에 띄는데, 이는 결국 이규경 자신이 이수광의 이 부분 서술 내용을 중국 서적에서 찾아 살펴 검증하였다는 사실을 전해준다고 가늠된다.

(3) 「정하상공초」 인용에서 『천주실의』 내용 인용

이규경은 「척사교변증설」을 저술하면서 당시 '척사'의 실상을 제대로 전하고자 하여 「丁夏祥供招」 내용을 직접 인용하기도 하였는데, 그 가운데 정하상의 답변 내용 중에서 『천주실의』에서 '魂魄'에는 3종류가 있음을 언급한 대목[69]을 그대로 인용하고 있음이 크게 주목된다. 정하상의 '혼' 3종류에 대한 이러한 언급은 사실은 이미 그 자신의 저술 『上宰相書』에 담겨 있는 내용으로[70], 이마두의 『천주실의』 제5편 (23)의 내용[71]에서 거의 전적으로 비롯된 것임에 거의 틀림이 없다고 보인다.

---

69 李圭景,「斥邪教辨證說」,『五洲衍文長箋散稿』 卷53, 1959, p.706 上右-下右.
70 丁保祿,『上宰相書』, 香港納匝肋靜院印板, 1890, pp.7-8; 丁夏祥 지음, 『上宰相書』 영인본, 성 황석두루가서원, 1999 참조.
71 利瑪竇,『天主實義』, 항주본, 下卷 4右; 영인본, p.531下右; 상해본, pp.74-75.

〈표 19〉 이규경의 '정하상공' '혼' 3종 부분 인용과 이마두 『천주실의』의 실제 내용 비교 사례표

이규경의 '丁夏祥供' '魂' 3종 부분 인용	『천주실의』의 실제 내용	공통		비고
蓋魂有三焉. 一生魂. 二覺魂. 三靈魂.	明道之士 皆論魂有三品	제5편 (23)		※
生魂者. 草木之魂. 能生長而無知覺.	下品曰生魂 此只扶所賦者生活長大 是爲草木之魂		生魂	○
			草木之魂	○
			生/長	△
覺魂者. 禽獸之魂. 能生長能知覺而不知道理也是非也.	中品曰覺魂 此能扶所賦者生活長大 而又使之以耳視聽 以口鼻啖嗅 以肢體覺物情 是爲禽獸之魂		覺魂	○
			禽獸之魂	○
			生/長/覺	△
靈魂者. 人之魂. 能知覺能生長能分別是非也	上品曰靈魂 此兼生魂覺魂 能扶植長大及覺物情 而又俾所賦者能推論事物 明辨理義 是爲人類之魂		靈魂	○
			人[類]之魂	△
			生/長/覺	△

〈비고란 구분 표시〉 ○ : 동일, △ : 유사, ※ : 상이

이외에도 한편으로는 이규경이 '聖水'에 관한 정하상의 자상한 언급도 인용하고 있음[72]이 주목되었는데, 이는 당시 한국에서 領洗 때 실행된 예식 과정에 대한 상세한 설명 및 정하상을 비롯한 한국 천주교인이 지니고 있었던 성수 자체에 대한 인식을 고스란히 드러내준 대목의 기록으로서 매우 중시되어 마땅하겠다. 그러하나 다만 『천주실의』 제8편 (90)-(91)에 보이는 성수에 관한 이마두의 구체적인 설명 부분[73]과 언뜻 연관은 깊어 보이나 그렇다고 해서 그것을 직접 읽어 보고 인용을 한 것은 아니지 않겠는가라고 여겨진다.

---

72 李圭景, 「斥邪敎辨證說」, 『五洲衍文長箋散稿』 卷53, 1959, p.707下右. 원문은 "有聖水者. 盛于璃瓶. 其狀如油. 領洗之時. 塗眼一哂. 雖下愚目不識丁者. 靈慧忽發. 盡通邪書. 又爲蠱惑. 至死不改. 雖受刑血肉破綻. 不知痛楚者. 聖水使然."이다.

73 利瑪竇, 『天主實義』, 항주본, 下卷 70右左; 영인본, p.565下右左; 상해본, p.158. 원문은 다음과 같은데, 이 대목에서 '聖水'에 관해 통틀어 3번 언급한 게 『천주실의』에 보이는 전부이다.
(90)"西士曰 祇因欲廣此經 吾從二三英友 棄家屛鄕 艱勤周幾萬里 而僑寓異土 無悔也 誠心悅受 乃吾大幸矣 然沐浴止去身垢 天主所惡乃心咎耳 故聖敎有造門之聖水 凡欲從此道 深悔前時之罪過 誠心欲遷于善 而領是聖水 卽天主慰愛之 而盡免舊惡 如孩子之初生者焉."
(91)"吾輩之意 非爲人師 惟恤世之錯 回元之路 而竭之一引于天主聖敎 則充之皆爲同父之弟兄 豈敢苟圖稱名 辱師之禮乎哉 天主經文字異中國 雖譯未盡 而其要已易正字 但吾前所談論敎端 僉此道之肯綮 願學之者 退而玩味 于前數篇事理 了已無疑 則承經領聖水入敎 何難之有."

이상의 검토로써 이규경은 백과사전적인 성격을 지닌 『오주연문장전산고』 속에 「척사교변증설」를 집필하면서 당시에 구해볼 수 있는 모든 천주교 관련 문헌 기록들을 참조하고 그 구체적인 내용들을 인용하였는데, 그러면서 한 번도 직접 인용한 적은 없었음을 확인할 수가 있게 되었다. 다만 그는 사조제의 『오잡조』, 이수광의 『지봉유설』 그리고 「정하상공초」 속의 정하상의 발언을 소개하면서 간접적으로 『천주실의』의 구절을 인용하고 있었을 뿐이었던 것이다.

4. 結語

안정복의 1785년 「천학고」·「천학문답」 및 1757년·1784년 서찰 등의 저술에서 천주교를 비판하기 위해 직접 인용하거나 재인용한 『천주실의』 인용의 양상을 규명하는 하나의 방법은 그 인용 빈도를 조사해보는 게 아닌가 생각하였다. 그래서 지금껏 앞에서 행한 검토를 토대로 그 인용 빈도를 조사해서 분석한 표를 작성하였으니, 아래의 〈표 20〉이다.

〈표 20〉 안정복의 저술 내용 중 『천주실의』 인용 빈도 조사 분석표

연번	편목	항목	빈도		비고
1	수편	제7항	1회	2회	
		제10항	1회		
2	제2편	제28항	1회	1회	
3	제3편	제9항	1회	4회	
		제12항	2회		
		제15항	1회		
4	제4편	제41항	1회	2회	
		제72항	1회		
5	제5편	제23항	2회	2회	☆

		제목	1회	
6	제6편	제71항	1회	8회
		제72항	1회	
		제74항	3회	
		제90항	1회	
		제106항	1회	
7	제7편	제2항	1회	1회
8	제8편	제73항	2회	8회
		제74항	2회	
		제77항	2회	
		제90항	1회	
		제91항	1회	

이를 보면 안정복이 첫째, 『천주실의』를 전편에 걸쳐서 인용하였다는 사실을 가늠할 수 있다. 둘째, 그러면서도 제2·7편에서의 인용은 1회씩에 그치고 수편·제4편·제5편에서의 인용은 2회씩에 불과하였지만, 제3편에서의 인용은 4회, 그리고 제6편과 제8편에서의 인용은 8회나 하여서, 인용이 제3·6·8편 그것도 특히 제6·8편에서 집중적으로 이루어졌다고 하겠다.

이렇듯이 안정복이 위주로 삼아 인용한 제3·6·8편의 주제는 무엇이었기에 그랬는가 하는 점이 궁금해진다. 이를 제대로 가늠하기 위해 『천주실의』 각 편목의 제목을 제시하고 아울러 각 편목의 핵심 주제를 나름대로 구분하여 정리해 도표로 작성하여 제시하면 아래의 〈표 21〉과 같다.

〈표 21〉 『천주실의』 편목 제목 및 핵심 주제 구분 정리표1

연번	편목	제목	핵심 주제 구분
1	首篇	論天主始制天地萬物而主宰安養之	天主論
2	제2편	解釋世人錯認天主	天主 認識 錯誤: 太極·上帝 解釋
3	제3편	論人魂不滅大異禽獸	人魂不滅論
4	제4편	釋鬼神及人魂異論而解天下萬物不可謂之一體	鬼神·人魂論 및 天下萬物一體 不可論 解釋
5	제5편	辯排輪廻六道戒殺生之謬說而揭齋素正志	輪廻·戒殺生 誤謬 排擊 辨說 및 齋素 正志 揭示

6	제6편	釋解意不可滅 幷論事後必有天堂地獄之賞罰 以報世人所爲善惡	意不滅 解釋 및 天堂地獄賞罰・賞善罰惡論
7	제7편	論人性本善 而述天主門士正學	人性本善論 및 天主正學論
8	제8편	總擧大西俗尙 以論其傳道之士 所以不娶之意 幷釋天主降生西土來由	西洋風俗總論・傳道士不娶論 및 天主降生 西洋由來 解釋

여기에서 보듯이 핵심 주제가 제3편은 人魂不滅論, 제6편은 意不滅 解釋 및 天堂地獄賞罰・賞善罰惡論, 그리고 제8편은 西洋風俗總論・傳道士不娶論 및 天主降生 西洋由來 解釋이다. 그러므로 안정복의 『천주실의』 인용을 통한 천주교 비판은 그 전편을 인용하면서 전면적으로 행해졌지만 제3・6・8편 그것도 특히 제6・8편에 집중적으로 이루어졌기에 더욱 이런 주제에 대해서 심도가 강하게 이루어졌노라 할 수 있다고 하겠다.

한편 이규경은 순조 때 1800-1834년 (혹은 헌종 때 1834-1849년) 무렵의 저술[74] 「척사교변증설」 속에서 [명] 사조제의 『오잡조』 등에서 『천주실의』의 내용을 재인용하였는데, 앞에서 행한 검토를 토대로 그 인용 빈도를 역시 조사해서 분석한 표를 작성해보았다. 그것이 다음의 〈표 22〉이다.

〈표 22〉 이규경의 저술 내용 중 『천주실의』 인용 빈도 조사 분석표

연번	편목	항목	빈도		비고
1	제3편	제81항	1회	1회	
2	제5편	제목	1회	2회	
		제23항	1회		☆
3	제6편	제83항	1회	1회	
4	제7편	제85항	1회	1회	

---

74 이 「斥邪敎辨證說」을 포함한 『五洲衍文長箋散稿』 전체의 저술 시기에 대해서 李基白, 〈百科全書類〉, 「參考 古典 書目」, 『韓國史新論』 初版, 一潮閣, 1965, p.409에서는 '憲宗 時, 1834-1849'라고 적었다가, 李基白, 〈百科全書・辭典〉, 「參考書目」, 『韓國史新論』 新修版, 一潮閣, 1990, p.579에서는 '純祖 때, 1800-1834'라고 기술하였다. 이는 아마도 李圭景이 『五洲衍文長箋散稿』의 草稿를 이미 생애의 초기에 작성하기 시작하였다가 후기에 완성한 것을 감안한 게 아닌가 싶다. 이러한 점과 관련하여서는 최근 盧大煥, 「五洲 李圭景의 학문과 지성사적 위치」, 『震檀學報』 121, 2014, p.65에서 『五洲衍文長箋散稿』가 "젊은 시절 이후 경험하면서 초록해 두었던 것들을 나중에 정리한 것"이라고 언급했음이 참조가 될 것이다.

| 5 | 제8편 | 제94항 | 1회 | 1회 | |

이 〈표 22〉를 통해서 이규경의 경우 안정복이 『천주실의』의 전편에 걸쳐서 원문을 인용하고 있는 것과는 달리, 제3·5·6·7·8편에서만 인용하고 수편 및 제2·4편에서는 전혀 인용하지 않았음을 알 수 있다. 이는 아마도 이규경이 안정복과 같이 낱낱이 서학을 비판하는 데에 주된 목적이 있었던 게 아니라, 백과사전적인 성격의 『오주연문장전산고』에 「척사교변증설」 부분을 집필하면서 '척사'의 실상을 서술함에 있었을 뿐이었기 때문이 아니었을까 싶다.

그런데 여기에서 결코 간과해서는 안 될 점은, 앞의 〈표 20〉과 이 〈표 22〉를 비교했을 때 『천주실의』 제5편 (23)항만이 유일하게 중복된다는 사실이다. 이 제5편 (23)항의 내용은 앞서 이미 원문은 제시하였으니 여기에서는 국역하여 제시하면 "세 번째 말하기를 도에 밝은 선비는 다 혼이 삼품이 있다 하니, 하품은 생혼으로 이는 생장하는 초목의 혼이요. 중품은 각혼으로 능히 생장하고 또 귀와 눈으로 듣고 보며 입과 코로 먹고 맡으며 지혜로 깨달으니 이는 금수의 혼이요. 상품은 영혼으로 이는 생혼과 각혼을 겸하여 능히 생장하며 깨달으며 또 능히 사물을 논리하고 의미를 분변하니 이는 인류의 혼이라."이다. 이는 이것이 내포된 제5편의 제목이 '윤회의 육도와 살생 금계의 그른 말을 분변하여 배격하고 재계와 소식의 바른 뜻을 게시함(辯排輪廻六道戒殺生之謬說而揭齋素正志)'으로 되어 있고, 또 그래서 그 핵심 주제가 '윤회·계살생 오류 배격 변설 및 재소 정지 게시'라 할 수 있지만, 그 속 내용에서 궁극적으로는 '인류의 혼' 즉 '人魂'의 문제를 규명하여 설파하고 있는 것임을 알아차릴 수가 있다.

결국 이렇게 해서 『천주실의』의 전체 중에서도 '인혼' 문제의 규명 및 설파에 설정된 제5편 (23)항이 안정복과 이규경의 저술에서 유일하게 공통된 인용 항목이었음이 저절로 드러난 셈이다. 그리고 이는 특히 그 제3편의 전편에 걸친 핵심 주제가 다름이 아닌 '人魂不滅論'이었다는 사실과 직결되는 것이다. 따라서 이로써 안정복의 「천학문답」 등에서 전면적이면서도 정면으로 행해진 천주교 비판에 있어서나, 이규경의 「척사교변증설」에서 '척사교'의 실상을 자세히 소개함에 있어서나, '인혼'의 불멸 문제를 『천주실의』에서 인용해서 話頭의 중심으로 삼았음이 확연하다고 말하지 않을 수 없다고 하겠다.

이들이 그럼으로 인하여 되레 『천주실의』에서 설파한 '인혼'의 불멸에 대한 세간의 관심은 더욱 깊어지게 되었으며, 자연히 천주교를 신앙으로 받아들이는 조선인의 숫자는 점차 증가되어 가기에 이르렀던 것 같다. 이러한 상황에 대해 순조(1800-1834) 때 신유박해 및 헌종(1834-1849) 때 병오박해 시기의 천주교 박해론자들은 '마치 요원의 불길과도 같다.'는 인식을 토로하며 위기감을 표출하게 되었던 것으로 보인다.[75] 또한 이미 천주교에 입교한 한문 해독이 가능했던 양반층 및 중인층의 신자들은 『천주실의』를 위시한 『教要序論』과 같은 漢文 西學書들을 諺解하여 각기 『텬쥬실의』와 『교요서론』으로 제작하고 이를 필사하여 전파함으로써 언문 밖에 모르는 양반층의 부녀자 및 중인층·평민층의 대중들에게도 천주교 신앙의 수용이 더욱 심화되었던 것이다.[76] 그리고 그러한 천주교 신앙 전파의 대세는 전국적으로 확산되어 철종(1849-1863) 때에 이르면, 조선에 있어서 천주교는 이제는 '민중과 더불어

---

75 노용필, 「순교와 배교의 여울목에서 헤쳐 나오다—순조(1800-1834)·헌종(1834-1849) 때—」, 『한국천주교회사의 연구』, 한국사학, 2008, pp.296-298.
76 『텬쥬실의』와 관련하여는 盧鏞弼, 「『天主實義』註釋目錄本의 中國에서의 出版과 朝鮮에서의 諺解筆寫本의 流行」, 『韓國史學史學報』 30, 韓國史學史學會, 2014; 本書 제3부 제1장. 노용필, 「언해필사본 『텬쥬실의』「목록」 분석」, 『教會史學』 11, 수원교회사연구소, 2014; 本書 제3부 제3장. 노용필, 「조선 언해필사본 『텬쥬실의』 주석의 특징과 그 역사적 의의」, 『教會史學』 14, 수원교회사연구소, 2017; 本書 제3부 제4장. 그리고 『교요서론』과 관련해서는 특히 노용필, 「『교요서론』의 내용상 특징과 그 역사적 의의」, 『釜山教會史報』 2011; 페르비스트 지음, 노용필 옮김, 『교요서론—18세기 조선에서 유행한 천주교 교리서—』, 한국사학, 2013, pp.234-252를 참조하시라.

커가는 교회'로 자리매김을 차츰 하기에 이르게 되었다고 하겠다.[77]

---

77 노용필,「민중과 더불어 커가는 교회—철종(1849-1863) 때—」,『한국천주교회사의 연구』, 2008, pp.301-336.

제3부
諺解筆寫本 『텬쥬실의』·『교요서론』의 普及

제1장
『天主實義』註釋目錄本의 中國에서의 出版과 朝鮮에서의 諺解筆寫本의 流行

1. 緒言

회상컨대, 마테오 리치Matteo Ricci(1552-1610, 중국명 利瑪竇)의 『天主實義』 자체에 대한 내 자신의 관심이 깊어지게 되었던 것은 1983년부터였다. 그가 불교 승려 복장을 걸치고 중국에 천주교를 전파하기 위해 중국에 처음 입국한 1583년으로부터 꼭 400주년이 되던 그 해에, 때마침 그의 이러한 동아시아 전교 400주년을 기념하기 위한 국제학술회의가 "마테오 릿치와 동아시아: Matteo Ricci; His Regacy in East Asia"라는 제목으로 10월 21-22일 西江大學校 東亞研究所 주최로 거행되었고, 全海宗·李光麟 두 은사님의 지도에 따라 임시조교로서 준비 및 진행을 거들면서 참으로 많은 공부를 하게 되었던 게 계기였다. 당시 국제회의에는 리치 연구에 관한 한 일가견을 지니고 있는 기라성 같은 세계적 연구자들이 대거 참석하여 발표와 토론이 열띠게 이어졌는데, Christopher A. Spalatin, Donald L. Baker, Albert Chan 그리고 矢澤利言[Yazawa Toshihico] 등등이 그러하였다. 이들의 연구 발표를 경청하며 받은 인상은 사소해 보이는 어느 하나, 자그마한 것 같은 사항 하나라도 결코 소홀히 다루지 않는다는 점이었고, 이는 지금껏 내 뇌리에 지워지지 않고 그대로 남아 있다.

이후 그의 저술들 가운데 『天主實義』보다도 먼저 한문으로 저술된 「交友論」에 관해 논문으로 작성하여 「조선후기 천주교의 수용과 마테오 리치의 「交友論」」[1]을 발표하고, 한국천주교회사와 관련된 일련의 글들과 함께 묶어 『한국천주교회사의 연구』를 출판한 바가 있었다.[2] 그리고 나서부터는 같은 예수회 소속의 선교사로서 그의 뒤를 이어 중국 천주교에 커다란 足跡을 남긴 페르디난트 페르비스트Ferdinand Verbiest(1623-1688, 중국명 南懷仁)의 『敎要序論』과 그것의 諺文筆寫本 『교요서론』에 관심을 집중하여, 이들에 대한 논문 몇 편을 발표하고 드디어 그 원문을 번역하여 連載한 후 함께 묶어 『교요서론:18세기 조선에서 유행한 천주교 교리서』를 역시 출판하였다.[3]

이렇긴 하였지만 애초부터 마음속 한편에 짐스럽게 자리 잡고 있는—특히 諺文筆寫本 『교요서론』에 대해 내 나름대로의 정리를 통해 학계에 보고하는 일을 마감했다 싶으니까 더욱 간절하게 다가온— 한 뭉치는, 『天主實義』에 대한 연구를 본격적으로 하고픈 욕구였다. 그간 국내에서도 이런저런 연구들이 나오긴 했지만, 『天主實義』 한 점 한 획 한 글자에 대해서까지 본격적으로 신경 쓰며 살핀 연구가 거의 없었다고 해 지나치지 않다고 판단됨은 물론이려니와, 더더군다나 諺文筆寫本 『텬쥬실의』 자체에 대해서는 여직 학계의 어느 누구도 관심조차 기울이고 있지 않은 실정이다. 이런 점이 나로 하여금 諺文筆寫本 『텬쥬실의』에서 눈길을 못내 거둘 수 없게 하고 있다. 그래서 이에 대해 더 이상 미룰 수 없어 최근에는 짬짬이 손대고 있고, 이것도 그래서 놓게 되는 하나의 섬돌이다.

---

1 『吉玄益敎授 停年紀念 史學論叢』, 발간위원회, 1996.
2 韓國史學, 2008.
3 한국사학, 2013.

2. 中國『天主實義』註釋目錄本의 出版과 그 體裁

『天主實義』의 여러 版本 가운데 여기에서 '註釋目錄本'이라고 하는 것은, 본문 중에 註釋이 일부 달려있으면서 그것을 모아 정리한 目錄이 설정되어 있는 版本을 지칭하는 것으로, 이는 1868년 主敎 趙方濟의 認准을 받아 重刊된[4] 上海土山灣藏版[5]으로, 이후 1923년 江蘇主敎 姚의 認准을 받아서도 出版된 上海土山灣印書館 第四版[6]이다. 이 판본은 Alert Chan에 의해 이루어진 로마 소재 예수회 고문서 소장의 『天主實義』에 대한 자세한 書誌 조사에서도 발견되지 않은 것인데[7], 다만 현재의 중국에서 행해진 조사에서 그 존재가 일부 확인될 뿐이다.[8]

이 판본을 이렇게 '註釋目錄本'이라고 할 수 있음은, 문자 그대로 본문 중간 중간에 주석을 붙이고 그것을 모아 목록으로 설정하였기 때문이다. 이러한 『天主實義』 註釋目錄本의 실상은 다음의 〈資料 1〉과 〈資料 2〉를 통해 확인할 수 있다. 비교를 위해 〈資料 1〉은 原文의 註釋 部分의 일부를, 〈資料 2〉

4　蕭若瑟, 『天主敎傳行中國考』, 河北省 獻縣天主堂, 1931; 『民國叢書』第1編 11, 北京: 上海書店, 1942; 『中國學術叢書』第1編 11 哲學·宗敎類, 上海: 上海書店, 1978, pp.434-436에서는 1868년 당시의 전국적으로 벌어지고 있었던 天主敎 敎難에 관한 일반 상황에 대해서 서술하고 특히 pp.438-439에서는 江蘇省의 구체적인 상황을 기술하고 있음이 주목된다. 그리고 서양자, 『중국천주교회사』, 대구: 가톨릭출판사, 2001, pp.383-419에서 중국 각 지역별로 敎難에 관해 기술해놓았음이 참조가 되는데, 이 가운데서 이 책이 출판되는 1868년 어간의 사실들이 특히 그러하다.
5　이는 高麗大學校 중앙도서관 소장의 고서이다. 겉표지에만 이러한 書誌的인 사항이 기재되어 있을 뿐, 속표지에는 '天主降生一千八百廿三年 江蘇主敎姚 准 上海土山灣印書館 第四版'으로 板刻되어 있어, 곧 언급할 1923년 江蘇主敎 姚 認准의 上海土山灣印書館 第四版으로 되어 있음을 알 수 있다.
6　이는 仁荷大學校 중앙도서관 소장의 자료이다. 이 자료는 延世大 韓榮均 교수의 제공으로 스캔된 것을 손쉽게 求得해 볼 수 있었다.
7　Alert Chan, S.J., *Chinese Books and Documents in the Jesuit Archives in Rome*, M.E. Sharpe, New York, 2002, pp.72-77.
8　張曉林, 『天主實義與中國學統: 文化互動與詮釋』, 上海: 學林出版社, 2005; 申大源 譯, 『천주실의와 중국학통—문화의 상호작용과 해석』, 대구: 도서출판 東明, 2012, p.45에는, "통치(同治) 7년(1868)에는 샹하이 투샨만(土山灣)에서 중각하였으며, 꽝슈(光緖) 24년(1898)에는 시엔시엔판(獻縣版)이 있고…"라고 하였고, 張曉 編著, 『近代漢譯西學書目提要 明末至1919』, 北京: 北京大學出版社, 2012, p.21에서는 "1868년(淸同治七)年 刻本 二冊"이라고만 적고 있을 뿐이다.

는 그에 해당하는 目錄의 上卷 부분의 일부를 각각 스캔하여 제시한 것으로, 〈資料 1〉에서는 본문을 제시한 뒤에 그 내용을 압축하여 정리한 註釋을 각각 '人能推理別于禽獸', '天地有主宰以理數端徵之', '一以良能徵' 등으로 붙이고 있음을 발견할 수 있겠는데, 이들을 〈資料 2〉에서는 利瑪竇가 붙인 원문의 '首篇論天主始制天主萬物而主宰安養之'에다가 목록의 세부 항목으로 열거하여 제시하고 있음을 찾아볼 수 있다.

〈資料 1〉 原文의 註釋 部分

따라서 『天主實義』 註釋目錄本은, 利瑪竇의 원문이 목차나 목록의 제시가 전혀 없이 '首篇論天主始制天主萬物而主宰安養之' 등의 제목만을 설정한 후 설명을 줄곧 서술하는 體裁였던 것과는 판이한 것이었다고 할 수 있다. 즉 『天主實義』 註釋目錄本은 원문의 내용을 압축하여 붙인 註釋을 설정한 후 이를 모두 모아 본문 앞에 세부 항목의 목록을 설정하는 형식을 취하고 있었던 것이라 하겠다. 이러한 체제상의 차이점을 보다 분명히 입증하기 위해

『天主實義』原本의 篇目과 註釋目錄本의 目錄을 일일이 대조하여 도표로 작성하여 제시한 게【附錄】의 〈表 1〉原本『天主實義』의 篇目과 註釋目錄本『天主實義』의「目錄」比較表이다.

〈資料 2〉目錄의 上卷 부분

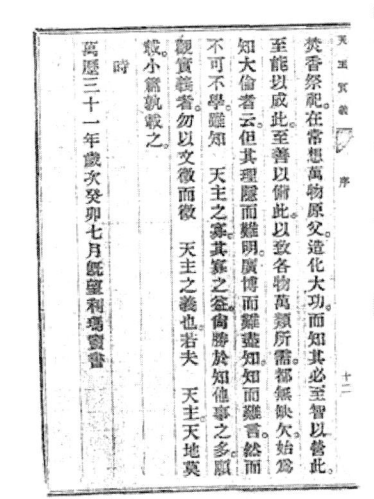

이로써 1868년 中國 上海에서 비로소 출판되었다고 여겨지는 『天主實義』 註釋目錄本은 그 이전에는 볼 수 없었던 體裁를 취하여, 원문의 내용을 압축하여 붙인 註釋을 설정한 후 이를 모두 모아 본문 앞에 세부 항목의 目錄을 설정하는 형식을 취하고 있었던 것임을 확연히 살필 수가 있다.

3. 朝鮮 諺解筆寫本 『텬쥬실의』의 구성과 그 특징

여기에서 朝鮮 諺解筆寫本 『텬쥬실의』이라고 지칭하는 것은, 韓國敎會史硏究所에서 편찬한 자료집의 뒷부분에 편집되어 있다.[9] 이는 앞에 리지조(李

---

[9] 『天主實義 附 텬쥬실의』 韓國天主敎會史硏究資料 第四·五輯, 韓國敎會史硏究所, 1972, pp.337-603.

之藻)의「텬쥬실의 셔」, 풍응경(馮應京)의「텬쥬실의 셔」, 리마두(利瑪竇)의「텬쥬실의 인」을 언문으로 번역하여 각각 싣고, 그 뒤에「텬쥬실의샹권목록」과 그 제4편까지의 내용 그리고「텬쥬실의하권목녹」과 제8편까지의 내용을 影印하여 게재한 것이다.

그런데 이러한 언해필사본『텬쥬실의』의 구성은 방금 거론한 바가 있는『天主實義』註釋目錄本과 견주어 보면 매우 흡사한 점들을 쉬이 알아차릴 수 있다. 특히 目錄에 있어서 註釋目錄本의「目錄」과 諺文筆寫本의「목록」이 그러함을 볼 수 있는데, 이를 살피기 위해 비교표를 작성해 본 게【附錄】의 〈표 2〉註釋目錄本『天主實義』의「目錄」과 諺文筆寫本『텬주실의』의「목록」比較表이다.

이를 통해 우리는 註釋目錄本의「目錄」과 諺文筆寫本의「목록」에 있어 거개가 동일하지만 일부 차이가 나는 점도 있음을 발견하기에 이른다. 즉 다른 부분들은 모두 같은 구성으로 되어 있으나, 2가지 점에서 차이가 남을 알 수 있다. 하나는 註釋目錄本의「目錄」가운데 下卷의 第五篇「辯排輪廻六道戒殺生之謬說而揭齋素正志」중「一現世人不記前世之事」항목과「魔鬼附人及獸誑人」항목이 각기 독립된 항목으로 구분되어 있으나, 諺文筆寫本의「목록」에서는 이 두 항목을 통합하여「ᄒᆞ나혼 세샹 사ᄅᆞᆷ이 젼세샹일을 긔억지 못홈이라 마귀ㅣ 사ᄅᆞᆷ과 금슈에 븟쳐 사ᄅᆞᆷ을 쇽임이라」로 설정하고 있음이다. 다른 하나는 註釋目錄本의「目錄」가운데 下卷의 第八篇「總擧大西俗尙而論其傳道之士所以不娶之意幷釋天主降生西士由來」항목이 하나로 되어 있으나, 諺文筆寫本의「목록」에서는 이 두 항목으로 분리하여「데팔편은 태셔 풍쇽을 대총 의논ᄒᆞ고 젼도ᄒᆞᄂᆞᆫ 션비 혼취 아니홈을 의논홈이라」과 「텬쥬 강싱ᄒᆞ신 연유라」로 분리하여 설정하고 있음이다.

이 2가지 점의 차이는 번역하면서 體裁와 내용 모두를 고려하여 이렇게 각기 통합하고 분리하는 게 합리적이라고 판단하였기 때문이 아닐까 싶다. 즉 前者의 경우는 'ᄒᆞ나혼' 다음에 '둘혼', '세혼', '네혼' 등이 연이어 나오므로, 이러한 체재의 흐름에 맞추기 위해 註釋目錄本의「魔鬼附人及獸詎人」항목을 諺文筆寫本에서는 굳이 앞에 붙여 놓았던 것이라 보인다. 그리고 後者의 경우는 註釋目錄本의「總舉大西俗尙而論其傳道之士所以不娶之意幷釋天主降生西士由來」篇目이 내용상 불합리하다고 판단하여 두 개의 항목으로 독립시켜 분리하여「데팔편은 태서 풍속을 대총 의논ᄒ고 전도ᄒᄂ 션ᄇᆡ 혼ᄎᆔ 아니흠을 의논흠이라」과「텬쥬강싱ᄒ신 연유라」로 분리하여 설정하였던 것이라 여겨진다.

註釋目錄本의「目錄」과 諺文筆寫本의「목록」이 이같이 차이가 나는 게 있음에도 대부분이 동일하므로, 註釋目錄本의 내용을 언문으로 번역한 게 諺文筆寫本일 것 같다는 생각을 선뜻 가지기 십상이다. 허나 찬찬히 비교해가며 살피면 결코 그렇지가 않음이 또렷이 드러난다. 이는 註釋目錄本 李之藻의「重刻序」일부분과 諺文筆寫本 리지조의「서」의 일부분을 각기 제시한〈資料 3〉과〈資料 4〉를 통해 확인할 수 있다.

〈資料 3〉 註釋目錄本 李之藻의「重刻序」일부분

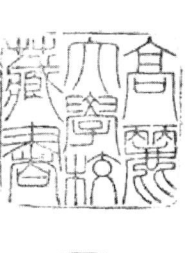

〈資料 4〉 諺解筆寫本 리지조의 「셔」 일부분

이 〈資料 3〉과 〈資料 4〉를 서로 견주면서 살피게 되면, 〈資料 3〉 註釋目錄本 李之藻의 「重刻序」에서는 전혀 그러하지 않으나, 이를 諺文으로 옮긴 〈資料 4〉 諺解筆寫本 리지조의 「셔」에서는 군데군데 註釋이 붙여져 있음을 어렵지 않게 찾아볼 수 있다. 이러한 측면을 보다 명확히 살피고자, 諺文筆寫本 『텬쥬실의』의 「셔」 및 「인」의 註釋 內容을 整理하여 도표로 제시해보이면, 다음의 〈표 3〉과 같다.

〈표 3〉 諺文筆寫本 『텬쥬실의』 「셔」 및 「인」의 註釋 內容 整理表

가) 諺文筆寫本 리지조(李之藻)의 『텬쥬실의』 「셔」의 本文과 註釋 對照 整理表

順番	本文	註釋
1	건원니	건은 하늘 셩졍이오 원은 주지라 뜻
2	례	샹례라ᄒᆞᄂᆞ 례ᄶᅡ라
3	진방에	님금의 위를 ᄀᆞᄅᆞ침이라
4	불노의	불도 노도
5	본	큰 근본
6	졍통	통합일국ᄒᆞᆯ 바른 님금

7	렴락락인	경셔를 쥬낸 송나라 군ᄌ들 난 싸 일홈
8	붉이 셤기ᄂᆞᆫ 대의ᄂᆞᆫ	쥬를 공경ᄒᆞᄂᆞᆫ 말
9	복션화음지리ᄂᆞᆫ	경셔에 션흔 쟈ᄂᆞᆫ 복주고 음난흔 쟈ᄂᆞᆫ 화준다 말
10	호랑과 로악의	로악은 바다에 큰 고기와 독룡이니 사ᄅᆞᆷ을 샹해오ᄂᆞᆫ 거시라
11	지각업슴이 심흔 쟈아니야	악을 피홈을 로악갓치 홀거슬 아니 피흔다ᄂᆞᆫ 쯧
12	져즈빅가로	유도 모든 글이라
13	황″	만황의 황이라 말

나)諺文筆寫本 풍응경(馬應京)의『텬쥬실의』「셔」의 本文과 註釋 對照 整理表

順番	本文	註釋
1	호ᄉᆞ쟈	브ᄌᆞ럽시 일을 일을 됴화ᄒᆞᄂᆞᆫ 쟈
2	셔방셩인을	셩방에 셩인이 잇다 ᄒᆞᄂᆞᆫ 말이 비록 공ᄌᆞ의 말이라 ᄒᆞ나 외셜에 잇스니 밋지 못홀 말이라
3	류회	악쟈 죽어 쳔흔 즘승이 된다 말
4	멸지학	허무흔 말
5	졍ᄌᆞ	송나라 명현
6	내가 잇고 내가 업다ᄒᆞᄂᆞᆫ 분별이니	유도ᄂᆞᆫ 근본이 잇다 홈이오 불됴ᄂᆞᆫ 근본이 업사홈 이라
7	경계ᄂᆞᆫ	근본디경
8	홀노 그 아들을 이들 ᄒᆞ고져 홈이라	육신부모외에 대부모ᄂᆞᆫ 엇지 못흔다 쯧
9	구텬	하늘 놉흔 층
10	깁히 구연을	싸 속 깁흔 곳
11	곡죠	졍월 초일

다)諺文筆寫本 리ᄌᆞ마두(利瑪竇)의『텬쥬실의』「인」의 本文과 註釋 對照 整理表

順番	本文	註釋
1	통솔	일통되엿다 말
2	쥬공 즁니의	공ᄌᆞ의 ᄌᆞ호
3	대리텬학	셩교
4	즁ᄉᆞ	즁국션븨

이 〈표 3〉에서와 같이, 諺文筆寫本 『텬쥬실의』는 註釋目錄本의 그것에다가 독자들을 위해 상세한 註釋을 붙이고 있음이 드러나 있다. 이상에서 행해진 지금까지의 검토를 통해, 그러므로 諺解筆寫本 『텬쥬실의』가 『天主實義』 註釋目錄本을 번역하는 데에 그친 게 아니라 이를 읽는 독자들에게 편의를

제공하기 위해 상세한 註釋을 덧붙이고 있음을 알겠다. 이 점이 바로 諺解筆寫本『텬쥬실의』의 특징이라고 하겠다.

한편 이러한 점과 더불어 결단코 간과해서는 안 될 것은, 프랑스의 書誌學者인 모리스 꾸랑Maurice Courant(1865-1935)이 그 자신의 저서『韓國書誌(Bibliographie Coreenne)』(Paris, 1894) 가운데 諺文筆寫本『텬쥬실의』에 原文本과 要約本 2종류가 있었음을 밝히고 있다는 사실이다. 다음의 대목에 이러한 사실이 기술되어 있다.

> 텬주실의
> 天主實義
> (1) 4책, 12절판, 한글 필사본
> (2) 같은 책으로 요약본
>   1책 18절판 85장 한글 필사본[10]

이로써 꾸랑이 1894년 직접 실물을 보고 조사한 바에 따르면, 諺文筆寫本의 원문본은 4책으로 12절판이며 요약본은 1책으로 18절판으로 85장짜리였음을 확인하게 되는 것이다. 결국 諺文筆寫本이 내가 활용한 韓國教會史硏究所 간행의 影印本『텬쥬실의』외에도 한두 종류가 더 있음을 엿볼 수 있고, 이는 당시에 諺文筆寫本『텬쥬실의』가 여러 형태로 유행하고 있었음을 말해주는 것이며, 따라서 그만큼 당시 朝鮮에서는『텬쥬실의』가 널리 유행하고 있었음을 알려준다고 보아 크게 잘못이 아닐 것이다.

---

10 이희재 역,『韓國書誌 ― 修訂飜譯版 ―』, 一潮閣, 1994, p.678.

4. 結語 : 朝鮮에서의 諺解筆寫本 『텬쥬실의』 流行의 社會思想史的 意義

諺文筆寫本 『텬쥬실의』에 관해 상세히 조사해놓는 데에 그치지 않고 이러한 朝鮮에서의 筆寫文化와 관련하여 상세한 관심을 기울인 것 역시 모리스 꾸랑Maurice Courant였다. 그가 같은 『韓國書誌』에서 특히 당시 필사문화에 대해 다음과 같이 써놓고 있음이 주목된다.

> 朝鮮에서는 高度로 완성된 印刷術의 長久한 역사에도 불구하고 寫本은 참으로 흔하게 볼 수 있다. 이는 위에서도 말한 바와 같이 인쇄된 高級書籍의 값이 언제든지 너무나도 비쌌던 까닭에, 대다수의 사람에게는, 아니 有識階級의 사람들에 있어서도, 그러한 册은 如前히 貴하였기 때문이다. 寫本이 더 한층 값이 비쌌던 것도 사실이지만, 시간은 거저이니까 사람들은 각기 가지고 싶은 册의 複寫에 스스로 從事할 수 있었다. 兩班도 慣習上 勞動은 禁止되어 있으나, 品位를 損傷하지 않고 書籍의 複寫에 때로는 販賣의 목적으로서도, 閑暇한 시간을 이용하고 있었던 것이다.[11]

조선의 인쇄술이 발달했음에도 寫本이 매우 흔한 현상이었음을 꾸랑이 지적하고, 특히 兩班들도 이러한 필사에 종사하고 있었다는 사실도 기술하고 있음이 주목된다. 더욱이 눈여겨볼 사실은, 양반들조차도 '書籍의 複寫에 때로는 販賣의 목적으로서도' 나서고 있었음을 적어놓고 있는 점이라고 생각한다. 따라서 당시 朝鮮에 있어서 筆寫를 통한 서적의 유통이 매우 보편적으로 행해지고 있었음은 물론 양반들도 예외가 아니었음을 살필 수가 있다.

이와 같은 귀한 서적들에 대한 筆寫는 천주교 관련 서적들의 경우에 그것의 소지 자체가 철저한 탄압의 대상이 되었으므로 더더군다나 암암리에 행해질 수밖에 없었다. 실제로 權尙然의 경우 訊問 과정에서 서울 명례방 소재 金範禹의 집에서 빌려온 『天主實義』와 『七克』 등을 직접 필사했음을 밝히고

---

11 모리스 쿠랑 著, 金壽卿 譯, 「朝鮮의 圖書」, 『朝鮮文化史序說』, 凡章閣, 1946, pp.42-43; 이희재 역, 『韓國書誌─ 修訂飜譯版─』, 一潮閣, 1994, p.19.

있음을 통해 그러하였음을 알 수가 있는데[12], 더욱이 이미 당시 천주교 교리서들이 적지 않게 필사되어 천주교 교인들 사이에서 전해지고, 그래서 심지어 이러한 필사본이 매매의 대상이 되기도 했었다. 이러한 사실은 바로 1801년의 이른바 辛酉迫害 당시 殉敎者의 하나인 김사집의 경우에서 여실하다.

> 淸州에서는 金사집 프란치스코의 순교를 들어야 하겠다. …(중략)… 글씨를 잘 쓰는 그는 천주교 서적을 많이 베껴 책을 살 수 없는 교우들에게는 가장 필요한 책을 거저 주었다. 이와 같이 착한 행실이 가득한 생애로 프란치스코는 하느님의 은총을 얻기에 힘썼다. 박해가 일어나자 그가 베낀 책이 많이 압수되었으므로 맨 첫머리에 관헌에게 통보되었다. 배반자 두 명이 그의 명성에 끌린 것처럼 꾸미고 와서 책을 몇 권을 사겠다는 핑계로 그의 집을 살펴보고 간 뒤 얼마 안 있어 포졸들을 데리고 그를 잡으러 왔다.[13]

여기에서 주목되는 대목은 "글씨를 잘 쓰는 그는 천주교 서적을 많이 베껴 책을 살 수 없는 교우들에게는 가장 필요한 책을 거저 주었다"고 한 것과 그가 베낀 책이 많이 압수되었으므로 맨 첫머리에 관헌에게 통보되었다. 배반자 두 명이 그의 명성에 끌린 것처럼 꾸미고 와서 책을 몇 권을 사겠다는 핑계로 그의 집을 살펴보고 간 뒤 얼마 안 있어 포졸들을 데리고 그를 잡으러 왔다"고 한 것이다. 이 사건의 주인공인 김사집은 결국 자신이 필사한 한글 교리서를 이들을 상대로 거저 주기도 하면서 한편으로는 팔

---

12 샤를르 달레 原著, 안응모 · 최석우 譯註, 『韓國天主敎會史』 上, 한국교회사연구소, 1979, pp.345-346. 원문은 다음과 같다.
"癸卯(1783)년 봄에 저는 進士가 되었습니다. 이듬해 겨울 서울에 가서 명례방골에 사는 中人 金範禹의 집에 우연히 들렀더니, 그 집에는 天主實義라는 책과 七克이라는 책, 이렇게 두 권이 있었습니다. 그 책을 대충 읽으니, 천주는 우리 공동의 아버지시오, 하늘과 땅과 天神과 사람과 만물을 創造하신 분임을 어렴풋이 알게 되었습니다. … 저는 그 두 책을 빌어서 소매에 넣고 시골집에 돌아와 베꼈습니다."
13 앞의 책 『韓國天主敎會史』 上, 1979, pp.607-608.

아서 생업에 보태는, 말하자면 직업적인 筆寫者로 자리 잡고 있었음을 전해주는 것이라 풀이된다.[14]

특히 앞의 인용문 중에서 천주교 교리서의 한글본 유통과 관련하여 김사집이 "천주교 서적을 많이 베껴 책을 살 수 없는 교우들에게는 가장 필요한 책을 거저 주었다"고 하였음에 크게 주목하지 않을 수가 없다고 본다. 여기에서 '책을 살 수 없는 교우들'이란 굳이 兩班이었다고 하면 경제적 기반이 무너지거나 전혀 없어 책조차도 구입할 지경이 되지 못하는 이른바 殘班이거나, 아니면 中人層 이하의 여성을 포함한 平民層이었을 법하다.

이런 다양한 계층의 사람들 속에서 이렇듯이 한글 필사본 교리서들의 유통이 이루어질 수 있었을 것임은 충분히 가늠할 수 있다고 생각한다. 그럼으로 해서 한문 해독 능력을 미처 갖추지 못한 중인층 및 그 이하 평민층 남성들 그리고 여성들 혹은 나아가서 소년·소녀들도 함께 諺文筆寫本 敎理書들을 소지하고 이를 통독함으로써 천주교 교리에 대한 자신들의 宗敎的 渴求를 해소하고 있었던 것으로 보아 틀림이 없을 듯하다.[15]

---

14 이와 같은 점과 관련해서는 강혜영, 「朝鮮後期의 書籍禁壓에 대한 硏究」, 『書誌學硏究』 5·6합집, 1990, p.136에서, "당시 서학의 유포 범위는 전래 초기에는 대개 사대부 층에만 국한되었으나 1784년을 계기로 천주교의 본격적인 수용이 가능해짐에 따라 서울은 물론 서울에서 멀리 떨어진 시골에 이르기까지, 우매한 農夫나 아무 것도 모르는 촌부들과 지방의 어리석은 백성들에게까지 미쳤을 뿐 아니라 婦女子와 어린아이에게까지 이르고 있었다. 전교가 전 계층의 백성들에게로 확산되자 漢文本 뿐 아니라 학식이 많지 못한 민중들에게까지 보급하기 위하여 언문으로 翻謄한 책들도 출현하고 있었다"고 한 지적이 주목된다. 또한 같은 글, p.139에서도 "西學의 교세가 양반 계층에서 여자를 비롯하여 중인 이하의 계층으로 확장됨에 따라 漢譯 西學書 보다 한글로 번역된 西學書가 더 많이 필요해졌던 것이다. 일반 백성들은 漢譯 천주교 교리를 거의 漢語와 같이 분명히 알아들을 수 없었기 때문에 그들의 이해를 돕기 위해서는 한글로 번역할 수 밖에 없었다"고 논한 것 자체도 참고가 된다. 그리고 정병설, 「조선후기 한글·출판 성행의 매체사적 의미」, 『震檀學報』 106, 2008, p.153에서 "교리서들은 개인적으로 필사되어 유포되기도 하였고, 또 필사를 생업으로 삼는 교인들에 의해 필사 매매되기도 했다. 그러다 교세가 더욱 번성하자, 필사 유통으로는 수요를 감당하기 어렵게 되어, 교리책을 간행하기에 이르렀다"라고 하였음 역시 또한 크게 참조가 된다.

15 이상의 내용은 盧鏞弼, 「남회인의 '교요서론' 수용 및 한글본 '교요서론' 유포와 조선 후기 천주교의 성장」, 『한국천주교회사의 연구』, 韓國史學, 2008, pp.196-197 및 盧鏞弼, 「조선후기 천주교 한글 필사본 교리서의 유통」, 『인문논총』 23, 경남대학교 인문과학연구소, 2009; 『韓國近現代社會思想史探究』, 韓國史學, 2010, pp.73-75 참조.

바로 이러한 사실에 朝鮮에서의 諺解筆寫本『텬쥬실의』流行의 社會思想史的 意義가 있었다고 보인다. 즉 兩班 출신으로서 漢文 解讀·註釋 및 諺文 飜譯 능력을 갖춘 이들이 漢文原文의 註釋目錄本『天主實義』를 토대로 諺文으로 번역하고 자상한 註釋을 첨가한『텬쥬실의』를 筆寫해준 것을, 諺文 解讀 능력밖에 갖추지 못한 다양한 신분층의 성인 남성·여성들 그리고 소년·소녀들이 활용하여 이들이 천주교 교리에 대한 지식을 갖추기에 이르렀던 것이라 여겨진다. 그만큼 諺文筆寫本『텬쥬실의』의 유행은 조선 후기 천주교 확산 사실을 상징적으로 웅변해주는 것이라 풀이된다고 하겠다.

【附錄】

〈表 1〉原本『天主實義』의 篇目과 註釋目錄本『天主實義』의「目錄」比較表

原本『天主實義』篇目	註釋目次本『天主實義』「目錄」
『天主實義』上卷	『天主實義』上卷 目錄
首篇論天主始制天主萬物而主宰安養之	首篇論天主始制天主萬物而主宰安養之
×	人能推理別于禽獸
×	天地有主宰以理數端徵之
×	一以良能徵
×	一以天動徵
×	一以鳥獸作動徵
×	一以物不能自成徵
×	一以物次序安排徵
×	一以物始生傳類徵
×	天主無始無終
×	天主如何生萬物
×	物之所以然有四
×	天主爲物宗之所以然
×	天主惟一尊
×	天主無窮難測
×	天主本性超越萬物之品
第二篇解釋世人錯認天主	第二篇解釋世人錯認天主
×	三教以何爲務
×	辯佛老空無之說
×	太極之論
×	物宗品有二自立者依賴者
×	太極與理不能爲物之原
×	上包下有三般
×	天主無形精德包含萬物性理
×	天主卽經言上帝非玉泉眞武上帝
×	天地不可爲主宰
×	以天稱呼天主何義
第三篇論人魂不滅大異禽獸	第三篇論人魂不滅大異禽獸
×	現世人比禽獸爲苦

	×	世人迷于世慾
	×	現世不過爲人暫居
	×	佛氏天堂地獄之說與主教大異
	×	人靈魂永存不滅
	×	魂有三品草木禽獸及人魂
	×	人魂與草木禽獸魂所以不同
	×	形物殘滅之由
	×	人靈魂屬神而無形與禽獸異以理六端徵之
	×	一以靈魂爲身之主徵
	×	二以人有形神兩性徵
	×	三以人愛惡無形之事徵
	×	四以人有無形之念想徵
	×	五以人欲悟二司之無形所屬徵
	×	六以人之知無限能反觀諸已徵
	×	靈魂不滅以數端徵之
	×	一以人心欲傳善名於後世徵
	×	二以人心願常生徵
	×	三以現世物不充滿人心徵
	×	四以人人皆怕死徵
	×	五以現死不能盡善惡之報徵
	×	辯人魂散滅之說
第四篇辯釋鬼神及人魂異論而解天下萬物不可謂一體		第四篇辯釋鬼神及人魂異論而解天下萬物不可謂一體
	×	以古經古禮徵有鬼神
	×	辯鬼神之異說
	×	目不見不可以爲無
	×	辯人死後其魂在家之說
	×	氣非鬼神
	×	鬼神體物與靈魂在人各有分別
	×	鳥獸性與人性不同
	×	以何分別物類
	×	以外貌像不可別物類
	×	氣非生活之本
	×	鬼神無柄世之專權
	×	物與主宰不可爲一體

	×	天主造物全能以無爲有
	×	天主非物内本分
	×	天主無使用其物如匠者用器械
	×	物性善精者謂天主之迹
	×	物之所以然如何在于本物
	×	天主無所不在
	×	分別各同
	×	萬物一體乃寓言非眞一體
	×	仁施及遠
	×	物性以多不同爲美
	×	各物本行不宜混

『天主實義』下卷	『天主實義』下卷 目錄
第五篇辯排輪廻六道戒殺生之謬說而揭齋素正志	第五篇辯排輪廻六道戒殺生之謬說而揭齋素正志
×	輪廻起自閉他臥刺釋氏竊之
×	以數端理辯輪廻
×	一現世人不記前世之事
×	魔鬼附人及獸証人
×	二今禽獸魂與古禽獸魂無異
×	三輪廻亂三魂之通論
×	四人之體態與禽獸不同
×	五惡人魂變獸不可爲惡人之刑
×	六輪廻廢農事畜用亂人倫
×	天主生禽獸等物皆爲人養用
	毒虫虎狼等雖害外人實益內人
×	因我逆天主物始亦逆我
×	無禁殺鳥獸但宜用之有節
×	禁殺生大有損于牧牲
×	齋有三志一志痛悔補罪
×	二志爲寡慾
×	三志助人修德
×	齋必與其人相稱
第六篇解釋意不可滅幷論死後必有天堂地獄之賞罰以報世人所爲善惡	第六篇解釋意不可滅幷論死後必有天堂地獄之賞罰以報世人所爲善惡
×	辯君子爲善無意之說

	×	善惡由意之邪正無意則無善惡
	×	辯老莊勿爲勿意勿辯之說
	×	無意是如草木金石
	×	老莊屛意之故
	×	金石草木禽獸無意之解
	×	善惡是非從心內之意爲定
	×	善者成乎全惡者成于一
	×	正意爲善行正勿行邪
	×	行當行之事意益高善益精
	×	聖人以賞罰勸善沮惡
	×	利害有三等身與財名譽之利害
	×	利不可言乃悖義者耳
	×	當預防未來先謀未逮
	×	圖死後之事豈得爲遠
	×	現世人事如演戲
	×	行善正意有上中下
	×	惡者惡惡因懼刑善者惡惡因愛德
	×	天主至尊至善自當敬自當愛
	×	本世之報甚微不足
	×	善惡之報歸于其子孫否
	×	理之所見眞于肉眼
	×	以數端理證天堂地獄之說
	×	一端人心所向惟在全福
	×	二端天主不徒然賦人無窮好之願
	×	現世賞罰不盡善惡之報
	×	天主報應無私
	×	善惡之報亦有現世乎
	×	現世有善人貧賤有惡人富貴緣由
	×	中國古經傳亦有天堂地獄之說否
	×	先善後惡者先惡後善者死後何如
	×	弗信天堂地獄之理決非君子
	×	天堂之樂無限地獄之苦無窮
	×	天堂之樂以待仁者
第七篇論人性本善而述天主門士正學		第七篇論人性本善而述天主門士正學
	×	率性解論

	×	人性解說
	×	率性何爲善何爲不善
	×	人性能行善惡不可謂性本有惡
	×	功罪皆由人自願而生
	×	性之善爲良善德之善爲習善
	×	人心始生如素簡
	×	德乃神性之寶服
	×	天主生我我能勤于德而反自棄咎將誰歸
	×	知德之道理而不行則培其愆
	×	所謂成己乃成本形之神體
	×	人內司有三解說
	×	學道要識其向往
	×	明德之要在躬行喩人
	×	先去惡而後能致善
	×	欲剪惡興善須逐日省察
	×	改惡之要惟在深悔
	×	愛天主萬物之上愛人如己斯二者爲諸德之全備
	×	交接人必信其有實據之言
	×	愛情爲諸情之主爲諸行動之原
	×	愛天主之效莫誠乎愛人
	×	仁之理在愛其得善之美非愛其善爲己有
	×	人雖惡亦有可愛之處
	×	天主賜我形神兩備宜兼用二者以事之
	×	天主經不過欽崇天主恩德而讚美之
	×	人意易疲不能自勉而脩
	×	天地惟有一主正敎惟有一敎
	×	天主知能無限無外爲而成
	×	釋氏之經多有虛誕
	×	佛神諸像何從而起
	×	有焚禱神佛者或致感應否
第八篇總舉大西俗尙而論其傳道之士所以不娶之意幷釋天主降生西士由來		第八篇總舉大西俗尙而論其傳道之士所以不娶之意幷釋天主降生西士由來
	×	敎化皇係何等之位
	×	耶穌會士以講學勸善爲務
	×	絶色之難自願者違之

	×	耶穌會士不婚之緣由
	×	行道者不婚多有便處
	×	辯解無後不孝之說
	×	不孝之極有三
	×	天主國君家君爲三父逆之者不孝
	×	天主乃大公之父無上共君
	×	開闢初人之好處
	×	遠西稱爲聖人以何爲切要
	×	耶穌在世以何效驗證爲天主

〈表2〉 註釋目錄本『天主實義』의「目錄」과 諺文筆寫本『텬주실의』의「목록」

註釋目錄本『天主實義』의「目錄」 『天主實義』上卷 目錄	諺文筆寫本『텬주실의』의「목록」 『텬쥬실의』 샹권 목록	비고
首篇論天主始制天主萬物而主宰安養之	슈편은 텬쥬의 비로스 텬디 만물을 지으시고 쥬직호시고 안양호심을 의논홈이라	○
人能推理別于禽獸	사룸이 능히 주리홈이 금슈와 다룸이라	○
天地有主宰以理數端徵之	텬디의 쥬직잇심을 증거홈이라	○
一以良能徵	호나흔 량능으로써 증거호고	○
一以天動徵	호나흔 텬동으로써 증거호고	○
一以鳥獸作動徵	호나흔 금슈의 동작홈으로써 증거호고	○
一以物不能自成徵	호나흔 물이 스스로 일우지 못홈으로써 증거호고	○
一以物次序安排徵	호나흔 물의 추례로써 증거호고	○
一以物始生傳類徵	호나흔 물이 비로스 나 젼류홈으로 증거호고	○
天主無始無終	텬쥬ㅣ 무시무죵 뉴편	○
天主如何生萬物	텬쥬ㅣ 엇더케 만물을 내심이라 뉴편	○
物之所以然育四	물의 소이연이 네가지 잇심이라 칠편	○
天主爲物宗之所以然	텬쥬ㅣ 만물 웃듬의 소이연이 됨이라 칠편	○
天主惟一尊	텬쥬ㅣ 오직 호나히오 놉흐신 이라 팔편	○
天主無窮難測	텬쥬는 무궁호샤 난측홈이라 팔편	○
天主本性超越萬物之品	텬쥬의 본셩이 만물품에 초월호심이라 십편	○
第二篇解釋世人錯認天主	데이편은 셰샹 사롬의 텬쥬를 그릇 알믈 풀미라	○
三敎以何爲務	셰가지 교에 어느 교로써 힘씀을 삼음이라 십일편	○
辯佛老空無之說	불노의 허무호 말을 분변홈이라 십일편	○
太極之論	태극의논 십삼편	○
物宗品有二自立者依賴者	물품이 둘이 잇스니 주립쟈와 의뢰쟈라 십스편	○
太極與理不能爲物之原	태극과 리ㅣ 물의 근원이 되지 못홈이라 십스편	○
上包下有三般	우희ㅣ 아리룰 포함홈이 세가지이 잇심이라 십육편	○
天主無形精德包含萬物性理	텬쥬의 무형호 덕이 만물의 졍리룰 포함홈이라 십칠편	○

제1장 『天主實義』 註釋目錄本의 中國에서의 出版과 朝鮮에서의 諺解筆寫本의 流行   193

天主卽經言上帝非玉泉眞武上帝	텬쥬는 곳 경서에 말훈 샹뎨오 옥황진무샹뎨는 아니라 십팔편	ㅇ
天地不可爲主宰	텬디ㅣ 가히 쥬지되지 못홈이라 십구편	ㅇ
以天稱呼天主何義	하늘로써 텬쥬라 칭홈이 무슴 의뇨 이십편	ㅇ
第三篇論人魂不滅大異禽獸	뎨삼편은 사름의 혼이 불멸하야 크게 금슈와 다름을 의논홈이라	ㅇ
現世人比禽獸爲苦	세샹 사름이 금슈보다 고롭이라 이십일편	ㅇ
世人迷于世慾	세샹 사름이 세욕에 흐림이라 이십삼편	ㅇ
現世不過爲人暫居	세샹은 불과 사름의 잠시 거홀 디라 이십삼편	ㅇ
佛氏天堂地獄之說與主敎大異	불시의 텬당 디옥의 말이 셩교로 더브러 크게 다름이라 이십스편	ㅇ
人靈魂永存不滅	사름의 령혼이 영히 잇서 멸치 아니홈이라 이십스편	ㅇ
魂有三品草木禽獸及人魂	혼이 세픔 잇스니 초목과 금슈와 사름의 혼이라 이십스편	ㅇ
人魂與草木禽獸魂所以不同	사름의 혼이 초목 금슈의 혼으로 더브러 곳지 아니훈 바라	
形物殘滅之由	형샹 잇는 물건의 멸ᄒᆞ는 연유라 이십뉵편	ㅇ
人靈魂屬神而無形與禽獸異以理六端徵之	사름의 령혼은 신에 쇽ᄒᆞ야 무형홈이 금수로 더브러 다름을 여슷 끗초로 증거홈이라 이십뉵편	
一以靈魂爲身之主徵	ᄒᆞ나훈 령혼이 일신의 쥬직됨으로 증거홈이라 이십뉵편	ㅇ
二以人有形神兩性徵	둘혼 사름은 형신과 령신 두 셩픔이 잇슴으로써 증거홈이라 이십뉵편	ㅇ
三以人愛惡無形之事徵	세흔 사름이 무형훈 일을 ᄉᆞ랑ᄒᆞ고 뮈워홈으로 증거홈이라 이십칠편	ㅇ
四以人有無形之念想徵	네흔 사름이 무형훈 싱각이 잇슴으로써 증거홈이라 이십칠편	ㅇ
五以人欲悟二司之無形所屬徵	다ᄉᆞᆺ 사름이 명오이욕ᄉᆞ의 쇼쇽이 무형홈으로써 증거홈이라	
六以人之知無限能反觀諸己徵	뉵은 사름의 알미 무한ᄒᆞ야 도로혀 즈긔 셩품을 봄으로써 증거홈이라 이십편	ㅇ
靈魂不滅以數端徵之	령혼의 불멸홈을 두어 끗초로써 증거홈이라 이십구편	ㅇ
一以人心欲傳善名于後世徵	ᄒᆞ나훈 사름의 ᄆᆞ음 어진 일홈을 후세에 젼코져홈으로써 증거홈이라 이십구편	ㅇ
二以人心願常生徵	둘혼 사름의 ᄆᆞ음이 샹싱을 원홈으로써 증거홈이라 삼십편	

三以現世物不充滿人心徵	세혼 세샹 믈건이 사롬의 무음을 치오지 못홈으로써 증거홈이라 삼십편	○
四以人人皆怕死徵	네혼 사롬마다 죽음을 두림으로써 증거홈이라 삼십일편	○
五以現死不能盡善惡之報徵	오혼 이 세샹으로써 능히 다 션악을 갑지 못홈으로써 증거홈이라 삼십편	○
辯人魂散滅之說	사롬의 령혼이 멸혼다 호는 의심을 분변홈이라 삼십일편	○
第四篇辯釋鬼神及人魂異論而解天下萬物不可謂一體	데ᄉ편은 귀신과 사롬의 혼이 다름을 분변호고 텬하만물이 일톄되지 못홈을 플미라	○
以古經古禮徵有鬼神	고경과 고례로써 귀신 잇심을 증거홈이라 삼십ᄉ편	○
辯鬼神之異說	귀신의 다른 말을 분변홈이라 삼십오편	○
目不見不可以爲無	눈의 보지 못홈으로써 가히 업다 호지 못홈이라 삼십오편	○
辯人死後其魂在家之說	사롬이 죽은 후에 그 혼이 집에 잇지 못홈을 분변홈이라 삼십뉵편	○
氣非鬼神	긔운이 귀신이 아니라 삼십편	○
鬼神體物與靈魂在人各有分別	귀신이 믈에 졉홈은 령혼이 사롬에 잇심과 각고 분별이 잇심이라 삼십구편	○
鳥獸性與人性不同	금슈의 셩품이 사롬의 셩품으로 더브러 갓지 아니홈이라 ᄉ십편	○
以何分別物類	엇더홈으로써 믈류를 분별홈이라 ᄉ십편	○
以外貌像不可別物類	밧긔 모샹으로써 믈류를 분별치 못홈이라 ᄉ십일편	○
氣非生活之本	긔운은 싱활의 근본이 아니라 ᄉ십일편	○
鬼神無柄世之專權	귀신은 셰샹을 지졔호는 권이 업ᄂ니라 ᄉ십이편	○
物與主宰不可爲一體	믈이 쥬지로 더브러 일톄 되지 못홈이라 ᄉ십이편	○
天主造物全能以無爲有	텬쥬의 조물호신 젼능이 업숨으로써 잇게 호심이라 ᄉ십ᄉ편	○
天主非物內本分	텬쥬는 물건 안희 본분이 아니라 ᄉ십뉵편	○
天主無使用其物如匠者用器械	텬쥬] 물건을 쓰심이 공쟝의 긔계 씀과 갓지 아니홈이라	○
物性善精者謂天主之迹	물건의 셩품이 션호고 졍호 쟈는 텬쥬의 자최라 닐음이라 ᄉ십팔편	○
物之所以然如何在于本物	물건의 소이연의 엇더홈이 본 물건에 잇심이라 ᄉ십팔편	○
天主無所不在	텬쥬] 무소부지라 ᄉ십팔편	○

分別各同	일홈의 곳홈을 분변홈이라 스십구편	○
萬物一體乃寓言非眞一體	만물의 일톄된다홈은 설스 혼 말이오 참 일톄란 말이 아니라 스십구편	○
仁施及遠	인의 베플미 먼듸 밋홈이라 오십편	○
物性以多不同爲美	물성이 만히 곳지 아니홈으로써 아름다음을 삼느니라 오십일편	○
各物本行不宜混	각 물의 근본 셩졍을 맛당이 혼잡지 못홈이라 오십일편	○

『天主實義』下卷 目錄	『텬쥬실의』 하권 목록	비고
第五篇辯排輪廻六道戒殺生之謬說而揭齋素正志	뎨오편은 륜회 뉵도와 살싱 경계의 그른 말을 벽파ᄒ고 지속의 바른 뜻을 들미라	
輪廻起自閉他臥刺釋氏竊之	륜회 펴타와로브터 나 셕시의 도적ᄒ야 혼 말이라	○
以數端理辯輪廻	두어끗 츠로써 륜회를 변논홈이라	○
一現世人不記前世之事 魔鬼附人及獸詿人	ᄒ나혼 셰샹 사름이 젼셰샹일을 긔억지 못홈이라 마귀 사름과 금슈에 븟처 사름을 죽임이라	×
二今禽獸魂與古禽獸魂無異	둘혼 이제 금슈의 혼이 녯 금슈의 혼으로 더브러 다름이 업슴이라	○
三輪廻亂三魂之通論	세혼 륜회 세가지 혼의 공번된 의논을 어즈러힘이라	○
四人之體態與禽獸不同	네혼 사름의 톄티 금슈를 더브러 곳지 아니홈이라	○
五惡人魂變獸不可爲惡人之刑	온ᄂ 악인의 혼이 변ᄒ야 즘승됨이 가히 악인의 형벌이 되지 못홈이라	○
六輪廻廢農事畜用亂人倫	뉵은 륜회 농ᄉ와 뉵츅의 양홈을 폐ᄒ고 인륜을 어즈러힘이라	○
天主生禽獸等物皆爲人養用	텬쥬 금슈 등물을 냄은 다 사름의 씀을 위홈이라	○
毒虫虎狼等雖害外人實益內人	독훈 버레와 호랑 곳한 거시 비록 밧긔 사름은 해ᄒ나 안 사름을 니익게 홈이라	○
因我逆天主物始亦逆我	내 텬쥬를 거스림을 인ᄒ야 물건이 비로스 나를 거스림이라	○
無禁殺鳥獸但宜用之有節	금슈 죽임을 금홈이 업고 다만 씀이 맛당이 결조 잇느니라	○
禁殺生大有損于牧牲	살싱을 금홈이 크게 유양 기름에 손샹홈이라	○
齋有三志一志痛悔補罪	지계 세가지 뜻이 잇스니 ᄒ나혼 통회ᄒ고 죄를 기옴이오	○
二志爲寡慾	둘혼 욕심 젹게 홈을 위홈이오	○

三志助人修德	세흔 사름의 슈덕홈을 도음이니라	○
齋必與其人相稱	직계ㅣ 반드시 그 사롬으로 더브러 샹칭하게 홈이라	○
第六篇解釋意不可滅幷論死後必有天堂地獄之賞罰以報世人所爲善惡	뎨뉵편은 뜻을 가히 업지 못홈을 풀고 수후에 반드시 텬당 디옥이 잇서 셰인의 션악을 샹벌홈을 의논홈이라	○
辯君子爲善無意之說	군ᄌ의 션을 홈이 뜻업시 한다 홈을 분변홈이라	○
善惡由意之邪正無意則無善惡	션악이 뜻의 샤졍으로 말미암고 뜻이 업슨즉 션악이 업슴이라	○
辯老莊勿爲勿意勿辯之說	노쟝(노ᄌ 쟝ᄌ)의 ᄒ지도 말고 뜻도 알고 분변도 말나 ᄒᄂᆞᆫ 말을 변논홈이라	○
無意是如草木金石	뜻이 업스면 이ᄂᆞᆫ 초목금셕과 ᄀᆞᆺ홈이라	○
老莊屛意之故	노쟝의 뜻을 물니친 연고라	○
金石草木禽獸無意之解	금셕 초목 금슈의 뜻업ᄂᆞᆫ 플님이라	○
善惡是非從心內之意爲定	션악 시비ᄂᆞᆫ ᄆᆞ음 안희 뜻을 좃차 뎡홈이라	○
善者成乎全惡者成于一	션은 온젼흔디 일우고 악은 흔 가지에 일움이라	○
正意爲善行正勿行邪	뜻을 바ᄅᆞ게 홈이 션이 되니 바른 거슬 힝ᄒᆞ고 샤특흔 거슬 힝치 말미라	○
行當行之事意益高善益精	맛당이 힝홀 일을 힝ᄒᆞ면 뜻이 더욱 놉고 션이 더욱 졍홈이라	○
聖人以賞罰勸善沮惡	셩인은 샹벌노써 권션증악 홈이라	○
利害有三等身與財名譽之利害	리해ㅣ 세가지 등분이 잇스니 몸과 일홈과 직물의 리해라	○
利不可言乃悖義者耳	리를 가히 말ᄒᆞ지 아닐 거시라 홈은 의를 거스리ᄂᆞᆫ 쟈나라	○
當預防未來先謀未逮	맛당이 오지 아니흔 해를 예방ᄒᆞ고 밋지 못흔 바를 몬져 도모홈이라	○
圖死後之事豈得爲遠	ᄉᆞ후ᄉᆞ를 도모홈이 엇지 멀다 ᄒᆞ랴	○
現世人事如演戲	이 셰샹 사름의 일이 희쟈 노롬 ᄀᆞᆺ 홈이라	○
行善正意有上中下	힝션ᄒᆞᄂᆞᆫ 바른 뜻이 세가지 잇ᄉᆞ니 샹즁하라	○
惡者惡惡因懼刑善者惡惡因愛德	악쟈의 악을 뮈워홈은 형벌을 두림이오 션쟈의 악을 뮈워홈은 덕을 ᄉᆞ랑홈이라	○
天主至尊至善自當敬自當愛	텬쥬 지존ᄒᆞ시고 지션ᄒᆞ시니 스스로 맛당이 공경ᄒᆞ고 스스로 맛당이 ᄉᆞ랑홈이라	○
本世之報甚微不足	이 셰상의 갑홈이 심히 미ᄒᆞ야 족지 못홈이라	○

善惡之報歸于其子孫否	션악의 갑흠이 그 ᄌᆞ손에 도라가랴 아니ᄒᆞ랴	○
理之所見眞于肉眼	리의 보는 바는 육목에서 춤됨이라	○
以數端理證天堂地獄之說	두어긋 츠로 텬당디옥말을 증거홈이라	○
一端人心所向惟在全福	ᄒᆞᆫ 긋춘 인심의 향ᄒᆞ는 바 오직 온젼ᄒᆞᆫ 복에 잇ᄉᆞᆷ이오	○
二端天主不徒然賦人無窮好之願	둘지 긋춘 텬쥬ㅣ 공연이 사름의 무궁원욕을 븟쳐주지 아니시리라	○
現世賞罰不盡善惡之報	이 셰상 샹벌이 션악의 갑흠을 다ᄒᆞ지 못홈이라	○
天主報應無私	텬쥬의 갑흐심이 ᄉᆞ졍이 업ᄉᆞᆷ이라	○
善惡之報亦有現世乎	션약의 갑흠이 ᄯᅩ흔 이 셰상에도 잇ᄂᆞ냐	○
現世有善人貧賤有惡人富貴緣由	이 셰상에 션인이 빈쳔ᄒᆞ고 악인이 부귀ᄒᆞᆫ 연유를 의논홈이라	○
中國古經傳亦有天堂地獄之說否	즁국 경서에 ᄯᅩ한 텬당디옥말이 잇ᄂᆞ냐 업ᄂᆞ냐	○
先善後惡者先惡後善者死後何如	몬져 션ᄒᆞ다가 후에 악ᄒᆞᆫ 쟈와 몬져 악ᄒᆞ다가 후에 션ᄒᆞᆫ 쟈는 ᄉᆞ후에 엇더ᄒᆞ뇨	○
弗信天堂地獄之理決非君子	텬당디옥을 밋지 안ᄒᆞ면 결단코 군ᄌᆞ아니라	○
天堂之樂無限地獄之苦無窮	텬당의 락은 무한ᄒᆞ고 디옥의 고는 무궁홈이라	○
天堂之樂以待仁者	텬당의 락으로써 션쟈를 기ᄃᆞ림이라	○
第七篇論人性本善而述天主門士正學	뎨칠편은 사름의 셩픔이 본ᄃᆡ 션홈을 의논ᄒᆞ고 텬쥬셩교문에 션비 바른 학을 긔록홈이라	○
率性解論	셩픔을 좃차 닥금을 풀어 의논홈이라	○
人性解說	인셩을 풀어 말홈이라	○
率性何爲善何爲不善	셩픔을 좃차면 엇지ᄒᆞ야 션도 되고 불션도 되ᄂᆞ냐	○
人性能行善惡不可謂性本有惡	인셩이 능히 션악을 ᄒᆡᆼᄒᆞ니 가히 셩픔이 본ᄃᆡ 악이 잇다 닐으지 못홈이라	○
功罪皆由人自願而生	공과 죄 다 사름의 ᄌᆞ원으로 말미암아 나ᄂᆞ니라	○
性之善爲良善德之善爲習善	셩픔의 션홈은 본ᄃᆡ 션홈이 되고 덕의 션홈은 닉힌 션이 됨이라	○
人心始生如素簡	사름의 ᄆᆞᄋᆞᆷ이 비로소 나매 희조의 ᄀᆞᆺ함이라	○
德乃神性之寶服	덕은이 신셩의 보비로은 의복이라	○

天主生我能勤于德而反自棄咎將誰歸	텬쥬ㅣ 나를 내샤 능히 덕에 브즈런ᄒᆞ라 ᄒᆞ셧거늘 도로혀 스스로 ᄇᆞ리니 허믈이 쟝촛 뉘게로 도라가리오	○
知德之道理而不行則培其愆	덕의 도리를 알고 힝치 아니ᄒᆞ면 그 허믈을 비로더ᄒᆞᆷ이라	○
所謂成己乃成本形之神體	닐은바 즈긔를 셩취ᄒᆞᆷ은 이 본형의 신톄를 셩취ᄒᆞᆷ이라	○
人內司有三解說	사름이 ᄆᆡᆼ오 긔함 익욕 삼ᄉᆞ 잇심을 플미라	
學道要識其向往	도를 ᄇᆡ호는 요긴ᄒᆞᆷ은 그 죵향을 알미라	
明德之要在躬行喩人	명덕의 요긴ᄒᆞᆷ은 몸소 힝ᄒᆞ고 사름을 권유ᄒᆞᆷ에 잇ᄂᆞ니라	
先去惡而後能致善	몬져 악을 ᄇᆞ린 후에 능히 션을 니르ᄂᆞ니	
欲剪惡興善須逐日省察	악을 믈니고 션을 니ᄅᆞ고져 ᄒᆞ면 맛당이 날마다 셩찰ᄒᆞᆯ지니라	
改惡之要惟在深悔	악을 곳치는 요긴ᄒᆞᆷ이 깁히 뉘웃ᄂᆞᆫᄃᆡ 잇ᄂᆞ니라	○
愛天主萬物之上愛人如己斯二者爲諸德之全備	텬쥬를 만유우희 ᄉᆞ랑ᄒᆞ고 사름 ᄉᆞ랑ᄒᆞᆷ을 즈긔 ᄀᆞᆺ치ᄒᆞ는 두 가지 모든 덕의 온젼이 갓촘이 되ᄂᆞ니라	
交接人必信其有實據之言	사름을 ᄉᆞ괴매 반ᄃᆞ시 실흔 증거 잇ᄂᆞᆫ 말을 밋ᄂᆞ니라	○
愛情爲諸情之主爲諸行動之原	ᄉᆞ랑ᄒᆞᄂᆞᆫ 졍이 모든 졍의 쥬쟝이 되고 모든 힝지의 근원이 되ᄂᆞ니라	○
愛天主之效莫誠乎愛人	텬쥬를 ᄉᆞ랑ᄒᆞᄂᆞᆫ 징험이 사름을 ᄉᆞ랑ᄒᆞᆷ에셔 더 셩실됨이 업ᄂᆞ니라	○
仁之理在愛其得善之美非愛其善爲己有	어진 끗치 그 사름의 션 엇음을 ᄉᆞ랑ᄒᆞᄂᆞᆫᄃᆡ 잇고 나의 션을 잇음을 ᄉᆞ랑ᄒᆞᄂᆞᆫᄃᆡ 잇지 아니ᄒᆞᆷ이라	○
人雖惡亦有可愛之處	사름이 비록 악ᄒᆞ나 ᄯᅩᄒᆞᆫ 가히 ᄉᆞ랑ᄒᆞᆯ 곳이 잇ᄂᆞ니라	○
天主賜我形神兩備宜兼用二者以事之	텬쥬ㅣ 나를 신형 두 가지를 갓초와 주셧시니 맛당이 두 가지를 겸ᄒᆞ야 써 셤길지니라	○
天主經不過欽崇天主恩德而讚美之	텬쥬 셩경은 불과 텬쥬의 은덕을 흠슝ᄒᆞ고 찬미ᄒᆞᆷ이니라	○
人意易疲不能自勉而脩	사름의 ᄯᅳᆺ이 게어르기 쉬워 능히 스스로 면강ᄒᆞ야 닥지 못ᄒᆞᆷ이라	○
天地惟有一主正教惟有一教	텬디에 오직 ᄒᆞᆫ 쥬 계시니 바른 교ㅣ ᄯᅩᄒᆞᆫ ᄒᆞᆫ 교ㅣ 잇ᄂᆞ니라	○
天主知能無限無外爲而成	텬쥬의 지능이 무한ᄒᆞ샤 밧긔 힘을 빌지 아니ᄒᆞ고 일우시ᄂᆞ니라	○
釋氏之經多有虛誕	셕시의 경은 만히 허탄ᄒᆞᆷ이 잇ᄂᆞ니라	○

佛神諸像何從而起	부처와 신선이 어디로 좃차 니러나뇨	○
有焚禱神佛者或致感應否	신부의게 긔도ᄒᆞᄂᆞᆫ 쟈 혹 감응홈이 잇ᄂᆞ냐 업ᄂᆞ냐	○
廟宇多神之怪像	샤특ᄒᆞᆫ 사당에 괴이ᄒᆞᆫ 귀신의 형상이 만홈이라	○
辯三敎歸一之說	세 가지 교ㅣ ᄒᆞᆫ 곳에 도라오ᄂᆞᆫ 말을 분변홈이라	○
天主正道惟一	텬쥬 졍도ㅣ 오직 ᄒᆞ나히라	○
第八篇總擧大西俗尙而論其傳道之士所以不娶之意幷釋天主降生西士由來	뎨팔편은 태서 풍쇽을 대총 의논ᄒᆞ고 젼도ᄒᆞᄂᆞᆫ 션빈 혼ᄎᆔ 아니홈을 의논홈이라	×
	텬쥬강싱ᄒᆞ신 연유라	
敎化皇係何等之位	교화황이 엇더ᄒᆞᆫ 위른 의논홈이라	○
耶蘇會士以講學勸善爲務	예수회 션빈ㅣ 학을 강ᄒᆞ고 션을 권홈으로써 힘씀을 삼ᄂᆞ니라	○
絶色之難自願者遵之	싁을 ᄭᅳᆫᄂᆞᆫ 어려옴은 ᄌᆞ원쟈 준힝홈이라	○
耶蘇會士不婚之緣由	예수회 션빈 혼빈 ᄒᆞ지 아니ᄒᆞᄂᆞᆫ 연유라	○
行道者不婚多有便處	ᄒᆡᆼ도ᄒᆞᄂᆞᆫ 쟈 혼ᄎᆔ 아니홈이 편홀 곳이 만홈이라	○
辯解無後不孝之說	무후불혼지셜을 분변홈이라	○
不孝之極有三	불효지극이 세 가지 잇ᄂᆞ니라	○
天主國君家君爲三父逆之者不孝	텬쥬와 국군과 가군이 세 아비 되니 거스리ᄂᆞᆫ 쟈 불효라	○
天主乃大公之父無上共君	텬쥬ᄂᆞᆫ 크게 공변된 아비오 우업ᄂᆞᆫ 님금이시라	○
開闢初人之好處	긔벽지초에 사ᄅᆞᆷ의 됴흔 곳이라	○
遠西稱爲聖人以何爲切要	서국 셩인이라 닐ᄏᆞᄅᆞᆷ이 엇더케 긴즁홈이라	○
耶蘇在世以何效驗證爲天主	예수ㅣ 셰샹에 계실 졔 무슴 효험으로 텬쥬를 증거홈이라	○

제2장
中國 註釋目錄本 『天主實義』 用語 修訂의 特徵과 朝鮮 諺解筆寫本 『텬쥬실의』의 그 特徵 受容 樣相

1. 註釋目錄本 『天主實義』와 諺解筆寫本 『텬쥬실의』

利瑪竇(Matteo Ricci, 1552-1610)가 저술하여 1603년 北京에서 출판한 初版 『天主實義』는 1609년에 이르기까지 불과 6년 사이에 4版이나 重刻本이 발행되었고, 그중 2판은 천주교인들에 의해 그리고 2판은 일반인들에 의해 출판이 이뤄졌다.[1] 그럴 정도로 그 당시 이미 『天主實義』에 대한 대중의 관심이 고조되었던 것이다.

이후 이러한 初版重刻本이 탈바꿈하여, 본문 중에 그 내용의 핵심 개요를 정리하여 제시하는 間註가 설정되고 그것들을 종합하여 上卷·下卷 각각의 서두에 目錄으로 제시한 註釋目錄本이 등장하였다. 그럼으로써 讀者들의 내용에 대한 可讀力이 그만큼 훨씬 고양되기에 이르렀다고 하겠다.

---

[1] マッテーオ・リッチ 著, 川名公平 譯, 矢澤利彦 注, 『中國キリスト敎布敎史』 二, 東京:岩波書店, 1982, p.21 및 方豪, 「天主實義發覆」, 『世光雜誌』 第三卷第一期, 1943; 改題 「天主實義之改竄」, 『方豪六十自定稿』 下冊, 臺北:臺灣學生書局, 1969, p.1602. 이렇듯이 2종의 初版重刻本을 발행한 天主敎人이 아닌 인물들에 관련해서, 川名公平의 日譯에서는 '異敎徒'라는 용어를, 그리고 뒤 方豪의 논문에서는 '非敎友'라는 용어를 썼다.

이 주석목록본으로 현재 전해지고 있는 판본 중 가장 오래된 것으로서는 1868년 江蘇主教 姚의 認准을 받아 重刊된 上海土山灣印書館 第四版이 유일하게 찾아질 뿐이다.[2] 하지만 1629년에 초판중각본『천주실의』등을 포함시켜『天學初函』을 편찬한 李之藻(1565-1630)의 修訂本「天主實義重刻序」가 오늘날 전해지는 주석목록본『천주실의』에 登載되어 있는 것으로 판단하건대, 주석목록본『천주실의』는 李之藻의 의향이 전적으로 반영되어 그의 死後 그다지 멀지 않은 시점에 그 자신의 고향 杭州에서 처음으로 출판이 이루어졌던 것으로 추정된다.[3]

이러한 주석목록본『천주실의』를 언해하고 필사한 언해필사본『텬쥬실의』가 조선 후기에 언제부터인지 그 시점은 불명확하나 유행하고 있었다. 이 언해필사본『텬쥬실의』는 그 底本이 초판중각본이 아닌 주석목록본『천주실의』임이 그 體裁에서부터 자명하다.[4] 그러므로 이와 같은 성격은 주석목록본『천주실의』와 언해필사본『텬쥬실의』의 普遍性이라 할 수 있을 것이다.

언해필사본『텬쥬실의』의 내용을 글자 하나하나까지 주석목록본『천주실의』와 대조해가며 國譯 작업을 진행하면서, 이 언해필사본『텬쥬실의』의 내용에는 주석목록본『천주실의』에는 없는 자상한 주석들이 상당수가 첨가되어 있음이 가장 큰 차이점이자 특징이라는 사실이 드러났다.[5] 더군다나 언해필사본의 내용 중에는 그 용어가 주석목록본의 그것과는 일치하지 않는, 즉 주석목록본의 용어 자체를 그대로 直譯한 게 아닌 용어들이 종종 발견된다는 점도 또한 터득하기에 이르렀다. 따라서 이러한 점들은 그 성격상 주석목록본『천주실의』와 견주어서 언해필사본『텬쥬실의』의 個別性일 것이다.

---

[2] 盧鏞弼,「『天主實義』註釋目錄本의 中國에서의 出版과 朝鮮에서의 諺解筆寫本의 流行」,『韓國史學史學報』30, 2014, pp.182-183; 本書 제3부 제1장.
[3] 노용필,「천주교 한글 교리서『텬쥬실의』·『교요서론』의 언해·필사·보급」, 한국천주교주교회의 평신도기금운영위원회 2020년 수혜 논문, 2021; 本書 제3부 제5장.
[4] 노용필,「언해필사본『텬쥬실의』「목록」분석」,『教會史學』11, 2014; 本書 제3부 제3장.
[5] 노용필,「조선 언해필사본『텬쥬실의』주석의 특징과 그 역사적 의의」,『教會史學』14, 2017; 本書 제3부 제4장.

언해필사본의 이와 같은 개별성을 제대로 간파하기 위해서도, 초판중각본과의 비교를 통하여 주석목록본『천주실의』에서 어느 정도로 용어 수정이 이뤄졌는지, 그 특징은 과연 무엇인지, 그리고 그것이 언해필사본『텬쥬실의』의 용어 선정에 어떠한 영향을 끼쳤는지 하는 점들에 대해 천착해볼 필요성이 절실해졌다. 그래서 이런 점들을 여기에서 차례로 살펴보고자 하는 것이다.

2. 註釋目錄本『天主實義』用語 修訂의 특징:初版重刻本과의 비교 분석

초판중각본의 원문과 일일이 비교해서 분석해보니[6], 주석목록본 제2·6·7편에서만 '上帝'에 관해서 상세하게 거론한 사실을 확인할 수가 있었다. 이와 같은 사실에 대해 정확히 분석하기 위해, 우선 이러한 부분들을 도표로 작성하여 제시하면 다음의 〈표 1〉이다.

〈표 1〉 註釋目錄本의 '上帝' 거론 부분 分析表

區分		'上帝' 擧論 部分	原典	備考
제2편	(1)	西士曰 … 吾國天主卽經言上帝 與道家所塑玄帝玉皇之像不同 彼不過一人修居于武當山 俱亦人類耳 人惡得爲天地主耶 吾天主乃古經書所稱上帝也		
	(2)	中庸引孔子曰 郊社之禮 所以事上帝也 朱註曰 不言后土者 省文也	『中庸』, 朱熹『中庸章句集註』"郊社之禮 所以事上帝也 … 郊祭天 社祭地 不言后土者 省 省文也"	
	(3)	周頌曰 執競武王 無競維烈 不顯成康 上帝是皇	『詩經』「周頌」〈執競〉	
	(4)	又曰 於皇來牟 將受厥明 明昭上帝	『詩經』「周頌」〈臣工〉	
	(5)	商頌云 聖敬日躋 昭假遲遲 上帝是祇	『詩經』「商頌」〈長發〉	
	(6)	雅云 維此文王 小心翼翼 昭事上帝[7]	『詩經』「大雅」〈大明〉	★

---

6 주석목록본『천주실의』의 원문 전체를 모두 입력하여 저장한 후 특정 단어 혹은 문자를 '찾기' 기능을 통해 일일이 검색하여 초판중각본의 그것과 비교하는 과정을 거쳐서 규명하는 방법을 취하여 이 작업을 진행하였다.

7 이상 (1)-(6)의 註釋目錄本『天主實義』원문은『天主實義』, 上海 土山灣 藏版 重刊本, 1868; 上海 土山灣印書館 第四版, 1923, p.24. 이 중에서 (6)부분과 (7)부분과의 사이에『周易』을 인용한 "易曰 帝出乎震 夫帝也者 非天之謂 蒼天者抱八方 何能出於一乎" 대목이 있는데, 이 대목에는 정작 '上帝'가 없으므로 이 〈표 1〉의 작성에서는 제외하였음을 밝혀두는 바이다.

제2편	(7)	禮云 五者備當 上帝其饗[8]	『禮記』「月令」	
	(8)	又云 天子親耕 粢盛秬鬱 以事上帝	『禮記』「表記」	
	(9)	湯誓曰 夏氏有罪 予畏上帝 不敢不正	『尙書』「商書」〈湯誓〉	
	(10)	又曰 惟皇上帝 降衷于下民 若有恒性 克綏厥猷惟后	『尙書』「商書」〈湯誥〉	
	(11)	金縢 周公曰 乃命于帝庭 敷佑四方 上帝有庭 則不以蒼天爲上帝可知	『尙書』「金縢」	
	(12)	歷觀古書 而知上帝與天主 特異以名也[9]		
제6편		中士曰 … 詩曰 維此文王 小心翼翼 昭事上帝[10]	『詩經』「大雅」〈大明〉	★
제7편		中士曰 … 某囊者嘗誦詩云 維此文王 小心翼翼 昭事上帝 聿懷多福 厥德不回[11]	『詩經』「大雅」〈大明〉	★

※ 備考欄의 ★표시는 同一한 내용임을 나타냄

이 〈표 1〉의 내용 중 순서대로 제2편의 것을 먼저 검토하자. 이 제2편에서 西士의 발언 형식으로 '天主'에 대해 설명한 내용의 敍事 구조는 크게 보아 3부분으로 구분된다. 첫째 부분은 (1)의 "우리나라의 天主는 즉 [중국의] 經傳에서 말한 上帝(吾國天主卽經言上帝), … 우리 天主는 곧 옛 경서의 소위 上帝(吾天主乃古經書所稱上帝也)"라고 한 부분으로, 이는 말하자면 序論의 성격을 띤다고 하겠다. 둘째 부분은 『中庸』 1회, 『詩經』 4회, 『禮記』 2회, 『尙書』 3회에 걸쳐 각각 인용하면서, 序論인 (1)에서 지적한바 중국 옛 경서에서 거론한 '上帝'의 구체적인 사례를 제시하고 있는 것으로, 이는 本論에 해당한다고 여겨진다. 그리고 셋째 부분은 (12)의 "두루 옛글을 보면 上帝와 天主는 단지 이름을 달리하였을 뿐 [같은 존재]임을 알 수 있다(歷觀古書 而知上帝與天主 特異以名也)"라고 한 부분으로, 이는 곧 結論의 성격이라고 할 수 있겠다.

즉 서론과 결론에서 일관되게 설파하고, 이를 본론에서 구체적인 사례를 열거하여 '天主'가 '上帝'임을 입증하면서 이를 강조한 것이다. 이렇게 함으로써 결국 주석목록본에서는 제2편 이후 '上帝'에 관해 언급할 필요가 없어지게

---

8 원문은 『天主實義』, 1868; 1923, pp.24-25.
9 원문은 『天主實義』, 1868; 1923, p.25.
10 원문은 『天主實義』, 1868; 1923, p.111.
11 원문은 『天主實義』, 1868; 1923, p.131.

되었으며, 이에 따라서 초판중각본에서 '上帝'를 거론한 것을 주석목록본에서는 '天主' 등의 용어로 전부 수정하기에 이른 것이다. 따라서 초판 및 초판중각본에서 채택한 '上帝'를 주석목록본에서는 제2편 이후에서 일관되게 '天主' 등으로 수정함으로써 『천주실의』 전체의 서사 구조상 논리적으로 합리성을 띠게 되었다고 말해서 옳겠다.

다음으로 〈표 1〉의 내용 중 제6·7편의 것을 검토해보자. 이 제6·7편의 '上帝' 거론은 표시해둔 바대로 제2편의 (6)과 똑같이 『詩經』「大雅」〈大明〉의 "維此文王 小心翼翼 昭事上帝" 대목을 그대로 거듭 인용한 것에 불과하다. 이렇게 동일한 『詩經』「大雅」〈大明〉의 같은 대목을 도합 3차례나 인용하여 제시한 것 자체가, 중국 옛 경전의 '上帝'가 곧 '天主'임을 강조하고자 했던 의도에서 비롯된 것임이 여실히 입증된다고 할밖에 달리 설명할 방도가 없어 보인다.

결과적으로 〈표 1〉을 통해서 주석목록본 『천주실의』의 용어 채택에 있어서 가장 대표적인 특징은 제2편에서 본격적으로 '天主'에 대해 설명하면서 '天主'가 곧 중국 옛 경전의 '上帝'임을 거론한 부분에서 확연히 입증된다고 생각한다. 더욱이 제6편·제7편에서 『詩經』의 동일한 구절을 똑같이 인용하여 '上帝'와 관련하여 거론한 대목 이외에서는 하나의 예외도 없이 일률적으로 '上帝'가 '天主'를 위시한 '大主', '上主' 등의 다른 용어로 수정되었다는 점 역시 그러하다고 하겠다.

그러면 이상에서 〈표 1〉을 통해서 살핀 제2·6·7편의 '上帝' 거론 부분 이외에서는 초판중각본의 '상제' 거론 부분들이 주석목록본에서는 어떻게 수정되었을까. 간략히 먼저 개괄하면, 초판중각본의 '上帝'가 주석목록본에서 대부분 '天主'·'上主'·'大主' 등으로 수정되었고, '吾主'·'眞主' 및 '昭事'·'保存' 등으로도 1회씩 修訂되었음을 밝혀낼 수 있었는데, 이러한 수정된 용어 및 그것의 채택 빈도를 計量化해서 도표로 작성한 게 [附錄]〈표 1〉이다.

그리고 이【附錄】〈표 1〉을 토대로 초판중각본의 '上帝'가 주석목록본에서는 '天主' 등으로 수정된 사례를 집합하여 그 유형을 정리하여 분석하는 작업을 진척시켜 보았다. 그 결과를 종합하여 작성한 게 바로 아래의 〈표 2〉이다.

〈표 2〉 初版重刻本 上帝의 註釋目錄本 天主 등으로의 用語 修訂 類型 分析表

初版 重刻本	上帝								天主上帝	
註釋 目錄本	天主	大主	上主	天地人物 之上主	吾主	眞主	主宰	保存	天地主宰	
類型	Ia	Ib	Ic	Id	Ie	If	Ig	Ih	II	
頻度	48	3	15	1	2	1	3	1	1	
初版 重刻本	畏上帝	助上帝	格上帝	事上帝		昭事上帝		天帝	惟帝	天之
註釋 目錄本	臨下有赫	監觀四方	× (修訂 누락)	小心昭事	昭事	人生昭事	天主			
類型	IIIa	IIIb	IIIc	IVa	IVb	IVc	V			
頻度	1	1	1	1	2	1	1	1	2	

이 〈표 2〉를 통해 검증된 내용 중 첫째로 주목되는 사실은 '上帝'가 '天主'로만 수정된 게 아니라 '大主'·'上主'를 위시한 '吾主' 등 다양한 용어로 수정되었다는 점이다. 상세히 살피면 '上帝'가 '天主'로 수정된 예가 48곳으로 전체의 약56%로써 가장 많고, '上主'로 수정된 예가 '天地人物之上主'로 수정된 예까지 포함하면 16곳으로 전체의 약19%로써 그다음이며, 이 둘을 합친 경우가 전체의 무려 75%에 이른다. 하지만 이외에 '大主' 혹은 '吾主'·'眞主'로 그리고 심지어 '主宰'로 수정된 경우도 3곳이나 있으며, 혹은 '保存'으로 수정되기도 했다. 이러한 면모는 초판중각본의 '上帝'를 주석목록본에서 어느 하나의 일정한 용어로만 수정한 게 아니라 그 '上帝'가 포함된 문맥의 문장 내용에 따라서 적합한 용어를 다양하게 선정하여 수정하였다는 사실을 드러낸 게 아닌지 싶다.

결과적으로 초판중각본 『천주실의』에서 채택된 용어 '上帝'나 '天帝' 등을 주석목록본 『천주실의』에서 '天主' 등으로 수정함으로써 첫째 論理的인 측면에서 合理的이 되었으며, 둘째 修辭的인 면모에서도 精緻해졌고, 셋째 敍事

에 있어서도 整合해졌다고 판단된다. 즉 주석목록본『천주실의』에 이르러 '天帝'나 '上帝'를 '天主' 등으로 대대적으로 수정함으로써, 그 서술 내용이 도리에 맞아 정당해졌으며 논리적으로도 필연성에 들어맞게 되었으므로 합리적이라 할 것이며, 이렇게 논리에 맞으니 서술된 이야기의 줄거리가 이치에 맞게 정교하고 치밀하게 되었기에 精緻해졌다고 하겠다. 아울러 사실이나 사건을 있었던 그대로 적는 敍事도 역시 가지런히 들어맞게 되었으니 整合해졌다고 해야 할 것이다.

한편 둘째로 주목되는 사실은, 초판중각본의 '天帝'·'惟帝'·'天之'가 일률적으로 주석목록본에서 '天主'로 수정되었다는 점이다. 그런데 여기서 간과해서 안 될 사실은 이렇듯이 '天帝'·'惟帝'·'天之'를 '天主'로 수정한 대목이 제1편부터 제8편까지의 본문에서만 이뤄진 게 아니라, [附錄]〈表 1〉에서 확인되는 바대로 李之藻의「天主實義重刻序」와 利瑪竇의「引」에서도 모두 그랬다는 것이다. 따라서 이렇게 '天帝'·'惟帝'·'天之'를 '天主'로 수정한 후 '上帝'를 문맥에 맞추어 '天主'를 위시한 '上主'·'大主'·'吾主'·'眞主' 등으로 수정함으로써, 초판본 및 초판중각본에서 '上帝' 혹은 '天帝' 등의 용어를 구사함으로써 야기된 '天主'의 實體에 대한 논란을 불식시키려 한 것이라 해석된다. 게다가 유교의 온갖 경전에 빈번히 언급되어 있는 '上帝'를 최고의 神으로 여기는 中國 儒學의 전통적인 인식[12]과의 사상적 충돌을 가능한 한 회피하기 위한 方便의 선택이기도 했던 게 아니었나 여겨진다.[13]

---

12 李申,『上帝 : 儒敎的至上神』, 臺北 : 東大, 2004 참조.
13 이 점과 관련해서는 王賓,「"上帝"與"天"」, 樂黛云 (外)主編,『獨角獸與龍—在尋花中西文化普遍性中的誤讀』, 北京 : 北京大學出版社, 1995, p.171;『后現代在■代中國的命運-主體性的困惑』, 廣州 : 廣東人民出版社, 2000, p.121에서 "God는 최초에는 '天主'로 번역되다가, 나중에는 先秦 古籍『書經』「召誥」즉 '皇天上帝'說을 援用하여 '上帝'로 번역되었는데, 어느 한 가지라도 취할 수 있지만 일찍이 논란이 되었다. 그렇지만 利瑪竇 본인은 그다지 한 가지에 구애받지 않으며, 무척 융통성 있는 태도였다. 다만 천주교회당에서는 여전히 '天主' 혹은 '天'이라는 낱말 하나만을 쓰고 있다"고 하였음이 참조된다.
利瑪竇가 이러한 태도를 견지한 것 자체도 궁극적으로는 宣敎를 위한 현지에서의 適應政策을 최우선시하는 Jesuit耶蘇會의 이념을 충실하게 구현하고자 한 데에서 비롯된 것으로 여겨진다. 선

3. 諺解筆寫本 『텬쥬실의』의 그 특징 수용 양상 : 註釋目錄本과의 비교 분석

앞서 이미 언급한 바대로 조선 후기에 『천주실의』를 언해하고 필사한 언해필사본 『텬쥬실의』가 유행하고 있었는데, 이 언해필사본은 그 底本이 初版重刻本이 아닌 註釋目錄本임이 그 體裁에서부터 자명하다. 하지만 이 언해필사본의 내용 중에는 그 용어가 주석목록본의 용어 자체를 直譯한 게 아니라 달리 變容시킨 용어들도 다수 발견된다. 그러므로 이러한 사실에 대한 명확한 확인은 물론이려니와 그 용어 언해의 類型에 대해서도 분석해야만 마땅하겠다고 여겨졌다.

하여 주석목록본에 있어서의 '天主' 등의 핵심 용어를 언해필사본에서는 과연 어떤 용어로 언해하였는가를 낱낱이 조사하였고, 그 용어 언해의 유형을 분석하는 작업을 역시 진행하지 않을 수 없었다. 그 결과를 도표로 작성한 게 [附錄]〈표 2〉이다. 이 [附錄]〈표 2〉를 작성하고 난 이후 이를 토대로 '텬쥬' 등 용어 언해의 유형을 분석하는 작업을 또한 진행하여 아래의 〈표 3〉을 작성하였다.

〈표 3〉 註釋目錄本 天主의 諺解筆寫本 텬쥬 등으로의 用語 諺解 類型 分析表

註釋目錄本	天主		上主			大主		吾主	
諺解筆寫本	텬쥬	×(諺解누락)	샹쥬	텬쥬	텬샹임금	텬쥬	대쥬	내쥬	내가 쥬
類型	Ia	Ib	IIa	IIb	IIc	IIIa	IIIb	IVa	IVb
頻度	51	1	14	1	1	1	2	1	1
註釋目錄本	眞主		主宰			昭事		保存	

교를 위한 이와 같은 현지에서의 예수회 適應政策과 관련해서는 D. E. Mungello, Curious Land: Jesuit Accommodation and the Origins of Sinology, 1984; [美]孟德衛 著, [中]陳怡 譯, 『奇異的國度 : 耶穌會適應政策及漢學的起源』, 鄭州: 大象出版社, 2010; 데이비드 E. 먼젤로 지음, 이향만 (외) 옮김, 『진기한 나라, 중국: 예수회 적응주의와 중국학의 기원』, 나남, 2009 및 김혜경, 『예수회의 적응주의 선교』, 서강대학교 출판부, 2012 참조.

諺解 筆寫本	진쥬	쥬지	직졔ᄒᆞᄂᆞ	샹뎨를 붉이 셤김	붉이 셤긴다	쥬를 셤김	ᄉᆞ쥬	보존
類型	V	VIa	VIb	VIIa	VIIb	VIIc	VIId	VIII
頻度	1	3	1	1	1	1	1	1

이 〈표 3〉에서 첫째로 주목되는 바는, 주석목록본의 '天主' 뿐만이 아니라 '上主'·'大主' 등도 문맥에 따라서는 언해필사본에서 '텬쥬'로 언해되기도 하였다는 사실이다. 이는 곧 주석목록본의 '天主'·'上主'·'大主'가 언해필사본 등장 당시에 서로 동일하게 '텬쥬'로 여겨졌음을 알려주는 것이라고 풀이할 수 있을 듯싶다.

둘째로 각별히 주목할 점은, 게다가 주석목록본의 '上主'의 경우를 언해하면서 '샹쥬'도 '텬쥬'도 아닌 '텬샹임금'으로도 언해하였다는 사실이다. 이렇게 '上主'를 '텬샹임금'으로 언해한 것은 '上'을 곧 '天上'의 '上'으로, '主'를 '君主'의 '主'로 풀이하고 당시 조선 사람들에게 익숙한 '임금'을 취하여 종합한 데에서 비롯되었을 것이라 여겨진다.

셋째로 아울러 주목해야 할 점은, 주석목록본의 '昭事'를 '붉이 셤긴다', '쥬를 셤김', 'ᄉᆞ쥬'로 언해하기도 했지만 '샹뎨를 붉이 셤김'으로 언해하기도 했다는 사실이다. 이렇듯이 '昭事'를 '샹뎨를 붉이 셤김'으로 언해한 것은, 주석목록본의 것을 토대로 언해한 것이 아니라 초판중각본의 '昭事上帝' 대목을 그대로 저본으로 삼아 언해한 결과인 듯하다.

앞서 살폈듯이 註釋目錄本 제2·6·7편에서만 그것도 '天主'가 곧 '上帝'라는 사실을 규정하거나 그것을 입증하기 위해 중국 옛 경전의 '上帝'에 대해서 거론하는 부분에서만 '上帝'가 거론되었을 뿐이었다. 그 이외에 '上帝'에 관하여 거론한 주석목록본의 제1편에서부터 제8편까지의 본문에서는 물론이고 그에 앞서 편집된 李之藻의 「天主實義重刻序」에서 '惟帝' 그리고 利瑪竇 자신의 序文인 「引」에서 '上帝', '天帝', '天之' 등이 단 하나의 예외 없이 모두 '天主'로 수정되었다. 결론적으로 초판중각본의 '惟帝', '上帝', '天帝', '天之' 등이 주석목록본에서 전부 '天主'로 수정되고, 주석목록본의 이런 특징이 언해필사본에 그대로 적용됨으로써 언해필사본에서는 모두 '텬쥬'로 언해되었던 것이다.

이 가운데서 李之藻의 「天主實義重刻序」에서 '惟帝'→'天主'→'텬쥬'의 수정 및 언해와 관련해서는 초판중각본의 "不知惟帝統天之爲大正統也"의 '惟帝'[14]가 주석목록본에는 '天主'[15]로 되어 있고, 언해필사본에는 "텬쥬의 하늘을 통일ᄒᆞ신 큰 정통이 되ᄂᆞᆫ 줄을 아지 못ᄒᆞ니"[16]라고 해서 '텬쥬'로 되어 있음이 그 始初이다. 이 점과 관련해 주목해서 마땅하다고 여겨지는 것은 다름이 아니라, 원문 "其言曰 人知事其父母 而不知天主之爲大父母也 人知國家有正統 而不知天主統天之爲大正統也"에서 앞의 "而不知天主之爲大父母也" 중에 '天主'가 있으므로 뒤의 "而不知天主統天之爲大正統也" 중 '上帝'도 '天主'로 고친 게 틀림이 없을 것이라는 점이다. 그리고 주석목록본에서는 李之藻의 이 「天主實義重刻序」가 가장 앞에 편집되었으므로, 이 대목에서 '上帝'를 '天主'로 수정하면서 이후에도 일관되게 그렇게 수정한 것이 분명하리라 가늠된다.

그리고 利瑪竇의 「引」에서 '天帝'→'天主'→'텬쥬'의 수정 및 언해와 관련해서는 초판중각본의 "至於圖僣天帝之位"의 '天帝'[17]가 주석목록본에서는 '天主'[18]로 수정되었고, 이것이 언해필사본에서는 "텬쥬의 위를 참남ᄒᆞ야"[19]로 언해되었으므로, 그래서 이후에는 모두 '天帝'→'天主'→'텬쥬'의 수정 및 언해로 일관하게 되었던 것이다. 또한 같은 利瑪竇의 「引」에서 초판중각본의 "蓋彼此皆獲罪於上帝" 중 '上帝'[20]가 주석목록본에서 '天主'[21]로 수정되었고, 이에 따

---

14 初版重刻本, 上卷 2a面 3行.
15 註釋目錄本, 上卷 序 2面 4行.
16 諺解筆寫本, p.338.
17 初版重刻本, 上卷 引 1b面 3行.
18 註釋目錄本, 上卷 序 9面 7行.
19 諺解筆寫本, p.346.
20 初版重刻本, 上卷 引 1b面 7行.
21 註釋目錄本, 上卷 序 10面 1行.

라서 언해필사본에서도 "이와 더ㅣ다 텬쥬의 죄인이라"[22]로 언해됨으로써 이후 전부 '上帝'→'天主'→'텬쥬'의 수정 및 언해로 일관하게 되었던 것이다. 또한 역시 利瑪竇의 「引」에서 '天之'→'天主'→'텬쥬'의 수정 및 언해와 관련해서는 초판중각본 "所以天之降災"의 '天之'[23]가 주석목록본에서는 '天主'[24]로 수정되었고, 이것이 언해필사본에 이르러서는 "텬쥬ㅣ"[25]로 언해되어서, 이후에는 모두 예외가 없이 전부 '天之'→'天主'→'텬쥬'의 수정 및 언해로 일관하게 되었던 것이다.

4. 언해필사본 『텬쥬실의』의 '대리텬학성교': 李溪 「天主實義跋」·安鼎福 「天學考」·「天學問答」의 '天學' 및 高宗 「斥邪綸音」의 '天學'·'天主學'·'天主敎'와의 비교 분석

李之藻 「天主實義重刻序」의 '惟帝' 그리고 利瑪竇 「引」의 '上帝', '天帝', '天之' 등이 이전 판본과는 달리 주석목록본에서는 전부 '天主'로 수정됨에 따라, 언해필사본에서도 이들 용어가 모두 '텬쥬'로 언해되었다. 다만 利瑪竇 「引」의 '天理天學'에 대한 수정은 다른 양상을 띠었다. 초판중각본의 원문 "天理天學必不能移而染焉"[26] 가운데 앞의 '天理'가 주석목록본에서 '大理'로 수정되었으나 뒤의 '天學'은 그대로 두어졌던 것이다.[27]

(1) 언해필사본 『텬쥬실의』의 '대리텬학성교'

여기에서 상기되어야 할 사실이 하나 있다. 다름이 아니라 李之藻의 『天學初函』 「理編」 맨처음에 편집되어 있는 「理編總目」에서도 『天主實義』를 『天

---

22 諺解筆寫本, p.347.
23 初版重刻本, 上卷 引 1b面 7行.
24 註釋目錄本, 上卷 序 10面 1行.
25 언해필사본, p.347.
26 初版重刻本, 上卷 引 2a面 4-5行.
27 註釋目錄本, 上卷 序 10面 4行.

主實義』라 기재한 게 아니라『天學實義』[28]라 기재하고 있다는 점이다.[29] 李之藻는 이렇게 할 정도로 종래에 중국에서 전통적으로 익숙한 天人合一・天人感應의 天學思想에 입각한 天學 자체를 견지하며 매우 중시하였으므로, 이를 바탕으로「刻天學初函題辭」에서도 천주교가 곧 '天學'이라 지칭하면서 "소위 맨 처음이자 가장 참되며 가장 넓게 전해진 종교여서 孔子께서 다시 일어나시더라도 바꿀 수 없다(所謂最初 最眞 最廣之敎 聖人復起 不易也)[30]"라고 기술하고 있었음이 분명하다.

利瑪竇 자신 역시 애초부터 이러한 인식을 지니고 있었으므로 '天理天學'이라 서술하였을 뿐더러, 그랬기에 李之藻가 생존했던 당시에 이미 작성된 그의 修訂本「天主實義重刻序」가 등재된 註釋目錄本『天主實義』에서는 李之藻 자신의 의향이 전적으로 반영되어 거의 전편에 걸쳐 일률적으로 '上帝'를 '天主'로 修訂을 가하는 작업이 이루어졌던 것으로 추정된다.[31] 그리고 이와 같은 작업의 일환으로써 初版本 및 初版重刻本의 '天理天學'이 주석목록본『天主實義』에 이르러서는 '大理天學'으로 수정되었던 것이라 여겨진다.

이러한 주석목록본의 원문 "大理天學必不能移而染焉" 부분을 언해필사본에서는 "대리텬학셩교이 반듯시 이단의 옴기고 므들미 되지 아니리라 ᄒᆞ엿더니"[32]로 언해하면서, 이 '대리텬학'에다가 '셩교'라고 주석을 달아놓고 있는

---

28 이『天學實義』라는 冊名과 관련하여서는 李元淳,「天主實義 解題」,『天主實義 附텬쥬실의』, 1972, p.7에서 "天主實義라는 冊名은 De Deo Verax Disputatio의 中國譯語이며 利瑪竇가 지은 이름이었다. 그러나 1615년을 전후하여 Christianismus를 天主學이 아닌 天學이라 표현되면서 천주실의라는 책명이「天學實義」라는 이름으로 일부 통용된 때도 있다. 이러한 寫本이 네 가지 發見되어 있다. (耶穌會羅馬文書館所藏의 二本:I,53a와 I,46의 정리번호가 붙은 것과 巴里國立圖書館의 Borgia Cinese 332i-2의 것과 Maurice Courant의 著書 N,6820의 것)"라고 기술하였음이 특히 참고가 된다.
29 李之藻,「理編總目」,『天學初函』1, 臺北:臺灣學生書局, 1965, p.7.
30 李之藻,「刻天學初函題辭」,『天學初函』1, 1965, pp.1-6. "刻天學初函題辭" 天學者 唐稱景敎 自貞觀九年入中國 歷千載矣 其學刻苦昭事 絶財・色・意 頗與俗情相盩 要於知天事天 不詭六經之旨 稽古五帝三王 施今愚夫愚婦 性所固然 所謂最初 最眞 最廣之敎 聖人復起 不易也. … 涼菴逸民識"
31 盧鏞弼,「천주교 한글 교리서『텬쥬실의』・『교요서론』의 언해・필사・보급」, 本書 제3부 제5장.
32 언해필사본, p.347.

사실을 간과해서는 안 되겠다. 여기에서 '셩교'는 천주교임이 틀림없으므로, 결국 언해필사본 『텬쥬실의』에서는 '텬학' 자체가 천주교임을 드러내고자 했던 것이라 하겠다. 그럼으로써 궁극적으로 본문의 "뎨이편은 세샹 사름의 텬쥬를 그릇 알믈 플미라"(「解釋世人錯認天主」)의 가장 핵심 구절인 "우리 텬쥬는 곳 경서에 닐온 바 샹뎨요(吾國天主卽經言上帝), … 우리 텬쥬는 녯젹 경서에 닐ᄏ른바 샹뎨라(吾天主乃古經書所稱上帝也) … 녯글을 볼지라도 샹뎨와 텬쥬를 특별이 일홈을 달니혼지라ㅡ쯧은 ᄀᆞ다 말ㅡ(歷觀古書 而知上帝與天主 特異以名也)"이라는 점을 각별히 강조하려 했던 利瑪竇 『천주실의』 저술의 본래 지향에 일치시키면서 아울러 언해의 목적에도 부합되도록 했던 것이라 하겠다.

(2) 李瀷「天主實義跋」 및 安鼎福「天學考」·「天學問答」의 '天學'

李瀷(1681-1763)의 「天主實義跋」 그리고 그의 제자 安鼎福(1712-1791)의 「天學考」·「天學問答」 제목에서도 여실히 드러나듯 천주교를 天學이라 지칭했다. 이들의 글에서 천주교를 天學으로 규정하는 관련 대목만을 추출하여 제시하면 다음이다.

(Ⅰ)西洋書가 宣祖 말년부터 이미 우리나라에 들어와서 名卿碩儒들이 보지 않은 사람이 없었으나, … 星湖 선생의 「天主實義跋文」에 대략 말하기를, "『天學實義』라고 하는 것은 利氏 瑪竇가 지은 바이다. … 저 西士들이 탐구하지 않은 이치가 없고 통달하지 못한 미지의 세계가 없으면서도 그 고착된 고정 관념에서 깨어나지 못하고 있으니 애석한 노릇이다."라고 하였다. 살펴보건대, 선생의 말이 이와 같다. … 그 學術의 차이점을 問答으로 정리한다.[33]

(Ⅱ)어떤 사람이 묻기를, "근래의 이른바 天學이라는 것이 옛날에도 있었습니까" 하므로, 대답하기를, "있었다. (ⅰ)『書經』에 말하기를, '위대하신 上帝께서 지상의

---

33 安鼎福, 「天學考」, 『順菴集』 卷17 雜著. "西洋書 自宣廟末年 已來于東 名卿碩儒 無人不見 …(중략)… 星湖先生天主實義跋文略曰 天學實義者 利氏瑪竇之所述也 … 彼西士之無理不窮 無幽不通 而尙不離於膠漆盆中 惜哉 按先生之言如此 … 其學術之差 別具于問答"

사람들에게 참된 진리를 내리셨으니, 그 변함없는 본성을 따라서 그 올바른 도리를 실천한다'라고 하였으며, (ⅱ)『詩經』에 말하기를, '文王께서는 삼가고 조심하여 上帝를 잘 섬긴다' 하였고, (ⅲ)또 말하기를, '天의 위엄을 두려워하여 이 遺業을 보전하리라' 하였으며, (ⅳ)孔子는 '天命을 두려워한다' 하였으며, (ⅴ)子思는 '天이 명한 것을 일러 性이라 한다' 하였으며, (ⅵ)孟子는 '마음을 보존하여 本性을 배양하는 것이 하늘을 섬기는 일이다' 하였다. 우리 儒者의 학문 또한 天을 섬기는 것에 불과하다. 董仲舒가 이른바 '道의 큰 근원은 天에서 나왔다'라고 한 것이 이것이다" 하였다.[34]

이 인용문 중 (Ⅰ)에서 우선 주목할 대목은 "星湖 선생의「天主實義跋文」에 대략 말하기를, '『天學實義』라고 하는 것은 利氏 瑪竇가 지은 바이다'"라고 한 것이다. 星湖 李瀷이「天主實義跋文」에서『天主實義』라고 거명하지 않고 이렇게『天學實義』라고 한 바는, 앞서 이미 밝혀두었듯이 利瑪竇 자신이 그러했을뿐더러 李之藻도 역시『天學初函』에서『天學實義』라 지칭하였던 바를 李瀷이 이미 숙지하고 있었던 데에서 비롯된 것임에 거의 틀림이 없을 듯하다. 그리고 이런 점을 감안하면『天學實義』이라는 서명 자체가 天學을 宗旨로 삼아 저술되었음을 표방하고 있다는 점을 내포하고 있었기에, 李瀷은『天主實義』라는 서명을 거론하지 않고『天學實義』라는 서명을 거론하였던 것이라 이해해도 무방하지 않나 싶다.

그리고 安鼎福도 李瀷의 이러한「天主實義跋文」을 인용한 후 "그 學術의 차이점을 問答으로 정리"하고자『天學問答』을 저술하면서 "우리 儒者의 학문 또한 天을 섬기는 것에 불과하다"고 토로한 것 역시 그 '학술'과 '학문'의 공통적인 근본이 天學임을 강조한 것이라 할 수 있지 않나 생각한다. 그러기 위해서도 그는 그에 앞서 인용문 (Ⅱ) 중에서도 (ⅰ)-(ⅵ) 부분에서 "근래의 이른

---

34 安鼎福,「天學問答」,『順菴集』卷17 天學問答. "或問 今世所謂天學 於古有之乎 曰有之 (ⅰ)書曰 惟皇上帝 降衷下民 若有恒性 克綏厥猷 (ⅱ)詩曰 惟此文王 小心翼翼 昭事上帝 (ⅲ)又曰 畏天之威 于時保之 (ⅳ)孔子曰 畏天命 (ⅴ)子思曰 天命之謂 性 (ⅵ)孟子曰 存心養性 所以事天也 吾儒之學 亦不外於事天 董子所謂道之大原 出乎天是也"

바 天學이라는 것이 옛날에도 있었다"는 증거로써 유교 경전의 구절들을 제시하고 있다. 안정복이 이렇게 天學의 근거로 거론한 유교 경전의 인용문에 대한 분석을 도표로 제시하면, 다음 〈표 4〉와 같다.

〈표 4〉「天學問答」중 天學의 근거로 거론한 儒敎 經傳의 引用文 分析表

連番	引用文	儒敎 經傳의 原文		備考
		經傳 및 篇名	原文	
(i)	書曰 惟皇上帝 降衷下民 若有恒性 克綏厥猷	『尙書』「商書」湯誥	王曰 嗟爾萬方有衆 明聽予一人誥 惟皇上帝 降衷于下民 若有恒性 克綏厥猷 惟后	
(ii)	詩曰 惟此文王 小心翼翼 昭事上帝	『詩經』「大雅」〈大明〉	惟此文王 小心翼翼 昭事上帝	★
(iii)	又曰 畏天之威 于時保之	『詩經』「頌」〈周頌淸廟〉	我其夙夜 畏天之威 于時保之	
(iv)	孔子曰 畏天命	『論語』「季氏」	孔子曰 君子有三畏 畏天命 畏大人 畏聖人之言 小人 不知天命而不畏也 狎大人 侮聖人之言	
(v)	子思曰 天命之謂性	『中庸』第1	天命之謂性 率性之謂道 脩道之謂敎	
(vi)	孟子曰 存心養性 所以事天也	『孟子』「盡心」上	孟子曰 … 盡其心者 知其性也 知其性 則知天矣 存其心養其性 所以事天也 夭壽不貳 脩身以俟之 所以立命也	

※ 備考欄의 ★표시는 〈표 1〉과 비교하여 同一한 내용임을 나타냄

이 〈표 4〉를 통해 安鼎福의 「天學問答」에서 天學의 근거로 거론한 유교 경전이 『尙書』·『詩經』 및 『論語』·『中庸』·『孟子』에 걸쳐 인용되었음을 알 수 있다. 더욱이 『詩經』에서 2대목이나 인용함으로써 그만큼 『詩經』을 중시하였음을 드러낸다고 하겠는데, 특히 그중에서도 「大雅」의 "惟此文王 小心翼翼 昭事上帝" 대목은 앞의 〈표 1〉과 견주어보면 『天主實義』에서 '上帝'가 '天主'임을 입증하고자 3차례나 인용하였던 바로 그 구절임이 확인된다.

그리고 앞의 인용문 (II) 마지막 부분에서 安鼎福이 董仲舒의 말을 인용하여 天學에 관해서 논하기를, "董仲舒가 이른바 '道의 큰 근원은 하늘에서 나왔다' 라 한 것이 이것이다(董子所謂 '道之大原 出乎天' 是也)"라고 하였음이 주

목된다. 이는 『漢書』 董仲舒傳의 "道의 큰 근원은 天에서 나왔고, 天이 불변하니 道도 역시 불변한다(道之大原 出于天 天不變 道亦不變)[35]"라는 대목에서 인용한 부분으로, 董仲舒 天論의 要諦로 널리 알려진 구절이다.

더욱이 董仲舒가 그 자신의 저서 『春秋繁露』 「楚莊王」 제一에서 "『春秋』의 道는 하늘의 道를 받들어 행하고 사리에 밝은 옛 帝王의 소행을 본받는 것이다(春秋之道 奉天而法古) … 그러므로 聖者는 하늘의 道를 본받고 賢者는 성자를 본받으니 이것이 천하를 다스리는 큰 術數이다(故聖者法天 賢者法聖 此其大數也)[36]"라고 언급한 대목의 '奉天' 및 '法天' 등에서도 그의 天論은 명확하다. 『禮記』의 '禮以順天'을 위시한 유학 경전에서 언급한 '天'에 관련하여 董仲舒의 이와 같은 '以感尊天' 뿐만이 아니라 孟子의 '以性尊天', 荀子의 '以禮尊天', , 王充의 '以命尊天' 등 先秦 및 漢代의 儒學에 있어서 '天'에 대해 學術的으로 논의하는 天論[37] 자체가 곧 天學인 것이다.[38]

그러므로 安鼎福이 「天學問答」에서 "董仲舒가 이른바 '道의 큰 근원은 하늘에서 나온 것이다'라 한 것이 이것이다(董子所謂道之大原 出乎天是也)"라 기술한 대목은 주목되어 마땅하다. 安鼎福은 董仲舒 天學의 이러한 구체적인 면모를 직접 인용하여 제시함으로써, 그만큼 천주교가 근원적으로는 天學이면서도 儒學의 正統的인 天論에는 위반된다는 점을 부각시키려 했던 것이라 하겠다.

---

35 『漢書』卷五十六「董仲舒傳」. "道之大原 出于天 天不變 道亦不變 是以禹繼舜 舜繼堯 三聖相受而守一道 亡救弊之政也 故不言其所損益也"

36 [漢]董仲舒 撰, 張祖偉 點校, 『春秋繁露』, 濟南:山東人民出版社, 2018, p.5. 韓經太 · 陳亮 編注, 「奉天法古 董仲舒」, 『天人合一』, 北京:人民文學出版社, 2019, pp.48-49. 원문 대조 및 국역은 蘇與 지음, 허호구 (외) 옮김, 『역주 춘추번로의증』, 소명출판, 2016, pp.25-26 참조.

37 傅佩榮, 『儒道天論發微』, 北京:中華書局, 2010 및 石磊, 『先秦漢代儒教天論研究』, 北京:中華書局, 2015 참조.

38 중국의 전통적인 天學에 관해서는 吳守賢, 『司馬遷與中國天學』, 西安:陝西人民教育出版社, 2000. 江曉原, 『天學眞原』, 瀋陽:遼寧教育出版社, 2004. 方瀟, 『天學與法律:天學視域下中國古代法律則天之本源路徑及其意探究』, 北京:北京大學出版社, 2014 등의 연구가 요긴한데, 특히 天人合一 · 天人感應과 관련한 天學思想에 대해서는 江曉原 · 鈕衛星, '天學思想', 「宇宙論與天學思想」, 『中國天學史』, 上海:上海人民出版社, 2005, pp.227-233 참조.

(3) 高宗「斥邪綸音」(1866년)의 '天學'·'天主學'·'天主敎'

天學에 관해서는 高宗 3년(1866, 丙寅) 8월 3일(己丑) 『承政院日記』의 「敎書」, 곧 같은 날 『高宗實錄』의 「척사윤음」 속의 한 대목에서 의외로 상세히 언급하고 있음도 역시 주목된다. 高宗 3년(1866) 「척사윤음」의 이러한 면모는 그 이전의 憲宗 5년(1839)의 「척사윤음」, 그 이후의 高宗 18년(1881)의 그것과는 상당히 다른 것이기 때문이다. 다음의 대목부터가 특히 그렇다.

(A)儒者가 "①'밝게 上帝에게서 명을 받은 것이요, 하늘이 거듭 명하여 아름답게 하셨다', ②'文王이 위에 계시니 하늘에서 밝도다', ③'하늘에 죄를 지으면 빌 곳이 없다', ④'郊外에 祭祀를 지내는 禮는 上帝를 섬기는 것이다' ⑤'하늘을 좋아하고 하늘을 두려워하고 하늘을 섬기라'"라고 한 말을 반대로 인용하여, (B)그들은 말하기를 "ⓐ'天學의 미묘한 기본 뜻이 아닌 것이 없다' ⓑ'중국의 가르침은 天學을 먼저 내세우지 않은 것이 없다'"라고 하였다.[39]

우선 이 글의 (A)에서 儒者가 한 ①부터 ⑤까지의 말들은 면밀하게 조사해 보면 모두 유교 경전에서 인용된 것임이 드러난다. 이런 사실을 조사하여 해당 원문까지 제시하며 도표로 작성한 것이 다음의 〈표 5〉이다.

〈표 5〉「斥邪綸音」 중 天學의 근거로 거론한 儒敎 經傳의 引用文 分析表

連番	引用文	儒敎 經傳의 原文		備考	
		經傳 및 篇名	原文	表1	表4
①	昭受上帝 天其申命用休	『尙書』「益稷」	昭受上帝 天其申命用休	◎	
②	文王在上 於昭于天	『詩經』「大雅」〈文王之什〉	文王在上 於昭于天	◎	
③	獲罪于天 無所逃也	『論語』「八佾」	王孫賈問曰 '與其媚於奧 寧媚於竈 何謂也' 子曰 '不然 獲罪於天 無所禱也'		

---

39 『承政院日記』高宗 3년(1866) 8월 3일. "(A)彼反引儒者之言"曰'昭受上帝 天其申命用休' 曰'文王在上 於昭于天' 曰'獲罪于天 無所逃也' 曰'郊祀之禮 所以事上帝' 曰'樂天·畏天·事天' (B)①莫非天學之微言法意 ②中國之敎 無不先天學者".

④		郊祀之禮 所以事上帝	『中庸』第十九	郊祀之禮 所以事上帝也 宗廟之禮 所以祀乎其先也	★	
⑤	樂天畏天事天	樂天畏天	『孟子』「梁惠王」下	孟子曰 以大事小者 樂天者也 以小事大者 畏天者也 樂天者 保天下 畏天者 保其國		
		事天	『孟子』「盡心」上	孟子曰 … 盡其心者 知其性也 知其性 則知天矣 存其心養其性 所以事天也 夭壽不貳 脩身以俟之 所以立命也	★	
			『詩經』「頌」〈周頌淸廟〉	我其夙夜 畏天之威 于時保之	★	

※備考欄의 ★표시는 〈표 1·4〉와 비교하여 同一한, ◎표시는 類似한 내용임을 나타냄

이 〈표 5〉를 앞서 작성하여 제시한 〈표 1〉 註釋目錄本의 '上帝' 거론 부분 分析表와 비교해 보게 되면, 〈표 5〉④ 『中庸』의 "郊祀之禮 所以事上帝"는 〈표 1〉의 註釋目錄本 『天主實義』 제2편 (2)와 동일한 내용이며, 또한 ①과 ② 도 역시 제2편 (4)와 제6편·제7편에 걸쳐 3차례나 거듭 인용되었던 『詩經』 의 "維此文王 小心翼翼 昭事上帝"와 매우 類似한 내용임을 알 수 있다. 그리고 지금껏 살펴온 바대로 註釋目錄本 『天主實義』 제2편에서 '天主'가 곧 중국 옛 경전의 '上帝'임을 유교 경전을 인용하면서 본격적으로 거론하기에 앞서 利瑪竇가 「引」에서 천주교가 곧 '大理天學'임을 천명한 사실도 함께 잊어서는 안 되겠다.

그런데 이 1866년 高宗의 「斥邪綸音」에서도 註釋目錄本 『天主實義』 제2편과 동일하거나 유사한 유교 경전을 제시하면서, 이를 근거로 삼아 天學이라고 규정하고 있는 것이다. 게다가 1866년 高宗의 이 「斥邪綸音」에서는 그런 점에 덧붙여, 방금 앞서 인용하여 제시한 대목에서 '天學의 미묘한 기본 뜻이 아닌 것이 없다(ⓐ)' '중국의 가르침은 天學을 먼저 내세우지 않은 것이 없다(ⓑ)'라고 천주교 신자들이 주장한다는 사실을 아울러 지적하고 있음을 유념해야 하지 않나 생각한다.

또 하나의 문제는 高宗 3년(1866) 「斥邪綸音」의 연속되는 다음 대목에서

'天主學'을 거론하면서, 그들은 "천주학이라는 것이 하늘을 위주로 삼는 학문이 아니다"라고 주장하고 있다는 사실을 지적하고 있다는 점이다. 인용하면 다음이다.

(C)그들은 말하기를 "天主學이라는 것은 하늘을 위주로 삼는 학문이 아니다."라고 한다. … (D)『周易』의 傳에 의하면, 形體로써 말하면 天이라 하고, 主宰로써 말하면 帝라고 하였다. 天이요 帝 하면서 이름을 달리 부르는 것은 비유하자면 마치 산을 가로로 보면 산맥이 되고 세로로 보면 봉우리 하나만 눈에 보이게 되는 것과 같은 것으로서, 天 이외에 다시 더 帝가 있는 것이 아니다. … (E)우리 儒敎에서 이른바 天이요, 上帝라고 말하는 것들이 어찌 저들이 말하는 天을 만들어낸 上帝이겠는가 … (F)하물며 저들이 말하는 天主敎는 본래 天과 上帝의 이름과 지위가 어떠한지는 알지도 못하면서 그저 둘로 갈라놓고 … 40

이 대목에서 "天主學이라는 것은 하늘을 위주로 삼는 학문이 아니다(天主學者 非以天爲主之學也)"라고 天主敎 信者들이 말했다고 했는데, 이는 天主學이 天學이 아니라는 것을 주장하기 위한 것으로, 李瀷을 위시한 安鼎福 등의 儒學者들이 天主敎가 天學이지만 결과적으로 종래의 정통적인 天學에 위배되는 것이라 지적하면서 비판하는 것과 같은 논조라고 읽힌다. 이어서 『周易』傳에서 天은 형체로써 帝는 主宰로써 말하는 것이어서 하나인데, 天主學에서는 天主가 곧 上帝임을 주장하는 것 자체가 天과 上帝를 '둘로 갈라놓고 (分而二之)' 있는 것이라고 비판하고, 덧붙여 '저들의 소위 天을 만들어낸 帝(造天之帝)' 곧 天主는 '우리 儒의 소위 天과 帝'와는 다르다는 것을 강조하고 있다.

또한 이 「斥邪綸音」에서는 한편으로 이같이 '天主學'이라는 용어를 채택

---

40 『承政院日記』 高宗 3년(1866) 8월 3일. "其曰 '(C)天主學者 非以天爲主之學也' … (D)在《易》之傳 以形體謂之'天' 以主宰謂之'帝', 曰'天'曰'帝'之異其稱者 譬如橫看·竪看之成嶺·成峯 而非天外更有帝也 (E)吾儒所謂天與帝 豈彼所謂造天之帝乎 … (F)何況彼所謂天主之敎 本不知天與帝之名位何如 而分而二之 …"

하여 구사함으로써 天主에 관한 학술적인 논의를 수용하고 학문적인 차원에서는 天主學 자체를 나름대로 인정하는 자세를 취하기도 하였지만, 다른 한편으로는 天主教 교리의 부당성을 전면적으로 제기하였다. 다음의 대목에서 여실하다.

> (G)그들은 말하기를 " … (I)天主는 만물의 시초이다."라고 하고 있다. 또 말하기를 "(II)天堂을 만들어 천주를 잘 섬긴 자들의 영혼을 복되게 하고 地獄을 만들어 천주를 잘 섬기지 않은 자들의 영혼을 고통스럽게 한다. 죄를 지어 응당 지옥에 들어가야 할 사람이 耶蘇의 앞에 자기의 잘못을 슬프게 뉘우치고 아울러 야소의 어미에게 기도를 드려 천주에게 전달되도록 하면 곧 그 사람의 죄를 용서해 주고 영혼도 천당으로 올라갈 수 있게 된다."라고 한다. (H)아, (i)천당 지옥의 설은 佛教의 황당한 이야기에 지나지 않는 것으로서 이미 옛날 선비들에 의하여 여지없이 깨뜨려져 지금은 다시 변증할 필요조차 없는 것이다. 또 저들이 말하는 (ii)하늘을 만들어냈다는 천주란 과연 어떤 사물인가.⁴¹

여기에서 제기한 천주교 교리 부당성의 핵심은 2가지인 것으로 파악된다. 하나는 G(I)에서 "天主는 만물의 시초이다(天主爲萬有之初有)"라고 하는, 그래서 (H)(ii)에서 간결히 정리한 바대로 "하늘을 만들어냈다는 천주(造天之天主)"를 믿는 바로써, 이는 『天主實義』首篇 「論天主始制天地萬物而主宰安養之」의 '天主天地萬物創造說' 소위 天地創造說에 대한 비판이다. 또 하나는 G(II)에서 "天堂을 만들어 천주를 잘 섬긴 자들의 영혼을 복되게 하고 地獄을 만들어 천주를 잘 섬기지 않은 자들의 영혼을 고통스럽게 한다(造天堂 以福事天主者之靈魂 造地獄 以苦不事天主者之靈魂)"라는, 그래서 (H)(i)에서 한마디로 정리한 "천당 지옥의 설(略稱 堂獄之說)"을 믿는 바로써, 이는

---

41 『承政院日記』 高宗 3년(1866) 8월 3일. "(G)其日 … (I)天主爲萬有之初有 又曰(II)造天堂 以福事天主者之靈魂 造地獄 以苦不事天主者之靈魂 人有罪 應入地獄者 哀悔於耶蘇之前 竝祈耶蘇之母 以轉達於天主 卽赦其人之罪 靈魂亦得升於天堂 (H)噫 (i)堂獄之說 卽佛家不經之說 而已經先儒勘破 今無容更辨 彼所謂(ii)造天之天主 果何物也"

『天主實義』第6篇「釋解意不可滅 幷論死後必有天堂地獄之賞罰以報世人所爲善惡」의 '死後天堂地獄賞罰說' 소위 天堂地獄說에 대한 비판이다.

이렇듯이「斥邪綸音」에서 이 2가지 교리의 부당성을 집중적으로 제기한 것은, 이 '천주천지만물창조설' 및 '사후천당지옥상벌설'이 당시 조선에 있어서 천주교 확산의 주된 원인으로 정부 및 당국자들에게 받아들여지고 있었기 때문이었음을 단적으로 입증해주고 있는 것임이 분명하다고 여겨진다. 그렇기에 이 高宗 3년(1866)「斥邪綸音」에서 한편으로는 '天主學'이라는 용어를 채택하여 구사함으로써 天主에 관한 학술적인 논의를 수용하고 학문적인 차원에서는 天主學 자체를 나름대로 인정하는 자세를 취하면서도, 다른 한편으로는 天主教 교리의 부당성을 전면적으로 제기하고 결국에는 탄압의 수위를 높여갔던 것이라 하겠다.

【附錄】〈表1〉初版重刻本・註釋目錄本의 上帝・天帝 및 天主・上主 등 用語 修訂 比較 分析表

區分		初版重刻本『天主實義』	註釋目錄本『天主實義』	類型
篇名	連番	所載	所載	
重刻序 李之藻	1/1	"不知惟帝統天之"의 '惟帝' 上卷 序 2a面 3行	'天主' 上卷 序 2面 4行	V
	2/2	"皇天上帝"의 '上帝' 上卷 序 2b面 2行	'大主' 上卷 序 2面 8行	Ib
序 馮應京	1/3	"天主何 上帝也" 上卷 序 1a面 3-4行	"天主何 天地人物之上主也" 上卷 序 5面 3行	Id
	2/4	"曰畏上帝" 上卷 序 1a面 5-6行	"有曰臨下有赫" 上卷 序 5面 4行	IIIa
	3/5	"曰助上帝" 上卷 序 1a面 5-6行	"曰監觀四方" 上卷 序 5面 4行	IIIb
	4/6	"曰事上帝" 上卷 序 1a面 5-6行	"曰小心昭事" 上卷 序 5面 4行	IVa
	5/7	"曰格上帝" 上卷 序 1a面 5-6行	×	IIIc
引 利瑪竇	1/8	"至於圖僭天帝之位"의 '天帝' 上卷 引 1b面 3行	'天主' 上卷 序 9面 7行	V
	2/9	"蓋彼此皆獲罪於上帝"의 '上帝' 上卷 引 1b面 7行	'天主' 上卷 序 10面 1行	Ia
	3/10	"所以天之降災"의 '天之' 上卷 引 1b面 7行	'天主' 上卷 序 10面 1行	V
	4/11	"不知天之報告"의 '天之' 上卷 引 3b面 2行	'天主' 上卷 序 11面 9行	V
第2篇	1/12	"天地之上帝"의 '上帝' 上卷 14b面 7行	'主宰' 上卷 18面 1行	Ig
	2/13	"如太極爲上帝"의 '上帝' 上卷 14b面 8行	'主宰' 上卷 18面 1行	Ig
	3/14	"上帝鬼神夫人之靈覺"의 '上帝' 上卷 18a面 1行	'天主' 上卷 21面 9行	Ia
	4/15	"以天解上帝"의 '上帝' 上卷 21a面 3行	'上主' 上卷 25面 7行	Ic
	5/16	"上帝之稱甚明不容解"의 '上帝' 上卷 21a面 4行	'天主' 上卷 25面 8行	Ia
	6/17	"上帝索之無形"의 '上帝' 上卷 21a面 6行	'上主' 上卷 25面 9行	Ic

第3篇	7/18	"上帝降生萬品"의 '上帝' 上卷 33a面 8-9行	'天主' 上卷 40面 8行	Ⅰa
	8/19	"上帝公父"의 '上帝' 上卷 34b面 6行	'大主' 上卷 42面 5行	Ⅰb
第4篇	1/20	"天主上帝" 上卷 46b面 8行	"天地主宰" 上卷 56面 6行	Ⅱ
	2/21	"其內心之上帝"의 '上帝' 上卷 47a面 1行	'主宰' 上卷 56面 8行	Ⅰg
	3/22	"可同天上帝乎"의 '上帝' 上卷 47b面 5行	'上主' 上卷 57面 6行	Ⅰc
	4/23	"昆虫與上帝"의 '上帝' 上卷 47b面 6行	'上主' 上卷 57面 7行	Ⅰc
	5/24	"佛氏無遜于上帝也"의 '上帝' 上卷 47b面 7行	'上主' 上卷 57面 8行	Ⅰc
	6/25	"上帝之德"의 '上帝' 上卷 47b面 8行	'天主' 上卷 57面 8行	Ⅰa
	7/26	"上帝固具無量能"의 '上帝' 上卷 47b面 9行	'天主' 上卷 57面 10行	Ⅰa
	8/27	"上帝自作自樹"의 '上帝' 上卷 48a面 3行	'天主' 上卷 58面 1行	Ⅰa
	9/28	"上帝罔或輪焉"의 '上帝' 上卷 48a面 4行	'天上' 上卷 58面 2行	Ⅰa
	10/29	"成于事上帝" 上卷 48b面 8行	"成于昭事" 上卷 58面 10行	Ⅳb
	11/30	"周之德 必以事上帝爲務" 上卷 48b面 8行	"故周家之德 必以昭事爲務" 上卷 58面 10行-59面 1行	Ⅳb
	12/31	"吾身卽上帝" 上卷 51a面 6行	'吾主' 上卷 61面 9行	Ⅰe
	13/32	"吾祭上帝" 上卷 51a面 6行	'吾主' 上卷 61面 9行	Ⅰe
	14/33	"天主上帝生養之民物"의 '上帝' 上卷 55b面 8行	'保存' 上卷 67面 6行	Ⅰh
	15/34	"簡上帝 混賞罰"의 '上帝' 上卷 57a面 9行	'上主' 上卷 69面 4行	Ⅰc
第5篇	1/35	"當上帝最初生人"의 '上帝' 下卷 3b面 7行	'天主' 下卷 74面 6行	Ⅰa
	2/36	"自我輩忤逆上帝"의 '上帝' 下卷 9b面 3行	'天主' 下卷 81面 7行	Ⅰa

	3/37	"必得罪于上帝"의 '上帝'	'天主'	Ⅰa
		下卷 11a面 8行	下卷 83面 8行	
第6篇	1/38	"一則崇上帝"의 '上帝'	'天主'	Ⅰa
		下卷 16b面 2行	下卷 90面 1行	
	2/39	"謂上帝宗義有是哉"의 '上帝'	'天主'	Ⅰa
		下卷 17b面 2行	下卷 91面 4行	
	3/40	"若上帝無意無善"의 '上帝'	'上主'	Ⅰc
		下卷 17b面 3行	下卷 91面 5行	
	4/41	"不足現上帝賞善之力量也"의 '上帝'	'天主'	Ⅰa
		下卷 27b面 8行	下卷 104面 1行	
	5/42	"上帝之尊"의 '上帝'	'天主'	Ⅰa
		下卷 28a面 1行	下卷 104面 3行	
	6/43	"上帝之酬"의 '上帝'	'天主'	Ⅰa
		下卷 28a面 2行	下卷 104面 3行	
	7/44	"俾民疑上帝之仁義"의 '上帝'	'天主'	Ⅰa
		下卷 28b面 5行	下卷 105面 2行	
	8/45	"得罪上帝"의 '上帝'	'上主'	Ⅰc
		下卷 29b面 7行	下卷 106面 5行	
	9/46	"上帝報應無私"의 '上帝'	'天主'	Ⅰa
		下卷 30a面 1行	下卷 106面 8行	
	10/47	"上帝固待其人之旣死"의 '上帝'	'天主'	Ⅰa
		下卷 30a面 2行	下卷 106面 9行	
	11/48	"上帝以是現"의 '上帝'	'天主'	Ⅰa
		下卷 30b面 4行	下卷 107面 6行	
	12/49	"上帝以是償之"의 '上帝'	'天主'	Ⅰa
		下卷 30b面 6行	下卷 107面 8行	
	13/50	"不信有上帝"의 '上帝'	'天主'	Ⅰa
		下卷 33b面 1行	下卷 111面 1行	
	14/51	"弗信上帝者"의 '上帝'	'天主'	Ⅰa
		下卷 33b面 3行	下卷 111面 2行	
	15/52	"不信上帝至仁至公"의 '上帝'	'天主'	Ⅰa
		下卷 33b面 3行	下卷 111面 2行	
	16/53	"上帝爲仁之原"의 '上帝'	'天主'	Ⅰa
		下卷 33b面 4行	下卷 111面 3行	
	17/54	"上帝不予善人"의 '上帝'	'天主'	Ⅰa
		下卷 33b面 6行	下卷 111面 4行	
	18/55	"鳥信上帝爲仁爲公"의 '上帝'	'天主'	Ⅰa
		下卷 34a面 1行	下卷 111面 6-7行	

	19/56	"此乃上帝設之"의 '上帝' 下卷 35a面 5行	'天主' 下卷 113面 2行	Ⅰa
	20/57	"周旋左右于上帝"의 '上帝' 下卷 35b面 2行	'天主' 下卷 113面 6行	Ⅰa
第7篇	1/58	"以事上帝 與神人爲侶"의 '上帝' 下卷 36b面 9行-37a面 1行	'天主' 下卷 115面 2-3行	Ⅰa
	2/59	"乃因上帝 借令天主所以成我者"의 '上帝' 下卷 46b面 6行	'天主' 下卷 127面 4行	Ⅰa
	3/60	"何以驗其誠敬上帝歟"의 '上帝' 下卷 48b面 6行	'天主' 下卷 129面 9行	Ⅰa
	4/61	"代祈上帝"의 '上帝' 下卷 48b面 9行	'天主' 下卷 130面 1行	Ⅰa
	5/62	"志事上帝 卽德無缺矣"의 '上帝' 下卷 50a面 9行	'天主' 下卷 131面 9行	Ⅰa
	6/63	"是欽崇上帝恩德"의 '上帝' 下卷 51a面 1-2行	'上主' 下卷 132面 7行	Ⅰc
	7/64	"又不知瞻仰天帝"의 '天帝' 下卷 51b面 3行	'天主' 下卷 133面 4行	Ⅰa
	8/65	"上帝知能無限"의 '上帝' 下卷 52a面 6行	'天主' 下卷 134面 2行	Ⅰa
	9/66	"設上帝之敎是"의 '上帝' 下卷 52a面 8行	'天主' 下卷 134面 4行	Ⅰa
	10/67	"則上帝之敎非矣"의 '上帝' 下卷 52a面 9行	'天主' 下卷 134面 4行	Ⅰa
	11/68	"彼敎不尊上帝"의 '上帝' 下卷 52b面 2行	'天主' 下卷 134面 5-6行	Ⅰa
	12/69	"侮上帝"의 '上帝' 下卷 53b面 8行	'上主' 下卷 136面 2行	Ⅰc
	13/70	"不學上帝正道"의 '上帝' 下卷 56b面 1行	'眞主' 下卷 139面 4行	Ⅰf
第8篇	1/71	"上帝之性"의 '上帝' 下卷 58a面 4行	'天主' 下卷 141面 5行	Ⅰa
	2/72	"生生者上帝"의 '上帝' 下卷 58b面 1行	'天主' 下卷 141面 9行	Ⅰa
	3/73	"上帝無生一生者"의 '上帝' 下卷 58b面 3行	'天主' 下卷 141面 10行	Ⅰa
	4/74	"且人以上帝之心爲心"의 '上帝' 下卷 58b面 4行	'天主' 下卷 142面 1行	Ⅰa

5/75	"上帝之祀"의 '上帝'	'上主'	Ic
	下卷 59a面 1行	下卷 142面 5行	
6/76	"奉事上帝 不宜克己懲心哉"의 '上帝'	'天主'	Ia
	下卷 59a面 3行	下卷 142面 6行	
7/77	"因奉事上帝"의 '上帝'	'大主'	Ib
	下卷 59b面 3行	下卷 143面 2行	
8/78	"可以稱上帝之大旨"의 '上帝'	'上主'	Ic
	下卷 61b面 7行	下卷 145面 9行	
9/79	"惟不知事上帝"의 '上帝'	'天主'	Ia
	下卷 66a面 1行	下卷 150面 9行	
10/80	"吾今世奉事上帝"의 '上帝'	'上主'	Ic
	下卷 66a面 2-3行	下卷 150面 10行-151面 1行	
11/81	"非將以上帝之尊"의 '上帝'	'上主'	Ic
	下卷 67a面 2-3行	下卷 152面 3行	
12/82	"蓋昭事上帝之學"	"蓋人生昭事之學"	IVc
	下卷 67a面 5-6行	下卷 152面 5行	
13/83	"有因上帝道德之故"의 '上帝'	'上主'	Ic
	下卷 68b面 2行	下卷 153面 10行	
14/84	"惟令人循奉上帝"의 '上帝'	'天主'	Ia
	下卷 69a面 4行	下卷 154面 8行	
15/85	"若以上帝及未來之事"의 '上帝'	'天主'	Ia
	下卷 70b面 2行	下卷 156面 4-5行	

【附錄】〈表 2〉註釋目錄本의 上帝 및 天主 등에 대한 諺解筆寫本의 諺解 比較 分析表

區分 篇名	連番	註釋目錄本『天主實義』 所載	諺解筆寫本『텬쥬실의』 소재	類型
重刻序 李之藻	1/1	'天主' 上卷 序 2面 4行	'텬쥬' 338면	Ⅰa
	2/2	'大主' 上卷 序 2面 8行	'대쥬' 339면	Ⅲb
序 馮應京	1/3	("天主何 上帝也"→) "天主何 天地人物之上主也" 上卷 序 5面 3行	"텬쥬는 엇지 닐옴이뇨 텬디 인물의 샹쥬ㅣ시오" 342면	Ⅱa
	2/4	("日畏上帝"→) "有日臨下有赫" 上卷 序 5面 4行	"글온 하토에 림ᄒ심이 혁″ᄒ시다 ᄒ고" 342면	×
	3/5	("日助上帝"→) "日監觀四方" 上卷 序 5面 4行	"글온 ᄉ방을 붉이 보신다 ᄒ고" 342면	×
	4/6	("日事上帝"→) "日小心昭事" 上卷 序 5面 4行	"글온 쇼심ᄒ야 붉이 섬긴다 ᄒ니" 342면	Ⅷb
	5/7	("日格上帝"→) "×" 上卷 序 5面 4行	×	×
引 利瑪竇	1/8	'天主' 上卷 序 9面 7行	'텬쥬' 346면	Ⅰa
	2/9	'天主' 上卷 序 10面 1行	'텬쥬' 347면	Ⅰa
	3/10	'天主' 上卷 序 10面 1行	'텬쥬' 347면	Ⅰa
	4/11	'天主' 上卷 序 11面 9行	'텬쥬' 349면	Ⅰa
第2篇	1/12	'主宰' 上卷 18面 1行	"텬디 쥬지괴" 381면	Ⅵa
	2/13	'主宰' 上卷 18面 1行	"직제ᄒᄂ" 382면	Ⅵb
	3/14	'天主' 上卷 21面 9行	諺解 漏落 387면	Ⅰb
	4/15	'上主' 上卷 25面 7行	'샹쥬' 393면	Ⅱa

	5/16	"天主"	"텬쥬"	Ⅰa
		上卷 25面 8行	393면	
	6/17	"上主"	"샹쥬"	Ⅱa
		上卷 25面 9行	393면	
第3篇	7/18	"天主"	"텬쥬"	Ⅰa
		上卷 40面 8行	416면	
	8/19	"大主"	"대쥬"	Ⅲb
		上卷 42面 5行	418면	
第4篇	1/20	("天地上帝"→) "天地主宰"	"텬디 쥬지"	Ⅵa
		上卷 56面 6行	441면	
	2/21	"主宰"	"쥬지"	Ⅵa
		上卷 56面 8行	441면	
	3/22	"上主"	"텬샹 님금"	Ⅱc
		上卷 57面 6行	442면	
	4/23	"上主"	"샹쥬"	Ⅱa
		上卷 57面 7行	442면	
	5/24	"上主"	"샹쥬"	Ⅱa
		上卷 57面 8行	442면	
	6/25	"天主"	"텬쥬"	Ⅰa
		上卷 57面 8行	442면	
	7/26	"天主"	"텬쥬"	Ⅰa
		上卷 57面 10行	443면	
	8/27	"天主"	"텬쥬"	Ⅰa
		上卷 58面 1行	443면	
	9/28	"天主"	"텬쥬"	Ⅰa
		上卷 58面 2行	443면	
	10/29	("成于事上帝"→) "成于昭事"	"쥬를 셤김으로 일우는 고로"	Ⅶc
		上卷 58面 10行-59面 1行	445면	
	11/30	("周之德 必以事上帝爲務"→) "故周家之德 必以昭事爲務"	"쥬나라 집의 덕이 반드시 샹뎨를 붉이 셤김으로 힘씀을 삼앗시니"	Ⅶa
		上卷 58面 10行-59面 1行	445면	
	11/31	("吾身卽上帝"→) "吾身卽吾主"	"내 몸이 곳 내 쥬ㅣ라 내가 쥬끠 졔ㅅ ㅎ면"	Ⅳa
		上卷 61面 9行	449면	

	11/32	("吾祭上帝"→) "吾祭吾主" 上卷 61面 9行	"내가 쥬끠 제스호면" 449면	IVb
	12/33	("天主上帝生養之民物"→) "天主保存生養之民物" 上卷 67面 6行	"텬쥬의 싱양 보존호시는 바쟈라" 462면	VIII
	13/34	'上主' 上卷 69面 4行	'샹쥬' 462면	IIa
第5篇	1/35	'天主' 下卷 74面 6行	'텬쥬' 475면	Ia
	2/36	'天主' 下卷 81面 7行	'텬쥬' 485면	Ia
	3/37	'天主' 下卷 83面 8行	'텬쥬' 488면	Ia
第6篇	1/38	'天主' 下卷 90面 1行	'텬쥬' 497면	Ia
	2/39	'天主' 下卷 91面 4行	'텬쥬' 499면	Ia
	3/40	'上主' 下卷 91面 5行	'샹쥬' 499면	IIa
	4/41	'天主' 下卷 104面 1行	'텬쥬' 519면	Ia
	5/42	'天主' 下卷 104面 3行	'텬쥬' 519면	Ia
	6/43	'天主' 下卷 104面 3行	'텬쥬' 519면	Ia
	7/44	'天主' 下卷 105面 2行	'텬쥬' 520면	Ia
	8/45	'上主' 下卷 106面 5行	'샹쥬' 522면	IIa
	9/46	'天主' 下卷 106面 8行	'텬쥬' 522면	Ia
	10/47	'天主' 下卷 106面 9行	'텬쥬' 523면	Ia
	11/48	'天主' 下卷 107面 6行	'텬쥬' 524면	Ia
	12/49	'天主' 下卷 107面 8行	'텬쥬' 524면	Ia

	13/50	'天主'	'텬쥬'		Ⅰa
		下卷 111面 1行	529면		
	14/51	'天主'	'텬쥬'		Ⅰa
		下卷 111面 2行	529면		
	15/52	'天主'	'텬쥬'		Ⅰa
		下卷 111面 2行	529면		
	16/53	'天主'	'텬쥬'		Ⅰa
		下卷 111面 3行	529면		
	17/54	'天主'	'텬쥬'		Ⅰa
		下卷 111面 4行	529면		
	18/55	'天主'	'텬쥬'		Ⅰa
		下卷 111面 6-7行	530면		
	19/56	'天主'	'텬쥬'		Ⅰa
		下卷 113面 2行	532면		
	20/57	'天主'	'텬쥬'		Ⅰa
		下卷 113面 6行	533면		
第7篇	1/58	'天主'	'텬쥬'		Ⅰa
		下卷 115面 2-3行	535면		
	2/59	'天主'	'텬쥬'		Ⅰa
		下卷 127面 4行	555면		
	3/60	'天主'	'텬쥬'		Ⅰa
		下卷 129面 9行	558면		
	4/61	'天主'	'텬쥬'		Ⅰa
		下卷 130面 1行	558면		
	5/62	'天主'	'텬쥬'		Ⅰa
		下卷 131面 9行	561면		
	6/63	'上主'	'샹쥬'		Ⅱa
		下卷 132面 7行	562면		
	7/64	'天主'	'텬쥬'		Ⅰa
		下卷 133面 4行	563면		
	8/65	'天主'	'텬쥬'		Ⅰa
		下卷 134面 2行	564면		
	9/66	("上帝之敎"→)'天主'	'텬쥬교ㅣ'		Ⅰa
		下卷 134面 4行	565면		
	10/67	("上帝之敎"→)'天主'	'텬쥬교ㅣ'		Ⅰa
		下卷 134面 4行	565면		

	11/68	'天主'	'텬쥬'	Ⅰa
		下卷 134面 5-6行	565면	
	12/69	'上主'	'샹쥬'	Ⅱa
		下卷 136面 2行	567면	
	13/70	'眞主'	'진쥬'	Ⅴ
		下卷 139面 4行	572면	
第8篇	1/71	'天主'	'텬쥬'	Ⅰa
		下卷 141面 5行	575면	
	2/72	'天主'	'텬쥬'	Ⅰa
		下卷 141面 9行	576면	
	3/73	'天主'	'텬쥬'	Ⅰa
		下卷 141面 10行	576면	
	4/74	'天主'	'텬쥬'	Ⅰa
		下卷 142面 1行	576면	
	5/75	'上主'	'샹쥬'	Ⅱa
		下卷 142面 5行	576면	
	6/76	'天主'	'텬쥬'	Ⅰa
		下卷 142面 6行	577면	
	7/77	'大主'	'텬쥬'	Ⅲa
		下卷 143面 2行	578면	
	8/78	'上主'	'텬쥬'	Ⅱb
		下卷 145面 9行	582면	
	9/79	'天主'	'텬쥬'	Ⅰa
		下卷 150面 9行	590면	
	10/80	'上主'	'샹쥬'	Ⅱa
		下卷 150面 10行-151面 1行	590면	
	11/81	'上主'	'샹쥬'	Ⅱa
		下卷 152面 3行	592면	
	12/82	("蓋昭事上帝之學"→) "蓋人生昭事之學"	"대개 인싱의 ᄉ쥬ᄒᄂ 학"	Ⅶd
		下卷 152面 5行	592면	
	13/83	'上主'	'샹쥬'	Ⅱa
		下卷 153面 10行	595면	
	14/84	'天主'	'텬쥬'	Ⅰa
		下卷 154面 8行	596면	
	15/85	'天主'	'텬쥬'	Ⅰa
		下卷 156面 4-5行	598면	

제3장
諺解筆寫本 『텬쥬실의』 「목록」 分析

1. 머리말

 넓게는 한국사상사, 혹은 좁게는 한국천주교회사에 적지 않은 관심이 있는 이들조차도 대부분 '천주실의'라 하면 누구나 漢文本 『天主實義』만을 연상하는 경향이 여직 강한 것 같은데, 기실은 한국에서는 그것을 수용하여 진즉 諺文으로 번역하여 『텬쥬실의』를 전하고 또 그것을 筆寫本으로 만들어 한글밖에는 모르는 이들에게 천주교를 온전히 전파하기 위해 유통시키고 있었던 게 역사 속의 발자취이다. 이러한 사실은, 利瑪竇(Matteo Ricci)의 『天主實義』이후 본격적으로 천주교 교리를 정리하여 간행한 南懷仁(Ferdinand Verbiest)의 『敎要序論』역시, 『天主實義』가 그랬듯이 한국에 수용되어 이미 18세기에 언문으로 번역되어 『교요서론』으로 전해지며 필사본으로 유통되고 있었는데[1], 그 내용의 일부에서도 엿볼 수 있다. 『교요서론』에서 직접 『텬쥬실의』를 거론하고 있는 대목을 인용해보이면 다음이다.

---

1 盧鏞弼, 「남회인의 '교요서론' 수용 및 한글본 '교요서론' 유포와 조선후기 천주교의 성장」, 『한국천주교회사의 연구』, 韓國史學, 2008, pp.177-178.

10장 영혼이 불멸함이라
[한문원문]靈魂不滅
[한글원문]령혼이 멸ᄒ야 죽지 못흠이라
…

[한문원문]其肉身所壞之緣故 因肉身係水火氣土四行溱合的 水火氣土四行平和 則其人無病 … 其微靈魂不滅之憑據 詳載天主實義等書
[한글원문]그 육신의 믄허지ᄂᆞᆫ 연고ᄂᆞᆫ 대개 육신은 이 슈화긔토 ᄉᆞ힝이 모도어 합ᄒᆞᆫ 거시라 슈화긔토 ᄉᆞ힝이 평화ᄒ면 그 사ᄅᆞᆷ이 병이 업고 … 그 령혼의 멸치 아니ᄒᆞᄂᆞᆫ 빙거ᄅᆞᆯ 증참ᄒ려 ᄒ면 텬쥬실의 등 칙에 ᄌᆞ셰히 긔록ᄒᄂᆞ니라
[현대번역]그 육신의 무너지는 바의 까닭은 대개 육신이 수(水)·화(火)·기(氣)·토(土) 사행(四行)이 모여 합한 것이기 때문에, 수·화·기·토 사행이 평화(平和)하면 그 사람이 병이 없고, … 그 영혼 불멸의 기댈 만한 은밀한 증거는 『천주실의』 등의 책에 자세히 기록 되어 있다.[2]

영혼 불멸에 관한 교리를 상세히 논하면서 한문본 『敎要序論』에서는 "其微靈魂不滅之憑據 詳載天主實義等書"라 했고, 한글로 번역한 언해본 『교요서론』에서는 "그 령혼의 멸치 아니ᄒᆞᄂᆞᆫ 빙거ᄅᆞᆯ 증참ᄒ려 ᄒ면 텬쥬실의 등 칙에 ᄌᆞ셰히 긔록ᄒᄂᆞ니라"고 하여 각각 『天主實義』와 『텬쥬실의』를 거론하고 있음을 찾아볼 수 있다. 이를 통해 이미 당시에 한문본으로 『天主實義』·『敎要序論』이 조선에서 유통되고 있었을 뿐만 아니라 언해본 『텬쥬실의』·『교요서론』도 함께 그러고 있었음이 분명하다.

그러므로 당시 천주교 교리서로서 한문본 『天主實義』·『敎要序論』 및 언해본 『텬쥬실의』·『교요서론』의 수용과 유통 그리고 확산의 사실에 관한 상세한 규명을 통한 당시의 한국사상사 혹은 한국천주교회사의 진면목 파악을 위해서도, 다른 어느 무엇보다도 언해본 『텬쥬실의』에 대한 분석에 많은 정성을 기울여야 한다고 믿어온 지 꽤 오래되었다. 하지만 『텬쥬실의』가 내

---

2 페르비스트 지음, 노용필 옮김, 「천주는 무엇인가」, 『교요서론:18세기 조선에서 유행한 천주교 교리서』, 한국사학, 2013, pp.45-49.

게 그렇게 생각처럼 쉽사리 자신을 기꺼이 살포시 열어 보여주질 않았는데, 전혀 익숙지 않은 언해필사본이었던 게 주된 요인이었다. 「서문」 등은 그래도 漢文本과 대조해가며 읽으면 그나마 어렴풋이 해독할 수 있을 듯하였지만, 漢文印刷本에는 없는 다음의 〈자료 1〉과 같은 「목록」 부분부터 해독이 난감하여 손들고 만 적이 한두 번이 아니었다.

〈자료 1〉 『텬쥬실의』 「목록」 (부분)

그러다가 10여 년 『교요서론』을 때때로 간신히 한두 줄씩 읽어가며 차츰 정리해가다보니 언문 해독에 조금씩 눈이 트이기 시작하였고, 그러자 『텬쥬실의』의 전모가 차차 눈에 밟히기 시작하며 그 속살이 제 모습을 드러내 보여주기 시작함을 느끼게 되었다. 그래서 더 이상 미룰 일이 아니다 싶어 이제 용기를 내어 언해본 『텬쥬실의』 중에서도 「목록」 부분부터 우선 집중적으로 해독하고 드디어 그 내용을 검토해보기에 이른 것이다.

2. 『텬쥬실의』 「목록」에 대한 檢討

漢文印刷本 『天主實義』[3]에 있는 '목차'를 諺解筆寫本 『텬쥬실의』의 「목록」와 대조해서 表로 작성해보인 게 〈表 1〉 漢文印刷本 『天主實義』 '목차'와 諺解筆寫本 『텬쥬실의』 「목록」 對照表다. 이로써 『텬쥬실의』 「목록」이 과연 한문인쇄본 『天主實義』에는 없는 것임이 입증된 셈이며, 따라서 『텬쥬실의』 「목록」이 漢文本에는 전혀 없는 것이었는데 諺解本에만 설정된 것임을 확인할 수 있다.

다음으로는 이와 같은 『텬쥬실의』 「목록」의 실체를 알아내기 위해서, 세부항목의 連番, 區分 그리고 原文과의 대조 등을 시도하여 〈表 2〉 諺解筆寫本 『텬쥬실의』 「목록」 細部項目 分析表를 작성하였다. 일단 「목록」의 세부항목 하나하나에 대해 일련번호를 매겨 보니, 전체가 168개의 항목으로 구성되어 있음을 알 수 있었다. 다음으로 그 전체의 敍事 構造에 있어 漢文本 『天主實義』 자체가 '中士曰'의 질문과 '西士曰'의 답변 구조로 되어있어 원문을 기준으로 구분을 한 것과 대조해보니, 의당 언해본 『텬쥬실의』에서도 원문이 그러하여 '즁ᄉᆞㅣ 글오ᄃᆡ'와 '셔ᄉᆞㅣ 글오ᄃᆡ'로 되어 있기는 했지만, 이런 구분과 언해본 「목록」이 세부 항목에 있어서 결코 하나도 일치하는 게 아님을 간파할 수 있었다. 그래서 이 〈表 2〉에서 連番과 區分이 일치하지 않는 것이다.

보다 세밀히 조사해보니, 심지어 언해본 자체에 있어서도 그 「목록」상의 篇目名과 내용상의 篇目名이 차이가 적지 않게 난다는 점도 알 수 있었다. 이를 조사해서 제시한 게 다음의 〈表 3〉이다.

---

[3] 여기에서 거론하는 漢文印刷本 『天主實義』는, 李之藻, 『天學初函』, 臺灣學生書局 影印本, 1965를 지칭하는 것이며, 국내에서는 이를 底本으로 삼은 한글번역본으로 송영배·임금자 (외), 『천주실의』, 서울대학교출판부, 1999가 출판되었으며, 그 영인본 원문이 같은 책, pp.495-566에 揭載되어 전하고 있다.

〈표 3〉諺解筆寫本『텬쥬실의』「목록」上의 篇目名과 內容上의 篇目名 比較表

「목록」上의 項目名	內容上의 項目名	比較
슈편은 텬쥬의 비로소 텬디 만물을 지으시고 쥬지ᄒ시고 안양ᄒ심을 의논홈이라	텬쥬ㅣ 비로소 텬디 인물을 쟝챠 쥬지ᄒ시고 안양ᄒ심을 의논홈이라	△
뎨이편은 세샹 사ᄅᆞᆷ의 텬쥬를 그릇 알믈 풀미라	뎨이편은 세샹 사ᄅᆞᆷ의 텬쥬를 그릇 알믈 풀미라	◎
뎨삼편은 사ᄅᆞᆷ의 혼이 불멸ᄒ야 크게 금슈와 다름을 의논홈이라	뎨삼편은 사ᄅᆞᆷ의 혼이 멸치 아니ᄒ야 크게 금슈와 다름을 의논홈이라	△
뎨ᄉ편은 귀신과 사ᄅᆞᆷ의 혼이 다름을 분변ᄒ고 텬하만물이 일톄되지 못홈을 플미라	뎨ᄉ편은 귀신과 사ᄅᆞᆷ의 혼을 달니 의논홈을 분변ᄒ고 텬하만물이 일톄되지 못홈을 플미라	△
뎨오편은 륜회 뉴도와 살싱 경계의 그른 말을 벽파ᄒ고 직속의 바른 ᄯᅳᆺ을 들미라	뎨오편은 륜회 뉴도와 살싱 금계의 그른 말을 벽파ᄒ고 직속의 바른 ᄯᅳᆺ을 들미라	△
뎨뉴편은 ᄯᅳᆺ을 가히 업지 못홈을 풀고 ᄉ후에 반ᄃᆞ시 텬당 디옥이 잇서 셰인의 션악을 샹벌홈을 의논홈이라	뎨뉴편은 ᄯᅳᆺ이 가히 업지 못홈을 풀고 아오로 ᄉ후에 반ᄃᆞ시 텬당 디옥의 샹벌이 잇서 사ᄅᆞᆷ의 션악 갑홈을 의논홈이라	△
뎨칠편은 사ᄅᆞᆷ의 셩픔이 본ᄃᆡ 션홈을 의논ᄒ고 텬쥬셩교문에 션ᄇᆡ 바른 학을 긔록홈이라	뎨칠편은 인셩이 본ᄃᆡ 션홈을 의논ᄒ고 텬쥬셩교 션ᄇᆡ의 바른 학을 긔록홈이라	△
뎨팔편은 태셔 풍속을 대총 의논ᄒ고 젼도ᄒᄂᆞᆫ 션ᄇᆡ 혼ᄎᆔ 아니홈을 의논홈이라	뎨팔편은 태셔 풍속을 대총 들고 젼도ᄒᄂᆞᆫ 션ᄇᆡ의 혼ᄎᆔ 아니ᄒᄂᆞᆫ ᄯᅳᆺ을 의논ᄒ고 아오로 텬쥬ㅣ 셔토에 강싱ᄒ심을 플미라	○

〈비고〉 비교 표시: △-유사, ◎-완젼 일치, ○-부분적으로만 일치

이 〈표 3〉에서 보듯이 완전하게 일치하는 게 1개 편목임에 반해, 유사한 게 6개 그리고 부분적으로만 일치하는 게 1개일 뿐이다. 그러므로 인용하거나 현재말로 옮길 때에도 일일이 대조하는 게 옳겠음을 재차 새길 수 있었는데, 그리하여 곧 뒤에서 논의할 바와 관련해서도 그렇고, 앞으로 내 자신은 물론이려니와 혹시 있을지 모를 다른 연구자의 연구에 편의를 제공하기 위해서도, 筆寫本 및 影印本의 원문은 말할 것도 없고 기왕에 나와 있는 현대번역본[4]과 대조하여 그 원문의 所載를 앞의 〈표 2〉에 낱낱이 기입하여 밝혀두기로 하였다.

[4] 송영배 (외) 옮김, 『천주실의』, 서울대학교 출판부, 1999.

3.『텬쥬실의』「목록」의 項目 構成과 그 類型 分析

『텬쥬실의』「목록」 8개 篇目의 세부적인 항목 구성이 어찌 이루어졌으며, 그 「목록」에 설정된 項目의 類型은 어떠하였는지를 분석하게 되면 『텬쥬실의』「목록」 자체의 실체에 대해 제대로 파악하고자 함에 보다 중요한 단서를 찾게 될 것이다. 그래서 지금부터 이에 대해 집중적으로 시도해보고자 한다.

1)「목록」의 項目 構成

8개 편목의 항목 구성을 살피기 위해 편목별 항목수를 조사하여 따로 表를 작성해보았다. 다음의 〈표 4〉가 그것이다.

〈표 4〉『텬쥬실의』「목록」篇目別 項目數 分析表

區分		要旨	項目數	
상권	제1편	천주의 천지 創造·主宰·安養 의논	15	70
	제2편	세간의 천주 오해 해명	10	
	제3편	인간의 영혼 불멸과 禽獸와의 차이 의논	22	
	제4편	귀신과 인간의 혼의 차이 분변, 천하 만물의 불일치 해석	23	
하권	제5편	불교의 교리 비판, 齋戒의 바른 뜻 제시	17	98
	제6편	意志의 불멸 설명과 死後 천당지옥의 상벌로 선악 보상을 의논	34	
	제7편	人性의 선함 의논, 천주교인의 올바른 배움을 기록	34	
	제8편	서양 풍속 및 천주교 선교사의 不婚 의논, 천주의 西洋 降生 이유 해석	13	

이 〈표 4〉를 보면, 상권에 비해 하권의 항목이 많으며 또한 그 중에서도 제6편과 제7편의 항목수가 여느 편목에 비해 상대적으로 적게는 1.5배 많게는 3.5배 가까이 설정되어 있음을 헤아릴 수가 있다. 원문의 분량 자체가 그러한 경향을 띠므로, 자연히 그럴 수밖에 없음은 두말할 나위가 없는 소치이며, 또한 그만큼 다른 항목들에 비해 제6편에서 '意志의 불멸 설명과 死後 천당지옥의 상벌로 선악 보상을 의논'하고, 제7편에서 '人性의 선함 의논, 천주교인의

올바른 배움을 기록'한 항목들이 월등히 상세하게 비중이 크게 서술되었음을 그대로 드러내주는 것으로 보아 틀림이 없을 듯하다.

2) 「목록」의 項目 類型 分析

「목록」의 세부 항목을 낱낱이 검토해보면 몇 개의 일정한 유형으로 나뉨을 알아차릴 수 있다. 크게 나누자면 항목 설정이 첫째로는 그 설정의 구조에서, 둘째로는 그 설정의 방식에서 구별된다고 판단되므로 이에 따라 분석하도록 한다.

(1) 項目 設定의 構造

이 항목 설정의 구조는 中士의 질문 중심, 西士의 답변 중심 그리고 西士의 답변 및 中士의 질문 종합 등 3개의 유형으로 파악된다. 이는 항목이 어느 한 쪽의 발언에 치중되어 설정된 게 아님을 의미한다고 하겠다. 말하자면 西士의 답변만에 치중해서 항목명을 취한 게 아니고 中士의 질문 내용도 참작했다는 섬이 평가되어야 한다는 것이다. 곧 論旨의 핵심을 제시하고자 함에 항목 설정의 근본 취지가 있었기에 그러하였다고 여겨진다.

가) 中士의 질문 중심

첫째, 中士의 질문 자체를 거의 고스란히 인용하여 항목으로 삼은 경우로는, (118)"몬져 션ᄒ다가 후에 악ᄒ 쟈와 몬져 악ᄒ다가 후에 션ᄒ 쟈는 ᄉ 후에 엇더ᄒ뇨"가 대표적이다. 이 (118)항목의 원문은 다음과 같다.

즁ᄉㅣ 글오되 가ᄉ 사람이 혹 몬져 션ᄒ다가 후에 변ᄒ야 악ᄒ 쟈도 잇고 몬져 악ᄒ다가 후에 고쳐 션ᄒ 쟈도 잇ᄉ니 이긋ᄒ 류는 신후에 엇더ᄒ뇨[5]

---

[5] 『텬쥬실의』 191좌; 『天主實義 附텬쥬실의』, p.527좌. 漢文 原文은 다음과 같다. "中士曰 使有人先 爲善 後變而爲惡 有先爲惡 後改而爲善 玆二人 身後何如" 『天主實義』 影印本 上卷 32左.

둘째, 中士의 질문에 담긴 내용을 나름대로 정리하여 항목으로 삼은 경우는 (26)"셰샹 사룸이 금슈보다 고롬이라"와 (117)"즁국 경셔에 쏘한 텬당디옥 말이 잇ᄂ냐 업ᄂ냐"와 같은 항목이다. 이 중에서 (117)항목의 원문을 一例로 제시하면 다음이다.

중ᄉㅣ 글오딕 션비는 녯 셩인으로써 읏듬을 삼고 셩인은 경뎐(젼흔 글)으로써 ᄀᄅ침을 뵈엿시니 우리 경뎐을 두루살피딕 일졀 텬당디옥 말은 업스니 엇지 셩인이 "리른 통치못ᄒ엿ᄂ냐 혹 숨기고 발치 아니ᄒ엿ᄂ냐[6]

나) 西士의 답변 중심

첫째, 西士의 답변 내용을 거의 고스란히 인용하고 약간 정리하여 항목으로 삼은 경우로, 상권「목록」중에서는 (53)"귀신이 물에 졉홈은 령혼이 사름에 잇심과 갓고 분별이 잇심이라", (57)"긔운은 싱활의 근본이 아니라", (60) "텬쥬의 조물ᄒ신 젼능이 업숨으로써 잇게 ᄒ심이라", (64)"물건의 소이연의 엇더홈이 본 물건에 잇심이라", (68)"인의의 베플미 먼디 밋츰이라" 등이 그리고 하권「목녹」중에서는 (105)"악쟈의 악을 뮈워홈은 형벌을 두림이오 션쟈의 악을 뮈워홈은 덕을 ᄉ랑홈이라", (106)"텬쥬ㅣ 지존ᄒ시고 지션ᄒ시니 스스로 맛당이 공경ᄒ고 스스로 맛당이 ᄉ랑홈이라" 등이 그러하다. 이 가운데 굳이 하나를 꼽자면, (64)항목을 들 수 있겠는데, 원문은 아래다.

소이연이 물안희 잇셔 본분이 되는 쟈는 음양ᄀᆺ ᄒ 거시오 (물이 음양긔운으로 사ᄂ고로 물의 본분이 된다ᄯᆺ) 물밧긔 잇셔 밧긔 본분이 되ᄂ쟈는 졔작ᄒᄂ 쟈니[7]

---

[6] 『텬쥬실의』 188좌; 『天主實義 附텬쥬실의』, p.524좌. 漢文 原文은 다음이다. "中士曰 儒者以聖人爲宗 聖人以經典示敎 遍察吾經典 通無天堂地獄之說 豈聖人有未達此理乎 何以隱而未著" 『天主實義』 影印本 上卷 30左-31右.

[7] 『텬쥬실의』 117좌; 『天主實義 附텬쥬실의』, p.533좌. 漢文 原文은 다음과 같다. "所以然者 有在物之內分 如陰陽是也 有在物之外分 如作者之類是也" 『天主實義』 影印本 上卷 53右.

둘째, 西士의 답변 내용에서 특정 부분을 선택하여 활용해서 항목으로 삼은 경우는 (27)"셰샹 사룸이 셰욕에 흐림이라"과 (28)"셰샹은 불과 사룸의 잠시 거흘 되라"와 같은 항목이다. 이 중에서 사실 여부의 대조를 돕기 위해 (28)항목의 원문을 제시해보이면 다음이다.

사룸은 셰샹에 잇심이 불과 잠시간 븟쳐 잇는 곳이라[8]

셋째, 西士의 답변 내용을 앞엣것과 뒤엣것을 각각 요약하여 합쳐 항목으로 삼은 경우는, (77)"온는 악인의 혼이 변호야 즘승됨이 가히 악인의 형벌이 되지 못홈이라"이다. 구조가 약간 번잡하나, 원문을 그대로 인용해보이면 아래와 같다.

다仌순 굴오되 사룸의 혼이 금슈된다홈이 원리 다른 빙거업고 오직 싱시에 음힝이 아모 즘승과 흐즉 텬쥐 그뒤로 벌호야 훗셰에 금슈되게 호는가 의심홈이나 그러나 이는 형벌이 아니오. 도로혀 그 욕심을 좃참이라 뉘러 형벌이라 닐으리오.[9]

넷째, 西士의 답변 내용을 나름대로 해석하여 항목으로 삼은 경우로는 (54)"금슈의 셩품이 사룸의 셩품으로 더브러 굿지 아니홈이라", (67)"만물의 일톄 된다홈은 셜수 흔 말이오 춤 일톄란 말이 아니라", (141)"ᄉ랑ᄒᆞ는 졍이 모든 졍의 쥬쟝이 되고 모든 힝지의 근원이 되느니라" 그리고 (161)"힝도ᄒᆞ는 쟈 혼ᄎᆔ 아니홈이 편흔 곳이 만홈이라" 등이 있다. 이 가운데 (161)의 경우를 구체적으로 살펴보자면 아래의 원문이 요긴하다.

---

8 『텬쥬실의』, 67우; 『天主實義 附텬쥬실의』, p.403우. 漢文 原文은 다음이다. "人之在世不過暫次寄居也" 『天主實義』 影印本 上卷 26右.

9 『텬쥬실의』, 142우좌; 『天主實義 附텬쥬실의』, p.478중. 漢文 原文은 다음이다. "五曰 夫云 人魂變獸" 初無他據 惟疑其前世淫行 曾效某獸 天主當從而罰之 俾後世爲此獸耳 此非刑也 順其欲 孰謂之刑乎" 『天主實義』 影印本 下卷 5左.

서ㅅㅣ 굴오듸 서로 샹홈은 업스나 단신이 혼취아니ㅎ면 몸을 일우기 더옥 고
요ㅎ고 사룸을 화ㅎ기 더옥 편ㅎ지라 내 그 편ㅎ 곳을 들어 의논홀지니 청컨대
살펴보면 가히 폐회 의논ㅎ눈바 빙거ㅣ 잇고 업슴을 붉히 알지니라 ㅎ나혼 … [10]

이후 婚娶하지 않는 것의 장점에 대해서 8가지로 나누어 상세히 논하고 있
음을 찾아볼 수가 있지만, 그렇다고 그것을 세세히 항목으로 취하여 정리하
지는 않았다.

다) 西士의 답변 및 中士의 질문 종합

西士의 답변 위주로 정리하면서도, 中士의 질문을 함께 묶어 정리한 경우
의 예에는 일련의 (18)"태극의논" 대목이 가장 적합하다. 이렇듯이 "태극의논"
이 전면적으로 행해지고 있는 (18) 이후 (19) 초입까지 항목들의 원문의 핵심
부분을 추출해 정리하여 제시하면 다음과 같다.

[2-6](18ⓐ)즁ㅅㅣ 굴오듸 우리 유도의 태극을 말ㅎ는 쟈는 술ㅎ냐 서ㅅㅣ 굴오
듸 내 비록 말년에 즁국에 들어왓시나 그러나 그윽이 넷 경셔를 보니 다만 옛적
군자들이 …[11]

[2-7](18ⓑ)즁ㅅㅣ 굴오듸 옛적에 그 일홈은 잇지 못ㅎ고 실노 그리는 잇섯시나
다만 그려 풀님이 젼치 못 ㅎ엿ㄴ이다 서ㅅㅣ 굴오듸 므릇 말이 리 죽 더블러 서로
합흔 즉 군ㅈㅣ 거ㅅ림이 업ㄴ니 태극의 풀님은 리에 합치 못홀지라 내 그 무극과
태극의 그림을 보니 불과 음양을 형상홀 ㅼㄹ 룸이라[12]

---

10 『텬쥬실의』 242우좌;『天主實義 附텬쥬실의』, p.578중. 漢文 原文은 다음이다. "西士曰 無相傷也 但單身不娶 愈靖以成己 惟便以及人也 吾爲子揭其便處 請詳察之以明敵會所爲有所據否 一曰 … "『天主實義』 影印本 下卷 59左.

11 『텬쥬실의』 45좌;『天主實義 附텬쥬실의』, p.381좌. 漢文 原文은 다음이다. "中士曰 吾儒言太極者 是乎 西士曰 余雖末年入中華 然竊視古經書不怠 但聞 古先君子 … "『天主實義』 影印本 上卷 14左.

12 『텬쥬실의』 46우;『天主實義 附텬쥬실의』, p.382우. 漢文 原文은 다음이다. "中士曰 古者未有其名 而實有其理 但圖釋未傳耳 西士曰 凡言與理相合 君子無以易之 太極之解 恐難謂合理也 吾視夫無 極而太極之圖 不過取奇偶之象言"『天主實義』 影印本 上卷 14左-15右. 이 부분의 한문 원문에 '奇 偶'를 언문 원문에서 '홀수와 짝수'로 하지 않고 '음양'으로 하였음은, 뒤에서 太極을 정작 陰陽으로

[2-8](18ⓒ)즁스ㅣ 골오듸 태극은 다른 물건이 아니오 리 ᄲᅮ름이라 만일 온젼
ᄒᆞ니 리로써 리 업다ᄒᆞ면 오히려 무슴 리를 가히 닐오리오 셔스ㅣ 골오듸 …(중
략)… 본품의 리를 분별ᄒᆞᆫ 연후에야 태극이 능히 만물의 근원이 되지 못홈을 밝힐
지라 (19)대뎌 물의 원품이 둘히 잇스니 ᄌᆞ립ᄒᆞᆫ 쟈(졔스ᄉᆞ로 셔ᄂᆞᆫ 쟈) 잇고 의뢰
ᄒᆞᆫ 쟈(ᄂᆞᆷ을 의지ᄒᆞᆫ 쟈) 잇스니 물이 ᄂᆞᆷ을 의지ᄒᆞ야 물이 되지 아니ᄒᆞ고 능히 스스
로 일워셔ᄂᆞᆫ 쟈ᄂᆞᆫ 곳 …[13]

太極에 관한 中士의 질문과 西士의 답변은 이 (18)항목을 시발로 해서 그
이후 제2편 전편에 걸쳐 논의되었다. 「목록」상에서는 (19)항목에서 사물의
범주에 '自立者'와 '依賴者' 둘이 있다는 논의를 하면서, 외견상으로는 마치 주
제가 다른 것을 전환한 것처럼 보여지지만, 기실은 太極에 대한 논의는 지속
되고 있는 것이었고, 실질적으로 (25)항목에서 上帝와 天主에 대한 논의를 전
면적으로 전개하게 되는 발단도 여기에서 비롯되고 있었던 것이다. 따라서
(18)항목을 간단히 "태극의논"이라 정리해두었으나, 이는 매우 포괄적인 정
리라는 점을 간과해서는 안 될 것이며, 그럴 정도로 이 (18)항목은 西士의 답
변 위주로 정리하면서도, 中士의 질문을 함께 묶어 정리한 경우의 대표적인
예라고 판단된다.

(2) 項目 設定의 方式

항목 설정의 유형을, 한편 항목 설정의 방식에 따라 크게 나누자면, 一般
型과 特殊型으로 구분할 수 있을 듯하다. 여기에서 '일반형'이란 『텬쥬실의』
「목록」의 항목 설정에서 일반적으로 채택되었던 것이라는 의미이고, '특수
형'이란 그러한 일반적인 방식이 아니라 그와는 각각이 다른 양상을 띠었다

인식하는 문제와 관련하여 주목해야 할 점이지 않나 생각한다.
[13] 『텬쥬실의』, 46좌; 『天主實義 附텬쥬실의』, p.382좌. 漢文 原文은 다음이다. "中士曰 太極非他物
乃理而已 如以全理爲無理 尙有何理之可謂 西士曰 … 以置理於本品 然後明其太極之說不能爲萬物
本原也 夫物之宗品有二 有自立者 有依賴者 物之不特別體以爲物 而自能成立 …"『天主實義』影印
本 上卷 15右左.

는 의미일 뿐이다.

가) 一般型

첫째, 내용을 압축해서 정리하여 항목을 설정한 경우가 가장 일반적으로 많이 취해진 방식이라 할 수 있는데, 이와 같은 경우의 대표적인 항목을 하나만 들자면 (31)"혼이 세픔이 잇스니 초목과 금슈와 사롬의 혼이라"를 들 수 있다고 본다. 원문은 다음과 같다.

이 세계에 혼이 세픔이 잇스니 하픔은 골은 싱혼이니 쵸목의 혼이라 이 혼은 쵸목이르브드러 싱장ᄒ야 쵸목이 물나니울면 혼이 쏘라 멸ᄒ고 즁픔은 골은 각혼이니 곳 금슈의 혼이라 이 혼은 능히 금슈를 길러즈라게 ᄒ며 쏘 귀와 눈으로 듯고 보게 ᄒ며 입과 코로 먹고 맛게 ᄒ며 지톄로 물을 씰너 씬둣게 ᄒ듸 다만 능히 소리를 추론치 못ᄒ며 죽으면 혼이 쏘혼 멸ᄒ고 샹픔은 골은 령혼이니 곳 사롬의 혼이라 이ᄂᆞᆫ 싱혼과 각혼을 겸ᄒ야 능히 사롬을 븟드러 길너즈라게 ᄒ고 쏘 물졍을 알아씨둣고 쏘 능히 스물을 주론ᄒ고 의리를 분변ᄒ고 사롬의 몸은 비록 죽으나 혼은 죽지 아니ᄒ고 영히 잇서 멸치 아니ᄒᄂᆞᆫ쟈라[14]

둘째, 전후의 내용을 종합적으로 정리해서 항목으로 삼은 경우로는 (110) "두어곳 추로 텬당디옥말을 증거ᄒᆞᆷ이라" 항목이 다른 어떠한 항목보다도 두드러지다. 단지 두어 가지로 천당과 지옥에 관한 것을 증거할 것 같은 어감을 풍기고 있지만, 항목 설정의 방식 자체가 사실은 그리 간단하지가 않다. 그 앞의 (109)과 뒤의 (111) 항목과 연결되어 있음으로 해서 분간이 쉽지 않기 때문이다. 다음 아래의 원문 기록을 잘 살펴야만 이를 가늠할 수 있다.

---

14 『텬쥬실의』, 69우-70우; 『天主實義 附텬쥬실의』, pp.405우-406우. 漢文 原文은 다음이다. "彼世界之魂 有三品 下品名曰 生魂 卽草木之魂是也 此魂扶草木以生長 草木枯萎 魂亦消滅 中品名曰 覺魂 則禽獸之魂也 此能附禽獸長育 而又使之以耳目視聽 以口鼻啖嗅 以肢體覺物情 但不能推論道理 至死而魂亦滅焉 上品名曰 靈魂 卽人魂也 此兼生魂覺魂 能扶人長養 及使人知覺物情 而又使之能推論事物 明辯道義 人身雖死 而魂非死 蓋永存不滅者焉"『天主實義』影印本 上卷 27左.

[6-13]즁ᄉᆞ] ᄀᆞᆯ오디 젼싱이 일즉 텬당디옥 잇심을 보고 결단ᄒᆞ야 잇다ᄒᆞᄂᆞ냐 셔ᄉᆞ] ᄀᆞᆯ오디 ᄌᆞ네논 텬당디옥 업슴을 보고 결단ᄒᆞ야 업다ᄒᆞᄂᆞ냐 엇지ᄒᆞ야 젼에 닐온 바ᄅᆞᆯ 긔억지 못ᄒᆞᄂᆞ냐 지혜로온 쟈는 반ᄃᆞ시 육안(고기눈)의 보는 바로써 밋지 아니ᄒᆞ고 (A)리의 보는 바ㅣ 더욱 눈의셔 춤되니 귀와 눈의 씨ᄃᆞ롬은 흥샹 틀님이 잇스디 리의 올혼 바는 반ᄃᆞ시 그름이 업ᄂᆞ니라

[6-14]즁ᄉᆞ] ᄀᆞᆯ오디 이 리ㅣ 듯기를 원호노라다 셔ᄉᆞ] ᄀᆞᆯ오디 ᄒᆞ나혼 ᄀᆞᆯ은 므릇 … 임의 이 셰샹에 잇지 아니흔즉 후셰샹텬당이 아니냐. (B)대개 인심의 향ᄒᆞᆯ 바 오직 온젼흔 복에 잇스니 뭇복이 구비흔 곳은 텬당이라 일로써 인졍이 이곳에 니ᄅᆞ기 젼은 …[15]

보듯이 인용문 젼쳬를 일관하고 있는 것은 天堂地獄에 관한 설명이므로 (110)항목이 바로 이 부분을 정리한 것임을 알 수 있지만, 자세히 검증하면서 「목록」의 전후와 유심히 대조해보면 (A)'리의 보는 바ㅣ 더욱 눈의셔 춤되니' 부분은 곧 (109)항목이고, (B)'대개 인심의 향ᄒᆞᆯ 바 오직 온젼흔 복에 잇스니' 부분은 즉 (111)항목이다. 그러므로 이 (110)항목 자체가 그 앞의 (109)항목 그리고 그 뒤의 (111)항목을 종합적으로 정리하여 설정한 것임을 비로소 규명할 수가 있는 것이다.

셋째, 내용을 위주로 설정하여 항목을 세분한 경우로는 (3)"ᄒᆞ나혼 량능으로써 증거ᄒᆞ고", (4)"ᄒᆞ나혼 텬동으로써 증거ᄒᆞ고", (5)"ᄒᆞ나혼 금슈의 동작흠으로써 증거ᄒᆞ고", (6)"ᄒᆞ나혼 물이 스스로 일우지 못흠으로써 증거ᄒᆞ고", (7)"ᄒᆞ나혼 물의 ᄎᆞ례로써 증거ᄒᆞ고", (8)"ᄒᆞ나혼 물이 비로ᄉᆞ 나 젼류흠으로 증거ᄒᆞ고" 등으로 설정된 부분이 그렇다. 길게 일일이 제시할 수 없어, 그 가운데 (3)과 (4)항목과 관련된 부분의 원문을 중점적으로 인용하여 제시하면 다음이다.

---

15 『텬쥬실의』184좌-185우;『天主實義 附텬쥬실의』, pp.520좌-521우. 漢文 原文은 다음이다. "中士曰 先生曾見有天堂地獄 而決曰有 西士曰 吾子已無天堂地獄 而決曰無 何不記前所云乎 智者 不必以肉眼所見之事 方信其有 理之所見者 眞于肉眼 夫耳目之覺 或常有差 理之所是 必無謬也 中士曰 顧聞此理 西士曰 一日 … 不在本世 非在後世天堂歟 盖人心之所向 惟在全福 衆福備處 乃謂天堂"『天主實義』影印本 下卷 28左-29右.

[1-3]즁ᄉᆡ ᄀᆞᆯ오ᄃᆡ 이 무어시 샹ᄒᆞ리오 … 셔ᄉᆡ ᄀᆞᆯ오ᄃᆡ 몬져 닐온 바 (A)텬디 만믈을 조셩홈과 쥬직ᄒᆞ시는 쟈를 뭇고져 ᄒᆞ니 내 닐오ᄃᆡ … 이졔 ᄌᆞ네를 위ᄒᆞ야 특별이 두세 가지 리 긋츨 드러 증거ᄒᆞ리라 그 (B)ᄒᆞ나흔 ᄀᆞᆯ오ᄃᆡ 비호지 아니ᄒᆞ고 능흠은 량능(사름의 원릭잇는 능이라)이라 이졔 텬하만국사름이 각ᄀᆡ ᄌᆞ연ᄒᆞᆫ 젼셩과 ᄯᅳᆺ이 잇셔 … 둘은 ᄀᆞᆯ오ᄃᆡ 믈의 혼도 업고 지각도 업는 쟈는 반ᄉᆞ시 능히 졔본쳐소에셔 스스로 음즉여 음ㅅ도 수에 맛지 못ᄒᆞ고 … (C)웃하늘은 동으로브터 운힝ᄒᆞ고 일월셩신 하늘은 셔흐로브터 거스려 힝ᄒᆞᄃᆡ …¹⁶

나) 特殊型

첫째, 원문에서 그대로 한 구절을 따온 후(ⓐ), 나머지는 내용을 정리하여 붙여(ⓑ) 항목을 정한 경우의 예로는 (148) "ⓐ텬디에 오직 ᄒᆞᆫ 쥬 계시니/ⓑ반른 교ㅣ ᄯᅩᄒᆞᆫ 교ㅣ 잇ᄂᆞ니라"를 찾을 수 있다. 정확한 확인을 위해 이 항목의 원문을 제시한다.

즁ᄉᆡ ᄀᆞᆯ오ᄃᆡ 불상에 졀ᄒᆞ고 불경을 렴홈이 온젼이 무익ᄒᆞ니잇가 셔ᄉᆡ ᄀᆞᆯ오ᄃᆡ 엇지 ᄒᆞᆫ갓 무익홀 ᄲᅮᆫ이리오 … 일국에 오직 ᄒᆞᆫ 님군이 잇ᄉᆞ니 둘노 셤긴 즉 죄될지니 (ⓐ)일텬디에 다만 ᄒᆞᆫ 쥬ㅣ 계시니 (ⓑ)둘노 공경ᄒᆞ면 엇지 텬디같에 용납ᄒᆞ리오. 즁국션븨들이 불노의 교를 파코져 ᄒᆞ여도 도로혀 이졔 두 웃듬 ᄉᆞ관(졀)을 셰우고 그 샤상에 쳠미ᄒᆞ니 비컨대 악ᄒᆞ나 무를 믈니워 죽이고져 ᄒᆞ면셔 도로혀 그 쓸희를 붓둣음과 ᄀᆞᆺᄒᆞ니 반ᄃᆞ시 더욱 무셩ᄒᆞ지니라¹⁷

둘째, 내용상 2개 항목으로 나뉘어야 하나 1개항으로 설정한 경우이다.

---

16 『텬쥬실의』 24좌-26우;『天主實義 附텬쥬실의』, pp.360좌-362우. 漢文 原文은 다음이다. "中士曰 玆何傷乎 … 西士曰 子欲先詢 所謂 始制作天地萬物 而時主宰之者 予謂 … 玆爲子特揭二三理端之 證之 其一曰 吾不待學之能爲 良能也 今天下萬國各有自然之誠情 … 其二曰 物之無魂無知覺者 必不能于本處所 自有所移動而中度數 … 今觀上天 自動運行 而日月星辰之天 …"『天主實義』影印本 上卷 3左右.

17 『텬쥬실의』 227좌-228우;『天主實義 附텬쥬실의』, pp.563좌-564우. 漢文 原文은 다음이다. "中士曰 拜佛像 念其經 全無益乎 西士曰 奚啻無益乎 … 一國惟得一君 二之 則罪 乾坤亦特由一主 二之 豈非宇宙重大罪犯乎 儒者欲罷二氏教于中國 而今乃建二宗之寺觀 拜其像 比如欲枯橘惡樹 而厚培其本根 必反榮焉"『天主實義』影印本 下卷 51左.

(72)항목의 "두어끗 추로써 륜회를 변논홈이라"에 곤이어 (73)항목 "ㅎ나혼 셰샹 사름이 젼셰샹일을 긔억지 못홈이라(ⓐ)/ 마귀 사름과 금슈에 붓쳐 사름을 죽임이라(ⓑ)"를 셜졍홈에 잇어 내용샹 2개로 나누어야 할 것이나 1개 항으로 셜졍한 게 그것이다. 다음의 원문에서 이를 분별하여 찾아볼 수 있다.

셔ᄉㅣ ᄀᆞᆯ오ᄃᆡ (A)륜회지셜이 리에 거스리는 쟈를 이긔여 혜지못ᄒᆞ나 이제 대략 몇끗츨 드노라 (B)ᄒᆞ나혼 가령 사름의 혼이 다른 몸에 옴겨 다시 셰샹에 낫셔 혹 사름이 되며 혹 금슈될지라도 그 본셩의 졍ᄒᆞᆷ은 일치 아니 ᄒᆞ리니 반ᄃᆞ시 능히 젼싱에 혼 바를 긔록ᄒᆞ거시어늘 내 온젼이 ᄒᆞ나토 싱각지 못ᄒᆞ고 다른 사름도 긔억홈이 잇는 쟈를 듯지 못ᄒᆞ엿ᄉ신즉 젼싱업슴이 심히 붉으니라 즁ᄉㅣ ᄀᆞᆯ오ᄃᆡ 불노의 글에 실닌 바 능히 긔록ᄒᆞᆫ 쟈 심히 만흔즉 진실노 긔억ᄒᆞᆫ 쟈 잇도다 셔ᄉㅣ ᄀᆞᆯ오ᄃᆡ (C)마귀 혹 사름을 속여 그 류를 조차 사름과 혹 즘승의 몸을 비러 붓쳐 속여 ᄀᆞᆯ오ᄃᆡ 아모집 아들이로라 ᄒᆞ며 아모집 일을 말ᄒᆞ야 속이는 말을 증거ᄒᆞ게 홈은 간혹 잇거니와 긔록ᄒᆞᆫ다 ᄒᆞ는 쟈는 반ᄃᆞ시 불시의 무리오 혹 불고 즁국에 통ᄒᆞᆫ 후로 잇는 말이라[18]

셋째, 심지어 원래의 篇目을 나누어셔 일부는 편목의 일부로 삼고 나머지를 항목으로 셜졍한 경우가 잇어 주목된다. 유일한 예는 諺文本 원문의 제8편의 편목 "뎨팔편은 태셔풍쇽을 대총 들고 젼도ᄒᆞ는 션븨의 혼츆아니 ᄒᆞ는 ᄯᅳᆺ을 의논ᄒᆞ고(ⓐ) 아오로 텬쥬ㅣ 셔토에 강싱ᄒᆞ심을 플미라(ⓑ)"[19]고 되어 잇는 것을 '아오로'를 기준으로 둘로 나누어 젼반부(ⓐ)는 "뎨팔편은 태셔 풍쇽을 대총 의논ᄒᆞ고 젼도ᄒᆞ는 션븨 혼츆 아니홈을 의논홈이라"고 해셔 제8

---

[18] 『텬쥬실의』 137좌-138좌; 『天主實義 附텬쥬실의』, pp.473좌-474좌. 漢文 原文은 다음이다. "中士曰 夫輪廻之說 不勝數也 玆惟擧四五大端 一曰 假如人魂遷往他身 復生世界 或爲別人 或爲禽獸 必不失其本性之靈 當能記念前身所爲 然吾絶無能記焉 幷無聞人有能記之者焉 則無前世明甚 中士曰 佛老之書所載 能記者甚多 則固有記之者 西士曰 魔鬼欲誑人而從其類 故附人及獸身詒 云爲某家子 遙其家事 以徵其謬 則有之記者 必佛老之徒 或佛敎入中國之後耳" 『天主實義』 影印本 下卷 2左-3右.

[19] 『텬쥬실의』 237우; 『天主實義 附텬쥬실의』, p.573우. 漢文 原文은 다음이다. "第八篇 總擧大西俗尙 而論其傳道之士所以不娶之意 幷釋天主降生西土來由" 『天主實義』 影印本 下卷 56左-57右.

편의 편목으로 설정하고, 후반부(ⓑ)는 "텬쥬강싱ᄒ신 연유라"라 해서 (156)항목으로 설정한 것이다.

넷째, 특히 『성경』을 인용한 대목을 활용해서 나름대로 정리한 경우는 (121)"텬당의 락으로써 선쟈를 기ᄃ림이라"와 (139)"텬쥬를 만유우희 ᄉ랑ᄒ고 사름 ᄉ랑홈을 ᄌ긔 ᄀ치ᄒᄂ 두 가지 모든 덕의 온젼이 갓츰이 되ᄂ니라" 등을 들 수 있다. 이러한 유형이 여럿 있으나 그 가운데 (139)항목 하나의 경우만 제시해보이면 아래와 같다

대뎌 인이라 ᄒᄂ 말은 가히 두 마디로 쯧츨지니 글오딕 텬쥬를 ᄉ랑ᄒ고 텬쥬를 위홈을 우업시게 홈이니 텬쥬를 위ᄒᄂ 쟈ᄂ 사름 ᄉ랑ᄒ기를 ᄌ긔ᄀ치ᄒᄂ니 이 두 가지를 힝ᄒ면 빅가지 힝실이 다 온젼홀지라 그러나 두 가지 실은 ᄒ나 ᄯ름이니 ᄒ 텬쥬를 독실이 ᄉ랑ᄒ면 텬쥬의 ᄉ랑ᄒ시ᄂ 바 사름은 스스로 ᄉ랑홀지라[20]

지금까지 살펴온 항목 설정의 구조와 방식을 表로 작성하여 종합적으로 정리해보았다. 아래의 〈표 5〉가 그것이다.

〈표 5〉 項目 設定의 構造와 方式

區分			特徵
構造 및 方式	中心 및 形態	類型分類	
	中士의 質問 中心	제1유형	中士의 질문 자체를 거의 고스란히 인용하여 항목으로 삼은 경우
		제2유형	中士의 질문에 담긴 내용을 나름대로 정리하여 항목으로 삼은 경우

---

20 『텬쥬실의』 218좌;『天主實義 附텬쥬실의』, p.554좌. 漢文 原文은 다음이다. "夫仁之說可約 而以二言窮之曰 愛天主 爲天主 無以尙 而爲天主者 愛人如己也 行斯二者 百行全備矣 然二亦一而已 篤愛一人 則幷愛其所愛者矣"『天主實義』 影印本 下卷 46左. 聖經의 이 구절이『신약성서』「마테오」22장 34-40절,「마르코」12장 28-34절 그리고「루가」10장 25-28절에 나온다고 하는 사실은 송영배 (등) 옮김,『천주실의』, 서울대학교 출판부, 1999, p.363 각주 26) 참조.

項目 設定의 構造	西士의 答辯 중심	제1유형	西士의 답변 내용을 거의 고스란히 인용하고 약간 정리하여 항목으로 삼은 경우
		제2유형	西士의 답변 내용에서 특정 부분을 선택하여 활용해서 항목으로 삼은 경우
		제3유형	西士의 답변 내용을 앞엣것과 뒤엣것을 각각 요약하여 합쳐 항목으로 삼은 경우
		제4유형	西士의 답변 내용을 나름대로 해석하여 항목으로 삼은 경우
	西士의 답변과 中士의 질문 종합		西士의 답변 위주로 정리하면서도, 中士의 질문을 함께 묶어 정리한 경우
項目 設定의 方式	一般型	제1유형	내용을 압축해서 정리하여 항목을 설정한 경우
		제2유형	전후의 내용을 종합적으로 정리해서 항목으로 삼은 경우
		제3유형	내용을 위주로 설정하여 항목을 세분한 경우
	特殊型	제1유형	원문에서 그대로 한 구절을 따온 후, 나머지는 내용을 정리하여 붙여 항목을 정한 경우
		제2유형	내용상 2개 항목으로 나뉘어야 하나 1개항으로 설정한 경우
		제3유형	원래의 篇目을 나누어서 일부는 편목의 일부로 삼고 나머지를 항목으로 설정한 경우
		제4유형	『성경』을 인용한 대목을 활용해서 나름대로 정리한 경우

이 〈표 5〉를 중심으로 項目 設定의 構造와 方式에 관해 종합적으로 살피면, 項目 設定의 構造에 있어서는 〈西士의 答辯 중심〉이었으며, 項目 設定의 方式에 있어서는 〈一般型〉 위주였음을 엿볼 수 있겠다. 이는 項目 設定의 構造에서 〈中士의 質問 中心〉이거나 〈西士의 답변과 中士의 질문 종합〉인 경우도 있었지만은, 書名 『텬쥬실의』에 걸맞게 하기 위해서 내용 자체가 〈西士의 答辯 중심〉으로 되었음을 여실히 드러낸 것이라 보인다. 또한 項目 設定의 方式에 있어서도 〈一般型〉 위주로 설정되었더라도 내용을 잘 함축하여 「목록」의 항목으로 설정하여 제시하기 위해서 〈特殊型〉 역시 적절히 채택하여 설정한 것이라 풀이된다.

4. 맺는 말

지금껏 살핀 바와 같이, 諺解筆寫本 『텬쥬실의』는 상권에 비해 하권의 항목이 많으며 또한 그 중에서도 제6편과 제7편의 항목수가 여느 편목에 비해 상대적으로 적게는 1.5배 많게는 3.5배 가까이 설정되어 있음을 헤아릴 수가 있다. 이는 그만큼 다른 항목들에 비해 제6편에서 '意志의 불멸 설명과 死後 천당지옥의 상벌로 선악 보상을 의논'하고, 제7편에서 '人性의 선함 의논, 천주교인의 올바른 배움을 기록'한 항목들이 월등히 상세하게 비중이 크게 서술되었음을 그대로 드러내주는 것으로 보아 틀림이 없을 듯하다.

그리고 언해필사본 『텬쥬실의』 항목 설정의 구조는 中士의 질문 중심, 西士의 답변 중심 그리고 西士의 답변 및 中士의 질문 종합 등 3개의 유형으로 파악된다. 이는 항목이 어느 한쪽의 발언에 치중되어 설정된 게 아님을 의미한다고 하겠다. 말하자면 西士의 답변만에 치중해서 항목명을 취한 게 아니고 中士의 질문 내용도 참작했다는 점이 평가되어야 한다는 것이다. 곧 論旨의 핵심을 제시하고자 함에 항목 설정의 근본 취지가 있었기에 그러하였다고 여겨진다.

한편 項目 設定의 構造와 方式에 관해 종합적으로 살피면, 項目 設定의 構造에 있어서는 〈西士의 答辯 중심〉이었으며, 項目 設定의 方式에 있어서는 〈一般型〉 위주였음을 엿볼 수 있겠다. 이는 項目 設定의 構造에서 〈中士의 質問 中心〉이거나 〈西士의 답변과 中士의 질문 종합〉인 경우도 있었지만은, 書名 『텬쥬실의』에 걸맞게 하기 위해서 내용 자체가 〈西士의 答辯 중심〉으로 되었음을 여실히 드러낸 것이라 보인다. 또한 項目 設定의 方式에 있어서도 〈一般型〉 위주로 설정되었더라도 내용을 잘 함축하여 「목록」의 항목으로 설정하여 제시하기 위해서 〈特殊型〉 역시 적절히 채택하여 설정한 것이라 풀이된다고 하겠다.

그런데 이러한 언해필사본 『텬쥬실의』의 구성은 註釋目錄本 『天主實義』

와 견주어 보면 매우 흡사하다. 특히 目錄에 있어서 註釋目錄本의 「目錄」과 諺解筆寫本의 「목록」이 그러하다. 『天主實義』의 여러 版本 가운데 여기에서 '註釋目錄本'라고 하는 것은, 본문 중에 註釋이 일부 달려있으면서 그것을 모아 정리한 目錄이 설정되어 있는 版本을 지칭하는 것으로, 이는 1868년 主敎 趙方濟의 認准을 받아 重刊된[21] 上海土山灣藏版[22]으로, 이후 1923년 江蘇主敎 姚의 認准을 받아서도 出版된 上海土山灣印書館 第四版[23]인데, 이 판본과의 비교를 통해 註釋目錄本의 「目錄」과 諺文筆寫本의 「목록」에 있어 거개가 동일하지만 일부 차이가 나는 점도 있음을 발견할 수 있다.

註釋目錄本의 「目錄」과 諺文筆寫本의 「목록」이 이같이 차이가 나는 게 있음에도 대부분이 동일하므로, 註釋目錄本의 내용을 단지 諺文으로 번역한 게 諺文筆寫本일 것 같지만, 결코 그렇지가 않다. 즉 諺解筆寫本 『텬쥬실의』가 『天主實義』 註釋目錄本을 번역하는 데에 그친 게 아니라 이를 읽는 독자들에게 편의를 제공하기 위해 상세한 註釋을 덧붙이고 있는 것이다. 이 점이 바

---

21 蕭若瑟, 『天主教傳行中國考』, 河北省 獻縣天主堂, 1931; 『民國叢書』 第1編 11, 北京:上海書店, 1942; 『中國學術叢書』 第1編 11 哲學·宗教類, 上海:上海書店, 1978, pp.434-436에서는 1868년 당시의 전국적으로 벌어지고 있었던 天主敎 敎難에 관한 일반 상황에 대해서 서술하고 특히 pp.438-439에서는 江蘇省의 구체적인 상황을 기술하고 있음이 주목된다. 그리고 서양자, 『중국천주교회사』, 대구:가톨릭출판사, 2001, pp.383-419에서 중국 각 지역별로 敎難에 관해 기술해놓았음이 참조가 되는데, 이 가운데서 이 책이 출판되는 1868년 어간의 사실들이 특히 그러하다.

22 이는 高麗大學校 중앙도서관 소장의 고서이다. 겉표지에만 이러한 書誌의 인 사항이 기재되어 있을 뿐, 속표지에는 '天主降生一千九百卄三年 江蘇主敎姚 准 上海土山灣印書館 第四版'으로 板刻되어 있어, 곧 언급할 1923년 江蘇主敎 姚 認准의 上海土山灣印書館 第四版으로 되어 있음을 알 수 있다.

23 이 판본은 Alert Chan에 의해 이루어진 로마 소재 예수회 고문서 소장의 『天主實義』에 대한 자세한 書誌 조사에서도 발견되지 않은 것인데(Alert Chan, S.J., *Chinese Books and Documents in the Jesuit Archives in Rome*, M.E. Sharpe, New York, 2002, pp.72-77), 다만 현재의 중국에서 행해진 조사에서 그 존재가 일부 확인될 뿐이다. 이와 관련하여서는 張曉林, 『天主實義與中國學統:文化互動與詮釋』, 上海:學林出版社, 2005; 申大源 譯, 『천주실의와 중국학통—문화의 상호작용과 해석』, 대구:도서출판 東明, 2012, p.45에는, "통치(同治) 7년(1868)에는 상하이 투산만(土山灣)에서 중각하였으며, 꽝슈(光緒) 24년(1898)에는 시엔시엔판(獻縣版)이 있고…"라고 하였고, 張曉 編著, 『近代漢譯西學書目提要 明末至1919』, 北京:北京大學出版社, 2012, p.21에서는 "1868(淸同治七)年 刻本 二冊"이라고만 적고 있을 뿐이다.

로 諺解筆寫本 『텬쥬실의』의 특징이다.[24] 그러므로 이에 따라서 諺解筆寫本 『텬쥬실의』 「목록」 부분 역시 그런 것이라 판단된다고 하겠다.

---

24 이상은 盧鏞弼, 「『天主實義』 註釋諺解本의 中國에서의 出版과 朝鮮에서의 諺解筆寫本의 流行」, 『韓國史學史學報』 제30호, 2014; 본서 제3부 제1장.

〈표 1〉 漢文印刷本 『天主實義』 '목차'와 諺解筆寫本 『텬쥬실의』 「목록」 대조표

漢文印刷本 『天主實義』 '목차'	諺文筆寫本 『텬쥬실의』 「목록」
×	텬쥬실의 샹권 목록
首篇 論天主始制天地萬物而主宰安養之	슈편은 텬쥬ㅣ 비로스 텬디 만물을 지으시고 쥬직ᄒ시고 안양ᄒ심을 의논홈이라
×	사름이 능히 주리홈이 금슈와 다름이라
×	텬디의 쥬직잇심을 증거홈이라
×	ᄒ나혼 량능으로써 증거ᄒ고
×	ᄒ나혼 텬동으로써 증거ᄒ고
×	ᄒ나혼 금슈의 동작홈으로써 증거ᄒ고
×	ᄒ나혼 물이 스스로 일우지 못홈으로써 증거ᄒ고
×	ᄒ나혼 물의 ᄎ례로써 증거ᄒ고
×	ᄒ나혼 물이 비로스 나 젼류홈으로 증거ᄒ고
×	텬쥬ㅣ 무시무죵 뉵편
×	텬쥬ㅣ 엇더케 만물을 내심이라 뉵편
×	물의 소이연이 네가지 잇심이라 칠편
×	텬쥬ㅣ 만물 웃듬의 소이연이 됨이라 칠편
×	텬쥬ㅣ 오직 ᄒ나히시오 놉흐신 이라 팔편
×	텬쥬는 무궁ᄒ샤 난측홈이라 팔편
×	텬쥬의 본셩이 만물품에 초월ᄒ심이라 십편
第二篇 解釋世人錯認天主	데이편은 세샹 사름의 텬쥬를 그릇 알믈 풀미라
×	세가지 교에 어ᄂ 교로써 힘씀을 삼음이다 십일편
×	불노의 허무ᄒ 말을 분변홈이라 십일편
×	태극의논 십삼편
×	물품이 둘이 잇스니 ᄌ립쟈와 의뢰쟈라 십ᄉ편
×	태극과 리ㅣ 물의 근원이 되지 못홈이라 십ᄉ편
×	우희ㅣ 아리를 포함홈이 세가지이 잇심이라 십육편
×	텬쥬의 무형ᄒ 덕이 만물의 졍리를 포함홈이라 십칠편
×	텬쥬는 곳 경서에 말ᄒ 샹데오 옥황진무샹데는 아니라 십팔편
×	텬디ㅣ 가히 쥬직되지 못홈이라 십구편
×	하늘로써 텬쥬라 칭홈이 무슴의뇨 이십편
第三篇 論人魂不滅大異禽獸	데삼편은 사름의 혼이 불멸ᄒ야 크게 금슈와 다름을 의논홈이라
×	세샹 사름이 금슈보다 고롬이라 이십일편

제3장 諺解筆寫本 『텬쥬실의』 「목록」 分析 253

	×	셰샹 사룸이 셰욕에 흐림이라 이십삼편
	×	셰샹은 불과 사룸의 잠시 거홀 디라 이십삼편
	×	불시의 텬당 디옥의 말이 셩교로 더브러 크게 다룸이라 이십ᄉ편
	×	사룸의 령혼이 영히 잇셔 멸치 아니홈이라 이십ᄉ편
	×	혼이 세품이 잇ᄉ니 초목과 금슈와 사룸의 혼이라 이십ᄉ편
	×	사룸의 혼이 초목 금슈의 혼으로 더브러 ᄀᆺ지 아니홀 바라
	×	형샹 잇ᄂ 물건의 멸ᄒᄂ 연유라 이십뉴편
	×	사룸의 령혼은 신에 쇽ᄒ야 무형홈이 금수로 더브러 다룸을 여ᄉᆺ ᄭᆺᄎ로 증거홈이라 이십뉴편
	×	ᄒᆞ나흔 령혼이 일신의 쥬직됨으로 증거홈 거홈이라 이십뉴편
	×	둘흔 사룸은 형신과 령신 두 셩품이 잇슴으로ᄡᅥ 증거홈이라 이십뉴편
	×	세흔 사룸이 무형흔 일을 ᄉ랑ᄒ고 뮈워홈으로 증거홈이라 이십칠편
	×	네흔 사룸이 무형흔 ᄉᆡᆼ각이 잇슴으로ᄡᅥ 증거홈이라 이십칠편
	×	다ᄉᆺᄉᆞᆫ 사룸이 명오이욕ᄉ의 쇼쇽이 무형홈으로ᄡᅥ 증거홈이라
	×	뉵은 사룸의 알미 무한ᄒ야 도로혀 ᄌᆞ긔 셩품을 봄으로ᄡᅥ 증거홈이라 이십구편
	×	령혼의 불멸홈을 두어 ᄭᆺᄎ로ᄡᅥ 증거홈이라 이십구편
	×	ᄒᆞ나흔 사룸의 ᄆᆞ음 어진 일홈을 후셰에 젼코져홈으로ᄡᅥ 증거홈이라 이십구편
	×	둘흔 사룸의 ᄆᆞ음이 샹ᄉᆡᆼ을 원홈으로ᄡᅥ 증거홈이라 삼십편
	×	세흔 셰샹 물건이 사룸의 ᄆᆞ음을 치오지 못홈으로ᄡᅥ 증거홈이라 삼십편
	×	네흔 사룸마다 죽음을 두림으로ᄡᅥ 증거홈이라 삼십일편
	×	오ᄂ 이 셰샹으로ᄡᅥ 능히 다 션악을 갑지 못홈으로ᄡᅥ 증거홈이라 삼십편
	×	사룸의 령혼이 멸흔다 ᄒᄂ 의심을 분변홈이라 삼십일편
第四篇 辯釋鬼神及人魂異論而解天下萬物不可謂之一體		대ᄉ편은 귀신과 사룸의 혼이 다룸을 분변ᄒ고 텬하만물이 일톄되지 못홈을 플미라

	×	고경과 고례로써 귀신 잇심을 증거훔이라 삼십스편
	×	귀신의 다른 말을 분변훔이라 삼십오편
	×	눈의 보지 못훔으로써 가히 업다 ᄒᆞ지 못훔이라 삼십오편
	×	사름이 죽은 후에 그 혼이 집에 잇지 못훔을 분변훔이라 삼십뉵편
	×	긔운이 귀신이 아니라 삼십편
	×	귀신이 물에 졉훔은 령혼이 사름에 잇심과 각ᄭᅩ 분별이 있심이라 삼십구편
	×	금슈의 셩픔이 사름의 셩픔으로 더브러 ᄀᆞ지 아니훔이라 ᄉᆞ십편
	×	엇더훔으로써 물류를 분별훔이라 ᄉᆞ십편
	×	밧긔 모상으로써 물류를 분별치 못훔이라 ᄉᆞ십일편
	×	긔운은 싱활의 근본이 아니라 ᄉᆞ십일편
	×	귀신은 셰샹을 직졔ᄒᆞᄂᆞ 권이 업ᄂᆞ니라 사십이편
	×	물이 쥬직로 더브러 일톄 되지 못훔이라 사십이편
	×	텬쥬의 조물ᄒᆞ신 젼능이 업슴으로써 잇게 ᄒᆞ심이라 ᄉᆞ십ᄉᆞ편
	×	텬쥬는 물건 안희 본분이 아니라 ᄉᆞ십뉵편
	×	텬쥬ㅣ 물건을 쓰심이 공쟝의 긔계 씀과 ᄀᆞ지 아니훔이라
	×	물건의 셩픔이 션ᄒᆞ고 졍훈 쟈는 텬쥬의 자최라 닐옴이라 ᄉᆞ십팔편
	×	물건의 소이연의 엇더훔이 본 물건에 잇심이라 ᄉᆞ십팔편
	×	텬쥬ㅣ 무소부지라 ᄉᆞ십팔편
	×	일홈의 ᄀᆞᆺ훔을 분변훔이라 ᄉᆞ십구편
	×	만물의 일톄된다훔은 셜ᄉᆞ ᄒᆞᆫ 말이오 춤 일톄란 말이 아니라 ᄉᆞ십구편
	×	인의 베플미 먼딘 밋츰이라 오십편
	×	물셩이 만히 ᄀᆞᆺ지 아니훔으로써 아름다음을 삼ᄂᆞ니라 오십일편
	×	각 물의 근본 셩졍을 맛당이 혼잡지 못훔이라 오십일편
	×	텬쥬실의 하권 목녹
第五篇 辯排輪廻六道戒殺生之謬說而揭齋素正志		뎨오편은 륜회 뉵도와 살싱 경계의 그른 말을 벽파ᄒᆞ고 직쇽의 바른 뜻을 들미라
	×	륜회 폐타와로브터 나 셕시의 도젹ᄒᆞ야 ᄒᆞᆫ 말이라

×	두어곳 추로써 륜회를 변논홈이라
×	ᄒ나흔 세상 사름이 젼셰샹일을 긔어지 못홈이라 마귀ㅣ 사름과 금슈에 붓쳐 사름을 죽임이라
×	둘흔 이제 금슈의 혼이 녯 금슈의 혼으로 더브러 다름이 업슴이라
×	세흔 륜회ㅣ 세가지 혼의 공변된 의논을 어ᄌ러힘이라
×	네흔 사름의 톄틱ㅣ 금슈를 더브러 ᄀᆺ지 아니홈이라
×	온는 악인의 혼이 변ᄒ야 즘승됨이 가히 악인의 형벌이 되지 못홈이라
×	뉵은 륜회ㅣ 농ᄉ와 뉵츅의 양홈을 폐ᄒ고 인류을 어ᄌ러힘이라
×	텬쥬ㅣ 금슈 등물을 냄은 다 사름의 ᄡᆷ을 위홈이라
×	독ᄒ 벌레와 호랑 ᄀᆺ한 거시 비록 밧긔 사름은 해ᄒ나 안 사름을 니익게 홈이라
×	내 텬쥬를 거스림을 인ᄒ야 물건이 비로소 나를 거스림이라
×	금슈 죽임을 금홈이 업고 다만 ᄡᆷ이 맛당이 졀조 잇ᄂ니라
×	살싱을 금홈이 크게 유양 기름에 손샹홈이라
×	직계ㅣ 세가지 ᄯᅳᆺ이 잇스니 ᄒ나흔 통회ᄒ고 죄를 기움이오
×	둘흔 욕심을 젹게 홈을 위홈이오
×	세흔 사름의 슈덕홈을 도음이니라
×	직계ㅣ 반ᄃ시 그 사름으로 더브러 샹칭ᄒ게 홈이라
第六篇 釋解意不可滅 幷論死後必有天堂地獄之賞罰以報世人所爲善惡	대뉵편은 ᄯᅳᆺ을 가히 업지 못홈을 풀고 ᄉ후에 반ᄃ시 텬당 디옥이 잇서 셰인의 션악을 샹벌홈을 의논홈이라
×	군ᄌ의 션을 홈이 ᄯᅳᆺ업시 한다 홈을 분변홈이라
×	션악이 ᄯᅳᆺ의 샤졍으로 말믜암고 ᄯᅳᆺ이 업슨 즉 션악이 업슴이라
×	노쟝(노ᄌ 쟝ᄌ)의 ᄒ지도 말고 ᄯᅳᆺ도 알고 분변도 말나 ᄒᄂᆫ 말을 변논홈이라
×	ᄯᅳᆺ이 업스면 이ᄂᆫ 초목금석과 ᄀᆺ홈이라
×	노쟝의 ᄯᅳᆺ을 물니친 연고라
×	금셕 초목 금슈의 ᄯᅳᆺ업ᄂᆫ 플님이라
×	션악 시비ᄂᆫ ᄆᆞ음 안희 ᄯᅳᆺ을 좃차 뎡홈이라
×	션은 온젼ᄒᆫ딕 일우고 악은 ᄒᆫ 가지에 일움이라

	×	뜻을 바르게 훔이 션이 되니 바른 거슬 힝ᄒᆞ고 샤특ᄒᆞᆫ 거슬 힝치 말미라
	×	맛당이 힝ᄒᆞᆯ 일을 힝ᄒᆞ면 뜻이 더욱 놉고 션이 더욱 졍홈이라
	×	셩인은 샹벌노써 권션증악 홈이라
	×	리해ㅣ 세가지 등분이 잇ᄉᆞ니 몸과 일홈과 직물의 리해라
	×	리ᄅᆞᆯ 가히 말ᄒᆞ지 아닐 거시라 홈은 의롤 거시리ᄂᆞᆫ 쟈니라
	×	맛당이 오지 아니ᄒᆞᆫ 해ᄅᆞᆯ 예방ᄒᆞ고 밋지 못ᄒᆞᆫ 바ᄅᆞᆯ 몬져 도모홈이라
	×	수후ᄉᆞᄅᆞᆯ 도모홈이 엇지 멀다 ᄒᆞ랴
	×	이 셰샹 사ᄅᆞᆷ의 일이 희쟈 노롬 ᄀᆞᆺ홈이라
	×	힝션ᄒᆞᄂᆞᆫ 바른 뜻이 세가지 잇ᄉᆞ니 샹중하라
	×	악쟈의 악을 뮈워홈은 형벌을 두림이오 션쟈의 악을 뮈워홈은 덕을 ᄉᆞ랑홈이라
	×	텬쥬ㅣ 지존ᄒᆞ시고 지션ᄒᆞ시니 스스로 맛당이 공경ᄒᆞ고 스스로 맛당이 ᄉᆞ랑홈이라
	×	이 셰샹의 갑홈이 심히 미ᄒᆞ야 죡지 못홈이라
	×	션악의 갑홈이 그 ᄌᆞ손에 도라가랴 아니ᄒᆞ랴
	×	리의 보ᄂᆞᆫ 바ᄂᆞᆫ 육목에서 춤됨이라
	×	두어끗 ᄎᆞ로 텬당디옥말을 증거홈이라
	×	ᄒᆞᆫ 끗ᄎᆞᆫ 인심의 향ᄒᆞᄂᆞᆫ 바 오직 온젼ᄒᆞᆫ 복에 잇슴이오
	×	둘지 끗ᄎᆞᆫ 텬쥬ㅣ 공연이 사ᄅᆞᆷ의 무궁원욕을 븟쳐주지 아니시리라
	×	이 셰샹 샹벌이 션악의 갑홈을 다ᄒᆞ지 못홈이라
	×	텬쥬의 갑흐심이 ᄉᆞ졍이 업슴이라
	×	션악의 갑홈이 ᄯᅩᄒᆞᆫ 이 셰샹에도 잇ᄂᆞ냐
	×	이 셰샹에 션인이 빈쳔ᄒᆞ고 악인이 부귀ᄒᆞᆫ 연유ᄅᆞᆯ 의논홈이라
	×	즁국 경셔에 ᄯᅩᄒᆞᆫ 텬당디옥말이 잇ᄂᆞ냐 업ᄂᆞ냐
	×	몬져 션ᄒᆞ다가 후에 악ᄒᆞᆫ 쟈와 몬져 악ᄒᆞ다가 후에 션ᄒᆞᆯ 쟈ᄂᆞᆫ 수후에 엇더ᄒᆞ뇨
	×	텬당디옥을 밋지 안ᄒᆞ면 결단코 군ᄌᆞ아니라
	×	텬당의 락은 무한ᄒᆞ고 디옥의 고ᄂᆞᆫ 무궁홈이라
	×	텬당의 락으로써 션쟈ᄅᆞᆯ 기ᄃᆞ림이라
第七篇 論人性本善 而述天主門士正學		뎨칠편은 사ᄅᆞᆷ의 셩품이 본딕 션홈을 의논ᄒᆞ고 텬쥬셩교문에 션븨 바른 학을 긔록홈이라

×	성품을 좃차 닥금을 풀어 의논홈이라
×	인성을 풀어 말홈이라
×	성품을 좃차면 엇지ᄒ야 선도 되고 불선도 되ᄂ냐
×	인성이 능히 선악을 힝ᄒ니 가히 셩품이 본ᄃᆡ 악이 잇다 닐ᄋ지 못홈이라
×	공과 죄 다 사ᄅᆞᆷ의 ᄌᆞ원으로 말믜암아 나ᄂ니라
×	성품의 션홈은 본ᄃᆡ 션홈이 되고 덕의 션홈은 닉힌 션이 됨이라
×	사ᄅᆞᆷ의 ᄆᆞ음이 비로소 나매 희조의 ᄀᆞᆺ함이라
×	덕은이 신셩의 보ᄇᆡ로온 의복이라
×	텬쥬ㅣ 나ᄅᆞᆯ 내샤 능히 덕에 브ᄌᆞ런ᄒ라 ᄒ셧거늘 도로혀 스스로 ᄇᆞ리니 허물이 쟝ᄎᆞᆺ 뉘게로 도라가리오
×	덕의 도리ᄅᆞᆯ 알고 힝치 아니ᄒ면 그 허물을 비로 더홈이라
×	닐은바 ᄌᆞ긔ᄅᆞᆯ 셩취홈은 이 본형의 신톄ᄅᆞᆯ 셩취홈이라
×	사ᄅᆞᆷ이 명오 긔함 이용 삼ᄉ 잇심을 플미라
×	도ᄅᆞᆯ 빅ᄒᆞᄂ 요긴홈은 그 죵향을 알미라
×	명덕의 요긴홈은 몸소 힝ᄒ고 사ᄅᆞᆷ을 권유홈에 잇ᄂ니라
×	몬져 악을 며린 후에 능히 션을 니ᄅᆞᄂ니
×	악을 믈기고 션을 닐우고져 ᄒ면 맛당이 날마다 셩찰홀지니라
×	악을 곳치ᄂ 요긴홈이 깁히 뉘웃ᄂᆞᄃᆡ 잇ᄂ니라
×	텬쥬ᄅᆞᆯ 만유우회 ᄉᆞ랑ᄒ고 사ᄅᆞᆷ ᄉᆞ랑홈을 ᄌᆞ긔 ᄀᆞᆺ치ᄒᄂ 두 가지 모든 덕의 온젼이 갓츔이 되ᄂ니라
×	사ᄅᆞᆷ을 ᄉᆞ괴매 반ᄃᆞ시 실홀 증거 잇ᄂ 말을 밋ᄂ니라
×	ᄉᆞ랑ᄒᄂ 졍이 모든 졍의 쥬쟝이 되고 모든 힝지의 근원이 되ᄂ니라
×	텬쥬ᄅᆞᆯ ᄉᆞ랑ᄒᄂ 징험이 사ᄅᆞᆷ을 ᄉᆞ랑홈에셔 더 셩실됨이 업ᄂ니라
×	어진 끗치 그 사ᄅᆞᆷ의 션 엇음을 ᄉᆞ랑ᄒᄂᄃᆡ 잇고 나의 션을 잇음을 ᄉᆞ랑ᄒᄂᄃᆡ 잇지 아니홈이라
×	사ᄅᆞᆷ이 비록 악ᄒ나 ᄯᅩᄒᆞᆫ 가히 ᄉᆞ랑홀 곳이 잇ᄂ니라
×	텬쥬ㅣ 나ᄅᆞᆯ 신형 두 가지ᄅᆞᆯ 갓초와 주셧시니 맛당이 두 가지ᄅᆞᆯ 겸ᄒ야써 셤길지니라

	×	텬쥬 셩경은 불과 텬쥬의 은덕을 흠슝ᄒ고 찬미홈이니라
	×	사름의 ᄯᅳ시 게어르기 쉬워 능히 스스로 면강ᄒ야 닥지 못홈이라
	×	텬디에 오직 훈 쥬 게시니 반른 곳ㅣ ᄯᅩ훈 훈 곳ㅣ 잇ᄂ니라
	×	텬쥬의 지능이 무한ᄒ샤 밧긔 힘을 빌지 아니ᄒ고 일우시ᄂ니라
	×	셕시의 경은 만히 허탄홈이 잇ᄂ니라
	×	부쳐와 신션이 어듸로 좃차 나러나뇨
	×	신부의게 긔도ᄒᄂ 쟈 혹 감응홈이 잇ᄂ냐 업ᄂ냐
	×	샤특훈 사당에 괴이훈 귀신의 형상이 만홈이라
	×	세 가지 교ㅣ 훈 곳에 도라오ᄂ 말을 분변홈이라
	×	텬쥬 졍도ㅣ 오직 ᄒ나히라
第八篇 總擧大西俗尙 而論其傳道之士所以不娶之意 幷釋天主降生西士來由		뎨팔편은 태셔 풍쇽을 대총 의논ᄒ고 젼도ᄒᄂ 션비 혼츄 아니홈을 의논홈이라
	×	텬쥬강싱ᄒ신 연유라
	×	교화황이 엇더훈 위원 의논홈이라
	×	예수회 션비ㅣ 학을 강ᄒ고 션을 권홈으로써 힘씀을 삼ᄂ니라
	×	식을 싣ᄂ 어려움은 쥬원쟈 쥰힝홈이라
	×	예수회 션비 혼빙 ᄒ지 아니ᄒᄂ 연유라
	×	힝도ᄒᄂ 쟈 혼츄 아니홈이 편훈 곳이 만홈이라
	×	무후불혼지셜을 분변홈이라
	×	불효지극이 세 가지 잇ᄂ니라
	×	텬쥬와 국군과 가군이 세 아비 되니 거스리ᄂ 쟈 불효라
	×	텬쥬ᄂ 크게 공변된 아비시오 우업ᄂ 님금이시라
	×	긔벽지초에 사름의 됴훈 곳이라
	×	셔국 셩인이라 닐ᄏ름이 엇더케 긴즁홈이라
	×	예수ㅣ 세상에 게실 제 무슴 효험으로 텬쥬를 증거홈이라

〈표 2〉諺解筆寫本『텬쥬실의』「목록」細部項目 分析表

〈『텬쥬실의』상권〉

細部項目	分析				備考
	連番	區分	原文		
			筆寫本	影印本	
슈편은 텬쥬의 비로스 텬디 만물을 지으시고 쥬직ᄒ시고 안양ᄒ심을 의논ᄒ이라					
사름이 능히 주리흠이 금슈와 다름이라	1	1-2	22좌-23우	358좌-359우	41
텬디의 쥬직잇심을 증거홈이라	2	1-3	24좌	360좌	45
ᄒ나혼 량능으로써 증거ᄒ고	3	〃	25우	361우	〃
ᄒ나혼 텬동으로써 증거ᄒ고	4	〃	26우	362우	47
ᄒ나혼 금슈의 동작흠으로써 증거ᄒ고	5	〃	26좌-27우	362좌-363우	48
ᄒ나혼 물이 스스로 일우지 못홈으로써 증거ᄒ고	6	1-4	27좌	363좌	49
ᄒ나혼 물의 ᄎ례로써 증거ᄒ고	7	〃	29좌	365좌	53
ᄒ나혼 물이 비로스 나 전류홈으로 증거ᄒ고	8	〃	31우	367우	56
텬쥬ㅣ 무시무죵 뉴편	9	1-5	32우	368우	56, 69
텬쥬ㅣ 엇데케 만물을 내심이라 뉴편	10	1-6	〃	〃	57
물의 소이연이 네가지 잇심이라 칠편	11	〃	32좌	〃	58
텬쥬ㅣ 만물 읏듬의 소이연이 됨이라 칠편	12	〃	34우	370우	60
텬쥬ㅣ 오직 ᄒ나히시오 놉흐신 이라 팔편	13	1-7	34좌-35좌	370좌-371좌	61-63
텬쥬는 무궁ᄒ샤 난측홈이라 팔편	14	1-8	37우	373우	65
텬쥬의 본성이 만물픔에 초월ᄒ심이라 십편	15	1-89	38우	374우	66
데이편은 세샹 사름의 텬쥬를 그릇 알믈 풀미라					
세가지 교에 어느 교로써 힘씀을 삼음이다 십일편	16	2-1	41우	377우	72
불노의 허무흔 말을 분변홈이라 십일편	17	2-3	42좌-43우	378좌-379우	76
태극의논 십삼편	18	2-6, 2-7	45좌-46좌	381좌-382좌	81-84
물픔이 둘이 잇스니 주립쟈와 의뢰쟈라 십ᄉ편	19	2-8	47우	383우	85
태극과 리ㅣ 물의 근원이 되지 못홈이라 십ᄉ편	20	2-10	50좌	386좌	92

우희ㅣ 아릭로 포함홈이 세가지이 잇심이라 십육편	21	2-12	52좌	388좌	95
텬쥬의 무형호 덕이 만물의 졍리롤 포함홈이라 십칠편	22	2-13	53좌우	389중	96
텬쥬논 곳 경셔에 말호 샹뎨오 옥황진무 샹뎨 논 아니라 십팔편	23	2-14	55우	391우	99
텬디ㅣ 가히 쥬지되지 못홈이라 십구편	24	2-15	59우	395우	106
하늘로써 텬쥬라 칭홈이 무슴의뇨 이십편	25	2-16	59좌	395좌	108
뎨삼편은 사룸의 혼이 불멸호야 크게 금슈와 다름을 의논홈이라					
셰샹 사룸이 금슈보다 고롭이라 이십일편	26	3-1	61우	397우	111-115
셰샹 사룸이 셰욕에 흐림이라 이십삼편	27	〃	66우	402우	118
셰샹은 불과 사룸의 잠시 거훌 되라 이십삼편	28	〃	67우	403우	120
불시의 텬당 디옥의 말이 셩교로 더브러 크게 다룸이라 이십스편	29	3-2	68우	404우	121-122
사룸의 령혼이 영히 잇셔 멸치 아니홈이라 이십스편	30	〃	68좌	404좌	123
혼이 세픔이 잇스니 초목과 금슈와 사룸의 혼이라 이십스편	31	3-3	69우좌	405중	124
사룸의 혼이 초목 금슈의 혼으로 더브러 굿지 아니혼 바라	32	〃	70우	406우	125
형샹 잇논 물건의 별호논 연유라 이십뉵편	33	3-4	71좌	407좌	127
사룸의 령혼은 신에 속호야 무형홈이 금수로 더브러 다룸을 여슷 굿초로 증거홈이라 이십뉵편	34	3-5	72좌	408좌	129
호나혼 령혼이 일신의 쥬직됨으로 증거홈이라 이십뉵편	35	〃	73우	409우	〃
둘혼 사룸은 형신과 령신 두 셩품이 잇슴으로써 증거홈이라 이십뉵편	36	〃	73좌	409좌	130
셰혼 사룸이 무형호 일을 스랑호고 뮈워홈으로 증거홈이라 이십칠편	37	〃	74좌	410좌	132
네혼 사룸이 무형호 싱각이 잇슴으로써 증거홈이라 이십칠편	38	〃	76우	412우	133
다섯손 사룸이 명오의욕스의 쇼속이 무형홈으로써 증거홈이라	39	3-6	77좌	413좌	136
뉵은 사룸의 알미 무한호야 도로혀 주긔 셩품을 봄으로써 증거홈이라 이십편	40	〃	78우	414우	137
령혼의 불멸홈을 두어 굿초로써 증거홈이라 이십구편	41	〃	〃	〃	138

ᄒᆞ나혼 사름의 ᄆᆞ음 어진 일홈을 후셰에 젼코져 홈으로써 증거홈이라 이십구편	42	〃	78좌	414좌	〃
둘혼 사름의 ᄆᆞ음이 샹싱을 원홈으로써 증거홈이라 삼십편	43	〃	80우	416우	141
세혼 세샹 물건이 사름의 ᄆᆞ음을 치오지 못홈으로써 증거홈이라 삼십편	44	〃	81우	417우	142
네혼 사름마다 죽음을 두림으로써 증거홈이라 삼십일편	45	〃	82좌	418좌	145
오ᄂᆞᆫ 이 셰샹으로써 능히 다 션악을 갑지 못홈으로써 증거홈이라 삼십편	46	〃	83우	419우	〃
사름의 령혼이 멸다 ᄒᆞᄂᆞᆫ 의심을 분변홈이라 삼십일편	47	3-7	83좌	419좌	147-152

뎨ᄉᆞ편은 귀신과 사름의 혼이 다름을 분변ᄒᆞ고 텬하만물이 일톄되지 못홈을 플미라

고경과 고례로써 귀신 잇심을 증거홈이라 삼십ᄉᆞ편	48	4-1	89우	425우	154
귀신의 다른 말을 분변홈이라 삼십오편	49	4-2	91우	427우	159
눈의 보지 못홈으로써 가히 업다 ᄒᆞ지 못홈이라 삼십오편	50	〃	92우좌	428즁	162
사름이 죽은 후에 그 혼이 집에 잇지 못홈을 분변홈이라 삼십뉵편	51	4-3	95우	431우	167
긔운이 귀신이 아니라 삼십편	52	4-4	97우	433우	170
귀신이 물에 졉홈은 령혼이 사름에 잇심과 ᄀᆞ고 분별이 잇심이라 삼십구편	53	〃	98우	434우	171
금슈의 셩품이 사름의 셩픔으로 더브러 ᄀᆞᆺ지 아니홈이라 ᄉᆞ십편	54	〃	〃	〃	172
엇더홈으로써 물류를 분별홈이라 ᄉᆞ십편	55	〃	99우	435우	173
밧게 모상으로써 물류를 분별치 못홈이라 ᄉᆞ십일편	56	4-6	102우좌	438즁	185
긔운은 싱활의 근본이 아니라 ᄉᆞ십일편	57	〃	103좌	439좌	187
귀신은 셰샹을 직졔ᄒᆞᄂᆞᆫ 권이 업ᄂᆞ니라 ᄉᆞ십이편	58	〃	104우좌	440즁	189
물이 쥬직로 더브러 일톄 되지 못홈이라 ᄉᆞ십이편	59	4-7	105우	441우	190
텬쥬의 조물ᄒᆞ신 젼능이 업슴으로써 잇게 ᄒᆞ심이라 ᄉᆞ십ᄉᆞ편	60	4-8	109좌	445좌	197
텬쥬ᄂᆞᆫ 물건 안희 본분이 아니라 ᄉᆞ십뉵편	61	4-9	113좌	449좌	203
텬쥬1 물건을 쓰심이 공쟝의 긔계 씀과 ᄀᆞᆺ지 아니홈이라	62	〃	115우	451우	205, 202

물건의 셩품이 션ᄒᆞ고 졍ᄒᆞᆫ 쟈ᄂᆞᆫ 텬쥬의 자최라 닐옴이라 ᄉᆞ십팔편	63	〃	116좌	452좌	207
물건의 소이연의 엇더ᄒᆞᆷ이 본 물건에 잇심이라 ᄉᆞ십팔편	64	〃	117좌	453좌	208
텬쥬ㅣ 무소부직이라 ᄉᆞ십팔편	65	〃	118좌	454좌	210
일흠의 ᄀᆞᆺᄒᆞᆯ 분변ᄒᆞᆷ이라 ᄉᆞ십구편	66	4-10	119좌	455좌	211
만물의 일톄된다ᄒᆞᆷ은 셜ᄉᆞ ᄒᆞᆯ 말이오 참일 톄란 말이 아니라 ᄉᆞ십구편	67	4-11	121우	457우	211-214
인이의 베플미 먼딕 밋ᄎᆞᆷ이라 오십편	68	〃	122우	458우	215
물셩이 만히 ᄀᆞᆺ지 아니ᄒᆞᆷ으로써 아름다음을 삼ᄂᆞ니라 오십일편	69	〃	124우	460우	218
각 물의 근본 셩졍을 맛당이 혼잡지 못ᄒᆞᆷ이라 오십일편	70	4-12	125좌	461좌	220

〈『텬쥬실의』 하권〉

데오편은 륜회 뉴도와 살싱 경계의 그른 말을 벽파ᄒᆞ고 직속의 바른 ᄯᅳᆺ을 들미라					
륜회 폐타와로브터 나 셕시의 도젹ᄒᆞ야 ᄒᆞᆫ 말이라	71	5-1	136좌	472좌	233-234
두어ᄭᅩᆺ ᄎᆞ로써 륜회를 변논ᄒᆞᆷ이라	72	5-2	137좌	473좌	236
ᄒᆞ나흔 셰샹 사ᄅᆞᆷ이 젼셰샹일을 긔억지 못ᄒᆞᆷ이라 마귀ㅣ 사ᄅᆞᆷ과 금슈에 붓쳐 사ᄅᆞᆷ을 죽임이라	73	5-3	137좌-138우	473좌-474우	236-237
둘흔 이제 금슈의 혼이 녯 금슈의 혼으로 더 브러 다ᄅᆞᆷ이 업ᄉᆞᆷ이라	74	5-4	139좌	475좌	239
세흔 륜회ㅣ 셰가지 혼의 공변된 의논을 어ᄌᆞ러힘이라	75	〃	140우	476우	240
네흔 사ᄅᆞᆷ의 톄티ㅣ 금슈를 더브러 ᄀᆞᆺ지 아니 ᄒᆞᆷ이라	76	〃	141좌	477좌	242
ᄋᆞᄂᆞᆫ 악인의 혼이 변ᄒᆞ야 즘승됨이 가히 악인의 형벌이 되지 못ᄒᆞᆷ이라	77	〃	142우	478우	243-244
뉵은 륜회ㅣ 농ᄉᆞ와 뉵츅의 양ᄒᆞᆷ을 폐ᄒᆞ고 인륜을 어ᄌᆞ러힘이라	78	〃	143좌-144우	479좌-480우	245-246
텬쥬ㅣ 금슈 등물을 냄은 다 사ᄅᆞᆷ의 ᄡᅳᆷ을 위 ᄒᆞᆷ이라	79	5-8	148우	484우	252
독ᄒᆞᆫ 버레와 호랑 ᄀᆞᆺᄒᆞᆫ 거시 비록 밧긔 사ᄅᆞᆷ 은 해ᄒᆞ나 안 사ᄅᆞᆷ을 니익게 ᄒᆞᆷ이라	80	〃	〃	〃	253
내 텬쥬를 거스림을 인ᄒᆞ야 물건이 비로 ᄉᆞ 나를 거ᄉᆞ림이라	81	〃	149우	485우	254
금슈 죽임을 금ᄒᆞᆷ이 업고 다만 ᄡᅳᆷ이 맛당이 졀조 잇ᄂᆞ니라	82	5-9	149좌	485좌	255-256

살힝을 금홈이 크게 유양 기룸에 손샹홈이라	83	5-10	151좌	487좌	258
직계] 세가지 뜻이 잇스니 ᄒ나혼 통회ᄒ고 죄를 기움이오	84	5-11	151좌, 153우	487좌, 489우	259, 261
둘혼 욕심을 젹게 홈을 위홈이오	85	〃	154우, 155좌	490우, 491우	263, 265
세혼 사름의 슈덕홈을 도음이니라	86	〃	158우좌	494중	265-270
직계] 반드시 그 사름으로 더브러 샹칭ᄒ게 홈이라	87	〃	159우	495우	271
뎨뉵편은 뜻을 가히 업지 못홈을 풀고 ᄎ후에 반드시 텬당 디옥이 잇서 세인의 션악을 샹별홈을 의논홈이라					
군ᄌ의 션을 홈이 뜻업시 한다 홈을 분변홈이라	88	6-1	161좌	497좌	275
션악이 뜻의 샤졍으로 말미암고 뜻이 업손 즉 션악이 업슴이라	89	〃	162좌, 163우	498좌-499우	277
노쟝(노ᄌ 쟝ᄌ)의 ᄒ지도 말고 뜻도 알고 분변도 말나ᄒᄂ 말을 변논홈이라	90	6-2	163우	499우	278
뜻이 업스면 이ᄂ 초목금셕과 ᄀᆺ홈이라	91	〃	164우좌	500중	280
노쟝의 뜻을 물니친 연고라	92	6-3	164좌	500좌	〃
금셕 초목 금슈의 뜻업ᄂ 플님이라	93	〃	165좌	501좌	282
션악 시비ᄂ ᄆ옴 안희 뜻을 좃차 뎡홈이라	94	〃	166우	502우	283
션은 온젼ᄒᄃᆡ 일고 악은 ᄒ 가지에 일움이라	95	6-4	167좌	503좌	285
뜻을 바ᄅ게 홈이 션이 되니 바른 거슬 힝ᄒ고 샤특ᄒ거슬 힝치 말미라	96	〃	168우좌	504중	286
맛당이 힝ᄒᆯ 일을 힝ᄒ면 뜻이 더옥 놉고 션 이 더옥 졍홈이라	97	〃	168좌	504좌	287
셩인은 샹벌노써 권션증악 홈이라	98	6-5	169우	505우	288
리해] 세가지 등분이 잇스니 몸과 일홈과 직물의 리해라	99	6-6	171우	507우	291
리른 가히 말ᄒ지 아닐 거시라 홈은 의를 거ᄉ리ᄂ 쟈니라	100	〃	172우	508우	293
맛당이 오지 아니ᄒ 해를 예방ᄒ고 밋지 못ᄒ 바를 몬져 도모홈이라	101	6-7	174우	510우	296
ᄉ후ᄉ를 도모홈이 엇지 멀다 ᄒ랴	102	6-8	175우	511우	298-299
이 세샹 사름의 일이 희쟈 노롬 ᄀᆺ홈이라	103	6-9	176우	512우	300
힝션ᄒᄂ 바른 뜻이 세가지 잇스니 샹즁하라	104	6-10	178우좌	514우	304

악쟈의 악을 뮈위홈은 형벌을 두림이오 션쟈의 악을 뮈위홈은 덕을 스랑홈이라	105	〃	179좌	515좌	305
텬쥬ㅣ 지존ᄒ시고 지션ᄒ시니 스스로 맛당이 공경ᄒ고 스스로 맛당이 ᄉ랑홈이라	106	〃	181우	517우	308
이 셰샹의 갑홈이 심히 미흐야 족지 못홈이라	107	6-12	182좌	518좌	311
션악의 갑홈이 그 ᄌ손에 도라가랴 아니ᄒ랴	108	〃	183좌	519좌	312
리의 보ᄂ 바ᄂ 육목에서 츰됨이라	109	6-13	184좌	520좌	314
두어곳 초로 텬당디옥말을 증거홈이라	110	6-14	184좌, 185우	520좌-521우	315
ᄒᆫ 긋ᄎᆫ 인심의 향ᄒᄂ 바 오직 온젼ᄒᆫ 복에 잇ᄉ이오	111	〃	185우	521중	〃
둘지 긋ᄎᆫ 텬쥬ㅣ 공연이 사ᄅᆷ의 무궁원욕을 븟ᄎ져주지 아니시리라	112	〃	185우-186우	521좌-522우	316-317
이 셰샹 샹벌이 션악의 갑홈을 다ᄒ지 못홈 이라	113	〃	186우	522우	317
텬쥬의 갑흐심이 ᄉ졍이 업ᄉᆷ이라	114	〃	186좌	522좌	318
션약의 갑홈이 ᄯᅩ한 이 셰샹에도 잇ᄂᄂ냐	115	6-15	187우	523우	〃
이 셰샹에 션인이 빈쳔ᄒ고 악인이 부귀ᄒᆫ 연유를 의논홈이라	116	〃	188우	524우	319
중국 경셔에 ᄯᅩ한 텬낭니옥말이 잇ᄂ냐 업ᄂ냐	117	6-16	188좌	524좌	320
몬져 션ᄒ다가 후에 악ᄒᆫ 쟈와 몬져 악ᄒ다 가 후에 션ᄒᆫ 쟈ᄂ ᄉ후에 엇더ᄒ뇨	118	6-19	191좌	527좌	325
텬당디옥을 밋지 안ᄒ면 결단코 군ᄌ아니 라	119	6-21	193우	529우	327
텬당의 락은 무한ᄒ고 디옥의 고ᄂ 무궁홈이라	120	6-25	194좌-195우	530좌-531우	330
텬당의 락으로써 션쟈를 기ᄃ림이라	121	〃	196우	532우	332-333
뎨칠편은 사ᄅᆷ의 셩픔이 본ᄃᆡ 션홈을 의논ᄒ고 텬쥬셩교문에 션비 바른 학을 긔록홈이라					
셩픔을 좃차 닥금을 풀어 의논홈이라	122	7-1	200우	536우	338
인셩을 풀어 말홈이라	123	〃	〃	〃	〃
셩픔을 좃ᄎ면 엇지ᄒ야 션도 되고 불션도 되ᄂ냐	124	〃	201우-202좌	537우-538좌	339-341
인셩이 능히 션악을 힝ᄒ니 가히 셩픔이 본ᄃᆡ 악이 잇다 닐ᄋ지 못홈이라	125	7-2	204우	540우	343
공과 죄 다 사ᄅᆷ의 ᄌ원으로 말미암아 나ᄂ 니라	126	〃	205우	541우	344-345

셩픔의 션홈은 본디 션홈이 되고 덕의 션홈은 닉힌 선이 됨이라	127	7-3	206우	542우	346
사룸의 무음이 비로소 나매 희조의 굿함이라	128	〃	206좌	542좌	347
덕은이 신셩의 보비로은 의복이라	129	〃	〃	〃	348
텬쥬ㅣ 나를 내샤 능히 덕에 브즈런ᄒ라 ᄒ셧 거 도로혀 스스로 브리니 허물이 쟝ᄎᆺ 뉘게로 도라가리오	130	7-4	207좌-208우	543좌-544우	349
덕의 도리를 알고 힝치 아니ᄒ면 그 허믈을 비로더홈이라	131	7-5	209우	545우	351
닐은바 ᄌ긔를 셩취홈은 이 본형의 신톄를 셩취홈이라	132	7-6	210좌	546좌	353
사룸이 명오 괴함 이용 삼스 잇심을 플미라	133	〃	211우	547우	354
도를 비ᄒᄂᆫ 요긴홈은 그 죵향을 알미라	134	〃	213우	549우	356
명덕의 요긴홈은 몸소 힝ᄒ고 사룸을 권유홈 에 잇ᄂᆞ니라	135	7-7	215우	551우	359
몬져 악을 머린 후에 능히 션을 니ᄅᆞ니	136	7-8	216우	552우	360
악을 물기고 션을 닐우고져 ᄒ면 맛당이 날마다 셩찰홀지니라	137	〃	217우좌	553중	362
악을 곳치ᄂᆞᆫ 요긴홈이 깁히 븐웃ᄂᆞᆫ디 잇ᄂᆞ니라	138	〃	218우	554우	363
텬쥬를 만유우희 ᄉᆞ랑ᄒ고 사룸 ᄉᆞ랑홈을 ᄌ긔 굿치ᄒᄂᆞᆫ 두 가지 모든 덕의 온젼이 갓츰이 되ᄂᆞ니라	139	〃	218좌	554좌	〃
사룸을 ᄉᆞ괴매 반ᄃᆞ시 실흔 증거 잇ᄂᆞᆫ 말을 밋ᄂᆞ니라	140	7-9	220좌	556좌	366
ᄉᆞ랑ᄒᄂᆞᆫ 졍이 모든 졍의 쥬쟝이 되고 모든 힝지의 근원이 되ᄂᆞ니라	141	7-10	222우	558우	368
텬쥬를 ᄉᆞ랑ᄒᄂᆞᆫ 징험이 사룸을 ᄉᆞ랑홈에서 더 셩실됨이 업ᄂᆞ니라	142	〃	222좌	558좌	369
어진 끗치 그 사룸의 션 엇음을 ᄉᆞ랑ᄒᄂᆞᆫ 디 잇고 나의 션을 잇음을 ᄉᆞ랑ᄒᄂᆞᆫ디 잇지 아니홈이라	143	7-11	223좌	559좌	371
사룸이 비록 악ᄒ나 또한 가히 ᄉᆞ랑홀 곳이 잇ᄂᆞ니라	144	〃	224우	560우	〃
텬쥬ㅣ 나를 신형 두 가지를 갓초와 주섯시니 맛당이 두 가지를 겸ᄒ야써 셤길지니라	145	7-12	225좌	561좌	374
텬쥬 셩경은 불과 텬쥬의 은덕을 흠슝ᄒ고 찬미홈이니라	146	〃	226좌	562좌	375

사룸의 뜻이 게어라기 쉬워 능히 스스로 면 강호야 닥지 못홈이라	147	〃	227우-좌	563중	376
텬디에 오직 혼 쥬 계시니 반른 교ㅣ 또혼 혼 교ㅣ 잇느니라	148	7-13, 14	227좌-228우	563좌-564우	377-378
텬쥬의 지능이 무한호샤 밧긔 힘을 빌지 아니호고 일우시느니라	149	7-14	228좌	564좌	378
석시의 경은 만히 허탄홈이 잇느니라	150	〃	229좌, 230우	565좌, 566우	380
부쳐와 신션이 어듸로 좃차 니러나뇨	151	7-15	232우	568우	383-384
신부의게 긔도호는 쟈 혹 감응홈이 잇느냐 업느냐	152	7-16	232우-233우	568우-569우	384
샤특혼 사당에 괴이혼 귀신의 형상이 만홈이라	153	〃	233우	569우	385
세 가지 교ㅣ 혼 곳에 도라오는 말을 분변홈 이라	154	7-16, 17	233좌	569좌	386-389
텬쥬 졍도ㅣ 오직 호나히라	155	7-17	236우-좌	572중	389
뎨팔편은 태셔 풍쇽을 대총 의논호고 젼도호는 션빅 혼취 아니홈을 의논홈이라					
텬쥬강싱호신 연유라	156	篇目	237우	573우	391
교화황이 엇더혼 위론 의논홈이라	157	8-1	237좌	573좌	〃
예수회 션빅ㅣ 학을 강호고 션을 권홈으로 써 힘쁨을 삼느니라	158	〃	238우	574우	393
식을 싣는 어려움은 즈원쟈 준힝홈이라	159	8-2	239우-좌	575중	394
예수회 션빅 혼빅 호지 아니호는 연유라	160	〃	241좌	577좌	397-405
힝도호는 쟈 혼취 아니홈이 편혼 곳이 만홈이라	161	8-3	242우	578우	398-405
무후불혼지설을 분변홈이라	162	8-3, 4	248우, 249우	584우, 585우	405-406
불효지극이 세 가지 잇느니라	163	8-4	252우	588우	410
텬쥬와 국군과 가군이 세 아비 되니 거스리는 쟈 불효라	164	〃	252우-좌	588중	411
텬쥬는 크게 공번된 아비오 우업는 님금이시라	165	8-5	255좌	591좌	415
기벽지초에 사룸의 됴혼 곳이라	166	8-6	260우	596우	421
셔국 셩인이라 닐크름이 엇더케 긴즁홈이라	167	8-7	262우	598우	424
예수ㅣ 셰샹에 계실 졔 무슴 효험으로 텬쥬를 증거홈이라	168	8-8	263좌-264좌	599좌-600우	426

제4장
朝鮮 諺解筆寫本『텬쥬실의』註釋의 特徵과 그 歷史的 意義

1. 緒言

『천주실의』의 여러 판본 가운데 '주석목록본註釋目錄本'이라고 하는 것은, 본문 중에 주석이 일부 달려있으면서 그것을 모아 정리한 목록이 설정되어 있는 판본을 지칭하는 것이다. 이 주석목록본『천주실의』는 1868년 중국 상해에서 중간重刊된 상해토산만장판上海土山灣藏版 이래 출판이 거듭되었던 듯한데, 1923년의 제4판이 현재 한국에서 전해지고 있다.[1] 이 주석목록본은 이후에도 중국 상해에서 출간되었음으로 인해서 종종 '상해본'이라고도 일러지기도 한다.[2]

한편『텬쥬실의』는 원본이 한국 천주교 서울대교구 절두산성지에 소장되어 있는 것으로 한국교회사연구소의 영인 자료에 의해 유포되었으며, 刊行된 게 아니라 조선시대에 언문諺文으로 번역되어 필사筆寫되어 전했으므로

---

[1] 노용필,「『천주실의』주석목록본의 중국에서의 출판과 조선에서의 언해필사본의 유행」,『한국사학사학보』30, 한국사학사학회, 2014, p.182; 本書 제3부 제1장.
[2] 송영배 (외) 옮김,「일러두기」,『천주실의』, 서울대학교출판부, 1999, p.7.

'조선 언해필사본『텬쥬실의』'라고 일컫는 게 마땅하다고 본다. 이 조선 언해 필사본『텬쥬실의』는,『천주실의』 초판의 여러 중간본 중 어느 하나가 아니라 주석목록본『천주실의』를 저본으로 삼았으며, 또한 그 원문 그대로를 단지 언문으로만 번역한 게 아니며, 또한 이를 읽는 조선의 독자들에게 그 내용을 제대로 알리기 위해 저본의 원문에는 없는 상세한 주석을 덧붙였음이 특색 중의 특색이다.[3]

그러므로 이와 같은 조선 언해필사본『텬쥬실의』의 제작과 유포는,『천주실의』 수용에 있어서도 한국에서는 독특한 양상이 전개되었음을 입증해주는 것이라 하겠다. 환언하면 한국천주교회사에 있어서 언해필사본『텬쥬실의』의 유행은 그 자체가 다른 동아시아 여러 나라들의 천주교회사와는 전혀 다른 개별성을 띤다는 사실을 상징적으로 드러내주는 것이라 하지 않을 수 없다고 생각한다. 어느 다른 무엇보다도 조선 언해필사본『텬쥬실의』에서 가장 괄목해야 할 점은, 한마디로 한문의『천주실의』여러 판본에는 전혀 없는 상세한 주석이 언문으로 작성되어 덧붙여졌다는 사실이다.

따라서 언해필사본의 주석들을 낱낱이 조사해서 정리하여 도표로 작성하니, 그게 곧【부록】〈표 1〉 조선 언해필사본『텬쥬실의』 주석 내용 종합 정리 표이다. 이【부록】〈표 1〉을 토대로 언해필사본『텬쥬실의』 각 편에 붙여진 주석의 수량을 계량화하여 일목요연하게 또 하나의 표로 정리하였다. 그것이 다음의 〈표 1〉 조선 언해필사본『텬쥬실 의』 주석 편별 통계표이다.

〈표 1〉 조선 언해필사본『텬쥬실의』 주석 편별 통계표

구분	리지조「서」	풍응경「서」	리즈마두「인」	슈편	뎨이편	뎨숨편
수량	14	16	4	23	43	9
구분	뎨ᄉ편	뎨오편	뎨뉵편	뎨칠편	뎨팔편	합계
수량	85	12	36	57	15	314

---

[3] 노용필,「『천주실의』주석목록본의 중국에서의 출판과 조선에서의 언해필사본의 유행」, 2014, pp.185-189; 本書 제3부 제1장.

이 총 314개에 달하는 조선 언해필사본 『텬쥬실의』의 주석을, 먼저 주석목록본 『천주실의』 주석과 비교 검토하여 서로 어떤 상관관계가 있는지 여부부터를 증명해보고자 한다. 그런 후 이 언해필사본 『텬쥬실의』 주석들을 우선 체재에 따라서 편별로 나누어 유형별로 분석할 것이다. 그리고 나서 주석들을 전체적으로 통합하여 주석들의 중복 정도를 검증함은 물론이고 아울러 그 전체의 유형별 분석을 시도하도록 하겠다. 그리고 그것을 토대로 삼아 과연 언해필사본 『텬쥬실의』 주석의 특징이 무엇인가를 심층적으로 규명하려고 한다.

2. 朝鮮 諺解筆寫本 『텬쥬실의』와 註釋目錄本 『天主實義』의 註釋 比較

조선 언해필사본 『텬쥬실의』의 주석을, 주석목록본 『천주실의』 주석과 일일이 비교하면시 검토하여 서로 어떤 상관관계가 있는지 여부를 검증하려고 시도하게 된 것은, 다름이 아니라 주석목록본의 처음 부분에 있는 풍응경馮應京 「서序」 가운데 '폐타와자閉他臥刺' 부분에 '인명'이라는 주석이 덧붙여져 있음을 발견하고 나서부터였다. 그래서 무엇보다도 우선해서 주석목록본 『천주실의』의 주석들을 종합적으로 도표로 작성하여 정리해 보았는데, 그것이 바로 【부록】〈표 2〉 주석목록본 『천주실의』 주석 내용 종합 정리표다.

이 【부록】〈표 2〉를 활용하여 그 주석 내용을 주석목록본 『천주실의』 「목록」과를 대조해보면 거의 일치함을 발견할 수 있다. 이는 주석목록본 『천주실의』의 주석 거의 대부분이 곧 주석목록본 『천주실의』의 「목록」으로 활용되고 있음을 드러내주는 것이라 하겠다. 말하자면 주석목록본 『천주실의』의 주석들은 본문의 일정 부분에서 기술한 내용에 대한 핵심을 추려 그 부분의 제목으로 삼아 정리한 것들로서, 그것을 종합해서 상하 각권의 서두에 「목록」으로 제시한 것이었음을 간취할 수 있다. 환언하면 주석목록본에서 본문 속에 붙인 주석들을 언해필사본에서는 모두「목록」으로 삼아 상하 각권의 서두에 정리하였음이 분명하다.

한편 이【부록】〈표 2〉를 근간으로 삼아, 그 주석의 통계를 편별로 정리하여 한눈에 실태를 정확히 알 수 있게 하기 위해 또 다시 하나의 표로 작성하였다. 그것이 다음의 〈표 2〉다.

〈표 2〉 주석목록본『천주실의』주석 편별 통계표

구분	풍응경「서」	수편首篇	제이편	제삼편	제사편
수량	1	15	10	22	23
구분	제오편	제육편	제칠편	제팔편	합계
수량	18	34	34	12	169

이 〈표 2〉와 앞의 〈표 1〉에 보이는 주석의 수량만을 단순히 대조해보더라도, 조선 언해필사본『텬쥬실의』의 주석과 주석목록본『천주실의』주석이 거의 일치하지 않을 것임을 짐작하기 어렵지 않다. 전체의 수량에 있어서 언해필사본『텬쥬실의』주석의 수량은 314인 데에 비하여, 주석목록본『천주실의』주석의 그것은 169에 불과할 뿐만 아니라 편별로 대조해보더라도 수량이 일치하는 게 단지 하나의 편도 없음을 쉽사리 발견할 수 있기 때문이다.

반면에 주석목록본의 이러한 169개 주석의 성향과는 전혀 달리, 언해필사본에서는 본문의 내용 및 용어에 대한 314개에 달하는 주석을 상세히 붙였던 것이다. 게다가 언해필사본『텬쥬실의』의「목록」이, 이와 같은 주석목록본『천주실의』「목록」과 일일이 대조해보면 거개가 동일하지만 일부 차이가 나는 점도 있음을 발견할 수 있는데[4], 이런 사실은 결국 언해필사본『텬쥬실의』가 주석목록본『천주실의』를 단지 번역하는 데에 그친 게 아니라 나름대로의 독창성이 가미된 언해였음을 드러내주는 것이라 하겠다.

---

4 노용필,「언해필사본『텬쥬실의』「목록」분석」,『교회사학』11, 수원교회사연구소, 2014, pp.117-118; 本書 제3부 제3장 및 노용필,「『천주실의』주석목록본의 중국에서의 출판과 조선에서의 언해필사본의 유행」, 2014, pp.198-205; 本書 제3부 제1장 참조.

이와 같은 언해필사본『텬쥬실의』의 독창적인 언해 사실을 여실히 입증해 주는 구체적인 사례의 하나는, (앞서 잠시 언급한 바대로) 주석목록본에서는 풍응경「서」의 '폐타와자' 부분에 '인명'이라는 주석을 덧붙였으나, 언해필사본에서는 '폐타와즈'라고 하여 인명 표시로서 곁에 줄을 덧붙여 그었을 뿐 주석 자체를 달지는 않았다는 사실이다. 이 점은 언해필사본 56(左)1의 "금등에 쥬공이 글오디"에서와 같이 표기한 것에서도 찾아볼 수가 있는데, 이후 89(左)2-3에서는 '반경' 및 '고후'에서 보듯이 인명 이외에도 서적의 편명에도 곁에 줄을 그어 구별하고 있을 뿐임이 주목된다. 언해필사본에서는 이렇듯이 서양인의 인명에 대해서는 일체 언해하지 않고 한자 표기 그 자체를 적어두었을 따름이며, 게다가 주석도 전혀 붙이지 않았음이 확연하다.

결국 조선 언해필사본『텬쥬실의』의 주석 하나하나는 주석목록본『천주실의』의 주석과는 형식은 물론 그 내용에 있어서도 전혀 다르게 설정되었음이 분명하다. 따라서 조선 언해필사본『텬쥬실의』의 주석은, 주석목록본『천주실의』의 주석과 비교해서 한마디로 매우 독창적인 측면이 강한 것이었다고 판단된다.

3. 朝鮮 諺解筆寫本『텬쥬실의』 註釋의 分析

조선 언해필사본『텬쥬실의』 주석에 대한 분석 방향은 크게 보아 2가지로 설정할 수 있겠다. 하나는 주석들을 체재에 따라서 편별로 나누어 유형별로 분석하는 것이고, 또 하나는 주석들을 전체적으로 통합하여 유형별로 분석하는 것이다. 여기에서 말하는 '유형별'이라고 함은, 대체로 'A:어휘 설명', 'B:용어 정의', 'C:문구 해석' 3가지 경우로 설정할 수가 있다고 생각되는데, 맨 처음 편인 리지조「서」를 중심으로 구체적으로 예거例擧해 보겠다.

첫째 'A:어휘 설명' 유형은, 특정한 어휘에 대한 설명인 경우로, 예컨대 주석목록본 본문의 '건원乾元'을, 언해필사본 본문에서 그대로 '건원'이라고 적고 그 주석에서 '건은 하늘 셩졍이오 원은 쥬지라 뜻'이라고 푼 게 이에 해당된다. 둘째 'B:용어 정의' 유형은 특정한 용어에 대한 정의를 제시한 경우로, 주석목록본 본문의 '소사대지昭事大旨'를 언해필사본 본문에서 '븕이 셤기는 대의는'이라 언해하고 '쥬를 공경ᄒᆞᆫ 말'이라고 주석을 붙인 것이 단적인 예이다. 그리고 셋째 'C:문구 해석' 유형은 특정한 문구에 대해 해석을 덧붙인 경우로서, 주석목록본 본문의 '요어복선화음要於福善禍淫' 부분을 언해필사본 본문에서는 '대저 복션화음지리는'이라 풀이한 뒤에 곧이어 그 주석에서 '경셔에 션ᄒᆞᆫ 쟈는 복쥬고 음난ᄒᆞᆫ 쟈는 화쥰다 말'이라고 한 것 같음이 그 두드러진 일례이다.

1) 주석의 편별 유형별 분석

'A:어휘 설명', 'B:용어 정의', 'C:문구 해석' 유형으로 구분하여 조선 언해필사본 『텬쥬실의』 주석의 편별 분석을 온전히 달성하기 위해 작성한 게【부록】〈표 3〉 조선 언해필사본 『텬쥬실의』 주석의 편별 유형별 가나다순 정리표이다. 그리고 이를 계량적으로 쉽사리 파악할 수 있도록 한층 정리한 게 아래의 〈표 3〉이다.

〈표 3〉 조선 언해필사본 『텬쥬실의』 주석 편별 유형별 통계표
【類型 凡例】A:어휘 설명 / B:용어 정의 / C:문구 해석

구분		리지조「셔」	풍응경「셔」	리ᄌᆞ마두「인」	슈편	뎨이편	뎨슴편
수량	A	6	9	2	9	25	2
	B	5	4	1	6	4	0
	C	3	3	1	8	14	7
구분		뎨ᄉᆞ편	뎨오편	뎨뉵편	뎨칠편	뎨팔편	
수량	A	29	6	28	27	8	
	B	6	2	2	13	0	
	C	50	4	6	17	7	

이 〈표 3〉을 통해 가장 먼저 주목해야 마땅할 사실은, 본론인 언해필사본 본문 상권의 제1-4편과 하권의 제5-8편에만 주석을 붙인 게 아니라, 서론격인 2종의 「서」 및 1종의 「인引」 도합 3편 모두에도 주석을 붙이고 있다는 점이다. 그리고 그 계량적인 정도 역시 본문 못지않은 것인데, '리즈마두「인」'도 일면 그러하였지만, '리지조「서」'와 '풍응경「서」'가 더욱 그러하다. 이는 언해필사본을 읽을 독자들의 이해를 돕기 위해 서론격인 이들 3편부터 상세히 주석을 붙였던 것임이 분명하다고 본다.

또 하나 이 〈표 3〉을 분석하면서 소홀히 다룰 수가 없는 점은, 〈뎨습편〉과 〈뎨팔편〉에는 'B:용어 정의' 유형이 전혀 없다는 사실이다. 여타의 편에서도 'A:어휘 설명' 및 'C:문구 해석' 유형의 비중이 상당하지만, 그래도 'B:용어 정의' 유형이 있는 것과는 대조적이기에 그러하다고 느껴진다. 이렇듯이 〈뎨습편〉과 〈뎨팔편〉에는 'B:용어 정의' 유형이 전혀 없다는 사실은, 이럴 정도로 언해필사본 『텬쥬실의』 주석에서는 상대적으로 '용어 정의'의 비중이 적게 설정되었음을 알려주는 바로써, 천주교의 고유 용어에 대한 지식, 아울러 신학적 식견이 크게 부족할 수밖에 없었던 당시 조선의 실성에서는 지극히 필연적인 귀결이었다고 추찰推察된다고 하겠다.

2) 주석의 전체 통합 유형별 분석

방금의 이상과 같은 편별 유형별 분석도 조선 언해필사본 『텬쥬실의』 주석에 대한 본격적인 분석을 원활히 이루기 위해서는 유용하지만, 궁극적으로는 주석의 전체를 통합해 놓고 이것을 분석하는 게 더더욱 그렇겠다고 판단하였다. 그래서 이를 위해 또 작성한 게【부록】〈표 4〉 조선 언해필사본 『텬쥬실의』 주석의 전체 통합 유형별 가나다순 정리표이다. 그리고 또한 이를 계량적으로 쉽사리 파악할 수 있도록 한번 더 정리한 게 바로 다음의 〈표 4〉이다.

〈표 4〉 조선 언해필사본 『텬쥬실의』 주석의 전체 통합 유형별 통계표
【유형 범례】A:어휘 설명 / B:용어 정의 / C:문구 해석

유형	A	B	C
수량	151	43	120
비율	48.1%	13.7%	38.2%

이 〈표 4〉에 나타난 바를 통해 'B:용어 정의'의 유형〈'C:문구 해석'의 유형〈'A:어휘 설명'의 유형 순으로 주석이 붙어진 추세가 읽혀진다. 또한 이를 다시 산술적으로 비율을 산정할 때 A:B:C=48.1%:13.7%:38.2% 3.51:1.00:2.79로 정리되므로, 'B:용어 정의'의 유형을 기준으로 잡아 비교해보면 'A:어휘 설명'의 유형이 그 3.51배 그리고 'C:문구 해석'의 유형이 그 2.79배에 달함을 알 수가 있다.

그리고 이와 같은 비교 수치의 도출은 다음의 3가지 측면이 언해필사본『텬쥬실의』의 주석에 내재되어 있었음을 알 수 있게 해주지 않나 생각한다. 첫째는 언해필사본『텬쥬실의』 주석에 있어 'B:용어 정의' 유형의 비중이 가장 적었다는 사실은, 당시로서는 언해자 스스로도 그러하였을 터이고, 또한 필사자 자신도 역시 그랬을 법할뿐더러 더욱이 독자들 더욱 말할 나위 없이 천주교 용어에 대한 정확한 개념조차도 능히 파악하고 있지 못한 당시 실정과 깊은 연관이 있을 듯싶다. 즉 당시에 그런 용어들에 대해 그 어느 누구라도 주석을 달아 천주교 용어에 대한 상세한 설명을 본격적으로 시도하거나 필사하거나 해독할 수 없었으므로 그럴 수밖에 없었던 게 아닐까 싶은 것이다.

그리고 둘째는 그런 실상이었음에도 불구하고, 언해필사본『텬쥬실의』 주석에 있어서 어느 무엇보다도 'A:어휘 설명'의 유형이 가장 많았다는 사실에 입각해서 조망하자면, 언해 자체가 독자들에게 정확히 주석목록본『천주실의』의 문자 그대로 '실의實義'를 제대로 전달하기 위해 '어휘 설명'에 심혈을 기울이며 이루어졌음을 전해주는 것 같다. 그리고 셋째는 언해필사본『텬쥬실의』 주석 중 'A:어휘 설명'의 유형 보다는 비록 적었지만 그 다음으로 'C:문

구 해석' 유형의 비중이 컸다는 점은, 주석목록본『천주실의』의 문구 하나하나마다의 정확한 의미를 나름대로 풀어 제시하기 위해 주석에 모든 정성을 기울인 작업의 연속이었음을 드러내주는 것이라고 이해되며, 그럼에 따라 언해필사본『텬쥬실의』주석에 자연히 언해자들 자신 나름대로의 독창적인 견해가 곁들여지게 됨으로써 매우 창작적인 측면이 내포되게 되었던 것으로 풀이된다고 하겠다.

4. 朝鮮 諺解筆寫本『텬쥬실의』註釋의 特徵

조선 언해필사본『텬쥬실의』주석의 특징은, 그 구체적인 내용을 검토하면서 2가지 방향에서 운위할 수 있지 않나 생각한다. 그 하나는 언해필사본『텬쥬실의』내용 가운데 '언해'라는 표현과는 걸맞지 않게 한자로만 표기된 인명의 사례가 (이미 잠시 언급하였듯이) 담겨져 있다는 점과 관련된 것이다. 또 하나는 주석 자체를 전체적으로 통합해서 정리해놓고 보면 동일한 편 속에서조차도 동일한 어휘 및 용어에다가 중복되게 주석을 달았는데, 그 내용이 혹은 동일하게 혹은 유사하게 혹은 전혀 상이하게 되어 있다는 점과 관련된 것이다.

첫째로 언해필사본『텬쥬실의』의 내용 중 〈슈편〉의 '오오사락嶼梧斯諾' 〈뎨스편〉의 '유숙柳宿'과 '유수柳樹', 〈뎨뉵편〉의 '불제사곡拂祭斯穀'과 '여니백목如泥伯睦' 그리고 〈뎨칠편〉의 '아나亞那'는 언해하거나 주석을 붙이지 않고 단지 한자 표기로 그대로 필사되어 있음을 간과할 수 없다고 본다. 다른 내용의 어떠한 부분이나 모든 어휘 및 용어는 모두 언해하였으나, 이들만은 그대로 두었고 또한 거기에 전혀 주석을 붙이고 있지 않기 때문이다. 이러한 사실은, 따라서 언해필사본『텬쥬실의』주석에 관해 분석하면서 반드시 점검해야 할 점임에 틀림이 없다고 생각한다.

이 중에서 〈슈편〉의 '오오사락'은 주석목록본의 원문 '오오사제락嶼梧斯悌

諾'의 오기誤記로, 아우구스티누스(St. Aurelius Augustinus, 354-430)의 중국식 발음의 한자 표기이다.[5] 이 인명에 대해 언해필사본『텬쥬실의』에서는 주석을 전혀 붙이지 않고 단지 한문으로 그대로 적어두었는데, 그것도 오기하였던 것이다. 이럴 수 있을 정도로, 언해필사본『텬쥬실의』의 언해자는 말할 것도 없고 필사자들도 천주교에 입문한 지 얼마가 되지 않았을 뿐더러 그래서 심지어 천주교 대표적 성인의 생애 및 수도 단체의 활약상에 대한 지식을 제대로 갖추고 있지 못하던 수준이기에 그랬던 것으로 짐작된다.

아울러 〈뎨ᄉ편〉의 '유슉'과 '유수'는 각기 '버들 별자리'와 '버드나무'를 지칭하는 것으로, 주석목록본『천주실의』의 원문에서 '혹여이물或有異物 동명지동同名之同 여유슉여유수야如柳宿與柳樹也'라고 예를 든 대목에 보이는데, 이 둘이 중국식 발음상으로는 'liushu'로 동일하므로[6] 그런 것으로 파악된다. 이에 대해 언해필사본『텬쥬실의』에서는 주석을 전혀 붙이지 않고 단지 한문 그대로 적어두었을 뿐이다. 이로써 보면 언해필사본『텬쥬실의』의 언해자들은 한문에 능통한 사람이었을 것임은 물론이다.[7] 그 외에 필사자들도 역시 漢文에 충분한 지식을 지니고 있었을 뿐만이 아니라, 독자들도 당시에는 이런 정도의 한자는 해독하여 그 의미를 충실히 깨칠 수 있는 수준에 있었기 때문이 아니었던가 싶다.

또한 〈뎨뉴편〉의 '불제사곡'은 주석목록본의 원문 '불랑제사곡拂郞祭斯穀'의 오기로 프란치스코(정확히 표기하면 '아씨시의 성 프란치스코(St. Francis of Assisi, 1181-1226)의 중국식 발음의 한자 표기이며, '여니백목'은 프란치스

---

5 송영배 역,「제4편」,『천주실의』, 1999, p.65.
6 정인재 역,「제4편」,『천주실의』, 1999, p.211.
7 『텬쥬실의』의 언해자는 이 둘 즉 '柳宿'과 '柳樹'의 한국식 발음상 '유슉'과 '유수'으로 흡사하므로 여기에 대해 주석도 달지 않고 한문 그대로 표기해두었다고 여겨지기도 하지만, 추측컨대 다른 한편으로는 리마두의 기술 자체처럼 이 둘이 '或有異物 同名之同'의 대표적인 예로 들어진 게 중국식 발음상으로는 동일하다는 점을 미처 인식하지 못하고 있었던 게 아닐까 싶다. 즉 언해필사본『텬쥬실의』의 언해자는 한자의 중국어 발음에 대한 기본 지식을 어느 만큼도 갖추고 있지 못했던 듯하며, 따라서 중국어 회화를 통한 의사 소통 자체가 거의 불가능하지만 그렇더라도 한문 서적은 충실히 해독하여 언문 문장으로 정리할 수 있는 충분한 능력의 소유자였지 않았나 생각된다.

코가 직접 가르친 수사 '주니퍼(Juniperus)'의 중국식 발음 '루니버루'의 한자 표기이다.[8] 이 둘에 대해서도 언해필사본 『텬쥬실의』에서는 주석을 붙이지 않고 한문으로만 적어두었다. 이 역시 앞서 〈슈편〉의 '오오사락' 경우처럼 정확히 표기도 못하고 오기를 범하고 있는 지경으로, 이로써 실마리를 삼아 꼬집어 언급하자면 언해필사본 『텬쥬실의』의 언해자들은 당시의 어느 조선인과 마찬가지로, 천주교의 성인 및 수도 단체의 활약상에 대한 지식을 제대로 갖추고 있지 못하던 터이기에 그랬던 게 아닐까 싶다.

그리고 〈뎨칠편〉의 '야나'는 '야나(Yana)'의 중국식 발음의 한자 표기로 여겨지는데[9], 이에 대해서도 역시 언해필사본 『텬쥬실의』에서는 주석을 달지 않고 한문으로만 필사해두었을 따름이다. 이 사실을 염두에 넣고 당시 조선의 실정을 감안하면, 언해필사본 『텬쥬실의』의 언해자들 역시 다른 조선인들이 그랬듯이 서양의 역사상 인물들에 대한 지식을 전혀 갖추고 있지 못하였던 데에서 비롯한 게 아닌가 짐작된다. 아마도 언해자들도 그랬을 것이지만, 필사자들도 역시 그랬을 것이고, 독자들은 더더욱 그랬으므로, 언해필사본 『텬쥬실의』에는 이러한 한문 그대로를 둔 사례들이 섞여 있을 수밖에 없었던 것이라 풀이된다고 하겠다.

이어서 언해필사본 『텬쥬실의』 주석의 특징 둘째로는, 주석 자체를 전체적으로 통합해서 정리해놓고 보면 동일한 편 속에서조차도 동일한 어휘 및 용어에다가 중복되게 주석을 달았는데, 그 내용이 혹은 동일하게 혹은 유사하게 혹은 전혀 상이하게 되어 있다는 사실을 꼽을 수 있다. 이에 대한 구체적인 양상의 파악은 다음의 〈표 5〉를 바탕으로 가능하다.

---

8 장정란 역, 「제6편」, 『천주실의』, 1999, p.306.
9 최소자 역, 「제7편」, 『천주실의』, 1999, p.350.

〈표 5〉 조선 언해필사본 『텬쥬실의』 주석의 유형별 중복 사례 가나다순 정리표
【유형 범례】A:어휘 설명 / B:용어 정의 / C:문구 해석

〈A 유형〉

연번	주석목록본 본문		언해필사본 본문	주 석	소재
1	家君		가군	아비	〈뎨팔편〉
	家君		가군	아비	〃
2	金騰		금등	쥬공의 글	〈뎨이편〉
	金騰		금등	쥬공의 지은 글	〈뎨ᄉ편〉
3	盤庚		반경	은나라 님금이니 서뎐 필명이 되나라	〈뎨ᄉ편〉
	盤庚		반경	서뎐	〈뎨뉵편〉
4	方寸		방촌	모양	〈뎨습편〉
	方寸		방촌	ᄆᆞᄋᆞᆷ	〈뎨ᄉ편〉
5	釋氏		셕씨	불	〈뎨습편〉
	釋氏		셕시	부쳐	〈뎨칠편〉
6	二氏		불노의	불도 노도	리지조「셔」
	二氏		이씨의	노ᄌᆞ 쟝ᄌᆞ	〈뎨뉵편〉
7	仁	①	인	어질 인ᄍᆞ	〈뎨칠편〉
	仁	②	인	어질 인ᄍᆞ	〃
	仁	③	인	어질 인ᄍᆞ	〃
	仁道		인도	어진 도	〃
	仁	④	인	어질 인ᄍᆞ	〃
	仁	⑤	인	어질 인ᄍᆞ	〃
	仁	⑥	인	어질 인ᄍᆞ	〃
	仁	⑦	인	어질 인ᄍᆞ	〃
	仁	⑧	인	어질 인ᄍᆞ	〃
	仁	⑨	인	어질 인ᄍᆞ	〃
8	程子		졍ᄌᆞ	송나라 명현	풍응경「셔」
	程子		졍ᄌᆞ	송나라 명현	〈뎨이편〉
9	帝		뎨ㅣ	샹뎨라 ᄒᆞᄂᆞ 데ᄶᅡ라	리지조「셔」
	帝		뎨	요님금	〈뎨뉵편〉
10	中士		즁ᄉᆞ	즁국션븨	리마두「인」
	中士		즁ᄉᆞㅣ	즁국 션븨니 후에 다 이딕로 보라	〈슈편〉
11	葷		훈치	마ᄂᆞᆯ ᄀᆞᆺᄒᆞᆫ 맛시라	〈뎨오편〉
	葷		훈미	마ᄂᆞᆯ과 파 ᄀᆞᆺᄒᆞᆫ 약렴	

⟨B 類型⟩

1		明德	명덕	셩품에 틱와주신 덕	⟨뎨칠편⟩
		明德	명덕	셩품에 갓촌 덕이라	〃
2		事物	亽물을	일과 물건	풍웅경「서」
		事物	亽물에	일과 물건	⟨뎨이편⟩
3		良能	량능	사름의 원리 잇는 능이라	⟨슈편⟩
		良能	량능	원리 본셩의 능이라	⟨뎨칠편⟩
4		依賴者	의뢰흔 쟈	눔을 의지흔 쟈	⟨뎨이편⟩
		依賴	의뢰	본톄 스스로 서지 못호고 눔을 의지호야 잇다 뜻	⟨뎨칠편⟩
5		自立者	亽립쟈	제 스스로 셔는 쟈	⟨뎨이편⟩
		自立	亽립	눔을 의지호지 아니호고 본톄ㅣ 스스로 션다 뜻	⟨뎨칠편⟩

⟨C 類型⟩

1		小心翼翼	소심익〃	조심호는 모양	⟨뎨이편⟩
		小心翼翼	소심익〃	조심호는 모양	⟨뎨뉵편⟩
2	①	而其餘之所以然	그나마 소이연은	각물의 버금 소이연이니만치 나무의 쎌회는 나무의 소이연이오 쎌회의 소이연은 쥬씨 속혼지라	⟨슈편⟩
	②	由其不能辨乎物之所以然也	능히 물의 소이연을 살피지 못호 연고라	소이연은 물의 엇더케 된 바 연유라	⟨뎨亽편⟩
	③	所以然者有在物之內分 如陰陽是也	소이연이 물안희 잇셔 본분이 되는 쟈는 음양 고흔 것시오	물이 음양긔운으로 사는 고로 물의 본분이 된다 뜻	〃
	④	或在物如所以然之在已然	혹 소이연이 임의 그런딕 잇심은	더 물건의 소이연이 이 물건의 임의 그런딕 통흔다 뜻	〃
參照A 類型		所以然	물의 소이연	물이 되게 흔 연유라	⟨슈편⟩

⟨표 5⟩에서 특히 외형상으로 눈에 띄는 사항은 대체로 2가지 방향인 것으로 파악된다. 주석목록본의 동일한 본문에 대해서 언해필사본에서 표기를 달리하고 또한 주석도 다르게 붙인 경우(Ⅰ)와 주석목록본의 동일한 본문에

대하여 언해필사본에서 역시 표기를 동일하게 하였으나 그 주석은 다르게 붙인 경우(Ⅱ)이다.

그 첫째 경우(Ⅰ)의 구체적인 예는 '이씨二氏(연번 6)'를 각기 '불도의' 및 '이씨의'로 언해하고 그 주석에 '불도 노도' 및 '노즈 쟝즈'로 붙인 것과, '훈葷 (11)'을 각기 '훈칙' 및 '훈미'로 언해하고 그 주석에 '마눌 ᄀᆺ혼 맛시라' 및 '마눌과 파 ᄀᆺ혼 약렴'이라 붙인 것이다. 그런데 전자 '이씨(6)'의 경우는 '리지조 「서」'와 〈뎨뉴편〉에서 각각 달리 주석이 붙였진 것이지만, 후자 '훈(11)'의 경우는 같은 〈뎨오편〉 내에서 주석을 달리 붙인 게 특이하다. 이런 현상은 같은 편일지라도 1人의 언해자에 의해 독단적으로 언해가 행해진 게 아니라 2인 이상의 언해자에 의해 분담되어 공동 작업으로 언해가 행해졌기에 나타나게 되었던 게 아닐까 싶어지게 해준다.

그리고 그 둘째 경우(Ⅱ)의 구체적인 예는 A 유형에서는 '금등(2)'에 대해 '쥬공의 글(〈뎨이편〉)'과 '쥬공의 지은 글(〈뎨ᄉ편〉)', '반경(3)'에 대해 '은나라 님금이니 셔뎐 필명이 되니라(뎨ᄉ편)'와 '셔뎐(〈뎨뉴편〉)' 등으로써, 이외에도 '방촌(4)' '석씨(5)' '뎨(9)' '즁ᄉ(10)' 등도 이에 해당된다. 게다가 B 유형에서는 '명덕(1)' '량능(3)'도 역시 그러하다. 이와 같은 경우를 살피면서 그냥 지나칠 수 없는 것은, '명덕'이 동일한 〈뎨칠편〉에서도 제각각 달리 주석이 붙여진 경우일 뿐, 이를 제외한 나머지 예에서는 동일한 어휘 혹은 용어에 관해 모두 다른 편에서 각기 다르게 주석이 붙였다는 사실이다. 이는 결국 동일한 어휘 혹은 용어에 대해 거의 편이 다른 경우 그 주석도 달리 붙여졌음을 알려주는 것이며, 따라서 이러한 둘째 경우(Ⅱ) 즉 주석목록본의 동일한 본문에 대하여 언해필사본에서 역시 표기를 동일하게 하였으나 그 주석은 다르게 붙인 경우는 모두가 편마다 언해자가 달랐을 가능성을 크게 상정하게 해준다고 하지 않을 수 없을 듯하다.

아울러 여기에서 또 하나 염두에 둘 사실은, 〈표 5〉 〈C 유형〉의 사항에 나타나 있는 바대로, '소이연所以然'이 포함된 문구에 대한 주석이 4개나 되며,

그것이 〈슈편〉에도 있지만 〈뎨ᄉ편〉에도 3곳이나 있는데 공통적으로 '물物'과 관련하여 설정되어 있다는 점이다. 이 가운데 〈슈편〉에서의 '소이연'에 대한 주석은 맨밑 칸의 참조에도 제시한 바와 같이 〈슈편〉의 다른 곳에도 달려 있으므로, 〈슈편〉의 언해자도 그랬을 가능성이 어느 정도 있지만, 〈뎨ᄉ편〉의 경우에네는 더욱 1인이 아닌 2-3인 정도의 언해자가 공동으로 언해 작업에 참여했던 것으로 보인다.

한편 〈표 5〉에서 내용상으로 분명히 짚어봐야 할 사항은 '인仁', '명덕明德', '양능良能'에 대한 주적이 중복되면서 강조되고 있다는 사실이다. 그 중에서도 '인'이 무엇보다도 가장 강조되었음은, 〈표 5〉에 보이듯이 9차례나 주석을 달고 있음에서 확연하다. 그것도 다른 편에서는 전혀 그러지 않았으나, 〈뎨칠편〉에서만 집중적으로 그러하였던 것이 매우 독특하다고 할 밖에 없다. 거의 틀림이 없이 이 〈뎨칠편〉의 언해자가 '인'을 그럴 정도로 매우 중시했기 때문이었을 것이다. 언해자가 이 같이 '인'을 강조한 것은, '인' 자체를 공자孔子는 물론이고[10] 그것을 더 발전시켜 '인의仁義' 및 '인정仁政'을 강조한 맹자孟子도 그러하였으므로[11], 이 언해자들이 공맹孔孟의 가르침을 줄곧 따르는 전통 유학에 익숙한 유학자였던 데에서 비롯된 것으로 관측된다. 그리고 이 〈뎨칠편〉 내에서 9번씩이나 '인'에 대해 주석을 붙인 것 역시 언해자가 1인이었으면 그랬을 리가 없었을 터이므로, 이 〈뎨칠편〉의 언해자가 적어도 다수여서 그랬을 것임이 거의 확실한 듯하다.

다른 한편으로, 〈표 5〉의 〈B 유형〉에서 원문 '명덕'과 '양능'에 중복되게 주석을 달고 있었음에서, 이들 언해필사본 『텬쥬실의』 언해자의 사상적 기저가 이렇듯이 공맹의 전통 유학에 있었을지라도, 이들이 당시 시대적 조류에 따라 양명학陽明學에도 깊은 관심을 쏟고 있었음이 주석 내용에서 여실히 드

---

10 이기백, 「길」, 1948; 『연사수록』, 일조각, 1994, p.27.
11 陳昇, 「孟子對'仁'的新解釋」, 『『孟子』講義』, 北京 : 人民出版社, 2012, pp.399-407. 何曉明, 「'仁政'說對孔子'仁'學的發展」, 『亞聖思辨錄－『孟子』與中國文化』, 開封 : 河南大學出版社, 1995, pp.59-61. 그리고 袁曉品, 『仁心與仁政 : 孟子』, 鄭州 : 中州古籍出版社, 2014 참조.

러난다고 헤아려진다. 널리 알려진 사실로서 누구나 대부분 잘 알고 있는 바 처럼, 이 '명덕'이 『대학大學』과 『중용中庸』에서, 또한 '양능'은 『맹자』에서 '양지良知'와 연결되어 강조되고 있는데, 이에 대해 단지 중복해서 주석을 붙였다고 해서 언해자들이 곧 양명학에 관심이 깊었음을 드러내주는 것으로 단정지울 수는 없다. 그렇긴 하더라도 양명학의 비조鼻祖 왕양명王陽明 즉 왕수인王守仁(1472-1528, 호:양명)이 맹자의 '양지양능良知良能'설에 기초를 두고 그 '양지' 이론을 고도로 발전시켜 '양지'에 최고 범주의 지위를 부여했으므로[12], 이 '양능' 역시 양명학과 전혀 무관하다고는 할 수 없을 것이다.

아울러 명말청초 당시 중국의 대표적 학자의 하나로 오늘날 손꼽히는 이지李贄(1527-1602, 호:탁오卓吾) 역시 대학 에 기반을 둔 '명덕' 학술사상을 지니고 있었을 뿐만이 아니라 그 역시 양명학에서 학문을 개시한 것으로 알려졌다.[13] 그런데다가 李贄는 초횡焦竑(1540-1619)과 서로 1572년 정교定交한 이래로[14] 막역한 교우 관계를 지속하면서[15] 이마두利瑪竇의 교우론交友論 저술과 간행에 도움을 주기도 하였을 정도였던 것이다.[16] 리마두의 『천주실의』 저술 및 출간 당시의 이러한 사회사상사적 배경을 염두에 두고 언해필사본 『텬쥬실의』 주석에서도 '명덕'과 '양능'을 중복되게 다루어 강조하고 있다는 점을 고려할 때, 언해필사본 『텬쥬실의』 언해자들이 한글로 언해하면서 상세한 주석을 붙이는 데에는 종래의 전통 유학에 익숙함이 반영되었을 뿐만이 아니라 양명학에 대한 관심도 反映되었을 것임이 자명하다. 그리고 이런

---

12 王寶峰, 「入道之門:從王學開始」, 『李贄儒學思想研究』, 北京:人民出版社, 2012, pp.87-88.
13 秦學智, 「緒論」, 『李贄大學明德精神論』, 北京:中國傳媒大學出版社, 2007, p.2 및 p.15. 이밖에 王陽明과 李卓吾의 思想에 깃든 孟子의 전반적인 영향과 관련해서는 石水之, 「王守仁與孟學」, 王其俊 主編, 『中國孟學史』 上冊, 濟南:山東敎育出版社, 2012, pp.483-487. 王其俊, 「何心隱,李贄與孟學」, 『中國孟學史』 上冊, 2012, pp.493-496. 陳昇, 「孟子對後世的影響」, 『『孟子』講義』, 北京:人民出版社, 2012, pp.399-407 참조.
14 李劍雄, 「焦竑年譜」, 『焦竑評傳』, 南京:南京大學出版社, 1998, p.337.
15 王寶峰, 「求道師友:李贄的學術淵源」, 『李贄儒學思想研究』, 2012, pp.96-100.
16 노용필, 「조선후기 천주교의 수용과 마테오 리치의 『交友論』」, 『길현익교수정년기념 사학논총』, 간행위원회, 1996; 『한국천주교회사의 연구』, 2008, p.58.

사상적인 면모가 다름 아닌 언해필사본 『텬쥬실의』 주석의 내용상 가장 큰 특징이라 하겠다.

5. 朝鮮 諺解筆寫本 『텬쥬실의』 註釋의 歷史的 意義

조선 언해필사본 『텬쥬실의』 주석이 지니고 있는 역사적 의의는 대략 4가지쯤으로 꼽을 수 있다고 본다. 하나는 언해필사본 『텬쥬실의』 주석으로 조선에서 '천주학[17]'이 비로소 정립되는 결정적인 계기가 마련되었을 것이라는 점이다. 하나는 이 '천주학'에 대한 궁구窮究가 『천주실의』 원문 내용 자체에 명시되어 있는 강학講學의 방법을 통해 이루어졌으므로, 자연히 『텬쥬실의』 언해도 이 강학에 극력 참여한 학인學人들에 의해 행해졌고, 따라서 주석도 이들에 의해 분담되어 붙여졌을 것이라는 점이다. 하나는 이렇듯이 '천주학'의 정립이 서양인 사제가 아닌 조선인 신자들에 의해 이루어졌기에, 언해필사본 『텬쥬실의』의 언해 및 주석 자체도 조선인 신자 주도로 완성됨으로써 그것 자체가 한국 천주교회사 속에 '자발성' 구현이 이루어지는 관건이 되었을 것이라는 점이다. 하나는 천주교 신자, 당시의 표현으로는 소위 '천주학쟁이[18]'들의 천주학 교리에 대한 갈구를 해소시켜줌으로써 남녀 불문하고 평민을 위시한 다양한 신분계층에게 '천주학' 즉 천주교가 확산되는 토대가 마련되었을 것이라는 점이다. 이에 대해 상론하면 아래와 같다.

첫째, 언해필사본 『텬쥬실의』 주석으로 조선에서 '천주학'이 비로소 정립

---

17 이 '천주학'의 개념과 관련하여, 예전에는 한글학회 지음, 『우리말 큰 사전』 3, 어문각, 1992, p.4069에서 '천주학'을 "'천주교'의 속된 말"이라 풀이한 적이 있었으나, 오늘날에는 국립국어연구원 지음, 『표준국어대사전』 하, 두산동아, 1999, p.6012에서는 '천주학'에 대해 "우리나라에 가톨릭교가 처음 들어오던 무렵에 '가톨릭교'를 이르던 말"로 규정하고 있음을 상기해야 한다.
18 이 '천주학쟁이'라는 말과 관련해서는, 이전에 한글학회 지음, 『우리말 큰 사전』 3, 1992, p.4069에서 '천주학장이'를 "'천주교도'의 속된 말"이라 규정하고, '천주학쟁이' 항목에서는 '천주학장이'를 보라는 표시를 해놓음으로써 '천주학장이'를 표준말로 삼았었다. 그런데 오늘날에는 국립국어연구원 지음, 『표준국어대사전』 하, 1999, p.6012에서 '천주학장이'는 설정조차 하지 않고 '천주학쟁이'만을 항목으로 설정하고는 "'가톨릭교도'를 속되게 이르는 말"로 풀이하고 있음을 주목해야 하겠다.

되는 결정적인 계기가 마련되었을 것이라는 점은 그 『텬쥬실의』의 주석 일부 내용 자체에서 충분히 잘 우러나오고 있다고 생각한다. 이를 입증하기 위해, 이런 사실이 담겨 있는 부분의 『천주실의』 원문과 『텬쥬실의』 언해 부분을 함께 제시해보이면 다음과 같다.

〈原文〉(1)夫學道亦要識其向往者 吾果爲何者而學乎 不然則貿貿而往 自不知其所求 或學特以知識 此乃徒學 或以售知 此乃賤利 或以使人知 此乃罔勤 或以誨人 乃所爲慈 或以淑己 乃所爲智 (2)故吾曰 學之上志 惟此成己 以合天主之聖旨耳 所謂由此而歸此者也 (第七篇)[19]

〈언해〉(1)대저 도를 배우려 하면 또한 그 향하여 갈 바를 앎이 요긴하니 내 과연 무엇을 위하여 배우는고 할지니 그렇지 않으면 무무히―무지한 모양― 행하여 그 구할 바를 알지 못할지라 학함을 혹 지식을 위하여 하면 어린 사람의 배움이오 혹 박물을 위하여 하면 천하리오 혹 사람의 앎을 위하여 하면 쓸데없는 부지런이오 혹 사람 가르침을 위하여 하면 이는 하는바 사랑이오 혹 자기 어질기를 위하여 하면 이는 하는바 지혜로움이니[20] (2)고로 내 가로대 학의 으뜸 뜻은 오직 자기를 성취하여서 천주 성의에 합함이니 이른바 이로 말미암아 이로 돌아간다 함이니라―천주로 말미암아 배우고 천주께로 돌아간다는 뜻― (〈데칠편〉)[21]

리마두가 『천주실의』 원문에서 강조한 바가 바로, (인용문의 밑줄 그은 부분에서 보이듯이) 이 "'학'의 으뜸은 오직 자기를 성취하여서 천주 성의에 합함이니 이른바 이로 말미암아 이로 돌아간다 함"이라 한 것인데, 이 대목에 대해서 언해필사본 『텬쥬실의』 주석에서 "천주로 말미암아 배우고 천주께로 돌아간다는 뜻"이라 하였음을 간과해서는 안 된다고 믿는다. 이로써 언해필사본 『텬쥬실의』의 이 부분 언해자는 이 주석 자체에서 이 '학' 자체를 '천주

---

19 杭州重刊本 下卷44右1-6; 註釋目錄本(上海本) 123(10)-124(3).
20 언해필사본의 '학함을 혹 지식을 위하여 하면 어린 사람의 배움이오'이 원문에 '或學特以知識 此乃徒學'이라, 그리고 언해필사본의 '혹 박물을 위하여 하면 천하리오'가 원문에 '或以售知 此乃賤利'라 되어 있음에 유의하였다.
21 諺解筆寫本 213우(8)-좌(10).

학' 자체로 인식하고 있었음을 드러내고 있다고 보여진다. 그리하여 언해필사본 『텬쥬실의』의 이러한 주석 자체가 당시 조선에서 '천주학'이 비로소 정립되는 결정적인 계기가 마련되었음을 여실히 뒷받침해 주는 것이라 하여 무방할 것이다.

둘째, 이 '천주학'에 대한 궁구가 『천주실의』 원문 내용 자체에 명시되어 있는 강학의 방법을 통해 이루어졌으므로, 자연히 『텬쥬실의』 언해도 이 강학에 극력 참여한 학인들에 의해 행해졌고, 따라서 주석도 이들에 의해 분담되어 붙여졌을 것이라는 점은, 우선 『천주실의』 원문 내용의 강학에 관한 언급에서부터 가늠할 수 있다고 생각한다. 『천주실의』 원문 내용 중 강학에 관한 상세한 언급은 아래와 같이 매우 구체적이다.

〈原文〉(3)聖學在吾性內 天主銘之人心 原不能壞 貴邦儒經所謂明德明命 是也 但是明爲私欲蔽拚 以致昏暝 不以聖賢躬親喩世人 豈能覺 恐以私欲悞認明德 愈悖正學耳 (4)然此學之貴 全在力行 而近人妄當之以講論 豈知善學之驗 在行德 不在言德乎 然其講亦不可遺也 (ⓐ)講學也者 溫故而習新 達蘊而釋疑 奮己而勸人 博學而篤信者也 善之道無窮 故學爲善者與身同終焉 身在不可一日不學 凡曰已至 其必未起也 凡曰吾已不欲進於善 即是退復于惡也(〈第七篇〉)[22]

〈언해〉(3)거룩한 학은 내 성품 안에 있으니 천주가 사람의 마음에 삭여 주샤 능히 멸치 못하는 자니 중국 경서에 이른바 명덕―성품에 태와 주신 덕―과 명명이―천명이라― 이것이라 다만 이 명덕과 명명이 사욕의 가리옴이 되어 어두워지고 성현이 친히 가르치지 못하니 어찌 능히 스스로 깨달으리오 두리건대 사욕으로써 그릇 명덕을 삼으면 더욱 정학을 어김이라[23] (4)그러나 학의 귀히 여김은 힘써 행함에 있는지라 근래 사람이 망령되이 강론으로써 족함을 삼으니 어찌 잘 배우는 싱험이 행실에 있고 말에 있지 아니함을 알랴 그러나 강론을 또한 폐치 못할지라 (ⓐ)학의 강론함은 옛 것을 알고 새 것을 익히며 깊은 뜻을 사맛고 의심된 일을 풀어 자기를 떨치고 사람을 권하며 널리 배우고 독실이 믿는 공부라 선의 도가 무궁한 고로 선을 배우는 자는 몸으로 더불어 함께 맞차나니 몸이 있으면 하루라도 가히 배

---

22 杭州重刊本 下卷44左5-45右4; 註釋目錄本(上海本) 124(8)-125(4).
23 언해필사본의 '중국 경서'가 원문에는 '貴邦儒經'이라 하였음에 유의해야 한다.

우지 아니치 못할지라 만일 가로대 이미 지극한 데 이르렀노라 하면 반드시 마침이 없을 것이오 만일 가로대 내 그만하고 선에 나오고자 아니하노라 하면 곧 물러가 악에 회복함이니라.[24] (〈뎨칠편〉)[25]

〈原文〉(5)列國之人 每七日一罷市 禁止百工 不拘男女尊卑 皆聚于聖殿 謁禮拜祭 以聽談道解經者終日 又有豪士數會 其朋又出遊于四方 (ⓑ)講學勸善 (6)間有敵會 以耶穌名爲號 其作不久 然已三四友者 廣聞信於諸國 皆願求之 以誘其子弟於眞道也.(〈第八篇〉)[26]

〈언해〉(5)모든 나라 사람이 매 칠일에 하루씩 파공하고 남녀 귀천을 거리끼지 아니하고 다 성전에 모여 (ⓑ)도를 강하고 선을 권하며[27] (6)그 중에 폐회—미두의 든 회이니 겸사하여 폐회라 지칭한 말— 있어 예수의 이름으로 칭호를 삼으니 이 회 설시함이 오래지 아닌지라 그러나 이미 세네 벗의 독신함이 여러 나라에 소문이 있어 다 그 자제 가르치기를 원하나니라.[28] (〈뎨팔편〉)[29]

리마두는 『천주실의』의 이 부분에서 강학에 대해 매우 구체적이고 상세하게 언급하였다. 즉 강학은 "옛 것을 알고 새 것을 익히며 깊은 뜻을 사맞고 의심된 일을 풀어 자기를 떨치고 사람을 권하며 널리 배우고 독실이 믿는 공부(ⓐ)"임을 강조하였을 뿐만이 아니라, "선을 권하(ⓑ)"는 것임을 설파하였던

---

24 언해필사본의 '행실에 있고' 및 '말에 있지 아니함'이 원문에는 '在行德' 및 '不在言德乎'으로 되어 있어 각기 '德'을 제외하였음에 유의해야 한다. 그리고 언해필사본의 '선을 배우는 자'가 원문에는 '學爲善者'로 되어 있음도 그러하다.
25 諺解筆寫本 214좌(10)-215좌(10).
26 杭州重刊本 下卷57좌3-7; 註釋目錄本(上海本) 140(7)-141(1).
27 언해필사본의 '하루씩 파공하고' 대목이 원문에는 '一罷市 禁止百工'으로 되어 있음에 유의하였다. 그리고 언해필사본의 'ⓐ다 성전에 모여 ⓑ도를 강하고 선을 권하며' 부분이 원문에는 'ⓐ皆聚于聖殿 謁禮拜祭 以聽談道解經者終日 又有豪士數會 其朋又出遊于四方 ⓑ講學勸善'으로 되어 있어, 원문 중 그 가운데 부분인 '謁禮拜祭 以聽談道解經者終日 又有豪士數會 其朋又出遊于四方' 대목의 언해가 결과적으로는 이루어지지 않았음을 발견할 수 있다. 언해자가 이 부분을 언해하는 과정에 이 대목에 대한 언해가 서양의 천주교회사 자체에 대한 많은 이해가 부족함은 물론이고 또 상세한 설명이 곁들여 지지 않으면 제대로 언해하기가 어렵겠다는 판단에서 이 부분의 언해를 의도적으로 제외시킨 게 아닌가 추찰된다.
28 언해필사본의 '다 그 자제 가르치기를 원하나니라' 대목이 원문에는 '皆願求之 以誘其子弟於眞道也'로 되어 있음에 유의하였다.
29 諺解筆寫本 238우(8)-좌(5).

것이다. 여기에서 자신이 단지 "널리 배우고 독실이 믿는" 것 즉 '知'만으로 그치는 게 아니라 타인에게 "선을 권하"는 '행'도 더불어 해야 함을 강조함으로써, 마치 이 대목은 양명학의 요체要諦인 '지행합일知行合一'의 강조 그 자체를 연상시킨다.

이러한 강학과 관련하여 그 실체를 실증적으로 알려주는 중국에서의 사례는, 리마두 자신과 밀접한 관계를 유지하며 그의 첫 한문 천주교 서적 교우론 의 저술과 간행에 커다란 영향을 끼쳤던 이지와 초횡의 당시 궤적軌跡에서 발견하게 된다. 즉 이지와 초횡이 펼친 강학 활동을 통해 당시 강학 유행의 추세와 그 사회사상사적 성격을 충분히 엿볼 수가 있겠는데, 이지는 1566년부터 북경에서 그 활동을 개시하여 1577년 남경南京에서 초횡과 만나 그보다 무려 14년이나 연장年長임에도 불구하고 정우定友한 후 강학회講學會 즉 강회에 참여하는 게 그의 당시 생활의 가장 중요한 내용이었다고 전한다. 이 당시의 강회는 대부분 양명강회陽明講會로, 양명학의 홍기와 그 전파에 있어 양명강회가 중대한 작용을 발휘하였다. 그만큼 남경에서의 생활 속에서 이지는 초횡과 같은 붕우들 사이의 강회를 대단히 중시하였으며, 아울러 강회의 존재 의의를 인식하고 있었던 것이라 하겠다.[30]

이지와 초횡의 이러한 경우를 미루어 보더라도, 이 '거룩한 학' 즉 '천주학'을 궁구하는 방편은 여기 명기된 바대로 강학을 통해서였을 것이다. 그리고 이 『천주실의』 원문도 함께 대상으로 삼았던 당시 조선에서 유행하던 강학에 참여한 학인들이 곧 『천주실의』의 언해자가 되어 주석을 붙임으로써 언해본 『텬쥬실의』가 완성되었을 것으로 보인다. 그리고 주석이 1인의 언해자가 아닌, 이 강학에 참여한 여러 명의 학인들에 의해 분담되어 붙여졌을 것이므로, (앞서 이미 밝혔듯이) 주석이 중복되거나 예컨대 동일한 원문 '인'에 대해 같은 주석이 거듭되기도 하는 면모를 갖추게 되었던 것이라 하겠다.

---

30 王寶峰, 「求道師友: 李贄的學術淵源」, 『李贄儒學思想硏究』, 2012, pp. 95-96.

셋째, 언해필사본 『텬쥬실의』의 언해 및 주석 자체도 조선인 신자 주도로 완성됨으로써 그것 자체가 한국의 천주교회사 속에 '자발성' 구현이 이루어지는 관건이 되었을 것이라는 점은, 당시의 역사 상황에 대해 살피면 어렵지 않게 이해할 수가 있다. 말하자면 앞서 이미 지적한 바와 같이 천주교의 대표적인 성인 중의 하나인 성 아우구스티노(St. Aurelius Augustinus)나 '아씨시의 성 프란치스코(St. Francis of Assisi)의 한문 표기가 언해 및 필사 과정에 오기되고 또 그대로 전해지고 있는 것은, 결국 그 과정에 당시 조선에 들어와 활동하고 있던 천주교 서양인 사제들의 지도나 혹은 감수監修조차 전혀 받지 못하였음을 드러내주는 것임에 틀림이 없다는 점을 상기할 필요가 있다. 그리고 이렇듯이 외국인이든 내국인이든 사제의 감수나 간여 없이 언해 및 필사가 행해지고 있었던 것 자체가, 이것이 당시에 신자 위주의 진행 작업이었으며 그 결실이라고 해서 좋을 것이라 생각한다.

그러므로 조선에서 『텬쥬실의』가 이와 같이 언해되고 필사되어 유행하고 있었음은, 말하자면 이승훈李承薰을 위시한 조선인들이 직접 북경을 방문하여 천주교를 자발적으로 한국에 수용한 이후 그 '자발성의 구현[31]'을 통한 천주교 교리에 대한 심층적 이해를 꾀하고 있었음을 여실히 입증해주는 역사적 사실이라고 하지 않을 수 없다고 생각한다. 더더군다나 언해필사본 『텬쥬실의』의 이러한 유행은, 철종(1849-1863) 때 '민중과 더불어 커가는 교회'가 종국에는 고종(1863-1907) 때 '천주교 신앙 자유 획득과 선교 자유 확립'을 이루면서[32] 그만큼 천주교가 한국에서 확산되어 가고 있었음을 웅변해주는 증좌證左라 해야 옳겠다.

---

31 노용필, '천주교의 수용:자발성의 구현', 「자발적으로 최초의 교회를 세우다—정조(1776-1800) 때—」, 『한국 천주교회사 교실』, 천주교 서울대교구 순교자 현양회, 2001; 『한국천주교회사의 연구』, 한국사학, 2008, pp.221-228.
32 노용필, 「민중과 더불어 커가는 교회—철종(1849-1863) 때—」, 『한국 천주교회사 교실』, 2001; 『한국천주교회사의 연구』, 2008, pp.301-336 및 「운현궁에서도 성모송이 울려 퍼지다—고종(1863-1907) 때—」, 『한국 천주교회사 교실』, 2001; 『한국천주교회사의 연구』, 2008, pp.337-383 참조.

넷째, 언해필사본 『텬쥬실의』의 자상한 주석으로 천주교 신자, 당시의 표현으로는 소위 '천주학쟁이'들의 천주학 교리에 대한 갈구를 해소시켜줌으로써 양반·평민 등의 다양한 신분계층에게 '천주학' 즉 천주교가 확산되는 토대가 마련되었다는 점은, 여기에서 『텬쥬실의』의 언해 및 필사 과정부터 상정해보면 이해가 쉽게 될 듯하다. 우선 양반 출신의 학인으로서 사상적으로 기본적으로는 전통 유학에 입각하고 있으면서 한편으로는 양명학에 대해서도 관심이 깊어지면서 천주교 교리에 관한 소위 '천주학'을 정립한 이른바 '천주학쟁이'가 같은 부류 여러 명의 동료들과 함께 자리하여 강학을 통해 『천주실의』 원문을 읽어가며 언해를 하였을 것이다. 그러면 중인 출신으로서 이들 곁에서 서리書吏와 같은 직임을 수행하던 인물들이 이를 언문으로 받아 적어 언해본을 작성하고, 그것이 완성된 후 이를 사자리寫字吏와 같은 인물들이 필사하여 유포시키는 과정을 밟았던 게 아닌가 싶다.[33]

그러면 이후 한문 해독 능력을 미처 갖추지 못한 중인층 및 그 이하 평민층 남성들 그리고 여성들 혹은 나아가서 소년·소녀들도 함께 언문필사본 교리서들을 소지하고 이를 통독함으로써 천주교 교리에 대한 자신들의 종교적 갈구를 해소하고 있었던 것으로 보아 틀림이 없을 듯하다.[34] 그 결과 언문 해독 능력밖에 갖추지 못한 다양한 신분층의 성인 남성·여성들 그리고 소년·소녀들이 언해필사본 『텬쥬실의』를 활용하여 이들이 천주교 교리에 대한 지식을 갖추기에 이르렀던 것이라 여겨진다. 이럴 정도로 언문필사본 『텬쥬실의』의 유행은 조선 후기 천주교 확산 사실을 상징적으로 웅변해주는 것이라

---

33 이와 관련하여 이전에 노용필, 「『천주실의』 주석목록본의 중국에서의 출판과 조선에서의 언해필사본의 유행」, 2014, p.193; 本書 제3부 제1장에서 "양반 출신으로서 한문 해독·주석 및 언문 번역 능력을 갖춘 이들이 한문 원문의 주석목록본 『천주실의』를 토대로 언문으로 번역하고 자상한 주석을 첨가한 『텬쥬실의』를 필사해준 것"이라 기술하여 마치 양반 출신들이 모든 과정을 진행한 것으로 오해할 여지가 있어 여기에서 보충한다.

34 노용필, 「남회인의 『교요서론』 수용 및 한글본 『교요서론』 유포와 조선 후기 천주교의 성장」, 『한국천주교회사의 연구』, 2008, pp.196-197 및 노용필, 「조선후기 천주교 한글 필사본 교리서의 유통」, 『인문논총』 23, 경남대학교 인문과학연구소, 2009; 『한국근현대사회사상사탐구』, 한국사학, 2010, pp.73-75 참조.

풀이되며[35], 더더군다나 언해필사본 『텬쥬실의』의 자상한 주석으로 당시의 소위 '천주학쟁이'들의 천주학 교리에 대한 갈구를 해소시켜줌으로써 그 가르침에 따라 평등을 지향하는 평민 및 노비를 위시한 다양한 신분계층에게 '천주학'이 확산되는 토대가 마련되었던 것이라 하겠다.

6. 結語

조선 언해필사본 『텬쥬실의』의 주석을 주석목록본 『천주실의』의 그것과 일일이 비교하며 검토해 보면, 수량에 있어서도 언해필사본 『텬쥬실의』 주석이 314개인 데에 비하여 주석목록본 『천주실의』 주석은 169개에 불과하며, 그 성향에 있어서도 주석목록본의 그것이 내용을 간략히 압축한 데에 반해 언해필사본의 그것은 본문의 구체적인 내용 및 용어에 대해 상세히 붙였던 것이라는 차이점이 있다. 따라서 조선 언해필사본 『텬쥬실의』의 주석은, 주석목록본 『天主實義』의 주석과 비교해서, 한마디로 매우 독창적인 측면이 강한 것이었다고 하겠다.

조선 언해필사본 『텬쥬실의』 주석에 대한 구체적인 분석은 유형별로 'A: 어휘 설명', 'B: 용어 정의', 'C: 문구 해석' 3가지 경우로 설정한 결과, B⟨C⟨A의 추세이며, 그 비율을 산술적으로 산정할 때 A:B:C=48.1%:13.7%:38.2% 3.51:1.00:2.79로 정리된다. 그럼에 따라 언해필사본 『텬쥬실의』 주석에 자연히 언해자들 자신 나름대로의 독창적인 견해가 곁들여지게 됨으로써 매우 창작적인 측면이 내포되게 되었던 것으로 풀이된다.

조선 언해필사본 『텬쥬실의』 주석의 특징은 주석 자체를 전체적으로 통합해서 정리해놓고 보면, 동일한 편 속에서조차도 동일한 어휘 및 용어에다가 중복되게 거듭 주석을 달았으며, 그래서 그 내용이 혹은 동일하게 혹은 유사

---

35 노용필, 「『천주실의』 주석목록본의 중국에서의 출판과 조선에서의 언해필사본의 유행」, 2014, pp.192-193; 本書 제3부 제1장.

하게 혹은 전혀 상이하게 되어 있다는 점이다. 언해필사본『텬쥬실의』주석의 이와 같은 사례로서 가장 대표적인 것 중의 하나가 '명덕'과 '양능'을 중복되게 다루어 강조하고 있는 점으로, 이를 고려할 때 언해필사본『텬쥬실의』언해자들이 한글로 언해하면서 상세한 주석을 붙이는 데에는 종래의 전통 유학에 익숙함이 반영되었을 뿐만이 아니라 양명학에 대한 관심도 반영되었을 것임이 자명하다. 그리고 이런 사상적인 면모가 곧 언해필사본『텬쥬실의』주석의 내용상 가장 큰 특징이라고 하겠다.

  이와 같은 조선 언해필사본『텬쥬실의』주석이 지니고 있는 역사적 의의는 대략 4가지로 꼽을 수 있다. 첫째는 언해필사본『텬쥬실의』주석으로 조선에서 '천주학'이 비로소 정립되는 결정적인 계기가 마련되었을 것이라는 점이다. 둘째는 이 '천주학'에 대한 궁구가『천주실의』원문 내용 자체에 명시되어 있는 강학의 방법을 통해 이루어졌으므로, 자연히『텬쥬실의』언해도 이 강학에 극력 참여한 학인들에 의해 행해졌고, 따라서 주석도 이들에 의해 분담되어 붙여졌을 것이라는 점이다. 셋째는 이렇듯이 '천주학'의 정립이 서양인 사제가 아닌 조선인 신자들에 의해 이루어졌기에, 언해필사본『텬쥬실의』의 언해 및 주석도 조선인 신자 주도로 완성됨으로써 그것 자체가 한국 천주교회사 속에 '자발성' 구현이 이루어지는 관건이 되었을 것이라는 점이다. 그리고 넷째는 천주교 신자, 당시의 표현으로는 소위 '천주학쟁이'들의 천주학 교리에 대한 갈구를 해소시켜줌으로써 그 가르침에 따라 평등을 지향하는 남녀노소를 불문하고 양반·중인·평민·노비를 가릴 것 없이 모든 신분계층에서 '천주학' 즉 천주교가 점차 확산되는 토대가 마련되었을 것이라는 점이다.

【부록】〈표 1〉 조선 언해필사본 『텬쥬실의』 주석 내용 정리 종합표

리지조李之藻「서」의 本文과 註釋 對照 整理表

連番	諺解筆寫本 本文	註釋	註釋目錄本 本文	所載 諺解筆寫本	所載 註釋目錄本
1	건원이	건은 하늘 성정이오 원은 주지라 뜻	乾元	1우(9)	1(5)
2	뎨	상뎨라 ᄒᆞᄂᆞᆫ 데쓰라	帝	1좌(1)	1(5)
3	진방에쏘	님금의 위를 ᄀᆞᄅᆞ침이라	震	1좌(1)	1(5)
4	불노의	불도 노도	二氏	1좌(5)	1(7)
5	대본	큰 근본	大本	1좌(8)	1(8)
6	대원을	(큰 근)원	大原	1좌(8)	1(8)
7	정통	통합일국ᄒᆞᆫ 바른 님금	正統	2우(8)	2(3)
8	렴락관민	경셔를 쥬낸 송나라 군ᄌᆞ들 난 싸 일홈	濂洛關閩	3우(7)	2(9)-3(1)
9	붉이 섬기는 대의는	쥬를 공경ᄒᆞᄂᆞᆫ 말	昭事大旨	3우(9)	3(1)
10	대져 복션화음지 리는	경셔에 션ᄒᆞᆫ 쟈는 복주고 음난ᄒᆞᆫ 쟈는 화준다 말	要於福善禍淫	3좌(2)	3(2)
11	호랑과 교악의	교악은 바다에 큰 고기와 독룡이니 사룸을 상해오는 거시라	虎狼蛟鱷	3좌(8)	3(4)
12	엇지 우완ᄒᆞ고 지각업슴이 심흔 자 아니냐	악을 피홈을 교악갓치 흘거슬 아니 피혼다는 뜻	是不亦冥頑 弗靈甚哉	3좌(10)	3(5)
13	져ᄌᆞ빅가로	유도 모든 글이라	諸子百家	4좌(9)	4(3)
14	황〃	만황의 황이라 말	皇皇	5우(3)	4(5)

풍응경馮應京「서」의 本文과 註釋 對照 整理表

連番	諺解筆寫本 本文	註釋	註釋目錄本 本文	所載 諺解筆寫本	所載 註釋目錄本
1	건원이	건은 하늘 성정이오 원은 주지라 뜻	乾元	1우(9)	1(5)
2	뎨	상뎨라 ᄒᆞᄂᆞᆫ 데쓰라	帝	1좌(1)	1(5)
3	진방에쏘	님금의 위를 ᄀᆞᄅᆞ침이라	震	1좌(1)	1(5)
4	불노의	불도 노도	二氏	1좌(5)	1(7)
5	대본	큰 근본	大本	1좌(8)	1(8)
6	대원을	(큰 근)원	大原	1좌(8)	1(8)
7	정통	통합일국ᄒᆞᆫ 바른 님금	正統	2우(8)	2(3)
8	렴락관민	경셔를 쥬낸 송나라 군ᄌᆞ들 난 싸 일홈	濂洛關閩	3우(7)	2(9)-3(1)
9	붉이 섬기는 대 의는	쥬를 공경ᄒᆞᄂᆞᆫ 말	昭事大旨	3우(9)	3(1)

10	대져 복선화음지리는	경서에 션훈 쟈는 복주고 음난훈 쟈는 화준다 말	要於福善禍淫	3좌(2)	3(2)
11	호랑과 교악의	교악은 바다에 큰 고기와 독룡이니 사름을 샹해오는 거시라	虎狼蛟鰐	3좌(8)	3(4)
12	엇지 우완ᄒ고 지각업슴이 심훈 쟈 아니냐	악을 피흠을 교악갓치 훌거슬 아니 피훈다는 뜻	是不亦冥頑弗靈甚哉	3좌(10)	3(5)
13	져즉빅가로	유도 모든 글이라	諸子百家	4좌(9)	4(3)
14	황〃	만황의 황이라 말	皇皇	5우(3)	4(5)

리즈마두利瑪竇「인」의 本文과 註釋 對照 整理表

1	나라는 훈 님금에 통솔	일통하엿다 말	國統於一	10좌(2)	9(5)
2	쥬공 즁니의	공즈의 즈호	周公仲尼	11좌(1)	10(4)
3	대리텬학	성교	大理天學	11좌(2)	10(4)
4	즁스	즁국선비	中士	12우(7)	11(1)

샹권〈슈편은 텬쥬의 비로스 텬디만물을 지으시고〉의 本文과 註釋 對照 整理表

1	즁스 l	즁국 션빗니 후에 다 이딕로 보라	中士	21우(5)	1(4)
2	셔사	셔국 션빗니 리마두씌셔 ᄒ는 말	西士	21좌(10)	1(8)
3	모든 션현	젼딕 어진 사름	諸先正	22우(7)	1(10)
4	령직에서	령혼의 직능이니 아직 처음 문답에 령혼 수정을 붉히지 못훈 고로 령혼이라 아니ᄒ고 령직라 ᄒ니라	靈才	22좌(10)-23우(1)	2(5)
5	리의 톄와 용이 심히 넓으니	믓가지 수리라 톄용이 잇스니 톄는 근본이요 용은 끗치라	理之體用廣甚	24우(1)	3(5-6)
6	량능	사름의 원릭 잇는 능이라	良能	25우(4)	3(10)
7	하늘을 쓰심이니	웃듬으로 쓴다 뜻	用天	32좌(3)	9(1)
8	물의 소이연	물이 되게 훈 연유라	所以然	32좌(7)	9(3)
9	작쟈	짓는 쟈	作者	32좌(9)	9(3)
10	모쟈	모양	模者	32좌(9)	9(3)

11	질쟈	몸	質者	32좌 (10)	9(3)
12	위쟈	위쟈라	爲者	32좌 (10)	9(3)
13	음양이이오	물의 동정 방원 개소 강유가 잇스니 다 음양이 붓ᄂᆞ니라	陰陽是也	33좌 (3-4)	9(9)
14	물의 본분이 되지 아니홀지니	쟉쟈 위쟈는 물톄에 밋지 아니ᄒᆞ고 쥬의 조화에 속ᄒᆞ니 쥬ㅣ 물의 소이연됨이 그 연고라	不能爲物之本分	33좌 (5-7)	9(9-10)
15	모쟈와 질쟈ㅣ라 닐오지 아니홀지라	쟉쟈 위쟈는 쥬의 조화에 속ᄒᆞ고 모쟈 질쟈는 물의 모양과 본몸인 즉 물의 본분이 됨이오 쥬ᄂᆞᆫ 그 본분이 아니이라 말	不云模者質者	33좌 (8-10)	9(10)
16	엇지 물의 본분이 되리오	쥬ᄂᆞᆫ 물을 지으신 소이연이오 물의 밋인 본분은 아니라	胡能爲物之分也	33좌 (10)-34우(1)	10(1)
17	그나마 소이연은	각물의 버금 소이연이니만치 나무의 썰희는 나무의 소이연이오 썰희의 소이연은 쥬씨 속ᄒᆞ지라	而其餘之所以然	34우 (6-7)	10(2-3)
18	마치 풍악을 지으매 대셩을	모든 격은 풍악을 모화 큰 풍악의 신종을 온젼이 일운다 뜻	如作樂大成	35좌 (8-9)	11(3)
19	태ᄉᆞ의	악관	太師	35좌 (10)	11(3-4)
20	뭇소셩을	각〃 알외는 젹은 풍악	衆小成	35좌 (10)	11(4)
21	육합이	텬디 ᄉᆞ방	六合	38우 (10) 좌(1)	12(10)
22	嶼梧斯諾	×	嶼梧斯俤諾	37우 (7)	12(2)
23	교유	ᄀᆞᄅ치고 닐온다 뜻	敎諭	39좌 (4)	13(9)

〈데이편은 셰상사롬의 텬쥬를 그릇알믈 풀미라〉의 本文과 註釋 對照 整理表

1	유쟈ᄂᆞᆫ	션븨도	儒	41좌 (2)	15(1)
2	물의 웃듬픔	물된 품수	物之宗品	47우 (2-3)	18(8)
3	ᄌᆞ립쟈	제 스스로 서ᄂᆞᆫ 쟈	自立者	47우 (5-6)	18(10)
4	의뢰훈 쟈	놈을 의지훈 쟈	依賴者	47우 (6)	18(10)

5	스물에	일과 물건	事物	48우 (8)	19(8)
6	두가지	인심의리와 스물의리라	二者	48좌 (3)	19(10)
7	반고씨	태고적 텬황씨절 이 나라 허황ᄒ야 밋지 못할 인군	盤古	48좌 (9)	20(3)
8	쥬지	태극그림ᄒᆞᆯ 쥬렴계라	周子	49우 (7)	20(5)
9	아돌이 업스면 아비ㅣ 업스랴	리 업슨들 물이 업스랴	無子則無父	49우 (8-10)	20(6)
10	뎌ㅣ 임의 뜻이 업는 물건이니	리는 원하고 원치 아니ᄒᆞᆫ 정이 업다 쯧	彼旣是無意 之物	50좌 (3-4)	21(4-5)
11	양	음양이란 양이라	陽	51좌 (9)	22(3)
12	일장	흔 길	一丈	52좌 (6)	22(8)
13	십	열 ᄌᆞ	十尺	52좌 (6)	22(8)
14	일	한 ᄌᆞ	一尺	52좌 (6-7)	22(8)
15	십촌	열 치	十寸	52좌 (7)	22(9)
16	마치 일장이 십 척을 포함ᄒᆞ고 일척이 십촌의 톄를 포함홈이오	척과 촌이 장에서 나거니와 리는 물의 포함ᄒᆞᆯ 바ㅣ니 물은 리를 내려니와 리는 물을 내지 못혼다 뜻	如一丈載十 尺 一尺載十 寸之體是也	52좌 (6-8)	22(8-9)
17	졀연이	끄너지게	截然	53우 (10)	23(3)
18	사름이 능히 도를 크게 ᄒᆞ고 도는 능히 사름을 크게 못혼다 ᄒᆞ니	사름은 물노 비ᄒᆞ고 도는 리로 비홈이라	人能弘道 非 道弘人也	53좌 (9-10)	23(6)
19	마치 빅공의 긔 계ᄌᆞᆺᄒᆞ니 이는 텬쥬의 세우신 바쟈라	수힝이 만물화싱ᄒᆞᄂᆞᆫ 긔계ᄌᆞᆺᄒᆞ니 태극이 불과 수힝의 달니ᄒᆞᆫ 일홈	然此爲天主 所立者	54우 (6-7)	23(8)
20	교샤	교는 하늘을 위ᄒᆞᄂᆞᆫ 제ᄉᆞ요 샤는 ᄯᆞ흘 위ᄒᆞᄂᆞᆫ 제ᄉᆞ라	郊社	54좌 (3)	24(1)
21	샹태오도가	노씨도	上帝	55우 (3)	24(4)
22	즁용	ᄌᆞᄉᆞ의 글	中庸	55우 (7-8)	24(6)

23	후토	싸	后土	55우(9)	24(7)
24	쥬숑	시뎐	周頌	55좌(3)	24(7)
25	셩강이어	셩왕 강왕이라	成康	55좌(4)	24(8)
26	셩ᄒᆞ다리모어	밀	於皇來牟 將受厥明	55좌(5-6)	24(8)
27	샹송	시뎐	商頌	55좌(6)	24(8)
28	대아	시뎐	雅	55좌(9)	24(9)
29	소심익〃	조심ᄒᆞᄂᆞᆫ 모양	小心翼翼	55좌(9)	24(9)
30	소ᄉᆞ샹뎨	븕이 셤긴다 ᄯᅳᆺ	昭事上帝	55좌(10)	24(9)
31	뎨ㅣ 진에 낫다 ᄒᆞ니	진방은 님금의 위ᄅᆞᆯ ᄀᆞᄅᆞ침이라	帝出乎震	55좌(10)-56우(1)	24(9-10)
32	텬ᄌᆞㅣ 친히 갈아	례에 텬ᄌᆞ 친히 갈아 농ᄉᆞ의 흄 봄이라	天子親耕	56우(5)	25(1)
33	ᄌᆞ성	기장쏠	粢盛	56우(5)	25(1)
34	거창	슐	秬鬯	56우(5-6)	25(1)
35	샹대ᄅᆞᆯ 셤긴다 ᄒᆞ고	텬ᄌᆞ 친경ᄒᆞᆫ 소츌노 졔헌ᄒᆞᄂᆞᆫ 례라	以事上帝	56우(6)	25(1)
36	탕셔	셔뎐	湯誓	56우(7)	25(1)
37	하씨	악왕 하걸	夏氏	56우(7)	25(1)
38	나ㅣ	탕 님금	予	56우(7)	25(1)
39	금등	쥬공의 글	金騰	56좌(1)	25(2)
40	일홈을 달리ᄒᆞ지라	ᄯᅳᆺ은 ᄀᆞᆺ다 말	特異以名也	56좌(5)	25(4)
41	졍ᄌᆞ	송나라 명현	程子	57우(2)	25(6)
42	머리와 비ㅣ도 업고 손과 볼도 업ᄉᆞ니	하늘이 형상만 잇고 이목수족이 업ᄉᆞ니 불과 ᄒᆞᆫ 덩이 물건이라	無頭無腹	57좌(5-6)	25(10)

〈뎨숨편은 사룸의 혼이 멸치 아니ᄒᆞ야 크게 금슈와 다룸을 의논홈이라〉의 本文과 註釋 對照 整理表

1	쏘 호소쟈 잇서 별노 문호를 셰워	이단잡슐ᄒᆞᄂᆞᆫ 집이 만타 말	又有好事者 另立門戶	64좌 (7-8)	30(5)
2	셕씨	불	釋氏	68우 (8)	32(8)
3	츠고 더음과 굿고 연홈을 씨닷지 못ᄒᆞᄂᆞ니	육졍의 지각은 물졍을 기드려 응ᄒᆞ니 편시물노 물을 사괴미라	冷熱硬懊合於身 我方覺之則 遠之則不覺也	70좌 (8-9)	34(7)
4	하믈며 ᄀᆞᆺᄒᆞᆫ 소리의 ᄒᆞᆫ 귀ㅣ로디 귀막은 쟈ᄂᆞᆫ 듯지 못ᄒᆞ고 ᄀᆞᆺᄒᆞᆫ 빗쵠 눈이로디 소경은 보지 못ᄒᆞ니	귀와 눈이 폐하야 죽은 모양인고로 듯고 보는 각혼은 임의 션허지니 각혼은 몸을 의뢰ᄒᆞ엿다가 몸이 죽으면 곳 멸ᄒᆞᆫ다 뜻	況聲同一耳也 聾者不聞 色同一目也 瞽者不見	70좌 (9)-71우-(3)	34(7-8)
5	즉 사름의 혼이 신이 됨을 엇지 의심ᄒᆞ리오	령혼은 무형ᄒᆞᆫ 톄라 대소방원의 한령이 업는 고로 못 밧는 물이 업다 뜻	則人魂之神 何以疑乎	75우 (9)-좌(1)	37(8)
6	그 소ㅣ 되는 줄을 알믄 스스로 빗과 소리와 맛 ᄀᆞᆺᄒᆞᆫ 형상에 버셔난 신이 잇서 알미오	유형ᄒᆞᆫ 눈과 귀와 입은 유형ᄒᆞᆫ 빗과 소리와 맛을 밧고 무형ᄒᆞᆫ 신은 소의 무형ᄒᆞᆫ 소의 셩톄지리를 밧ᄂᆞᆫ다 뜻	則知夫牛者 有可以脫其聲色味等形者之情 而神焉耆	75좌 (9)-76우-(2)	37(10-38(1)
7	방촌	모양	方寸	76우 (3-4)	38(2)
8	만일 그 셩픔의 틔도를 붉히지 못ᄒᆞ고야 엇지 잇다 업다 홀 줄을 알니오	귀신의 유무는 비록 아지 못ᄒᆞ나 셩픔의 유무는 몬져 붉힌고로 업다 잇다 홈이라	安知其有無哉	77우 (8)-좌(1)	39(1)
9	가히 눈의 희고 검지 아님을 분변홀지니	눈은 고샤ᄒᆞ고 몬져 흑빅부터 ᄀᆞ릴 줄을 알아야 눈이 희다 검다 홀지라	可以辨雪之 爲白而非黑	77좌 (3-4)	39(2)

〈뎨ᄉ편은 귀신과 사룸의 혼을 달니 의논홈을 분변ᄒᆞ고 텬하만물이 일톄되지 못홈을 풀미라〉의 本文과 註釋 對照 整理表

1	반경	은나라 님금이니 셔뎐 필명이 되나니라	盤庚	89좌 (2-3)	46(1)
2	고후	반경의 조샹 셩탕	高后	89좌 (3-4)	46(2)

3	쏘 글오딕	빅셩이 쏘 고ᄒᆞᄂᆞᆫ 말	又曰	89좌 (5-6)	46(2)
4	퍼옥	빅셩의 뇌물	貝玉	89좌 (6)	46(3)
5	부	아비	父	89좌 (7)	46(3)
6	조	조부	祖	89좌 (7)	46(3)
7	쏘 고후 로 말 미암아 크게 샹 셔치 아님을 ᄂᆞ 리신다 ᄒᆞ고	이ᄂᆞᆫ 반경이 셩탕의게 졔사ᄒᆞᄂᆞᆫ 말	迪高后 丕乃 崇降弗鮮	89좌 (9-10)	46(3)
8	셔빅이	쥬 문왕	西伯	89좌 (10)	46(3-4)
9	너후	샹쥬의 져후라	黎	89좌 (10)	46(4)
10	조이	샹쥬의 신하라	祖伊	90우 (1)	46(4)
11	음희	무도ᄒᆞ다 ᄯᅳᆺ	淫戲	90우 (4)	46(5)
12	금등	쥬공의 지은 글	金騰	90좌 (2)	46(7)
13	족히 귀신을 셤기 겟다ᄒᆞ고	쥬공이 ᄌᆞ칭흠이 아니라 셩왕을 딕 신ᄒᆞ야 귀신의게 드림을 쳥흠이라	能事鬼神	90좌 (3-4)	46(8)
14	소고	쥬나라 소공의 글	召誥	90좌 (5)	46(8-9)
15	그 후왕후민의 어 질지 못흠이 못 다ᄒᆞ고	은나라 후왕과 후빅셩이 부도ᄒᆞ고로 하늘에 잇ᄂᆞᆫ 션왕이 돕지 아니ᄒᆞᆫ ᄯᅳᆺ이라	越厥後王後 民	90좌 (7-8)	46(9)
16	텬디간에 귀신이 다름이 업다ᄒᆞ며	등분이 업다 말	天地間無鬼 神之殊	91우 (7-8)	47(3-4)
17	그 셩인의 ᄯᅳᆺ에 거스림을 ᄭᅴ듯지 못흠이로다	리로셔 벽파치 못ᄒᆞᆫ ᄯᅳᆺ	不覺忤古聖 之旨	91좌 (3-4)	47(6)
18	소위 이긔의 량능 과	음양 두 긔운의 본능이라	所謂二氣良 能	91좌 (6-7)	47(7)
19	조화지젹과	만물화ᄉᆡᆼᄒᆞᄂᆞᆫ 자최	造化之迹	91좌 (7)	47(7)
20	긔운의 굴ᄒᆞ고 펴임은	이ᄂᆞᆫ 즁용귀신 의논ᄒᆞᆫ 글쟝에 그릇 플미라	氣之屈伸	91좌 (8)	47(7)
21	ᄉᆞᄌᆞ	즘승	獅子	92우 (3)	47(9)

22	츈추뎐에	공ᄌᆞ 지은 글	春秋傳	94우(3-4)	49(4)
23	정ᄇᆡᆨ이	정나라 님금	鄭伯	94우(4)	59(4)
24	녀귀	사나은 귀신	厲	94우(4)	59(4)
25	뎐쥬ㅣ 사름으로 ᄒᆞ여곰 죽은 후에 혼이 잇심을 알게코져ᄒᆞ야 분명이 뵈이기를 이ᄀᆞ치 ᄒᆞᄂᆞ니	혹 마귀ㅣ 사름을 속이려 ᄒᆞ야 죽은 사름의 형상을 비러 보ᄂᆞ 일도 잇ᄂᆞ니라	天主欲人盡知死後魂存而分明曉示若此	96우(6)	50(9)
26	ᄒᆞᆫ 물건도 귀신 아님이 업는지라	이는 즁용풀님과 ᄀᆞᆺᄒᆞᆫ 말	無一物非貴神也	96좌(10-11)	51(2)
27	무ᄉᆞᆷ 병으로 허여지게 ᄒᆞᄂᆞ뇨	귀운은 흥샹 뎐디간에 츙만ᄒᆞᆫ 거시라	何病疾使之散	97좌(2-3)	51(6)
28	즁용에 귀신이 물과 일톄되어 낏침이 업다ᄒᆞᆷ은	즁용에 공ᄌᆞ의 말을 ᄭᅳ러ᄒᆞᆷ이니 귀신의 자최ㅣ 만물에 나타나 흔ᄐᆡㅣ ᄀᆞᆺ다 ᄯᅳᆺ	中庸謂體物而不可遺	97좌(7-8)	51(7-8)
29	션혼은 사름에 잇서 그 안희 본분이 되야	사름 되ᄂᆞᆫ 근본	魂神在人爲其內本分	98우(2-3)	51(9)
30	귀신이 비록 물에 잇시나 물건을 령품에 오라지 못ᄒᆞᆯ지라	귀신과 물의 류 다름이 마치 ᄉᆞ공과 빅의 류 다름과 ᄀᆞᆺᄒᆞ야 ᄒᆞᆫ 톄 아니라	故物雖有鬼神 而弗登靈才之品也	98우(8-9)	52(1-2)
31	신치	신긔히 ᄃᆞ사리ᄂᆞᆫ 정ᄉᆞ	神治	98좌(3)	52(3)
32	그ᄃᆡ를	집	其臺	98좌(8)	52(5)
33	소	못	沼	98좌(9)	52(5)
34	령소라 ᄒᆞ니	ᄇᆡᆨ셩이 인군을 ᄉᆞ랑ᄒᆞ야 아름다온 일홈으로 더으ᄂᆞ니라	曰靈沼	98좌(9)	52(5)
35	걸쥬	악ᄒᆞᆫ 님금	桀紂	98좌(10)	52(5)
36	맛당이 근ᄉᆞᄒᆞᆫ 것으로써 츰 됨을 삼지 못ᄒᆞᆯ 거시오 밧그로 말믜암아 오ᄂᆞᆫ 쟈로 써 안 본분을 삼지 못ᄒᆞᆯ지라	물건의 혹 령ᄒᆞᆷ이 잇ᄂᆞᆫ 듯 ᄒᆞᆷ은 제 본분이 아니라 밧긔 인도ᄒᆞᄂᆞᆫ 쟈 잇다 ᄯᅳᆺ	但不宜以似爲眞 以由外來者爲內本	101우(2-3)	54(1)

37	구리병에 물이 본디 령ᄒᆞ다 홈이 가ᄒᆞ랴	밧긔 인도잇ᄂᆞᆫ 연고	銅水本靈可乎	101우(6-7)	54(2)
38	부득불 그리되되 그리되ᄂᆞᆫ 줄을 아지 못ᄒᆞᄂᆞ니	물이 귀신의 능을 인ᄒᆞ야 그리되나 그 되ᄂᆞᆫ 줄은 물이 아지 못ᄒᆞ다 뜻	不得不然 而莫知其然	101좌(5-7)	54(5)
39	절어	고기 일홈	鱁魚	102우(6)	54(8)
40	니어	고기 일홈	鯉魚	102우(7)	54(9)
41	개와 소의 성품이 사람의 성품과 ᄀᆞᆺᄒᆞ랴	즘슈의 말이 만류가 ᄒᆞᆫ 긔운으로 되고 다만 모상이 다ᄅᆞ다 ᄒᆞᄂᆞᆫ 고로 되답이 ᄀᆞᆺᄒᆞ니	犬牛之性猶人之性歟	102좌(5-7)	55(2)
42	이ᄂᆞᆫ 고ᄌᆞ 후에 ᄯᅩ 고ᄌᆞ로다	고ᄌᆞ의 말이 식식이 셩품이라 ᄒᆞᆫ즉 밍쟈의 되답이 식식이 사람과 즘승이 ᄀᆞᆺᄒᆞ니 인물의 셩품이 ᄀᆞᆺᄒᆞ랴	是告子之後又一告子也	102좌(7-8)	55(2)
43	둘을 오직 모상으로만 말ᄒᆞᆫ즉 다ᄅᆞ다 홈이 맛당ᄒᆞ려니와	모상은 다르나 본류ᄂᆞᆫ 흠이라	二者惟以貌像謂之異 宜也	102(9)-103우(1)	55(2-3)
44	산범과 산사람을 다만 모상으로써 다ᄅᆞ다 ᄒᆞ면 결단코 맛당치 아니ᄒᆞ지라	가령 사람이 범의 ᄀᆞ족을 넙엇시면 모상이 범과 ᄀᆞᆺᄒᆞ지니 범이라 ᄒᆞ고 사람의 류 아니랴	活虎與活人謂止以其貌異焉	103우(2-3)	55(3)
45	서로 ᄀᆞᆺᄒᆞᆫ 모상이 대개 만흐니 가히 류를 구별ᄒᆞ지 못홀지라	모상은 ᄀᆞᆺᄒᆞᆫ 듯ᄒᆞ되 실은 다르고 모상은 싸ᄅᆞᆫ 듯ᄒᆞ되 실노 ᄀᆞᆺᄒᆞᆫ 류 잇ᄂᆞ니라	以貌像別物者 大槪相同 不可謂異類	103우(3-5)	55(3-4)
46	귀신과 령혼을 긔운이라 홈이 과연 괴치 아니ᄒᆞ냐	만물이 긔운 속에 산즉 긔운으로 싱명근본을 삼음이 괴치 안타 뜻	同之于鬼神 及靈魂 亦不足恠	103좌(4-6)	55(7)
47	공ᄌᆞㅣ 소위 멀니ᄒᆞ라 ᄒᆞ며 죄를 하ᄂᆞᆯ에 엇"시면 빌 곳이 업다 홈이 "연고라	귀신은 화복의 권이 업ᄂᆞᆫ고로 멀니 ᄒᆞ며 빌지 못ᄒᆞᆫ다 뜻	夫遠之意 與獲罪乎天無所禱同	104우(7-8)	56(4)
48	방촌	ᄆᆞ음	方寸	108(2)	58(4)
49	다시 만물을 안치려홈이 ᄯᅩ흔 그르지 아니ᄒᆞ랴	젼셩인의 울건을 의작ᄒᆞ야 쓰게 홈은 불과 텬쥬의 인젹을 의지홈이라 엇지 물을 내엿시리오	復以印諸物 不亦謬也	110우(3-4)	59(7)
50	나ㅣ 간단 업시	무시무종과 ᄀᆞᆺ다 뜻	我無間焉	110(10)	60(2)

51	츠〃ᄉ대	ᄉ원ᄒᆡᆼ	第緣四大	111우(1)	60(2)
52	안본분	물의 부득불 잇ᄂᆞᆫ 서ㅣ라	內分	112좌(8)	61(4)
53	텬쥬ㅣ 물의 안본분이	본분은 물의 근본ᄀᆞᆺ촌 리니 금슈의 지각과 초목의 싱쟝이라	天主爲物之內本分	113좌(10)	61(10-62(1)
54	저 텬쥬ᄭᅴ로 도라가지 못ᄒᆞ고 오직 제 소쇽물류로 도라가ᄂᆞ니	만물이 다 본처소로 도라가니 가령 흙에서 난 물건은 흙으로 돌라가니 오직 령혼은 본 처소ㅣ 텬당이라	故散而不返歸于天主 惟歸其所結物類爾矣	116우(6-8)	63(5-6)
55	능히 물의 소이연을 살피지 못ᄒᆞᆯ 연고라	소이연은 물의 엇더케 된 바 연유라	由其不能辨乎物之所以然也	117좌(1-2)	64(3)
56	소이연이 물안희 잇ᅥ 본분이 되ᄂᆞᆫ쟈ᄂᆞᆫ 음양 ᄀᆞᆺᄒᆞᆫ 것시오	물이 음양긔운으로 사ᄂᆞᆫ 고로 물의 본분이 된다 ᄯᅳᆺ	所以然者有在物之內分如陰陽是也	117좌(2-4)	64(3-4)
57	대져 물에 잇ᄂᆞᆫ 분수를 의논ᄒᆞᆯ진대 한갓 ᄲᅮᆫ아니라	즁ᄉᆞ의 말이 텬쥬ㅣ 물에 잇ᅥ 테된 다ᄒᆞ고로 그 물에 잇ᄂᆞᆫ ᄉᆞ졍이 각〃 다름을 아리 의논홈이라	第其在物且非一端	117좌(7-8)	64(5)
58	혹 소이연이 임의 그런딘 잇심은	뎌 물건의 소이연이 이 물건의 임의 그런딘 통ᄒᆞ다 ᄯᅳᆺ	或在物如所以然之在已然	118우(4-6)	64(7)
59	마치 날빗치 그 본소에 잇ᅥ 슈졍에 빗침과 불긔운이 그 본소에 잇ᅥ 쇠를 슬홈이라	날이 슈졍에 빗최되 본소를 ᄯᅥ나지 아니ᄒᆞ고 불도 ᄯᅩᄒᆞᆫ 그러ᄒᆞ니 물에 잇기는 ᄀᆞᆺ한 듯ᄒᆞ나 다 본분되는 쟈와 의뢰되는 쟈의 물에 잇심으로 더브러 특히 다르니라	若日光之在其所照水晶焉 火在其所燒紅鐵焉	118우(6-9)	64(7-8)
60	그러나 각 물의 각 톄와 각 셩이 셜로 셧기지 아니 ᄒᆞᄂᆞ니	날이 슈졍에 빗첨과 불이 쇠에 ᄉᆞᄆᆞᆺ츰이 섯긴 듯ᄒᆞ나 날과 불의 본톄와 본셩이 본쳐에 잇서 뎌 임의 그런딘 통ᄒᆞᆯ ᄲᅮᆫ	然而各物各體 本性弗雜	118좌(2-4)	64(9)
61	마치 별의 일홈 류슈와 나무 일홈 류슈 ᄀᆞᆺᄒᆞᆫ 거시오	柳宿・柳樹	如柳宿與柳樹是也	119좌(2-3)	65(5)
62	마치 방훈과 뎨요ㅣ	둘 다 요 님금 일홈	如放勳帝堯二各	120우(10)	65(10-66(1)
63	만일 텬하만물을 다 ᄀᆞᆺ다 ᄒᆞ면 이 우희 세가지 등분은 어딘겨홀고	실은 다ᄅᆞ되 ᄀᆞᆺᄒᆞᆷ과 대략 ᄀᆞᆺᄒᆞᆷ과 참 ᄀᆞᆺᄒᆞᆫ 세 등분이라	夫謂天下萬物皆同 于此三等何居	120좌(3-4)	66(1)

64	인을 ᄒᆞᄂᆞᆫ쟈ᄂᆞᆫ	션을 닥ᄂᆞᆫ쟈	爲仁者	121좌(1)	66(7)
65	ᄌᆞ긔를 밀외여 ᄂᆞᆷ의게 밋고	ᄌᆞ긔의 원치 아니ᄒᆞᆷ은 ᄂᆞᆷ의게 원치 아니ᄒᆞᆫ다 ᄯᅳᆺ	推己及人也	121좌(1-2)	66(7)
66	인ᄒᆞᆫ쟈	임의 션ᄒᆞᆫ쟈	仁者	121좌(2-3)	66(7)
67	ᄌᆞ긔로써 ᄂᆞᆷ의게 밋츠며	션ᄒᆞᆫ 표양이 ᄂᆞᆷ을 화ᄒᆞᆫ다 ᄯᅳᆺ	以己及人也	121좌(3-4)	66(7-8)
68	글에 ᄂᆞᆷ과 ᄌᆞ긔를 말홈은 ᄒᆞᆫ 밧긔 형상만 말ᄒᆞᆫ거시아니라 안회 셩졍을 겸ᄒᆞ야 닐음이니라	사ᄅᆞᆷ이 형상이 ᄀᆞᆺ홈으로 인의를 ᄒᆡᆼᄒᆞᆷ이 아니라 안셩졍의 친소원근 후박을 ᄂᆞ화 맛당ᄒᆞᆫ디로 홈이라	書言人己 非徒言形 乃兼言形性耳	122우(2-5)	66(10)
69	즁용에 군신이 테라 ᄒᆞ야 구경 안희 버렷ᄂᆞᆫ고	구경은 아홉 가지 겹법	中庸列體群臣於九經之內乎	123우(7-8)	67(7-8)
70	와	기와	瓦	123(3)	67(9)
71	군ᄌᆞᄂᆞᆫ 물을 ᄉᆞ랑ᄒᆞ되 인으로 아니ᄒᆞᆫ다ᄒᆞ니	인은 션이니 금수초목 ᄀᆞᆺ흔 류를 가히 죽인 즉 죽일 가히 버힌 죽비힐지니 사ᄅᆞᆷ의와 ᄀᆞᆺ치 인도를 쓰지 아니ᄒᆞᆫ다 ᄯᅳᆺ	君子於物也愛之弗仁	123좌(4-6)	67(9)
72	션유ㅣ	견션비	先儒	123좌(8)	67(10)
73	분변ᄒᆞ야 그르다 ᄒᆞ엿거ᄂᆞᆯ	묵젹의 도ᄂᆞᆫ 내 부모나 ᄂᆞᆷ의 부모나 등분 업시 ᄀᆞᆺ치 ᄉᆞ랑ᄒᆞᆫ다 ᄒᆞ니라	辯之爲非	123좌(8-9)	67(10)
74	만일 풍악이 다만 ᄒᆞᆫ 가지 궁셩만	오음 즁 ᄒᆞᆫ 소리	如樂音皆宮	124좌(2-3)	68(4)
75	삼월이 되도록 밥 먹는 자미를 아지 못ᄒᆞᆯ지라	공ᄌᆞㅣ소"라 ᄒᆞ는 풍악을 듯고 삼월을 밥맛슬 모른다 ᄒᆞ니라	聞之三月 食不知味矣	124좌(4-6)	68(5)
76	밧긔 물건도 이 ᄀᆞᆺ ᄒᆞ니 안희 졍리ㅣ 엇지 그럿치 아니ᄒᆞ리오	사ᄅᆞᆷ의 ᄆᆞ음이 물에 베플미 각" 달나 일테 아니라 ᄯᅳᆺ	外物如此 內何不然乎	124좌(6-7)	68(5)
77	류ᄂᆞᆫ ᄀᆞᆺᄒᆞ니	돌의 류	類同	125우(1)	68(7)
78	류ㅣ ᄀᆞᆺ흔 쟈ᄂᆞᆫ 반드시 톄ㅣ ᄀᆞᆺ지 안타ᄒᆞ고	돌사ᄅᆞᆷ과 돌ᄉᆞᄌᆞᄂᆞᆫ ᄀᆞᆺ흔 돌의 류로ᄃᆡ 톄ᄂᆞᆫ 사ᄅᆞᆷ과 즘승이 다르다	同類者不必同體	125우(6-7)	68(7-8)
79	도	악인	跖	125좌(3)	68(10)
80	빅이	츙신	伯夷	125좌(4)	69(1)

81	무왕	어진 님금	武王	125좌(5)	69(1)
82	은쥬	악흔 님금	紂	125좌(5)	69(1)
83	불시의 륜회뉵도	환도인셩흔다 쯧	佛氏輪回六道	126좌(3)	69(6)
84	구릉	뫼	丘陵	126좌(6)	69(7)
85	구릉을 임의 평 흔 엿시니 가얌의 둑이야 무어시 어 려우리오	임의 어려운 도리를 벽파호엿시니 그나마는 어렵지 안타 말	丘陵旣平 蟻垤何有	126좌(6-8)	69(7)

〈뎨오편은 륜회뉵도와 살싱금계의 그른 말을 벽파호고 지소의 바른 쯧을 플미라〉의 本文과 註釋 對照 整理表

1	뉵도로	환싱호는 여숫 길	六道	136좌(7-8)	72(5)
2	졍토	마치 극락세계와 곳흔 말	淨土	137우(10)-138좌(1)	72(9-10)
3	이는 혼이 두 가 지 픔샏될지니	초목긔 혼과 사롬과 즘승의 혼 두 픔 이라	是魂特有二品	140좌(1)	75(3)
4	훈치	마눌 곳흔 맛시라	葷	147좌(4)	80(6)
5	이 두 맛시	덕의 맛과 음식맛	此二味者	157우(7)	87(6)
6	다 량종	산양 잘 ㅎ는 개	皆良種也	157우(10)-157좌(1)	87(7)
7	검략	검소ㅎ고 간략흔 쯧	儉約	158우(6)	88(2)
8	시지	쌔롤 뎡흔 지	時齋	158좌(4-5)	88(6)
9	훈미	마눌과 파 곳흔 약념	葷	158좌(5-6)	88(6)
10	미지	맛슬 감ㅎ는 지	味齋	158좌(7)	88(6)
11	손지	밥을 감ㅎ는 ·지	飧齋	158좌(8-9)	88(7)

| 12 | 비컨대 박을 굼초고 옥은 브림이니 | 돌 속에 잇는 옥이니 마치 돌을 취ᄒᆞ고 옥은 ᄇᆞ린다 ᄯᅳᆺ | 譬如藏璞而弛其玉 | 160-우(1-2) | 89(5) |

〈뎨뉵편은 ᄯᅳᆺ이 가히 업지 못ᄒᆞᆷ을 플고 아오로 ᄉᆞ후에 텬당디옥의 샹벌이 잇서 사ᄅᆞᆷ의 션악갑흠을 의논ᄒᆞᆷ이라〉의 本文과 註釋 對照 整理表

1	노쟝	노ᄌᆞ 쟝ᄌᆞ란 사람이니 이단지도라	老莊	163-우(8-9)	91(6)
2	ᄯᅩᄒᆞᆫ 시비분별ᄒᆞᆷ을 분변ᄒᆞᆷ이 아니냐 텬하 물리와 일홈을 분변ᄒᆞ야 글을 지엇시니	노쟝의 글이 대개 텬하물리와 일홈을 의논ᄒᆞᆷ이라	又何辯辯是非者乎 辯天下名理 獨非辯乎	163좌(5-7)	91(8)
3	텬년	타고난 목슘	天年	164좌(2)	92(4)
4	이뎨	요	二帝	164좌(4)	92(4)
5	삼왕	하은쥬	三王	164좌(4-5)	92(4)
6	이씨의	노ᄌᆞ 쟝ᄌᆞ	二氏	165-우(3)	92(7)
7	셔ᄌᆞㅣ	서시	西子	167좌(9)	94(5)
8	뎐에	서젼 텬명	舜典	169-우(8)	95(5)
9	삼묘	서후 인금	三苗	169좌(1)	95(6)
10	고요모	서뎐 편명	皐陶謨	169좌(2)	95(6)
11	익직모	서뎐	益稷謨	169좌(5)	95(7)
12	뎨ㅣ	요님금	帝	169좌(5)	95(7)
13	고요ㅣ	요님금 신하	皐陶	169좌(7)	95(7)
14	반경	서뎐	盤庚	169좌(8)	95(7-8)
15	태서	서뎐	泰誓	170-우(6)	95(10)
16	강고	서뎐	康誥	170-우(10)-좌(1)	96(1)

17	다스야	만흔 션비		多士	170좌 (2)	96(1-2)
18	다방	스방좌우		多方	170좌 (5)	96(3)
19	만일 리ㅣ 가히 ᄒᆞ지 못홀거시면 엇지 벗과 친의게 돌녀보내고 져ᄒᆞ랴	인의를 리로히 넉임은 군ᄌᆞ의 큰 욕심이오 그나마 ᄌᆡ물과 몸을 리로히 넉임은 쇼인의 젹은 욕심이라	如利不可經心 則何以欲歸之友親乎	171좌 (10)- 172우 (2)	97(1-2)
20	이후에야 각〃그 맛당흔 바 귀ᄒᆞ고 쳔흠을 취홀지라	영〃흔 귀ᄒᆞ고 쳔흔 샹벌을 밧는다 ᄯᅳᆺ	而後乃各取其所宜之貴賤也	177우 (10)-좌 (1)	100(5)
21	홍샹옷싀 머물너 잇살 바쟈는 실이라	리로 션을 인도홈이 마치 바날노 실을 인도홈과 ᄀᆞᆺ다 ᄯᅳᆺ	所庸留於衣裳者 絲線耳已	179우 (1-3)	101 (4-5)
22	拂祭斯穀	×	拂郞祭斯穀	179좌 (6)	101(9)
23	如泥伯睦	×	如泥伯睦	179좌 (9-10)	101 (10)
24	如泥伯睦	×	如泥伯睦	180우 (4-5)	102(2)
25	셩인	×	拂郞祭斯穀	180우 (8)	102(3)
26	如泥伯睦	×	如泥伯睦	180우 (10)	102(4)
27	如泥伯睦	×	如泥伯睦	180좌 (1)	102(4)
28	如泥伯睦	×	如泥伯睦	180좌 (8)	102(6)
29	각〃그 갑ᄂᆞᆫᄃᆡ로 맛겨둔이만 ᄀᆞᆺ지 못ᄒᆞ리로다	션악의 갑홈이 임의 ᄌᆞ손의게 밋춘 즉 당쟈의 션악을 ᄃᆞ스리ㄹ 졍ᄉᆞ쓸 ᄃᆡ 업다 ᄯᅳᆺ	不如各任其報耶	184좌 (1-2)	105(2)
30	육안	고기눈	肉眼	184좌 (7)	105(4)
31	텬디인 삼황과	텬황 디황 인황이라	天地人三皇	185좌 (3)	105 (10)
32	초나라 명령과	장슈한 ᄌᆞ	楚之冥靈	185좌 (4)	105 (10)
33	대츈	오ᄅᆡ사른 츈나무	大椿	185좌 (4)	105 (10)
34	경뎐	젼ᄒᆞᆫ 글	經傳	188좌 (5)	107 (10)

35	우공에	서젼에 각국 디방 긔록훈 글	禹	191-우(3)	109(5)
36	소심익 〃	소심ᄒᆞᄂᆞᆫ 모양	小心翼翼	193우(10)-좌(1)	111(2)

〈뎨칠편은 인셩이 본ᄃᆡ 젼ᄒᆞᆷ을 의논ᄒᆞ고 텬쥬셩모션비의 바ᄅᆞᆫ 학을 긔록ᄒᆞᆷ이라〉의 本文과 註釋 對照 整理表

1	ᄌᆞ립	ᄂᆞᆷ을 의지ᄒᆞ지 아니ᄒᆞ고 본톄ㅣ ᄉᆞ 스로 션다 ᄯᅳᆺ	自立	200(9)	115(10)
2	의뢰	본톄 스스로 서지 못ᄒᆞ고 ᄂᆞᆷ을 의지 ᄒᆞ야 잇다 ᄯᅳᆺ	依賴	200좌(10)-201우(1)	115(10)
3	가히 ᄉᆞ랑ᄒᆞ고 가히 뮈워홈은 악이니	인셩이 본ᄃᆡ 션ᄒᆞ고 죤션은 ᄉᆞ랑ᄒᆞ 고 ᄒᆞ고져 ᄒᆞ며 악을 ᄉᆞ랑ᄒᆞ고 뮈워 ᄒᆞ나 외물의 ᄭᅳᆯ녀 발ᄒᆞᄂᆞᆫ 셩이 혹 션 ᄒᆞ고 혹 악ᄒᆞ다 ᄯᅳᆺ	可惡可疾謂 惡也	201우(3-4)	116(1)
4	본류	사ᄅᆞᆷ이 각 류의 읏듬과 근본이 되니 본류에 셰운 후에 다ᄅᆞᆫ 물의 셩톄를 분별홈이라	本類	201좌-7	116(5)
5	인의례지는 츄론 훈 후에 잇ᄂᆞᆫ 거 시오	녯글에 인의례지를 사ᄅᆞᆷ의 셩품이 라 ᄒᆞ고로 그릿치 아님을 붉힘이라	仁義禮智 在 推理之後也	201좌(8-10)	116(6)
6	리ᄂᆞᆫ 의뢰의 품 이니	리ᄂᆞᆫ 만가지 ᄉᆞ물의 의뢰훈 쟈니 ᄌᆞ 립ᄒᆞᄂᆞᆫ 인셩이 아니라 ᄯᅳᆺ	理也 乃依賴 之品	201좌(10)-202우(1)	116(6)
7	뉘러 리를 의심 ᄒᆞ야 션치 아니 하홀 쟈 잇ᄉᆞ랴	셩품은 각 류 다ᄅᆞ고 리만 ᄀᆞᆺᄉᆞ일리 니 리로 셩품이라 홈은 그른지라	誰有疑理爲 弗善者乎	202우(3-4)	116(7)
8	량능	원릭 본셩의 능이라	良能	203좌(3)	117(6)
9	가히 ᄉᆞ졍의 병 통을 알아 드ᄉᆞ 려 곳칠지니라	대개 셩품은 령혼의 발ᄒᆞᄂᆞᆫ 바오 ᄉᆞ 욕은 육졍의 발ᄒᆞᄂᆞᆫ 바니 고로 육신 에 병이 잇ᄉᆞ면 셩이 가변ᄒᆞ야 돌고 ᄡᅳᆷ이 밧과나 셩품은 본ᄃᆡ 션ᄒᆞ니 가 히 ᄆᆞ음의 병을 드ᄉᆞ린다 ᄯᅳᆺ	可以認本病 而復治療之	203좌(3-6)	117(6)
10	악은 실훈 물건 이 아니라	무형훈 거시라	惡非實物	204우(5)	117(9)
11	ᄉᆞ 〃	죄인 형벌ᄒᆞᄂᆞᆫ 법관	士師	204우(7)	117(10)
12	죄인을 죽이나 죽 음이 그 몸에 잇 ᄉᆞ랴	ᄉᆞ 〃 ㅣ 사ᄅᆞᆷ을 죽이나 죽음이 ᄉᆞ 의 몸에 잇셔 발홈이 아니〃 마치 악 을 홈이 본셩에 잇셔 홈이 아니라 ᄯᅳᆺ	能死罪人 詎 其有死在己 乎	204우(7-9)	117(10)

13	진실노 셰샹사롬이 평싱에 부득불 쟈연이 션흔 량이면 어느 곳을 좃차 가히 션을 일 다 닐ㅋ르랴	인셩이 비록 션흘지라도 〃모지 악흔 ㅅ졍이 업ㅅ량이면 공이 되지 못흘 쑨아니라 엇지 일우온 션이 되리오 고로 쓰의 션악이 잇다 쯧	苟世人者生而不能不爲善 從何處可稱成善乎	204우(9)-좌(2)	117(10)-118(1)
14	텬하에 션흘 쯧이 업시 션흔 쟈 업ᄂᆞ지라	인셩이 본딕 션흔 쯧이 잇셔야 션을 힝ᄒᆞ고 본딕 악은 업스딕 또흔 쯧이 잇셔야 악을 힝ᄒᆞ나 본딕 션흔 셩품의 죄는 아니라	天下無無意于爲善 而可以爲善也	204좌(2-4)	118(1)
15	싱이지〃와	빅호지 아니ᄒᆞ고 아ᄂᆞᆫ 쟈	生而知之	205좌(6)	118(9)
16	학이지〃ᄒᆞᄂᆞᆫ	빅와 아ᄂᆞᆫ 쟈	學而知之之	205좌(7)	118(9)
17	본셩의 션은 량션이 되고	셩품의 근본 션이오	性之善爲良善	206우(1)	119(1)
18	덕의 션은 습션이 되니	덕을 힘써 닉힌 션	德之善爲習善	206우(2)	119(1)
19	도한	빅쟝	屠	207좌(9)	120(5)
20	亞那	×	亞那	208좌-5	120-10
21	亞那	×	亞那	208좌-7	〃
22	亞那	×	亞那	208좌-8	〃
23	공번된 학술	바로 빅호ᄂᆞᆫ 학	公學	209좌(9)	121(7)
24	션각	몬져 씨드를 쟈니 션싱과 ㄱᆺ흔 말	先覺	210우(2)	121(8)
25	의	올흘 의ᄶᆞ	義	212우(9)	123(3)
26	인	어질 인ᄶᆞ	仁	212우(10)	123(4)
27	목쟈에 잇스면	목쟈ᄂᆞᆫ 관쟝	在牧者	213우(2)	123(8)
28	무〃히	무지흔 모양	貿貿	213우(10)-좌(1)	123(10)
29	닐은바 이로 말미암아 이로 도라간다 흠이니라	텬쥬를 말미암아 빅호고 텬쥬ᄭᅴ로 도라간다 쯧	所謂由此而歸此者也	213좌(10)	124(3)

30	인	어질 인ᄶ	仁	214우(5)	124(5)
31	지파를	나뭇가지와 강물의 각〃 ᄂᆞ화 흘름이니 사름을 ᄀᆞᄅ침이라	枝派	214좌(1-2)	124(6)
32	명덕	셩품에 틱와주신 덕	明德	215우(2)	124(9)
33	명명이	텬명이라	明命	215우(2-3)	124(9)
34	닐은바 ᄒᆞ지 아니ᄒᆞᄂᆞᆫ 바 잇서야 능히 ᄒᆞ옴이 잇다ᄒᆞ니	악을 ᄒᆞ지 안니ᄒᆞ고야 능히 션을 ᄒᆞᆫ다 ᄯᅳᆺ	所謂有所不爲 方能有爲焉	216(7-8)	125(7)
35	울창지쥬	향긔러운 술	鬱鬯	217우(8)	126(3)
36	인	어질 인ᄶ	仁	218우(8)	126-10
37	인도	어진 도	仁道	221우(3)	128(8)
38	인	어질 인ᄶ	仁	222좌-2	129(8)
39	인	어질 인ᄶ	仁	223좌-1	130(5)
40	다만 ᄉᆞ랑ᄒᆞᄂᆞᆫ 쟈의 서로 딕답ᄒᆞᆯ 물건을 닐옴이니	속담에 올것이 잇서야 갈 졍이 잇다 ᄯᅳᆺ	但謂愛者可相答之物耳	223좌(2)	130(5)
41	인	어질 인ᄶ	仁	223좌(3)	130(6)
42	고로 금슈와 금셕을 ᄉᆞ랑흠은 인이 아니라	물건을 ᄉᆞ랑흠은 씀을 위흠이라	故愛鳥獸金石非仁也	223좌(3-4)	130(5-6)
43	그러나 혹 ᄉᆞ랑하되 도로혀 원슈로써 흠이 잇스니 내 가히 ᄉᆞ랑치 아니ᄒᆞ랴	혹 원슈로 ᄉᆞ랑을 갑는 쟈 잇스니 만일 ᄉᆞ랑ᄒᆞᄂᆞᆫ 덕이 아니면 엇지 원슈를 죄화ᄒᆞ리오	然或有愛之而反以仇 則我可不愛之乎	223좌(4-6)	130(6)
44	인	어질 인ᄶ	仁	223좌(6)	130(7)
45	대져 인의 리는 오직 그 사름이 션의 아름다옴 엇기를 위ᄒᆞ야 ᄉᆞ랑흠이오	그 사름이 감화ᄒᆞ야 션흠과 ᄯᅩ 쥬의 아름다온 모상을 위ᄒᆞ야 ᄉᆞ랑흠이라	夫仁之理 惟在愛其人之得善之美	223좌(6-8)	130(7)

46	그 션과 아름다음을 엇어 내거시됨을 위ᄒᆞ야 ᄉᆞ랑홈은 아니라	이는 물건 ᄉᆞ랑ᄒᆞ는 ᄉᆞ랑이라	非愛得其善與美而爲己有也	223좌(8-9)	130(7)
47	인	어질 인ᄶᆞ	仁	225우-1	131(6)
48	교슬	기동을 붓치고 트는 피파	膠	225우-4	131(7)
49	인	어질 인ᄶᆞ	仁	225우(9)	131(9)
50	명덕	셩품에 갓촌 덕이라	明德	227우(9)	133(3)
51	사관	졀	寺觀	228우-2	130(8)
52	아함이	소위 불가에 존쟈라	阿函	230우(4)	135(1)
53	ᄀᆞᆯ오ᄃᆡ 륜회뉵도지셜과	사ᄅᆞᆷ이 연ᄒᆞ야 환ᄉᆡᆼᄒᆞᆫ다 말	日四生六道人魂輪廻	230우(10)	135(3)
54	세가지 교	유도와 불도와 노도	三敎	233좌(8)	137(8)
55	ᄀᆞᆯ오ᄃᆡ 삼합교라 ᄒᆞ니	유도 불도 노도를 합ᄒᆞ야 ᄒᆞᆫ 교를 믄든 교라	名曰三函敎	234우(1-2)	137(8)
56	세문	유불노 삼문	三門	235우(5)	138(7)
57	셕시	부쳐	釋氏	235우(7)	138(7)

〈뎨팔편은 태셔 풍속을 대총 들고 젼도ᄒᆞ는 션비의 혼취아니ᄒᆞ는 ᄯᅳᆮ을 의논ᄒᆞ고 아오로 텬쥬ㅣ 셔토에 강ᄉᆡᆼᄒᆞ심을 플미라〉의 本文과 註釋 對照 整理表

1	폐회	마두의 든 회ㅣ니 겸ᄉᆞᄒᆞ야 폐회라 ᄌᆞ칭ᄒᆞᆫ 말	敝會	238우(10)-좌(1)	141(10)
2	ᄯᅩᄒᆞᆫ 낫는 틈을 타는 리도 잇ᄉᆞ니	사ᄅᆞᆷ이 ᄂᆞᆫ 틈에 슈졍ᄒᆞ는 쟈도 잇셔 젼교ᄒᆞ고 졔쳔ᄒᆞ게 홈이라	亦有隙生之理	240우(10)	142(1)
3	ᄇᆡ양	븟도 〃와야 ᄒᆞᆫ다 ᄯᅳᆮ	培養	245우(7-8)	145(3)
4	졔가	집을 다ᄉᆞ린다 ᄯᅳᆮ	齊家	247우(6)	146(6)
5	하믈며 기울과 굴항에 ᄇᆞ리는 쟈냐	음난ᄒᆞᆫ 쟈의 비례지식을 방ᄉᆞ홈이 마치 곡식죵ᄌᆞ를 기울에 ᄇᆞ림과 ᄀᆞᆺ다 ᄯᅳᆮ	況棄之溝壑者哉	249우(3-4)	147(7)

6	혹 님금의 고치 아니ᄒᆞ고 취처ᄒᆞᆫ 쯧을 풀너ᄒᆞᆷ이라	슌의 부모ㅣ 악ᄒᆞ니 혹 고ᄒᆞ면 취처 못ᄒᆞᆯ가 두려 무후ᄒᆞᆷ을 위ᄒᆞ야 밧그로 취ᄒᆞ다 쯧	或以釋舜不告而娶之義	249좌 (3-5)	147 (10)
7	비간	은나라 튱신	比干	250 (2-3)	148(3)
8	이 구ᄒᆞᆷ은 엇음에 유익ᄒᆞ니 내게 잇ᄂᆞᆫ 쟈를 구ᄒᆞᄂᆞᆫ 연고오	내 셩품에 근본 갓초와 잇ᄂᆞᆫ 귀ᄒᆞᆫ 덕이라	是求有益於得也 求在我也	251좌 (6-7)	149(3)
9	이 구ᄒᆞᆷ은 엇음에 무익ᄒᆞ니 밧긔 잇ᄂᆞᆫ 쟈를 구ᄒᆞᄂᆞᆫ 연고라	ᄌᆞ식의 잇고 업슴이 빗긔 잇다 쯧	是求無益於得也 求在外也	251좌 (8-9)	149(4)
10	이 후ᄉᆞ를 구ᄒᆞᆷ으로써 엇음에 무익ᄒᆞ거든	구ᄒᆞ야 엇음이 명이 잇다 쯧	以是得嗣無益於得	252좌 (10)- 253우 (1)	149(4)
11	하믈며 놉흔 덕의 효험을 위ᄒᆞᆷ이냐	결졍ᄒᆞᆫ 덕은 내게 잇ᄂᆞᆫ 거시니 구ᄒᆞ야 유익ᄒᆞ다 쯧	況爲峻德之效也	252우 (1-2)	149(4)
12	가군	아비	家君	252좌 (1)	149(8)
13	가군	아비	家君	253우 (4)	150(2)
14	대우	하우시	大禹	254좌 (7)	151(3)
15	긍경	요긴ᄒᆞᆫ 쯧이라 말	肯綮	266좌 (4)	158(7)

【부록】〈표 2〉 주석목록본 『천주실의』 주석 내용 종합 정리표

馮應京「序」

連番	本文	註釋 內容	註釋所載 註釋目錄本 (上海本)	本文所載 杭州重刊本
1	閉他臥剌	人名	5(6)	上卷1左3

上卷〈首篇 論天主始制天地萬物而主宰安養之〉

連番	本文	註釋 內容	註釋所載	本文所載
1	而難欺之以理之所無	人能推理別于禽獸	2(6)	上卷2右3-4
2	西士曰	天地有主率以理數端徵之	3(6)	上卷3右2
3	其一曰	一以良能徵	3(9)	上卷3右6
4	其二曰	一以天動徵	4(2)	上卷3右1
5	其三曰	一以鳥獸作動徵	4(10)	上卷4右3
6	其一曰	一以物不能自成徵	5(7)	上卷4右4
7	其二曰	一以物次序安排徵	6(3)	上卷5右4
8	其三曰	一以物始生傳類徵	8(1)	上卷6右4
9	西士曰	天主無始無終	8(5)	上卷7右1
10	西士曰	天主如何生萬物	8(10)	上卷7右8
11	試論物之所以然有四焉	物之所以然有四	9(3)	上卷7右3
12	近私者其小也	天主爲物宗之所以然	10(2)	上卷8右8
13	今言天主惟一	天主惟一尊	10(7)	上卷8右6
14	人不能畢達其性	天主無窮難測	11(8)	上卷9左4
15	然而不能稽其所爲全長也	天主本性超越萬物之品	13(4)	上卷11右1-2

第二篇〈解釋世人錯認天主〉

連番	本文	註釋 內容	註釋所載	本文所載
1	以竟心惑	三敎以何爲務	14(10)	上卷12右1-2
2	烏用衆	辯佛老空無之說	16(1)	上卷13右4-5
3	中士曰	太極之論	17(10)	上卷14右5
4	不能爲萬物本原也	物宗品有二自立者依賴者	18(9)	上卷15左1-2
5	其類甚多	太極與理不能爲物之原	19(6)	上卷16右2
6	又云	上包下有三般	22(8)	上卷18左4-5
7	故價之幾倍如此	天主無形精德包含萬物性理	23(3)	上卷19右2-3
8	是二之也	天主卽經言上帝非玉泉眞武上帝	24(4)	上卷20右1
9	西士曰	天地不可爲主宰	25(7)	上卷21右2
10	×	以天稱呼天主何義[36]	×	×

第三篇〈論人魂不滅大異禽獸〉

1	又謂之小天地	現世人比禽獸爲苦	28(2)	上卷23右5
2	反似不如禽獸焉	世人迷于世慾	31(1)	上卷25左2-3
3	然而可謂達現世之情也	現世不過爲人暫居	31(8)	上卷26右3-4
4	中士曰	佛氏天堂地獄之說與主教大異	32(5)	上卷26左5
5	西士曰	人靈魂永存不滅	33(2)	上卷27右7
6	子試虛心聽之	魂有三品草木禽獸及人魂	33(5)	上卷27右1-2
7	明辨理義	人魂與草木禽獸魂所以不同	33(10)	上卷27左8
8	須悟世界之物	形物殘滅之由	35(3)	上卷28右9
9	西士曰	人靈魂屬神而無形與禽獸異以理六端徵之	35(9-10)	上卷29左1
10	其一曰	一以靈魂爲身之主徵	35(10)	上卷29左2
11	其二曰	二以人有形神兩性徵	36(4)	上卷29左7
12	其三曰	三以人愛惡無形之事徵	37(1)	上卷30右9
13	其四曰	四以人有無形之念想徵	37(6)	上卷30左7
14	其五曰	五以人欲悟二司之無形所屬徵	38(3)	上卷31右8
15	其六曰	六以人之知無限能反觀諸已徵	39(3)	上卷32右4
16	又試揭三四端理以明徵之	靈魂不滅以數端徵之	39(8-9)	上卷32右4
17	其一曰	一以人心欲傳善名于後世徵	39(9)	上卷32右4
18	其二曰	二以[37]人心願常生徵	40(8)	上卷33右8
19	其三曰	三以現世物不充滿人心徵	41(5)	上卷34右1
20	其四曰	四以人人皆怕死徵	42(6)	上卷34左8
21	其五曰	五以現死不能盡善惡之報徵	42(8)	上卷35右2
22	西士曰	辯人魂散滅之說	43(4)	上卷35右1

第四篇〈辯釋鬼神及人魂異論而解天下萬物不可謂一體〉

1	西士曰	以古經古禮徵有鬼神	45(10)	上卷37左2
2	西士曰	辯鬼神之異說	47(5)	上卷38左9
3	諸言之旨無他	目不見不可以爲無	48(1)	上卷39右9
4	西士曰	辯人死後其魂在家之說	49(7)	上卷40左5
5	未聞有祭氣者	氣非鬼神	51(4-5)	上卷42右4-5
6	且鬼神在物與鬼神在人大異焉	鬼神體物與靈魂在人各有分別	51(9)	上卷42左2
7	有屬愚者	鳥獸性與人性不同	53(1)	上卷44右1
8	西士曰	以何分別物類	53(4)	上卷44右6
9	西士曰	以外貌像不可別物類	54(10)	上卷45左2
10	何患其無氣而死	氣非生活之本	55(6)	上卷46右2

11	其本職惟以天主之命	鬼神無柄世之專權	56(2)	上卷46左1-2
12	吾不敢以此簡吾上主之尊也	物與主宰不可爲一體	56(10)	上卷47右4-5
13	而能使之有性也	天主造物全能以無爲有	59(4)	上卷49右4
14	豈其然乎	天主非物內本分	62(3)	上卷51右3
15	循此辨焉	天主無使用其物如匠者用器械	62(10)	上卷52右4
16	吾審各物之性善而理精者	物性善精者謂天主之迹	63(9)	上卷52左8
17	由其不能辨乎物之所以然也	物之所以然如何在于本物	64(3)	上卷53右5
18	而無所不在	天主無所不在	64(10)	上卷53右6
19	三者相同	分別各同	65(6-7)	上卷54左7
20	西士曰	萬物一體乃寓言非眞一體	66(4)	上卷54左8
21	獨至仁之君子能施遠愛	仁施及遠	67(4)	上卷55右6
22	逆造物者之旨矣	物性以多不同爲美	68(2)	上卷56右9
23	又曰	各物本行不宜混	68(8)	上卷56左8

下卷 第五篇〈辯排輪廻六道戒殺生之謬說而揭齋素正志〉

1	西士曰	輪廻起自閉他臥刺釋氏竊之	71(9)	下卷1左3
2	西士曰	以數端理辯輪廻	73(1)	下卷2左4
3	一曰	一現世人不記前世之事	73(2)	下卷2左5
4	西士曰	魔鬼附人及獸誑人	73(5)	下卷2左9
5	二曰	二今禽獸魂與古禽獸魂無異	74(6)	下卷3右7
6	三曰	三輪廻亂三魂之通論	74(8-9)	下卷4右2
7	四曰	四人之體態與禽獸不同	76(1)	下卷5右2
8	五曰	五惡人魂變獸不可爲惡人之刑	76(6-7)	下卷5左1
9	六曰	六輪廻廢農事畜用亂人倫	77(7)	下卷6右7
10	無一非生之以爲人用者	天主生禽獸等物皆爲人養用	79(9)	下卷8右4-5
11	人固有二	毒虫虎狼等雖害外人實益內人	80(9-10)	下卷9右2
12	原不爲害	因我逆天物始亦逆我	81(6)	下卷9左2
13	且天下之法律但禁殺人	無禁殺鳥獸但宜用之有節	82(1-2)	下卷10右1-2
14	又遠矣	禁殺生大有損于牧牲	83(1)	下卷10左6
15	西士曰	齋有三志一志痛悔補罪	83(5)	下卷11右3
16	人類本業矣	二志爲寡慾	84(8)	下卷12右4
17	非索飢之世矣	三志助人修德	86(4)	下卷13左1
18	此謂私[38]齋也	齋必與其人相稱	89(9)	下卷15左5

第六篇〈解釋意不可滅并論死後必有天堂地獄之賞罰以報世人所爲善惡〉

1	西士曰	辯君子爲善無意之說	90(5)	下卷16左5
2	不知善惡之原也	善惡由之邪正無意則無善惡	91(2-3)	下卷17右8-9
3	悲哉悲哉	辯[39]老莊勿爲勿意勿辯之說	91(5-6)	下卷17左4
4	況無意乎	無意是如草木金石	92(2)	下卷18右4
5	中士曰	老莊屛意之故	92(3)	下卷18右6
6	意者心之發也	金石草木禽獸無意之解	92(10)	下卷18左7
7	行事在外	善惡是非從心內之意爲定	93(6)	下卷19右6-7
8	吾西國有公論曰	善者成乎全惡者成于一[40]	94(4)	下卷19左9-20右1
9	何有善意	正意爲善行正勿行邪	94(9)	下卷20右7
10	爲善正意	行當行之事意益高善益精	95(1)	下卷20左1-2
11	西士曰	聖人以賞罰勸善沮惡	95(4)	下卷20右6
12	西士曰	利害有三等與身財名譽之利害	96(5)	下卷21左4
13	乃其悖義者耳	利不可言乃悖義者耳	97(3-4)	下卷22右7
14	凡民之類	當預防未來先謀未逮	98(4)	下卷23右5
15	而莫之謂遠也	圖死後之事豈得爲遠	99(2)	下卷23左7
16	吾聞師之喩曰	現世人事如演戲	99(8)	下卷24右6-7
17	但小民由利 而後可迪乎義耳	行善正意有上中下	100(10)	下卷25右7
18	故曰	惡者惡惡因懼刑善者惡惡因愛德	101(8)	下卷25左9
19	非爲天堂地獄	天主至尊至善自當敬自當愛	102(8)	下卷26左6
20	西士曰	本世之報甚微不足	103(10)	下卷27左6
21	其善惡何如報也	善惡之報歸于其子孫否	104(5)	下卷28右4
22	何不記前所云乎	理之所見眞于肉眼	105(3-4)	下卷28右8
23	西士曰	以數端理證天堂地獄之說	105(5-6)	下卷29右1-2
24	非在後世天堂歟	一端人心所向惟在全福	105(8)	下卷29右5
25	二曰	二端天主不徒然賦人無窮好之願	106(1-2)	下卷29左1
26	三曰	現世賞罰不盡善惡之報	106(4)	下卷29左4
27	四曰	天主報應無私	106(7)	下卷29左9
28	西士曰	善惡之報亦有現世乎	107(1)	下卷30右5
29	受重禍災而罰之	現世有善人貧賤有惡人富貴緣由	107(5)	下卷30左2-3
30	西士曰	中國古經傳亦有天堂地獄之說否[41]	108(1)	下卷31右2
31	固無弗生弗死者也	先善後惡者先惡後善者死後何如	109(9)	下卷32右2
32	必也	弗信天堂地獄之理決非君子	110(10)	下卷33右9

| 33 | 吾可借而比焉 | 天堂之樂無限地獄之苦無窮 | 111(10)-112(1) | 下卷34右6 |
| 34 | 經曰 | 天堂之樂以待仁者 | 112(9) | 下卷35右1 |

第七篇〈論人性本善而述天主門士正學〉

1	欲知人性其本善也	率性解論	115(7)	下卷37右6
2	西儒說人云	人性解說	116(1-2)	下卷37左3-4
3	而本善無惡矣	率性何爲善何爲不善	116(10)	下卷38右7
4	西士曰	人性能行善惡不可謂性本有惡	117(8)	下卷39右1
5	而可以爲善也	功罪皆由人自願而生	118(1)	下卷39右5
6	則固須認二善之品矣	性之善爲良善德之善爲習善	118(10)-119(1)	下卷40右1
7	無以成德也	人心始生如素簡	119(5)	下卷40右7
8	吾西國學者	德乃神性之寶服	119(8)	下卷40左2
9	如畜獸被牽於屠矣	天主生我能勤於德而反自棄咎將誰歸	120(4-5)	下卷41右3-4
10	進尤甚焉	知德之道理而不行則培其愆	121(3-4)	下卷41右6
11	非徒爲精貴	所謂成已乃成本形之神體	122(3)	下卷42右3
12	以接通之	人內司有三解說	122(5)	下卷42右6
13	終之意固在其始也	學道要識其向往	123(9-10)	下卷43左9-44右1
14	貴邦儒經所謂明德明命是也	明德之要在躬行喻人	124(9)	下卷44左5-6
15	而後藝嘉種也	先去惡而後能致善	125(6)	下卷45右7
16	而易入于德路者也	欲剪惡興善須逐日省察	126(4)	下卷45右9
17	而自不適於非義矣	改惡之要惟在深悔	126(8)	下卷46右6
18	可約而以二言窮之	愛天主萬物之上愛人如己斯二者爲諸德之全備	127(1)	下卷46左1-2
19	西士曰	交接人必信其有實據之言	128(2)	下卷47右9
20	西士曰	愛情爲諸情之主爲諸行動之原	128(9)	下卷48右1
21	闢彼異端者	愛天主之效莫誠乎愛人	129(8)	下卷48左4-5
22	則我可不愛之乎	仁之理在愛其得善之美非愛其善爲己有	130(6)	下卷49右8
23	非在人之善	人雖惡亦有可愛之處	131(2-3)	下卷49左8
24	西士曰	天主賜我形神兩備宜兼用二者以事之	132(1)	下卷50右2
25	且今後世彌厚享賞也	天主經不過欽崇天主恩德而讚美之	132(6)	下卷51右1
26	第言明德之修	人意易疲不能自勉而脩	133(3)	下卷51左2

27	罪愈重矣	天地惟有一主正教惟有一教	133(5-6)	下卷51左5
28	卽不能兼治他方者也	天主知能無限無外爲而成	134(2)	下卷52右5-6
29	而不屑辯焉	釋氏之經多有虛誕	135(2)	下卷53右2
30	中士曰	佛神諸像何從而起	136(6)	下卷54右5
31	非正神何以天主容之不滅之	有焚禱神佛者或致感應否	136(10)	下卷54左2
32	幸得天主不甚許此等邪神發見於人間	廟宇多神之怪像	136(4-5)	下卷54左8-9
33	悲哉	辯三敎歸一之說	137(7)	下卷55右3-4
34	而殉人夢中說道乎	天主正道惟一	139(4)	下卷56右1-2

第八篇 〈總擧大西俗尙而論其傳道之士所以不娶之意并釋天主降生西士由來〉

1	又立有最尊位	敎化皇係何等之位	140(3-4)	下卷57右6
2	以聽談道解經者終日	耶穌會士以講學勸善爲務	140(8-9)	下卷57左4
3	及我可卽斷絶乎	絶色之難自願者遵之	141(5)	下卷58右5
4	豈所云廣人類者歟	耶穌會士不婚之緣由	142(8)	下卷59右6
5	西士曰	行道者不婚多有便處	143(3-4)	下卷59左5
6	西士曰	辯解無後不孝之說	147(8)	下卷62右9
7	況爲峻德之效乎	不孝之極有三	149(4)	下卷64左6
8	凡人在宇內有三父	天主國君家君爲三父逆之者不孝	149(7-8)	下卷65右1
9	而侵其內者也	天主乃大公之父無上共君	150(8)	下卷66左4-5
10	豈忍置之於不治不祥者乎哉	開闢初人之好處	154(6-7)	下卷69右2
11	恐未足憑	遠西稱爲聖人以何爲切要	155(9)	下卷70右2-3
12	天主則何有所假哉	耶穌在世以何效驗證爲天主	157(1-2)	下卷71右3

36 이 부분이 〈上卷目錄〉p.3에는 "以天稱呼天主何義 見二十六張"이라고 되어 있지만, 정작 本文 p.26에는 없다.

37 이 글자가 〈上卷目錄〉p.5에는 '以'로 되어 있고, 本文 p.40에는 '功'으로 되어 있다. 앞뒤의 예로 보아 '以'가 옳다고 판단하였다.

38 이 '私'字가 註釋目錄本 즉 1868년의 上海本에는 그리 되어 있으나, 1607년의 抗州 重刊本에는 '至'字로 되어 있어 주의를 요한다.

39 이 '辯'字가 〈下卷目錄〉p.11에는 그대로 되어 있으나, 本文 p.91에는 '昔'으로 되어 있다. 바로 앞의 '辯君子爲善無意之說'의 경우처럼 '論辯'의 의미로 쓰일 때는 '辯'이 쓰였으므로 '辯'이 옳다고 보았다. 다만 〈抗州重刊本〉下17左4에도 '昔'으로 되어 있다.

40 이 '于'字가 〈下卷目錄〉p.11에는 그대로 되어 있으나, 本文 p.94에는 '乎'字로 되어 있다. 의미상으로 '于'字가 옳다고 판단하였다.

41 이 부분 후반의 "亦有天堂地獄之說"이 〈下卷目錄〉p.14에는 '否'字가 덧붙여져 있으나, 본문 p.108에는 없다. 없는 게 맞다고 보아, 〈下卷目錄〉에서는 삭제하였다.

【부록】〈표 3〉 조선 언해필사본 『텬쥬실의』 주석의 편별 유형별 가나다순 정리표

【類型 凡例】A:語彙 說明 / B:用語 定義 / C:文句 解析

리지조李之藻「셔」註釋의 類型別 가나다順 整理表

類型	連番	註釋目錄本 本文	諺解筆寫本 本文	註 釋
A	1	乾元	건원이	건은 하늘 셩졍이오 원은 주지라 쯧
A	2	二氏	불노의	불도 노도
A	3	正統	정통	통합일국ᄒᆞ 바ᄅᆞᆫ 님금
A	4	帝	뎨	샹뎨라 ᄒᆞᄂᆞᆫ 데쓰라
A	5	震	진방에쏘	님금의 위ᄅᆞᆯ ᄀᆞᄅᆞ침이라
A	6	皇皇	황〃	만황의 황이라 말
B	1	大本	대본	큰 근본
B	2	大原	대원을	(큰 근)원
B	3	昭事大旨	붉이 섬기ᄂᆞᆫ 대의	쥬ᄅᆞᆯ 공경ᄒᆞᄂᆞᆫ 말
B	4	濂洛關閩	렴락관민	경서ᄅᆞᆯ 쥬낸 송나라 군ᄌᆞ들 난 ᄯᅡ 일홈
B	5	諸子百家	져ᄌᆞᄇᆡᆨ가로	유도 모든 글이라
C	1	是不亦冥頑弗靈甚哉	엇지 우완ᄒᆞ고 지각 업슴이 심혼 쟈 아니냐	악을 피홈을 교악갓치 홀거슬 아니 피혼다는 쯧
C	2	要於福善禍淫	대져 복션화음지리ᄂᆞᆫ	경서에 션혼 쟈ᄂᆞᆫ 복수고 음난혼 쟈ᄂᆞᆫ 화준다 말
C	3	虎狼蛟鱷	호랑과 교악의	교악은 바다에 큰 고기와 독룡이니 사ᄅᆞᆷ을 샹해오ᄂᆞᆫ 거시라

풍응경馮應京「셔」註釋의 類型別 가나다順 整理表

類型	連番	註釋目錄本 本文	諺解筆寫本 本文	註 釋
A	1	穀旦	곡ᄃᆞᆫ	정월 초일
A	2	九淵	구연을	ᄯᅡ 속 깁흔 곳
A	3	九天	구텬	하늘 놉흔 층
A	4	大西國利子	태서국리ᄌᆞ	마두
A	5	膜	피막	가죽
A	6	名利	명리	일홈과 직물
A	7	利子	마두	리ᄌᆞ
A	8	寂滅	젹멸지학	허무혼 말
A	9	程子	졍ᄌᆞ	송나라 명현

B	1	事物	스물을	일과 물건
	2	輪廻	륜회	악쟈 죽어 쳔흔 즘승이 된다 말
	3	町畦	경계는	근본디경
	4	好事者	호스쟈	브즈럽시 일을 일을 됴화흐는 쟈
C	1	獨子其子也	홀노 그 아들을 아들 ㅎ고져 홈이나	육신부모외에 대부모는 엇지 못흔다 뜻
	2	西方聖人	서방성인을	성방에 성인이 잇다 ㅎ는 말이 비록 공즈의 말이라 ㅎ나 외설에 잇스니 밋지 못홀 말이라
	3	有我無我之別也	내가 잇고 내가 업다 ㅎ는 분별이니	유도는 근본이 잇다 홈이오 불됴는 근본이 업다 홈이라

리즈마두利瑪竇「인」註釋의 類型別 가나다順 整理表

A	1	周公仲尼	쥬공 즁니의	공즈의 즈호
	2	中士	즁스	즁국선빅
B	1	大理天學	대리텬학	성교
C	1	國統於一	나라는 ㅎ님금에 통솔	일통하엿다 말

〈슈편〉註釋의 類型別 가나다順 整理表

A	1	敎諭	교유	ㄱㄹ치고 닐은다 뜻
	2	西士	서사	서국 선빅니 리마두씌서 ㅎ는 말
	3	所以然	물의 소이연	물이 되게 흔 연유라
	4	嶼梧斯悌諾	嶼梧斯諾	×
	5	用天	하늘을 쓰심이니	웃음으로 쓴다 뜻
	6	六合	육합이	텬디 스방
	7	諸先正	모든 선현	견딕 어진 사름
	8	中士	즁스l	즁국 선빅니 후에 다 이디로 보라
	9	太師	태스의	악관
B	1	模者	모쟈	모양
	2	良能	량능	사름의 원릭 잇는 능이라
	3	靈才	령직에서	령혼의 직능이니 아직 처음 문답에 령혼 스정을 붉히 못흔 고로 령혼이라 아니흐고 령직라 ㅎ니라
	4	爲者	위쟈	위쟈라
	5	作者	작쟈	짓는 쟈
	6	質者	질쟈	몸
	1	理之體用廣甚	리의 톄와 용이 심히 넓으니	만가지 스라 톄용이 잇스니 톄는 근본이요 용은 끗치라

C	2	不能爲物之本分	물의 본분이 되지 아니홀지니	쟉쟈 위쟈는 물톄에 미이지 아니ᄒ고 쥬의 조화에 속ᄒ니 쥬ㅣ 물의 소이연 됨이 그 연고라
	3	不云模者質者	모쟈와 질쟈ㅣ라 닐오지 아니홀지라	쟉쟈 위쟈는 쥬의 조화에 속ᄒ고 모쟈 질쟈는 물의 모양과 본몸인 즉 물의 본분이 됨이오 쥬는 그 본분이 아니이라 말
	4	如作樂大成	마치 풍악을 지으매 대성을	모든 젹은 풍악을 모화 큰 풍악의 신죵을 온젼이 일운다 ᄯᅳᆺ
	5	陰陽是也	음양이이오	물의 동정 방원 개소 강유가 잇스니 다 음양이 붓ᄂᆞ니라
	6	而其餘之所以然	그나마 소이연은	각물의 버금 소이연이니만치 나무의 쌜희는 나무의 소이연이오 쌜희의 소이연은 쥬씨 속ᄒ지라
	7	衆小成	뭇소셩을	각〃 알외는 젹은 풍악
	8	胡能爲物之分也	엇지 물의 본분이 되리오	쥬는 물을 지으신 소이연이오 물의 민인 본분은 아니라

〈데이편〉 註釋의 類型別 가나다順 整理表

A	1	秬鬯	거창	술
	2	金騰	금등	쥬공의 글
	3	物之宗品	물의 웃듬픔	물된 품수
	4	盤古	반고씨	태고젹 텬황씨졀이 나라 허황ᄒ야 밋지 못할 인군
	5	商頌	샹숑	시뎐
	6	上帝	샹테오도가	노씨도
	7	成康	셩강이여	셩왕 강왕이라
	8	十尺	십	열 ᄌᆞ
	9	十寸	십촌	열 치
	10	雅	대아	시뎐
	11	陽	양	음양이란 양이라
	12	予	나ㅣ	탕 님금
	13	儒	유쟈는	션빅도
	14	二者	두가지	인심의리와 ᄉᆞ물의리라
	15	一丈	일장	흔 길
	16	一尺	일	한 ᄌᆞ
	17	粢盛	ᄌᆞ셩	기쟝쏠
	18	截然	졀연이	ᄭᅳ너지게
	19	程子	졍ᄌᆞ	송나라 명현

A	20	周頌	쥬송	시뎐
	21	周子	쥬ᄌㅣ	태극그림ᄒ 쥬렴게라
	22	中庸	즁용	ᄌᄉ의 글
	23	湯誓	탕서	서뎐
	24	夏氏	하씨	악왕 하걸
	25	后土	후토	짜
B	1	郊社	교샤	교ᄂᆫ 하ᄂᆞᆯ을 위하ᄂᆞᆫ 제ᄉ요 샤ᄂᆞᆫ 짜흘 위하ᄂᆞᆫ 제라
	2	事物	ᄉ물에	일과 물건
	3	依賴者	의뢰ᄒᆞᆯ 쟈	ᄂᆞᆷ을 의지ᄒᆞᆯ 쟈
	4	自立者	ᄌ립쟈	제 스스로 서ᄂᆞᆫ 쟈
C	1	可捨此大本大原之主而反奉其役事吾者哉	이 대본대원의 츔쥬를 놋코 도로혀 우리를 셤길 쟈를 셤기랴	텬디ᄂᆞᆫ 사ᄅᆞᆷ 셤기ᄂᆞᆫ 물건이라
	2	無頭無腹 無首無足	머리와 ᄇㅣ도 업고 손과 볼도 업ᄂᆞ니	하ᄂᆞᆯ이 형상만 잇고 이목수족이 업스니 불과 ᄒᆞ 덩이 물건이라
	3	無子則無父	아ᄃᆞᆯ이 업스면 아비ᄂㅣ 업스랴	리 업슨들 물이 업스랴
	4	昭事上帝	소ᄉ상뎨	붉이 셤긴다 ᄯᆞᆺ
	5	小心翼翼	소심익 〃	조심ᄒᆞᄂᆞᆫ 모양
	6	於皇來牟 將受厥明	셩ᄒᆞ다릭모여	밀
	7	如一丈載十尺 一尺載十寸之體是也	마치 일장이 십을 포함ᄒᆞ고 일쳑이 십 촌의 톄를 포함흠이오	쳑과 촌이 쟝에셔 나거니와 리ᄂᆞᆫ 물의 포함ᄒᆞᆫ 바되니 물은 리를 내ᄂᆞ니 와 리ᄂᆞᆫ 물을 내지 못ᄒᆞ다 ᄯᆞᆺ
	8	然此爲天主所立者	마치 빅공의 긔게ᄀᆞᆺᄒᆞ니 이ᄂᆞᆫ 텬쥬의 셰우신 바쟈라	ᄉᆡᆼ이 만물화ᄉᆡᆼᄒᆞᄂᆞᆫ 긔게ᄀᆞᆺᄒᆞ니 태극이 불과 ᄉᆡᆼ의 달리ᄒᆞᆫ 일홈
	9	以事上帝	샹뎨를 셤긴다 ᄒᆞ고	텬ᄌ 친경ᄒᆞᆫ 소츌노 졔헌ᄒᆞᄂᆞᆫ 례라
	10	人能弘道 非道弘人也	사ᄅᆞᆷ이 능히 도를 크게 ᄒᆞ고 도ᄂᆞᆫ 능히 사ᄅᆞᆷ을 크게 못ᄒᆞᆫ다 ᄒᆞ니	사ᄅᆞᆷ은 물노 비ᄒᆞ고 도ᄂᆞᆫ 리로 비흠이라
	11	帝出乎震	뎨ㅣ 진에 낫다 ᄒᆞ니	진방은 님금의 위를 ᄀᆞᄅᆞ침이라
	12	天子親耕	텬ᄌㅣ 친히 갈아	례에 텬ᄌ 친히 갈아 농ᄉ의 즁ᄒᆞᆷ 뵘이라
	13	特異以名也	일홈을 달리ᄒᆞᆫ지라	ᄯᆞᆺ은 ᄀᆞᆺ다 말
	14	彼旣是無意之物	뎌ㅣ 임의 ᄯᆞᆺ이 업ᄂᆞᆫ 물건이니	리ᄂᆞᆫ 원ᄒᆞ고 원치 아니ᄒᆞᄂᆞᆫ 졍이 업다

<뎨슴편> 註釋의 類型別 가나다順 整理表

A	1	方寸	방촌	모양
	2	釋氏	셕씨	불
C	1	可以辨雪之爲白而非黑	가히 눈의 희고 검지 아님을 분변홀지니	눈은 고샤ᄒᆞ고 몬져 흑빅부터 ᄀᆞ릴 줄을 알아야 눈이 희다 검다 홀지라
	2	冷熱硬懷合於身 我方覺之則 遠之則不覺也	츠고 더움과 굿고 연홈을 씌듯지 못ᄒᆞᄂᆞ니	육정의 지각은 물졍을 기드려 응ᄒᆞ니 편시물노 물을 사괴이라
	3	安知其有無哉	만일 그 셩품의 틱도를 붉히지 못ᄒᆞ고야 엇지 잇다 업다 홀 줄을 알니오	귀신의 유무는 비록 아지 못ᄒᆞ나 셩품의 유무는 몬져 붉힌고로 업다 잇다 홈이라
	4	又有好事者 另立門戶	또 호ᄉᆞ쟈 잇셔 별노 문호를 셰우ᄂᆞ	이단잡슐ᄒᆞᄂᆞ 집이 만타 말
	5	則人魂之神 何以疑乎	즉 사롬의 혼이 신이 됨을 엇지 의심ᄒᆞ리오	령혼은 무형ᄒᆞ 톄라 대쇼방원의 한 령이 업는 고로 못 밧는 물이 업다 ᄯᅳᆺ
	6	則知夫牛者有可以脫其聲色味等形色之情 而神焉者	그 소ㅣ 되는 줄을 알믄 스스로 빗과 소리와 맛 굿흔 형샹에 버서난 신이 잇셔 알미오	유형ᄒᆞ 눈과 귀와 입은 유형ᄒᆞ 빗과 소리와 맛슬 밧고 무형ᄒᆞ 신은 소의 무형ᄒᆞ 소의 셩태지리를 밧는다 ᄯᅳᆺ
	7	況聲同一耳也 聾者不聞 色同一目也 瞽者不見	하믈며 굿흔 소리의 흔 귀ㅣ로되 귀막은 쟈는 듯지 못ᄒᆞ고 굿흔 빗쵠이 눈이로되 소경은 보지 못ᄒᆞ니	귀와 눈이 폐ᄒᆞ야 죽은 모양인고로 듯고 보는 각혼은 임의 ᄉᆞᆫ허지니 각혼은 몸을 의뢰ᄒᆞ엿다가 몸이 죽으면 곳 멸ᄒᆞᆫ다 ᄯᅳᆺ

<뎨ᄉᆞ편> 註釋의 類型別 가나다順 整理表

A	1	桀紂	걸쥬	악흔 님금
	2	高后	고후	반경의 조상 셩탕
	3	丘陵	구릉	뫼
	4	鱖魚	졀어	고기 일홈
	5	金騰	금등	쥬공의 지은 글
	6	厲	너귀	사나은 귀신
	7	鯉魚	니어	고기 일홈
	8	武王	무왕	어진 님금
	9	盤庚	반경	은나라 님금이니 셔뎐 편명이 되나라
	10	方寸	방촌	ᄆᆞ음
	11	伯夷	ᄇᆡ이	녯 츙신

A	12	父	부	아비
	13	獅子	ᄉᆞᄌᆞ	즘승
	14	西伯	서빅이	쥬 문왕
	15	先儒	션유ㅣ	젼션빅
	16	沼	쇼	못
	17	召誥	쇼고	쥬나라 쇼공의 글
	18	神治	신치	신긔히 ᄃᆞ스리는 졍ᄉᆞ
	19	黎	녀후	샹쥬의 져후라
	20	瓦	와	기와
	21	淫戲	음희	무도ᄒᆞ다 ᄯᅳᆺ
	22	鄭伯	졍빅이	졍나라 님금
	23	祖	조	조부
	24	祖伊	조이	샹쥬의 신하라
	25	造化之迹	조화지 과	만물화ᄉᆡᆼᄒᆞ는 자최
	26	紂	은쥬	악흔 님금
	27	跖	도	악인
	28	春秋傳	츈추뎐에	공ᄌᆞ 지은 글
	29	貝玉	퓌옥	빅셩의 뵈물
B	1	內分	안본분	물의 부득불 잇는 서ㅣ라
	2	佛氏輪回六道	불시의 륜회뉵도	환도인셩ᄒᆞ다 ᄯᅳᆺ
	3	所謂二氣良能	소위 이긔의 량능과	음양 두 긔운의 본능이라
	4	爲仁者	인을 ᄒᆞ는 쟈는	션을 닥는 쟈
	5	仁者	인흔 쟈	임의 션흔 쟈
	6	第緣四大	ᄎᆞ〃ᄉᆞ대	ᄉᆞ원힝
C	1	犬牛之性猶人之性歟	개와 소의 셩품이 사름의 셩품과 ᄀᆞᆺᄒᆞ랴	즁ᄉᆞ의 말이 만류가 흔 긔운으로 되고 다만 모샹이 다르다 ᄒᆞ는 고로 뒤답이 ᄀᆞᆺᄒᆞ니
	2	故物雖有鬼神 而弗登靈才之品也	귀신이 비록 물에 잇시나 물건을 령품에 오라지 못홀지라	귀신과 물의 류 다름이 마치 ᄉᆞ공과 빅의 류 다름과 ᄀᆞᆺᄒᆞ야 흔 데 아니라
	3	故散而不返歸于天主 惟歸其所結物類爾矣	져 텬쥬ᄭᅴ로 도라가지 못ᄒᆞ고 오직 제 소속물류로 도라가ᄂᆞ니	만물이 다 본처소로 도라가니 가령 흙에셔 난 물건은 흙으로 도라가니 오직 령혼은 본 처소ㅣ 텬당이라
	4	丘陵旣平 蟻垤何有	구릉을 임의 평ᄒᆞ엿시니 가얌의 둑이야 무어시 어려우리오	임의 어려운 도리를 볔파ᄒᆞ엿시니 그 나마는 어렵지 안타 말

C	5	君子於物也 愛之弗仁	군주는 물을 수랑ㅎ되 인으로 아니 흔다ㅎ니	인은 션이니 금수초목 ᄀᆺ튼 류롤 가히 죽인 즉 죽일 가히 버힌 죽버힐지니 사롬의와 ᄀᆺ치 인도롤 쓰지 아니 흔다 쁫
	6	其臺	그딕롤	집
	7	氣之屈伸	긔운의 굴ᄒᆞ고 펴임은	이는 즁용귀신 의논흔 글쟝에 그릇 플미라
	8	能事鬼神	죡히 귀신을 셤기겟다ᄒᆞ고	쥬공이 즈칭홈이 아니라 셩왕을 딕신ᄒᆞ야 귀신의게 드림을 홈이라
	9	但不宜以似爲眞 以由外來者爲內本	맛당이 근스흔 것스로써 춤됨을 삼지 못홀 거시오 밧그로 말미암아 오는 쟈로써 안 본분을 삼지 못홀지라	물건의 혹 령홈이 잇는 듯 홈은 제 본분이 아니라 밧긔 인도ᄒᆞ는 쟈 잇다 쁫
	10	同類者不必同體	류ㅣ ᄀᆺ흔 쟈는 반ᄃᆞ시 톄ㅣ ᄀᆺ지 안타ᄒᆞ고	돌사롬과 돌스즈는 ᄀᆺ흔 돌의 류로딕 톄는 사롬과 즘승이 다르다
	11	銅水本靈可乎	구리병에 물이 본딕 령ᄒᆞ다 홈이 가ᄒᆞ랴	밧긔 인도잇는 연고
	12	同之于鬼神及靈魂亦不足怪	귀신과 령혼을 긔운이라 홈이 과연 괴이치 아니ᄒᆞ냐	만물이 긔운 속에 산즉 긔운으로 싱명 근본을 삼음이 괴치 안타 쁫
	13	類同	류는 ᄀᆺᄒᆞ니	돌의 류
	14	無一物非貴神也	흔 물건도 귀신 아님이 업는지라	이는 즁용풀님과 ᄀᆺ튼 말
	15	聞之三月 食不知味矣	삼월이 되도록 밥먹는 자미를 아지 못홀지라	공즈ㅣ 소"라 ᄒᆞ는 풍악을 듯고 삼월을 밥맛슬 모른다 ᄒᆞ니라
	16	譸之爲非	분변ᄒᆞ야 그르다 ᄒᆞ엿거놀	묵젹의 도는 내 부모나 놈의 부모나 등분 업시 ᄀᆺ치 스랑흔다 ᄒᆞ니라
	17	不覺忤古聖之旨	그 셩인의 쁫에 거스림을 씨듯지 못홈이로다	리로셔 벽파치 못흔다 쁫
	18	夫遠之意 與獲罪乎天無所禱同	공즈ㅣ 소위 멀니ᄒᆞ라 ᄒᆞ며 죄를 하놀에 엇"시면 빌 곳이 업다홈이 "연고라	귀신은 화복의 권이 업는고로 멀니ᄒᆞ며 빌지 못흔다 쁫
	19	夫謂天下萬物皆同于此三等何居	만일 텬하만물을 다 ᄀᆺ다 ᄒᆞ면 이 우희 세가지 등분은 어딕 거흘고	실은 다르딕 ᄀᆺ홈과 대략 ᄀᆺ홈과 춤 ᄀᆺ흔 세 등분이라

C	20	復以印諸物 不亦謬也	다시 만물을 인치려 홈이 또흔 그릇지 아니ᄒᆞ랴	텬성인의 울건을 지작ᄒᆞ야 쓰게 홈은 불과 텬쥬의 인젹을 의지홈이라 엇지 물을 내엿시리오
	21	不得不然 而莫知其然	부득불 그리되ᄃᆡ 그리되ᄂᆞᆫ 줄을 아지 못ᄒᆞᄂᆞ니	물이 귀신의 능을 인ᄒᆞ야 그리되나 그되ᄂᆞᆫ 줄은 물이 아지 못ᄒᆞᆫ다 ᄯᅳᆺ
	22	書言人己 非徒言形 乃兼言形性耳	글에 늄과 ᄌᆞ긔를 말홈은 혼갓 박긔 형상만 말혼 거시아 니라 안희 성정을 겸 ᄒᆞ야 닐옴이니라	사ᄅᆞᆷ이 형상 ᄀᆞᆺ홈으로 인의를 힝 홈이 아니라 안성정의 친소원근과 후박을 는화 맛당ᄒᆞᆫ데로 홈이라
	23	所以然者有在物之內分 如陰陽是也	소이연이 물안희 잇 서 본분이 되ᄂᆞᆫ ᄌᆞ ᄂᆞᆫ 음양 ᄀᆞᆺ흔 것시오	물이 음양긔운으로 사ᄂᆞᆫ 고로 물의 본분이 된다 ᄯᅳᆺ
	24	是告子之後又一告子也	이ᄂᆞᆫ 고ᄌᆞ 후에 ᄯᅩ 고ᄌᆞ로다	고ᄌᆞ의 말이 식식이 성품이라 ᄒᆞ즉 ᄆᆡᆼ쟈의 ᄃᆡ답은 식식은 사ᄅᆞᆷ과 즘승이 ᄀᆞᆺᄒᆞ니 인물의 성품이 ᄀᆞᆺᄒᆞ랴
	25	我無間焉	나ㅣ 간단 업시	무시무종과 ᄀᆞᆺ다 ᄯᅳᆺ
	26	若日光之在其所照 水晶焉 火在其所燒 紅鐵焉	마치 날빗치 그 본소 에 잇서 슈졍에 빗침 과 불긔운이 그 본소 에 잇서 쇠를 슬홈 이라	날이 슈졍에 빗쵸되 본소를 써나지 아니ᄒᆞ고 불도 ᄯᅩ흔 그러ᄒᆞ니 물에 잇기는 ᄀᆞᆺ흔 듯ᄒᆞ나 더 본되ᄂᆞᆫ ᄌᆞ와 의뢰되ᄂᆞᆫ ᄌᆞ의 물에 잇심으로 더브러 특히 다르니라
	27	如放勳帝堯二各	마치 방훈과 뎨요ㅣ	둘 다 요 님금 일홈
	28	如樂音皆宮	만일 풍악이 다만 ᄒᆞᆫ 가지 궁성만	오음 즁 ᄒᆞᆫ 소ᄅᆡ
	29	如柳宿與柳樹是也	마치 별의 일홈 류슈 와 나무 일홈 류슈 ᄀᆞᆺ흔 거시오	柳宿·柳樹
	30	然而各物各體 本性弗雜	그러나 각 물의 각 톄와 각 성이 셜로 섯기지 아니ᄒᆞᄂᆞ니	날이 슈졍에 빗쵬과 불이 쇠에 사뭇 츰이 섯긴 듯ᄒᆞ되 날과 불의 본톄와 본성이 본쳐에 잇서 더 임의 그러ᄒᆞᆫᄃᆡ 통홀 ᄲᅮᆫ
	31	曰靈沼	령소라 ᄒᆞ니	ᄇᆡᆨ성이 인군을 ᄉᆞ랑ᄒᆞ야 아ᄅᆞᆷ다온 일홈으로 더ᄒᆞ니라
	32	外物如此 內何不然乎	밧긔 물건도 이 ᄀᆞᆺᄒᆞ 니 안희 정리ㅣ 엇지 그럿치 아니ᄒᆞ리오	사ᄅᆞᆷ의 ᄆᆞ음이 물에 베플미 각〃 달 나 일톄 아니라 ᄯᅳᆺ
	33	又曰	ᄯᅩ ᄀᆞᆯ오ᄃᆡ	ᄇᆡᆨ성이 ᄯᅩ 고ᄒᆞᄂᆞᆫ 말
	34	越厥後王後民	그 후왕후민의 어질 지 못홈이 못다ᄒᆞ고	은나라 후왕과 후ᄇᆡᆨ성이 부도ᄒᆞᆫ고로 하ᄂᆞᆯ에 잇ᄂᆞᆫ 선왕이 돕지 아니ᄒᆞᆫ다 ᄯᅳᆺ이라

	35	由其不能辨乎物之所以然也	능히 물의 소이연을 살펴지 못흔 연고라	소이연은 물의 엇더케 된 바 연유라
	36	以己及人也	즈긔로써 눔의게 밋추며	션흔 표양이 눔을 화흐다 뜻
	37	以貌像別物者 大槪相同 不可謂異類	서로 굿흔 모상이 대개 만흐니 가히 류를 구별흐지 못흘지라	모상이 굿흔 듯호딕 실은 다루고 모상이 따로 듯호딕 실노 굿흔 류 잇느니라
	38	二者惟以貌像謂之異 宜也	둘을 오직 모상으로만 말흔즉 다르다흠이 맛당흐려니와	모상은 다르나 본류는 흠이라
	39	迪高后 丕乃崇降弗鮮	또 고후끠로 말믹암아 크게 샹서치 아님을 느리신다 흐고	이는 반경이 성탕의게 제사흐는 말
	40	第其在物且非一端	대저 물에 잇는 분수를 의논홀진대 한굿 뿐아니라	즁스의 말이 텬쥬ㅣ 물에 잇서 톄된 다흐고로 그 물에 잇는 스정이 각ㅅ 다름을 아릭 의논흠이라
C	41	中庸列體群臣於九經之內乎	즁용에 군신이 톄라 흐야 구경 안희 버럿는고	구경은 아홉 가지 겹법
	42	中庸謂體物而不可遺	즁용에 귀신이 물과 일톄되여 낏침이 업다흠은	즁용에 공주의 말을 끄러흠이니 귀신의 자최ㅣ 만물에 나타나 흔 톄 굿다 뜻
	43	天主欲人盡知死後魂存 而分明曉示若此	텬쥬ㅣ 사름으로 흐여곰 죽은 후에 혼이 잇심을 알게코져 흐야 분명이 뵈이기를 이굿치 흐느니	혹 마귀ㅣ 사름을 속이려 흐야 죽은 사름의 형상을 비러 보는 일도 잇느니라
	44	天主爲物之內本分	텬쥬ㅣ 물의 안본분이	본분은 물의 근본굿촌 리니 금슈의 지각과 초목의 싱쟝이라
	45	天地間無鬼神之殊	텬디간에 귀신이 다름이 업다흐며	등분이 업다 말
	46	推己及人也	즈긔를 밀외여 눔의게 밋고	즈긔의 원치 아나흠은 눔의게 원치 아니흔다 뜻
	47	何病疾使之散	무슴 병으로 허여지게 흐느뇨	귀운은 흥샹 텬디간에 츙만흔 거시라
	48	或在物如所以然之在己然	혹 소이연이 임의 그런틱 잇심은	뎌 물건의 소이연이 이 물건의 임의 그런틱 통흔다 뜻
	49	魂神在人爲其內本分	션혼은 사름에 잇서 그 안희 본분이 되야	사름되는 근본
	50	活虎與活人謂止以其貌異焉	산범과 산사름을 다만 모상으로써 다르다 흐면 결단코 맛당치 아니흔지라	가령 사름이 범의 굿족을 닙엇시면 모상이 범과 굿흘지니 범이라 흐고 사름의 류 아니랴

<u>〈뎨오편〉 註釋의 類型別 가나다順 整理表</u>

A	1	儉約	검략	검소ᄒ고 간략ᄒᆞᆫ 뜻
	2	味齋	미지	맛슬 감ᄒᆞᄂᆞᆫ 지
	3	飧齋	손지	밥을 감ᄒᆞᄂᆞᆫ 지
	4	時齋	시지	ᄯᅢ를 뎡ᄒᆞᆫ 지
	5	葷	훈미	마늘과 파 ᄀᆞᆺᄒᆞᆫ 약렴
	6	葷	훈치	마늘 ᄀᆞᆺᄒᆞᆫ 맛시라
B	1	六道	뉵도로	환싱ᄒᆞᄂᆞᆫ 여슷 길
	2	淨土	졍토	마치 극락세계와 ᄀᆞᆺᄒᆞᆫ 말
C	1	皆良種也	다 량죵	산양 잘 ᄒᆞᄂᆞᆫ 개
	2	譬如藏璞而弛其玉	비컨대 박을 금초고 옥은 ᄇᆞ림이니	돌 속에 잇ᄂᆞᆫ 옥이니 마치 돌을 취ᄒᆞ고 옥은 ᄇᆞ린다 뜻
	3	是魂特有二品	이ᄂᆞᆫ 혼이 두 가지 품ᄲᅮᆫ될지니	초목긔 혼과 사름과 즘승의 혼 두 품이라
	4	此二味者	이 두 맛시	덕의 맛과 음식맛

<u>〈뎨뉵편〉 註釋의 類型別 가나다順 整理表</u>

A	1	康誥	강고	셔뎐
	2	經傳	경뎐	전ᄒᆞᆫ 글
	3	皐陶	고요ㅣ	요남금 신하
	4	皐陶謨	고요모	셔뎐 편명
	5	老莊	노쟝	노ᄌᆞ 쟝ᄌᆞ란 사ᄅᆞᆷ이니 이단지도라
	6	多方	다방	ᄉᆞ방좌우
	7	多士	다ᄉᆞ야	만흔 션비
	8	大椿	대츈	오리사ᄅᆞᆫ 츈나무
	9	盤庚	반경	셔뎐
	10	拂郞祭斯穀	拂祭斯穀	×
	11	拂郞祭斯穀	셩인	×
	12	三苗	삼묘	서후 인금
	13	三王	삼왕	하은쥬
	14	西子	셔ᄌᆞㅣ	서시
	15	舜典	슌뎐에	셔젼 튠명
	16	如泥伯睦	如泥伯睦	×
	17	如泥伯睦	如泥伯睦	×
	18	如泥伯睦	如泥伯睦	×
	19	如泥伯睦	如泥伯睦	×
	20	如泥伯睦	如泥伯睦	×

A	21	禹	우공에	셔젼에 각국 디방 기록호 글
	22	二氏	이씨의	노즈 쟝즈
	23	二帝	이뎨	요
	24	益稷謨	익직모	셔뎐
	25	帝	뎨ㅣ	요님금
	26	天地人三皇	텬디인 삼황과	텬황 디황 인황이라
	27	楚之冥靈	초나라 명령과	쟝슈한 즈
	28	泰誓	태서	셔뎐
B	1	肉眼	육안	고기눈
	2	天年	텬년	타고난 목숨
C	1	不如各任其報耶	각″ 그 갑는되로 맛겨둔이만 굿지 못 호리로다	션악의 갑홈이 임의 즈손의게 밋츤즉 당쟈의 션악을 두 소리 길 정스쓸되 업다 쯧
	2	小心翼翼	소심익″	소심호는 모양
	3	所庸留於衣裳者絲線耳已	홍샹옷시 머물너 잇살 바쟈는 실이라	리로 션을 인도홈이 마치 바날노 실을 인도홈과 굿다 쯧
	4	如利不可經心 則何以欲歸之友親乎	만일 리ㅣ 가히 호지 못홀거시면 엇지 벗과 친쳑의게 돌녀 보내고져호랴	인의를 리로히 넉임은 군즈의 큰 욕심이오 그나마 지물과 몸을 리로히 넉임은 소인의 젹은 욕심이라
	5	又何辯辯是非者乎 辯天下名理 獨非辯乎	쏘흔 시비분별홈을 분변홈이 아니냐 텬하 물리와 일홈을 분변호야 글을 지엇시니	노쟝의 글이 대개 텬하물리와 형법과 일홈을 의논홈이라
	6	而後乃各取其所宜之貴賤也	이후에야 각″ 그 맛당흔 바 귀호고 쳔홈을 취홀지라	영″호 귀호고 쳔혼 샹벌을 밧는다 쯧

〈뎨칠편〉 註釋의 類型別 가나다順 整理表

A	1	膠	교슬	기동을 붓치고 트는 피파
	2	屠	도한	빅쟝
	3	名曰三函教	글오되 삼합교라 호니	유도 불도 노도를 합호야 혼 교라 문든 교라
	4	貿貿	무″히	무지호 모양
	5	寺觀	사관	절
	6	士師	스″	죄인 형벌호는 법관
	7	三教	세가지 교	유도와 불도와 노도
	8	三門	세문	유불노 삼문
	9	釋氏	셕시	부쳐

A	10	亞那	아나	×
	11	亞那	아나	×
	12	亞那	아나	×
	13	阿函	아함이	소위 불가에 존쟈라
	14	鬱鬯	울창지쥬	향긔러운 술
	15	義	의	올흘 의ㅆ
	16	仁	인	어질 인ㅆ
	17	仁	인	어질 인ㅆ
	18	仁	인	어질 인ㅆ
	19	仁	인	어질 인ㅆ
	20	仁	인	어질 인ㅆ
	21	仁	인	어질 인ㅆ
	22	仁	인	어질 인ㅆ
	23	仁	인	어질 인ㅆ
	24	仁	인	어질 인ㅆ
	25	仁道	인도	어진 도
	26	在牧者	목쟈에 잇스면	목쟈는 관쟝
	27	枝派	지파를	나뭇가지와 강물의 각〃 논화 흘름이니 사름을 ㄱㄹ침이라
B	1	公學	공번된 학슐	바로 빅혼는 학
	2	德之善爲習善	덕의 션은 습션이 되니	덕을 힘써 닉힌 션
	3	明德	명덕	셩품에 틔와주신 덕
	4	明德	명덕	셩품에 갓촌 덕이라
	5	明命	명명이	텬명이라
	6	本類	본류	사름이 각 류의 웃듬과 근본이 되니 본류에 세운 후에 다른 물의 셩톄를 분별홈이라
	7	生而知之	싱이지〃와	빅호지 아니ᄒᆞ고 아는 쟈
	8	先覺	션각	몬져 씨드른 쟈니 션싱과 ᄀᆞᆺ흔 말
	9	性之善爲良善	본셩의 션은 량션이 되고	셩품의 근본 션이오
	10	良能	량능	원리 본셩의 능이라
	11	依賴	의뢰	본톄 스스로 서지 못ᄒᆞ고 놈을 의지ᄒᆞ야 잇다 뜻
	12	自立	ᄌᆞ립	놈을 의지ᄒᆞ지 아니ᄒᆞ고 본톄ㅣ 스스로 션다 뜻
	13	學而知之之	학이지〃ᄒᆞᄂᆞᆫ	빅와 아는 쟈

C	1	可惡可疾謂惡也	가히 스려ᄒᆞ고 가히 뮈워홈은 악이니	인성이 본ᄃᆡ 션ᄒᆞ고 존션은 ᄉᆞ랑ᄒᆞ고 ᄒᆞ고져 ᄒᆞ며 악은 스려ᄒᆞ고 뮈워ᄒᆞ나 외물의 ᄭᅳᆯ녀 발ᄒᆞᄂᆞᆫ 셩이 혹 션ᄒᆞ고 혹 악ᄒᆞ다 ᄯᅳᆺ
	2	可以認本病 而復治療之	가히 ᄉᆞ정의 병통을 알아 ᄃᆞ스려 곳칠지니라	대개 셩품은 령혼의 발ᄒᆞᄂᆞᆫ 바오 ᄉᆞ욕은 육정의 발ᄒᆞᄂᆞᆫ 바니 고로 육신에 병이 잇스면 셩이 가변ᄒᆞ야 들고 ᄲᅳᆷ이 밧괴나 셩품은 본ᄃᆡ 션ᄒᆞ니 가히 ᄆᆞ음의 병을 ᄃᆞ스린다 ᄯᅳᆺ
	3	故愛鳥獸金石非仁也	고로 금슈와 금셕을 ᄉᆞ랑홈은 인이 아니라	물건을 ᄉᆞ랑홈을 ᄡᅳᆷ을 위홈이라
	4	苟世人者生而不能不爲善 從何處可稱成善乎	진실노 셰상사ᄅᆞᆷ이 평ᄉᆡᆼ에 부득불 ᄌᆞ연이 션ᄒᆞ량이면 어ᄂᆞ 곳을 좃차 가히 션을 일윗다 닐ᄏᆞ르랴	인셩이 비록 션ᄒᆞᆯ지라도 "모지 악ᄒᆞᆫ ᄉᆞ정이 업ᄉᆞ량이면 공이 되지 못ᄒᆞᆯ ᄲᅮᆫ아니라 엇지 일우온 션이 되리오 고로 ᄯᅳᆺ의 션악이 잇다 ᄯᅳᆺ
	5	能死罪人 詎其有死在己乎	죄인을 죽이나 죽음이 그 몸에 잇스랴	ᄉᆞᆯ샴이 사ᄅᆞᆷ을 죽이나 죽음이 ᄉᆞ의 몸에 잇셔 발홈이 아니니 "ᄉᆞ 마치 악을 홈이 본셩에 잇셔 홈이 아니라 ᄯᅳᆺ
	6	但謂愛者可相答之物耳	다만 ᄉᆞ랑ᄒᆞᄂᆞᆫ 쟈의 서로 ᄃᆡ답ᄒᆞᆯ 물건을 닐옴이니	속담에 올것이 잇셔야 갈 졍이 잇다 ᄯᅳᆺ
	7	理也 乃依賴之品	리ᄂᆞᆫ 의뢰의 품이니	리ᄂᆞᆫ 만가지 ᄉᆞ물의 의뢰ᄒᆞᆯ 쟈니 ᄌᆞ립ᄒᆞᄂᆞᆫ 인셩이 아니라 ᄯᅳᆺ
	8	夫仁之理 惟在愛其人之得善之美	대져 인의 리ᄂᆞᆫ 오직 그 사ᄅᆞᆷ이 션의 아ᄅᆞᆷ다옴 엇기를 위ᄒᆞ야 ᄉᆞ랑홈이오	그 사ᄅᆞᆷ이 감화ᄒᆞ야 션홈과 쏘 쥬의 아ᄅᆞᆷ다온 모상을 위ᄒᆞ야 ᄉᆞ랑홈이라
	9	非愛得其善與美而爲己有也	그 션과 아ᄅᆞᆷ다음을 엇어 내게시 됨을 위ᄒᆞ야 ᄉᆞ랑홈은 아니라	이ᄂᆞᆫ 물건 ᄉᆞ랑ᄒᆞᄂᆞᆫ ᄉᆞ랑이라
	10	所謂有所不爲 方能有爲焉	닐은바 ᄒᆞ지 아니ᄒᆞᄂᆞᆫ 바 잇셔야 능히 ᄒᆞ옴이 잇다 ᄒᆞ니	악을 ᄒᆞ지 안니ᄒᆞ고야 능히 션을 ᄒᆞᆫ다 ᄯᅳᆺ
	11	所謂由此而歸此者也	닐은바 이로 말미암아 이로 도라간다 홈이니라	텬쥬를 말미암아 빗호고 텬쥬씌로 도라간다 ᄯᅳᆺ
	12	誰有疑理爲弗善者乎	뉘러 리를 의심ᄒᆞ야 션치 아니ᄒᆞᆯ 쟈 잇스랴	셩품은 각류 다ᄅᆞ고 리믄 맛슈일니니 리로 셩품이라 홈은 그른지라
	13	惡非實物	악은 실ᄒᆞᆫ 물건이 아니라	무형ᄒᆞᆫ 거시라

C	14	然或有愛之而反以仇 則我可不愛之乎	그러나 혹 스랑호되 도로혀 원슈로써 홈이 잇스니 내 가히 스랑치 아니호랴	혹 원슈로 스랑을 갑는 쟈 잇스니 만일 스랑호는 덕이 아니면 엇지 원슈를 죄화호리오
	15	曰四生六道 人魂輪廻	굴오되 륜회뉵도지설과	사름이 연호야 환싱혼다 말
	16	仁義禮智 在推理之後也	인의례지는 츄론혼 후에 잇는 거시오	녯글에 인의례지를 사름의 성품이라 호고로 그럿치 아님을 붉힘이라
	17	天下無無意于爲善而可以爲善也	텬하에 선홀 뜻이 업시 선혼 쟈 업는지라	인셩이 본되 선호되 뜻이 잇서야 선을 힝호고 본되 악은 업스되 또혼 뜻이 잇서야 악을 힝호나 본되 선혼 성품의 죄는 아니라

〈뎨팔편〉 註釋의 類型別 가나다順 整理表

A	1	家君	가군	아비
	2	家君	가군	아비
	3	肯綮	긍경	요긴혼 뜻이라 말
	4	大禹	대우	하우시
	5	培養	빅양	붓도 〃와야 혼다 뜻
	6	比干	비간	은나라 츙신
	7	齊家	졔가	집을 다스린다 뜻
	8	敝會	폐회	마두의 든 회ㅣ니 겸스호야 폐회라 즈칭혼 말
C	1	是求無益於得也 求在外也	이 구홈은 엇음에 무익호니 밧긔 잇는 쟈를 구호는 연고라	주식의 잇고 업슴이 빗긔 잇다 뜻
	2	是求有益於得也 求在我也	이 구홈은 엇음에 유익호니 내게 잇는 쟈를 구호는 연고오	내 성품에 근본 갓초와 잇는 귀혼 덕이라
	3	亦有隙生之理	또혼 낫는 틈을 타는 리ㅣ도 잇스니	사름이 는 틈에 슈정호는 쟈도 잇서 전교호고 제쳔호게 홈이라
	4	以是得嗣無益於得	이 후스를 구홈으로써 엇음에 무익호거든	구호야 엇음이 명이 잇다 뜻
	5	或以釋舜不告而娶之義	혹 슌님금의 고치 아니호고 취쳐혼 뜻을 풀너홈이라	슌의 부모ㅣ 악호니 혹 고호면 취쳐 못홀가 두려 무후홈을 위호야 밧그로 취혼다 뜻
	6	況棄之溝壑者哉	하믈며 기울과 굴항에 브리는 쟈냐	음난혼 쟈의 비례지식을 방스홈이 마치 곡식종즈를 기울에 브림과 긋다 뜻
	7	況爲峻德之效也	하믈며 놉흔 덕의 효험을 위홈이냐	결졍혼 덕은 내게 잇는 거시니 구호야 유익호다 뜻

【부록】〈표 4〉 조선 언해필사본 『텬쥬실의』 주석의 전체 통합 유형별 가나다순 정리표

【類型 凡例】A:語彙 說明 / B:用語 定義 / C:文句 解析

〈A 類型〉

連番	註釋目錄本 本文	諺解筆寫本 本文	註 釋	所載
1	家君	가군	아비	〈데팔편〉
2	家君	가군	아비	〈데팔편〉
3	康誥	강고	셔뎐	〈데뉵편〉
4	秬鬯	거창	슐	〈데이편〉
5	乾元	건원이	건은 하늘 셩졍이오 원은 주직라 쯧	李之藻「셔」
6	桀紂	걸쥬	악흔 님금	〈데스편〉
7	儉約	검략	검소호고 간략흔 쯧	〈데오편〉
8	經傳	경뎐	젼혼 글	〈데뉵편〉
9	皐陶	고요ㅣ	요님금 신하	〈데뉵편〉
10	皐陶謨	고요모	셔뎐 편명	〈데뉵편〉
11	高后	고후	반경의 조샹 셩탕	〈데스편〉
12	穀旦	곡좐	졍월 초일	馮應京「셔」
13	膠	교	기동을 붓치고 틋는 피파	〈데칠편〉
14	敎諭	교유	マ 르치고 닐 ᄋ 다 쯧	〈슈편〉
15	丘陵	구룽	뫼	〈데스편〉
16	九淵	구연을	따 속 깁흔 곳	馮應京「셔」
17	九天	구텬	하늘 놉흔 층	馮應京「셔」
18	鱖魚	절어	고기 일홈	〈데스편〉
19	肯綮	긍경	요긴흔 쯧이라 말	〈데팔편〉
20	金滕	금등	쥬공의 지은 글	〈데스편〉
21	金滕	금등	쥬공의 글	〈데이편〉
22	老莊	노쟝	노즈 쟝즈란 사름이니 이단지도라	〈데뉵편〉
23	多方	다방	스방좌우	〈데뉵편〉
24	多士	다스야	만흔 션비	〈데뉵편〉
25	大西國利子	태서국리즈	마두	馮應京「셔」
26	大禹	대우	하우시	〈데팔편〉
27	大椿	대츈	오릭사 룬 츈나무	〈데뉵편〉
28	屠	도한	빅쟝	〈데칠편〉
29	厲	녀귀	사나온 귀신	〈데스편〉
30	鯉魚	니어	고기 일홈	〈데스편〉

31	利子	마두	리즈	馮應京「서」
32	膜	피막	가죽	馮應京「서」
33	名利	명리	일홈과 직물	馮應京「서」
34	名曰三函敎	굴오딕 삼합교라 ᄒᆞ니	유도 불도 노도를 합ᄒᆞ야 ᄒᆞᆫ 교를 ᄆᆞᆫ든 교라	〈뎨칠편〉
35	貿貿	무〃히	무지흔 모양	〈뎨칠편〉
36	武王	무왕	어진 님금	〈뎨ᄉᆞ편〉
37	物之宗品	물의 읏듬픔	물된 품수	〈뎨이편〉
38	味齋	미ᄌᆡ	맛슬 감ᄒᆞᄂᆞᆫ 지	〈뎨오편〉
39	盤庚	반경	은나라 님금이니 셔던 별명이 되니라	〈뎨ᄉᆞ편〉
40	盤庚	반경	셔던	〈뎨뉵편〉
41	盤古	반고씨	태고적 텬황씨절 이 나라 허황ᄒᆞ야 밋지 못할 인군	〈뎨이편〉
42	方寸	방촌	ᄆᆞ음	〈뎨ᄉᆞ편〉
43	方寸	방촌	모양	〈뎨습편〉
44	培養	빈양	붓도 〃와야 ᄒᆞ다 ᄯᅳᆺ	〈뎨팔편〉
45	伯夷	빅이	녯 츙신	〈뎨ᄉᆞ편〉
46	父	부	아비	〈뎨ᄉᆞ편〉
47	拂郞祭斯穀	성인	×	〈뎨뉵편〉
48	拂郞祭斯穀	拂祭斯穀	×	〈뎨뉵편〉
49	比干	비간	은나라 츙신	〈뎨팔편〉
50	寺觀	사관	절	〈뎨칠편〉
51	士師	ᄉᆞ〃	죄인 형벌ᄒᆞᄂᆞᆫ 법관	〈뎨칠편〉
52	獅子	ᄉᆞᄌᆞ	즘승	〈뎨ᄉᆞ편〉
53	三敎	세가지 교	유도와 불도와 노도	〈뎨칠편〉
54	三苗	삼묘	셔후 인금	〈뎨뉵편〉
55	三門	세문	유불노 삼문	〈뎨칠편〉
56	三王	삼왕	하은쥬	〈뎨뉵편〉
57	商頌	샹송	시던	〈뎨이편〉
58	上帝	샹톄오도가	노씨도	〈뎨이편〉
59	西伯	서빅이	쥬 문왕	〈뎨ᄉᆞ편〉
60	西士	서사	서국 선빅니 리마두씨서 ᄒᆞᄂᆞᆫ 말	〈슈편〉
61	西子	서ᄌᆞㅣ	서시	〈뎨뉵편〉
62	釋氏	석씨	불	〈뎨습편〉
63	釋氏	석시	부처	〈뎨칠편〉

64	先儒	션유ㅣ	젼션븨	〈뎨ᄉ편〉
65	成康	셩강이여	셩왕 강왕이라	〈뎨이편〉
66	沼	소	못	〈뎨ᄉ편〉
67	召誥	소고	쥬나라 소공의 글	〈뎨ᄉ편〉
68	所以然	물의 소이연	물이 되게 ᄒᆞᆯ 연유라	〈슈편〉
69	飱齋	손지	밥을 감ᄒᆞᄂᆞᆫ 지	〈뎨오편〉
70	舜典	슌뎐에	셔젼 편명	〈뎨뉵편〉
71	時齋	시지	ᄢᅢ를 뎡ᄒᆞᆫ 지	〈뎨오편〉
72	神治	신치	신긔히 ᄃᆞᄉᆞ리ᄂᆞᆫ 정ᄉ	〈뎨ᄉ편〉
73	十尺	십	열 ᄌᆞ	〈뎨이편〉
74	十寸	십촌	열 치	〈뎨이편〉
75	雅	대아	시뎐	〈뎨이편〉
76	亞那	亞那	×	〈뎨칠편〉
77	亞那	亞那	×	〈뎨칠편〉
78	亞那	亞那	×	〈뎨칠편〉
79	阿函	아함이	소위 불가에 존쟈라	〈뎨칠편〉
80	陽	양	음양이란 양이라	〈뎨이편〉
81	予	나ㅣ	탕 님금	〈뎨이편〉
82	黎	너후	샹쥬의 져후라	〈뎨ᄉ편〉
83	如泥伯睦	如泥伯睦	×	〈뎨뉵편〉
84	如泥伯睦	如泥伯睦	×	〈뎨뉵편〉
85	如泥伯睦	如泥伯睦	×	〈뎨뉵편〉
86	如泥伯睦	如泥伯睦	×	〈뎨뉵편〉
87	如泥伯睦	如泥伯睦	×	〈뎨뉵편〉
88	㠘梧斯悌諾	㠘梧斯諾	×	〈슈편〉
89	瓦	와	기와	〈뎨ᄉ편〉
90	用天	하늘을 쓰심이니	웃듬으로 쓴다 ᄯᅳᆺ	〈슈편〉
91	禹	우공에	셔젼에 각국 디방 기록ᄒᆞᆫ 글	〈뎨뉵편〉
92	鬱鬯	울창지쥬	향긔로운 술	〈뎨칠편〉
93	儒	유쟈ᄂᆞᆫ	션븨도	〈뎨이편〉
94	六合	육합이	텬디 ᄉᆞ방	〈슈편〉
95	淫戲	음희	무도ᄒᆞ다 ᄯᅳᆺ	〈뎨ᄉ편〉
96	義	의	올ᄒᆞᆯ 의ᄯᅩ	〈뎨칠편〉
97	二氏	불노의	불도 노도	李之藻「셔」
98	二氏	이씨의	노ᄌᆞ 쟝ᄌᆞ	〈뎨뉵편〉
99	二者	두가지	인심의리와 ᄉ물의리라	〈뎨이편〉

100	二帝	이뎨	요	〈뎨뉴편〉
101	益稷謨	익직모	셔뎐	〈뎨뉴편〉
102	仁	인	어질 인쯔	〈뎨칠편〉
103	仁	인	어질 인쯔	〈뎨칠편〉
104	仁	인	어질 인쯔	〈뎨칠편〉
105	仁	인	어질 인쯔	〈뎨칠편〉
106	仁	인	어질 인쯔	〈뎨칠편〉
107	仁	인	어질 인쯔	〈뎨칠편〉
108	仁	인	어질 인쯔	〈뎨칠편〉
109	仁	인	어질 인쯔	〈뎨칠편〉
110	仁	인	어질 인쯔	〈뎨칠편〉
111	仁道	인도	어진 도	〈뎨칠편〉
112	一丈	일장	흔 길	〈뎨이편〉
113	一尺	일쳑	한 주	〈뎨이편〉
114	粢盛	즈셩	기장쓸	〈뎨이편〉
115	在牧者	목쟈에 잇스면	목쟈는 관쟝	〈뎨칠편〉
116	寂滅	젹멸지학	허무흔 말	馮應京「셔」
117	截然	졀연이	끄너지게	〈뎨이편〉
118	鄭伯	졍빅이	졍나라 님금	〈뎨스편〉
119	程子	졍즈	송나라 명현	〈뎨이편〉
120	程子	졍즈	송나라 명현	馮應京「셔」
121	正統	졍통	통합일국흔 바룬 님금	李之藻「셔」
122	帝	뎨	요님금	〈뎨뉴편〉
123	帝	뎨	샹뎨라 흐는 뎨쯔라	李之藻「셔」
124	齊家	졔가	집을 다스린다 뜻	〈뎨팔편〉
125	諸先正	모든 션현	젼딕 어진 사롬	〈슈편〉
126	祖	조	조부	〈뎨스편〉
127	祖伊	조이	샹쥬의 신하라	〈뎨스편〉
128	造化之迹	조화지젹과	만물화싱흐는 자쳑	〈뎨스편〉
129	紂	은쥬	악흔 님금	〈뎨스편〉
130	周公仲尼	쥬공 즁니의	공주의 즈호	利瑪竇「인」
131	周頌	쥬송	시뎐	〈뎨이편〉
132	周子	쥬즈ㅣ	태극그림흘 쥬럼게라	〈뎨이편〉
133	中士	즁스	즁국션빅	利瑪竇「인」
134	中士	즁스ㅣ	즁국 션빅니 후에 다 이딕로 보라	〈슈편〉
135	中庸	즁용	즈스의 글	〈뎨이편〉

136	枝派	지파를	나뭇가지와 강물의 각〃 ᄂ화 흘름이니 사름을 ᄀᆞᄅᆞ침이라	〈뎨칠편〉
137	震	진방에쏘	님금의 위를 ᄀᆞᄅᆞ침이라	李之藻「서」
138	跖	도	녯 악인	〈뎨ᄉ편〉
139	天地人三皇	텬디인 삼황과	텬황 디황 인황이라	〈뎨뉴편〉
140	楚之冥靈	초나라 명령과	장슈한 ᄌᆞ	〈뎨뉴편〉
141	春秋傳	츈추뎐에	공ᄌᆞ 지은 글	〈뎨ᄉ편〉
142	湯誓	탕셔	셔뎐	〈뎨이편〉
143	太師	태ᄉᆞ의	악관	〈슈편〉
144	泰誓	태셔	셔뎐	〈뎨뉴편〉
145	貝玉	퍼옥	빅셩의 뇌물	〈뎨ᄉ편〉
146	敝會	폐회	마두의 든 회ㅣ니 겸ᄉᆞᄒᆞ야 폐회라 ᄌᆞ칭ᄒᆞᆫ 말	〈뎨팔편〉
147	夏氏	하씨	악왕 하걸	〈뎨이편〉
148	皇皇	황〃	만황의 황이라 말	李之藻「서」
149	后土	후토	따	〈뎨이편〉
150	葷	훈처	마눌 ᄀᆞᆺᄒᆞᆫ 맛시라	〈뎨오편〉
151	葷	훈미	마눌과 파 ᄀᆞᆺᄒᆞᆫ 약렴	〈뎨오편〉

〈B 類型〉

1	公學	공번된 학슐	바로 빅혼ᄂᆞᆫ 학	〈뎨칠편〉
2	郊社	교샤	교ᄂᆞᆫ 하늘을 위ᄒᆞᄂᆞᆫ 제ᄉᆞ요 샤ᄂᆞᆫ 따흘 위ᄒᆞᄂᆞᆫ 제ᄉᆞ라	〈뎨이편〉
3	內分	안본분	물의 부득불 잇ᄂᆞᆫ 서ㅣ라	〈뎨ᄉ편〉
4	大理天學	대리텬학	셩교	利瑪竇「인」
5	大本	대본	큰 근본	李之藻「서」
6	大原	대원을	(큰 근)원	李之藻「서」
7	德之善爲習善	덕의 션은 습션이 되니	덕을 힘써 닉힌 션	〈뎨칠편〉
8	濂洛關閩	렴락관민	경셔를 쥬낸 송나라 군ᄌᆞ들 난 따 일홈	李之藻「서」
9	明德	명덕	셩품에 갓촌 덕이라	〈뎨칠편〉
10	明德	명덕	셩품에 틔와주신 덕	〈뎨칠편〉
11	明命	명명이	텬명이라	〈뎨칠편〉
12	模者	모쟈	모양	〈슈편〉
13	本類	본류	사름이 각 류의 웃듬과 근본이 되니 본류에 세운 후에 다른 물의 셩태를 분별홈이라	〈뎨칠편〉

14	佛氏輪回六道	불시의 륜회뉴도	환도인셩ᄒᆞᆫ다 ᄯᅳᆺ	〈뎨ᄉᆞ편〉
15	事物	ᄉᆞ물에	일과 물건	〈뎨이편〉
16	事物	ᄉᆞ물을	일과 물건	馮應京「서」
17	生而知之	ᄉᆡᆼ이지"와	ᄇᆡ호지 아니ᄒᆞ고 아ᄂᆞᆫ 쟈	〈뎨칠편〉
18	先覺	션각	몬져 ᄭᆡ드른 쟈니 션싱과 ᄀᆞᆺᄒᆞᆫ 말	〈뎨칠편〉
19	性之善爲良善	본셩의 션은 량션이 되고	셩픔의 근본 션이오	〈뎨칠편〉
20	昭事大旨	ᄇᆞᆰ이 셤기ᄂᆞᆫ 대의ᄂᆞᆫ	쥬를 공경ᄒᆞᄂᆞᆫ 말	李之藻「서」
21	所謂二氣良能	소위 이긔의 량능과	음양 두 긔운의 본능이라	〈뎨ᄉᆞ편〉
22	良能	량능	원리 본셩의 능이라	〈뎨칠편〉
23	良能	량능	사ᄅᆞᆷ의 원리 잇는 능이라	〈슈편〉
24	靈才	령지에서	령혼의 지능이니 아직 처음 문답에 령혼 ᄉᆞ졍을 ᄇᆞᆰ히지 못ᄒᆞᆫ 고로 령혼이라 아니ᄒᆞ고 령지라 ᄒᆞ니라	〈슈편〉
25	爲仁者	인을 ᄒᆞᄂᆞᆫ 쟈ᄂᆞᆫ	션을 닥ᄂᆞᆫ 쟈	〈뎨ᄉᆞ편〉
26	爲者	위쟈	위쟈라	〈슈편〉
27	六道	뉴도로	환ᄉᆡᆼᄒᆞᄂᆞᆫ 여ᄉᆞᆺ 길	〈뎨오편〉
28	肉眼	육안	고기눈	〈뎨뉴편〉
29	輪廻	륜회	악쟈 죽어 쳔ᄒᆞᆫ 즘승이 된다 말	馮應京「서」
30	依賴	의뢰	본톄 스스로 셔지 못ᄒᆞ고 ᄂᆞᆷ을 의지ᄒᆞ야 잇다 ᄯᅳᆺ	〈뎨칠편〉
31	依賴者	의뢰ᄒᆞᆫ 쟈	ᄂᆞᆷ을 의지ᄒᆞᆫ 쟈	〈뎨이편〉
32	仁者	인ᄒᆞᆫ 쟈	임의 션ᄒᆞᆫ 쟈	〈뎨ᄉᆞ편〉
33	自立	ᄌᆞ립	ᄂᆞᆷ을 의지ᄒᆞ지 아니ᄒᆞ고 본톄ㅣ 스스로 션다 ᄯᅳᆺ	〈뎨칠편〉
34	自立者	ᄌᆞ립쟈	제 스스로 셔ᄂᆞᆫ 쟈	〈뎨이편〉
35	作者	작쟈	짓ᄂᆞᆫ 쟈	〈슈편〉
36	淨土	졍토	마치 극락셰계와 ᄀᆞᆺᄒᆞᆫ 말	〈뎨오편〉
37	町畦	경계ᄂᆞᆫ	근본디경	馮應京「서」
38	第緣四大	ᄎᆞ"ᄉᆞ대	ᄉᆞ원힝	〈뎨ᄉᆞ편〉
39	諸子百家	져ᄌᆞᄇᆡᆨ가로	유도 모든 글이라	李之藻「서」
40	質者	질쟈	몸	〈슈편〉
41	天年	텬년	타고난 목숨	〈뎨뉴편〉
42	學而知之之	학이지"ᄒᆞᄂᆞᆫ	ᄇᆡ와 아ᄂᆞᆫ 쟈	〈뎨칠편〉
43	好事者	호ᄉᆞ쟈	ᄇᆞ즈럽시 일을 일을 됴화ᄒᆞᄂᆞᆫ 쟈	馮應京「서」

⟨C 類型⟩

1	可捨此大本大原之主 而反奉其役事吾者哉	이 대본대원의 쥬쥬를 놋코 도로혀 우리를 섬길 쟈를 섬기랴	텬디는 사름 섬기는 물건이라	⟨뎨이편⟩
2	可惡可疾謂惡也	가히 스러ᄒ고 가히 뮈워홈은 악이니	인성이 본디 션ᄒ고 존션은 사랑ᄒ고 ᄒ고져 ᄒ며 악을 스러ᄒ고 뮈워ᄒ나 외물의 끌녀 발ᄒ는 성이 혹 션ᄒ고 혹 악ᄒ다 ᄯᆺ	⟨뎨칠편⟩
3	可以辨雪之爲白 而非黑	가히 눈의 희고 검지 아님을 분변ᄒ지니	눈은 고샤ᄒ고 몬져 흑빅부터 그릴 줄을 알아야 눈이 희다 검다 홀지라	⟨뎨슴편⟩
4	可以認本病 而復治療之	가히 ᄉ정의 병통을 알아 드ᄉ려 곳칠지니라	대개 성품은 령혼의 발ᄒ는 바오 ᄉ욕은 육정의 발ᄒ는 바니 고로 육신에 병이 잇스면 성이 가변ᄒ야 둘고 ᄡᆞ니 밧괴나 성품은 본딕 션ᄒ니 가히 ᄆᆞ음의 병을 드ᄉ린다 ᄯᆺ	⟨뎨칠편⟩
5	皆良種也	다 량종	산양 잘 ᄒᆞ는 개	⟨뎨오편⟩
6	犬牛之性猶人之性歟	개와 소의 성품이 사름의 성품과 ᄀᆞᄐᆞ랴	즁ᄉ의 말이 만류가 ᄒᆞᆫ 긔운으로 되고 다만 모상이 다르다 ᄒᆞ는 고로 딕답이 ᄀᆞᄐᆞ니	⟨뎨ᄉ편⟩
7	故物雖有鬼神 而 弗登靈才之品也	귀신이 비록 물에 잇스나 물건을 령품에 오라지 못ᄒᆞᆯ지라	귀신과 물의 류 다름이 마치 ᄉ공과 빙의 류 다름과 ᄀᆞᄐᆞ야 홀 데 아니라	⟨뎨ᄉ편⟩
8	故散而不返歸于 天主 惟歸其所結物類爾矣	저 텬쥬ᄭᆡ로 도라가지 못ᄒ고 오직 제 소속물류로 도라가ᄂᆞ니	만물이 다 본처소로 도라가ᄂᆞ니 가령 흙에서 난 물건은 흙으로 돌라가니 오직 령혼은 본 처소ㅣ 텬당이라	⟨뎨ᄉ편⟩
9	故愛鳥獸金石非仁也	고로 금슈와 금셕을 ᄉᆞ랑홈은 인이 아니라	물건을 ᄉᆞ랑홈은 ᄡᆞᆷ을 위홈이라	⟨뎨칠편⟩
10	丘陵旣平 蟻垤何有	구릉을 임의 평ᄒ엿시니 가얌의 둑이야 무어시 어려우리오	임의 어려운 도리를 벽파ᄒ엿시니 그나마는 어렵지 안타 말	⟨뎨ᄉ편⟩
11	苟世人者生而不能不爲善 從何處可稱成善乎	진실노 셰상사름이 평ᄉᆡᆼ에 부득불 ᄌᆞ연이 션ᄒ량이면 어ᄂᆞ 곳을 좃차 가히 션을 일웟다 닐ᄋᆞ랴	인성이 비록 션ᄒᆞᆯ지라도 "모지 악ᄒᆞᆫ ᄉ정이 업ᄉ량이면 공이 되지 못ᄒᆞᆯ ᄲᅮᆫ아니라 엇지 일우온 션이 되리오 고로 ᄯᅳᆺ의 션악이 잇다 ᄯᆺ	⟨뎨칠편⟩

12	國統於一	나라는 흔 님금에 통솔	일통하엿다 말	利瑪竇「인」
13	君子於物也 愛之 弗仁	군주는 물을 수랑호되 인으로 아니혼다호니	인은 션이니 금수초목 궃흔 류를 가히 죽인 즉 죽일 가히 버힌 죽버힐지니 사롬의와 궃치 인도룰 쓰지 아니혼다 뜻	〈뎨스편〉
14	其臺	그되룰	집	〈뎨스편〉
15	氣之屈伸	긔운의 굴호고 펴임은	이는 즁용귀신 의논혼 글쟝에 그릇 플미라	〈뎨스편〉
16	冷熱硬懊合於身 我方覺之則 遠之則不覺也	추고 더움과 굿고 연홈을 씨듯지 못호느니	육졍의 지각은 물졍을 기드려 응호니 편시물노 물을 사굄이라	〈뎨습편〉
17	能事鬼神	죡히 귀신을 셤기겟다호고	쥬공이 조칭홈이 아니라 셩왕을 디신호야 귀신의게 드림을 쳥홈이라	〈뎨스편〉
18	能死罪人 詎其有死在己乎	죄인을 죽이나 죽음이 그 몸에 잇스랴	스″ㅣ 사롬을 죽이나 죽음이 스″의 몸에 잇셔 발홈이 아니″ 마치 악을 홈이 본셩에 잇셔 홈이 아니라 뜻	〈뎨칠편〉
19	但不宜以似爲眞 以由外來者爲內本	맛당이 근소혼 것소로써 춤됨을 삼지 못홀 거시오 밧그로 말믹암아 오는 쟈로써 안 본분을 삼지 못홀지라	물건의 혹 령혼이 잇는듯 홈은 졔 본분이 아니라 밧그 인도호는 쟈 잇다 뜻	〈뎨스편〉
20	但謂愛者可相答之物耳	다만 스랑호는 쟈의 셔로 되답홀 물건을 닐옴이니	속담에 올것이 잇셔야 갈 졍이 잇다 뜻	〈뎨칠편〉
21	獨子其子也	홀노 그 아들을 아들호고져 홈이나	육신부모외에 대부모는 엇지 못혼다 뜻	馮應京「셔」
22	同類者不必同體	류ㅣ 굿흔 쟈는 반두시 톄ㅣ 굿지 안타호고	돌사롬과 돌스조는 굿흔 돌의 류로딩 톄는 사롬과 즘승이 다르다	〈뎨스편〉
23	銅水本靈可乎	구리병에 물이 본딩 령호다 홈이 가호랴	밧긔 인도잇는 연고	〈뎨스편〉
24	同之于鬼神及靈魂 亦不足恠	귀신과 령혼을 긔운이라 홈이 과연 괴이치 아니호나	만물이 긔운 속에 산즉 긔운으로 싱명근본을 삼음이 괴치 안타 뜻	〈뎨스편〉
25	類同	류는 굿호니	돌의 류	〈뎨스편〉

26	理也 乃依賴之品	리는 의뢰의 픔이니	리는 만가지 ᄉ물의 의뢰흔 쟈니 ᄌ립ᄒᆞᄂᆞᆫ 인셩이 아니라 ᄯᅳᆺ	〈뎨칠편〉
27	理之體用廣甚	리의 톄와 용이 심히 넓으니	ᄆᆞ가지 ᄉᆞ리라 톄용이 잇스니 톄ᄂᆞᆫ 근본이요 용은 ᄭᅳ치라	〈슈편〉
28	無頭無腹 無首無足	머리와 ᄇᆡ ᅵ도 업고 손과 불도 업스니	하늘이 형상만 잇고 이목수족이 업ᄉᆞ니 불과 ᄒᆞᆫ 덩이 물건이라	〈뎨이편〉
29	無一物非貴神也	ᄒᆞᆫ 물건도 귀신 아님이 업ᄂᆞᆫ지라	이는 즁용풀님과 ᄀᆞᆺᄒᆞᆫ 말	〈뎨ᄉᆞ편〉
30	無子則無父	아들이 업스면 아비ᅵ 업스랴	리 업슨들 물이 업스랴	〈뎨이편〉
31	聞之三月 食不知味矣	삼월이 되도록 밥 먹는 자미를 아지 못ᄒᆞᆯ지라	공ᄌᆞᅵ 소ᄅᆞ 하ᄂᆞᆫ 풍악을 듯고 삼월을 밥맛슬 모른다 ᄒᆞ니라	〈뎨ᄉᆞ편〉
32	辯之爲非	분변ᄒᆞ야 그르다 ᄒᆞ엿거늘	묵젹의 도는 내 부모나 ᄂᆞᆷ의 부모나 등분 업시 ᄀᆞᆺ치 ᄉᆞ랑ᄒᆞᆫ다 ᄒᆞ니라	〈뎨ᄉᆞ편〉
33	不覺忤古聖之旨	그 셩인의 ᄯᅳᆺ에 거스림을 ᄭᆡᄃᆞᆺ지 못ᄒᆞᆷ이로다	리로셔 벽파치 못ᄒᆞᆫ다 ᄯᅳᆺ	〈뎨ᄉᆞ편〉
34	不能爲物之本分	물의 본분이 되지 아니ᄒᆞᆯ지니	쟉쟈 위쟈는 물톄에 미지 아니ᄒᆞ고 쥬의 조화에 속ᄒᆞ니 쥬ᅵ 물의 소이연됨이 그 연고라	〈슈편〉
35	不如各任其報耶	각〃 그 갑ᄂᆞᆫᄃᆡ로 맛겨둠이만 ᄀᆞᆺ지 못ᄒᆞ리로다	션악의 갑흠이 임의 ᄌᆞ손에게 밋츤즉 당쟈의 션악을 ᄃᆞ스리ᄂᆞᆯ 졍ᄉᆞᄊᆞᆯ ᄃᆡ 업다 ᄯᅳᆺ	〈뎨뉵편〉
36	不云模者質者	모쟈와 질쟈ᅵ라 닐오지 아니ᄒᆞᆯ지라	쟉쟈 위쟈ᄂᆞᆫ 쥬의 조화에 속ᄒᆞ고 모쟈 질쟈ᄂᆞᆫ 물의 모양과 본분인즉 물의 본분이 됨이오 쥬ᄂᆞᆫ 그 본분이 아니라 말	〈슈편〉
37	夫遠之意 與獲罪乎天無所禱同	공ᄌᆞᅵ 소위 멀니ᄒᆞ라 ᄒᆞ며 죄를 하늘에 엇〃시면 빌 곳이 업다ᄒᆞᆷ이 〃연고라	귀신은 화복의 권이 업ᄂᆞᆫ고로 멀니 ᄒᆞ며 빌지 못ᄒᆞᆫ다 ᄯᅳᆺ	〈뎨ᄉᆞ편〉
38	夫謂天下萬物皆同 于此三等何居	만일 텬하만물을 다 ᄀᆞᆺ다 ᄒᆞ면 이 우희 세가지 등분은 어ᄃᆡ거ᄂᆞᆫ고	실은 다르ᄃᆡ ᄀᆞᆺ홈과 대략 ᄀᆞᆺ홈과 ᄎᆞᆷ ᄀᆞᆺᄒᆞᆫ 세 등분이라	〈뎨ᄉᆞ편〉
39	復以印諸物 不亦謬也	다시 만물을 안치려ᄒᆞᆷ이 ᄯᅩᄒᆞᆫ 그르지 아니ᄒᆞ랴	젼셩인의 울건을 직작ᄒᆞ야 쓰게 ᄒᆞᆷ은 불과 텬쥬의 인젹을 의지ᄒᆞᆷ이라 엇지 물을 내엿시리오	〈뎨ᄉᆞ편〉

40	夫仁之理 惟在愛 其人之得善之美	대져 인의 리는 오직 그 사름이 션의 아룸다옴 엇기를 위ᄒᆞ야 ᄉᆞ랑ᄒᆞᆷ이오	그 사름이 감화ᄒᆞ야 션흠과 또 쥬의 아룸다온 모상을 위ᄒᆞ야 ᄉᆞ랑흠이라	〈뎨칠편〉
41	不得不然 而莫知其然	부득불 그리되ᄃᆡ 그리되는 줄을 아지 못ᄒᆞᄂᆞ니	믈이 귀신의 능을 인ᄒᆞ야 그리되나 그 되는 줄은 물이 아지 못ᄒᆞ다 ᄯᅳᆺ	〈뎨ᄉᆞ편〉
42	非愛得其善與美 而爲己有也	그 션과 아름다음을 엇어 내거시 됨을 위ᄒᆞ야 ᄉᆞ랑흠은 아니라	이는 물건 ᄉᆞ랑ᄒᆞ는 ᄉᆞ랑이라	〈뎨칠편〉
43	譬如藏璞而弛其 玉	비컨대 박을 금초고 옥은 ᄇᆞ림이니	돌 속에 잇는 옥이니 마치 돌을 취ᄒᆞ고 옥은 ᄇᆞ린다 ᄯᅳᆺ	〈뎨오편〉
44	西方聖人	서방셩인을	셩방에 셩인이 잇다 ᄒᆞ는 말이 비록 공ᄌᆞ의 말이라 ᄒᆞ나 외셜에 잇ᄉᆞ니 밋지 못홀 말이라	馮應京「서」
45	書言人己 非徒言形 乃兼言形性耳	글에 늄과 ᄌᆞ긔를 말음은 ᄒᆞᆫ갓 박긔 형상만 말ᄒᆞ거시아니라 안희 셩졍을 겸ᄒᆞ야 닐옴이니라	사름이 형상이 ᄀᆞᆺ흠으로 인의를 힝흠이 아니라 안셩졍의 친소원근과 후박을 논화 맛당ᄒᆞᆫ대로 ᄒᆞᆷ이라	〈뎨ᄉᆞ편〉
46	昭事上帝	소ᄉᆞ샹뎨	붉이 셤긴다 ᄯᅳᆺ	〈뎨이편〉
47	小心翼翼	소심익 〃	조심ᄒᆞ는 모양	〈뎨이편〉
48	小心翼翼	소심익 〃	소심ᄒᆞ는 모양	〈뎨뉴편〉
49	所庸留於衣裳者 絲線耳已	홍샹옷시 머물너 잇살 바쟈는 실이라	리로 션을 인도홈이 마치 바날노 실을 인도홈과 ᄀᆞᆺ다 ᄯᅳᆺ	〈뎨뉴편〉
50	所謂有所不爲 方 能有爲焉	닐은바 ᄒᆞ지 아니ᄒᆞ는 바 잇셔야 능히 ᄒᆞ옴이 잇다ᄒᆞ니	악을 ᄒᆞ지 안니ᄒᆞ고야 능히 션을 ᄒᆞᆫ다 ᄯᅳᆺ	〈뎨칠편〉
51	所謂由此而歸此 者也	닐은바 이로 말미암아 이로 도라간다 홈이니라	텬쥬를 말미암아 빗호고 텬쥬ᄭᅴ로 도라간다 ᄯᅳᆺ	〈뎨칠편〉
52	所以然者有在物 之內分 如陰陽是 也	소이연이 물안희 잇셔 본분이 되는 쟈는 음양 ᄀᆞᆺᄒᆞᆫ 것시오	물이 음양긔운으로 사는 고로 물의 본분이 된다 ᄯᅳᆺ	〈뎨ᄉᆞ편〉
53	誰有疑理爲弗善 者乎	뉘러 리를 의심ᄒᆞ야 션치 아니하홀 쟈 잇ᄉᆞ랴	셩품은 각류 다르고 리믄 맛슈일리니 리로 셩품이라 홈은 그른지라	〈뎨칠편〉

54	是告子之後又一告子也	이는 고즈 후에 쏘 고즈로다	고즈의 말이 식식이 셩품이라 ᄒᆞᆫ즉 밍쟈의 디답이 식식은 사름과 즘승이 ᄀᆞᆺᄒᆞ니 인물의 셩품이 ᄀᆞᆺᄒᆞ랴	〈뎨ᄉᆞ편〉
55	是求無益於得也 求在外也	이 구ᄒᆞᆷ은 엇음에 무익ᄒᆞ니 밧긔 잇ᄂᆞᆫ 쟈를 구ᄒᆞᄂᆞᆫ 연고라	ᄌᆞ식의 잇고 업슴이 빗긔 잇다 ᄯᅳᆺ	〈뎨팔편〉
56	是求有益於得也 求在我也	이 구ᄒᆞᆷ은 엇음에 유익ᄒᆞ니 내게 잇ᄂᆞᆫ 쟈를 구ᄒᆞᄂᆞᆫ 연고오	내 셩품에 근본 갓초와 잇ᄂᆞᆫ 귀ᄒᆞᆫ 덕이라	〈뎨팔편〉
57	是不亦冥頑弗靈甚哉	엇지 우완ᄒᆞ고 지각업심이 심ᄒᆞᆫ 쟈 아니냐	악을 피ᄒᆞᆷ을 교악갓치 홀거슬 아니 피ᄒᆞᆫ다는 ᄯᅳᆺ	李之藻「서」
58	是魂特有二品	이는 혼이 두 가지 품뿐일지니	초목긔 혼과 사름과 즘승의 혼 두 품이라	〈뎨오편〉
59	我無間焉	나ㅣ 간단 업시	무시무죵과 ᄀᆞᆺ다 ᄯᅳᆺ	〈뎨ᄉᆞ편〉
60	惡非實物	악은 실ᄒᆞᆫ 물건이 아니라	무형ᄒᆞᆫ 거시라	〈뎨칠편〉
61	安知其有無哉	만일 그 셩품의 티도를 볽히지 못ᄒᆞ고야 엇지 잇다 업다 ᄒᆞᆯ 줄을 알니오	귀신의 유무는 비록 아지 못ᄒᆞ나 셩품의 유무는 몬져 볽힌고로 업다 잇다 ᄒᆞᆷ이라	〈뎨ᄉᆞᆷ편〉
62	若日光之在其所照水晶焉 火在其所燒紅鐵焉	마치 날빗치 그 본소에 잇셔 슈졍에 빗침과 불긔운이 그 본소에 잇셔 쇠를 슬흠이라	날이 슈졍에 빗최듸 본소를 ᄡᅥ니지 아니ᄒᆞ고 불도 쏘흔 그러ᄒᆞ니 물에 잇기는 ᄀᆞᆺᄒᆞᆫ 듯ᄒᆞ나 더 본분되는 쟈와 의뢰되는 쟈의 물에 잇심으로 더브러 특히 다르니라	〈뎨ᄉᆞ편〉
63	於皇來牟 將受厥明	셩ᄒᆞ다리모여	밀	〈뎨이편〉
64	如利不可經心 則何以欲歸之友親乎	만일 리ㅣ 가히 ᄒᆞ지 못ᄒᆞᆯ 거시면 엇지 벗과 친의게 돌녀보내고져 ᄒᆞ랴	인의를 리로히 넉임은 군ᄌᆞ의 큰 욕심이오 그나마 지물과 몸을 리로히 넉임은 쇼인의 젹은 욕심이라	〈뎨뉴편〉
65	如放勳帝堯二各	마치 방훈과 뎨요ㅣ	둘 다 요 님금 일홈	〈뎨ᄉᆞ편〉
66	如樂音皆宮	만일 풍악이 다만 ᄒᆞᆫ 가지 궁셩만	오음 즁 ᄒᆞᆫ 소리	〈뎨ᄉᆞ편〉
67	如柳宿與柳樹是也	마치 별의 일홈 류슈와 나무 일홈 류슈 ᄀᆞᆺᄒᆞᆫ 거시오	柳宿・柳樹	〈뎨ᄉᆞ편〉

68	如一丈載十尺 一尺載十寸之體是也	마치 일쟝이 십 쳑을 포함ᄒᆞ고 일쳑이 십촌의 톄를 포함홈이오	쳑과 촌이 쟝에서 나거니와 리ᄂᆞᆫ 믈의 포함ᄒᆞᆫ 바되니 믈은 리를 내려니와 리ᄂᆞᆫ 믈을 내지 못ᄒᆞᆫ다 뜻	〈뎨이편〉
69	如作樂大成	마치 풍악을 지으매 대셩을	모든 젹은 풍악을 모화 큰 풍악의 신종을 온젼이 일운다 뜻	〈슈편〉
70	亦有隙生之理	ᄯᅩᄒᆞᆫ 낫ᄂᆞᆫ 틈을 타ᄂᆞᆫ 리도 잇ᄂᆞ니	사ᄅᆞᆷ이 ᄂᆞᆫ 틈에 슈졍ᄒᆞᄂᆞᆫ 쟈도 잇서 젼교ᄒᆞ고 졔쳔ᄒᆞ게 홈이라	〈뎨팔편〉
71	然而各物各體 本性弗雜	그러나 각 믈의 각 톄와 각 셩이 셜로 섯기지 아니 ᄒᆞᄂᆞ니	날이 슈졍에 빗쳠과 불이 쇠에 ᄉᆞᄆᆞᆺ춤이 섯긴 듯ᄒᆞᄃᆡ 날과 불의 본톄와 본셩이 본쳐에 잇서 더 임의 그런 ᄃᆡ 통ᄒᆞᆯ ᄲᅮᆫ	〈뎨ᄉᆞ편〉
72	然此爲天主所立者	마치 븬공의 그 계ᄀᆞᆺᄒᆞ니 이ᄂᆞᆫ 텬쥬의 세우신 바 쟈라	슈힝이 만물화ᄉᆡᆼᄒᆞᄂᆞᆫ 개ᄀᆞᆺᄒᆞ니 태극이 불과 슈힝의 달니ᄒᆞᆫ 일홈	〈뎨이편〉
73	然或有愛之而反 以仇 則我可不愛之乎	그러나 혹 ᄉᆞ랑ᄒᆞᄃᆡ 도로혀 원슈로써 홈이 잇ᄂᆞ니 내 가히 ᄉᆞ랑치 아니ᄒᆞ랴	혹 원슈로 ᄉᆞ랑을 갑는 쟈 잇ᄂᆞ니 만일 ᄉᆞ랑ᄒᆞᄂᆞᆫ 덕이 아니면 엇지 원슈를 죄화ᄒᆞ리오	〈뎨칠편〉
74	曰四生六道 人魂輪廻	ᄀᆞᆯ오ᄃᆡ 륜회뉵도지셜과	사ᄅᆞᆷ이 연ᄒᆞ야 환ᄉᆡᆼᄒᆞᆫ다 말	〈뎨칠편〉
75	曰靈沼	령소라 ᄒᆞ니	븩셩이 인군을 ᄉᆞ랑ᄒᆞ야 아름다온 일홈으로 더으니라	〈뎨ᄉᆞ편〉
76	外物如此 內何不然乎	ᄇᆞᆺ긔 믈건도 이 ᄀᆞᆺᄒᆞ니 안희 졍리ᄂᆞᆫ 엇지 그럿치 아니ᄒᆞ리오	사ᄅᆞᆷ의 ᄆᆞ음이 믈에 베플미 각〃 달나 일톄 아니라 뜻	〈뎨ᄉᆞ편〉
77	要於福善禍淫	대져 복션화음지리ᄂᆞᆫ	경셔에 션ᄒᆞᆫ 쟈ᄂᆞᆫ 복주고 음난ᄒᆞᆫ 쟈ᄂᆞᆫ 화준다 말	李之藻「서」
78	又曰	ᄯᅩ ᄀᆞᆯ오ᄃᆡ	븩셩이 ᄯᅩ 고ᄒᆞᄂᆞᆫ 말	〈뎨ᄉᆞ편〉
79	又有好事者 另立門戶	ᄯᅩ 호소쟈 잇서 별노 문호를 세워	이단잡슐ᄒᆞᄂᆞᆫ 집이 만타 말	〈뎨습편〉
80	又何辯辯是非者乎 辯天下名理 獨非辯乎	ᄯᅩᄒᆞᆫ 시비분별홈을 분변홈이 아니냐 텬하 물리와 일홈을 분변ᄒᆞ야 글을 지엇시니	노쟝의 글이 대개 텬하물리와 형법과 일홈을 의논홈 이라	〈뎨뉵편〉
81	越厥後王後民	그 후왕후민의 어질지 못홈이 못 다ᄒᆞ고	은나라 후왕과 후븩셩이 부도ᄒᆞ고로 하ᄂᆞᆯ에 잇ᄂᆞᆫ 션왕이 돕지 아니 ᄒᆞᆫ다 뜻이라	〈뎨ᄉᆞ편〉

82	由其不能辨乎物之所以然也	능히 물의 소이연을 살피지 못훈 연고라	소이연은 물의 엇더케 된 바 연유라	〈뎨ᄉ편〉
83	有我無我之別也	내가 잇고 내가 업다ᄒᆞᄂᆞᆫ 분별이니	유도는 근본이 잇다 홈이오 불도는 근본이 업다 홈이라	馮應京「서」
84	陰陽是也	음양이이오	물의 동정 방원 개소 강유가 잇ᄉᆞ니 다 음양이 붓ᄂᆞ니라	〈슈편〉
85	以己及人也	ᄌᆞ긔로써 눔의게 밋츠며	션훈 표양이 눔을 화훈다 쯧	〈뎨ᄉ편〉
86	而其餘之所以然	그나마 소이연은	각물의 버금 소이연이니만치 나무의 쌜희는 나무의 소이연이오 쌜희의 소이연은 쥬ᄉᆡ 속훈지라	〈슈편〉
87	以貌像別物者 大槪相同 不可謂異類	서로 ᄀᆞᆺ훈 모상이 대개 만ᄒᆞ니 가히 류로 구별ᄒᆞ지 못홀지라	모상은 ᄀᆞᆺ훈 듯ᄒᆞ되 실은 다르고 모상은 싸로 듯ᄒᆞ되 실노 ᄀᆞᆺ훈 류 잇ᄂᆞ니라	〈뎨ᄉ편〉
88	以事上帝	샹뎨를 셤긴다 ᄒᆞ고	텬ᄌᆞ 친경훈 소츌노 제헌ᄒᆞᄂᆞᆫ 례라	〈뎨이편〉
89	以是得嗣無益於得	이 후ᄉᆞ를 구홈으로써 엇음에 무익훈 거든	구ᄒᆞ야 엇음이 명이 잇다 쯧	〈뎨팔편〉
90	二者惟以貌像謂之異 宜也	둘을 오직 모상으로만 말호즉 다로다 홈이 맛당ᄒᆞ려니와	모상은 다로나 본류는 홈이라	〈뎨ᄉ편〉
91	而後乃各取其所宜之貴賤也	이후에야 각〃그 맛당훈 바 귀ᄒᆞ고 천홈을 취홀지라	영〃훈 귀ᄒᆞ고 천훈 샹벌을 밧ᄂᆞᆫ 쯧	〈뎨뉵편〉
92	人能弘道 非道弘人也	사룸이 능히 도를 크게 ᄒᆞ고 도는 능히 사룸을 크게 못훈다 ᄒᆞ니	사룸은 물노 비ᄒᆞ고 도는 리로 비홈이라	〈뎨이편〉
93	仁義禮智 在推理之後也	인의례지는 츄론훈 후에 잇ᄂᆞᆫ 거시오	넷글에 인의례지를 사룸의 셩품이라 ᄒᆞᆫ고로 그럿치 아님을 붉힘이라	〈뎨칠편〉
94	迪高后 丕乃崇降弗鮮	쏘 고후끠로 말미암아 크게 샹서치 아님을 ᄂᆞ리신다 ᄒᆞ고	이는 반경이 셩탕의게 졔사ᄒᆞᄂᆞᆫ 말	〈뎨ᄉ편〉

95	第其在物且非一端	대져 물에 잇는 분수를 의논홀 진대 한긋 샏아니라	즁ᄉ의 말이 텬쥬ㅣ 물에 잇서 톄된 다ᄒ고로 그 물에 잇ᄂ ᄉ졍이 각〃 다름을 아뢰 의논흠이라	〈대ᄉ편〉
96	帝出乎震	뎨ㅣ 진에 낫다 ᄒ니	진방은 님금의 위를 ᄀᆞᆯ침이라	〈대이편〉
97	衆小成	뭇소셩을	각〃 알외ᄂ 젹은 풍악	〈슈편〉
98	中庸列體群臣於九經之內乎	즁용에 군신이 톄라 ᄒ야 구경 안희 버렷ᄂ고	구경은 아홉 가지 졉법	〈대ᄉ편〉
99	中庸謂體物而不可遺	즁용에 귀신이 물과 일톄되어 끼침이 업다ᄒ믄	즁용에 공ᄌ의 말을 ᄭ러홈이니 귀신의 자최ㅣ 만물에 나타나 흔테 곳다 ᄯᆮ	〈대ᄉ편〉
100	此二味者	이 두 맛시	덕의 맛과 음식맛	〈대오편〉
101	天子親耕	텬ᄌㅣ 친히 갈아	례에 텬ᄌ 친히 갈아 농ᄉ의 즁홈 뵘이라	〈대이편〉
102	天主欲人盡知死後魂存 而分明曉示若此	텬쥬ㅣ 사ᄅᆷ으로 ᄒ여곰 죽은 후에 혼이 잇심을 알게코져ᄒ야 분명이 뵈이기를 이ᄀᆞ치 ᄒᄂ니	혹 마귀ㅣ 사ᄅᆷ을 속이려 ᄒ야 죽은 사ᄅᆷ의 형상을 비러 보는 일도 잇ᄂ니라	〈대ᄉ편〉
103	天主爲物之內本分	텬쥬ㅣ 물의 안본분이	본분은 물의 근본ᄀᆞᆺᄎᆫ 리니 금슈의 지각과 초목의 싱쟝이라	〈대ᄉ편〉
104	天地間無鬼神之殊	텬디간에 귀신이 다름이 업다ᄒ며	등분이 업다 말	〈대ᄉ편〉
105	天下無無意于爲善 而可以爲善也	텬하에 션홀 ᄯᆮ이 업시 션홀 쟈 업ᄂ지라	인셩이 본디 션ᄒᆫ되 ᄯᆮ이 잇서야 션을 ᄒᆡᆼᄒ고 본디 악은 업ᄉ되 ᄯᅩᄒᆫ ᄯᆮ이 잇서야 악을 ᄒᆡᆼᄒ나 본디 션ᄒᆫ 셩품의 죄ᄂ 아니라	〈대칠편〉
106	推己及人也	ᄌᄀᆡ를 밀외여 ᄂᆷ의게 밋고	ᄌᄀᆡ의 원치 아나흠은 ᄂᆷ의게 원치 아니ᄒᆫ다 ᄯᆮ	〈대ᄉ편〉
107	則人魂之神 何以疑乎	즉 사ᄅᆷ의 혼이 신이 됨을 엇지 의심ᄒ리오	령혼은 무형ᄒᆫ 톄라 대소방원의 한령이 업ᄂ 고로 못 밧ᄂ 물이 업다 ᄯᆮ	〈대슙편〉
108	則知夫牛者有可以脫其聲色味等形者之情 而神焉者	그 소ㅣ 되ᄂ 줄을 알믄 스스로 빗과 소리와 맛ᄀᆞᆺᄒᆫ 형상에 버셔난 신이 잇서 알미라	유형ᄒᆫ 눈과 귀와 입은 유형ᄒᆫ 빗과 소리와 맛슬 밧고 무형ᄒᆫ 신은 소의 무형ᄒᆫ 소의 셩톄지리를 밧ᄂ다 ᄯᆮ	〈대슙편〉
109	特異以名也	일홈을 달리ᄒᆯ지라	ᄯᆮ은 ᄀᆞᆺ다 말	〈대이편〉

110	彼旣是無意之物	뎌ㅣ임의 뜻이 업는 물건이니	리는 원ᄒᆞ고 원치 아니ᄒᆞ는 졍이 업다 뜻	〈뎨이편〉
111	何病疾使之散	무숨 병으로 허여지게 ᄒᆞᄂᆞ뇨	긔운은 ᄒᆞᆼ샹 텬디간에 츙만ᄒᆞᆫ 거시라	〈뎨ᄉᆞ편〉
112	胡能爲物之分也	엇지 물의 본분이 되리오	쥬는 물을 지으신 소이연이오 물의 미인 본분은 아니라	〈슈편〉
113	虎狼蛟鰐	호랑과 교악의	교악은 바다에 큰 고기와 독룡이니 사람을 샹해오는 거시라	李之藻 「서」
114	或以釋舜不告而娶之義	혹 슌님금의 고치 아니ᄒᆞ고 취처ᄒᆞᆫ 뜻을 풀녀 홈이라	슌의 부모ㅣ악ᄒᆞ니 혹 고ᄒᆞ면 취처 못ᄒᆞᆯ가 두려 무후홈을 위ᄒᆞ야 밧그로 취ᄒᆞ다 뜻	〈뎨팔편〉
115	或在物如所以然之在已然	혹 소이연이 임의 그런ᄃᆡ 잇심은	뎌 물건의 소이연이 이 물건의 임의 그런ᄃᆡ 통ᄒᆞ다 뜻	〈뎨ᄉᆞ편〉
116	魂神在人爲其內本分	션혼은 사람에 잇서 그 안희 본분이 되야	사람되는 근본	〈뎨ᄉᆞ편〉
117	活虎與活人謂止以其貌異焉	산범과 산사람을 다만 모상으로써 다르다 ᄒᆞ면 결단코 맛당치 아니ᄒᆞᆫ지라	가령 사람이 범의 ᄀᆞ족을 닙엇시면 모상이 범과 ᄀᆞᆺᄒᆞᆯ지니 범이라 ᄒᆞ고 사람의 류 아니랴	〈뎨ᄉᆞ편〉
118	況棄之溝壑者哉	하믈며 기울과 굴항에 버리는 쟈냐	음난ᄒᆞᆫ 쟈의 비례지식을 방ᄉᆞ홈이 마치 곡식종ᄌᆞ를 기울에 버림과 ᄀᆞᆺ다 뜻	〈뎨팔편〉
119	況聲同一耳也 聾者不聞 色同一目也 瞽者不見	하믈며 ᄀᆞᆺᄒᆞᆫ 소리의 ᄒᆞᆫ 귀ㅣ로 ᄃᆡ 귀막은 쟈는 듯지 못ᄒᆞ고 ᄀᆞᆺᄒᆞᆫ 빗최ᄒᆞᆫ 눈이로ᄃᆡ 소경은 보지 못ᄒᆞ니	귀와 눈이 폐하야 죽은 모양인고로 듯고 보는 각혼은 임의 ᄉᆞᆫ허지니 각혼은 몸을 의뢰ᄒᆞ엿다가 몸이 죽으면 곳 멸ᄒᆞᆫ다 뜻	〈뎨습편〉
120	況爲峻德之效也	하믈며 놉흔 덕의 효험을 위홈이랴	결정ᄒᆞᆫ 덕은 내게 잇는 거시니 구ᄒᆞ야 유익ᄒᆞ다 뜻	〈뎨팔편〉

제5장
천주교 한글 교리서 『텬쥬실의』· 『교요셔론』의 언해 · 필사 · 보급

1. 조선 후기 천주교 서적 필사본 보급의 성행

조선 후기 사회에서 서적 필사본 보급의 성행과 관련해서, 1890년 한국에 입국하여 당시 조선 관구장 뮈텔 주교가 관장하고 있었던 한국 천주교 교회의 소장 도서를 전수 조사하고 정리하여 『朝鮮書誌』를 출간한 모리스 쿠랑[1] 이 그 서술 내용 가운데, 이것이 당시 조선에 있어서 보편적 현상이었다는 사실을 기술하고 있음이 주목된다. 사실의 파악에 요긴한 대목만 추려서 인용하여 제시하면 다음과 같다.

조선에서는 고도로 완성된 印刷術의 長久한 역사에도 불구하고 (A)寫本은 참으로 흔하게 볼 수 있다. … (B)寫本이 더 한층 값이 비쌌던 것도 사실이지만, 시간은 거저니까 사람들은 (C)각기 가지고 싶은 책의 複寫에 스스로 從事할 수 밖에 없었

---

[1] 모리스 쿠랑Maurice Courant(1865-1935)은 고종 27년(1890) 내한하여 1년 10개월여의 기간 동안 주한 프랑스 공사관 통역관으로 활동하면서 당시 천주교의 제8대 조선 교구장 뮈텔Mutel 주교(1854-1933, 한국명 閔德孝)의 승인을 받아 천주교 관련 도서를 열람하고 조사하는 작업을 진행하여 1894~1896년 『朝鮮書誌Bibliographie Cor enne』 전3권을 출간하였다.

다. (D)兩班도 관습상 노동은 금지되어 있으나, 품위를 손상하지 않고 (E)서적의 복사에 때로는 販賣의 목적으로서도, 한가한 시간을 이용하고 있었던 것이다.[2]

필사본을 "참으로 흔하게 볼 수(A)" 있었는데, 필사본의 "값이 비쌌(B)"기에 "각기 가지고 싶은 책의 복사에 스스로 종사할 수 밖에 없었다(C)"고 한다. 그래서 "때로는 판매의 목적으로서도" 필사본이 제작되었고, 심지어 "兩班도 (D)" 그러했다는 것이다.

이런 필사본 보급의 보편적 현상 속에서 당시 천주교 서적의 경우는 과연 어떠하였는가를 구체적으로 파악하기 위해, 쿠랑의 『조선서지』 소재 일련번호 2691부터 2795까지의 천주교 서적들을 필사본과 간행본으로 분류하여 일단 분류표를 작성하고, 이를 토대로 재차 한문본과 한글본으로 구분하여 그 비율을 계산해보았다.[3] 그 결과를 반영하여 아래 〈표 1〉과 같이 필사본과 간행본의 비율을 알아낼 수 있었다.[4]

〈표 1〉 모리스 꾸랑의 『韓國書誌』 所載 천주교 서적 筆寫本·刊行本 분류 분석표

구분	필사본				간행본		불명	합계
	한문	한글						
		불분명	분명	중복	불분명	분명		
종류수	1	1	79	3	2	17	2	108
			82		5			
		83			22			
분포율	0.9%	76.8%			20.4%		1.9%	100%
		77.7%						

---

2 모리스 쿠랑 著, 金壽卿 譯, 「朝鮮의 圖書」, 『朝鮮文化史序說』, 凡章閣, 1946, pp.42-43; 이희재 역, 『朝鮮書誌—修訂飜譯版—』, 一潮閣, 1994, p.19.
3 盧鏞弼, 「남회인의 『교요서론』 수용 및 한글본 『교요서론』 유포와 조선 후기 천주교의 성장」, 『韓國天主敎史의 硏究』, 韓國史學, 2008, pp.208-213.
4 盧鏞弼, 「남회인의 『교요서론』 수용 및 한글본 『교요서론』 유포와 조선 후기 천주교의 성장」, 2008, p.214 및 노용필, 「조선후기 천주교 한글 필사본 교리서의 유통」, 『인문논총』 23, 경남대 인문과학연구소, 2009; 『韓國近現代社會思想史探究』, 韓國史學, 2010, pp.68-69.

이로써 1890년 한국 천주교 교회 소장의 도서 중 필사본:간행본=77.7%: 20.4%이며, 한문본이 아닌 한글본으로만 국한할 때 그 비율이 76.8%:20.4% 로, 대략 전체의 3/4이상이 한글 필사본임을 확인할 수 있다. 따라서 이럴 정도로 당시 천주교 서적 필사본의 보급이 매우 성행하였음이 확연히 입증된다 하겠다.

이와 같은 조선 후기 당시 천주교 서적 필사본 보급의 성행 현상 속에서 오늘날 전해지는 기록 중 그것을 가장 극명하게 입증해주는 가장 대표적인 사례는, 샤를르 달레의 『韓國天主敎會史』[5]에 보이는 淸州의 殉敎者 김사집 프란치스코의 경우이다. 그의 활동상과 관련한 비교적 상세한 사실이 전해지고 있음에서 그러하다.

淸州에서는 金사집 프란치스코의 순교를 들어야 하겠다. … (1)글씨를 잘쓰는 그는 천주교 서적을 많이 베껴 (A)책을 살 수 없는 교우들에게는 가장 필요한 책을 거저 주었다. 이와 같이 착한 행실이 가득한 생애로 프란치스코는 하느님의 은총을 얻기에 힘썼다. 박해가 일어나자 (2)그가 베낀 책이 많이 압수되었으므로 맨 첫머리에 관헌에게 통보되었다. 배반자 두 명이 그의 명성에 끌린 깃치림 꾸미고 와서 (B)책을 몇 권을 사겠다는 핑계로 그의 집을 살펴보고 간 뒤 얼마 안 있어 포졸들을 데리고 그를 잡으러 왔다.[6]

이 기록 중 특히 "글씨를 잘 쓰는" 그가 "천주교 서적을 많이 베껴(1)"서 보급하였고, 또한 박해 때 "그가 베낀 책이 많이 압수되었(2)"다고 함에서 천주교 서적 필사본 보급에 크게 기여하였음이 여실하다. 게다가 그가 "책을 살

---

5 샤를르 달레Claude-Charles Dallet(1829~1878)는 프랑스 파리외방전교회 소속의 선교사로, 1874년에 『한국천주교회사』 전2권을 저술하였다. 이러한 그의 행적과 관련해서는 파리외방전교회 총장 레오 롱쌩 신부가 "추천사"에서 "2년간에 걸친 꾸준한 노력과 연구 끝에 1874년 달레 신부는 『한국천주교회사』를 상하 두 권으로 출판하였다. 이 저술은 시대에 뒤진 적이 없고 오늘에 이르기까지 초기 한국교회사에 관한 가장 훌륭한 저술로서 존속되어 오고 있다."고 서술한 바가 참고가 된다. 샤를르 달레 原著, 안응모·최석우 譯註, 『韓國天主敎會史』 上, 한국교회사연구소, 1979, p.5.
6 안응모·최석우 譯註, 『韓國天主敎會史』 上, 1979, pp.607-608.

수 없는 교우들에게는 가장 필요한 책을 거저 주었다(A)"고 함에서 '거저 주었다'고 하였을 뿐만 아니라 "책을 몇 권을 사겠다는 핑계(B)"가 통했다는 점에서 필사본이 매매의 대상이 되었음도 분명하다고 하겠다.

더욱이 이렇듯이 거저 주었거나 매매의 대상이 된 책들이 바로 "교우들에게는 가장 필요한 책(A)"이었다고 하였음에 각별히 주목해 마땅하겠다. 이 "교우들에게는 가장 필요한 책"이라고 하는 것이 어떤 서적을 지칭하는 것일까? 한국 최초의 洗禮敎人인 李承薰이 1784년 중국을 스스로 방문하여 자발성을 구현하면서 천주교를 수용하고 이후 적극성을 발휘하며 혹독한 정부의 迫害를 이겨내고 있던 상황 속에서[7], 천주교 교우들에게 있어서 이 '가장 필요한 책'이라고 지칭된 천주교 신앙 서적은 과연 무슨 책일까?

당시의 조선 천주교 교인들에게 이 '가장 필요한 책'이란 것은, 두말할 나위 없이 천주교의 핵심 교리를 설명한 敎理書, 또한 매일의 기도 생활에서 반드시 알아야만 하는 기도를 알려주는 祈禱書였을 것이다. 이러한 서적으로서 가장 적합한 것은, 뒤에서 상세히 설명하는 바대로 그 당시에 중국을 통해 조선에 수용된『天主實義』, 그리고 그러한『天主實義』이후 새로이 저술된『敎要序論』이다.『天主實義』가 기도문에 관한 언급이 전혀 없이 교리에 관해서만 서술한 교리서인 것과는 달리,『敎要序論』은 교리서이자「十誡命」을 위시한「使徒信經(예전에는 宗徒信經)」,「主祈禱文(예전에는「天主經」, 오늘날에는「주님의 기도」)」등의 핵심적인 기도문을 제시한 기도서이자 그것을 상세히 해설한 기도문 해설서이기도 하기에 더욱 그러하다고 하겠다.

2. 註釋目錄本『天主實義』의 수용과 諺解筆寫本『텬쥬실의』의 보급

Matteo Ricci(利瑪竇, 1552-1610)의『天主實義』는 1603년 北京에서 初版이

---

7 盧鏞弼,「자발적으로 교회를 세우다―정조(1776-1800)때―」,『韓國天主敎會史의 硏究』, 2008, pp.221-234.

발행된 이후, 1605년에는 廣東에서, 1607년에는 杭州에서 각각 重刻이 되는 등 1609년까지 도합 4版이 추가로 발행되었으며, 그 이후에도 지속적으로 각지에서 重刻 혹은 重版된 것으로 전해진다. 2020년 12월 현재까지 각종 문헌 자료에서 찾아지는『天主實義』의 출판 및 중각 · 판본 발행과 관련된 모든 사항들을 포함시켜 一覽表로 작성하여 제시해 보이면 다음의 〈표 2〉와 같다.

〈표 2〉『天主實義』出版 · 重刻 · 版本 및 關聯 事項 一覽表[8]

年度	出版 · 重刻 · 版本	關聯 事項
1603	北京 燕貽堂 出版	
1604	韶州 第二版[9]	
1605	廣東 重刻	
1607	杭州 燕貽堂 重刻[10]	李之藻의「並序」
1609		1603년부터 1609년까지 4版 발행. 그 중 2版은 天主敎人이 아닌 '非敎友'들에 의해 出版되었음[11]
1629		李之藻의「天學初函」에 收入
?	廣東 燕貽堂 四版	出版 年月이 없음
	福建縣 敬[欽]一堂 版[12]	
1868	上海 土山灣 重刻	
1898	獻縣 勝世堂 重印	

---

8 이 〈표 2〉『天主實義』出版 · 重刻 · 版本 및 關聯 事項 一覽表의 세부 내용은 方豪,「天主實義發覆」,『世光雜誌』第三卷 第一期, 1943; 改題「天主實義之改竄」,『方豪六十自定稿』下冊, 臺北:臺灣學生書局, 1969, pp.1593-1602에서 裴化行Henri Bernard의 서술 내용과 그 자신의 조사한 사항을 반영하여 종합적으로 정리한 것을 토대로 작성하였으며, 아울러 顧保鵠,「天主實義校勘記(代序)」, 劉德順 譯註,『天主實義』, 臺北:光啓出版社, 1966, pp.4-5의 조사 내용도 반영하여 보강하였다.

9 マッテーオ · リッチ 著, 川名公平 譯, 矢澤利言 注,『中國キリスト敎布敎史』二, 東京:岩波書店, 1982, p.19.

10 陳綸緒Alert Chan, S.J., Chinese Books and Documents in the Jesuit Archives in Rome, M.E. Sharpe, New York, 2002, pp.74-75에서 이 杭州 燕貽堂 重刻本의 실물에 대해 상세히 설명하고 있음에서 확인할 수 있다.

11 方豪,「天主實義發覆」, 1943; 改題「天主實義之改竄」, 1969, p.1602 및 マッテーオ · リッチ 著, 川名公平 譯,『中國キリスト敎布敎史』二, 1982, p.21, '非敎友'라는 용어는 方豪가 구사한 것이다.

12 이 版本의 出版處에 관해서 方豪,「天主實義發覆」, 1969, p.1602에서는 '敬一堂'이라 표기하였고, 顧保鵠,「天主實義校勘記(代序)」, 1966, p.5에서는 '欽一堂'이라 표기하였다.

1904	上海 土山灣 慈母堂 活字 第一版	
	香港 納匝肋靜院 印版[13]	
1923	上海 土山灣 印書館 活字 第四版	
1930	上海 土山灣 印書館 活字 第五版	
1933	獻縣 勝世堂 再版	
1935	上海 土山灣 印書館 活字 第六版	
	獻縣 勝世堂 第六版	
1938	山東 兗州版 第六版	
1939	香港 納匝肋靜院 重印	
1941	朱星元・田景僊 合編 文言對照本	
?	滿文・安南文・朝鮮文・蒙文・日文・法文 等 譯本	年代 未詳
	北平 西什庫 救世堂版	
	重慶 聖家堂	

이 〈표 2〉에서 먼저 눈여겨볼 사실은, 1607년 杭州 重刻 이후 1629년 李之藻(1565-1630)의 『天學初函』 간행 이전까지 22년 동안의 版本에 대한 기록이 전혀 알 수 없을뿐더러, 또한 1629년 이후 1868년까지 240년 사이의 판본에 관한 것도 분명하지가 않다는 점이다. 이같이 〈표 2〉에서 『天主實義』 초기 판본들에 관한 기록을 상세하게 찾아낼 수가 없기는 하지만, 첫째로 괄목해야 할 대목은 1609년의 관련 사항란에 정리해둔 바대로 利瑪竇 자신의 기록에 의하면 1603년부터 1609년까지 4版이 발행되었고, 그 가운데서 2개의 판본은 천주교 교인이 아닌 異敎徒들에 의해서 출판이 되었다는 점이다. 이런 사실은 『天主實義』에 대해 천주교 교인들은 물론이고 일반 대중들의 관심이 매우 깊었고, 그리하여 독자층이 폭넓게 형성되어 가고 있었음을 알려주는 것이라 할 수 있겠다.[14]

13 香港 納匝肋靜院의 이 印版이 1904년의 것임을 『天主實義 附텬쥬실의』, 韓國敎會史硏究資料 第四・五輯, 韓國敎會史硏究所, 1972 所載 속표지의 影印 사진에서 확인할 수 있다.
14 이들의 출판 시기를 명확히 알 수가 없다고 했으나, 廣東 燕貽堂 四版 및 福建縣 敬[欽]一堂 版의 발행도 1629년 李之藻의 『天學初函』 발행과 시간상으로 가까운 시점이었을 것으로 보인다. 그리고 이러한 상황은 1868년 이후에도 지속되어, 1868년에 上海 土山灣 重刻 이후 1904년부터는 活字 第1版이 발행되기 시작하여 1923년에는 제4판, 1930년에는 제5판, 1935년에는 제6판이 발행되고 있었으므로, 1900년대 들어와서는 평균 잡아 5년마다 重版이 발행되고 있었던 셈이다.

둘째로 이 〈表 2〉에서 주목할 사실은, 1605년이래 1898년까지는 重刻 혹은 重印이 廣東·杭州·福建縣·上海·獻縣 등 곳곳에서 이루어지고, 1904년이후 上海 土山灣 慈母堂 및 上海 土山灣 印書館 그리고 香港 納匝肋靜院 등에서 새로운 活字版이 출판되었다는 점이다. 이렇듯이 重刻·重印을 통해 初版을 重刻한 그야말로 初版重刻本이 빈번하게 출판됨과 거의 동시에 새로운 版本이 출판되는 과정에서, 그 이전과는 전혀 달리 본문에 주석이 삽입되고 목록이 상·하권의 서두에 각각 설정된 새로운 體裁를 갖추었기에 '註釋目錄本'이라 命名해서 좋을 版本이 출현하였던 것이다. 따라서 현재 전해지고 있는 『天主實義』의 판본은 크게 나누자면, 初版重刻本과 註釋目錄本 2종이다.

〈影印資料〉(1)

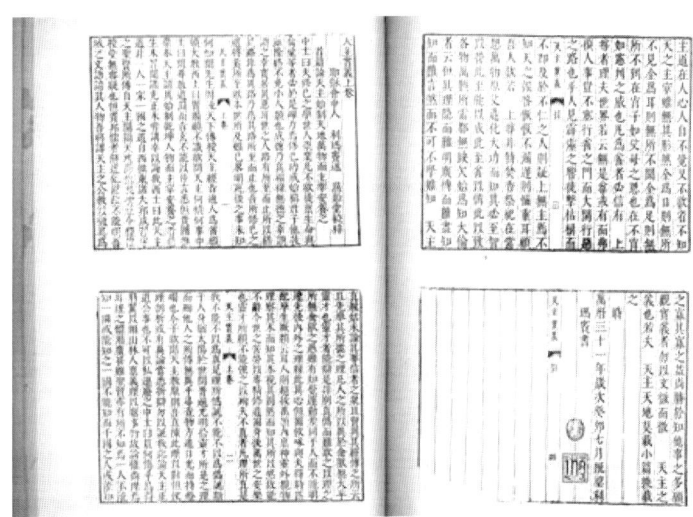

初版重刻本 Ⅰ (Jesuit Archives in Rome 所藏本 影印本)

〈影印資料〉(2)

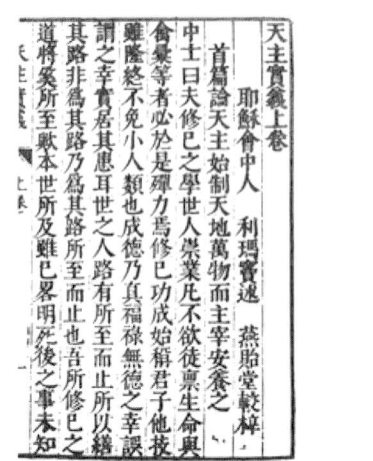

初版重刻本 II (杭州 1607년, 『天學初函』, 1629년)

〈影印資料〉(3)

註釋目錄本 間註型 (上海 土山灣 藏版 重刊本, 1868년)

〈影印資料〉(4)

註釋目錄本 頭註型 (香港 納匝肋靜院 印版, 1904년)

1) 註釋目錄本 『천주실의』의 中國에서의 등장과 朝鮮 수용

註釋目錄本은 1607년 李之藻가 杭州에서 重刻한 版本을 근간으로 삼아 출판된 한 종류로서, 본문 중에 註釋이 일부 달려 있으면서 그것을 모아 정리한 目錄이 본문 앞에 설정되어 있는 體裁의 版本을 지칭하는 것이다.[15] 이는 〈影印資料〉(3)·(4)에서 볼 수 있듯이 原文에 間註을 붙이거나 頭註를 붙이고 이러한 註釋을 目次로 정리하여 馮應京·李之藻의 「序」 및 利瑪竇의 「引」 부분에 뒤이어 「目錄」으로 제시한 類型이다. 그러므로 이 註釋目錄本은, 이렇듯이 間註 혹은 頭註가 없고 〈影印資料〉(1)·(2)를 통해서 확인할 수 있는 바대로 이를 目次로 정리한 「目錄」도 없이 1603년 初版의 原文 그 자체를 그대로 重刻한 '初版重刻本'과는 대조적으로 확연하게 판별이 되는 새로운 版本인 것이다.

---

15 盧鏞弼, 「『天主實義』 註釋目錄本의 中國에서의 出版과 朝鮮에서의 諺解筆寫本의 流行」, 『韓國史學史學報』 30, 2014, p.182; 本書 제3부 제1장.

앞서 제시한 〈표 2〉를 토대로 현재 전해지는 『천주실의』 판본 중 이 註釋目錄本의 2종류 間註型과 頭註型의 경우를 조사하여 보다 입체적으로 분석하기 위해서, 그 重刻·重刊·版本의 目錄 및 類型에 관한 일람표를 작성해 보았다. 다음의 〈표 3〉이다.

〈표 3〉 『天主實義』 現存 註釋目錄本 重刻·重刊·版本 目錄 및 類型 一覽表[16]

年度	重刻·版本	關聯 事項	類型	備考
1868	上海 土山灣 重刻	主教 趙方濟 准	間註型	☆
	上海 土山灣 藏版 重刊[17]			
1904	上海 土山灣 慈母堂 活字 第一版	香港 副主教 和 准	頭註型	☆
	香港 納匝肋靜院 印版			
1923	上海 土山灣 印書館 活字 第四版[18]	江蘇主教 姚 准	間註型	☆
1930	上海 土山灣 印書館 活字 第五版			
1935	上海 土山灣 印書館 活字 第六版			
1939	香港 納匝肋靜院 重印			

〈비교란 표시〉 ☆:실물 확인, 없음:실물 미확인

이 〈표 3〉을 작성하면서 3가지 점에 유념하였다. 첫째로는 臺灣의 연구자 方豪가 1868년 '上海 土山灣 重刻'이라고 표기한 판본의 실물이 곧 【附錄】의 〈影印資料〉(1)의 그것이라는 점이다. 그 겉 標紙에는 '天主降生一千八百六十八年重刊'·'上海土山灣藏板'으로 되어 있고, 그 속 標紙에는 '天主降生一千九百廿三年'·'上海土山灣印書館第四版'으로 되어 있음에서 그러함이 입증된다. 즉 1868년에 重刊된 上海土山灣藏板을 근간으로 1923년에 上海土山灣印書館의 第四版이 출판되었던 것이다.

---

16 이 〈표 3〉 『天主實義』 杭州 및 上海 土山灣版 重刻·版本 一覽表 내용 역시 方豪, 「天主實義發覆」, 1943; 改題 「天主實義之改竄」, 『方豪六十自定稿』 下冊, 1969, pp.1593-1602의 내용을 위주로 요약한 것이다. 다만 上海 土山灣 藏版의 1868년 重刊本 및 1923년 第四版 관련의 일부 자료는 【附錄】의 [影印 資料]에 제시하였다. 그리고 1923년 上海 土山灣 印書館 活字 第四版의 影印本은 노용필 옮김, 『天主實義·텬쥬실의』, 韓國史學, 2021의 〈자료〉篇 참조.

17 '上海 土山灣 藏版 重刊' 사실은 【附錄】 〈影印資料〉(1)과 (3)의 高麗大 中央圖書館 所藏本의 표지 刊記에서 확인하였다.

18 上海 土山灣版 活字 第四版은 【附錄】 〈影印資料〉(2)의 高麗大 中央圖書館 所藏本의 刊記와 (4)의 仁荷大 中央圖書館 所藏本의 刊記에서 확인하였다.

둘째로는 그러했기에 이 두 版本이 註釋目錄本의 間註型으로서 공통성을 띠게 된 것이며, 따라서 註釋目錄本 間註型이 현존하는 판본 중에서는 그것의 頭註型 보다 앞서서 출판된 것이라는 점을 살필 수가 있었다. 요컨대 앞선 시기에 이미 註釋目錄本이 重刻될 때 間註型으로 출판되고 난 이후에야 그것을 토대로 活字版으로 組版하면서 새로운 방식인 頭註型으로 출판하기에 이르렀던 것으로 가늠된다고 하겠다.

셋째로는 현재 실물 확인이 이뤄진 註釋目錄本 『천주실의』 즉 1868년 上海 土山灣 藏版 重刊, 1904년의 香港 納□肋靜院 印版, 上海 土山灣 印書館 活字 第四版 3종이 모두 당시 현지의 主敎 혹은 副主敎의 認准을 거쳐 간행되고 있었다는 점을 주목하였다. 이것은 당시 主敎의 공식적인 인준을 받는 절차를 거쳤다는 사실을 드러내 주는 바이며, 따라서 어떤 한 개인의 주장이나 의견에 따른 게 아니라는 점을 알려주고 있는 것이라 해야 옳을 것이다. 그런데 3종의 이 註釋目錄本 『천주실의』에는 또 하나의 공통점이 있음도 발견하게 되었으니, 3종 모두에 李之藻(1565-1630)의 「天主實義重刻序」가 실려 있다는 사실이었다. 이것은 다름이 아니라 그만큼 李之藻의 영향력이 註釋目錄本 『천주실의』의 출판에 크게 영향을 끼치고 있었음을 여실히 보여주는 것이라 할 수 있지 않나 싶다.

더욱이 간과하기 십상인 면모이기는 하나 그냥 지나쳐서 안된다고 파악되는 점은 이들 註釋目錄本에서는 편집 순서가, 初版重刻本이 취한 馮應京의 「序」→ 李之藻의 「重刻序」→ 利瑪竇의 「引」이 아니라 『天學初函』 이래의 體裁인 李之藻의 「重刻序」→ 馮應京의 「序」→ 利瑪竇의 「引」이라는 사실이다. 이 역시 이 만큼 註釋目錄本의 體裁 채택에는 李之藻의 영향력 비중이 지대하였음을 상징적으로 표출하고 있는 바라고 믿어진다.

게다가 이 대목에서 각별히 주의를 요하는 점은 이 李之藻의 「天主實義重刻序」가 2종이 라는 사실이다. 그 1종은 1629년 李之藻 『天學初函』 所載의 것이고, 그것과 다른 1종은 1868년 上海 土山灣 藏版 『天主實義』 所載의 것이다. 이 2종의 李之藻「天主實義重刻序」를 제대로 분석하기 위해 일일이 대조하면서 도표로 작성하니 아래의 〈표 4〉와 같이 되었다.

〈표 4〉 2종의 李之藻「天主實義重刻序」對照 比較表

區分	初版重刻本 (『天學初函』所載)	註釋目錄本 (上海 土山灣 藏版『天主實義』所載)	備考
1	昔吾夫子語修身也 先事親 而推及乎知天 至孟氏存養事天之論 而義乃基備 蓋卽知卽事 事天事親同一事 而天其事之大原也 說天莫辨乎易 易爲文字祖	嘗讀易而至仰觀於天 俯察於地 遠取諸物 近取諸身之言 不覺喟然興歎曰 天地萬物 俱有眞理 觀物察理 乃見本原 夫水有源木有根 天地人物之有一大主 可弗識而尊親之乎	×
2	卽言	易亦云	△
3	乾元統天 爲君爲父 又言帝出乎震 紫陽氏解之以爲帝者 天之主宰 然則天地之義不自利先生剙矣 則此天主實義之理 亦幷非新奇 迥異二氏之誕妄 蓋二氏不知認主 而以人爲神 敬之如主 尊之勝於君父 忘其大本大原 背其聖經賢傳 良可哀也		○
4	利先生學術 一本事元 譚天之所以爲天甚晰 睹世之	事一眞	△
5	褻天伈佛也者	伈佛忘本者	△
6	不勝惻然	×	×
7	而昌言排之	遂昌言論斷	△
8	原本師說 演爲天主實義十篇 用以訓善防惡 其言曰 人知事其父母 而不知天主之爲大父母也 人知國家有正統 而不知		○
9	惟帝	天主	☆
10	統天之爲大正統也 不事親不可爲子 不識正統不可爲臣 不事天主不可爲人 而尤慇懃于善惡之錄祥殃之應 具論萬善未備不謂純善 纖惡累性亦謂濟惡 爲善若登	慇懃 → 勤懇	△
11	登天堂	登天福堂	☆
12	作惡若嶞 嶞地冥獄 大約使人悔過徙義 遏欲全仁 念本始而惕降監 綿顒畏而遹濯雪以庶幾無獲戾于皇天		○
13	上帝	大主	☆
14	彼其梯航琛贄 自古不與中國相通 初不聞有所謂羲文周孔之敎 故其爲說 亦初不襲吾濂洛關閩之解 而特於		○
15	知天事天	小心昭事	☆
16	大旨 乃與經傳所紀 如券斯合	與 → 如	△
17	獨是天堂地獄 拘者未信 要於福善禍淫 儒者恒言 察乎天地 亦自實理 舍善逐惡 比於厭康莊而陟崇山浮漲海 亦何以異 苟非赴君父之急 關忠孝之大 或告之以虎狼蛟■之愚 而弗信也 而必欲投身試之 是不亦冥頑弗靈甚哉 臨女無貳 原自心性實學 不必疑及禍福 若以懲愚儆惰 則命討遏揚 合存是義 訓俗立敎 固自苦心 嘗讀其書 往往不類近儒 而與上古素問周牌考工漆園諸編 默相勘印 顧粹然不詭於正 至其檢身事心 嚴翼匪懈 則則世所謂皐比而儒者 未之或先 信哉 東海西海 心同理同 所不同者 特言文字之際 而是編者出 則同文雅化 又已爲之前茅 用以鼓吹休明 贊敎廣俗 不爲偶然 亦豈徒然 固不當與諸子百家 同類而視矣 余友汪孟樸氏 重刻於杭 而余爲僭弁數語 非敢炫域外之書 以爲聞所未聞 誠謂共藏		○

18	皇皇	皇天	☆
19	而欽崇要義 或亦有習而未之用力者 於是省焉 而存心養性之學 當不無裨益云爾		○
20	萬曆疆圉洽之歲日躔在心浙西後學李之藻盥手謹序	犀→圉叶	△

〈對照 標示 凡例〉○ : 同一, × : 相異, △ : 部分 修訂, ☆ : 用語 交替

이 〈표 4〉를 자세히 살피면, 2종의「天主實義重刻序」사이에 동일한 대목도 적지 않지만 서로 다른 부분도 상당하다는 것을 확인할 수가 있다. 따라서 1629년에 李之藻가『天學初函』을 편집하면서 揭載한 이 1607년 작성의「天主實義重刻序」를 훗날 누군가가 '改竄[19]'한 것을 1868년 上海 土山灣 藏版『天主實義』에도 登載한 게 아니라, 李之藻 자신이 1607년 이후에 이미 손질해두었던 修訂本「天主實義重刻序」를 後學들이 註釋目錄本『천주실의』를 組版하면서 반영하였다고 보는 게 순리가 아닌가 싶다. 특정한 용어를 교체한다든지 誤脫字를 바로 잡는다든지 하는 校正 혹은 문맥의 정확한 해독을 위한 點校의 작업이 아니라, 이렇듯이 대대적으로 손질하여 게재하는 것은 그의 門人이나 後孫 어느 누구라도 결코 할 수 없으며, 또한 해서는 안 되는 그래서 李之藻 그 자신밖에는 할 수 없는 일이기 때문이다. 이러한 推論은 李之藻의 다음과 같은「刻天學初函題辭」의 내용을 통해서도 충분히 입증된다고 여겨진다.

「『천학초함』판각 서문」

天學이라는 것은 唐나라에서는 景教라 불렸는데 貞觀 9년(635) 중국에 들어와 1천 년을 지났다. 그 學은 하느님 섬기기에 몹시 애를 쓰면서, 세속의 人情과 서로 매우 후러치는 재물 · 색욕 · 의향을 끊고, 하늘을 알고 하늘을 섬김이 가장 요긴하며 六經의 趣旨에 어긋나지 않는다. 옛날의 五帝 · 三王을 헤아려 지금의 평범한 사람에게 베푸니, 人性이 한결같이 그러한 바라 소위 맨 처음이자 가장 참되며 가장 넓게 전해진 종교여서, 孔子께서 다시 일어나시더라도 바꿀 수 없다 … 涼菴逸

---

19 方豪,「天主實義發覆」,『世光雜誌』第三卷第一期, 1943; 改題「天主實義之改竄」,『方豪六十自定稿』下冊, 臺北 : 臺灣學生書局, 1969, p.1594.

民이 쓰노라.[20]

이 글의 작성자로 기입된 '涼菴逸民'은 李之藻의 別號이므로[21] 이 글은 李之藻의 것임이 분명한데, 그가 이『天學初函』의「理編」에「天主實義」를 위시한 천주교 교리서 10편을 편집하면서,「刻天學初函題辭」의 이러한 서술을 통해 자신의 천주교 敎義에 대한 이해의 깊이를 잘 드러내고 있다고 생각된다.[22] 특히 그가 천주교를 '天學'이라 지칭하면서 "소위 맨 처음이자 가장 참되며 가장 넓게 전해진 종교여서 孔子께서 다시 일어나시더라도 바꿀 수 없다(所謂最初 最眞 最廣之敎 聖人復起 不易也)"라고 기술하고 있는 대목에서 확연히 그러하다고 하겠다.

그런데 여기에서 반드시 짚어야 할 사실이 하나 더 있다. 다름이 아니라 李之藻의『天學初函』「理編」맨 처음에 편집되어 있는「理編總目」에서는『天主實義』를『天主實義』라 기재한 게 아니라『天學實義』[23]라 기재하고 있는 것이다.[24] 李之藻는 이렇게 할 정도로 종래에 중국에서 전통적으로 익숙한 天人

---

20 李之藻,「刻天學初函題辭」,『天學初函』1, 臺北:臺灣學生書局, 1965, pp.1-6. 「刻天學初函題辭」天學者 唐稱景敎 自貞觀九年入中國 歷千載矣. 其學刻苦昭事 絶財·色·意 頗與俗情相盭 要於知天事天, 不詭六經之旨. 稽古五帝三王 施今愚夫愚婦 性所固然, 所謂最初 最眞 最廣之敎 聖人復起 不易也. … 涼菴逸民識."
21 方豪,「李之藻輯刻天學初函考」,『天學初函』1, 臺北:臺灣學生書局, 1965, p.3. 그리고 方豪,「導言」,『李之藻研究』, 臺北:臺灣商務印書館, 1966, p.1 및 p.28.
22 羅光,「天學初函影印本序」,『天學初函』1, 1965, p.1 및 方豪,「李之藻輯刻天學初函考」,『天學初函』1, 1965, pp.2-3.
23 이『天學實義』라는 冊名과 관련하여서는 李元淳,「天主實義 解題」,『天主實義 附텬쥬실의』, 1972, p.7; 改題「天主實義」,『韓國天主敎會史硏究』, 韓國敎會史硏究所, 1986, p.36에서 다음과 같이 기술하고 있음이 참고가 된다. "天主實義라는 冊名은 De Deo Verax Disputatio의 中國譯語이며 利瑪竇가 지은 이름이었다. 그러나 1615년을 전후하여 Christianismus를 天主學이 아닌 天學이라 표현되면서 천주실의라는 책명이「天學實義」라는 이름으로 일부 통용된 때도 있다. 이러한 寫本이 네 가지 發見되어 있다. (耶蘇會羅馬文書館所藏의 二本:I.53a와 I.46의 정리번호가 붙은 것과 巴里國立圖書館의 Borgia Cinese 332i-2의 것과 Maurice Courant의 著書 N.6820의 것)"
24 李之藻,「理編總目」,『天學初函』1, 1965, p.7.

合一・天人感應의 天學思想에 입각한 天學[25] 자체를 견지하면서 매우 중시하였으므로, 이를 바탕으로 방금 「刻天學初函題辭」에서도 보았듯이 天主敎를 天學이라 지칭하며 "孔子께서 다시 일어나시더라도 바꿀 수 없다"라고 높이 평가하였던 것임이 분명하다. 그랬기에 李之藻가 생존했던 당시에 이미 작성된 그의 修訂本 「天主實義重刻序」가 등재된 註釋目錄本 『天主實義』에서는 李之藻 자신의 의향이 전적으로 반영되어 거의 전편에 걸쳐 일률적으로 '上帝'를 '天主'로 修訂을 가하는 작업[26]이 이루어졌던 것으로 추정된다.[27]

2) 『天主實義』 필사본의 보급과 諺解筆寫本 『텬쥬실의』의 등장・보급

『天主實義』가 조선에 수용된 초기에도 필사본으로 널리 보급되기 시작하였다. 이런 사실은 尹持忠(1759-1791)의 다음과 같은 말에서 잘 드러나고 있다.

「罪人 尹(持忠) 供」. … 癸卯(1783)년 봄에 저는 進士가 되었습니다. 이듬해 겨울 서울에 가서 명례방골에 사는 中人 金範禹의 집에 우연히 들렀더니, 그 집에는 『天

---

[25] 중국의 전통적인 天學에 대한 이해에는 吳守賢, 『司馬遷與中國天學』, 西安: 陝西人民教育出版社, 2000. 江曉原, 『天學眞原』, 瀋陽: 遼寧教育出版社, 2004. 江曉原・鈕衛星, 『中國天學史』, 上海: 上海人民出版社, 2005. 田合祿・田峰, 『增修周易眞原: 中國最古老的天學科學體系』 第2版, 太原: 山西科學技術出版社, 2011. 方瀟, 『天學與法律: 天學視域下中國古代法律則天之本源路徑及其意義探究』, 北京: 北京大學出版社, 2014. 등이 요긴하다. 특히 天人合一・天人感應과 관련한 天學思想에 관해서는 江曉原・鈕衛星, '天學思想', 「宇宙論與天學思想」, 『中國天學史』, 2005, pp.227-233 참조.

[26] 이에 대해서 顧保鵠, 「天主實義校勘記(代序)」, 1966, pp.5-6에서는 1704년 교황 클레멘스Clement 11세의 「禁止令」에 의거해서 利瑪竇의 입국 이후 그간에 중국에서 발행된 漢文 敎理書에서 '上帝'를 '天主'로 改定하여 출판하는 작업이 진행되었으며, 그에 따라 『天主實義』도 역시 그러하였다고 한다. 그리고 이러한 變改와 관련해서 方豪, 「天主實義發覆」, 1943; 改題 「天主實義之改▩」, 1969, p.1598에서는 '79處'라고 했고, 顧保鵠, 「天主實義校勘記(代序)」, 1966, p.14에서는 '81處'라고 하여 약간의 차이가 보인다.

[27] 이러한 추정과 관련하여서는 王寧, '"上帝"與"天"', 樂黛云 (外)主編, 『獨角獸與龍—在尋花中西文化普遍性中的誤讀』, 北京: 北京大學出版社, 1995, p.171; 『后現代在▩代中國的命運-主體性的困惑』, 廣州: 廣東人民出版社, 2000, p.121에서 "God는 최초에는 '天主'로 번역되다가, 나중에는 先秦古籍 『書經』 「召誥」 즉 '皇天上帝'說을 援用하여 '上帝'로 번역되었는데, 어느 한 가지라도 취할 수 있지만 일찍이 논란이 되었다. 그렇지만 利瑪竇 본인은 그다지 한 가지에 구애받지 않으며, 무척 융통성 있는 태도였다. 다만 천주 교회당에서는 여전히 '天主' 혹은 '天'이라는 낱말 하나만을 쓰고 있다"라고 지적하였음이 참고된다.

主實義』라는 책과 『七克』이라는 책, 이렇게 두 권이 있었습니다. … 저는 그 두 책을 빌려서 소매에 넣고 시골집에 돌아와 베꼈습니다.[28]

尹持忠은 1784년 서울 명례방 소재 金範禹(미상-1786)의 집에서 『天主實義』 등을 빌려와서 필사했다고 밝히고 있는 것이다. 이때 그가 빌려와서 필사했다는 이 『天主實義』는, 그의 말에서도 정확히 어떤 책이었는지는 드러나 않지만 아마도 당시 중국에서 유행하던 註釋目錄本이 거의 틀림이 없을 듯하다.

윤지충이 『天主實義』 등을 필사하였다는 이러한 기록을 남기고 있는 1784년 어간에 李家煥(1742-1801)의 주관으로 언해본이 등장하고 있다는 사실이, 李圭景(1788-미상)의 『五洲衍文長箋散稿』에 轉載된 李晩秀의 소위 「討邪奏文」 내용 중에 전해지고 있어 크게 주목된다. 핵심 대목은 다음과 같다.

정조가 경신년 6월에 승하하자 西學을 하는 사람들이 서울에서 적발되었는데 매우 많은 사람들에게 널리 퍼져 있었으므로, 貞純王后 김씨가 모두 체포하여 처벌한 다음 신유년(1801)에 청나라에 보고하였다. 판서인 屐翁 李晩秀가 文衡으로서 奏文을 지어 바쳤는데 그 내용은 대략 다음과 같다.

" … 처음에 李蘗은 洋學이라는 것이 있다는 말을 듣고, 李承薰을 변장시켜 그의 아버지 東郁이 貢使로 가는 길에 딸려 보냈는데, 그는 중국에 들어가 서양 사람이 살고 있는 곳에 가서 서양 서적을 가지고 돌아와서 (A)이벽 · 丁若鍾 · 丁若鏞 · 李家煥 등과 함께 講讀하여 본받았습니다. 그리고 (B)이승훈이 사서 가지고 온 邪書들을 (C)諺文으로 번역하여 널리 퍼뜨렸는데, 이 일은 家煥이 주관하였습니다. … "(이규경, 『오주연문장전산고』 경사편 3 석전류 3 서학 「邪敎의 배척에 관한 변증설」)[29]

---

28 안응모 · 최석우 譯註, 『韓國天主敎會史』 上, 1979, pp.345-346.
29 李圭景, 『五洲衍文長箋散稿』 53 經史篇 釋典類 西學 「斥邪敎辨證說」; 『五洲衍文長箋散稿』 下, 東國文化社, 1959; 明文堂, 1982, p.706上. "正廟上賓於庚申六月 而西學摘發於京兆 蔓延甚衆 貞純王后金氏 悉捕誅治後 辛酉奏聞于淸 李屐翁尙書晩秀 以文衡製進奏文 其略曰 … 原初李蘗聞有西洋學 裝送李承薰 隨其父東郁貢使之行 入往洋人所居 購得洋書以歸 與蘗及丁若銓 · 若鏞 · 李家煥等 講讀師法 承薰之購來邪書 諺翻廣傳 家煥實主之"

요컨대 중국에서 李承薰(1756-1801)이 "사서 가지고 온 邪書들을(A)" "이벽·丁若鍾·丁若鏞·李家煥 등과 함께 講讀하여 본받았(B)"으며, "諺文으로 번역하여 널리 퍼뜨렸는데, 이 일은 家煥이 주관하였(C)"다는 것이다. 이 승훈은 이가환의 甥姪이었으므로 이런 일은 충분히 가능했을 것이며, 그리고 이 '邪書들' 중에 『天主實義』도 물론 포함되어 있었을 것이고, 이를 "諺文으로 번역하여 널리 퍼뜨리는" 일을 이가환이 "주관하였다"는 사실도 역시 진실일 것이다. 그렇더라도 이 '언문 번역'이 "이벽·정약종·정약용·이가환 등과 함께 講讀"한 결과물이었지, 그 '언문 번역' 자체를 이가환 혼자서만 한 것은 아니었고, 이를 필사하여 '널리 퍼뜨리는 일'만을 이가환이 문자 그대로 '주관' 했던 것이지 않나 싶다.[30]

한편 이러한 諺解筆寫本 『텬쥬실의』의 등장 및 보급과 관련하여서는 모리스 쿠랑의 『韓國書誌』 기술 내용 중 諺文筆寫本 『텬쥬실의』에 原文本과 要約本 2종류가 있었음을 밝히고 있다는 사실 역시 각별히 주목된다. 다음의 대목이 그렇다.

텬쥬실의
天主實義
(1) 4책, 12절판, 한글 필사본

---

30 언해필사본 『텬쥬실의』의 언해·필사 작업과 관련하여 책표지에 '니벽젼'으로 되어 있는 자료(신하령 해제, 「니벽선싱몽회록(李檗先生夢回錄)」, 『(한국기독교박물관소장)기독교 자료 해제』, 숭실대학교 한국기독교박물관, 2007, pp.369-370) 가운데 李檗의 夫人 柳閑堂 權氏가 "언역정샤(諺譯精寫)ᄒᆞ니 려문정치(麗文精致)ᄒᆞ고 식사(細事)애 젼사(全寫)되더라"라고 한 대목을 柳閑堂 權氏가 '諺譯'도 하고 '精寫'·'全寫'도 한 것으로 파악한 견해(金玉姬, 「柳閑堂 權氏의 『言行寶錄』에 관한 연구」, 『한국학보』, 27, 1982; 『韓國西學思想史 硏究』, 國學資料院, 1998, p.527)가 있지만, 이 소위 '니벽젼'이라는 문헌 자체가 僞作일 것으로 여겨지므로(윤민구, 『초기 한국천주교회사의 쟁점 연구』, 국학자료원, 2014) 기록된 사항 모두를 신용하기는 어렵다고 판단된다. 다만 "언역정샤(諺譯精寫)ᄒᆞ니" 대목을 "諺譯을 精寫하니"로 해독하면, 그 뒤 대목의 "려문정치(麗文精致)ᄒᆞ고 세사(細事)이 젼사(全寫)되더라"라고 하는 부분도 순조롭게 이해될 수 있으므로, 柳閑堂 權氏가 '諺譯'도 하고 '精寫'·'全寫'도 한 것이 아니라, 언해본 『텬쥬실의』를 '精寫'·'全寫'하였다고 보는 게 옳을 것 같다. 그렇다면 柳閑堂 權氏는 언해본 『텬쥬실의』를 '精寫'·'全寫'한 인물 중 하나로는 인정할 수 있는 게 아닌가 한다.

(2) 같은 책으로 요약본
1책 18절판 85장 한글 필사본[31]

꾸랑이 1894년 직접 실물을 보고 조사한 이 내용에 의거해서, 諺文筆寫本의 원문본은 4책으로 12절판이며 요약본은 1책으로 18절판으로 85장짜리였음이 확인된다. 더욱이 이러한 쿠랑의 정리 사실을 통해 諺文筆寫本이 여러 형태로 유행하고 있었고, 韓國敎會史硏究所 간행의 影印本『텬쥬실의』외에도 한두 종류가 더 있음을 엿볼 수 있다. 따라서 이럴 정도로 당시 朝鮮에서는『텬쥬실의』가 상당히 널리 유행하고 있었음이 확실하다고 하겠다.[32]

3.『敎要序論』의 수용과 언해필사본『교요셔론』의 보급

당시의 조선 천주교 교인들에게 ─앞서 인용한 달레의『한국천주교회사』에 서술된 김사집 프란치스코 관련 기록에서의 표현 그대로─ '가장 필요한 책'이었던『天主實義』의 수용과 그 언해필사본『텬쥬실의』의 등장·보급과 짝하여, 그 이후에 저술된『敎要序論』도 거의 동시에 수용되었을 뿐만 아니라 역시 언해되고 필사본으로 보급되었다. 그래서『교요서론』은『천주실의』와는 달리 교리서로서만 국한되지 않고「十誡命」을 위시한「使徒信經」,「主祈禱文」등의 핵심적인 기도문을 제시한 기도서이자 그것을 상세히 해설한 기도문 해설서이기도 하였기에 더욱 각광을 받게 되었던 것이다.

1)『교요서론』의 수용

조선인으로서는 처음으로 1784년에 李承薰이 천주교에 입교할 무렵은 물론 그 이후 그의 뒤를 이어서 玉千禧가 1800년에 북경에 가서 교리 교육을 받

---

31 이희재 역,『韓國書誌』, 1994, p.678.
32 盧鏞弼,「『天主實義』註釋目錄本의 中國에서의 出版과 朝鮮에서의 諺解筆寫本의 流行」, 2014, p.189; 本書 제3부 제1장.

을 때, 당시 중국에서의 천주교 교리 교육에 있어서는 『敎要序論』이 애용되는 책 가운데 으뜸이었던 듯하다. 이 점과 관련하여서는 다음의 기록이 주목된다.

「千禧 玉哥」

上年(1800) 11월간에 北京에 들어가 天主堂에 갔을 때 家蔘 2兩을 湯 先生에게 드렸습니다. … 갑자기 나이어린 사람이 있어 周 先生의 안부를 물었습니다. 그래서 제가 답하기를 알지 못한다고 하자, 탕 선생이 번민하는 기색이 있더니 그 나이 어린 사람을 책망하여 '명백하지 않은 일을 어찌 가볍게 묻는가' 하였습니다. 곧 제게 일러 말하기를 '수일 후에 天主堂에서 瞻禮가 있으니 자네도 마땅히 와서 보라'고 하였고 … (1)탕 선생이 『敎要序論』 2권 책자를 내주며 말하기를, '너희 나라는 엄격하게 이 학을 금지한다고 하니 館에 머물 때 또한 문득 열람하기가 곤란하겠지만, 너는 홀로 自鳴鐘 시장에 가서 魏 선생을 찾아보면 반드시 이 책에 대한 상세한 가르침을 받아 이 학이 좋은지 아닌지 진실인지 거짓인지 알게 될 것이다'라고 하였다. 그래서 과연 위 선생을 가서 보았더니 위 선생은 먼저 黃生(黃仁喆, 黃沁 토마스)이 오지 않았는지를 묻고 또한 저에게 황생과 더불어 얼마나 친하게 알고 지내는지 아닌지를 물었다. 그래서 대답하기를 만약 절친하게 긴밀하게 지내지 않는다면 어찌 이 책을 가지고 왔겠는가라고 하였다. 위 선생이 또한 주 선생의 안부를 물었다. … (2)올4월에 또한 북경에 들어가 탕 선생을 가서 보았는데 위 선생이 『교요서론』을 講論하였고, 별다른 응대는 없었을 뿐입니다. 邪冊은 나라에서 금함이 지극히 엄하니 감히 가지고 올 수가 없었습니다. 올6월에 북경으로부터 돌아오는 길에 의주義州에서 붙잡히고 말았습니다. 저는 이미 이 학이 좋음을 알게 되었으므로 비록 죽도록 매질을 당하더라도 바른 것으로 돌아갈 뜻이 없습니다.[33]

---

33 『邪學懲義』, 1977, pp.222-224. "上年十一月間 入北京 往天主堂時 家蔘二兩 給于湯先生矣 … 而忽有年少之人 問周先生安否 故矣身答以不知云 則湯先生有悶然氣色 責其年少曰 未詳之事 何可輕問乎 仍謂矣身曰 數日後當瞻禮於天主堂 君當來觀 … 則湯先生出給敎要序論二卷册子 曰爾國嚴禁此學云 留館時 亦難煩覽 汝獨往自鳴鐘市 訪見魏先生 則必當詳敎此書 可知此學之好否眞僞云 故果往見魏先生 則魏先生先問黃生來否 又問矣身與黃生親知之緊歇 故答以爲若非切緊 則豈可持其書來此耶 魏先生又問周先生安否 … 今四月 又入北京 往見湯先生 魏先生講論敎要序論 而別無他酬酌是白遣 邪冊段以邦禁之至嚴 不敢持來 而今六月 自北京回還之路 現捉於義州是乎이 矣身旣知此學之爲好 則雖死杖下無意歸正云云"

이 기록을 통해 옥천희는 『교요서론』을 교재로 삼아 교리 공부를 했음이 명백하다. 즉 위 기록 가운데 밑줄 친 부분 (1)에서와 같이 1800년에 북경에 갔을 때도, (2)에 보이듯이 그 이듬해에 또 갔을 때도 『교요서론』을 가지고 진행된 강론을 통해 천주교 교리를 배우고 있음이 드러나고 있다. 옥천희가 이같이 『교요서론』을 통해 천주교 교리를 공부했다는 사실은 주목받아 마땅하다. 다만 (2)의 끝부분에서 "邪册은 나라에서 금함이 지극히 엄하니 감히 가지고 올 수가 없었습니다"라고 밝히고 있는 바에서, 그가 직접 『교요서론』을 가지고 귀국하지는 못했음이 분명하다.

비록 그렇더라도 곧 언급할 바처럼 적어도 1801년 당시에는 이미 조선에 한문본 『교요서론』이 수용되어 읽히고 있었음은 물론이고 그것이 이미 언문으로 번역되어 언해본 『교요서론』이 등장하고 筆寫되어 보급되고 있었음이 드러난다. 1801년의 辛酉迫害 와중에 金健淳이 체포되어 취조를 받으면서 이미 己酉年 즉 1789년에 조선 내에서 이를 얻어 보았다고 다음과 같이 진술하고 있기 때문이다.

(7) 「김건순의 자백 내용」

己酉年(1789)에 제가 李儁臣으로 인하여 西洋書 『畸人十編』・『眞道自證』 각 2편을 얻어 보았고, 같은 해에 또 三田洞人으로 인하여 『敎要序論』・『萬物眞源』을 얻어 보았는데, 말이 간사하고 거짓되어 별로 본받을 만한 게 없었습니다. 辛亥年(1801)에 忠을 지녀 일이 터진 이후에 나라에서 금지시킴이 있자 그 서적을 모두 태워 버렸는데, 邪學은 곧 속이고 거짓된 학문일 뿐입니다.[34]

이 기록에서 김건순이 『교요서론』을 1801년 신유박해 때에 불태웠노라 자백했다고는 하나, 이미 1789년에 구해보았다는 사실은 자명하다. 그러므로

---

[34] 「辛酉邪獄罪人李基讓等秋案」, 『秋案及鞫案』, 3월 17일 金健淳供招; 『천주교신자재판기록』(上), 國學資料院, 2004, pp.298-299. "己酉年 余因李儁臣 得見西洋書畸人十編眞道自證各二卷 同年又因 三田洞人 得見敎要序論萬物眞源 而語涉邪誕 別無可法是遣 辛亥年 持忠事後 以有邦禁 盡燒其書 而邪學卽矯誕之學耳"

조선인 천주교인들 사이에서는 1789년 이전부터 이미 『교요서론』이 읽히고 있었음이 확실하다.

이런 사실과 아울러 『교요서론』의 수용 및 보급과 관련하여 또 하나 주목해야 할 점은, 『邪學懲義』의 부록 중의 하나인 「新愛家埋置邪書掘出記」가운데 '교요서론 一卷[35]'이란 기록이 보이며, 또한 「尹鉉家房堗中掘來妖像邪書件記」가운데 '敎要序論 一'이 찾아진다는 사실이다.[36] 이 기록의 『교요서론』은 한글본이, 『敎要序論』은 한문본임이 분명하다고 여겨진다. 따라서 한문본 『교요서론』과 함께 언해필사본 『교요서론』이 1800년 이전부터 또한 보급되고 있었음이 틀림없다.[37]

2) 『교요서론』의 등장·보급

『교요서론』의 등장 및 보급 사실과 관련하여서는, 꾸랑의 『韓國書誌』가운데 보이는 『교요서론』에 대한 다음과 같은 대목이 특히 주목되어 마땅하겠다. 이 기록에 그 내용이 상세히 소개되어 있을 뿐만 아니라 또한 언해필사본 『교요서론』 역시 전해지고 있었다는 사실도 확인힐 수 있기 때문이다.

(8) 「3章 天主敎類 1. 一般書」
(가) 2693. 敎要序論
1책. 한글 필사본
外方宣敎會 ㅇ 231.07 구 107c
페르디난드 베르피스트 Ferdinand Verbiest 주교가 쓰고 1677년 간행된 이 명칭의 책은 (A)神의 존재, 삼위일체, 영혼불멸설, (B)使徒信經, 十誡命, 주기도문 등과 같은 (C)신앙의 신비스러운 것들에 대한 설명을 포함하고 있다. …
(나) 2694. 교요서론

---

35 『邪學懲義』, 한국교회사연구소, 1977, p.379.
36 『邪學懲義』, 1977, p.382.
37 盧鏞弼, 남회인의 『교요서론』 수용 및 한글본 『교요서론』 유포와 조선후기 천주교의 성장」, 2008, pp.179-182.

1책. 대정방 8절판. 50장. 한글 필사본

外方宣敎會 ○ 231.07 노 535c …

이 책의 겉장에는 종교와 전혀 관계가 없는 책 제목인, 南關武라는 글자가 적혀 있다.[38]

이를 보면 表題가 『교요서론』과 『敎要序論』으로 되어 있는 책이 1권씩 있어 마치 각각이 한글본과 한문본인 것처럼 보이나 실제로는 모두 '한글 필사본'이라고 명시해놓고 있음을 간과해서는 안 된다. 이와 연관하여 상기할 점은, 언해필사본 『교요서론』이 현재 절두산 순교성지 박물관에 실물 자체가 보관 중이고, 그 복사본이 한국교회사연구소 자료실에 비치되어 있는데[39], 이 경우에도 表紙에는 漢文으로 '敎要序論'이라 표기되어 있지만, 속의 내용은 한글 필사본이다.[40] 그러므로 『敎要序論』은 주로 언해필사본 『교요서론』의 형태로 널리 유포되었다고 하겠다. 일부 기록에 의하면 『敎要序論』이 한국에서 1864년에 한글판이 간행되었다고 하는데[41], 간행되었을지라도 필사본이 주로 이용되고 있었기에, 이때에도 이처럼 필사본만이 주로 전해지고 있었던 게 아닌가 한다.[42] 이럴 만큼 『교요서론』은 당시에 언해필사본 『교요서론』으로 주로 유포되고 있었으며, 천주교의 성장에 크게 영향을 끼치고 있었

---

38 이희재 역, 『韓國書誌』, 1994, pp.674-675.
39 한국교회사연구소 자료실 등록번호 17620, 분류기호 241.07 교66.
40 영인본은 페르비스트 지음, 노용필 옮김, 『교요서론-18세기 조선에서 유행한 천주교 교리서-』, 한국사학, 2013, pp.275-379에 편집되어 있다.
41 Albert Chan, S.J., *Chinese Books and Documents in the Jesuit Archives in Rome*, M.E. Sharpe, Inc., New York, 2002, p.351 및 Joseph Hsing-san Shih, S.J., The Religious Writings of Father Ferdinand Verbiest, John W. Witek. S. J. (ed.), Ferdinand Verbiest(1623~1688) *Jesuit Missionary, Scientist, Engineer and Diplomat*, Steyler Verlag · Nettetal, 1994, pp.423-424; 施省三, 「南怀仁神父的宗教著作」, 魏若望 編, 『傳敎士 · 科學家 · 工程師 · 外交家 南怀仁(1623-1688)』-魯汶國際學術研討會論文集, 北京:社會科學文獻出版社, 2001, pp.482-483.
42 특히 둘째의 것을 거론하면서 꾸랑이 '이 책의 겉장에는 종교와 전혀 관계가 없는 책 제목인, 南關武라는 글자가 적혀 있다'고 기술해둔 것 자체가 역시 필사본의 유포가 주로 이루어지고 있었던 실제 면모를 나타내주는 것으로 보인다. 이 '남관무'는 책 제목이 아니라 이 필사본을 필사한 筆寫者 혹은 그것을 소유하였던 所有者의 성명을 필사본 겉장에 적어둔 것을 보고, 꾸랑이 그렇게 여긴 것으로 가늠된다.

음이 분명하다고 하겠다.[43]

한편 방금 제시한 바 있는 『교요서론』에 관한 꾸랑의 『韓國書誌』 기록 중 그 내용에 "(A)神의 존재, 삼위일체, 영혼불멸설, (B)使徒信經, 十誡命, 主祈禱文 등과 같은 (C)신앙의 신비스러운 것들에 대한 설명을 포함하고 있다"라고 한 대목을 간과할 수 없다. 이는 곧 꾸랑이 면밀한 書誌 검토를 통해 그 내용을 섭렵하고 정리하여 이 도서의 성격을 제시해준 것이어서 그 文獻學的 가치가 매우 높다고 할 수 있기 때문이다. 즉 그가 첫째, '(C)신앙의 신비스러운 것들에 대한 설명'이라고 했음은 『교요서론』이 천주교 신앙 전반에 대한 내용을 담고 있음을 알려주는 것이다, 둘째, 거기에 '(A)神의 존재, 삼위일체, 영혼불멸설'이 담겨 있다고 했음은 이 책이 곧 敎理書의 성격을 띠고 있었음을 드러내준 것이다. 셋째, '(B)使徒信經, 十誡命, 主祈禱文' 등이 포함되어 있었다고 했음은 다름 아니라 이 책이 祈禱書의 기능을 아울러 띠고 있었음을 드러내는 것임이 여실하다고 하겠다.

4. 언해필사본 『텬쥬실의』· 『교요서론』의 특징

언해필사본 『텬쥬실의』과 언해필사본 『교요서론』이 지니고 있는 각각의 특징을 잘 분석해야만 이 두 책의 언해 · 필사 · 보급이 지니는 역사적 의미를 제대로 조망해낼 수 있겠다. 그러므로 지금부터는 이 두 책의 특징을 면밀하게 분석해보려고 한다.

1) 『텬쥬실의』의 특징

언해필사본 『텬쥬실의』의 특징은 크게 범주를 나누자면 3가지 부문으로 검토할 수 있겠다, 첫째로, 언해의 특징, 둘째, 주석 내용의 특징 그리고 셋째,

---

[43] 盧鏞弼, 「남회인의 『교요서론』 수용 및 한글본 『교요서론』 유포와 조선후기 천주교의 성장」, 2008, pp.192-194.

필사의 특징이 그것이다. 하지만 이 3가지 부문에 대한 분석도 세부적으로 분석해보면 매우 다양한 양태를 띠고 있어, 매우 세밀한 규명이 시도되어야 할 것이다.

(가) 언해의 특징

언해의 특징으로서, 첫째로 우선 거론해야 할 사실은 언해를 하면서도 몇몇 用語 및 人名의 경우 굳이 한문을 그대로 둔 경우들이 찾아진다는 점이다. 용어에 관한 서술 내용 중 언해하지 않고 원문의 한문 자체를 그대로 필사해 둔 것은 제4편에서 발견되는 '柳宿'과 '柳樹'[44]가 유일한 경우인데, 中士의 언급 내용에서 '다른 물건의 같은 이름'의 구체적인 예로 별의 명칭 '柳宿'과 나무의 명칭 '柳樹'의 사례를 들은 대목에서 정확한 의미의 전달 자체가 언해를 하면 제대로 안 될 것으로 판단되었는지 그대로 둔 것으로 생각된다.

한편 원문의 한자 표기 그대로 필사한 인명의 경우로는 제1편의 '嶼梧斯諾', 제6편의 '拂祭斯谷'과 '如尼伯陸' 제7편의 '亞那' 넷이다. 여기에서 '嶼梧斯諾'은 Augustine 즉 聖 아우구스티누스St. Aurelius Augustinus(354-430)[45]이고, '拂祭斯谷'은 아씨시의 성 프란치스코St. Francis of Assisi(1181-1226)[46]이다. 그리고 '如尼伯陸'은 주니퍼Juniper[47]이며, '亞那'는 야나Yana[48]이다. 그런데 문제는 이들 중 '嶼梧斯諾'과 '拂祭斯谷'의 표기에 있어서 언해필사본에서

---

44 『天主實義 附텬쥬실의』, 韓國敎會史硏究資料 第四・五輯, 韓國敎會史硏究所, 1972, p.544.
45 『天主實義 附텬쥬실의』, 1972, p.373. 利瑪竇 原著, 藍克實・胡國楨 譯註, 『天主實義』; Matteo Ricci, S.J. *The True Meaning of the Lord of Heaven* (T'ien-chu Shih-i), Translated, with Introduction and Notes, by Douglas Lancashire and Peter Hu Kuo-chen, S.J. A Bilingual Edition, Edited by Edward J. Malatesta, S.J., 臺北: 利氏學舍・光啓社, 1985, pp.90-91.
46 『天主實義 附텬쥬실의』, 1972, p.515. 藍克實・胡國楨 譯註, 『天主實義』; Matteo Ricci, S.J. *The True Meaning of the Lord of Heaven*, 1985, pp.314-315.
47 『天主實義 附텬쥬실의』, 1972, p.516. 이 경우에는 4차례나 등장한다. 藍克實・胡國楨 譯註, 『天主實義』; Matteo Ricci, S.J. *The True Meaning of the Lord of Heaven*, 1985, pp.314-315.
48 『天主實義 附텬쥬실의』, 1972, p.544. 이 경우에는 3차례 등장한다. 藍克實・胡國楨 譯註, 『天主實義』; Matteo Ricci, S.J. *The True Meaning of the Lord of Heaven*, 1985, pp.360-361.

이렇게 표기하였지만 그것이 誤記라는 사실이다. 원래의 한문 원문에는 '嶼梧斯諾'이 '嶼梧斯悌諾'으로, '拂祭斯谷'은 '拂卽祭斯谷'으로 되어 있으니, 결국 언해필사본에서 각기 '悌'와 '卽' 1자씩이 누락되어 필사된 것이다. 대표적 聖人으로 손꼽을 수 있는 아우구스티노와 프란치스코의 인명 한문 표기에 이렇듯이 1자씩을 누락시켜 誤記한 것에 대해서는 처음 언해를 할 당시에 언해자가 천주교의 성인들에 대한 지식을 거의 갖춘 게 없는 상태에서 언해가 진행되었던 데에 일차적으로 그 원인이 있었을 것이며, 그리고 일단 언해가 필사되기 시작하면서는 그 오류가 오류인 줄도 모르고 뒤에도 그대로 지속되었기 때문이 아니었을까 추측할 뿐이다.

한편 둘째로 언해의 특징으로서 지적할 점은 언해의 유형이 4가지로 나뉜다는 점이다. Ⅰ類型은 원문에 있는 것을 언해하지 않은 경우, Ⅱ類型은 원문에는 없는 것을 언해하면서 삽입한 경우, Ⅲ類型은 원문과 달리 언해한 경우, 그리고 Ⅳ類型은 명백한 誤譯으로 판단되는 경우 등이다. 이러한 언해상 특징의 4가지 유형을 전8편 모두를 대상으로 일일이 제시할 수가 없어서, 여기에서는 언해필사본『텬쥬실의』제7편 및 제8편의 사례만으로 한정해서 도표를 작성하여 아래의 〈표 5〉로 제시하기로 하였다.

〈표 5〉『텬쥬실의』諺解 類型의 分析表

區分		特徵	事例	備考
Ⅰ類型: 원문에 있는 것을 언해하지 않은 경우	1	내용 전달에 있어 크게 문제가 되지 않는 대목을 언해하지 않은 경우	535/568/574/590/603	
	2	일부 대목 자체가 언해 과정에서 누락된 경우	542/566	
	3	내용이 대거 누락된 경우	570	★
Ⅱ類型: 원문에는 없는 것을 언해하면서 삽입한 경우	1	강조하기 위해 '많고' '크게' 등의 형용사를 삽입한 경우	535/565/570/599	
	2	전후의 문맥을 원활히 하기 위해 일부 구절을 삽입한 경우	538/539/540/552/555/556/562/564/571/576/577/580/581/583/591/592/600	
	3	내용을 보강하기 위해서 상세히 설명을 덧붙인 경우	542/543/550/589/597	★

	4	언해자의 생각을 강조하기 위해서 삽입한 경우	598	★
III類型: 원문과 달리 언해한 경우	1	직역이 아닌 의역을 한 경우	556/572	
	2	원문 문맥의 앞뒤 순서를 바꾸어 언해한 경우	558/590/600	
	3	원문을 압축하여 간략히 언해한 경우	560	
	4	원문의 내용을 상세히 풀어쓴 경우	554	
	5	표현의 정도를 완화한 경우	563/571/603	
	6	문맥을 손질하여 독창적으로 언해한 경우	544/549/553/565/567/569/574/581/582	★
	7	언해자의 해석에 입각해서 주관적으로 언해한 경우	542/547/555/560/589/592/593/597/603	★
	8	구체적 역사 사실을 제시하며 상세히 언해한 경우	559	★
	9	언해하면서 조선인에게 익숙한 표현으로 바꾼 경우	561/568/575/577/591	★
IV類型:명백한 誤譯으로 판단되는 경우[49]			598	★

※일러두기※ 1)언해필사본 제7편 및 제8편의 사례로 한정하여 유형을 구분한 것임
2)숫자는 해당 사례가 발견되는 언해필사본의 페이지를 적은 것임
3)備考欄의 ★표시는 크게 주목을 요하는 사례를 표시한 것임

이 〈표 5〉『텬쥬실의』 諺解 類型의 分析表의 내용 중 다른 무엇보다도 특히 'III類型:원문과 달리 언해한 경우'에서도 '언해하면서 조선인에게 익숙한 표현으로 바꾼 경우'는 언해필사본『텬쥬실의』의 특징 중 가장 대표적인 부분이라고 판단된다. 두 가지의 구체적인 예를 제시하면, 첫째는 '굿'을 거론하면서 언해한 부분, 둘째는 'ᄂᆞ즌 죵', '각셰ᄒᆞ 아젼'을 거론하면서 언해한 부분을 꼽아 마땅하다. 먼저 '굿'을 거론한 부분을 대조의 원활을 기하며 정확히 분석하기 위해 제시하면 다음이다.

---

49 『天主實義』는 利瑪竇가 1590년대 중엽에 中國語로 저술하기 시작하였고, 1601년 北京에 들어온 이후 改稿를 개시하여 '馮應京의 손에 의해 中國語로 訂正이 가해졌'(マッテーオ・リッチ 著, 川名公平 譯, 矢澤利言 注,『中國キリスト敎布敎史』二, 1982, p.19의 注(5))을 뿐만 아니라 더더군다나 西士와 中士의 대화체로 구성되어 있었으므로, 언해할 때 의당 中國語 문장으로 취급되었어야 했을 터인데, 그렇지 않고 단지 漢文으로만 여겨져 그렇게 언해되었기 때문에 적지 않은 誤譯이 언해본에서 발생할 수 밖에 없지 않았나 생각한다.

〈원문〉①

西士曰 絶色一事 果人情所難 故天主不布之于誡律 强人盡守 但令人自擇願者遵之耳 然其事難能 大抵可以驗德 難乎精嚴正行

〈언해〉

서샤ㅣ 글오딕 식을 ᄭ는 일은 과연 인졍에 어려온 바라 그런 고로 텬쥬 계명에 버리지 아니ᄒ시고 ᄯ 사름으로 ᄒ여곰 굿ᄒ야 직희게 아니□시고 다만 사름으로 ᄒ여곰 스ᄉ로 ᄀ리게 ᄒ야 원ᄒᄂ 쟈ᄂ 좃ᄂ지라 그러나 그 일이 능키 어려오니 대뎌 덕을 징험ᄒᄂ 관계라 졍ᄒ고 엄ᄒ야 바로 힝키 어려오나[50]

〈원문〉②

以人類與天主爲同一體 非將以上主之尊 而侔之於卑役者乎 恣其誕妄 以天主無限之威靈 而等之於土石枯木 以其無窮之仁 覆爲有玷缺 而寒暑災異憾且尤之 侮狎君父 一至于此 蓋人生昭事之學 久已陵夷

〈언해〉

인류를 텬쥬와 일톄된다 ᄒ니 엇지 샹쥬의 놉홈으로써 ᄂ즌 죵의게 비김이 아니냐 그허탄ᄒ고 망녕됨을 방ᄉ히 ᄒ야 텬쥬의 무한ᄒ 위령으로써 토목 샤샹에 돌녀보내고 텬쥬의 무궁히 덥혀 보호ᄒ시ᄂ 인ᄌ으로써 허물되고 흠 되이 녁여 혹 경ᄒ시ᄂ 슈흔등 직앙을 탓ᄒ고 원망ᄒ니 빅은망덕홈이 이 디경에 니ᄅ럿도다 대개 인싱의 ᄉ쥬ᄒᄂ 학이 믄허져 폐ᄒ지 오린지라

〈원문〉③

不思小吏 聊能阿好其民 已爲建祠立像 布滿郡縣 皆是生祠佛殿神宮 彌山徧市 豈其天主尊神 無一微壇以禮拜敬事之乎

〈언해〉

각 셰ᄒ 아젼과 요괴ᄒ 무리 어린 빅셩을 달내야 샤당과 샤샹을 셰워 군현에 편만ᄒ고 싱ᄉ당과 불뎐 신궁이 산쳔에 ᄀ득ᄒ니 엇지 텬쥬의 지존ᄒ신 신은 ᄒ은 단으로써 공경홈이 업ᄉ랴[51]

---

50 『天主實義 附텬쥬실의』, 1972, p.575.
51 『天主實義 附텬쥬실의』, 1972, p.592.

원문 ①의 "强人盡守" 대목을 "사름으로 ᄒ여곰 굿ᄒ야 직희게 아니ᄒ시고"로 언해한 부분에서 원문 그대로 직역해도 충분히 의미가 잘 전달이 될 터인데도 굳이 '굿ᄒ야'를 삽입함으로써 이 언해필사본을 읽을 조선인들에게 정확히 사례를 들어 설명하고자 했음이 분명하다. 그리고 원문 ②의 '卑役者'를 'ᄂ즌 죵'으로, 원문 ③의 '小吏'를 '각 셰ᄒ 아젼'으로 언해한 것 역시 조선인들에게 익숙한 용어를 채택하여 언해함으로써 천주교의 교리를 친숙하게 여기게 하고자 하는 의도였다고 읽힌다. 그래서 이러한 사례야말로 언해필사본 『텬쥬실의』의 특징 중의 백미라고 해서 지나치지 않을 줄 안다.

(나) 주석 내용의 특징

첫째, 제1편~제8편 전체에 부분마다 주석을 붙이고 그것을 종합하여 맨앞에 「目錄」으로 정리한 註釋目錄本 『天主實義』의 여러 판본을 비교해본 결과, 註釋目錄本의 「目錄」과 諺文筆寫本의 「목록」이 일부 차이가 나는 점도 있지만 거의 동일하였다. 따라서 諺解筆寫本 『텬쥬실의』는 『天主實義』 註釋目錄本을 원문 그대로 번역하는 데에 그친 게 아니라 읽는 독자들에게 편의를 제공하기 위해 상세한 註釋을 덧붙이고 있으며, 이 점은 諺解筆寫本 『텬쥬실의』 특징 중 하나로 들 수 있다.[52]

둘째, 조선 언해필사본 『텬쥬실의』의 주석을 주석목록본 『천주실의』의 주석과 일일이 비교하며 검토해 보면, 수량에 있어서도 언해필사본 『텬쥬실의』 주석이 314개인 데에 비하여 주석목록본 『천주실의』 주석은 169개에 불과하다. 성향에 있어서도 주석목록본의 주석이 내용을 간략히 압축한 데에 반해, 언해필사본의 주석은 본문의 구체적인 내용 및 용어에 대해 상세히 설명을 붙인 것이라는 차이점이 있다. 따라서 조선 언해필사본 『텬쥬실의』의 주석은, 중국 주석목록본 『天主實義』의 주석과 비교해서, 한마디로 매우 독

---

[52] 노용필, 「언해필사본 『텬쥬실의』 「목록」 분석」, 『敎會史學』 11, 2014, p.118; 本書 제3부 제3장.

창적인 측면이 강한 것이라 하겠다.[53]

셋째, 조선 언해필사본 『텬쥬실의』 주석의 특징은 주석 자체를 전체적으로 통합해서 정리해놓고 보면, 동일한 편 속에서조차도 동일한 어휘 및 용어에다가 중복되게 거듭 주석을 달았으며, 따라서 그 내용이 혹은 동일하게 혹은 유사하게 혹은 전혀 상이하게 되어 있다는 점이다. 이러한 주석의 특징을 한눈에 볼 수 있는 사례는 다음의 〈影印資料〉 (5)에서 散見되는 '인 어질인ᅏ' 의 경우로, 같은 면 속에서 3차례나 똑같이 매번 일관되게 붙이고 있는 것이다. 이런 것은 註釋目錄本 『天主實義』에서는 전혀 선례가 없는 것이며, 오로지 이 언해필사본 『텬쥬실의』에서만 볼 수 있다.

아울러 언해필사본 『텬쥬실의』 주석의 이와 같은 사례로서 가장 대표적인 것 중의 하나가 '명덕'과 '양능'을 중복되게 다루어 강조하고 있는 점으로, 이를 고려할 때 언해필사본 『텬쥬실의』 언해자들이 한글로 언해하면서 상세한 주석을 붙이는 작업에 종래의 전통 유학에 익숙함이 반영되었을 뿐만이 아니라 양명학에 대한 관심도 반영되었을 것임이 자명하다. 이런 사상적인 면모가 곧 언해필사본 『텬쥬실의』 주석의 내용상 가장 큰 특징이라 하겠다.[54]

---

53 盧鏞弼,「朝鮮 諺解筆寫本 『텬쥬실의』 註釋의 特徵과 그 歷史的 意義」, 北京外國語大學 國際中國文化研究院 主催 國際學術大會 "相遇與互鑒 : 利瑪竇與中西文化交流" 發表論文, 中國 北京, 2016년 11월 18-19일; 『敎會史學』 14, 2017, p.234; 本書 제3부 제4장.
54 盧鏞弼,「朝鮮 諺解筆寫本 『텬쥬실의』 註釋의 特徵과 그 歷史的 意義」, 2017, pp.234-235; 本書 제3부 제4장.

〈影印資料〉(5)

『텬쥬실의』 주석 추가 입증 자료[55]

　넷째, 원문의 문장을 언해하면서 그 문장 자체의 의미를 소상히 해설하여 주석으로 붙이기도 하였는데, 이는 언해필사본 『텬쥬실의』 주석의 또 하나의 특징으로 들 수 있다. 이는 앞의 〈影印資料〉(5) 『텬쥬실의』 주석 추가 입증 자료 속에서도 좌측면의 내용을 면밀하게 살피면, 문장마다 자상한 주석을 붙여 그 문장의 의미를 해설했음을 발견할 수가 있다. 대표적인 사례로서 그중에서 한 대목의 내용을 제시하여 보이면 다음이다.

　〈註釋目錄本 『天主實義』 제7편〉
　西士曰 俗言仁之爲愛 但謂愛者可相答之物耳 故愛鳥獸金石非仁也 然或有愛之 而反以仇 則我可不愛之乎
　〈언해필사본 『텬쥬실의』 데7편〉
　셔ᄉㅣ 굴오ᄃᆡ 셰쇽말이 인―어질 인 ᄶᅳ―의 ᄉᆞ랑됨이 다만 ᄉᆞ랑ᄒᆞᄂᆞᆫ 쟈의 서로 디답ᄒᆞᆯ 물건을 닐옴이니―쇽담에 올 졍이 잇셔야 갈 졍이 잇다 ᄯᅳᆺ― 고로 금슈와 금셕을 ᄉᆞ랑홈은 인―어질 인 ᄶᅳ―이 아니라―물건을 ᄉᆞ랑홈은 씀을 위홈이라― 그러나 혹 ᄉᆞ랑하ᄃᆡ 도로혀 원슈로써 홈이 잇ᄉᆞ니 내 가히 ᄉᆞ랑치 아니ᄒᆞ랴―혹 원슈로 ᄉᆞ랑을 갑는 쟈 잇ᄉᆞ니 만일 ᄉᆞ랑ᄒᆞᄂᆞᆫ 덕이 아니면 엇지 원슈를 귀화ᄒᆞ리오―

---

[55] 『天主實義 附텬쥬실의』, 1972, p.559.

註釋目錄本의 "俗言仁之爲愛 但謂愛者可相答之物耳" 부분을, 언해필사본에서 "세속말이 인의 ᄉᆞ랑됨이 다만 ᄉᆞ랑ᄒᆞᄂᆞᆫ 쟈의 서로 뒤답홀 물건을 닐옴이니"라고 언해하고 나서 그 문장의 의미를 "속담에 올 정이 잇셔야 갈 정이 잇다 쯧"이라고 덧붙여 주석을 달아서 해설하고 있는 것이다. 이렇듯이 우리의 속담을 주석으로 제시하면서까지 그 문장의 속뜻을 명확히 전달하고자 했음이 완연하다..

(다) 筆寫의 특징

언해필사본 『텬쥬실의』의 필사에 나타나는 특징으로써 첫째로 주목하고자 하는 점은 방금 앞의 〈影印資料〉 (5) 중 우측면의 내용 속에서 거론된 '고슈', '샹', '슌'을 각기 '고슈', '샹', '슌'으로 옆에다가 줄을 그어 놓았다는 사실이다. 이는 문장의 내용에서 瞽瞍가 象을 편애하여 그에게 상속하고자 舜을 죽이러 했던 사건을 설명하고 있는 대목인데, 인명을 표시하는 방법으로 이렇게 한 것은 주석을 굳이 붙이지 않으면서도 필사하면서 인명임을 드러내기 위한 자상한 배려의 상징이었다고 할 수 있겠다.

둘째는 한글 초서체로 필사했음이 언해필사본 『텬쥬실의』 전반에서 뚜렷하다는 점이다. 그렇게 매우 빠른 속도로 필사를 하다 보니 빠뜨린 글자가 간혹 생기는 경우 그 글자를 뒤늦게 삽입하기도 했음이 종종 발견된다. 〈影印資料〉 (6)의 우측면에 보면, "도로혀 그ᄅᆞ다홈 쏘흔 과치 아니ᄒᆞ야"라 필사한 후에 '그ᄅᆞ다홈'과 '쏘흔' 사이의 옆에 '이'를 삽입하고 있음이 그 증거이다. 이런 예는 곳곳에서 드물지 않다.

셋째는 필사하는 과정에 원본에도 없는 구절을 삽입한 경우가 발견되는 점을 꼽을 수 있겠다. 이런 경우의 가장 대표적인 사례는 언해필사본 제6편의 "만왕의 왕이신 텬쥬의 갑흐심이 이에 그치랴" 대목으로, 이 가운데 '만왕의 왕이신' 부분은 원문에 없는 내용이다. '만왕의 왕이신'을 덧붙여 尊崇의 의미를 더하고자 언해자가 임의로 삽입한 것으로 보아도 무방할 듯하다.

〈影印資料〉(6)

『텬쥬실의』 수정 가필 입증 자료[56]

넷째는 교정이 이루어진 흔적이 많이 찾아진다는 점이다. 〈影印資料〉(6) 에서만 보더라도 '방해'를 '샹해'로 고치는 등의 작업이 이루어진 게 뚜렷한데, 심지어 잘못되었다고 판단된 부분은 먹물로 뭉개놓은 곳도 있을 정도다. 이는 필사자가 치밀한 성격의 소유자여서 그랬을 수도 있으나, 활달한 성격의 남성이어서 그랬던 게 아닐까 싶어진다. 하필이면 언해필사본 『텬쥬실의』의 필사에 나타난 이런 면모는, (뒤에서 곧 살필 바로) 깔끔하고 정갈하게 한 글자의 誤脫字도 없이 이루어진 언해필사본 『교요셔론』의 필사와는 판이하게 차이가 나는 것이라, 매우 조심스럽기는 하지만 그리 추정을 해보고자 하는 것이다.

이렇듯이 誤脫字도 자주 있을뿐더러 교정의 흔적도 그대로 둔 이 언해필사본 『텬쥬실의』는 필사한 후 같은 천주교 敎友에게 膳賜하기 위해서거나 혹은 천주교를 전교하기 위해 마음에 둔 인물에게 주기 위한 것은 아닐 것 같다는 느낌이 든다. 생각컨대 필사자 스스로가 자습하기 위한 용도였거나 아니면 판

---

[56] 『天主實義 附텬쥬실의』, 1972, p.578.

매를 하더라도 헐값에 매매하기 위한 그런 것이 아니었을까도 싶어진다.

2) 『교요셔론』의 특징

언해필사본 『교요셔론』의 특징은 우선, 한문본 『教要序論』이 애초부터 띠고 있는 體裁의 특징과 내용의 특징으로 나눠 검토함으로써 그 전모를 밝힐 수가 있다. 그런 후에 언해필사본 『교요셔론』 자체로서 지니는 筆寫의 특징에 대해서도 살펴야 할 것이다. 그러니까 『교요셔론』의 특징은 크게 구분하자면, 첫째는 체재의 특징, 둘째는 내용의 특징, 셋째는 필사의 특징이 그것이다.

(가) 體裁의 특징

『教要序論』의 체재가 품고 있는 특징을 면밀히 검토하기 위해서는 1차적으로는, 이 책의 첫머리에 편집되어 있는 「目錄」부터 분석하는 게 첩경일 것이다. 그래서 이 「목록」의 張數·面數 등을 일일이 조사하여 『교요셔론』 전체의 체재를 내용상의 張數로 구분해보면, 앞의 20장은 '天主謂何'라는 공통 제목 아래 천주의 존재, 영혼의 불멸 그리고 사후의 심판에 관한 3가지 기본 진리를 다루고 있으며, 나머지 47장 중에서 30장은 「(사도)신경」 해설, 4장은 「천주경」 해설, 각각 1장은 「성모경」과 「십자성호경」 해설, 최후의 6개장은 성수를 받는 규율 즉 「領聖水規矩」를 설명하고 있음을 볼 수 있다. 따라서 이 책의 주요 골격은 결국 '天主謂何', 「(사도)신경」·「천주경」·「성모경」·「십자성호경」 그리고 「영성수규구」의 해설에 대한 언급이라고 볼 수 있다.[57]

이러한 체재의 실제적인 면을 온전히 살피기 위해서 『教要序論』 내용의 항목과 분량들을 일일이 조사해서 분석해보면, 다음의 2가지를 알 수가 있다. 첫째는, 大項目 아래에 小項目을 설정하면서 그것도 標題와 內題로 구분하였

---

57 盧鏞弼, 「남회인의 『교요셔론』 수용 및 한글본 『교요셔론』 유포와 조선후기 천주교의 성장」, 2008, p.165.

다는 사실이다. 그리고 둘째는 이렇게 한 게 다름 아니라 나름대로의 기준 설정에 따른 것이었음이 드러난다는 점이다.

우선 小項目을 설정하면서 標題와 內題로 구분한 것은, 설명 방식에서 곡해의 소지를 근본적으로 없애 설명을 명료하게 하기 위함이었다고 상정되는데, 이 점은 「신경」 부분에서 확실히 드러난다. 가령 「目錄」에는 「天主全能」, 「神鬼來歷」, 「生人來歷」, 「地堂」, 「靈性之罰」 등으로만 기재되어 있을 뿐이지만, 이들이 標題로 되어 있고 이들 바로 앞에 內題로서 「我信全能者天主罷德肋化成天地」가 별도로 기재되어 있는 것을 구체적인 예의 하나로 들 수 있다. 이 부분이 오늘날 우리가 「사도신경」을 외울 때, '전능하신 천주 성부, 천지의 창조주를 믿나이다'로 시작하게 되는데, 바로 여기에 해당되는 한문 표기 구절인 것이다. 그러니까 『教要序論』 본문의 체재는 標題로서 「天主全能」, 「神鬼來歷」, 「生人來歷」, 「地堂」, 「靈性之罰」 5대 소항목을 제시하면서 內題로서 「我信全能者天主罷德肋化成天地」를 또 설정하는 방식이다.

그렇기 때문에 標題는 著者 南懷仁Verbiest 자신이 설명의 편의상 정한 제목이거나 기도문의 제목이고, 內題는 기도문의 원문을 열거하거나 기도문의 내용 구절들을 나누어 그대로 붙였던 것이다. 標題로 「天主全能」, 「神鬼來歷」, 「生人來歷」, 「地堂」, 「靈性之罰」이 있고, 內題로 「我信全能者天主罷德肋化成天地」가 있음이 그 단적인 實例이다. 즉 標題는 南懷仁 자신의 생각에 따라 바뀌거나 달라질 수 있는 것 즉 가변적인 것으로 설정한 데에 반해, 內題는 기도문 자체를 그대로 반영하거나 부분적으로 나누어 인용하거나 한 것이므로 영구불변한 것일 수밖에 없는 것을 설정한 것이었음을 확인할 수 있다.[58]

(나) 內容의 특징

南懷仁이 1670년에 집필한 후 1677년에 板刻하여 간행되었으며 1799년

---

58 盧鏞弼, 「『教要序論』 體裁의 특징과 저술·간행의 목적」, 『釜山教會史報』 74, 2012; 『교요서론』, 한국사학, 2013, pp.221-227.

에 또 한 차례 새로운 판본이 간행된『교요서론』은, 내용상으로는 간결·순수·논리적일뿐더러, 글이 쉬우며 현대 문법에 맞아 중국에서 출간된 이후 천주교 교인이거나 아니거나를 막론하고 널리 읽혔다. 남회인이 1678년 8월 24일에 보낸 한 편지에서 '종전의 교리문답서들은 흔히 일정한 순서를 갖추고 있지 않았다'라고 지적하고 있었던 데에서 역으로 간파할 수 있듯이, 그가 『교요서론』이라고 책 이름을 정한 것 역시 그런 점을 감안해서 택한 것이었다. 제목에 담고 있는 의미는 조선에서 이 책을 수용하여 한글언해본『교요서론』을 필사하여 유포할 때 그 언해자가 書名『교요서론』에 註記하기를 '셩교의 죵요로온 거슬 ᄎ례로 의론ᄒᆞᄂᆞᆫ 말'이라고 풀어쓴 것과 똑같다. 그랬기 때문에 남회인은『교요서론』의 저술과 간행을 통해서 그때에 이르기까지 중국에서 가르쳐 왔던 천주교 교리를 종합적으로 정리하고자 한 것이며, 또한 남회인 자신의 스타일대로 번역한 것이었다고 하겠다.[59]

따라서 明末淸初의 교리 문답에 관한 교리서 가운데 남회인의『교요서론』이 이러한 특징을 가진 유일무이한 것이라는 점은 누구나 인정하지 않을 수 없을 것이다. 예컨대 교리서로서 가장 먼저 손꼽아지는 利瑪竇의『天主實義』와 艾儒略 Giulio Aleni(1582-1649)의『萬物眞原』이 모두 중국인들에게 천주교를 自然神學의 한 유형으로 제시하면서 접근한 것이지만, 결코 하나도 천주교의 초자연적인 진리에 대해서는 상세하게 설명하려고 시도하지 않았었다. 그렇지만 남회인이 1670년에 저술한『교요서론』이전에 이루어진 한문 교리서들 및 유사한 저술들의 목록을 한 번만 살펴보더라도 능히 이 책이 중국에 있어서 이런 전통 저작에서 없어서는 안 될 부분의 일부임을 지적할 수 있다. 결론적으로『교요서론』이 담고 있는 교리서로서의 본질을 논의하

---

59 John W. Witek, S. J. (ed.), Presenting Christian Doctrine to the Chinese : Reflections on the Jiaoyao Xulun of Ferdinand Verbiest, *Ferdinand Verbiest(1623~1688) Jesuit Missionary, Scientist, Engineer and Diplomat*, Steyler Verlag · Nettetal, 1994, p.448; 魏若望,「間中國人闡述的天主教義:對南懷仁'教要序論'的回應」, 魏若望 編,『傳敎士·科學家·工程師·外交家 南怀仁(1623-1688)』— 魯汶國際學術硏討會論文集, 北京:社會科學文獻出版社, 2001, p.511.

고 중국 예수회 선교사들의 교리 문답서들 속에서 차지하는 역사적인 위치를 설정함에 있어서, 『교요서론』이 전교의 방식과 신앙의 내용에 커다란 영향을 미쳤다는 측면에서 중국 천주교의 형성을 진일보시켰다는 지적은 적지 않은 의미가 있다고 할 수 있겠다.[60]

좀더 구체적으로 『교요서론』의 내용상 특징을 정리하자면, 2가지 점을 꼽을 수 있을 듯하다. 첫째는 중국인들과의 충돌 혹은 마찰을 피하면서 천주교를 전교하고자 하였음과 둘째는 그러면서도 천주교 교리를 제대로 본격적이면서도 논리적으로 설명하여 제시하고자 하였음이 그것이다. 이 가운데 첫 번째와 관련하여서는 중국인들의 불교 신앙에 대한 비판을 담고 있지 않다는 점, 천주교의 敎皇 제도에 대해서 설명하면서도 서양의 풍습이라기 보다는 단지 천주교의 首長이라고만 한 점 등을 들 수 있지 않나 한다. 먼저 것과 관련해서는 남회인의 『교요서론』 저술에서는 曆法 논쟁 이후 예수회 선교사들의 충고를 받아들여 불교에 대해서 단정적인 공격을 덜 하게 되었음을 들 수 있다.[61]

그리고 『교요서론』의 내용상 또 하나의 특징으로서 천주교 교리를 제대로 본격적이면서도 논리적으로 설명하여 제시하고자 하였다는 점과 관련해서는, 그 내용의 주요 부분이 「신경」·「천주경」·「성모경」·「십자성호경」에 관하여 설명하는 데에 설정되어 있었음은 말할 것도 없고, 아울러 이 책의 맨 마지막 부분에서도 교리를 배우려고 하는 중국인들에게 『교요서론』을 통해 천주교를 제대로 이해시키기 위해서, 남회인은 「성수 규칙」 항목을 설정하여 정식 入敎의 표시로써 洗禮聖事에 대해 설명하면서 책을 끝맺고 있음을 역시 들 수 있겠다. 그가 原罪를 물로 씻어내는 禮式으로서 洗禮를 나타내기

---

60 Joseph Hsing-san Shih, S.J., The Religious Writings of Father Ferdinand Verbiest, John W. Witek, S. J. (ed.), 1994, p.429; 施省三, 「南怀仁神父的宗教著作」, 魏若望 編, 2001, p.488.

61 John W. Witek, S. J. (ed.), Presenting Christian Doctrine to the Chinese : Reflections on the Jiaoyao Xulun of Ferdinand Verbiest, 1994, p.451; 魏若望, 「間中國人闡述的天主教義:對南懷仁'敎要序論'的回應」, 2001, p.514.

위해 사용한 '聖水Holy Water'라는 말은 오늘날에는 聖洗聖事로 보편적으로 사용하는 말이 되었지만, 남회인은 성수를 받는 규율을 해석하면서 즉 '領聖水'의 행위를 묘사함에 있어 그것이 불교와 신앙적인 면에서 근본적으로 다르다는 것을 강조하면서, 천주교에서는 이것을 죽음 이후 삶에서야 받는 은총에 관한 가르침, 곧 '身後永賞'의 교의로 받아들이고 있음을 설명하였던 것이다.[62]

『교요서론』 내용에 나타난 이러한 특징은 다른 무엇보다도 이마두의 『천주실의』와 비교해보면 더욱 확연히 드러나게 되는데, 두 서적 사이의 본격적인 내용 비교에 앞서 외형상으로 드러나는 書誌的인 면에서 논의해야 할 것 같다. 즉 『천주실의』가 전체 8개 항목으로 분량이 145面인 데에 비해서, 『교요서론』은 전체 79개 항목으로 분량이 67면이라는 점이다. 이는 『천주실의』가 구성에 있어 천주교의 교리에 대한 중국인 선비의 질문에 서양인 선비가 풀어서 상세히 대답하는 형식으로 되어 있어 항목은 매우 적으면서도 분량은 많은 반면에, 『교요서론』은 제목 그 자체처럼 교리의 중요한 것을 두서가 있게 논의하였으므로 항목은 매우 세분화시커 많이 설정하였으면서도 전체 분량은 비교적 적게 되었던 데에 기인한다고 판단된다.[63]

한편 『교요서론』은 맨 처음 부분에서 주로 천주의 존재, 영혼의 불멸 그리고 사후의 심판에 관한 3가지 기본 진리를 다루고 있는데, 그것들은 이마두의 『천주실의』와 매우 유사하거나 실질적으로 일치하고 있으므로 일치점 및 유사점으로 지적함이 당연하겠다. 다만 내용상으로 敎皇의 역할에 대해서 이마두는 『천주실의』 맨 마지막 장에서 언급하였는데, 남회인은 『교요서론』에서 「공심판과 사심판」과 「교회의 거룩함」 중간에 다루었다. 또한 이마두

---

[62] John W. Witek, S. J. (ed.), Presenting Christian Doctrine to the Chinese : Reflections on the Jiaoyao Xulun of Ferdinand Verbiest, 1994, p.445; 魏若望, 「間中國人闡述的天主敎義:對南懷仁'敎要序論'的回應」, 2001, pp.508-509.
[63] 盧鏞弼, 「남회인의 『교요서론』 수용 및 한글본 『교요서론』 유포와 조선후기 천주교의 성장」, 2008, pp.162-167.

는 서양 여러 나라의 좋은 풍습을 묘사하면서 교황 제도에 대해 소개한 데에 반해, 남회인이 『교요서론』을 출판할 때에는 이미 천주교가 중국에서 비교적 널리 잘 알려졌으므로 그래서 남회인은 교황이 首長으로서 커다란 권한을 지니고 있음을 사실대로 설명하였을 뿐이었다.[64]

이렇듯이 『교요서론』과 『천주실의』가 서로 설정 항목에 있어서 내용상의 일치점과 유사점이 있으면서도, 『천주실의』의 출판 연도가 1603년이고 『교요서론』의 그것이 1677년이므로 74년이라는 시간의 간극이 있었으니만치 시대의 변화에 따라 설명의 방식과 내용이 약간 달라질 수밖에 없었던 점이 있었음을 인정하지 않을 수 없다고 본다. 이런 종류에 해당되는 것으로서는 『천주실의』의 제2편 「사람들이 천주를 잘못 알고 있는 것에 대한 풀이」, 제4편 「귀신 및 인간의 영혼이 다름과 천하 만물이 一體가 아님을 강조함」, 제5편 「불교의 輪廻 등에 대한 잘못된 설명을 배척하고, 齋戒와 素食을 올리는 바른 뜻을 논함」 그리고 제7편 「인간 본성이 본래 선함을 논하고, 천주 門士가 正學임을 술회함」 등이라 가늠된다. 가령 불교의 윤회설에 대한 잘못된 설명을 배척하는 내용 등과 같이 이미 역사적으로 많은 논란이 야기되었던 것들은 이미 『천주실의』에서 詳論하였으므로 재론할 필요가 없다는 생각에 이러한 것들은 『교요서론』에서는 제외시켰던 것으로 판단된다. 달리 말하자면 『교요서론』의 항목 설정은 물론 그 설명의 방식에 있어서도, 『천주실의』의 그것과 비교해서 천주교의 효율적인 전교를 위해 보다 현실적인 측면을 더욱 강하게 띠게 되었던 것이라고 하겠다.

게다가 『교요서론』의 항목 설정에는 『천주실의』에서는 거론조차도 되지 않았던 여러 가지 천주교의 정통적인 교리들에 대한 구체적이고도 상세한 설명이 더해졌다. 「신경」·「천주경」·「성모경」·「십자성호경」 그리고 「성수규칙」의 항목 설정과 설명 할애가 그것으로, 이들이 결과적으로는 「삼위일

---

64 Joseph Hsing-san Shih, S.J., The Religious Writings of Father Ferdinand Verbiest, John W. Witek, 1994, pp.432-433; 施省三, 「南怀仁神父的宗教著作」, 2001, p.492.

체」, 「통공과 죄사함」, 「육신의 부활」 등과 더불어 『교요서론』의 중심 내용이 되고 있다. 이들 항목의 설정으로 말미암아 결국 한문 해독 능력을 갖춘 이들에게 천주교를 제대로 이해시키기 위한 노력이 『교요서론』을 통해 확실히 드러났다고 하겠다. 결국 그럼으로써 남회인은 『교요서론』을 통해, 이미 74년 전에 간행된 바 있던 이마두의 『천주실의』를 딛고 넘어서서 천주교 교리를 구체적이면서도 본격적으로 설명하여 제대로 제시하고자 하였던 것이다.

결국 『교요서론』의 저술·간행은 康熙帝를 위시한 중국인들이 궁금해 하는 천주교 교리의 요지를 書名 자체에 걸맞도록 두서 있게 설명함으로써 천주교를 제대로 전교하기 위한 목적에서 이루어졌던 것이며, 그럼으로써 『교요서론』은 『천주실의』 이후 가장 영향을 크게 끼친 교리서가 되었던 것이라 하겠다.[65] 그렇기 때문에 오늘날에 이르러서도 남회인의 『교요서론』 저술과 간행은 그 때에 이르기까지 중국에서 가르쳤던 천주교 교리를 종합적으로 정리한 것이며, 교리의 본질을 논의하였으므로 중국 예수회 선교사들의 교리서 중에서도 전교의 방식과 신앙의 내용에 커다란 영향을 끼쳤다는 점에서 중국 천주교의 형성을 진일보시켰다는 평가[66]를 받는 것이라 하겠다.[67]

(3) 필사의 특징

언해필사본 『교요서론』의 필사에 나타난 특징의 면모는 3가지인 것으로 살펴진다. 이 점은 다음의 〈影印資料〉(7)을 통해 잘 확인할 수 있다. 첫째는 그것이 필사된 것이므로 의당 筆記體이지만, 거의 정형화된 印刷體에 흡사하다는 점이다. 즉 필사를 했지만 조선 후기의 서책에서 흔히 접할 수 있는 활자 인쇄본이 아니라 사람이 마치 직접 써 내려간 듯한 느낌을 주는 그런 인쇄

---

65 盧鏞弼, 「『敎要序論』體裁의 특징과 저술·간행의 목적」, 2012; 『교요서론』, 2013, pp.232-233.
66 Joseph Hsing-san Shih, S.J., The Religious Writings of Father Ferdinand Verbiest, John W. Witek, 1994, p.429; 施省三, 「南怀仁神父的宗教著作」, 2001, p.511.
67 盧鏞弼, 「남회인의 『교요서론』 수용 및 한글본 『교요서론』 유포와 조선후기 천주교의 성장」, 2008, pp.168-170.

체인 것이다. 아마도 출판되어 당시에 유행하던 서적들과 유사하게 제작함으로써 대중적으로 호감을 지닐 수 있게 고려되었던 것 같다.

〈影印資料〉(7)

언해필사본 『교요서론』[68]

둘째의 특징은 그 서체 자체가 한글 宮體라는 점이다. 궁체는 宮中의 妃嬪을 위시한 여성들에게서 유래하고 발달한 것이어서 그 영향으로 兩班家의 여인들도 널리 쓰던 書體였으므로, 이런 서체의 언해필사본 『교요서론』도 따라서 역시 그런 여성들에 의해서 제작된 것으로 짐작해볼 수 있겠다.

셋째의 특징으로서는, 방금 거론한 2가지의 특징을 종합적으로 고려해 볼 때 필사자 자신의 신앙 수련을 위한 측면도 당연히 내포되기도 하였겠으나, 그것보다는 타인에게 필사해서 선물로 주기 위한 것으로 느껴진다는 점을 꼽을 수 있지 않나 싶다. 즉 금전적 대가를 받으려 매매를 하기 위한 게 아니라 필사자가 정성껏 자신의 간절한 염원을 담아 선사를 함으로써 궁극적으로는 천주교 신앙을 전교하기 위한 목적의 필사였지 않았나 한다.

---

68 언해필사본 『교요서론』, p.6; 노용필 옮김, 『교요서론』, 2013, p.280.

5. 『텬쥬실의』·『교요셔론』 언해 · 필사 · 보급의 역사적 의의

언해필사본 『텬쥬실의』·『교요셔론』의 언해 · 필사 · 보급과 관련하여 다른 무엇보다도 주목해야 할 기록은, 한국에 와서 실제로 활동했던 천주교 선교사들이 로마에 보낸 활동 보고 문서를 토대로 달레가 1874년에 『한국천주교회사』를 저술하면서 정리한 관련 내용이다. 다음 대목의 서술 내용이 특히 그러하다.

> (가)한자를 배울 방법이나 시간이 없는 여자들이나 신분이 낮은 사람들은 조선 글자를 배울 수밖에 없다. 그들은 그것을 편지와 치부책 등에 사용한다. ①선교사들에 의하여 인쇄된 모든 종교 서적은 조선 글자로 되어 있다. 그러므로 ②거의 모든 천주교인들은 알파벳식 글자로 된 그들의 말을 읽고 쓸 줄을 아는데, 그것은 어린 아이들도 매우 빨리 배운다.[69]
> (나)쓰기 – 조선 글자들은 모든 언어의 글자들처럼 두 가지 모양이 있다. 그림에 있는 보통체로 인쇄된 책에 쓰이는 것과 필기체 또는 초서체이다. 인쇄된 책은 판版에 옮겨지기 전에 우선 손으로 쓰인 것이므로, 인쇄체보다도 오히려 필기체에 가까운 글자들이 거기에서 발견되는 일이 드물지 않다.[70]

여기에서 "한자를 배울 방법이나 시간이 없는 여자들이나 신분이 낮은 사람들은 조선 글자를 배울 수밖에 없다. 그들은 그것을 편지와 치부책 등에 사용한다"라고 기술한 후 "선교사들에 의하여 인쇄된 모든 종교 서적은 조선 글자로 되어 있다(가①)"라고 지적한 사실이 주목된다. 물론 여기에서는 선교사들에 의해 인쇄된 간행본만을 언급하고 있을 뿐이지만, 모든 종교 서적이 '조선 글자' 즉 한글로 되어 있다고 했음을 유념할 필요가 있겠다.

그리고 이렇게 인쇄되기 전에는 역시 필사를 통해 보급되었다는 사실도 적고 있다. "인쇄된 책은 판에 옮겨지기 전에 우선 손으로 쓰인 것이므로, 인쇄

---
69 안응모 · 최석우 역주, 『韓國天主敎會史』 上, 1979, pp.136-137.
70 안응모 · 최석우 역주, 『韓國天主敎會史』 上, 1979, p.139.

체보다도 오히려 필기체에 가까운 글자들이 거기에서 발견되는 일이 드물지 않다(나)"라고 적고 있음을 통해, 간행 이전에는 필사 작업을 거치고 있었음이 드러나고 있다. 그러므로 이를 통해서 천주교 교리서의 대부분이 간행본으로 출판되기 이전에는 거의 필사본의 형태로 전해졌었다는 점을 확인할 수 있다고 하겠다.[71]

아울러 이런 한글로 필사된 서적의 보급으로, "거의 모든 천주교인들은 알파벳식 글자로 된 그들의 말을 읽고 쓸 줄을 아는데, 그것은 어린 아이들도 매우 빨리 배운다(가②)"고 한 대목을 간과해서 안 된다. 이로써 당시의 '거의 모든 천주교인들'이 한글을 '읽고 쓸 줄을 아는데', 더욱이 '어린 아들도 매우 빨리 배운다'는 사실 자체가 분명하게 확인이 되기 때문이다. 이렇게 열심히 터득한 한글 실력을 바탕으로 삼아, 적어도 교리서로서의 『텬쥬실의』와 교리서·기도서 및 기도해설서로서의 『교요서론』 등 언해필사본의 내용을 읽을 수 있어야 교리도 제대로 배울 수 있을뿐더러 여러 필수 기도문의 속뜻을 깨치고 그것을 외워서 신심 생활을 충실히 할 수 있게 될 터이니, 천주교인들은 언해필사본 서적들의 숙독에 저절로 열성을 다하여 매진하기 마련이었던 것이다.

이러한 언해필사본 보급의 확산에 따라서 시간이 흘러가면 갈수록 천주교 신자 가운데 평민층의 비중이 점차 높아가게 되는 추세를 드러내게 된다고 판단된다. 官邊 및 교회 측의 자료들을 통틀어 1866년 병인박해 이후 19세기 중반에 체포된 천주교 신자 3,475명 가운데 신분이 드러나는 사람들을 분석한 결과를 보면, 이러한 추세가 읽혀진다. 그들이 비록 전체의 8.26% 밖에 되지 않는 287명에 불과하나, 그 가운데서 中人은 10명(전체의 0.29%), 賤人은 3명(전체의 0.01%)에 지나지 않으며, 양반은 전체의 7.89%인 274명이 분명하다. 그리고 이들을 제외한 전체의 91.74%에 달하는 3,188명은 대부분 良人인 平民으로 추정되고 있다. 결국 자료에 구체적으로 드러나는 바에 의거하자

---

71 노용필, 「조선후기 천주교 한글 필사본 교리서의 유통」, 2009; 『韓國近現代社會思想史探究』, 2010, pp.72-73.

면, 19세기 중반의 한국 천주교회는 양반 신자는 7.89%뿐이고, 대부분이 중인층 및 하층민을 일부 포함한 평민 위주의 신자로 구성되어 있었다고 풀이할 수 있다.[72]

다른 한편으로는 양반 특히 왕족 중에서도 왕실의 일원이 천주교 신자로 입교하게 되는 양상도 나타나기 시작하고 있었으며 이것이 천주교 세력 확대의 한 측면을 상징적으로 드러내고 있었다고 여겨지기도 한다.[73] 그렇지만 이러한 상징적 사례보다 당시 천주교 세력의 성장을 여실히 입증해주는 대세는 역시 무엇보다도 여성을 포함한 평민층 신자의 급증이었다고 함이 옳겠다. 그리고 이러한 천주교 신자 급증의 저변에 『텬쥬실의』와 『교요서론』을 위시한 한글본 교리서의 筆寫 및 普及으로 한글밖에는 몰랐던 여성 및 평민층이 대거 천주교 신자로 입교하는 경향이 두드러졌던 것으로 풀이된다.[74]

그런데다가 언해필사본 『텬쥬실의』와 『교요서론』은 모두 목차를 본문 앞에 설정한 註釋目錄本 『天主實義』 및 『敎要序論』의 체재를 그대로 유지하면서 언해한 것이라서, 천주교의 교리 내용을 전체적으로 한눈에 살피는 데에는 물론 그 내용 중 특별히 관심이 가거나 궁금한 부분을 찾아 특정한 대목을 선택적으로 읽을 수 있을 뿐만이 아니라 입교 예비자를 대상으로 천주교의 교리 및 기도에 관해 교육할 때에도 교수자나 수강자에게 한결같이 편리하도록 해주었을 것이다. 그럼으로써 언해필사본 『텬쥬실의』와 『교요서론』의 언해·필사·보급이 조선 후기 천주교 신자의 수적인 급증과 그들의 신심 생활의 내실에 크게 기여하였다고 하겠다. 특히 『교요서론』의 경우는 교리서로서뿐만 아니라 기도서 및 기도문 해설서로서의 면모도 아울러 지니고 있었으므로 더욱더 그러하였던 게 틀림없다.

---

72 방상근, 「천주교도의 성별·신분·체포 시기」, 『19세기 중반 한국 천주교사 연구』, 한국교회사연구소, 2006, pp.141-143.
73 노용필, 「운현궁에도 성모송이 울려 퍼지다—고종(1863-1907) 때—」, 『한국천주교회사의 연구』, 2008 참조.
74 노용필, 「남회인의 『교요서론』 수용 및 한글본 『교요서론』 유포와 조선 후기 천주교의 성장」, 2008, pp.197-198.

【附錄】

〈影印資料〉(1)

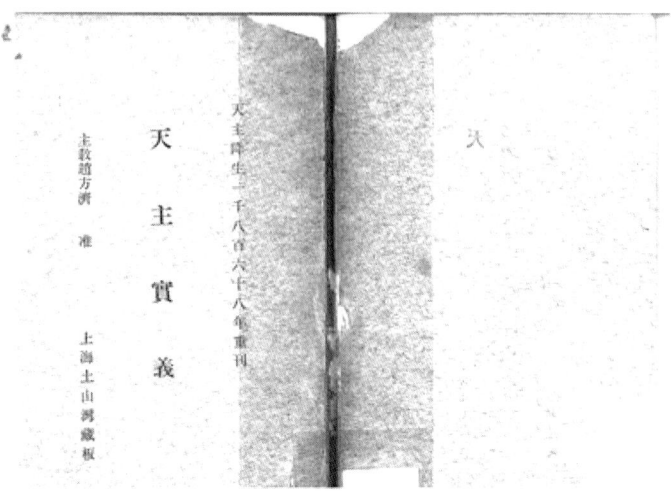

上海 土山灣 藏版 重刊 (高麗大 中央圖書館 所藏本) 表紙 1

〈影印資料〉(2)

上海 土山灣 藏版 重刊 (高麗大 中央圖書館 所藏本) 表紙 2

〈影印資料〉(3)

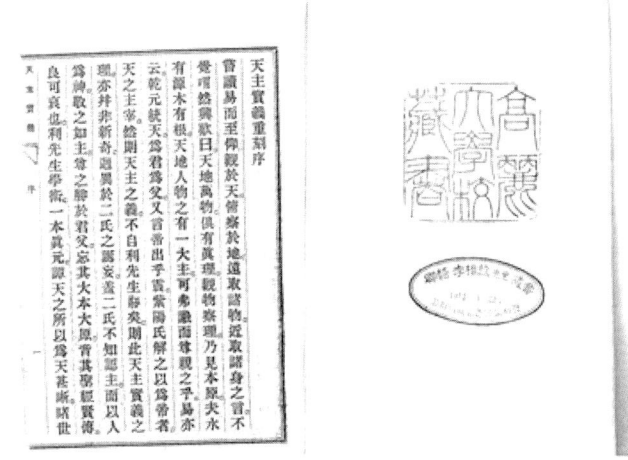

上海 土山灣 藏版 重刊 (高麗大 中央圖書館 所藏本) 表紙 3

〈影印資料〉(4)

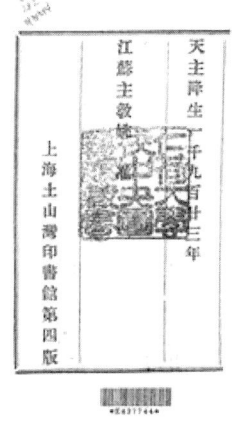

上海 土山灣 印書館 第四版(仁荷大 中央圖書館 所藏本) 表紙

【附錄】
利類思의 天主敎 宣敎 活動과 그의 譯·著書 중
『主敎要旨』의 位相

　　2001년 당시 천주교 서울대교구의 순교자현양회에 일원으로 몸담고 있었던 필자는, 이 단체에서 상당한 지원을 부담하고 丁若鍾에 관한 심포지엄이 기획되고 실행되는 것을 먼발치에서 지켜보면서 기대를 한껏 하고 있었다. 이제는 정약종에 관한 연구에 좀 진척이 있으려니 하는 것이었는데, 다름이 아니라 그의 서서『쥬교요지』가 과연 書誌學者 모리스 꾸랑(Mouris Courant)의『韓國書誌』에 적혀 있는 바와 같이 耶穌會 神父 利類思의 같은 제목의 책 『主敎要旨』의 영향을 과연 받은 것인가? 하는 문제에 진즉부터 관심을 쏟고 있었기 때문이었다. 당시 심포지엄에서 발표될 요지문을 하루 전쯤인가 얻어 읽어 보았는데 어디에도, 내 관심을 충족시켜 줄 대목이 없어 실망한 나는, 그러면 이제는 감히 내가 나서서 이류사의『주교요지』를 구해 읽고 이 책과 정약종의『쥬교요지』를 전면적으로 비교 검토를 해야겠다고 마음 다지기에 이르렀다.

　　마음먹은 지 며칠 걸리지 않아 마치 꿈결과 같이 정말 너무나도 어렵지 않게 이류사『주교요지』의 원문이 CD형태로 내 눈에 놓여 있었다. 이렇게 해서 드디어 이류사『주교요지』의 원문을 입수하여 분석에 착수할 수 있었던 것이다. 그리고 목차만을 얼핏 살폈어도 그 결과 두 책이 전혀 서로 다른 내용의 책이라는 사실을 확인하게 되었다. 하지만 연구자로서의 도리라 여겨, 앞의 심포지엄에서 발표한 논문들이 2002년 학술지 『韓國思想史學』 18집에 게재되는 것을 보고 내용을 재차 확인한 후에야 즉각 이 학술지를 간행해내는 韓國思想史學會에 발표를 신청하였다. 제목은 '丁若鍾의 『쥬교요지』와 利類思의 『主敎要旨』 比較 硏究'였고, 이 논문은 곧 같은 2002년 刊記의 『한국사상사학』 19집에 게재되었으며, 한국천주교회사에 관한 내 첫 저서를 2008년에 간행해낼 때 함께 묶었다.[1]

그 후 이 주제와 관련된 논문들이 간혹 발표되어 구해 읽어봐도 내 논문과 저서에서 밝힌 내용을 전혀 언급조차 않고 있는 것을 볼 수 있었는데, 아마도 원문을 내가 공개하지 않았기 때문이 아닐까 여기며 지내왔다. 실제로 나 자신도 2004년에 가톨릭대학교 인간학연구소의 일원으로 재직할 때 로마 예수회 古文書庫를 직접 방문할 기회를 만들어 이류사 『주교요지』의 원문을 혼자 살피며 감격의 눈물을 찍어내 본 경험에 비춰볼 때, 연구자들이 노력해서 구하려면 얼마든지 구할 수 있었을 테지만, 국내에서는 아직도 소개조차 된 적이 없는 것 같다. 그래서 이제 벌써 10여 년이라는 세월이 지난 게 안스러워, 얼마간의 설명을 붙이고 한글 번역을 해서 제공하면서 함께 이류사 『주교요지』 원문의 影印本을 學界에 내놓기로 한 것이다.

1. 이류사의 선교활동과 『주교요지』 저술

이류사가 중국에서 한 천주교 선교 활동의 세세한 면모를 살피기 위해 그간 눈에 띄는 모든 책을 뒤지고 또 기회가 닿는 대로 살펴보았지만, 지금껏 그리 만족스런 결과를 얻지 못하였다. 그러던 터에 출판된 지 얼마 안 된 耿

---

[1] 노용필, 『한국천주교회사의 연구』, 韓國史學, 2008. 앞서 잠시 거론한 바 있는, 利類思 『主敎要旨』 원문 입수 경위에 대해서도 이 책의 p.83에 적어 두었다.

昇의 譯書 『16-20世紀入華天主敎傳敎士列傳』[2]를 손에 넣고는 설레는 마음으로 하염없이 뒤졌으나 별반 새로운 사실을 알 수가 없었다. 그래서 허망한 마음을 추스르며 그간에 수집한 자료들을 곰곰이 되짚어 가며 검토해보니, 되레 蕭若瑟(Johannes Rodorigues)의 著書 『天主敎傳行中國考』[3] 여기저기에서 세밀하게 언급한 사실들이 크게 도움이 된다는 사실을 새삼 되새기에 이르렀고, 그래서 이를 바탕으로 삼고 이미 예전에 기술한 바를 중심으로, 이류사의 『주교요지』저술과 관련된 선교 활동의 핵심만 간략히 추리면 아래와 같다.

벨기에 태생 예수회 신부 南懷仁의 『敎要序論』 1677년 초판 「敍文」 가운데에는, 이태리 태생 예수회 신부 이류사가 쓴 「自敍」도 담겨있음을 무엇보다도 주목할 필요가 있다. 이럴 정도로 무엇보다도 남회인과 이류사는 동일한 예수회원으로서 같은 시기에 중국에서 선교 활동에 매진하게 되면서, 또 다른 한 명의 포르투갈 태생의 예수회 신부 마갈엔스(Gabriel de Magalhaens, 영문표기 Gabriel Magailians, 安文思)와 일치 속에 항상 동행하는 경우가 많았음을 기억해야 한다. 이들은 각기 출신 나라는 달랐지만, 예수회 신부로서 서로에게 의지하면시 맹렬한 선교활동을 함께 펼쳤던 것이다. 당시 중국에서 천주교 선교 활동 중이던 예수회 신부 중 '핵심 3인방'이라 불러 좋지 않나 생각한다.

특히 1668년에 康熙帝가 이 3인의 예수회 신부들을 불러 서양의 풍토와 인

---

[2] [法]榮振華 等著, 耿昇 譯, 『16-20世紀入華天主敎傳敎士列傳』, 桂林:廣西師範大學出版社, 2010. 참고로 누군가에게 도움이 될까 하여, 譯者가 밝혀놓은 이 책의 구성을 소개하면 다음이다.
  1) [法]榮振華 著, 『1552-1800年在華耶穌會士列傳』, 羅馬耶穌會研究會・巴黎拉杜宰和阿奈出版社 聯合出版, 1973.
  2) [法]方立中 著, 『1697-1935年在華遣使會士列傳』, 北平遣使會書局, 1936.
  3) [法]熱拉爾・穆賽 [法]布里吉特・阿帕烏 主編, 『1659-2004年入華巴黎外方傳敎會士列傳』, 巴黎外方傳敎會檔案館, 2004.
  다만 이 중에서 3)의 書名은 원래 『1659-2004年遣使會士列傳』이지만, 譯者 耿昇이 그 가운데서 入華한 遣使會士의 列傳만을 選譯하면서 이렇게 '更名'하였다는 사실을 자신의〈總序〉, 001쪽에서 밝히고 있음을 주목하고 유의할 필요가 있을 것이다.

[3] 蕭若瑟, 『天主敎傳行中國考』, 河北省獻縣天主堂, 1931; 民國叢書編輯委員會 編, 『民國叢書』第1篇 11 哲學・宗敎類, 上海:上海書店, 1941.

심에 대해 물은 것에 대한 답변으로서, 같은 해에 이류사가 『主教要旨』를 저술하였고, 이듬해 즉 1669년에 서양의 실상을 정리한 『西方要紀』와 교리서 『天主正教約徵』을 아울러 저술하여 봉정하였다는 점을 간과해서는 안 된다. 그리고는 그 이듬해인 1670년에 이르러 이 3인 중의 하나인 남회인이 저술한 것이 바로 『교요서론』인데, 남회인의 이 책 저술에는, 이미 그 직전에 이류사가 저술했고 그 자신과 동료 안문사가 全訂해준 『주교요지』는 말할 것도 없고 3인이 공동으로 마련하여 강희제에게 봉정한 『천주정교약징』 역시 커다란 영향을 끼쳤을 것으로 여겨진다. 따라서 1670년에 南懷仁이 利類思와 安文思의 도움을 충실히 받아 『교요서론』을 저술하여 1677년에 간행할 때, 역시 이류사가 협력하여 「自敍」를 같이 썼던 것으로 파악된다.[4]

그러므로 利類思 자신의 중국에 대한 천주교 선교 활동 가운데 『주교요지』 저술이 가장 대표적인 것이라 할 수 있겠다. 게다가 그가 천주교 선교 활동에 혼신의 힘을 쏟고 『주교요지』 저술에 온갖 정성을 기울인 것은, 당시 康熙帝의 고임을 받아 제대로 천주교를 중국에서 전교할 수 있겠다는 확신에 따른 것임도 헤아릴 수 있다고 하겠다.

2. 이류사의 역서와 저서

『주교요지』를 비롯하여, 利類思가 중국에서 천주교 선교 활동을 하면서 漢文으로 간행해낸 서적들에 대한 종합적인 정리는 지금까지 별반 제대로 이루어지지 못하였다. 최근 간행되어 나온 張曉의 編著 『近代漢譯西學書目提要 明末至1919』[5]에서조차도 그러하다. 이 책 역시 개인별 著述物들을 분야별로 구분하여 나열하고 있을 뿐이지만, 그나마 비교적 정확히 개별적인 사항이

---

4 노용필, 「해제:페르비스트의 생애와 『교요서론』 저술의 역사적 의의」, 『釜山教會史報』 제63호, 2009; 修訂 加筆, 페르비스트 지음 노용필 옮김, 『교요서론:18세기 조선에서 유행한 천주교 교리서』, 한국사학, 2013, p.13.
5 『近代漢譯西學書目提要 明末至1919』, 北京:北京大學出版社, 2012.

제시되는 것으로 판단되어, 이를 토대로 정리하여 利類思의 譯書와 著書 目錄을 작성해보았다. 먼저 利類思의 譯書 目錄을 제시해보이면 다음의 〈표 1〉이다.

〈표 1〉 利類思의 譯書 目錄

連番	書名	卷數(册數)	原著者	內容	出版	提要 連番/典據
1	超性學要	6권	聖多瑪斯 (성 토마스 아퀴나스)	超性學은 곧 神學으로, 토마스 아퀴나스 著 『神學綱要』(Summa theologica)를 번역한 것이다. 論天主性體 6卷, 論三位一體 3卷, 論萬物原始 1卷, 論天神 5卷, 論形物之造 1卷, 論人靈魂 6卷, 論人肉身 2卷, 論總治萬物 2卷.	北京 北京天主堂, 1675년, 30册, 이후 民國 사이 시기에 24册	0161/24쪽
2	物元實證	1册	聖多瑪斯 (성 토마스 아퀴나스)	"Somme Th ologique"의 번역이다.	明刊本	0335/40쪽
3	昭事經典	3卷		(설명 없음)	北京, 1669년	0349/41쪽
4	彌撒經典	5卷		(설명 없음)	北京 耶穌會 1670년 1册不分卷, 1869년 1册, 上海 慈母堂 1905년 1册	0351/41-42쪽
5	已亡日課經	1册		(설명 없음)	北京, 1671년	0353/42쪽
6	司鐸日課	1册		(설명 없음)	北京, 1674년	0356/42쪽
7	司鐸典要	2卷 1册	?	倫理學 書籍 "Theologian Moralis"의 일부 번역이다.	北京, 1676년	0362/42-43쪽
8	聖事禮典	1册		(설명 없음)	北京, 1675년	0358/42쪽
9	聖母日課	1册		(설명 없음)	北京, 1676년	0361/42쪽

10	進呈鷹說	1冊	亞特洛望地 (Aldrovandi, Ulisse 1522-1607)	亞特洛望地의 저서 "Historia Naturalis"의 부분 번역본이다. 세부항목 50개로, 鷹의 形象, 性情, 喂養, 敎習, 疾病에 대한 治療 등을 상세히 서술하였다.	北京刊本, 1679년, 抄本도 있으며, 淸 乾 嘉 사이의 刊本에는 自序가 있으며, 古今圖書集成本 에서는 改題하여 "鷹論"이라 하였다.	4506/ 533쪽
11	獅子說	1卷	亞特洛望地 (Aldrovandi, Ulisse 1522-1607)	亞特洛望地의 저서 "Historia Naturalis"의 부분 번역본이다. 포르투갈의 公使가 康熙帝에게 한 마리의 獅子를 進貢하자, 利類思가 이 글을 지어서 康熙帝에게 贈呈하였다. 目錄은 獅子形體, 獅子性情, 獅子忘恩, 獅體治病, 借獅箴做, 解惑이다.	北京, 1668년 初刻, 1678년 重刻, 巴黎國家圖 書館藏刻本, 徐滙書樓藏印片 등이 있다.	4512/ 534쪽

보듯이 내용에 대한 설명이 전혀 없이 서명만 제시되다시피 한 경우도 여럿 있으므로, 이류사가 낸 역서 하나하나에 대해 죄다 알아내기는 어렵다. 그렇지만 이들 역서는 내용상 3가지로 분류될 수 있다고 본다. 첫째 부류는 1·2의 책으로, 이는 내용 소개로 보나 제목으로 보나 神學 관련 서적인 게 분명하다. 둘째 부류는 3-9의 책으로, 司祭로서 요긴한 미사 경본과 일과에 관한 서적들이다. 이 첫째와 둘째 부류의 역서들은, 그래도 하나의 공통점은 천주교 관련 서적이라는 데에 있다 하겠다.

그런데 매우 이채롭게도, 셋째 부류는 10-11의 책으로, 동물 가운데 각각 새매와 사자에 관한 설명을 담은 책이다. 그것도 서양의 원전 중 이것들과 관련된 항목을 추려서 번역하여 康熙帝에게 제공한 것이라는 공통점이 있음이 주목된다. 이류사가 이렇게 하였던 것 자체가 그를 위시한 '천주교 중국 선교의 핵심 3인방'으로서 취할 수 있는 가장 최선의 선교를 위한 方略이었기 때문이라 보인다. 즉 이들로서는 세상 그 어떤 궁금함일지라도 康熙帝가 궁금해 하고 설명을 요청하는 것이면 무엇이든지 해소시켜 주어야지만, 천주교의 교리 자체를 중국에서 제대로 선교할 수 있겠다는 일념, 오로지 그것 하나의 실현을 위해서 어떤 것도 마다하지 않았을 뿐이었음이 드러난다고 하겠다.

이어서 앞서와 같이 張曉의 編著『近代漢譯西學書目提要 明末至1919』을 典據로 삼아, 利類思의 譯書 目錄을 작성하였다. 이를 제시해보이면 아래의 〈표 2〉이다.

〈표 2〉 利類思의 著書 目錄

連番	書名	卷數 (册數)	內容	出版	提要 連番/ 典據
1	靈魂	6卷	上卷에 人體骨髓의 數 및 그 生理 機能에 관해 서술하였으며, 그 나머지는 모두 宗敎의 교리 내용이다.	不詳	0165/ 24쪽
2	善終瘞塋禮典	1册	(설명 없음)	北京, 1671년	0307/ 37쪽
3	聖敎要旨	1册	(설명 없음)	北京, 1668년	0346/ 41쪽
4	聖敎約徵	1册	(설명 없음)	北京, 1668년	0347/ 41쪽
5	總牘滙要	2卷	南懷仁의 重訂으로, 敎友들이 일상생활에서 적용해야 하는 經을 滙集한 것이다.	不詳	0642/ 67쪽
6	七聖事禮典	1册	(설명 없음)	北京, 1675년	0643/ 68쪽
7	不得已辨	1册	安文思와 南懷仁의 訂으로, 淸初 楊光先 등의 著書『不得已』등에서 天主敎 및 西法에 대해 공격하자, 利類思 등이 이 책을 편찬하여 楊光先에게 답변한 것이다.	1665년 初版, 1847년 出版者不詳의 刻本, 1926년, 2005년 影印本	0673/ 70쪽
8	天學眞詮	1册	(설명 없음, 著者名 '利類斯')	北京, 1662년	0155/ 23쪽
9	西方要紀	1册	南懷仁 등과의 共著로, 西洋 風土 및 國俗 등에 관해 물은 康熙帝의 글에 대한 답변으로, 西方의 答問으로 나누어 기록하여 완성하였다. 國土, 路程, 海舶, 海奇, 土産, 西學, 服飾, 風俗, 法度, 交易, 飮食, 醫學, 性情, 救濟院, 宮室, 城池, 兵備, 婚配, 敎法, 西士 등으로 나누어 서술하였다.	北京, 1668년, 1697년, 1831년, 1833년.	3505/ 401- 402쪽

10	康熙永年曆法	33卷	南懷仁 등과 共著로, 湯若望이 著述한 여러 曆과 二百年恒星表를 보완하여 수천년후의 것까지 정리하였으며, 또한 『御定四餘七政萬年書』라 이름하기도 하였다.	北京 內府 刊本, 1678년, 冊數 不詳	4285/ 509쪽
11	西曆年月		(설명 없음)	北京, 1679년	4327/ 512- 513쪽
12	安公行述		포르투갈에서 중국에 온 傳敎士 安文思의 傳記이다.	淸初 (不詳)	0760/ 79쪽

이 〈표 2〉에서 무엇보다도 주목하여 간과해서는 안 될 사실은, 『주교요지』 자체가 3번째와 같이 『聖敎要旨』로 기록되어 있다는 점이다. 비록 이러한 한계가 있긴 하나[6], 이 〈표 2〉를 통해 이류사의 저서들에 대해 천착해 보면, 내용상 4가지로 분류될 수 있다고 본다. 첫째 부류는 1-6의 책으로, 이는 내용소개로 보나 제목으로 보나 神學 및 천주교 신앙 관련 서적인 게 분명하다. 둘째 부류는 7-8의 책으로, 비록 7의 경우는 앞서 잠시 언급한 바와 같이 저자명이 誤記되어 있을 정도여서 파악에 있어 매우 심각한 문제가 있긴 하지만, 『天學眞詮』(이는 곧 뒤에서 언급하는 바대로 『天學傳槪』의 다른 이름일 것이다)이라는 제목으로 보아 8의 『不得已辨』과 함께 천주교 교리에 관한 해설서임이 분명하다. 셋째 부류는 9-11의 책으로 康熙帝가 궁금해 하는 서양의 실정과 천문학 연구에 관한 해설서라고 보아 틀림이 없을 것이다.

그리고 넷째로는 12의 『安公行述』은 소개한 내용과 같이 利類思가 지은 安文思의 傳記인데, 오늘날에는 『安文思傳略』으로 전해지고 있다는 점이다. 安文思의 著書로 何高濟의 譯書인 『中國新史』를 손에 들고 읽다가 그 뒤편

---

6 이는 아마도 『近代漢譯西學書目提要 明末至1919』의 編著者 張曉가, 오늘날 中國에서 국가적인 사업으로 진력하는 '漢學(Sinology)' 연구 사업의 일환으로 이 編著를 냈을 뿐이고, 또한 그 자신이 天主敎를 단지 연구 대상의 일부로 여길 뿐 이해의 정도가 낮은 데에서 말미암은, 그래서 중국 漢學 연구의 수준을 여실히 드러내주는 사안이라고 여겨진다. 이러한 측면의 노출은 이 〈표 2〉의 12번째 서적 『天學眞詮』의 저자명이 '利類斯'라고 표기가 되어 있지만, 기실은 이 책의 저자 역시 이류사이나 잘못 표기됨으로써 그래서 자연히 저자명 색인의 '利類思'에서도 누락되어 있는 데에서 고스란히 드러난다.

에 편집되어 있는 利類思 著의 『安文思傳略』을 접하게 되었던 것인데, 더욱이 標題 뒷면의 다음과 같은 안내가 눈에 확 들어왔다.

[譯自 Gabriel de Magailles, A New History of the Empire of China, 附錄 : An Abridgment of the Life and Death of F. Gabriel Magaillans, of the Society of Ju년, Missionary into China, written by F. Lewis Buglio, his inseparable Companion for six and thirty years; and sent from Pekim in the year 1677, London, 1689][7]

친절하게 밝혀놓은 이 소개에 따라 1689년 영국 런던에서 발행된 영어 원문을 입수하여 일일이 대조하며 읽어본 결과, 역시 인용한 앞의 표현에도 쓰여 있듯이 중국 선교 '36년 동안의 뗄 수 없는 동료(중국 번역에서는 '不可分離的伴侶'라 하였다)'로서 구구절절한 애정의 표현이 그득히 담긴 傳記임을 확인할 수 있었다.

이와 같이 이류사가 안문사의 전기를 지어 출판한 것은 당시 '중국에서 천주교 선교 활동 중이던 예수회 신부 중 핵심 3인방'으로서, 그간의 우의를 거침없이 드러내면서 자신들의 선교 활동의 결실을 알리기 위한 것이었다고 보인다. 그리고 한문으로 중국에서 널리 읽히도록 하였뿐 아니라 예수회의 본부가 있는 로마를 비롯한 유럽, 그것도 영국과 같은 영어 문화권에서도 이러한 사실을 익히 알게 하려고 英文版까지 출판하는 주도면밀함을 보여준 게 아닐까 한다.

3. 이류사의 역·저서 중 『주교요지』의 위상

『主敎要旨』는, 앞서 간단히 이미 밝혔던 바와 같이 書名을 달리하여 『聖敎

---

[7] [葡]安文思 著, 何高濟·李申 譯, 『中國新史』, 鄭州 : 大象出版社, 2004; 重印, 2007, p.180. 이 인용한 글 가운데는 당시의 영문 표기가 현재와는 달라 혹 誤字가 아닐까 하는 생각을 하는 讀者가 있을 줄 안다. 'Pekim' 같은 게 그 실례인데, 원문 그대로 인용하는 것임을 헤아리시라.

要旨』라고 전하기도 하는데, 1668년에 이를 간행해내기를 전후하여 유사한 종류의 敎理書로서 각각 1665년에 『聖敎簡要』와 1669년에 『天主正敎約徵』을 간행해 내고 있었음을 유의할 필요가 있다. 이 중에서 『聖敎簡要』는 특히 楊光先의 『不得已』에 대한 답변으로 찬술된 것이었다. 그렇기 때문에 이 『聖敎簡要』는 天主敎에 대해 극렬히 비판적인 태도를 취하고 있던 楊光先의 논조에 대항하여 天主敎의 핵심 교리를 정리하여 제시한 것이었는데, 이것 이전에도 楊光先의 天主敎에 대한 謗書 즉 『不得已』에 대한 답변서는 이미 저술되었으니 그것은 3년 앞선 1662년에 찬술된 『天學傳槪』였다.

이 『天學傳槪』는 序文 10쪽, 本文 14쪽 분량의 소책자로[8], 費賴之(Louis Pfister)가 『天學眞銓』이라 표기했었다가 후에 이렇게 바뀌어 불리게 된 것으로, 원래는 利類思와 安文思의 저술인데 출간할 때 李祖白 著・許之漸 序라 하여 표면적으로 밝혀져 놓은 것이었다.[9] 하지만 楊光先이 『不得已』저술을 통해 『天學傳槪』에 대해 공격을 집중하여 천주교 비판의 각을 세우자, 이에 대한 재차 반격을 꾀하였는데, 그것이 다름 아닌 앞서 살핀 바 『聖敎簡要』의 간행이었으며, 아울러 같은 시기에 간행된 또 하나가 『不得已辨』이었다. 다만 『不得已辨』은, 楊光先이 『不得已』에서 주장한 바를 조목조목 비판하고 있어 내용이 상당한 양의 것으로 논리적이고 학문적인 것인데 비하여[10], 『聖敎簡要』은 제목 자체에서 풍기듯이 그 요점만을 간추려 내어 정리하여 일반인들에게 널리 읽히기 위한 대중적인 것으로 보아 틀림이 없을 것 같다. 그렇다고는 하지만 『聖敎簡要』는 楊光先의 공격에 대한 답변을 위해서 저술되었으므로 일반인들에게 天主敎 敎理의 진면목을 알리기에는 부족한 대목이 있다고 여겨져 이를 보완하여서, 1668년에는 『主敎要旨』곧 『聖敎要旨』란 제목으로 거듭하여 교리에 대한 정리 소개를 꾀하고 있는 듯하다.

---

8 吳相湘 主編, 『天主敎東傳文獻續編』(2), 臺北 學生書局, 1966, pp.1045~1068.
9 方豪, 「影印天學傳槪序」, 吳相湘 主編, 『天主敎東傳文獻續編』(1), 臺北 學生書局, 1966, pp.41~42.
10 利類思, 『不得已辨』, 1665; 吳湘相 主編, 『天主敎東傳文獻』, 1966, pp.225~322.

이에 뒤이어 이듬해에도 재차, 지금까지의 『天學傳概』・『聖敎簡要』・『聖敎要旨』 등을 토대로 삼아 천주교 교리의 핵심을 정리하여 간행한 것이 『天主正敎約徵』이었는데, 이 책의 간행은, 당시의 康熙皇帝에게 奉呈하기 위하여 1669년에 『西方要紀』와 같이 이루어졌던 것이다. 康熙帝에게 봉정된 이 책들 그리고 그에 앞서 저술된 천주교 교리서들은, 이들이 北京을 중심으로 전교 활동하면서 천주교에 관심을 표명하는 漢文을 해독할 수 있는 누구에게나 제공되었을 것이며, 더욱이 교리를 배우는 이들에게는 귀중하게 여겨져 영세 이후에도 여전히 소중히 지녔을 것임을 상상하기 어렵지 않다고 하겠다. 요컨대 利類思가 중심이 되고 동료 예수회 신부들이 힘을 합하여 찬술한 『天學傳概』・『聖敎簡要』・『聖敎要旨』(즉 『主敎要旨』) 그리고 『天主正敎約徵』(즉 『聖敎約徵』) 등은 천주교 교리서로서 당시에 뿐만 아니라 北京을 중심으로 한 같은 예수회 신부들의 천주교 전교에 있어 매우 요긴하게 활용되었던 것이다.[11]

이러한 이류사의 천주교 교리서 간행과 관련된 일련의 歷程을 되짚어가며 상세히 살피다보면, 그 가운데서도 무엇보다 『主敎要旨』의 저술 및 간행이 중국 천주교회사 자체에서 지니는 역사적 의미를 결코 소홀히 다룰 수 없음을 느끼게 된다. 그렇기 때문에 이류사의 譯・著書 중에서 점하는 『主敎要旨』의 位相을 다시금 되새기게 된다고 하겠다.

---

11 이상의 상세한 내용은 노용필, 「丁若鍾의 『쥬교요지』와 利類思의 『主敎要旨』 比較 硏究」, 『韓國思想史學』 19, 2002; 『한국천주교회사의 연구』, 韓國史學, 2008, pp.92-95.

【『주교요지』 국역 및 원문 영인 자료】

주교요지 짧은 서문

天主의 성스런 가르침의 그 도는 깊고 오묘하다. 그 뜻에는 실제 요점이 있다. 요점은 어디에 있는가? 천주를 인식하는 것이다. 천주가 있다는 것을 인식한다면, 사람을 위하여 천지를 만들었다는 것을 알 수 있다. 사람을 위하여 降生하셔서 고통을 받으셨으니, 천당과 지옥이 있다는 것을 믿지 않을 수 없으며 사람의 영혼이 불멸함을 믿지 않을 수 없다. 十戒를 정한 바, 힘써 행하고 지켜서 천주를 사랑하고 사람을 사랑하기를 구해야 한다. 이것이 요지와 차례의 서술이 있게 된 이유이다. 참 근원과 실제의 맥을 따라서 가르쳐 함께 보고 道의 깊고 오묘한 것이 다 갖추어져 있으니, 각각의 사람으로 하여금 점차 세상의 더러움을 버리고 머리를 들어 법을 따르고, 크나크신 천주를 믿고 인식하게 하여, 사랑할 바가 여기 있고 저기에 없음을 안다면 나의 간절하여 그만둘 수 없는 마음이 혹여 조금은 위안이 될 것이다.

강희 무신(1668) 국월(9월) 예수회사 이류사 씀

주교요지

서쪽 끝 예수회 선교사 이류사 지음
같은 회 안문사 · 남회인 전체 교정

만물에는 만물을 만든 자가 있다

모든 만물은 스스로 만들어질 수 없고 반드시 만든 자가 있으니 所以然[그렇게 된 까닭]은 한 物이 스스로 만들어짐이 있음과 같다. 즉, 이 한 物에는 자기의 앞이 있고 또 자기의 뒤가 있다. 자기의 앞에 있는 것이 자기의 소이연이 되고, 자기의 뒤에 있는 것이 자신의 效가 된다. 천하에 한 物이 능히 그러한가? 그러므로 여러 만들어진 소이연을 연유하여 번갈아 서로 추구해 보면 역시 궁극이 없다고 말할 수 없다. 반드시 이르러 그친 바가 있으니 그것을 모든 만물이 최초로 만들어진 소이연이다.

처음 소이연은 중간의 소이연이 되고 중간의 소이연은 마지막의 소이연이 된다. 만약 처음 소이연이 없다면 중간의 소이연도 없게 되는데 하물며 마지막 소이연이 있겠는가? 이것으로 만물이 지어진 소이연을 미루어 찾아보면 반드시 최초의 만들어진 소이연에 이르러서 그치게 될 것이니, 이를 造物者의 天主라고 말한다.

천주는 만들어짐이 없으시고 스스로 존재하셔서 늘 있음을 만물에게 주시면서도 스스로는 있음을 받음이 없고 등급과 한계를 받음이 없으시고, 오직 스스로 아름다우시다. 항상 만물에게 각기의 아름다움을 주시지만, 스스로는 등급을 받지 않으시기 때문이다. 어찌하여 등급과 한계를 받지 않는다고 하는가? 유일하고 스스로 아름다워 항상 만물에게 각기 아름다움을 주시지만 스스로는 등급을 받지 않으신다.

　만물의 덕은 비록 각각 온전함을 이루지만, 그 아름다움을 논해보면 그 존귀함은 매우 같지 않다. 조금 아름다운 것도 있고 많이 아름다운 것도 있다 존귀함도 역시 그러하니 온갖 부류가 고르지 않아서 매 무리마다 각각 많고 적은 지칭이 있다. 하나에서 지극함에 이르는 것으로 준칙을 삼는다. 예를 들어, 두 가지 뜨거운 것을 함께 비교하면 피차가 같지 않아서 혹은 많이 뜨겁기도 하고 혹은 조금 뜨겁기도 하니, 각기 지극히 뜨거운 것에 혹은 가깝기도 하고 혹은 멀기도 한 것으로 인하여 구별하는 것이다. 이것은 만물 가운데 반드시 한 가지 지극히 아름답고 지극히 존귀한 것이 있으니, 한 있음이 만물의 준칙이 된다. 만물은 각각 부여받은 분수가 같지 않아서 다소 다름이 있는 것이다. 그러므로 지극히 존귀하고 아름다운 것은 만물의 존귀하고 아름답게 만들어진 소이연이 됨을 알 것이다. 만물은 순순히 받으니 이를 天主라 한다.

　혹자는 말하기를 "만물을 나누어 靈이 있는 것과 없는 것 두 品類가 있으니, 각각이 본래의 始原으로 돌아가지 않음이 없다. 영이 있는 것은 이른바 理로 돌아가고 영이 없는 것은 이른바 性으로 돌아간다. 이것으로 충분한데, 어찌 반드시 만물의 원시를 천주라고 말하는가"하였다.

　(답하여) 말하였다. "아니다, 아니다, 性과 理는 만물의 原始가 될 수 없다. 性과 理는 스스로 있는 物이 되는 것이 아니고 각각 一元으로 돌아가기 때문이다. 性은 다른 것이 아니고 바로 각 물마다의 본연이니, 靈物에 있는 것은 靈性이라고 이르고 다른 物에 있는 것은 物性이라고 이른다. 물성은 지각이 없어 행함에 반드시 중간에 향하는 목적이 있으면 영자가 끌어 움직이는 데로 돌아가 각기 제 자리를 얻게 된다. 이것은 性이 物의 근원이 되는 것이 아니고 物性을 끌어 움직이는 것이 物의 근원이 됨을 알 수 있다. 이를 천주라고 이른다. 오직 性의 처음을 알아야 理를 말할 수 있다. 理는 스스로 있는 物이 아니고 바로 靈性이 갖추어짐이니, 사물을 궁구하여 이르는 것이다. 理는 혹 인성에 있기도 하고 혹 사물에 있기도 하니, 理가 物에 있으면서 人心에

합해지면 사물이 진실하게 된다. 인심이 저 物에 있는 理를 궁구하면 格物(致知)라고 한다. 이것은 理가 物에 있거나 마음에 있어서 모두 의뢰함에 속하기도 하고 변함에 속하기도 하여 物의 뒤에 있음을 알 수 있다. 어찌 物의 근원이 될 수 있겠는가? 物의 근원이 됨에는 반드시 지극히 처음이고 지극히 스스로여서 바꾸어지지 않는 有가 필요하니 만물의 지극한 원조가 된다. 이 분을 天主라고 이른다."

만물을 만든 자는 오직 하나다

만물에게 각각 다른 아름다움이 주어지는 것은 반드시 본래 갖추어진 만물의 아름다움이다. 무릇 이미 없는 것은 남에게 베풀 수가 없으니 이를 기준으로 하면 조물주는 유일할 뿐이다. 하나가 아니어서 반드시 서로 달라 저기에서는 마땅히 아름답고 여기에서는 반드시 아름다운 것이 아니다. 이것이 소유한 것을 혹 저것이 가지지 못한다면 만물의 아름다움이 본래 갖추어진 것이라 이를 수 없다. 더구나 우주만물은 지극히 번다하고 지극히 다르나, 상하 각각이 일정한 만들어짐이 있고 베풀어진 命이 있다. 명을 받들어 마침내 모두 화합하니 하나와 같다. 여기에서 상상할 수 있으니 유일하지 않은 것으로 하여금 각각 차례를 매김으로써 합일로 돌아가는 것은 반드시 그렇게 될 수 없다.

대개 하나는 하나의 근본 소이연이 될 수 있으나, 많은 것은 하나의 근본 소이연이 될 수 없다. 곧 많은 것으로 하여금 하나의 소이연이 되게 하려면 역시 먼저 많은 것을 하나로 합한 후에 하나가 그 소이연이 되는 것이다. 그러나 이것을 근본 소이연이라고는 할 수 없는 것이다.

혹자가 말하기를 "우주 안의 만물과 인류는 본원이 하나가 아니라 마치 강의 발원지가 각각 그 원조를 가지고 있는 것과 같아 만물의 무리가 모두 하나의 물의 근원을 지녔다고 하는 것은 거의 믿을 수가 없다"고 한다.

(답하여) 말하기를, "각 만물의 사적인 근원은 진실로 하나가 아니다 저것은 만물의 덕성에 있어서 근원이 모두 갖추어지지 않으면, 각 인류에게 그 덕성은 각각의 한계가 생기니 어찌 하나라고 할 수 있겠는가. 그러나 만일 무릇 만물의 공공의 근본이라면 만물의 덕성을 모두 아울러 초연히 원만한 것이니, 어찌 두 개를 얻을 수 있겠는가."

만물을 만든 자가 만물을 주재한다

어떤 나라에 들어간 자는 그 나라의 규모와 움직여 만들어 내는 것들을 보면, 비록 그 나라의 임금을 보지 않아도 그 임금과 벼슬아치들이 다스리는 바를 알 수 있다. 어떤 집에 들어가 그 재산의 운용되는 것을 보면 가장을 보지 않아도 가장이 집안을 감독하고 다스리는 바를 알 수 있다. 하늘과 땅의 넓고 두터움을 본다면, 하늘에서 시행되는 것은 日月星辰이 있어 밤낮으로 운행하여 四時의 순서가 조금도 어긋나지 않는다. 땅에서 시행되는 것은 날고 움직이는 것과 식물들로 각각 유전되어 그 대를 잇는 것들이 뒤섞어 어지러워지지 않는다. 나에 이르러서는 기관, 뼈, 五臟, 六腑가 서로 같지 않은 것이 없다. 만물이 모두 그러하니 조물자는 큰 능력과 지혜를 갖추고 그 사이를 주재하신다. 이것은 논하여 알 수 있는 것이 아니다. 그 소이연을 미루어보면, 대개 만드는 자의 행위는 반드시 향하는 바가 있으니, 무릇 처음 만든 자의 행위에 속한 차례에 들어가지 않을 수 없으니, 만약 그 차례에 속하지 않으면 반드시 그 행위에 속하지 않는다. 두 가지가 서로 있고 없음이 되니, 지금 만물이 모두 조물자가 만드는 것에 속하여, 만물이 조물자에게 다스려짐에 속하지 많을 수가 없다. 조물자가 만든 물건을 얻는 데에는 장인이 물건을 제작하는 것과 같다. 장인이 물건을 제작하는 데에는 일일이 차례대로 하여 각각 그 마땅한 바를 얻게 되니, 어찌 조물자는 안 그러하겠는가.

반드시 만물을 만들 때 일일이 일의 순서대로 만든다. 여러 가지를 다스리는 데 잘 다스리는 자는 이로운 것을 이루고 나쁜 것은 제거한다. 만약 만물이 모두 조물자가 미리 구상한 대로 이루어진다면, 만물은 마땅히 다 선하고 악한 것은 없으며 모두 이롭고 나쁜 것은 없을 것이다. 지금은 그렇지 않으니 많은 것이 선하지 않고 서로가 해치는 것은 어째서인가.

무릇 조물자가 그 物의 악한 것을 용납해 주어, 다스리려고 하여도 할 수 없는 것인가? 아니면 다스를 수 있는데 다스리지 않는 것인가. 나는 모두 아니라고 생각한다. 전 우주 중에 악한 것이 많은데 천주가 이를 제거하지 않은 것은 만물을 주재하고 다스리는데 올바르게 연유하면 그 이치와 형세가 마땅하게 되나, 그렇지 않으면 不能과 不治가 있는 것이다. 무릇 물건은 公[공적으로 맡겨진 것]와 私司가 있는데, 私司에 속한 물건은 해롭게 할 수 없고 公司가 맡지 않은 바가 없어 그 형상이 사사로이 해로운 것으로 공익을 돌아볼 수 있다. 그러므로 무릇 물건 안에 빠진 것이 있어 개인적인 성품을 거스르더라도 반드시 공적인 성질에는 따르게 된다. 공적인 성질로 이것을 잃어 저것을 얻고 아울러 만물의 공리를 향하는 것으로 이것이 죽으면 저것은 산다. 만물의 종류는 이로 인하여 존재를 얻게 된다.

천주가 만물을 지극히 공적이고 지극히 마땅하게 주재하니, 매번 특히 사사로운 한 가지를 허락함으로써 한 宗類의 이로움을 보존하니 우주의 아름다움이 이에 온전해 진다. 그렇지 않으면 아름다움에 흠이 생겨 주장하여 다스린다고 칭할 수 없다.

혹자는 말하기를 "물물마다 모두 천주가 끌어 안배하니 우주만물이 절대 우연히 나타난 것이 없어 원래 모두 그러한 것이다"라 하였다.

(답하여) 말하기를 "공공의 소이연은 반드시 우연히 나타난 것이 없고, 오직 사사로운 소이연이 우연을 가진다. 대개 우연이라는 것은 본래 만든 자가 지향했던 것과 같지 않음에 인한다. 비록 본래 만든 자가 지향하는 바와 같

지 않더라도 공공의 소이연에 연유하지 않음이 없다는 뜻이다. 마치 갑이 작용하는데 본래 작자가 하려는 것을 돕지 않으나 을이 이를 막음에 인하는 것과 같고, 마치 나무가 불에 가까이 가도 타지 않는 것은 물이 실지로 이것을 막고 있는 것과 같다. 무릇 사사로운 소이연은 공공의 소이연의 명령을 듣지 않을 수 없다. 그러므로 그 나타나는 바이다. 또 공공의 소이연이 지향하는 바를 존숭하지 않을 수가 없으니 효험이 있다고 이르는 이유이다. 사사로운 소이연이 지향하는 바를 피하는 것은 괜찮으나, 공공의 소이연이 지향하는 바를 피한다고 하면 안된다. 그러나 만든 것이 나타낸 것이 비록 본래 이를 만드는 이가 하려고 것과 같지 않은데 이르더라도 우연이라고 말할 수 있고, 그 공공으로 작자의 하려는 것을 존숭하지 않을 수 없으니 절대 우연이 될 수 없다. 모두 주재자의 뜻이 나타내는 것에 연유하는 것이다. 비유하면 집안의 감독하는 이가 두 명의 하인을 시장에 보냈는데, 그들은 서로 간 일을 듣지 못하고 문득 서로 마주쳤다면, 두 하인은 혹 우연이라고 여기나 집안의 감독관은 어찌 이를 우연이라고 하겠는가."하였다.

천주는 체가 하나이며 위가 셋이다

천주의 體는 하나요 位는 셋이니, 이는 성스런 가르침의 가장 중요한 내용이다. 우리들이 본성의 능력을 증거하는 것은 오직 피조물로 인하여 조물자를 알 수 있고 여러 가지 드러난 것을 미루어 그러한 바를 알 수 있다. 그러나 오직 체가 하나임을 알고 그 위가 셋임은 알지 못한다. 세 위를 모두 알고자 하는 것은 인간의 능력을 초월하여 천주께서 묵묵히 비추는 것이니 반드시 그 연유한 바를 알 수가 없다.

그러나 비록 천부의 총명함을 초월하는 앎이어도 진실로 이치의 마땅함을 초월하지는 못한다. 모름지기 신성함이 있는 자는 본디 총명함[환히 깨달음이 있고 애욕 역시 있다. 총명함을 맡은 자는 먼저 이를 끌어 알게 하고 애욕을 맡은 자는 후에 이를 따라 행하게 한다. 총명한 이미 사물을 밝히고 반드시 사물의 형상을 내어 존재하게 하니 이것은 神性의 오묘한 능력이시다.

무릇 신성함이 있는 것은 모두 그러한데, 천주께서 지극히 신령스러워 모두 밝게 사리에 통하는 것은 어떻게 되는 것인가. 이미 성정의 오묘함을 다 밝히어 그 형상을 내시니, 이 형상은 천주 내부에서 발한 온전한 형상이다. 그러므로 천주는 반드시 性과 體가 같으나 位는 같지가 않다. 대개 주고받는 차례가 있는 것이다. 주는 데에 나아가는 것을 일러 아버지라고 하니 一位이다. 받는데 나가는 것을 일러 자식[12]이라 하니 二位이다. 또 아버지가 자식을 낳는 것을 밝히는데 반드시 사랑으로 하고 자식은 아버지에게 생명을 받는 것을 밝히는 데 반드시 친히 여긴다.

서로 친애하니 사랑하는 성정이 나타나는 이유이다. 이 애정은 천주께서 내부에서 발하는 정으로 인한 것이니 때문에 천주께서는 반드시 성과 체가 같다. 다만 그 두 위치되는 것[아버지와 아들]이 서로 친한 이유로 말미암아 차례가 다를 수밖에 없으니, 이에 聖神은 三位라고 이른다. 아들이 비록 아버지로부터 연유하고 성신은 아버지와 아들로부터 연유하지만 다만 그 내고 발하는 것은 잠시도 기다리지 않고 하나가 되니 無始[처음이 없는 것]가 진정한 천주이다. 오직 선후가 근원적으로 있는 것이지 선후를 정하는 때가 있는 것이 아니다.

대저 三(位)가 一(體)가 되는 오묘한 뜻은 천주의 全能・全善에서 연유하며, 또한 미루어 알 수 있는 것이다. 대개 천주가 무궁한 능력과 선함은 비록 인간 세상 안에서 이루어짐이 분명하게 나타나니(이른바 外傳이다), 따라서 함이 없어도 있을 뿐이다. 근본 증거와 큰 능력에는 다함이 없어 각 만물에 아름다움을 전달하여도 무궁하여 다할 수 가 없고 무궁한 선으로 바로 잡는

---

12 원문의 著는 子의 오타인 듯하다.

다. 다만 피조물에 인해서는 가질 수 있는 것(?¹³)만이 있고 '무궁한 있음(無窮之有)'은 받을 수 없다. 오직 이 셋이 하나가 되는 오묘함(이른바 內傳이다)은 실제 무궁한 있음이다. 第一位가 第二位를 내어 이미 제2위에 本體를 실로 그 능력을 다하는 것이며, 두 位가 서로 애정을 발하면 실제 끝없이 주는 것을 다하는 것이다.

이 오묘한 이치를 인성에 대략 비유해본다. 갑·을·병 세 사람이 있는데, 비록 많은 사람으로 나누어도 인성은 오직 하나서 온전히 갑에게도 있고 을에게도 있고 병에게도 있다. 또 마치 사람의 영혼이 온전하게 온 몸에 있고 각 사지에 온전히 있는 것 같아 모두 수와 양이 많고 적음과 등급이 다름이 없다. 천주의 성과 체는 온전히 세 위에 있으시니 각 위치에 온전히 있는 것 역시 수와 양이 많고 적음, 등급이 다름이 없다는 뜻이다. 그러나 위에서 비유로 들은 것은 이와 비슷할 뿐이고 천주의 오묘한 성정을 어찌 피조물에 비유할 수 있겠는가. 그러나 요약하여 밝히면 반드시 格物致知의 학문으로 시작하여 성정을 초월하는 학문을 이은 것이니, 이 책을 잘 살펴서 점차 구하면 통달할 수 있을 것이다.

하늘·땅·사람 조상의 근본을 캐다

오직 천주께서 無始함에서부터 있으시니, 저 피조물은 반드시 有始하여 있는 것이다. 대개 만물이 있고 없고는 천주께서 하고자 하는 뜻이 있고 없음에 연유한다. 천주께서 만물을 만들고자 하는 데 인연이 되어 있음의 所以然이 된다. 그런 즉 만물이 원래 그렇고 아니고는 천주께서 원래 그러하려고 했는지 아닌지에 연유한다. 천주께서 원래 그러하고 자 한 바는 오직 그러할 뿐이다. 다른 물건을 논해보면, 하고자 할 수 도 있고 또 하고자 하지 않을 수도 있

---

13 원본의 字體가 불명확하다.

으니, 만물이 無始를 따라 만들어짐을 받고 못 받는 것은 천주께서 이미 정하신 데에 연유한다. 다만 모든 물건의 이치는 추측할 수 있으나, 오직 천주의 뜻은 다 추측할 수 없다. 이 때문에 천주께서 어떤 날에 우주를 만들고서 해가 얼마간 지나 천주께서 묵묵히 인도하시는 바를 기다리지 않는다면 진실로 그 이유를 알 수가 없다.

옛날에 천주께서 옛 성인의 아름다운 가르침을 친히 깨우치고 책에 기록하도록 명하셔서 후세에 알리었다. 천주께서는 경의 앞 권에 천지를 만들고 인물을 낸 것과 역대의 인명과 갈라져 나간 계보까지 다 실으셨다. 다만 여러 나라의 역사서가 천지개벽의 시작과 여러 왕조의 햇수를 기록하였는데, 모두 천주께서 기록한 것과 현격히 떨어진 것이다. 宋나라 유학자들이 만든 것과 諸子家의 잡언을 취하였고 도가의 말을 모아서 역사를 만들었다. 천지개벽부터 春秋가 지어지기까지 270만년에 邵雍의 元會運世의 說 역시 그러하니, 更生五行에 견강부회한 것이 많다. 불경에서 이르길 항상 물가의 모래 한 알이 천지를 한번 열고 닫을 수 있다고 하였는데, 괴이하고 허망한 소리이다. 모두 진실로 전할 것을 얻지 않고 각각의 나름의 뜻대로 추측하고, 추측하기 어려운 일은 책에서 빼버렸다. 唐虞[堯舜시대]때부터 끊어져 이 전의 것을 밝히고자 하나 모두 헤아리지 않고 이야기하는 것들이다. 지금 내가 經 안의 여러 왕조의 지난날을 의거해 보면, 천지가 있은 때부터 康熙 乙巳年 6,865년 중국 역사서에 伏羲神農氏 때에 문예를 제정하고 법도를 일으키고 관청제도가 시작되고 농사를 시작하였다고 기록되어 있다. 이때와 원초의 시기 사이의 거리가 아주 멀지 않은데, 어찌 이전 몇 만 년 전에는 사람들이 모두 어리석어 신농씨가 농사를 시작하고 황제가 옷을 만들기 시작하기만을 기다렸겠는가?

천지가 만들어진 순서를 상고해본다면, 經에 天主께서 천지만물을 만든 것을 실어야한다. 이는 6일동안 이루어졌으니, 첫째 날에 천지우주의 시초가 지어졌고 아울러 태초의 빛의 선행이 이루어져 낮과 밤이 나누어졌다. 두 번째 날에 별자리를 늘어놓고 불기운과 함께 하늘 땅 두 가지를 행하셨고, 셋째 날에는 이에 더하고 보태어서 땅 위에 물이 돌아가는 한곳으로 하여금 여러 물건을 생장하게 하였다. 넷째 날에는 태초의 빛을 모아 다시 해와 달과 여러 별을 만드셨다. 다섯째 날에는 물속에 헤엄치는 여러 水族들을 만들었고, 육일에는 땅에 달리는 짐승들과 인류를 만드셨다. 천주께서 잠깐사이에 만물을 만들고 육일동안 인간을 내었으니, 점차 만물을 만들어낸 공이 있으시다. 천지의 주인과 조물자는 유일한 주인이시다. 여섯째 날에 인류남녀를 각 하나씩을 내시어 남자를 아담(亞當), 여자를 에와(厄襪)라 하여 인류의 원조로 하셨다. 천지만물을 만들고 인간을 만들고 올바르게 세상의 여러 종를 내시었으니, 모두 우리들이 되어 베풀어진 것이다. 먼저 흙으로 몸을 만든 후에는 그 안에 영혼이 만들어 이루지 않았었는데, 서로 맺어져 사람이 되었다. 그 영혼과 성정을 품부 받음이 당연하게 되어, 선을 좋아하고 악을 싫어하며 떳떳한 常道를 이루었다. 한 남자와 한 여자가 짝을 지음을 영원히 벗어날 수 없으니, 萬歲의 夫婦의 正道를 보인 것이다. 인류가 모두 한가지 근원으로 함께 하여 나왔으니, 인간은 마땅히 서로 사랑함을 보이는 형제이다. 천지를 열은 功이 일곱 번째 날에는 다하여 聖日이 되었다. 우리 세상 사람들을 인도하기를 육일에 인간사를 다루고 제 칠일에 本靈의 일을 다스리니, 크나크신 천주가 천지인물을 만드신 은혜를 기리는 것이다.

　천주께서 천당에 원조를 두어 가장 아름답고 즐거운 곳으로 만드셔서 바람과 비와 춥고 더움, 병과 고통을 없애고 만물이 자신의 命을 따르게 하고, 나고 자라는 것이 인공으로 되게 하지 않고 각 이치가 학습되어 이루어지는 것이 아니게 하셨다. 오직 천주의 명을 지키면 영원히 살고 죽지 않으며, 세상에서 다 하면 천당으로 올라가 천주를 만나보게 하셨다. 때로 마수가 우리들을 시샘하고 천주의 명을 따르지 않게 꾀어내니, 이를 따르게 되면 천주께서 하사해주신 것을 실추시켜 마침내 지옥으로 쫓겨나 다시는 돌아오지 못하게 된다. 병마와 늙음, 근심과 우환이 이를 따라 일어나니, 땅에는 가시나무가 자라서 힘껏 밭을 갈고 물을 대어도 다할 수 없으니, 百果가 나지 않고 천당의 문이 닫혀서 막혀버린다. 인간이 천주의 명을 해치면 금수가 인간의 명을 해친다.

　비록 본성의 아름다움을 잃지 않고 외부에서 주어진 아름다움으로 성품이 윤택하더라도 모두 뺏겨 없어지니, 천주께서 후세에 남기어 父子의 죄는 각기 서로에게 미치며 元祖의 더러운 죄가 후세에 남겨지는 것이다. 대개 아담이 인류의 원조요, 몸체이니 모두 한 인간에게 달린 것이다. 나무에 비유하면, 뿌리에 독이 들어가면 결국 과일과 잎에 나타나니, 모든 體는 이 뿌리의 독인 것이다. 다만 후세사람이 비록 원조의 뿌리로 인해 그 기세와 품부 받은 성향이 열악하더라도, 본성이 아름다우면 오히려 그 폐단을 받지 않을 수 있다. 선이 되고 악이 되는 것은 주인으로부터 속해 있는 것이니, 원조로부터 허물을 다 얻게 되는 것은 아니다. 아담이 이 끝없는 죄를 짊어지고, 지난 과오를 매우 후회하는 마음이 있어 스스로 책망하고 스스로 죄를 주며 때로 천주에게 바라며 슬프게 부르며 면죄를 받고 하려고 930년이 걸렸으나 죽고 말았다.

천주께서 강생하시다

　지금 세상 사람들이 의심하며 쾌히 여기지 않는 것으로 天主께서 降生한 일만 한 것이 없다. 혹은 그것이 마땅하지 않음을 의심하고 혹은 할 수 없음을 의심하고 혹은 그 형세를 의심한다. 각각 일정 부분을 밝히려 하나 천주의 전지, 전능하며 온전히 선함은 그 정도를 추측하기 힘드니, 강생의 오묘한 뜻이다. 고금의 여러 해석이 그치지 않는 것 역시 천주께서 강생한 일만 한 것이 없다. 그 원함과 힘과 뜻과 효험 등을 알리는 것으로 서양에는 수많은 서적이 있으나 다 번역되지 않았다. 내가 옛날에 저술한 『超性學要』중에 강생의 실제 의미가 있는데, 이것은 그 요지 3가지 실마리를 취한 것이다.

  첫째, 강생의 뜻을 말하고 둘째, 강생의 설을 말하고 셋째, 강생의 일을 말한 후에 그 의심스러운 것에 대해 답하겠다. 모름지기 천주께서 인간을 만들고 천지 만물을 만들어 영원토록 복을 누리게 만든 사실을 알고 있다. 천지만물을 다 만든 후에 인간을 만드셨으니 올바름으로써 종류마다 모두 우리들이 되게 하시니, 베풀어주심에 우리들에게 無量으로써 구실할 바를 받게 하시어 세상의 모든 아름다움이 우리 마음에 충만할 수는 없었다. 올바름으로써 우리들이 천상의 영원한 복을 얻게 하시니 비로소 인간이 원하는 것을 채우게 되었다. 세상에 사람이 없으면 천지만물을 만들 수 없고, 천상에 영원한 복이 갖추어 있지 않으면 사람을 낼 수가 없다. 이에 인간의 조상이 천주의 명을 거스른 후에 그 원죄가 남아 인류가 하늘로 올라가 영원한 복을 누릴 수 없게 하였고 재앙의 그물로 떨어뜨렸다. 그러나 이것은 어찌 천주께서 인간을 만든 본래의 뜻을 저버리는 것이 아니겠는가. 천주의 인자함은 끝이 없으니, 어찌 인간을 버리고 돌아보지 않으시겠는가. 인간을 만들고 반드시 인간을 구원하시니 단지 인간을 구하는 법을 얻으셨다. 대개 천주께서 행하시는 일은 반드시 완전하고 仁義가 빠진 것 없이 각각 드러나니 인간의 죄를 사하시고 드러내지 않는 것이 義이고, 남의 죄를 벌주는데 드러내지 않는 것이 仁이다. 때문에 그 전지전능함을 이용하여 仁義를 모두 온전하게 드러내어 몸소 강생한 것이 이것이다.

  그러므로 天主와 子弟라는 두 위치에서 인성과 본래의 성질을 취하여 예수라는 하나의 위치에서 서로 맺어지니, 이 예수는 실제로 천주이면서 실제로 인간이다. 그 사람됨을 논하면 남을 대신하여 책임을 지고 고통을 받을 수 있는 이이다. 그 천주됨을 논하면 남을 대신하여 책임을 돌려 속죄하도록 도우는 이이다. 남을 대신하여 책임을 지고 고통을 받는 것은 그 인자함이 끝이 없음을 보여주는 것이고, 남을 대신하여 속죄하는 것은 지극히 공정하고 엄한 뜻을 보여주는 것이다. 어째서인가? 대개 죄의 경중은 범하는 바로써 하고, 아울러 죄를 범하는 것이 다하는 것을 준칙으로 삼으니 천주가 지극히 높은 이상이 아니고 우리가 지극히 낮은 이하도 아니다. 무궁함으로 이를 돕고자 하니, 무한의 덕이 아니면 죄의 만분의 일도 속죄받을 수 없다. 그러니 하물며 온 세상 사람들의 죄를 다 보상하고자 함에 있어서랴! 또 천상의 여러 신들은 유한의 덕이니 대신 속죄하는 것은 오직 천주가 강생하는 일이다. 인류가 용서받는 것은 천주가 인간을 만든 본래의 뜻을 저버리지 않는 것이다.

어떻게 降生을 설명하는가. 천주께서 강생하신 것은 다른 것이 아니다. 천주의 성정이 인성과 맺어져 예수라는 한 위치가 되었다. 예수는 인간과 천주가 된 것이다. 그 사람됨을 논하면 피조물에 속하여 그 지능과 여러 덕의 양이 모두 한계가 있다. 그 천주됨을 논하면 조물주이니, 전지전능과 온전한 선을 갖추어 무한한 덕을 가지고 있다. 사람은 시작과 세상에 나기 시작함이 있다고 말한다. 천주는 시작이 없으니 無始를 따라 세상에 나기 시작함이 없다. 無始生[시작함이 없이 태어나는 것을 일러 降生이라고 하고 인간이 되었다고 한다. 하늘에 있을 것을 구하지 않은 연후에 땅에 내려오니, 천주께서 있지 않은 바가 없으시다. 아직 강생하지 않은 것은 세상에 본래 있어서이고, 그 강생함에 이르러서는 역시 하늘과 떨어지는 것은 아니다. 다만 지극히 높아 마주할 수 없는 천주께서 지극히 낮은 사람과 맺어진 것이다. 그러므로 降生이라고 한 것이다. 또 예수가 아니면 그 인성을 변화하여 천주를 이루고 또 두 성질이 교화하여 합일될 수가 없다. 이에 천주의 성질과 인성이라는 각각 다른 것이 예수라는 한 위치에 머무르는 것이다. 마치 우리들의 영혼과 육신이 한 사람을 이루는 것과 같다. 이는 천주와 인간이 하나의 예수가 되는 것이다.

그러나 비록 예수가 두 성질을 갖추고 있으나 그 지위가 유일하여 대개 각 성질이 본래의 위치에서 발하니, 하늘에서는 천주이고 강생하여서는 오직 인성을 취한다. 인간의 위치를 취하지 않으면 인성이 막혀 본래의 위치에서 발하지 않는다. 인성이 비록 본래의 위치에서 발하지 않더라도 본래의 성정은 발한다. 이에 예수가 배고프고 피로하고, 덥고 추운 생사와 같이 인성의 일에 걸려서 오르내리는 것이 다른 이들과 다르지 않은 것이다.

천주의 성질을 논하면 오르지도 않고 내리지도 않으며 움직임이 바뀌지 않는다. 강생을 하기 전이 이와 같으니 강생한 후에 역시 이와 같다. 다만 예수가 비록 두 가지 각기 다른 성정을 갖추었지만 천주의 성질과 인성이 맺어졌기 때문에 두 가지 성질의 명칭에 따라 함께 한다. 이에 예수를 천주이고 사람이라고 이르는 것이다. 이 때문에 천주가 세상에 내려와 고통과 죽음을 받고 부활하여 하늘로 올라간 것이라 말한다. 마치 인간의 몸이 상처를 받고 오직 영혼은 상처받지 않는 것과 같다. 다만 영혼과 육신이 맺어진 것이다. 예수를 따르지 않는 이는 인간형태의 몸이 상처를 받았다고 말하고, 바르게 말하면 어떤 사람이 상처를 받았다고 해야 한다. 천주가 인간의 몸과 맺어진 것이기 때문에 예수를 따르지 않은 자가 말하기를 인간이 어려움을 겪었다고 하나, 바르게 말하면 천주께서 어려움을 겪으신 것이라 해야 한다.

강생한 일은 무엇인가. 경전에 이것이 상세하다. 먼저 그 대략을 들면, 開闢하던 처음에 천주가 그 뜻을 이미 보이셨는데, 강생하기 1,500년 전 역사기록 옛 가르침에 聖人이 서로 바라는 바를 서로 전하였다. 降生하실 때에 이르러 천주께서 天神을 지어 보내어 세상에 降生할 수 있도록 모친을 선택하여 알려, 童貞의 몸을 지키길 원하였으나 이미 이 일을 들으니, 남녀의 교감으로 말미암지 않고 마침내 천주의 전능함으로 그 모친이 아이를 잉태하여 낳을 것이라 하였다. 이에 그러나 처녀로서 겸손한 말로 허락하여 이에 삼가 곧 잉태를 하였다. 아홉 달 만에 태어나시니, 한결 같이 천신이 알린 바대로 漢 哀帝 元壽 2년 동지 후 제4일 밤이었다. 태어나실 때 집안 가득 빛이 밝아서 낮과 같았고, 천신들이 와서 비호하였다. 공중에서 음악이 들리며 칭송하기를 "위로는 하늘이 크나크신 천주에게 복을 내리고 아래로는 땅이 善人을 화평하게 한다." 라고 하였다. 하늘에서 이상한 별이 보여 외국의 세 임금을 인도하였으니, 그들은 각각의 받칠 특산물을 가지고 천주를 만나 뵈러 갔다.

강생한 땅은 德亞國인데 천하 유일하게 진정한 전함[眞傳]이 있어서 異端에 물들지 않은 나라로, 또 천주가 개벽하던 초기에 인류의 조상을 화생하게 한 땅이다.

앞서 성인이 강생할 일을 미리 말하여 알고 있었으니, 그 날 이후 근거가 되어 경전에 실었다. 모두 이 나라에 존재하여 천주께서 강생하신 이름을 耶蘇라 하였다. 이를 해석하면 세상을 구한다는 것으로써, 강생하여 와서 세상 사람을 구함을 나타낸 것이다.

33년을 세상에서 사시면서 신령스럽고 기이함들 드러낸 것을 전부 기술할 수는 없다. 죽은 자를 살려내고, 벙어리를 말을 하게하고, 귀머거리를 듣게 하고, 장님을 밝게 보게 하고, 병자의 병을 낫게 하고, 거대한 파도와 웅장한 바람을 멈추게 하고, 천지간의 온갖 신들이 모두 그 명령을 듣는 것과 같은 것들이니, 천지만물의 진정한 주인임의 증거이다.

훈계를 내리고 가르침을 세워 인륜의 지극함을 큰 요지로 하고 天學의 오묘함을 주요 가르침으로 삼았다. 사람들로 하여금 세상의 도덕을 즐겁게 하고 후세인이 천주가 준비한 복됨을 누리게 하여, 인간이 하늘의 가르침을 따라가게 하였다. 오직 司敎가 오만함으로 예수의 때와 일을 살피지 않아 古經과 부합하여 참람하게 인간을 천주라 칭하여 그를 죽이려 도모하였다. 예수가 이로 인하여 세상을 구하는 공을 이루고자 드디어 저들이 해를 가함을 들으시고 십자가에 못 박혀 돌아가셨다. 때는 춘분 보름 午時로 해와 달이 정확히 서로 마주하여 부분 일식, 월식에 응하지 않고 달은 일정한 운행을 어기고 해를 가려 버렸다. 우주가 어두워지고 전 대지가 진동을 하고, 돌이 서로 부딪쳐 깨지고 무덤이 저절로 열려, 예수가 이미 죽어 세상에 다 드러나니 천지만물이 모두 천주를 애닯아 하였다. 3일 후에 부활하시어 세상에 40일을 거하셨다. 거듭 교리와 규범을 정하여 20개 지위의 종주들에게 명하시어 두루 만방을 비추시고 말을 다 마치신 후에 하늘로 돌아가셨다.

이제 앞서 말한 의문점을 풀으려 한다. 한 가지 의문점은 천주의 무능함이다. 천주께서 전능하신지 명확하지 않다는 뜻이다. 무릇 이치에 어그러짐이 없이 모두 전능한 세계에 있는 것은 어떠한 物에도 한계가 없어 만물의 덕의 능함이 모두 갖추어진 것이다. 지금 천주의 성질과 인성이 하나의 위치로 합해져서 실지로 인간의 마음과 생각과 상상을 초월하였다. 그러나 혹 천주의 성질과 인성이 예수에게 합해져서 하나의 物을 이루니, 두 성질의 명칭이 같은 지와 두 성질의 실제 각각 다른 지 알 수가 없다. 혹은 강생한 후를 천주의 성질이 변하게 되었다 여기는데, 천주의 묘함이 있어 無始를 좇아 항상 일정한 지 알 수 없다. 비록 강생하여 인성과 맺어졌으나 천주의 성질이 아주 바뀌지 않아 오직 인성이 높은 지위에 오른다는 것이다. 혹은 천주가 형상하고 '있는 몸'의 때에 구애를 받아 우주만물을 다스리는 권리를 쉽게 된다고 여기는데, 강생하여도 천주의 성질이 보존되어 천지만물을 다스리는지 알 수 없다. 대개 천주의 성질은 무궁하고 묘함이 있어서 형상에 있을 때에도 그 형상에 얽매이지 않는 것이다. 物에 머물러 있다고 物에 포함되는 것이 아니니, 각 만물에 있어서도 마찬가지이다. 또 어째서 천주가 강생함을 의심하느냐는 것은 어째서 불능하냐는 것이다.

두 번째 의심은 천주가 강생하심이 마땅하지 않다는 것이다. 각 물이 서로 본성을 칭한다는 뜻이다. (그러나) 천주의 본성은 만 가지 선의 근원이니, 모든 선을 잇는다는 뜻이다. 마땅히 천주는 선하여 덕으로 그 아름다움을 만물에 전하여 준다. 선이 더욱 커져 그 아름다움을 만물에 전하는 것이다. 더욱이 천주는 천주의 선으로 지극한 선이 되게 하여 만물에 본래의 아름다움을 전달하는 것이 지극히 마땅한 일이다. 이러하면 천주가 강생하여 사람이 되는 것만 같지 못하니 피조물로 하여금 조물자의 본래 오묘함과 맺어져서 천주가 강생하여 인간이 되는 것이 지극히 마땅하다.

또 마땅히 천주가 그 아름다움을 만물에 전달하는데 각각 등급이 있음을 알아야 한다. 천지의 火氣水土金石등 같은 것은 '있게 함'에는 이르지만 나지를 못하고[無生] 초목은 나는 것[生]에는 이르지만 깨닫지를 못하고, 금수는 깨닫는 데는 이르지만 신령스러움이 없다. 인류는 비록 신령스러우나 순수하지 못하고 天神은 비록 순수하고 신령스러우나 한계가 있다. 그러므로 그 아름다움을 전하는 데 모두 등급의 한계가 있다. 오직 이 천주의 성질이 인성에 맺어진 것이 피조물에게 그 아름다움을 다 전할 수 있다. 사람으로 하여금 선과 여러 덕을 무궁하게 알게 할 수 있는 능력을 갖추면 이를 칭하여 천주라고 한다.

지금 사람들이 오직 천주가 천지만물을 만들어 존엄을 드러낸 것은 알고 있으나, 강생하여 세상을 구하여 더욱 인과 여러 덕을 드러낸 것은 알지 못한다. 천주께서는 인의와 지능과 여러 덕을 끝없이 갖추셨기 때문에 지극히 높음에 그 이상이 없다고 하는 것이다. 인의가 끝이 없음은 강생하여 다하는 것만 같지 못하다. 미천한 인류가 비루하지 않은 이유는 지극히 어지심을 보이기 때문이다. 인간이 죄를 용서받지 못하자 강생하셔서 대신 속죄하고 지극히 의로움을 나타냄은 인류를 구하는 좋은 법을 얻어 지극한 지혜를 드러냄이다. 인간과 천주 두 物의 서로 거리가 무궁하나 한 위치로 합쳐지니, 그 지극히 능함을 보이는 것이다. 남은 덕은 유추할 수가 있다.

세 번째 의심은 강생의 형세이다. 천주가 인간 세상에 강생하고자 하여 하늘로부터 세상에 내려왔는데 여자의 뱃속에서 태어났다. 降生해서 잉태하여 난 이가 진짜 사람인지 알지 못하겠다. 하늘로부터 내려오니 근본에 속하지 않고 인류와 같지 않은데, 어찌 사람이 보고 듣는 것이 놀랍지 않은가? 그러나 제왕의 집과 화평한 땅과 편안한 시기를 선택하여 이에 실지로 의탁한 데는 깊은 뜻이 있다. 대개 천주가 강생한 뜻은 단지 인류의 죄를 대신 속죄하고 그 뿌리를 없애는 데 있는 것이 아니다. 모든 인간의 여러 죄 중에 가장 큰 것이 세 개가 있다. 그 하나는 부유함을 좋아하는 것이고 둘째는 귀함을 좋아하는 것이고 셋째는 쾌락을 좋아하는 것이다. 천주께서는 지극히 높은 위치로 지극히 미미한 곳으로 강생하셔서 나의 오만함을 억누르시고자 한 것이다. 천지의 주인으로써 가장 가난한 땅으로 강생하시어 우리의 탐욕을 부수고 온전한 복을 갖춤으로써 괴로운 날을 가리시고 또 우리의 탐욕을 치료해 주고자 함이시다. 예수께서 고통을 받는 것을 논한다면 한번 움직이시고 한 번 고요히 하시어 온 세상의 죄를 모두 구하실 수 있었던 것이다. 수많은 단계의 고난을 받음은 십자가에 못 박히는 독한 형벌을 당하셨다는 것이다. 그 뜻은 두 가지가 있으니, 한가지는 참는 덕의 아름답고 중요함을 보이는 것이다. 나를 훈계하시니, 천주께서는 강생하여 고난과 험한 일을 겪으면서 모든 것을 흔쾌히 받으셨다. 두 번째는 흉악한 죄를 범하면 차라리 무거운 재앙과 해를 달게 받아 주어진 명에 이르러야 함이니, 천주의 명을 다 거스를 수 없다는 것이다.

영혼은 멸하지 않는다

시작도 없고 끝도 없으며 애초에 생겨나는 바도 없는 것은 오직 천지만물의 주인일 뿐이다. 그 외에 피조물들은 모두 처음과 끝이 있으니, 새나 물고기 동물·식물과 같은 것들이다. 때로는 천지의 귀신과 사람의 영혼처럼 시작은 있으되 끝은 없는 것들이 있기도 하다. 그런데 끝이 없는 이유는 '제 스스로 끝이 없게 할 수 있는 것'이 아니라, 바로 천주에게 받은 것이기에 천주만이 그것을 '본래 없는 것[本無]'으로 되돌려 놓을 수 있기 때문이다.

이제 사람의 영혼이 끝이 없다는 것을 네 가지 단서를 들어서 증명해 보겠다. (다음과 같이) 말한다.

사람이 사람이 되는 이유는 정신과 육체 이 두 가지일 뿐이다. 이것이 결합되면 살아가게 되고, 분리되면 죽는다. 사람의 육체는 火氣·水氣·土氣 등으로 이루어지므로 차갑기도 뜨겁기도 하고 건조하고 습기가 있기도 하여 그 성질이 똑같지 않다. 이 기운들이 적절히 잘 조화가 되면 사람은 건강을 유지할 수 있다. 그런데 만약 하나라도 어떤 기운이 더 많아지게 되면 병이 생겨나고 심할 경우 죽음에 이를 수도 있는 것이다. 육신이 죽으면 정신 또한 떠나가게 된다. 그러므로 영혼은 정신의 바탕이다. 형체나 색깔도 없고 火氣・水氣・土氣 등이 결합되어 이루어지는 것도 아니며, 건조함과 습기 차가움과 따뜻함이 서로 침범하지도 않는다. 그러므로 영혼을 파괴할 수 있는 것이 전혀 없어서 영원히 생존하여 없어지지 않는다. 이것이 그 첫 번째다.

格物家들은 사물의 이치를 궁구할 때 사물의 情을 통해서 사물의 性을 유추하여 알게 된다. 靈性을 갖추고 있는 것은 모두 항상 살고자하는 바람을 가지고 있어서 영구히 살기위한 계획을 세운다. 이를테면 어떤 이는 훌륭한 공적을 세워 비석에 새겨 넣기도 하고 어떤 이는 책을 써서 후세에 자신의 말을 남겨두기도 하는 것들이니, 몸이 죽은 뒤에도 영원히 살고 싶어 하는 것이다. 오래 살고자하는 情이 있게 되면 반드시 영원히 살고자 하는 실체가 있게 된다. 예를 들면, 火情은 위로 타 올라가고자 하니 위로 올라가지 못하면 불안해 지고, 水情은 아래로 흘러가고자 하니 아래로 흘러가지 못하면 불안해 진다. 火와 水가 지닌 性을 통해서 볼 때, 만물이 모두 그러한 것이다. 하물며 사람이야 어떠하겠는가? 조물지는 사람에게 이러한 情을 부여하였으니, 이러한 性을 부여하지 않은 것은 없는 것이다. 그런데 영혼이 없는 사물은 그렇지 않다. 현세에 그치고 말뿐 후세에 대한 생각이 없는 것이다. 이런 상황을 통해서 유추해 본다면 짐승의 영혼은 육체가 죽으면 따라서 흩어져 버리게 되는 것이고, 사람의 영혼은 육체가 비록 허물어진다고 하더라도 여전히 남아있게 되는 것이다. 이것이 그 두 번째다.

육체에는 강하고 약함 그리고 어리고 늙음이 있을 수 있지만 영혼은 그렇지 않다. 몸이 쇠약해진 사람이라도 그 정신은 더욱 더 또렷해지는 것을 볼 수 있는데, 이것이 바로 몸은 죽더라도 영혼은 죽지 않는다는 것을 징험하는 것이 아니겠는가? 이것이 그 세 번째다.

사람은 '영혼과 육신이 함께 죽어 없어지지 않는다'는 뜻은, 사람이 크게 현명하지 않더라도, 영혼은 스스로 그것을 자각한다. 일반적으로 몸이 죽을 때는 자신도 깨닫지 못하는 사이에 두려워하는 마음이 생기게 된다. 만약 영혼이 실제로 존재하지 않는다면, 사람이 무엇을 통해서 마음속으로 자연스럽게 그 두려움을 느끼게 된다고 하겠는가? '아무런 이유 없이 情이 생겨나는 것'을 모든 사람이 다 그러하다고 해서, 우연이라 하고 환각이라고 할 수 있겠는가? 분명 그것은 이치에 닿지 않는 말이다. 靈性은 어리석음을 용납하지 않는다. 그래서 사람의 몸은 비록 죽어 없어진다 하더라도 영성은 불멸한다. 이것이 바로 그 네 번째다.

천당과 지옥

사람의 영혼은 불멸한다. 사람이 세상을 살면서 선행이나 악행을 하게 되면 후세에 반드시 그에 상응하는 상과 벌이 뒤따른다. 그것은 이치상 반드시 그러하다. 그러나 현재 세상에서의 상과 벌은 모든 선악의 행동에 다 나타나지는 않고, 설령 선행과 악행에 대한 상과 벌이 나타난다고 하더라도 또한 완전하지 않다. 또 완전히 그에 상응하는 상과 벌이 행해진다고 하더라도 그것을 가지고 천주께서 선한 사람을 사랑하고 악한 사람을 미워하시는 마음을 분명히 밝혀내기에는 충분하지 않다.

'현재 세상에서의 상과 벌은 모든 선악의 행동에 다 나타나지는 않는다'라는 것은 무엇을 말하는 것인가? 사람들이 이 세상을 살면서 선행과 악행에 따른 응분의 보상이나 처벌을 받는 경우는 천 가지 가운데 하나 둘에 지나지 않으며, 어떤 사람이 그 상과 벌을 직접 받게 되는 경우 또한 천 명 중에 한두 명에 지나지 않는다. 그러므로 만약 후세의 상과 벌이 없다면 선과 악은 응분의 보상이나 처벌을 전혀 받지 못하게 되는 것이다.

'설령 선행과 악행에 대한 상과 벌이 나타난다고 하더라도 또한 완전하지 않다'는 것은 무엇을 말하는 것인가? 이 세상에서 아름답고 좋은 것으로 '道

德'만한 것이 없으니, 세상의 작록을 모두 다 준다고 할지라도 그 아름다움을 모두 보상해 줄 수는 없는 것이다. 그런데 뛰어나고 훌륭한 선비들 중에 세상의 모든 벼슬과 영화를 내던져 버리고 돌아보지 않는 사람도 있다. 이 세상에서 흉악한 것으로 말하면 '罪惡'만한 것이 없으니, 세상의 모든 형벌을 다 행한다고 하더라도 그 죄를 응징할 수는 없는 것이다. 그런데 흉악하고 간사한 사람으로서 세상의 처벌을 모면하고 종신토록 영화를 누리는 사람도 있다.

'천주께서 선한 사람을 사랑하고 악한 사람을 미워하시는 마음을 분명히 밝혀내기에는 충분하지 않다'는 것을 무엇을 말하는 것인가? 천주께서 어진 이를 좋아하고 어질지 않은 자를 미워하시는 마음은 지극하다. 그런데 만약 끝없이 상과 벌을 통해 그들을 보상하고 처벌해 주지 않는다면 선한 이에게 복을 내리고 음탕한 이를 미워하는 지극한 마음을 드러내지 못한다는 것이다. 게다가 선한 일을 한 사람이라도 가난에 고생하고 사는 사람도 있고, 나쁜 짓을 하는 사람이면서도 부귀하고 편안하게 사는 사람도 세상에는 적지 않다. 천주께서는 지극히 공정하셔서 선을 행한 사람에게는 온갖 복을 내려주시고 악을 행한 사람에게는 모든 재앙을 내려주신다고 하는데, 어찌 이와 같은 일이 있는 것인가? 世主는 비록 선행과 악행을 완전히 다 알지는 못한다고 하더라도 공이 있는 사람에게는 봉토와 상을 내려주고, 죄가 있는 사람이 있으면 형벌을 내린다. 하물며 천주께서는 全知하심에도 불구하고, 상을 내리지 못하는 선한 사람과 벌을 주지 못하는 악한 사람이 있다고 하는 것은, 도리어 천주의 능력이 세주의 능력에도 미치지 못함을 보여주는 것인가?

후세의 보답이 있다는 것은 또한 인간의 性이 지향하는 바를 통해 그것을 유추해서 알 수가 있다. 세상의 모든 사물은 지향하는 바가 있고, 그 지향하는 바를 얻게 되면 만족하게 된다. 사람이 세상에 살면서 부유하게 되어 온 세상을 차지하고 귀한 신분이 되어 천하사람들을 부리면서 명성이 사방에 알려지고 온갖 복이 모두가 모여들게 되더라도 사람 마음은 여전히 만족하고 편안해 할 줄 모른다. 이것은 사람 마음이 지향하는 바가 끝없이 더 좋고 훌

류한 것을 추구하고 있기 때문인데, 이 세상에서는 그것을 모두 얻지 못할지라도 후세에서는 반드시 그 마음이 추구하는 바를 충족할 수가 있는 것이다. 게다가 세상의 모든 만물들이 그 본성이 지향하는 바를 가지고 있는데, '인간만은 그렇지 않다'고 하는 것은 결코 그렇지 않다.

혹자는 말하기를, "선과 악에 대한 보상과 처벌은 지금 이 세상에서 일어나는 것이다. 이치를 어긴 사람은 마음이 항상 불안하고, 이치를 잘 따른 사람은 마음이 편안한 것을 보지 못했는가? 그러니 어찌 후세의 천당과 지옥에서 선악의 보상과 처벌이 있기를 기다릴 필요가 있겠는가?"

(답하여) 말하기를, "지금의 근심과 즐거움이란 것은 바로 후세에 항상 근심하고 항상 즐거워하게 될 그 그림자에 불과할 뿐이며, 사람에게 악을 금하고 선을 장려하려는 하나의 교훈일 뿐이다. 그러니 어찌 한때의 거짓된 즐거움과 근심을 가지고 선과 악에 대한 진실된 보상과 처벌이라고 생각할 수 있겠는가?"라 하였다.

집안에 잔치가 있어서 주인이 樂師에게 음악을 연주하게 했다고 하자. 그 악사는 마음으로 기뻐하면서 연주를 하였다. 그런데 잔치가 끝나고 주인이 악사에게 '너는 오늘 기쁘고 즐거워하였으니 스스로 즐긴 것만으로 충분하다. 그러니 내 너에게 음악 연주비를 주지 않겠다.'라고 한다면, 이것이 이치에 닿는 말이겠는가? 덕을 닦는 것은 사람의 마음을 너무나 즐겁게 하는 것이다. 그러나 그렇다고 해서 천지의 주인께서 어찌 그 덕에 대한 마땅한 보답을 하지 않겠는가? 이렇게 본다면 후세의 상과 벌이 천당과 지옥에서 행해진다고 하는 것은 의심할 여지가 없다.

십계

物主가 처음 천부 받은 성질을 백성들에게 내려주었다. 마땅히 품부 받음은 선을 좋아하고 악을 싫어하고 떳떳함을 잡아 벗어날 수 없으니 모든 성질이 그러할 뿐이다. 소위 性教가 이것이다. 다만 성질이 사물과 만나 처음 좋았던 성질이 줄어들고 이에 천주께서 매번 훌륭한 성인을 내시어 말과 몸으로써 그 미혹함을 이끌어주고 그 약함을 도와주셨다. 그러나 인간의 성질은 어둡고 나약하여 道心이 적어지고 날로 약해졌다. 가르침이 점차 쇠약해져 성질이 더욱 어지러워졌으나, 천주의 자애로는 차마 버리지 못하였다. 이에 책의 가르침으로 이어 천지개벽하여 이천 칠백 년 후에 훌륭한 성인의 말씀을 보내어, 글자를 두 개의 돌 조각에 받아 십계의 목록을 만들었다. 천주를 사랑하고 인간을 사랑하는 강령을 만들어 포함시키니, 내려진 명령을 두루 세상 사람들에게 전하였다. 앞의 세 가지 훈계를 새겨 사람들에게 마음과 말과 행동으로써 천주를 사랑하고 공경하는 것을 가르쳤다. 뒤의 일곱 가지 훈계를 새겨서 사람들에게 마음과 말과 행동으로써 同類와 화목하도록 가르쳤다. 오직 이 두 가지 사랑이 거의 지극히 다함이니, 실제로 오륜의 강령이고 성스런 가르침이 지시하는 바로 귀결된다.

十戒는 첫째, 한 천주를 만유 위에 흠숭하라. 둘째, 천주의 성스러운 이름으로 헛된 맹세를 하지 말라. 셋째, 첨례일을 지켜라. 넷째 부모에게 효도하고 공경하라. 다섯째, 살인을 하지 말라. 여섯째, 사악한 간음을 하지 말라. 일곱째, 도둑질 하지 말라. 여덟째, 망령된 증언을 하지 말라. 아홉째, 다른 이의 처를 원하지 말라. 열째, 다른 이의 재물을 탐하지 말라.

영세

입교함에 영세하는 것은 죄를 씻어내는 것을 보이는 뜻이다. 사람이 모두 元祖에게 원죄를 받아서 인성이 마땅히 밝아야 할 것에 어리석고, 마땅히 행해야 할 일에 나약하고, 또 스스로 만들어 쌓인 잘못이 있으니 만약 주의 도움을 받지 않는다면 용서받을 길이 없다. 그러므로 천주가 세상에 내려와 몸소 가르치던 처음에 성세의 예를 세워 원죄와 자신의 잘못 두가지를 없애는 방법으로 삼아서 사람의 성품을 본원으로 돌아오게 하여 마땅히 행할 바에 힘씀을 밝혀 죄 사함을 받게 하였다. 밖으로는 맑은 물로 얼굴을 닦으며 안으로는 곧 천서가 聖(靈)을 내려 악을 씻는 것이다. 사람들은 형상이 있는 사물에 의탁하지 않으면 형상이 없는 일을 밝힐 수 없다. 천주의 성총은 형상이 없음에 속하여 눈과 귀로 들고 볼 수 있는 것이 아니니 이에 형상이 있는 물로 형체를 씻는 것에 의탁하여 그 형상이 없는 성우와 죄와 잘못을 깨끗이 하는 것을 보였다. 어찌 유독 기독교의 일만 그러하겠는가? 세상에 법중에도 종종 있으니 조정에서 관직을 세울 때 볼 수 있지 않은가? 그 형상이 있는 것은 부전이요, 형상이 없는 것은 권한이니, 조정에서 부전을 관리에게 주어 권한을 주는 것을 보이는 것이다. 사람들이 부전을 보면 즉 이 관원의 권한과 어떠한 일을 맡을 지 안다. 저 물은 형상이 있는 물이며 성총은 형상이 없는 것이다. 사람들이 영세를 받음에 천주가 성총을 사람에게 더하고 그 죄를 사함을 알 것이다. 단 무릇 영세만 받으면 용서받는 것이 아니니 반드시 진실한 마음으로 이전의 죄를 통렬하게 뉘우치고 개과천선을 맹세할 때 즉 얻을 수 있는 것이다. 혹 말하기를 '스스로 새롭게 하면 족하지 어찌 반드시 영세가 필요한가?'라 하는데 이것은 천주가 세워 정한 예이니 감히 존중히 따르지 않을 수 없으니 즉 사죄를 천추가 이것에 붙인 것이니 관리의 권한을 조정에서 부전에 붙인 것과 같다. 또 죄악의 거류는 무형이라 볼 수 없으니 만약 이러한 外禮를 존중하지 않으면 반드시 시기 의심하는 마음을 품게 되고 죄과가 아직도 있고 없고 간에 과거를 향하여 마음이 태만해 질 것 이니 어떻게 스스로 새로워 질 수 있겠는가? 만약 이 예에 의하면 이전의 잘못을 없애 벗어버려 마음 편안히 아무 걱정 없이 힘써 앞으로 나아갈 수 있을 것이다.

고해

　고해 또한 천주가 강생하여 친히 만든 예이다. 聖寵의 샘을 맞아들여 사람의 精神의 병을 치료하는 요긴한 방법이다. 사람의 몸에 병이 있으면 약을 복용하여 고친다. 사람의 정신에 병이 있는 것은 더욱 중하고 또한 귀한 문제니 어찌 치료하는 처방이 없을 수 있겠는가? 사람이 세상에 접하면서 세속의 때에 오염되는 것을 면하기 어려우니 정신에 병을 얻으면 성인이라도 스스로 보존하여 허물이 없기를 할 수 없으니, 하물며 그 아래에야. 만약 그 일어난 소이를 구하지 않으면 그 죄에 빠짐이 더욱 무거워 스스로 벗어나기가 어려울 것이다. 그러므로 예수가 하늘로 돌아가기에 앞서 고해의 예를 정하셨다. 모든 생각과 언사와 행동이 도에 벗어나서 천주에게 부합하지 않음이 사람에게 그리고 자기에게 미치면 정성스런 마음으로 통렬하게 뉘우쳐 후에 반드시 고칠 것을 경계하고 죄업을 두려워하고 명명백백하게 사실대로 고하여 이에 죄 사함을 받는 것이다. 告解의 一節은 비단 이전의 잘못을 용서함을 받을 뿐만 아니라 천주의 성총을 맞이하고 아울러 이후의 잘못을 스스로 녹여 죄가 몸에 쌓이지 않도록 하여 용맹하게 전진하여 덕 있는 군자를 이루는 것이다. 위에 계신 주님께서 인자하고 애련함으로 이러한 고해의 문을 열어 우리들로 하여금 날마다 새롭게 하고 또 새롭게 하지 않았다면, 이전의 죄를 없애지 못하고 날마다 죄가 더욱 많아져 천하에 선한 사람이 더욱 드물었을 것이다. 혹은 말하기를 '이 고해를 믿고서 잘못을 짓고 와서 풀고, 풀고 나서 다시 잘못을 저지를 것이니 아마도 구차한 문을 열어 놓은 것이 아닌가'라고 한다. 이 무슨 말인가? 고해는 나의 마음에서 통렬히 뉘우침과 진정함에서 나와 만 번 죽어도 다시 잘못을 저지르지 않는 것이니 이 마음이 없다면 즉 고해는 무용한 것이니 어찌 용서를 받겠는가? 대개 고해는 약과 같은 것이다. 만부득이하여 병을 얻으면 약을 복용하지 어찌 약을 찾아 병의 누룩을 얻겠는가? 다만 고해는 비록 永苦의 獄은 면하나 진실로 煉罪의 獄은 면하지 못하여 그 찌

끼와 앙금을 태우니, 이곳의 형벌은 영고의 옥과 다를 것이 없으나 다른 것은 단지 (?¹⁴)일 뿐이다. 이곳 형벌 받음의 많고 적음과 짧고 오램은 반드시 악의 많고 적음과 크고 작음 등에 각기 따르며 총괄하기를 위에 계신 주님께서 사람에게 맞게 하니 자세히 반드시 궁구하여 한 점의 의혹도 없이 오직 순전히 선하고 허물이 없는 사람만이 죽은 후 바로 올라가 영복을 누릴 수 있다. 그 평생토록 공을 세움이 작은 잘못을 보충하여 연옥의 고통을 면하게 하니 이것이 告解의 一節이다. 정신에 병을 얻은 후 부득이하여 이 약을 복용하면 정신이 병들기 이전이 될 수는 없더라도 진실로 장차 문을 열어놓은 것이다.

주님의 가르침이 세상을 다스리는 증거

세상을 다스리는 큰 단서는 가르침을 베푸는 데서 시작하여 사람의 마음을 다스리는 데로 끝이 난다. 처음 나라가 다스려지고 천하가 평화로워지는 근본에서 시작하는데, 요점은 오직 사람의 마음이 피하고 추구하는 진실을 정하는 것이다. 상벌을 마땅히 주어 사람을 선함에 권면하고 악함을 금지시켜 사람의 마음을 다스리게 되면 세상은 다스려진다. 무엇을 사람의 마음이 피하고 추구하는 진실을 정하는 것이라고 이르는가? 대개 천주께서는 모든 인간의 품부 받은 성질이 본래 지향하는 바가 있어서 위로는 원시 진정한 주인에게 합하고 아래로는 동류와 화합한다. 취하는 것은 믿음, 인자함, 신중함, 참을성 등의 여러 덕이고, 피할 것은 도리에서 어긋나고 거스르는 것, 오만과 시샘 등 여러 악이다. 그러므로 의롭지 못한 이익은 부귀영화에는 도달하나 그 마음을 끌어오지는 못하고 뜻밖의 가난과 욕됨과 고난은 그 뜻을 굽히게 할 수 없다. 이 때문에 가르침을 주는 데 모두 종류마다 좋은 규범이 있는 것이다. 지금 세상에 泰山의 편안한 곳에 사람을 두고 후세에는 진실로 복된 지

---

14 원문의 字體가 불명확하다.

역에 사람을 두니, 소위 사람 마음으로 하여금 피하고 추구하는 진실을 정한다는 것이 이것이다.

　무엇을 일러 상벌의 마땅함으로 사람을 선함에 권면하고 악함을 금지시키는 것이라 하는가? 상벌을 주는 것을 지극히 다하는 것이다. 다시 말해, 지극히 공정히, 지극히 다한다는 것은 영원한 복과 화가 선악에 응함으로써 지극히 공정함을 말하는 것이다.

　아주 작은 선악으로도 천주의 全知함을 피할 수 없다. 사람의 마음을 공경함으로써 부지런히 선을 행하고 삼가고 삼가며 악을 멀리하지 않으면 안 된다. 오히려 외부의 난이 싹 트면, (내부의) 법이 무너지고 기강이 어지러워지는 일이 되지 않겠는가. 곧 국가가 오래도록 편안하고 다스려지도록 돕고 구할 수 있는 것이다. 소위 상벌의 마땅함으로 사람에게 선을 권면하고 악을 금하게 하는 것이 이것이다. 또 지난 역사 중 上古에 크게 잘 다스려졌다고 칭해지던 때도 말년이 되지 않아, 수 백 년의 편안함을 구하려 해도 얻을 수가 없었다. 세상에 임하여 쫓는 자들은 헛되이 다스려지기를 원하는 마음이 있으나, 반드시 다스려지는 기술이 없는 것이 한이었다. 이에 거짓된 釋迦와 道家 두 氏의 설로 이를 보충하였다. 그러나 신선의 궁전과 부처의 사원이 온 세상에 가득하고 세도와 인심이 날로 입만 쫓아가니 높은 이치에는 이르지 못하고 세운 가르침의 근처만 맴돌 뿐이다. 한 두 개의 선한 일을 취해 보면 다른 의론들은 진실하지도 않고 확실하지도 않기 때문이다.

　부처의 윤회정토와 살인을 경계토록 하고 감옥을 없애는 등은 여러 가지 허탄한 말들이다. 만물의 근원과 인류가 향하는 바와 영혼의 성정을 알지 못하고 살고 죽는 경지를 궁구하는 것이다. 또 진정한 주님을 부처의 밑에다 망령되이 굽히니 잘못됨이 매우 심하다. 이것은 성현들의 진정한 학문의 가르침에 어긋나는 것이다. 부연하여 老莊의 가르침이라는 것은 미묘하고 아득하여 마땅하지가 않으니, 잡다한 符籙으로 이치를 어그러트린다. 예를 들면, 신선이 되어 허공에 오르나 역시 형체가 있고 속세에서 떠나지 않으며, 또 모든 것이 반드시 아무 일 없다. 하물며 玉皇을 하늘 중심의 至尊으로 삼음에 있어서야. 道家에서는 天主에 대하여 사람이 그 이름을 훔치고, 佛家에서는 천주에 대해 사람이 그 위에 처하니, 하나도 마땅한 것이 없고 하나도 공손한 것이 없으며, 모두 일의 밝히는 뜻이 합당하지 못하다. 또 도가·불가의 가르침은 중국 땅에서 행해진지 이미 1,800년이나, 사람의 마음과 세상의 도는 도리어 지금이 옛날과 같지 못하다. 만약 부처와 노자를 받든는 것처럼 천주를 받든다면, 흥하여 이치에 다다르게 되어 반드시 唐虞 三代의 시대와 같아질 것이다. 서방의 30개 많은 나라 같은 경우 (천주)교를 받든 후, 1,600년이 크게 안정되게 길게 다스려졌다. 인심과 풍속이 모두 선하고 아름다우며, 상하가 서로 평안하고, 집안과 사람들이 넉넉하여 다툼과 분쟁이 없이 각각 본업을 즐겼다. 이 나라가 다스려지는 모양은 다르다고만 하기에는 부족할 것 같다.

 대개 生死와 理解의 이유를 말하는 것이 매우 갖추어져 있고 또 진실하다. 賞罰을 주는 이치는 매우 공정하고 마땅하고, 아침과 저녁으로 성찰하는 공교로운 일은 매우 자세하고 엄하다. 聖寵이 도와서 죄를 뉘우치고 날로 새로워지고, 몸을 닦는 선비들은 타이름을 이끌고 좋은 벗들은 권면하고 앞선 성현들의 가르침이 많다. 그러니 가지가지 모두 악을 멀리하고 선에 나아가는 正道가 있으니 천주의 올바른 가르침은 진실로 인심을 편안하게 다스릴 수 있고 세상도 지극한 궤도로 다스려짐을 알 수가 있다.

『主教要旨』 影印 資料

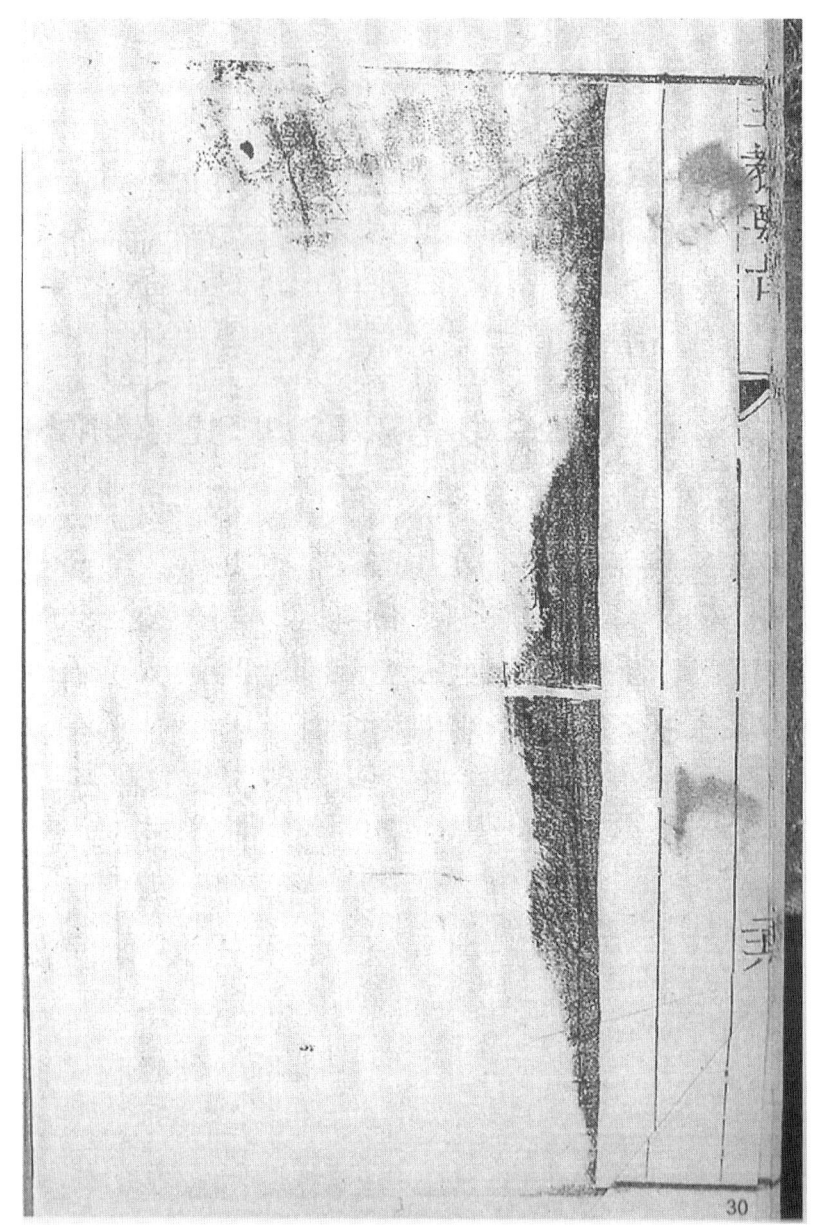

方三十多國奉教後千六百年大安長治人心風俗盡善盡美上下相安家給人足不爭不奪各樂本業此外治之至象似不足爲興益其所言生死利害之故甚恐且眞身後賞罰之理甚公且當朝夕省察之工甚細且嚴有聖寵輔佐有悔罪日新有修士提警有善友勸勉有多許先聖先賢指引表則種種皆有離惡就善之正道可知天主正教誠能治安人心而爲治世之極軌云

不知萬物之原始人類之趨向靈魂之性情生死之究竟且妄屬真主于佛之下乖謬殊甚此真聖賢真學之害悖矣術老莊之者涉幽邈而無當雜符籙而悖理即據所云成仙登空亦惟形體不離塵俗又萬萬必無之事況奉玉皇為皇天至尊是道家于天主以人竊其號佛氏于天主以人處其上一不當一不恭皆無合于昭事之旨且二氏之教行于中土已千八百年矣而人心世道反今不如古若以奉佛老者從奉天主則興化致理必由唐虞三代上矣如西

知而不得其報極足以舉暢人心莫不致孜于爲善兢兢于去惡尚寧有分外亂萌而爲壞法亂紀之事哉則國家之久安長治可左劵而求所謂以賞罰之當勉人爲善禁人爲惡者此也且歷攷中史上古稱大治矣追末季求數百年之安而不可得任世運者空有願治之心恨無必治之術于是假釋道二氏之說以輔之然仙宮佛院滿遍寰區而世道人心日趨日下木臻上理緣其立敎也竊取一二善事其他議論不眞不確故也釋氏輪廻淨土戒殺破獄種種誑妄

人心定于避趨之真，葢天主教率人靈性于其本向。上合于原始真主，下和於同類儕儕，所就者信仁慎忍諸德，所避者悖逆傲妬諸惡。故不義之利達榮貴不得牽其心意，外之貧辱苦難不得屈其志。由其所授訓誨皆有種種善規，今世置人于泰山之安，後世置人于真福之域。所謂使人心定于避趨之真者，此也。何謂以賞罰之當勉人于爲善禁人于爲惡其設賞罰至盡矣，而復至公。至盡云者以永福永禍之報應善惡。至公云者以無纖毫之善惡可能逃天主金耳。此處受刑多寡幣久必隨惡之多寡大小各等總之上主報人纖悉必究無一或遁惟純善無過之人。死後直昇享永福其平生立功可補小過而免煉苦。是告解一節得神病後萬不得已而就此藥非未得神病之前開苟且之門也

主教淨世徵

夫治世之大端始于設教而終于治人心。始爲治國平天下之根本要惟使人心定于避趨之眞盡賞罰之當勉人于善禁人于惡人心治則世治矣。何謂使

邀天主聖寵并以後罪犯自銷不使罪積于躬尚猛勵前進而成寔德之君子。非上主仁慈哀憐開此告解之門使我日新又新則前罪不得除而日積愈多。是天下善人尤鮮矣或曰恃此告解犯而來解解而復犯。恐開荷且之門曰斯何言乎告解出于吾心痛悔貞切萬死不敢再犯使無此心則告解無用何能蒙宥益告解猶藥然萬不得已得病則服藥豈方藥為得病之媒哉但告解雖免永苦之獄固不免煉罪之獄煅其渣滓此處之刑與永獄無異所異特痛苦

告解

告解亦天主降生親設之禮遂發聖寵之泉而治人神病至要之法也人身有疾服藥以治人神有疾係甚重且貴豈無醫治方人與世接未免染於塵垢而得神病聖人亦不能自保無過何況其下若不求所以起之則其陷罪彌重而求自脫難矣故耶穌于歸天之先定告解之禮凡思言行之違道而不合于天主於己者誠心痛悔誓後必改兢兢業業明明實告乃蒙罪赦焉夫告解一節不但蒙宥其前愆而

知此官之權管攝何職。夫水形象之物也。而聖寵無形象。人領洗即知天主加聖寵于人而赦其罪。但凡領洗即赦必須誠心痛悔前罪而矢志遷改則得之。

或曰自新足矣。何必領洗自此乃天主建定之禮敢不尊依即赦罪天主寓于此焉。如官權朝廷寓於符篆然。又罪惡去留無形可見。若不尊此外禮必懷猜疑。罪過尚存與否。是向往之心息矣。何得自新若依此禮則明知前愆除臆心安無虛而勉勵前進也。

主作無兩邀赦故天主降世躬親行教之初建聖洗之禮爲去原污身愆二者之方使人性歸於本原加明力于所當行而蒙罪赦焉外用清水洗額內則天主降聖佑滌惡盖人非託有形象之物不得明無形象之事天主聖寵屬無形象之物非耳目形可可得間見乃託有形象之水洗形體以示其無形象之聖佑而潔罪愆也豈特聖教之事爲然世法中往往有之不觀朝廷之設官乎其有形象者符篆也無形象者權也朝廷以符篆與官示與之以權人見符篆即

主其刻後七誡教人以心言行和睦同類惟此二愛
庶乃克盡實五倫之綱領而聖教之指歸也
十誡 一欽崇一天主萬有之上 二毋呼天主聖
名以設發虛誓 三守瞻禮之日 四孝敬父母
五毋殺人 六毋行邪淫 七毋偷盜 八毋妄證
九毋願他人妻 十毋貪他人財物

領洗

八教領洗。示滌罪之義也。蓋人皆為元祖遺下原染。
而人性情所當明弱所當行又有自造積愆若不蒙

十誡

物主初造靈性。降畀下民。賦以當然之則。好善惡惡。秉為彝常而不能脫。率其性而已。所謂性教是也。但以性交事物。損其初良。於是天主夢以言以身率勵其迷。扶振其弱。然人性昏憹。道心惟微。而且衰矣。教漸衰而性之知力愈昏。天主慈不忍棄。乃繼之以書教。于開闢二千七百年後。進大聖名美瑟者。降授字不二方。以十誡為目。括以愛主愛人為綱。授命通傳世人。其刻前三誡。教人以心言行愛敬天主滿其心之量且萬物皆得其本性之向爲而人類獨否斷無此也或曰善惡之報在今世也不觀凡達理者心中怵然不安凡順理者快然心樂何又候後世天堂地獄乎曰此憂樂乃後世常憂常樂之影耳人于惡勉人于善之餌耳豈一時之虛憂樂爲善惡之實報乎家有燕會主人命樂師奏樂樂師莫不心喜燕畢主人謂樂工汝今日喜樂自娛樂足已余不與若值。有是理耶修德雖足娛人心天地之主豈竟無他報酬德乎則後世之賞罰。有天堂地獄無疑也。

也況善人而貧賤焦勞惡人而富貴康寧者比比也。天主至公作善降之百祥作不善降之百殃。其如是乎世主雖不能全知善惡。凡遇有功亦且加以封賞。凡遇有罪亦且加以刑罰況天主全知。有不賞之善不罰之惡其明反出在世主下乎夫後世之有報亦山人性之向爲推而知之盖寰宇凡物皆有向爲得其向爲則止而安焉人之居世。卽富有四海貴御天下間名四達諸福辨集。人心未有能足且安益人心向爲。原向無窮無量之美好今世所無必逢後世得謂不過善惡盡人生在世得善惡之報特千百中一二耳而一人之身當其賞罰者又特千百中一二耳。

若無後世之賞罰則善惡無其報應矣何謂不全報。

蓋天下美好莫美于道德盡世上爵祿不能酬其美。

然而高人達士有棄而不顧軒冕榮華者有之天下之凶莫凶于罪惡盡天下刑戮不能應其辜然而鉅逆鉅奸有漏誅夷而榮泰終身者有之何謂不足以明著天主愛善惡惡之情天主愛仁惡不仁至矣。

使非以無窮之賞罰酬之則不顯福善惡淫之至

身不偕死者之義人雖不大明、靈魂自覺焉恭身死
將。不覺而發畏懼之心哉使非靈魂實存。人心自然
知覺何由發乎夫無因而生之情人類盡然謂屬偶
然謂屬幻覺無是理必也靈性不容珠。而人身雖死。
靈性不滅其四也。
天堂地獄
人魂不滅矣然其在世為善為惡後世有其賞罰。理
所必然蓋世上之賞罰不遍諸善惡縱遍善惡且亦
不全且全報固不足以明著天主愛善惡惡之情何

知物性。今其靈性皆有常生之願爲永久計謀或建勳勒銘或著書立言死後欲長生也發長生之情必有長生之實哉驗火情乃上非上不安水情乃下非下不安由火水具得上下之性也萬物盡然而况人乎造物者賦於人若是情而不賦若是性未之有也。若無靈之物則否止于今世無所慮于後世由此而推禽獸之魂隨身而散人之魂身軀雖壞其靈尚存。其二肉體有強弱幼老靈魂則否有人身衰弱其智見愈明豈不尤徵身死靈魂不死乎其三夫人魂與受造之物。皆或有始終。如飛潛動植等或有始無終。如天地鬼神人之靈魂等而其無終者非自無終乃由所授于天主。恭天主能賦之于本無耳。今言人之靈魂無終。揭四端以徵曰人所以為人形神二者而已。結合則生。離判則死。形骸以火氣水土而成生冷熱乾濕為性不一。調理均平。則人康泰一有偏勝。便生疾病。極甚則死。身死而神亦去矣。故靈魂神體也。無形無色無火氣水土合成。無燥濕寒煖相侵乃無從受壞。永存不滅。其一格物家窮究物理。由物情推微之處。柳我傲以天地之主甘降最貧之地破我貪。以全福之備而選苦寒之日又藥我就逸至論那穌之受苦一動一靜能盡救萬世之罪至受于端苦難。釘十字架酷刑。其義有二一示忍德之美且要訓我。

凡天主所降苦難險困皆宜忻然順受。二犯罪之為惡寧甘重殃大害以至致命不可纖悉違天主之命也。

靈魂不滅

夫無始無終而無所自生。惟天地萬物之主耳其餘

示其至仁也。不赦人之罪。降生代贖顯其至義爲得
救人之良法。彰其至知也。人而天主二物相距于無
窮合於一位。示其至能也。餘德可類推矣。三疑降生
之勢以天主欲降生人間從天降世免囿胎於女腹。
不知降孕而生乃眞人也。從天降來不屬宗系非同
人類豈不駭人見聞乎然不擇帝王之室安華之地。
溫煖之時。於此實寫深意恭天主降生之意不但代
贖人類之罪。且拔其根凡人諸罪之宗有三一曰好
富。二曰好貴。三曰好逸樂。以天主至尊之位而降極

物各有等級。如天地火氣水土金石等止為有而無生。草木止為生而無覺。禽獸止有覺而無靈。人類雖靈而不純。天神雖純靈而有限。故傳其美好皆有等限。惟此天主性締結於人性傳其美好於受造之物為至盡。使其人即其能知善諸德於無窮而稱謂之天主。今人惟知天主造天地萬物顯其榮尊威嚴而不知降生救世愈顯其榮仁諸德焉。天主固其仁義知能諸德於無疆故為至尊無以上而其仁義之能無疆莫若顯於降生之至盡也。所以不鄙人類微賤。

權不知降生仍存天主性而御天地萬物盡天主性無窮妙有在形無囿于形在物無舍於物且含萬物。又何疑天主降生有何所不能也。其二疑天主降生不宜也各物相稱本性之義也。天主本性為萬善之本元則凡係善之義宜天主。夫善之為德在傳其美好于物善愈大即傳其美好於物也愈宜。此則莫若天主降生為人則傳達本美好于物為至宜。之善為至善則傳達本美好於物為至宜。天主降生為人令受造之物締結于造物者本妙則天主降生為人至宜也。又須知天主傳達其美好於今將解先疑、一疑天主無能也不明天主全能之義。凡于理無悖皆在全能之界不限於某某物總該萬有之德能今天主性人性合于一位實邁越人心思意想或因為天主性人性在耶穌湊合而成一物。不知兩性之名稱可同而兩性之實各別也。或以為降生後天主性有所變易不知天主妙有從無始恒一。雖降生締結人性於已而天主性無所易惟人性登高位焉或以為天主囿于形身時息治寰宇萬物之人倫之至。而大學與微爲宗旨。使人在世樂于道德。而後世享上主所備之榮福人牛服其神跡天訓懌司教傲滿不察耶穌之時與事與古經符合謂以人僭獮天主謀殺之而耶穌因之以成救世之功遂聽彼加害乃釘之十字架而死時春分後望日午時日月正相對不應薄食月乃違其常行而掩日輪宇宙晦冥大地全震不多破裂塚墓自開先聖已死者多出見于世天地萬物皆奠主三日後復活居世四十日重定教規命十二位宗徒遍曉萬方言畢歸天和于善人。天見異星引導外國三君各持方物來獻朝覲。降生之地曰如德亞國。在亞細亞州與中國同州恭天下惟此一國獨存真傳不爲異端所染又爲天主開闢之初化生人類元祖之地先如聖人預言降生之事以爲日後符徵載在經典皆存是國主降生之名謂之鯀譯言救世以示其降世來乃救世人也居世三十三年所顯靈異不可盡述如死者生瘖者言聾者聽。瞽者明病者痊巨浪雄風命息即息天地百神咸聽其命以徵其爲天地萬物之真主其垂訓立教大要受難而直曰天主受難何謂降生之事經典詳之姑舉其畧開闢之初天主已示其吉而降生千五百年前更詔古教聖人相傳侯至降世時已至天主遣天神報所選降世之母從幼矢守童身已聞此事非由男女交感乃由夫主全能而其母且孕且生仍然處子乃以謙詞兄之是卽項受孕九月而生一如天神所報時漢哀帝元壽二年冬至後四日夜分地生時室中光明如晝天神羣來明護從空作樂其頌云上天榮福於大主下地安

乃阻人性不發本位也。人性雖不發本位，莫不發本情。是耶穌异降機倦寒熱生死，係人性之事與他人無異。論天主性則不异不降不易動。降生之先是如此，降生之後亦是如此。但耶穌雖其兩性與情各別，因天主性與人性締結，故其隨兩性之名稱互相通共也。是耶穌謂之天主而人，人而天主。因此曰天主降世受苦受死復活昇天也。如人身受傷靈魂未嘗受傷，惟因靈魂締結于肉身，不徒曰其人之形身受傷，而直曰某人受傷也。天主締結于人身，故不徒曰人而始生于世言天主無始從無始有非始生于世從無始生謂之降也謂之為人也。無始生謂之降也謂之為人也地天主無所不在其未降生原在於天然後降於不離于天惟因至尊無對天主締結於至卑之人也故謂之降也非天主化木性而成人亦非耶穌化其人性而成天主又非兩性交和合一乃天主性人性各別离于耶穌一位如我輩靈魂肉身成為一人是天主而人成一耶穌然耶穌雖其兩性其位則惟一恭各性發本位在天主降生惟取人性而不取人位。

主教要旨

甲為準則天主至尊無以上吾人至甲無以下於無窮者欲補之非無限之德則不足以自贖其罪之萬一也而況欲悉償萬世衆人之罪乎又天上衆神有限之德則其論代贖與世人等惟降生一事人類則蒙赦宥而天主造人之原意不負矣

何謂降生之說天主降生並他乃天主性締結人性於一位耶穌是耶穌一位為人而天主論其為人則受造之物其知能并諸德皆有限量論其為天主乃造物者具全能全知全善無限量之諸德言人有

無闕仁義各顯赦人罪不顯其義罰人罪不顯其仁故用其全知以顯仁義兩全乃躬降生是也故天主子第二位取人性與己性相締結於耶穌一位是耶穌實天主而實人論其為人可以代人負債而受苦論其為天主可以代人還債而補贖代人負債而受苦示其仁慈無涯代人贖罪示其至公極嚴之義使非主代救人罪無由消滅矣益人得罪於天主無容補蓋天上衆神盡天下衆人百千萬死悉不能贖人類之罪何也蓋罪輕重以所犯者幷以犯罪者之尊

須知天主為人而造天地萬物。造天地萬物畢然後造人，正以示種種皆為吾人而設也。其以無量寵愛賦吾人世上一切美好不能充滿吾心，正以示吾人獲天上永福始足以滿人願也。世上無人則不造天地萬物。天上無備永福則不生人矣，乃人祖方主命後則遺有原罪，因而人類不堪人之原意上昇享永福，且又墜落羅永殃，豈不負天主造人之原意乎。天主仁慈無涯豈忍棄人而不顧。必救人，但須得救人之法盡天主所行之事必滿矣。

十歲而死

天主降生

今世群疑而不決者莫如天主降生一事或疑其不宜或疑其無能或疑其勢谷月區區之明推測難量之天主全知全能全善寓於降生之奧義也古今群解而不已者亦莫如天主降生一事揚其要其勢其義其效等在西庠有百千典籍未及悉譯余昔所述超性學要中降生實義茲取其要旨三端一曰降生之意二曰降生之說三曰降生之事然後荅其疑焉

力耕耘灌溉則百果不發天門閉隔人犯主命禽獸乃犯人之命雖本性美好不失而性外所賜之美好潤澤悉奪滅而不存天主于後人父子罪各不相及而元祖之污則遺於後人者蓋亞當乃人類之元人類之體悉在一人譬樹毒納於根則結發果葉皆體是根之壽也但後人雖由原祖之根氣稟劣弱而本性之美好尚存不受蔽爲善爲惡乃屬自主不得委咎于元祖也亞當貢此無疆之罪愆甚懷憂悔前過之心自責自罪時望主顧主哀號救贖在世九百三

之正道人類咸同一原而出示人宜相愛如昆弟也
開天地之功第七日者訓我世人以六日
治人事第七日治本靈之事而敬大主頌其造成天
地人物之洪恩也天主乃置元祖于地堂為最美最
樂之處無風雨寒暑疾病苦惱萬物順厥命生植不
以人工名理不須學習惟守主命則承生不死在世
期已滿遂昇天堂見天主惟時魔首妬我人類誘之
方主命從此凢天主所賜一切墜失逐出地堂永不
復入疾痛衰老憂懼災患從此而起土生荊棘非盡

殖諸物。第四日飲前元光更造日月諸星。第五日乃命水出鱗潛水族。第六日乃命地出走獸并生人類。天主以瞬息之頃能造萬物而須六日示人漸次化成萬物功向者生天地之主而造物者惟一主也。第六日乃生人類男女各一男曰亞當女曰厄襪。為人類之元祖造天地萬物范乃造人正以示世上種種皆為吾人而設先以土造其身後于無中造成靈性互相絲結為人其靈性賦以當然之則好善惡惡棄為懲常永不能脫一男止配一女示萬世夫婦各以意見推測所難推測之事刪書斷自唐虞明指前此皆無稽之談也今吾據經中歷年自有天地至康熙乙巳六千八百六十五年中國史書紀伏羲神農之時制文藝興法度肇宮室始耕鑿明指此時去原初不甚遠豈前此有幾萬年之數其人悉愚待神農始耕黃帝始衣哉若稽造天地之序經載天主造天地萬物六日成畢第一日造天地寰宇之胚胎并造元光旋行以分晝夜第二日乃造成列宿天并火氣二元行第三日則加修葺命地面之水歸一處以

其But凡物之理可以推測惟天主旨非測可悉是故天主於其時造寰宇歷年多少非待天主默啟固無由知焉昔天主親曉古聖美瑟命之紀書以詔後世之詳但萬國史書紀開闢之始及歷年之數皆與天主經首卷悉載造天地生人物及歷代人名支系天主經錄懸絕宋儒羅泌乃取子家雜言及道家之說彙為路史言自開闢至春秋二百七十萬年邵子元會運世之說亦然更生五行多牽強附會佛謂恒河一粒沙為天地一啟闢尤屬怪誕總不獲其真傳而

特彷彿而已。天主妙性。豈受造之物可比哉然畧明必須始以格致之學繼以超性之學綱閱其書漸求通達可也

天地人祖原始

惟天主從無始有他受造之物必有始而有葢物爲有與否由天主旨欲爲有與否緣天主欲爲萬物爲有者之所以然故則物之爲固然否。由天主固然所欲性已而已論他物。則可欲亦可不欲焉則萬物從無始受造與否由天主定焉。學超性論

主教要旨

不可以罄其無窮足証其無窮之善但因受造之物，其有窮不能受無窮之有。惟此三一之妙，所謂則實無窮之有盡第一位生第二位，既授本體于第二位，則實罄其能，而兩位之相發愛情，則實盡無窮之受也。

此與妙之理畧比人性。甲乙丙三人雖分多人人惟一。全在甲全在乙全在丙，又如人之靈魂全在全身。全在各肢并無大小多寡等別，天主性體全在三位，全在各位。亦無大小多寡等別之義迺然所舉譬旣相親愛則愛性情所由發矣此愛情固爲天主內發之情故於天主亦必同性體但因其爲兩位相親之所由立不得不有次第之殊而謂之第三位也子雖由于父聖神雖由于父及子但其生其發不待俄頃同爲一無始之眞主焉惟有原先後而無特先後者也

夫三一之妙吉由天主全能全善又可推知也蓋天主無窮之能且善雖顯著於化成寰宇之內外所謂從無爲有已足徵大能無際而其傳達美好於各物而

由也。然雖趨靈性之測知固不越其理之當須知凡有神性者本有明悟,亦有愛欲。司明悟者先引而使知,司愛欲者後從而使行。司明悟者既明事物必知事物之像而含存之,此神性之妙用也。凡有神性者皆然。天主至神,其其明達為何如,既明盡其性之妙,乃生其像。此像因為天主內發之全像,故於天主必同性體,而位則不同。蓋有授受之次第焉。就其授之謂之父第一位也,就其受之謂之子第二位也。又父明其所生之子必愛之,子明其所受生之父必親之。

肯不作之爲可謂偶然而就其不能不尊公作之爲則絕無偶然而皆爲由主意之故也譬有家督遣二役赴市彼此不相問忽而相遇二役或以爲偶然其在家督豈得爲之偶然哉

天主體一位三

天主體一位三乃聖教最奧最要之言也吾人據木性之能惟因受造之物而知造物者於諸故引知其所以然惟知其體之一不知其位之三欲測知其三位者非超越人性之力爲上主默照斷斷乎其無

矣或曰謂物物皆天主引廸安排則寰宇萬物絕無偶然之效乎曰公所以然必無偶然之效惟私所以然有之盡所謂偶然者因其不肯本作者所向雖不肯本作者所向未有不由公所以然之意也如甲者之作用不依本作者之爲因乙者凶之如木近火而不燃水實阻之凡私所以然不能不聽公所以然之命故其所爲效也亦不能不尊公所以然之所向矣所以謂有效能逃私所以然所向則可然則物效雖就其不謂逃公所以然之所向則不可然則物

將謂其欲治而不能乎抑謂其能治而不治耶余以為皆非也寰宇中多有惡害天主不除之者正由宰治萬物其理勢宜然非由有不能與不治也凡物有公司有私司私司所屬之物不令有害公司無所不容有私害以頑公利故凡物內有缺損雖逆私性必順公性公性以此公利並向萬有之公利以此之死向彼之生而萬物之宗類因以獲存焉利。

天主主宰萬物至公至當每齊私特一害以存宗類之利而寰宇之美好乃企不則美好較闕不稱主治

蓋凡作者行為必有所向。則凡屬初作者行為者不得不屬其布列。如不屬其布列則必不屬其行為兩者相為有無。今萬有皆屬造於造物者則萬有莫非屬治于造物者。夫造物者於受造之物。猶匠之制物然匠所制之物必一一秩序之。令各得其宜豈造物者則否必所造之物。一一條理保制之也。或曰善治者於諸所治致其所利。而除其所害若謂萬物盡由造物之預圖則物宜盡善無惡盡利無害。今也不然。間多不善且互相害何歟。夫造物之容有惡于彀者

該而其德能各限於各倫豈能一乎若夫萬物之公本兼繞萬物之德性超然圓滿安得有二

造物者宰物

入其國者見其規模動作。雖不見君知有君宰治之。入其家見其裁獲紀爲雖不見長知有長董理之試睹乾坤之廣厚麗于天者日月星辰晝夜運行四時廬序纖毫不爽。麗于地者飛潛動植各以類傳嗣續不觀至于我人官骸臟腑莫不相若萬物盡然其有人能大智主宰其間不待論授而知之推其所以然。

有或彼之所無則非謂統該萬有之美好矣况寰宇
之物至繁至異然而上下各有定制有施命焉有承
命焉卒皆禀令如一也于此可想使非有一者秩序
各物以歸于合一必不能然葢一者爲一之本所以
然而多者非爲一之本所以然使多者爲一之所以
然亦須先合多爲一而後爲一之所以然即此其
所謂本所以然矣或曰宇内物倫本原不一猶之五
洞所發各有原泒今謂萬物之衆其一本原似未可
信曰論物私原固不一也彼于萬物之德性原非總

合乎人心。則事物為真實焉。人心窮彼在物之理則
謂之格物。是知理之在物在心悉屬依賴屬變易而
在于物之後矣。豈能為物之原乎。為物之原必須一
至初至自不易之有。而為萬有之至元。是所謂天主
也。

造物者惟一

夫授各異美好於萬有者。必統該萬物之美好者也。
凡已所無。不能施於他。準此則造物者惟一耳。非一
必互相為異。其美宜於彼者未必宜於此。為此之所

主教要書

者歸於所謂理也。無靈者歸於所謂性也。如是足矣。奚必更立萬物之原始謂之天主乎。曰否否性也理也不能為物之原始。何則。性與理非為自有之物而各歸於一元。蓋性非他乃物物之本然。在靈物謂靈性。在他物謂物性。大物性無知無覺而行必中所向之的。則歸于靈者之引動以令各得其所。是知異性之的則歸于靈者之引動。以令各得其所。是知異性為物原。而引動物性者為物原。是之謂天主。惟知性始可以言理。理非自有之物。乃靈性之具。所以窮格事物者也。蓋理或在人性或在事物。理在事物而矣。有少美好者有多美好者尊貴亦然萬類不齊每倫各有多少之稱者因其有一至極凡爲之準如兩熱弃較彼此不等或多熱或少熱縂各或近或遠於至熱以別也。此推萬有之中必有一至美好至尊貴之有以其一有爲萬有之準而萬有因各所受之分不一而有多少之殊焉。則知至尊貴至美好爲萬有尊貴美好之作所以然而萬有順而受之是之謂天主

或曰凡物分有靈與不靈二品莫不各歸于本始靈

窮極。必有所至而止謂之萬有所共最初之作所以然。蓋初所以然為中者之所以然為終者之所以然。苟無初所以然而中所以然況終以然乎。以此推尋物作之所以然必至于最初作之所以然而止。是之謂造物者天主。蓋天主無受造所以然。一自有恆授有於萬有而自無受有無受等限。惟一自美好恆授美好于萬美好而自無受等。自美好恆授等于萬美好而自無受等故也。何謂無受等限惟一

凡物之德雖各成全然論其美好其尊貴亦甚不等

主教要旨

極西耶穌會士利類思著

同會 安文思 仝訂
同會 南懷仁

物有造物者

蓋凡物不能自作必有作之者所以然如有一物自作即此一物在巳之先亦在巳之後。在巳先者因為巳之所以然在巳後者因為巳之效也天下有一物而能然乎故由諸作所以然遞相推究亦不得謂無

十誡

領洗

告解

主教治世徵

主教要旨目錄

物有造物者

造物者惟一

造物者宰物

天主體一位三

天地人祖原始

天主降生

靈魂不滅

天堂地獄

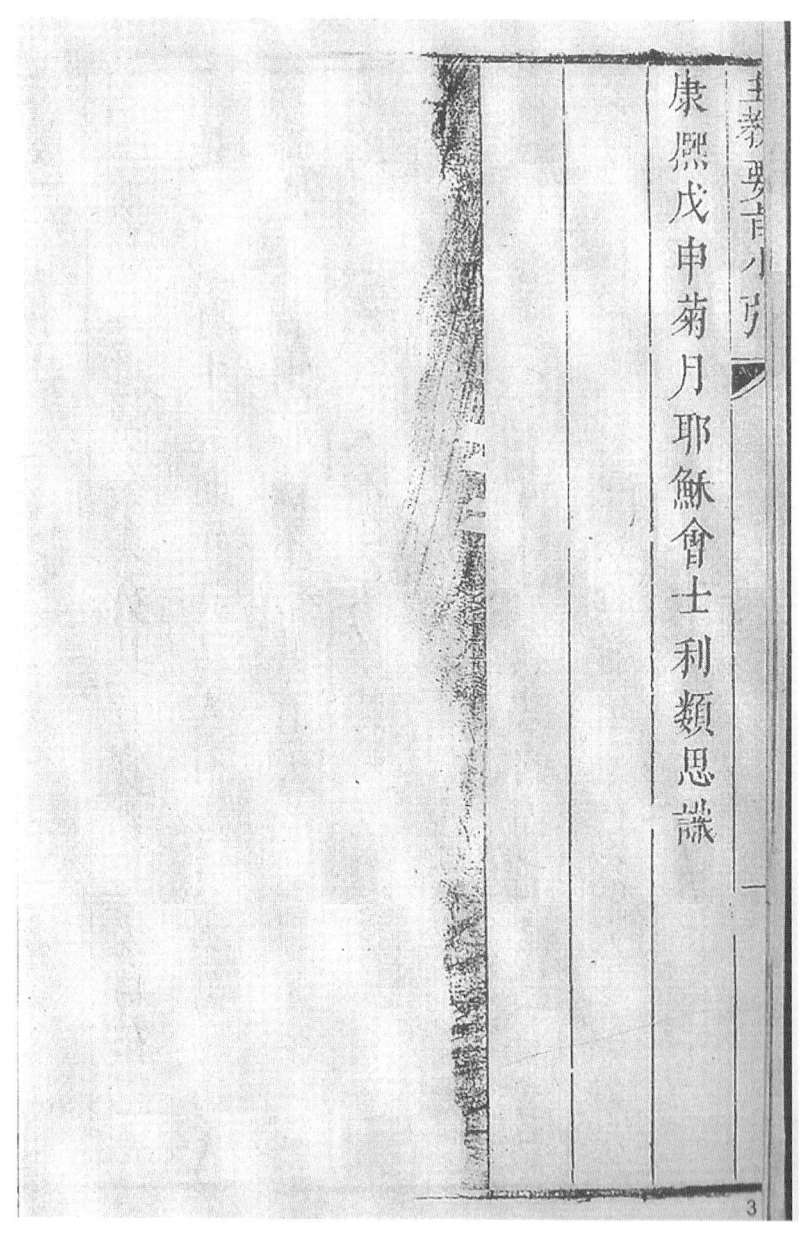

康熙戊申菊月耶穌會士利類思識

主教要旨小引

天主聖教其道㫑矣奧矣其旨實要焉要烏在認天主是也認有主矣則知其為人而造天地萬物為人而降生受苦則不能不信其有天堂地獄不能不信人之靈魂不滅又不能不信其所立禮規所定十誡力行力守以求愛主與夫愛人此所以有要旨次第之述也盍從真根實脉指與共睹而道之贖奧者該為使人人得稍捐世瘴仰首追維信認大主知所愛在此而不在彼則于惓惓無已之心或少慰云

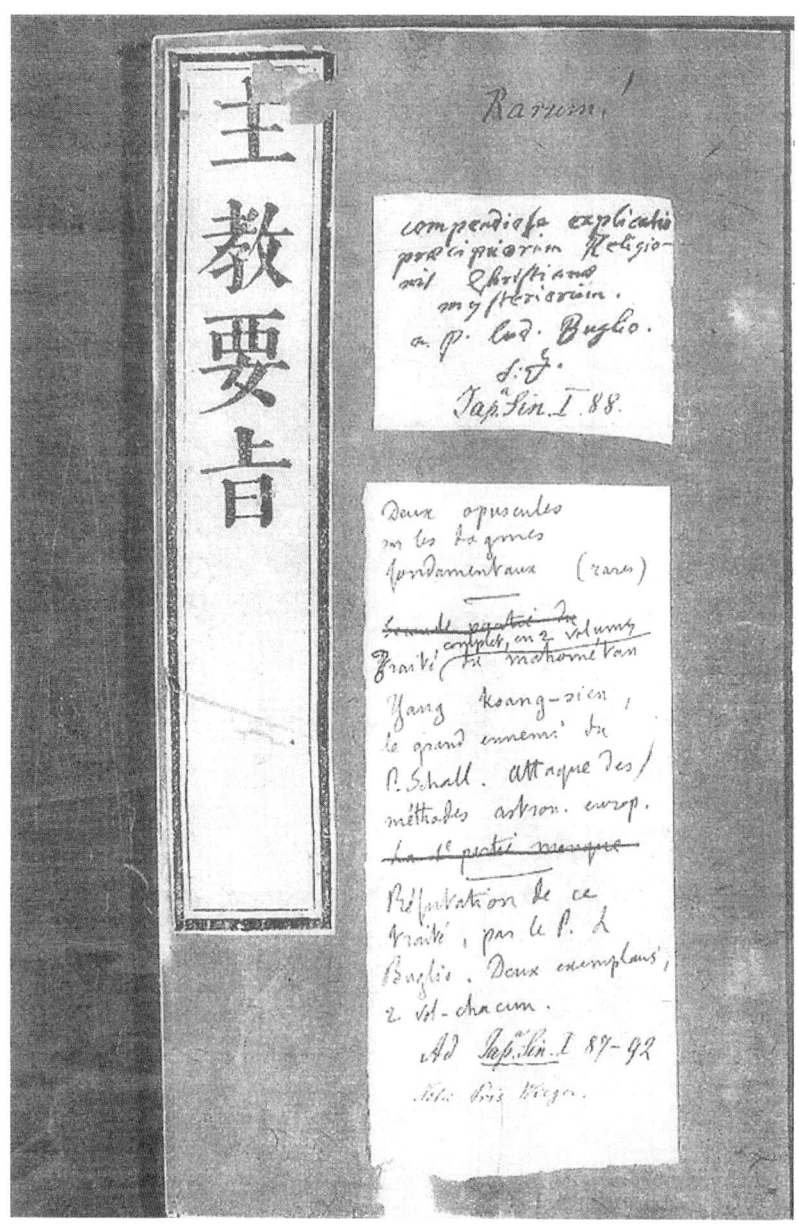

참고문헌

― 資料 ―

『承政院日記』
『日省錄』
『正祖實錄』
『純祖實錄』
『高宗實錄』

洪大容,『湛軒書』;『국역 담헌서』, 민족문화추진회, 1974.
洪大容,『을병연행록』; 소재영 (외) 주해,『주해 을병연행록』, 태학사, 1997.
김태준 · 박성순 옮김,『산해관 잠긴 문을 한 손으로 밀치도다』, 돌배개, 2001.
정훈식 옮김,『을병연행록』, 경진, 2012.

李瀷,「跋天主實義」,『星湖先生全集』卷55;『(影印標點) 韓國文集叢刊』199, 民族文化推進會, 1997.
安鼎福,「天學考」,『順菴集』卷17;『順菴全集』1 文集, 驪江出版社, 1984.
安鼎福,「天學問答」,『順菴集』卷17;『順菴全集』1 文集, 驪江出版社, 1984.

李睟光 著,『芝峯集』, 1633; (影印標點)韓國文集叢刊 第66輯, 民族文化推進會, 1992; 崔乘準 · 姜麗眞 · 金廣泰 校點,『(校勘標點)芝峯集』, 寶庫社, 2016.
이수광 지음, 최병준 (외) 옮김,『지봉집芝峰集』1-5, 보고사, 2015.
李睟光 著, 南晚星 譯,『芝峰類說』上 · 下, 乙酉文化社, 1972;『지봉유설』1 · 2, 올재, 2016.

李睟光,『芝峰實記 및 國史實錄抄』, 大邱:永川皇甫氏大宗會, 1991.
李睟光 著, 丁海廉 譯註,『지봉유설정선』, 現代實學社, 2000.

柳夢寅,『於于野談』2,『韓國文獻說話全集』6, 東國大 韓國文學硏究所, 1981.
柴貴善・李月英 譯註,『어우야담』, 한국문화사, 1996. [藏書閣本]
朴明姬・玄惠卿・金忠實・申仙姬 譯註,『어우야담』1, 傳統文化硏究會, 2001. [萬宗齋本]
신익철・이형대・조융희・노영미 옮김,『어우야담』, 돌배개, 2006. [만종재본]

許筠,『朝天錄』; 崔康賢 역,『을병조천록』, 국립중앙도서관, 2005.
朴趾源,「繪聲園集跋」,『燕巖集』3;『影印標點 韓國文集叢刊』燕巖集, 韓國古典飜譯院, 2000.
李圭景,『五洲衍文長箋散稿』, 東國文化社, 1959;『五洲衍文長箋散稿』(上・下), 明文堂, 1982.

金景善,「留館錄」,『燕轅直指』.
李獻慶,「天學問答」,『艮翁先生文集』卷23 雜著.
尹愭,「闢異端說」,『無名子集』; 강민정 옮김,『무명자집』9, 성균관대학교출판부, 2013.

— 詞典・辭典 —
任繼愈 主編,『宗敎詞典』, 上海:上海辭書出版社, 1981.
中村 元,『佛敎語大辭典』, 東京:東京書籍, 1981.

— 原典 —
[明]支允堅,「利瑪竇」,『異林』卷4 時事漫紀, 北京大學圖書館藏 明崇禎刻本;『四庫全書存目叢書』子部 雜家類 105, 濟南:齊魯書社, 1995. (異林 一名梅花渡異林, 一名支子固先生彙輯異林)
[明]劉忭・沈遴奇・沈儆垣 全撰, 陳國軍 點校,「西洋異人」,『續耳譚』卷1, 北京:文物出版社, 2016.

[明]謝肇淛 撰,『五雜組』卷4;『續修四庫全書』1130 子部 雜家類.
[明]謝肇淛 撰,『五雜組』, 上海:上海書店出版社, 2001; 2009; 第2次 印刷, 2015.
[明]謝肇淛 著,『謝肇淛集』影印本 (一), 南京:江蘇古籍出版社, 2003.

〈『天主實義』初版重刻本〉

劉德順 譯註, 言文對照『天主實義』, 臺北:光啓出版社, 1966.

『天主實義』, 杭州 重刻本, 1607;『天學初函』收錄本, 1629; 影印本, 臺北:臺灣學生書局, 1965; 影印本, 臺北:國防硏究院出版社, 1967.

李之藻,『天學初函』, 1629; 吳相湘 主編,『天學初函』1, 臺北:臺灣學生書局, 1965.

〈『天主實義』註釋目錄本〉

『天主實義』, 上海 土山灣 藏版 重刊本, 1868; 上海 土山灣印書館 第四版, 1923.

『天主實義』, 香港:納帀肋靜院印版, 1904; 影印本,『天主實義 附 텬쥬실의』韓國敎會史硏究 資料 第四 · 五輯, 韓國敎會史硏究所, 1972.

〈『天主實義』諺解筆寫本〉

『텬쥬실의』언해필사본, 연대미상;『天主實義 附텬쥬실의』韓國敎會史硏究所 硏究資料 第 四 · 五輯, 韓國敎會史硏究所, 1972.

―原典 譯註 · 譯解―

劉德順 譯註, 言文對照『天主實義』, 臺北:光啓出版社, 1966.

後藤基巳,『天主實義』, 東京:明德出版社, 初版, 1971; 三版, 1995.

李秀雄 譯,『天主實義』, 분도출판사, 1984.

利瑪竇 原著, 藍克實 · 胡國禎 譯註,『天主實義』; Matteo Ricci, S.J. *The True Meaning of the Lord of Heaven* (T'ien-chu Shih-i), Translated, with Introduction and Notes, by Douglas Lancashire and Peter Hu Kuo-chen, S.J. A Bilingual Edition, Edited by Edward J. Malatesta, S.J., 臺北:利氏學舍 · 光啓社, 1985.

송영배 (외) 옮김,『천주실의』, 서울대학교출판부, 1999.

『국역 천주실의』, 세종대왕기념사업회, 2018.

―原典 硏究―

蕭若瑟,『天主敎傳行中國考』, 河北省 獻縣天主堂, 1931;『民國叢書』第1編 11, 北京:上海書店, 1942;『中國學術叢書』第1編 11 哲學 · 宗敎類, 上海:上海書店1978.

方豪,「利瑪竇年譜」(譯),『中義文化論集』, 1956;『方豪六十自定稿』下册, 臺北:臺灣學生書局, 1969.

方豪,「天主實義發覆」,『世光雜誌』第三卷第一期, 1943; 改題「天主實義之改竄」,『方豪六十自定稿』下册, 臺北:臺灣學生書局, 1969.

羅光,「天學初函影印本序」,『天學初函』1, 臺北 : 臺灣學生書局, 1965.
方豪,「李之藻輯刻天學初函考」,『天學初函』1, 臺北 : 臺灣學生書局, 1965.
顧保鵠,「天主實義校勘記(代序)」, 劉德順 譯註,『天主實義』, 臺北 : 光啓出版社, 1966.
Alert Chan, S.J., *Chinese Books and Documents in the Jesuit Archives in Rome*, M.E. Sharpe, New York, 2002.

― 번역서 ―

マッテーオ・リッチ 著, 川名公平 譯, 矢澤利彦 注,『中國キリスト敎布敎史』― · 二, 東京 : 岩波書店, 1982; 마테오 리치, 신진호 · 전미경 옮김,『마테오 리치 중국 선교사』1 · 2. 지식을만드는지식, 2013.

샤를르 달레 原著, 안응모 · 최석우 譯註,『韓國天主敎會史』上, 한국교회사연구소, 1979.

모리스 꾸랑 著, 金壽卿 譯,『朝鮮文化史序說』, 凡章閣, 1946; 李姬載 譯,『韓國書誌―修訂飜譯版―』, 一潮閣, 1994.

Jonathan D. Spence, *The Memory Palace of Matteo Ricci*, N.Y. : Viking Penguin, 1984; [美]史景遷 著, 陳恒 · 梅義征 譯,『利瑪竇的記憶之宮-當西方遇到東方』, 上海 : 上海遠東出版社, 2005; 조너선 D. 스펜스, 주원준 옮김,『마테오 리치, 기억의 궁전』, 서울 : 이산, 1999.

平川祐弘,『マッテオ リッチ傳』1 · 2 · 3, 東京 : 平凡社, 1969; 히라카와 스케히로 지음, 노영희 옮김, 동아시아, 2002.

張曉林,『天主實義與中國學統 : 文化互動與詮釋』, 上海 : 學林出版社, 2005; 申大源 譯,『천주실의와 중국학통―문화의 상호작용과 해석』, 대구 : 도서출판 東明, 2012.

페르비스트 지음, 노용필 옮김,『교요서론―18세기 조선에서 유행한 천주교 교리서―』, 한국사학, 2013.

蘇輿 지음, 허호구 (외) 옮김,『역주 춘추번로의증』, 소명출판, 2016.

― 교황사 · 세계교회사 ―

Leopold von Ranke, *History of the Popes their Church and State*, Vol. Ⅲ, New York, P.F. Collier & son, 1901.

아우구스트 프란츤 저, 최석우 옮김,『세계 교회사』, 분도출판사, 2001; 개정증보판, 2006.

칼 호이시 지음, 손규태 옮김,『(칼 호이시의) 세계교회사』, 한국신학연구소, 2004.

P.G. 맥스웰-스튜어트 지음, 박기영 옮김,『교황의 역사』, 갑인공방, 2005.

호르스트 푸어만 지음, 차용구 옮김,『교황의 역사』, 길, 2013.

― 역사학 이론 연구 ―

ベルンハイム 著, 坂口 昻 · 小野鐵二 譯,「史學の研究手段(方法論)」,『歷史とは何ぞや』, 東京:岩波書店, 1935; 第45刷, 2015.

에른스트 베른하임 著, 趙璣濬 譯,『史學槪論』, 精硏社, 1954;『歷史學入門』, 正音社, 1976;『史學槪論』, 삼성출판사, 1993; E. 베른하임 저, 박광순 옮김,『역사학입문』, 범우사, 1985.

杜維運,『史學方法論』, 初版, 1979; 修訂版, 1985; 增寫版, 1999; 北京:北京大學出版社, 2006; 權重達 譯,『歷史學硏究方法論』. 一潮閣, 1984.

― 논문집 · 논문 · 저서 ―
〈논문집〉

John W. Witek. S. J. (ed.), *Presenting Christian Doctrine to the Chinese : Reflections on the Jiaoyao Xulun of Ferdinand Verbiest*, Ferdinand Verbiest(1623~1688) Jesuit Missionary, Scientist, Engineer and Diplomat, Steyler Verlag · Nettetal, 1994.

樂黛云 (외)主編,『獨角獸與龍―在尋花中西文化普遍性中的誤讀』, 北京:北京大學出版社, 1995.

魏若望 編,『傳敎士 · 科學家 · 工程師 · 外交家 南懷仁(1623-1688)』魯汶國際學術硏討會論文集, 北京:社會科學文獻出版社, 2001.

〈논문 · 저서〉
― 天主學史 ―

李元淳,「天主實義 解題」,『天主實義 附텬쥬실의』, 韓國敎會史硏究所, 1972; 改題「天主實義」,『韓國天主敎會史硏究』, 韓國敎會史硏究所, 1986.

裵賢淑,「17 · 8世紀에 傳來된 天主敎書籍」,『敎會史硏究』3, 韓國敎會史硏究所, 1981.

崔奭祐,「『天主實義』에 대한 韓國 儒學者들의 見解」,『東亞硏究』3, 1982;『韓國敎會史의 探究』2, 韓國敎會史硏究所, 1991.

金玉姬,「柳閑堂 權氏의「言行實錄」에 관한 연구」,『한국학보』27, 1982;『韓國西學思想史硏究』, 國學資料院, 1998.

소재영,「류한당언행록 해제」,『숭실어문』1, 1984;「유한당언행실록」,『국문학 편답기』, 아세아문화사, 1999,

崔東熙,「西學의 形成과 流入」,『西學에 대한 韓國 實學의 反應』, 高麗大 民族文化硏究所, 1988.

조광,「조선 후기 서학서의 수용과 보급」,『조선후기 천주교사 연구』, 고려대 민족문화연구소, 1988.

강혜영,「朝鮮後期의 書籍禁壓에 대한 연구」,『書誌學硏究』5·6합집, 1990.

盧鏞弼,「朝鮮後期 天主敎의 受容과 마테오 리치의『交友論』」,『吉玄益敎授 停年紀念 史學論叢』, 發刊委員會, 1996;『한국천주교회사의 연구』, 韓國史學, 2008.

김시엽,「서학에 대한 인식과 비판」,『순암 안정복』, 광주문화원, 1997; 순암 안정복 선생 기념사업회, 2015.

이기백,「안정복의 합리주의적 사실 고증」,『한국실학연구』1, 1999;『韓國傳統文化論』, 一潮閣, 2002.

李家源 著, 허경진 옮김,『儒敎叛徒 許筠』, 연세대학교 출판부, 2000.

서양자,『중국천주교회사』, 대구:가톨릭출판사, 2001.

車基眞,「斥邪論의 형성과 公論化」,『조선 후기의 西學과 斥邪論 연구』, 한국교회사연구소, 2002.

盧鏞弼,「조선인 洪大容과 서양인 천주교신부의 상호 인식-『劉鮑問答』의 분석을 중심으로-」,『韓國思想史學』27, 2006;『한국 근·현대 사회와 가톨릭』, 韓國史學, 2008.

盧鏞弼,「남회인의『교요서론』수용 및 한글본『교요서론』유포와 조선 후기 천주교의 성장」,『韓國天主敎會史의 硏究』, 韓國史學, 2008.

정병설,「조선후기 한글·출판 성행의 매체사적 의미」,『震檀學報』106, 2008.

노용필,「조선후기 천주교 한글 필사본 교리서의 유통」,『인문논총』23, 경남대 인문과학연구소, 2009;『韓國近現代社會思想史探究』, 韓國史學, 2010.

노용필,「페르비스트의 생애와『교요서론』저술의 역사적 의의」,『釜山敎會史報』63, 2009; 加筆,『교요서론』, 한국사학, 2013.

구만옥,「'利瑪竇'에 대한 朝鮮後期 지식인들의 이해와 태도」,『韓國思想史學』36, 2010.

김혜경,『예수회의 적응주의 선교』, 서강대학교 출판부, 2012.

노용필,「『교요서론』의 내용상 특징과 그 역사적 의의」,『釜山敎會史報』70, 2011; 加筆,『교요서론』, 한국사학, 2013.

盧鏞弼,「『敎要序論』體裁의 특징과 저술·간행의 목적」,『釜山敎會史報』74, 2012;『교요서론』, 한국사학, 2013.

이민희,「18세기말~19세기 천주교 서적 유통과 국문 독서문화의 상관성 연구」,『인문논총』71, 경남대 인문과학연구소, 2014.

盧鏞弼,「『天主實義』註釋目錄本의 中國에서의 出版과 朝鮮에서의 諺解筆寫本의 流行」,『韓國史學史學報』30, 2014.

노용필,「언해필사본『텬쥬실의』〈목록〉분석」,『敎會史學』11, 2014.

윤민구,『초기 한국천주교회사의 쟁점 연구』, 국학자료원, 2014.

배주연, 「마태오 리치의 ≪교우론≫과 한·중에서의 반향」, 『비교문학』 70, 2016.
盧鏞弼, 「李睟光·李瀷의 利瑪竇 『交友論』 受容 樣相 比較 檢討」, 國際學術大會 "交友與實義:天主敎文獻與東西文化交流史" 發表文, 서울 中央大學校, 2017년 11월 24일; 『中央史論』 제46집, 中央史學硏究所, 2017.
노용필, 「조선 언해필사본 『텬쥬실의』 주석의 특징과 그 역사적 의의」, 『敎會史學』 14, 2017.
조지형, 「無名子 尹愭의 서학 비판 저술과 천주교 인식」, 『누리와 말씀』 41, 2017.
조지형, 「18세기 西學 비판의 맥락과 艮翁 李獻慶의 『天學問答』」, 『敎會史硏究』 50, 2017.
노용필, 「안정복·이규경의 이마두 『천주실의』 인용 양상 비교 검토」, 『敎會史硏究』 52, 2018.

— 교우론·우정론·우도론 —
김태준, 「교우론의 18세기적 전개」, 『일본학』 10, 동국대학교, 1991.
안영상, 「양명학과 천주교의 비교를 통해 본 성호(星湖) 공동체론의 특징」, 『동양철학』 21, 2004.
박성순, 「우정의 구조와 윤리―한·중 교우론에 대한 문학적 사유」, 『한국문학연구』 28, 동국대 한국문학연구소, 2005.
박기석, 「박지원의 교우론」, 『고전문학과 교육』 10, 2005.
김문용, 「북학파 교우론의 사상사적 함의」, 『한국실학연구』 10, 2005.
李京和, 「尹斗緖의 〈定齋處士沈公眞〉 연구―한 남인 지식인의 초상 제작과 友道論」, 『미술사와 시각문화』 8, 2009.
이홍식, 「조선 후기 우정론과 마태오 리치의 『교우론』」, 『한국실학연구』 20, 2010.
김명호, 「연암의 우정론과 서학의 영향―마태오 리치의 『교우론』을 중심으로―」, 『고전문학연구』 40, 2011.
김명호, 「『熱河日記』와 『天主實義』」, 『한국한문학연구』 48, 2011.
조기영, 「홍대용의 학문론과 교우론」, 『율곡학연구』 22, 2011.
김동석, 「襄陽府使 시절의 朴趾源」, 『漢文學報』 29, 2013.
배주연, 「마태오 리치의 『교우론』과 한·중에서의 반향」, 『비교문학』 70, 2016.
姜玫求, 「우리나라 중세 友道論에 대한 고찰―友道論의 史的 전개―」, 『東方漢文學』 71, 東方漢文學會, 2017.

— 유형·유형화·유형론 —
李基白, 「事大主義論의 問題點」, 『亞細亞』, 1969년 3월호; 『民族과 歷史』, 一潮閣, 1971; 新

版, 1994.

李基白, 「韓國史의 時代區分 問題」, 韓國經濟史學會 編, 『韓國史時代區分論』, 乙酉文化社, 1970; 『民族과 歷史』, 一潮閣, 1971; 新版, 1994.

李基白, 「新羅 淨土信仰의 두 類型」, 『歷史學報』 99·100합집, 1983; 『新羅思想史研究』, 一潮閣, 1986.

李基白, 「新羅 淨土信仰의 다른 類型들」, 『新羅思想史研究』, 一潮閣, 1986.

李基白, 「淨土信仰과 新羅社會」, 『新羅思想史研究』, 一潮閣, 1986.

梁秉祐, 「類型과 類型論」, 『歷史論抄』, 지식산업사, 1987.

梁秉祐, 「類型」, 『歷史의 方法』, 民音社, 1988.

李基白, 「한국사의 진실을 찾아서」, 제2회 한·일 역사가회의에서의 발표, 2003; 『한국사 시민강좌』 35, 2004; 『韓國史散稿』, 一潮閣, 2005.

김호연, 「역사에서의 유형」, 『역사란 무엇인가』 2판, 울산대학교 출판부, 2009.

― 海外論文 ―

山口正之, 「近世朝鮮に於ける西學思想の東漸と其の發展」, 『小田先生頌壽紀念朝鮮論集』, 大阪屋號書店, 1934.

方豪, 「利瑪竇「交友論」新研」, 『文史哲學報』 第6期, 國立臺灣大學, 1954; 修正, 『方豪六十自定稿』 下册, 臺北: 臺灣學生書局, 1969.

方豪, 「利瑪竇年譜(譯)」, 『中華文化論叢』, 1956; 『方豪六十自定稿』 下册, 臺北: 臺灣學生書局, 1969.

方豪, 「天主實義之改竄」, 『世光雜誌』 第2卷 第3·4期, 貴陽, 1942; 第1次修訂, 『中國天主教史論叢』 甲集, 重慶: 商務印書館, 1948; 第2次修訂, 『方豪文錄』, 北平: 上智編譯館, 1948; 第3次修訂, 『方豪六十自定稿』 下册, 臺北: 臺灣學生書局, 1969.

方豪, 「本書撰人之其他著作目錄(已成書者)」, 『方豪六十自定稿』 上册, 臺北: 臺灣學生書局, 1969.

方豪, 「王徵之事蹟及其輸入西洋學術之貢獻」, 『文史哲學報』 第13期, 國立臺灣大學, 1964; 重訂, 1968; 『方豪六十自定稿』 上册, 臺北: 臺灣學生書局, 1969.

胡發貴, 「所以交之道」, 『儒家朋友倫理研究』, 北京: 光明日報出版社, 2008.

李昤昊, 李正勳 譯, 「李卓吾と朝鮮儒學」, 馬淵昌也 編著, 『東アジアの陽明學 接觸·流通·變容』 學習院大學東洋文化研究叢書, 東京: 東方書店, 2011.

鄒振環, 「明淸知識場域中的《交友論》」, 『晚明漢文西學經典: 編譯, 詮釋, 流傳與影響』, 北京: 北京大學出版社, 2011.

宋黎明, 「《交友論》與其他」, 『神父的新裝: 利瑪竇在中國(1582-1610)』, 南京: 南京大學出版社, 2011.
何俊,「論友道」,『西學與晚明思想的裂變』, 上海: 上海人民出版社, 2013.
泉州市李贄學術研究會 編,『李贄與東亞文化』, 廈門: 廈門大學出版社, 2016.

― 中國天主教史 ―

[丹麥]龍伯格 著, 李眞・駱潔 譯,『淸代來華傳敎士馬若瑟硏究』, 鄭州: 大象出版社, 2009.

[德]柯蘭霓 著, 李岩 譯,『耶穌會士白晉的生平與著作』, 鄭州: 大象出版社, 2009.

[德]席林 著, 顧仁明 譯,『天主教經濟倫理學』, 北京: 中國人民大學出版社, 2003.

[明]徐宗澤,『中國天主教傳教史概論』, 上海: 上海書店出版社, 2010.

[美]D. E. Mungello, Curious Land : Jesuit Accommodation and the Origins of Sinology, University of Hawaii Press, 1984; [美]孟德衛 著, [中陳 怡 譯,『奇異的國度: 耶穌會適應政策及漢學的起源』, 鄭州: 大象出版社, 2010; 데이비드 E. 먼젤로 지음, 이향만 (외) 옮김,『진기한 나라, 중국: 예수회 적응주의와 중국학의 기원』, 나남, 2009.

[法]伯希和 撰, 馮承鈞 譯,『明末奉使羅馬敎廷耶穌會士卜弥格傳-附: 卜弥格傳補正』, 上海: 上海古籍出版社, 2014.

[法]謝和耐 著, 耿昇 譯,『中國與基督敎: 中西文化的首次撞擊』, 北京: 商務印書館, 2013.

[法]謝和耐(Jacques Gernet)・戴密微(Paul Demiéville)等 著, 耿昇 譯,『明淸間耶穌會士入華與中西滙通』, 北京: 東方出版社, 2011.

[法]榮振華 (외)原作, 耿昇 飜譯,『16-20世紀入華天主教傳教士列傳』, 桂林: 廣西師範大學出版社, 2010.

[法]伊夫斯・德 等 共著, 辛岩 譯,『耶穌會士張誠-路易十四派往中國的五位數學家之一』, 鄭州: 大象出版社, 2009.

[西班牙]閔明我 著, [中]何高濟・吳翊楣 譯,『上帝許給的土地-閔明我行記和禮儀之爭』, 鄭州: 大象出版社, 2009.

[意]菲利浦・米尼尼 著, [中]王蘇娜 譯,『利瑪竇-鳳凰閣』, 鄭州: 大象出版社, 2012.

[意]艾儒略 原著, 謝 方 校釋,『職方外紀校釋』, 北京: 中華書局, 1996.

康志杰,『基督敎的禮儀節日』, 北京: 宗教文化出版社, 2001.
江志文,『當利瑪竇遭遇中國』, 北京: 紫禁城出版社, 2009.
顧長聲,『傳敎士與近代中國』4版, 上海: 上海人民出版社, 2013.
高華士,『淸初耶穌會士魯日滿』, 鄭州: 大象出版社, 2007.
魯日滿 (외),『韃靼征服中國史・中國史韃靼・韃靼戰紀』, 北京: 中華書局, 2008.
譚樹林,『傳敎士與中西文化交流』, 北京: 三聯書店, 2013.

鄧恩 著, 餘三樂·石 蓉 譯,『從利瑪竇到湯若望』, 上海：上海古籍出版社, 2003.
潘風娟,『西來孔子艾儒略：更新變化的宗教會遇』, 天津：天津教育出版社, 2013.
方豪,『李之藻研究』, 臺北：臺灣商務印書館, 1966.
方豪,『中國天主教史人物傳』, 北京：宗教文化出版社, 2007.
方豪,『中西交通史』(一·二·三), 台北 中華文化出版事業委員會, 1953;（上·下）, 上海：上海人民出版社, 2008.
北京外國語大學中國海外漢學研究中心(외)編,『西學東漸與東亞近代知識的形成和交流』, 上海：上海人民出版社, 2012.
上海博物館 編,『利瑪竇行旅中國記』, 北京：北京大學出版社, 2010.
徐宗澤,『明清間耶穌會士譯著提要』, 上海：上海書店出版社, 2010.
孫尙揚,『利瑪竇與徐光啟』, 北京：中國國際廣播出版社, 2009.
孫尙揚,『明末天主教與儒學的互動――一種思想史的視角』, 北京：宗教文化出版社, 1992；第2版, 2013.
宋黎明,『神父的新裝-利瑪竇在中國(1582-1610)』, 南京：南京大學出版社, 2011.
宋莉華,『傳教士漢文小說研究』, 上海：上海古籍出版社, 2010.
施雪琴,『菲律賓天主教研究-天主教在菲律賓的殖民擴張與文化調適(1565-1898)』, 廈門：廈門大學出版社, 2007.
沈定平,『明清之際中西文化交流史－明代：調適與會通』(增訂本), 北京：商務印書館, 2007.
楊靖筠,『北京天主教史』, 北京：宗教文化出版社, 2009.
餘三樂,『徐光啟與利瑪竇』, 北京：中華書局, 2010.
閻宗臨,『傳教士與法國早期漢學』, 鄭州：大象出版社, 2003.
葉農等 點校整理,『明末耶穌會士羅儒望畢方濟漢文著述集：外二種』, 濟南：齊魯書社, 2014.
吳莉葦,『中國禮儀之爭―文明的張力與權力的較量』, 上海：上海古籍出版社, 2007.
吳夢麟·熊鷹,『北京地區基督教史跡研究』, 北京：文物出版社, 2010.
吳旻(외)編校,『歐洲所藏雍正乾隆朝天主教文獻彙編』, 上海：上海人民出版社, 2008.
王國華 編譯,『美國愛黙蕾大學圖書館藏來華傳教士檔案使用指南』, 桂林：廣西師大學出版社, 2008.
王濤,『主教的書信空間-奧古斯丁的交往範式在≪書信≫中的體現』, 南京：南京大學出版社, 2011.
王立新,『美國傳教士與晚清中國現代化』, 天津：天津人民出版社, 2008.
王賓,『"上帝"與"天"』, 樂黛云 (외)主編,『獨角獸與龍―在尋花中西文化普遍性中的誤讀』, 北京：北京大學出版社, 1995.
魏若望 著, 吳莉葦 譯,『耶穌會士博聖澤神甫傳：索隱派思想在中國及歐洲』, 鄭州：大象出版社, 2006.
俞強,『近代滬港雙城記－早期倫敦會來華傳教士在滬港活動初探－』, 北京:宗教文化出版社, 2008.
遊汝傑,『西洋傳教士漢語方言學著作書目考述』, 哈爾賓:黑龍江教育出版社, 2003.
劉耘華,『詮釋的圓環-明末清初傳教士對儒家經典的解釋及其本土回應』, 北京:北京大學出版社, 2005.
劉青瑜,『塞外苦耕－近代以來天主教傳教士在內蒙古的社會活動及其影響』, 呼和浩特:內蒙古大學出版社, 2011.
李東華 編著,『方豪先生年譜』, 臺北:國史館, 2001.
李申,『上帝:儒教的至上神』, 臺北:東大, 2004.
李熾昌,『聖號論衡-晚清萬國公報基督教聖號論爭文獻彙編』, 上海:上海古籍出版社, 2008.
林中澤,『晚明中西性倫理的相遇-以利瑪竇天主實義和龐迪我七克爲中心』, 廣州:廣東教育出版社, 2003.
張鎧,『龐迪我與中國』, 鄭州:大象出版社, 2009.
張國剛,『從中西初識到礼儀之爭 －明清傳教士與中書文化交流』, 北京:人民出版社, 2003.
張西平,『傳教士漢學研究』, 鄭州:大象出版社, 2005.
張先清,『官府, 宗教與天主教-17-19紀福安鄉村教會的歷史敍事』, 北京:中華書局, 2009.
張曉 編著,『近代漢譯西學書目提要 明末至1919』, 北京:北京大學出版社, 2012.
趙樹貴,『江西教案史』, 南昌:江西人民出版社, 2005.
曹增友,『傳教士餘中國科學』, 北京:宗教文化出版社, 1999.
曹增友,『基督教與明清際中國社會-中西文化的調適與沖撞』, 北京:作家出版社, 2006.
趙曉蘭·吳潮,『傳教士中文報刊史』, 上海:複旦大學出版社, 2011.
周燕,『傳教士與中外文化交流:李明≪中國近事報道≫研究』, 杭州:浙江大學出版社, 2012.
周天,『跋涉明淸之際耶穌會的在華傳教』, 上海:上海書店出版社, 2009.
陳澤民,『基督教常識答』, 南京:江蘇古籍出版社, 1996.
戚印平,『遠東耶穌會史研究』, 北京:中華書局, 2007.
肖清和,『天儒同異:清初儒家基督徒研究』, 上海:上海大學出版社, 2019.
鄒振環,「李提摩太與'泰西新史攬要'"世紀史'的新內容與新形式」,『西方傳教士與晚清西史東漸－以1815至1900年西方歷史譯著的傳播與影響爲中心－』, 上海:上海古籍出版社, 2007.
鄒振環,『晚明漢文西學經典:編譯 詮釋 流傳與影響』, 北京:北京大學出版社, 2011.
彼得(Peter C. Hartman)著, 穀裕 譯,『耶穌會簡史』, 北京:宗教文化出版社, 2003.
何俊,『西學與晚明思想的裂變』, 上海:上海人民出版社, 2013.
黃一農,『兩頭蛇-明末清初的第一代天主教徒』, 上海:上海古籍出版社, 2015.

[明]焦竑 著, 黃曙輝 點校, 『老子翼』, 上海:華東師範大學出版社, 2009.

焦竑, 『玉堂叢語』, 北京:中華書局, 1981; 重印, 2007.

焦竑, 『焦氏筆乘』(上下), 北京:中華書局, 2008.

李劍雄, 『焦竑評傳』, 南京:南京大學出版社, 1998.

韓偉, 『焦竑』, 昆明:雲南教育出版社, 2010.

劉海濱, 『焦竑與晚明會通思潮』, 上海:華東師範大學出版社, 2010.

錢新祖 著, 宋家復 譯, 『焦竑與晚明新儒思想的重構』, 北京:東方出版中心, 2017.

李贄 著, 增井經夫 譯,「解說」,『焚書―明代 異端の書』, 東京:平凡社, 1969.

林海權, 『李贄年譜考略』, 福州:福建人民出版社, 1992.

任冠文, 『李贄史學思想研究』, 桂林:廣西師範大學出版社, 1999.

張建業 主編, 『李贄論叢』, 北京:北京燕山出版社, 2001; 重印, 2009.

許蘇民, 『李贄評傳』, 南京:南京大學出版社, 2006.

秦學智, 『李贄大學明德精神論』, 北京:北京廣播學院出版社, 2007.

張惠, 『李贄老憤青的童心』, 北京:中國發展出版社, 2008.

張獻忠, 『李贄』, 貴州:雲南教育出版社, 2009.

司馬朔, 『一個異端思想家的心靈史:李贄評傳』, 桂林:廣西師範大學出版社, 2010.

張建業, 『李贄論』, 北京:社會科學文獻出版社, 2010.

左東嶺, 『李贄與晚明文學思想』, 北京:人民文學出版社, 2010.

[明]李 贄 著, 陳仁仁 校釋, 『焚書·續焚書校釋』, 長沙:嶽麓書社, 2011.

鄢烈山, 『威鳳悲歌:狂人李贄傳』, 廣州:廣東人民出版社, 2012.

王寶峰, 『李贄儒學思想研究』, 北京:人民出版社, 2012.

張建業 匯編, 『李贄研究資料彙編』, 北京:社會科學文獻出版社, 2013.

泉州市李贄學術研究會 編, 『李贄與東亞文化』, 廈門:廈門大學出版社, 2016.

[明]徐光啓 撰, 鄧志峰 點校, 『毛詩六帖講意』(上·下), 上海:上海古籍出版社, 2011.

[明]徐光啓 撰, 李天綱·鄧志峰 點校, 『徐氏庖言』(外4種), 上海:上海古籍出版社, 2011.

[明]徐光啓 撰, 朱維錚·李天綱 主編, 『測量法義』(外9種), 上海:上海古籍出版社, 2011.

[明]徐光啓 編纂, 潘鼐 匯編, 『崇禎曆書-附西洋新法曆書增刊十種』(上·下), 上海:上海古籍出版社, 2009.

徐滙區文化局 編, 『徐光啓與幾何原本』, 上海:上海交通大學出版社, 2011.

宋浩杰 主編, 『中西文化會通第一人:徐光啓學術研討會論文集』, 上海:上海古籍出版社,

2006.
梁家勉 原編, 李天綱 增補, 『增補徐光啓年譜』, 上海:上海古籍出版社, 2011.
王成義 編著, 『徐光啓家世』, 上海:上海大學出版社, 2009.
李天綱 編, 『徐光啓詩文集』徐光啓全集, 上海:上海古籍出版社, 2011.
陳衛平·李春勇, 『徐光啓評傳』, 南京:南京大學出版社, 2006.

― 中國天學史 ―

[漢]董仲舒 撰, 張祖偉 點校, 『春秋繁露』, 濟南:山東人民出版社, 2018.
吳守賢, 『司馬遷與中國天學』, 西安:陝西人民教育出版社, 2000.
江曉原, 『天學眞原』, 瀋陽:遼寧教育出版社, 2004.
江曉原·鈕衛星, 『中國天學史』, 上海:上海人民出版社, 2005.
傅佩榮, 『儒道天論發微』, 北京:中華書局, 2010.
方瀟, 『天學與法律:天學視域下中國古代法律則天之本源路徑及其意義探究』, 北京:北京大學出版社, 2014
石磊, 『先秦漢代儒教天論研究』, 北京:中華書局, 2015.
韓經太·陳亮 編注, 『天人合一』, 北京:人民文學出版社, 2019.

Abstract

Studies on the history of Catholicism in the late Chosŏn Dynasty

Comparative Review of Accommodating Aspects of Lee Su-kwang, Lee Ik of Matteo Ricci's *On Friendship*(『交友論』)

It was at King Gwanghae's 6th year (1614) that Lee Su-kwang compiled encyclopedia *Jibonguseol*(『芝峯類說』) and here he mentioned *On Friendship* of Li Madou - namely Matteo Ricci. So, it was during the 17th Century that he accommodated the content of *On Friendship*. He acquired Chinese books by keeping in touch with writers of the Qing Dynasty thanks to his visit to China several times. That said, he perceived emphasis on 'friendship' of the book merely as one of the customs of the West and just quoted the content of *Xuertan*(『續耳譚』) known to be "very queer". So, we can say that seen from the overall trends of analysis on accommodating aspects of *On Friendship* during the latter part of the Chosŏn Dynasty, Lee Su-kwang's accommodating stance falls to rather 'simple-minded understanding'.

Meanwhile, Lee Ik mentioned in detail the content of *On Friendship* in a letter sent to one of his students at King Youngjo's 30th year (1754), telling his accommodation of *On Friendship* was done in the 18th Century. He never visited China, and was learned of the content of *On Friendship* by reading the book kept at his home. Nevertheless, he not only perceived 'friendship' as one of studies, but also appraised it as a "sharp and penetrating discourse" and "what it says is substantial, real and worth musing". Therefore, seen from the overall trends of analysis on accommodating aspects of *On Friendship* during the latter part of the Joseon Dynasty, his accommodating stance may fall to 'in-depth understanding'.

Lee Su-kwang's and Lee Ik's accommodating stances of *On Friendship* as such are featured by strong contrast rather than similarities between the two. In a word, their stances could sustain own characteristics through outstanding individuality by contrast rather than similarities relatively.

Analysis on Types of Accommodating Matteo Ricci's *On Friendship* in the late Chosŏn

In historical studies, the method of typology is often taken to achieve the goal of clarifying individual characteristics of historical phenomena as one of essential procedures to break from person-centered old fashioned history. Based on this typology, this study conducted detailed analysis on accommodating aspects of five persons of Lee Su-kwang, An Jeong-bok, Lee Ik, Park Ji-won and Lee Gyu-gyeong who had accommodated Matteo Ricci's *On Friendship*. In doing so, the study found that aspects of accommodating *On Friendship* could be classified by three types.

In case of Lee Su-kwang, he not only quoted the book's content very shortly suggesting as one of Chinese books and but merely introduced the book's name as *On Importance of Friendship*(『重友論』). Furthermore, in case of An Jeong-bok, he just quoted Lee Su-kwang's writing as it was. So, aspects of accommodating *On Friendship* of these two scholars were classified as the first type, no more than the level of 'plain description'.

Meanwhile, Lee Ik sometimes quoted the content of *On Friendship* in detail as per the original and in his own way, he accommodated by summarizing its core content. Park Ji-won also showed aspect of accommodating *On Friendship* similar to Lee Ik. So, aspects of their accommodating of *On Friendship* were classified as the second type probably reaching at the level of 'selective understanding'.

In case of Lee Gyu-gyeong, he sometimes just quoted the writing of Lee Su-kwang in his own book, showing the aspect of 'plain description'. Meanwhile, the study found that he accommodated by summarizing the original text of *On Friendship* by means of more 'in-depth analysis'. So, aspect of accommodating *On Friendship* of Lee Gyu-gyeong was classified as the third type, reaching at the level of 'compositive writing'.

Comparative Analysis on How An Jeong-bok and Lee Kyu-gyeong Quoted Matteo Ricci's *T'ien-chu Shih-i*(『天主實義』)

This study conducted an in-depth comparative analysis on the aspects of quotation in the writings of An Jeong-bok (1712-1791) and Lee Kyu-gyeong (1788-1856) authored by quoting Matteo Ricci's (1520-1610) *T'ien-chu Shih-i* (『天主實義』,

The True Meaning of the Lord of Heaven). By doing so, the study sought to use the outcomes as part of work illuminating the overall history of how the late Joseon dynasty accommodated Matteo Ricci's early books.

In his writings, An Jeong-bok sometimes directly quoted the content of *T'ien-chu Shih-i* and in other times he requoted from other writings. Of these, *Cheonhakgo* - credited as his representing criticism on Catholic Church - directly mentioned *T'ien-chu Shih-i* uniquely and quoted its content. As a result of one-by-one comparison of the whole text using search function after putting it into the computer, the study found there were considerable differences between the original and quotations.

On the other hand, three aspects were revealed when the study examined how Lee Kyu-gyeong quoted *T'ien-chu Shih-i* in his 'Cheoksago-byeonjeungseol'. Firstly, he requoted *T'ien-chu Shih-i* while quoting Fivefold Miscellany of Xie Zhaozhe during the Ming dynasty. Secondly, he requoted *T'ien-chu Shih-i* while quoting Lee Su-kwang's *Jibong Yuseol*. Thirdly, he requoted *T'ien-chu Shih-i* while quoting detail of interrogation of Jeong Ha-sang. As such, Lee Kyu-gyeong never directly quoted *T'ien-chu Shih-i*.

Yet, what was in common uniquely in quotations of the writings of An Jeong-bok and Lee Kyu-gyeong was Part 5 Section (23) out of whole *T'ien-chu Shih-i* - investigating and elucidating the issue of 'human soul'. And this was directly related with the fact that the argument for 'Human soul never perishes' was the central theme throughout Part 3 in particular. So, it's certain that the issue of immortality of human soul was the central theme of the writings of these two scholars by quoting from *T'ien-chu Shih-i* whether from An Jeong-bok's all out and straightforward criticism on Catholicism in his *Cheonhak Mundap* or from Lee Kyu-gyeong's detailed introduction to the actual state of 'Cheoksagyo' in his 'Cheoksagyo-byeonjeungseol'.

Publication of *T'ien-chu Shih-i*'s Annotated Catalog Version in China and Prevalence of Korean Manuscript in Korea

Of many woodblock versions of *T'ien-chu Shih-i*(『天主實義』, *The True Meaning of the Lord of Heaven*), 'Annotated Catalog Version(註釋目錄本)' refers to the version in which annotations were partly attached to the main text along with the catalog summarizing them. And this one was published in Shanghai, China in 1868 and its fourth edition in 1923 is currently handed down.

People may find easily at a glance the similarity of this Annotated Catalog Version of *T'ien-chu Shih-i* to the composition of Korean Manuscript(諺解筆寫本) *T'ien-chu Shih-i* photo-printed material(影印本) by The Research Foundation of Korean Church History(韓國敎會史研究所). It is particularly so in the "Catalog". Therefore, since Catalogs in Annotated Catalog Version and Korean Manuscript are mostly identical despite some differences, people are likely to think Korean Manuscript might be just what translated content of Annotated Catalog Version.

But a close analysis of it tells us that there are some differences between "Catalog" of Annotated Catalog Version and that of Korean Manuscript, though they are almost identical. Eventually, it is revealed that Korean Manuscript *T'ien-chu Shih-i* added detailed annotations to the Annotated Catalog Version for readers. As such, this study found Korean Manuscript *T'ien-chu Shih-i* did so to offer convenience to its readers, beyond translation of Annotated Catalog Version into Korean. This point may be characteristic of Korean Manuscript *T'ien-chu Shih-i*.

Analysis of 'Catalog' in Korean Manuscript *T'ien-chu Shih-i*

Korean Manuscript(諺解筆寫本) *T'ien-chu Shih-i*(『天主實義』, The True Meaning of the Lord of Heaven) has more articles in the second volume compared to the first one and the study found that the second one has 1.5 times more articles at the least and 3.5 times at the most relatively compared to any other catalogs Articles of Korean Manuscript *T'ien-chu Shih-i* was found to consist of three parts; concentrated questions of 'the Chinese scholars(中士)', concentrated answers of 'the Western scholars(西士)' and summary of them. This tells us that articles were not focused on any particular party's remarks. In other words, we have to appreciate that Korean Manuscript *T'ien-chu Shih-i* did not put emphasis merely on answers of the Western scholars, taking questions of the Chinese scholars into consideration. It might be done so in an effort to have the fundamental purpose of setting articles to suggest the focal point.

Despite some differences between 'Catalog' of Annotated Catalog Version(註釋目錄本) and 'Catalog' of Korean Manuscript, they are mostly identical and thus at a glance Korean Manuscript seems to be the just translation of the content of Annotated Catalog Version. That's not true, however, because Korean Manuscript *T'ien-chu Shih-i* added detailed annotations to offer convenience to readers, beyond translation of Annotated Catalog Version into Korean, which is characteristic of Korean Manuscript *T'ien-chu Shih-i*. Therefore, 'Catalog' in Korean Manuscript *T'ien-chu Shih-i* may be considered as applicable as such.

Characteristics of Annotation on Korean Manuscript of *T'ien-chu Shih-i* & its Historical Significance

When we compare annotation on Korean Manuscript of *T'ien-chu Shih-i* (『天主實義』, *The True Meaning of the Lord of Heaven*) and its Annotated Catalog Version one by one, we could learn following differences: In terms of their quantity, the former has 314 annotations and the latter has just 149 and also that in terms of their traits, the former has detailed contents and terms for the original text, whereas the latter is no more than the brief summarization of the original text. Thus, in a word, we may say that compared with annotations of Annotated Catalog Version, annotation on Korean Manuscript of *T'ien-chu Shih-i* had strong tendency of originality.

As a result of the analysis by establishing the patterns of annotation on Korean Manuscript of *T'ien-chu Shih-i* divided by three of 'A' : 'explanation of vocabulary', 'B : term definition', 'C : phrase interpretation', the study learned that it had the tendency of B<C<A and when we calculated mathematical ratio, it turned out as A : B : C=48.1% : 13.7% : 38.2%≒3.51 : 1.00 : 2.79. It implies that annotation on Korean Manuscript of *T'ien-chu Shih-i* was naturally added with annotators' own points of view.

When we integrated and summarized annotation on Korean Manuscript of *T'ien-chu Shih-i* itself in general, we learned that as its characteristics, the annotations of the same vocabularies and terms were often overlapped even in the same version, and consequently they had the identical, or similar or quite different contents. One of the typical examples of this tendency in annotation on Korean Manuscript of *T'ien-chu Shih-i* was that annotation on Korean Manuscript of *T'ien-chu Shih-i* treated 'Fair virtues' and 'Innate talent' repeatedly, apparently suggesting that traditional

Confucianism might have been reflected along with their interest in Yangmingism when annotators of Korean Manuscript of *T'ien-chu Shih-i* provided detailed annotations while translating the original text. And this ideological aspect makes the largest characteristic of Korean Manuscript of *T'ien-chu Shih-i*.

Historical significances of annotation on Korean Manuscript of *T'ien-chu Shih-i* can largely be summarized with four points. First, annotation on Korean Manuscript of *T'ien-chu Shih-i* could be a decisive turning point for the eventual establishment of 'Catholicism' in Joseon. Second, in-depth research on 'Catholicism' was carried out through learning methods as stipulated in the original text of *T'ien-chu Shih-i* and naturally its translation was done by scholars actively using this learning methods, suggesting the annotation was conducted by themselves through division of work. Third, the firm establishment of 'Catholicism' in the country was accomplished by Korean believers not by the Western priests, and translation and annotation of Korean Manuscript of *T'ien-chu Shih-i* were also completed principally by Korean believers and as a result, such fact itself may have turned out as an important element materializing 'spontaneity' in the history of Korea's Catholic Church. Fourth, Korean Manuscript of *T'ien-chu Shih-i*, which was able to satisfy the desire of Korean Catholics towards Catholic doctrines, could provide the groundwork for Catholicism, namely Catholic Church to expand to diverse social classes including ordinary people regardless of the gender.

찾아보기

- 서명 -

『敎要序論』 3, 4, 11, 52, 169, 174, 185, 233, 234, 291, 235, 350, 352, 366~370, 381~387, 391, 397, 398, 496, 498

『교요셔론』 11~14, 19, 51, 52, 121, 128, 169, 173, 174, 185, 202, 121, 233, 234, 291, 349, 350, 366~371, 380~383, 385, 387~391

『交友論』 3, 4, 10, 13, 57, 61, 62, 64~73, 76~80, 82~97, 119, 284, 289, 498~500, 507

『澹園集』 81, 86, 87

『梅花渡異林』 82~88

『無名子集』 28~30, 32, 38, 41, 42, 51, 494

『星湖先生文集』 10, 65, 89

『續耳譚』 62, 63, 69, 77, 80~88, 94, 95, 143, 162, 494, 507

『承政院日記』 10, 32~36, 48, 52, 117, 126, 127, 136, 217~220, 493

『於于野談』 10, 15, 16, 19, 20, 117, 122, 124, 132, 134, 494

『五雜粗』 160, 161, 165, 167

『友論』 10, 67, 69, 71, 74, 77, 82~88, 91~94, 143

『을병연힝녹』 9, 20, 22, 23

『主敎要旨』 12, 14, 395~398, 402, 403, 405, 406, 435

『重友論』 10, 62~64, 68, 69, 77, 80~88, 91, 92, 119, 143

『芝峯類說』 62, 81~88, 94, 118, 120, 121, 130, 143, 159, 162~165, 493, 494

『天學實義』 212~214, 362

『天學初函』 19, 71, 89~93, 121, 126, 211~214, 236, 353~356, 359, 360~363, 495, 496

『텬쥬실의』 4, 11~14, 17, 19, 26, 48, 51~53, 121, 128, 169, 174, 177, 178, 180~183, 186, 193, 196, 201~203, 208, 211~213, 227, 233~255, 260, 263,

269~280, 283~294, 319, 333, 349, 352, 354, 358, 362, 363, 365, 366, 371, 372

– 편명 –

「感懷 八百字」 27, 32, 38, 40~43, 53~55

「乾淨衕筆談」 20, 21

「闢異端說」 27~30, 494

「俗學之弊 辛亥應製」 27~30, 494

「丁若鍾 供招」 9, 44

「宗敎篇」 15, 16, 19, 20, 122, 124, 130, 132

「斥邪敎辨證說」 44, 45, 68, 69, 76, 77, 92, 141, 159, 160, 163~169, 364

「斥邪綸音」 26, 39, 46~49, 211, 217~219, 221

「天主實義跋」 26, 143~147, 211, 213, 214

「天學考」 25~27, 62, 63, 141~144, 158, 159, 162, 165, 211, 231, 493

「天學問答」 25~27, 141, 149, 151~155, 158, 159, 165, 169, 211, 213~218, 493, 494, 499

「討邪奏文」 44, 45, 50, 51, 364

– 인명 –

高宗 26, 39, 46~49, 211, 217~221, 290, 349, 391, 493

南懷仁 174, 185, 233, 283, 291, 350, 369, 371, 381~387, 391, 397, 398, 401, 402, 407, 497, 498

董仲舒 214~216, 505

柳夢寅 15, 19, 123, 132

柳河源 24, 25, 29

利類思 12, 395~398, 400, 402~407

朴盈源 43, 44

朴趾源 61, 64, 66, 67, 70, 76, 77, 494, 499

方豪 17, 92, 201, 353, 358, 361~363, 404, 495, 502, 503

安鼎福 13, 26 ,27, 62~65, 76, 77, 89, 91, 139, 141~145, 147~163

尹愭 27~33, 38~43, 50~54, 494, 499

李景溟 33, 34, 52

李圭景 13, 44~46, 69~71, 75~78, 139, 141, 159, 160~169, 364, 499

李晩秀 44, 45, 50, 51, 364

李性源 33, 34

李睟光 13, 61~64, 66, 69, 76~82, 85~95, 117~121, 129, 130, 143, 162, 163, 494, 499

李瀷 13 61~70, 76~81, 89~95, 106, 119, 143~148, 432, 493, 499

李之藻　19, 91, 93, 121, 126, 202, 207, 209~214, 227, 353, 354, 357, 359~363

李獻慶　25~27, 494, 499

正祖　24~29, 32~45, 49~55, 117, 126, 127, 285, 290, 352, 364, 493

蔡濟恭　13, 15, 33, 34, 38, 117, 118, 126~129, 130, 131

焦竑　30, 62, 63, 68, 69, 80, 81, 86~88, 162, 284, 504

馮應京　91, 92, 125, 126, 129, 178, 181, 222, 227, 270~275, 280, 281, 294, 313, 319, 333, 334, 336, 338, 340~345, 357, 359, 374,

洪大容　20~23, 493, 498

– 용어 –

概念　27~31, 276, 285

大勢　13, 15, 111, 169, 391

大意　27, 28, 30, 31, 181, 274, 294, 319, 338

批答　24, 25, 29, 33, 37, 43, 50

西教　15, 16, 19~22, 122~124, 130, 132, 135, 503

西洋書　25, 27, 213, 368

西洋之書　43, 44

西洋之學　40, 41

西洋天主書　24, 25, 29

西洋天主之書　24, 25, 29

西洋學　20, 21, 25, 34, 38~40, 44~47, 51, 364, 500

西學　15, 16, 19, 20, 26, 27, 34, 35, 44~46, 52, 68, 89, 126, 127, 136, 141, 160, 168, 169, 185, 364, 401, 497~499

洋書　44, 45, 51

洋學　40, 41, 45, 46, 364

諺解筆寫本　4, 13, 14, 17, 22, 26, 48, 49, 51, 53, 54, 121, 169, 171, 173, 177, 178, 180, 181, 183, 186, 201, 202, 207~213, 233, 235, 236, 250~253, 260, 270~294, 319, 333, 352, 357, 363, 365, 366, 369~381, 387~391, 495, 498, 499, 511, 512

類型　13, 59~62, 64, 66, 76, 77, 81, 94, 95, 149, 205, 206, 208, 209, 222, 227, 238, 239, 243, 248, 250, 271, 273, 274, 277, 281, 299, 319, 320, 323, 357, 358, 373, 374, 500

定義　27~31, 273~276, 280, 292, 319, 333, 413

宗旨　27~31, 214

註釋目錄本　13, 109, 126, 128, 173, 175, 176, 178~181, 186, 187, 193, 202~212, 250, 251, 269~274, 276~278, 281, 281, 286~288, 291, 292, 294, 313, 318, 319, 333, 376, 511, 512

天主教　7, 13, 14, 17, 19~22, 26, 27, 31,

33, 46~52, 55, 59, 63, 66, 68, 76, 79, 88,
　　89, 91, 117, 119~121, 123, 126, 128, 132,
　　141, 143, 164, 165, 167, 169, 173~175,
　　183~186, 201, 202, 211~213, 216~221,
　　233, 234, 238, 251, 269, 275, 278, 279,
　　284, 285, 289~291, 293, 349~354, 362,
　　363, 366~371, 373, 376, 381, 383~388,
　　390, 391, 395~398, 400~405, 495~500

天主書　24~27, 29, 44~45, 49, 50~54

天主學　13, 15, 22, 23, 25~32, 34~43,
　　45~50, 55, 117, 159, 211, 212, 217,
　　219~221, 287, 289, 291~293, 362, 497

天主學史　12, 117, 497

天學　19, 25~27, 141, 144, 156, 159,
　　211~219, 361~363, 421

텬쥬 학문　20, 22, 23, 24

노용필 盧鏞弼

서강대학교 문과대학 사학과 및
동 대학원 석사·박사 졸업 (문학박사, 한국사전공)

가톨릭대학교 인간학연구소 연구교수
전북대학교 HK 교수
한국사학연구소 소장

저서

『한국도작문화연구』(한국연구원, 2012)
『한국고대인문학발달사연구』(1) 어문학·고문서학·역사학 권 (한국사학, 2017)
『한국고대사회사상사탐구』(한국사학, 2007)
『신라진흥왕순수비연구』(일조각, 1996)
『신라고려초정치사연구』(한국사학, 2007)
『한국천주교회사의 연구』(한국사학, 2008); 金京善 译, 『韩国摄取西方文化史研究』(北京:學苑出版社, 2021)
『≪동학사≫와 집강소 연구』(국학자료원, 2001)
『한국 근·현대 사회와 가톨릭』(한국사학, 2008)
『한국근현대사회사상사탐구』(한국사학, 2010)
『한국현대사담론』(한국사학, 2007)
『이기백한국사학기초연구』(일조각, 2016)

역서

『고대 브리튼, 그들은 어떻게 살았을까』(일조각, 2009)
『교요서론-18세기 조선에서 유행한 천주교 교리서-』(한국사학, 2013)
『天主實義·텬쥬실의』상권·하권 (한국사학, 2021)
『천주실의』(어진이, 2021)

편저

『벗은 제2의 나다:마테오 리치의 교우론』(어진이, 2017)
『한국중국역대제왕세계연표』(한국사학, 2013)

공저

『최승로상서문연구』(일조각, 1993)
『이기백한국사학의 영향』(한국사학, 2015) 외 다수

韓國史學硏究叢書 13

朝鮮後期天主學史硏究

초판 1쇄 발행　2021년 5월 15일

지은이 / 노용필
펴낸이 / 곽정희

편집·인쇄 / 준프로세스 김병근 이국경

펴낸곳 / 韓國史學
등록번호 / 제300-2004-184호　　일 자 / 2004년 11월 24일
주 소 / 서울특별시 종로구 삼일대로 30길 23 (익선동, BIZ WELL) 911호
전 화 / 02-741-4575　　　　　 팩 스 / 02-6263-4575
e-mail / people-in-korea@hanmail.net
국민은행 계좌번호 / 324702-04-073289 / 예금주 곽정희(어진이)

　* 저자와의 협의 하에 인지는 생략합니다.
　** 韓國史學은 한국사학의 발전에 기여할 전문서적을 만드는 곳으로,
　　 평생 오로지 한국사학의 올바른 기틀을 세우기 위해 사셨던
　　 李基白 선생님의 학덕을 기리고 이으려고
　　 펴낸이가 설립하였습니다.

ISBN 979-11-85368-05-4 93910

값 : 45,000원